鹿亭鄉誌

郑永年

《鹿亭乡志》编纂委员会 编

方志出版社
Publishing House of Local Records

《鹿亭乡志》编纂委员会

前期编纂委员会成员

主　任：陈晓珍

副主任：郑　杰　马伟军　黄伯忠

成　员：茅巧女　姚军达　林　宇　孙梦翱　陈福明　马友明　谢　晨　段丹群

编纂办公室

主　任：黄伯忠（兼）

副主任：姚军达（兼）　林宇（兼）

成　员：何世明　徐秋君　龚剑波　俞　洋　杨鑫鑫　翁航霞　罗剑钦　陈荣芳　陈建乐　赵方尧

中期编纂委员会成员

主　任：陈晓珍

副主任：丁东青　黄伯忠　叶文溢

成　员：茅巧女　姚军达　林　宇　孙梦翱　陈剑锋　马友明　谢　晨　段丹群　陈铭科

编纂办公室

主　任：叶文溢（兼）

副主任：姚军达（兼）　林宇（兼）

成　员：何世明　徐秋君　龚剑波　俞　洋　杨鑫鑫　罗剑钦　陈建乐　赵祖培

后期编纂委员会成员

主　任：陈晓珍

副主任：丁东青　黄伯忠　陈剑锋

成　员：茅巧女　姚军达　林　宇　马友明　孙梦翱　谢　晨　段丹群　陈铭科

编纂办公室

主　任：陈剑锋（兼）

副主任：姚军达（兼）　林宇（兼）

成　员：何世明　徐秋君　龚剑波　俞　洋　杨鑫鑫　罗剑钦　陈建乐　赵祖培

校印期编纂委员会成员

主　任：丁东青

副主任：袁文庆　黄伯忠　陈剑锋

成　员：茅巧女　姚米娜　诸拓宇　何世明　林　宇　孙建权　桂晓波　马友明

编纂办公室

主　任：陈剑锋（兼）

副主任：姚米娜（兼）　桂晓波（兼）

成　员：徐秋君　杨鑫鑫　张　晨　王莉莎　卢　姗　沈　毅　陈建乐　赵祖培

顾　问：谢建龙

编　辑：陈建乐　赵祖培

资料采编人员（排名不分先后）

马洁滔　毛雅澜　方国芳　方洪滨　史济东　邬海滨　陈　力　陈正长　沈林炯
沈　毅　张　波　张　望　张　晨　张国军　郑世光　郑定锋　郑国光　杨挺梃
杨鑫鑫　罗剑钦　俞　洋　赵海舟　赵褚来　姚义大　姚学水　姚再定　徐秋君
夏宝锋　翁航霞　章立益　龚嘉产　龚世位　龚国龙　鲁文炯　褚久灿　褚可久
褚成龙　褚维江　蔡晨腾

插图提供：鹿亭乡党政办公室

▲ 鹿亭乡政府所在地上庄鸟瞰图

▲ 春赏黄花摇曳

▲ 夏听竹海涛声

▲ 秋观红叶满园

▲ 冬咏白雪皑皑

▲ 鹿亭乡政府办公大楼

▲ 护鹿亭

晓鹿大溪 ▶

鹿亭乡最高峰白岩尖 ▶

算坑原始次森林 ▶

▲ 大方桥

▲ 白云桥

▲ 李家塔板桥

▲ 中村廊桥

▲ 荷梁线境内晓云（大溪）段

◀ 采春茶

▲ 斤岭古道

▲ 鹿亭公交客运站

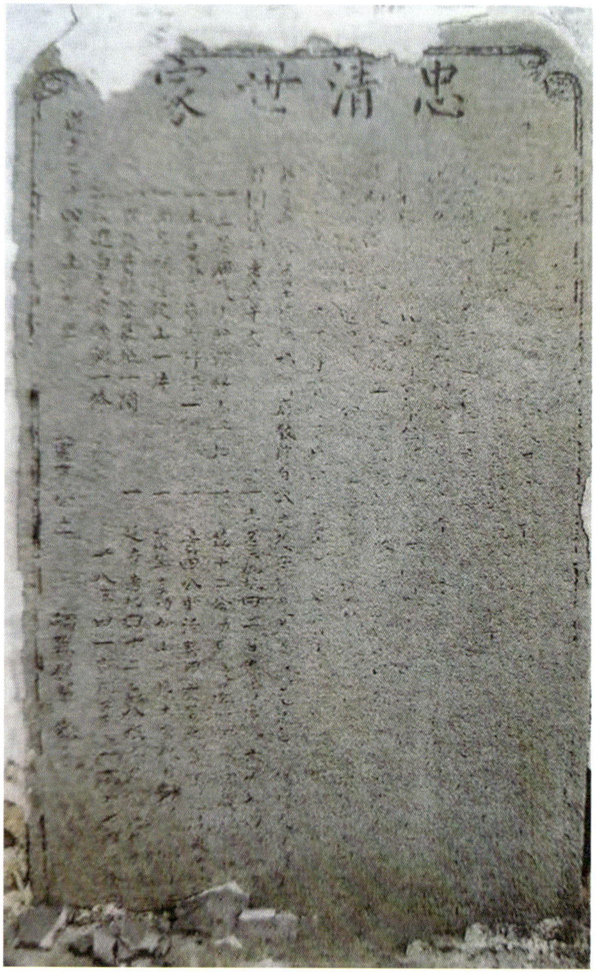

◀ 褚氏宗祠“忠清世家”碑

▲ 仙圣庙戏台

▲ 褚氏宗祠

▲ 龚氏宗祠孝思堂

▲ 浙东游击纵队后方医院（2013 年重建）

▲ 中村战斗纪念碑

▲ 美丽中村

▲ 白鹿观景台

▲ 东方鹿苑

▲ 狗头颈瀑布

▲ 香泉湾养生休闲度假区

▲ 树蛙部落

▲ 杨树湾水库

▲ 百丈水库

◀ 宁波松乐继电器有限公司

余姚市鹿亭乡中心小学 ▶

◀ 余姚市鹿亭乡中心幼儿园

上庄电站 ▶

◀ 鹿亭乡卫生院

余姚市鹿亭乡广播电视站 ▶

▲ 2005 年 12 月，获评浙江省民族团结进步模范集体

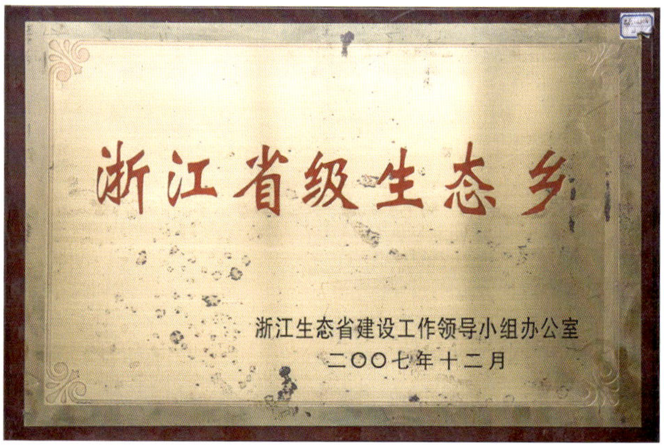

▲ 2007 年 12 月，获评浙江省级生态乡

▲ 2008 年 6 月，获评欠发达乡镇奔小康工程先进集体

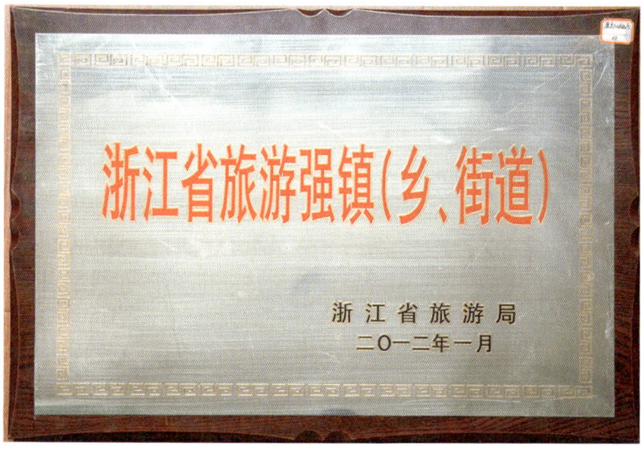

▲ 2012 年 1 月，获评浙江省旅游强镇（乡、街道）

◀ 2015 年 10 月，获评中国最美村镇奖

序一

“呦呦鹿鸣，食野之苹。我有嘉宾，鼓瑟吹笙。”

鹿亭，以“鹿”得名。清光绪《余姚县志》有载：“齐孔祐隐居是山，有鹿中矢来投，祐养其创，愈而去，因建鹿亭于祠宇之侧。”鹿亭因而得名。鹿，其意蕴之丰，显见于工笔间。鹿乃祥瑞，《符瑞志》载“王者孝则白鹿见”；鹿指政权，《史记》载“秦失其鹿，天下共逐之”；鹿表爱意，古时婚礼纳征，用鹿皮为贽。“鹿”赋予鹿亭辞致雅赡的内涵，成为鹿亭地名与地方文化的意象表征。

《鹿亭乡志》编委会命余为本志撰序，与有荣焉！同时也是诚惶诚恐，我当如何用笔着墨、如何斟词酌句，方能袒露我对鹿亭的涓涓深情？鹿亭于我，似母子情深。当我在外时，鹿亭的山水就如暗夜里的蜡梅香，丝丝缕缕将我萦绕，这般莼鲈之思，是对每一个游子最为慈柔的牵引。

回溯鹿亭光载，自秦时属会稽余姚县，至民国19年（1930）置鹿亭乡，历经沧海桑田，而愈发欣荣。群山环抱间，一辈辈鹿亭人，少时荟萃一堂，在外则光耀一方。

依此，我谓鹿亭为“江山如画，馨兰幽香”。

何为“江山如画”？余自鹿亭而生，自然对鹿亭怀抱着乡土难离的情愫。每每念及鹿亭，满目即是日暮炊烟、石墙黛瓦、朴树白桥、山峦悠悠。漫游晓鹿大溪，其溪水潺潺，溪畔草木葱茏，不自有“落叶舞鸣响，流水奏清音”的诗情。处处见民宅相间其中，乡民日出而作，日入而息，炊烟袅袅，云淡风轻。沿溪水溯洄而上，便可见白云桥，宋时文士楼钥有诗曰：“客路随云流水远，征舆坐与白云高。”白云千丈，但立鹿亭。鹿亭的美，就在这小桥、流水、人家之间，一草一木、一墙一瓦，皆是诗意。

那么何为“馨兰幽香”？余谓之高尚的道德，亦是一种鹿亭人的行动操守与精神境界。庄子有云：“朴素而天下莫能与之争美。”诗情画意的鹿亭，赋予这里人们光而不耀、静水流深的心性。钟灵毓秀的鹿亭，从不乏大成之人，但相比于功名，鹿亭雅士更兼怀美玉。宋时郑士渚为侍父而弃仕途，老莱娱亲，孝悌力田，可谓至孝；明时龚辉仕工部侍郎，其心如水，丹心玉壶，可谓至诚；民国间陈一鸥振兴茶厂，博施济众，乐善好施，可谓至仁。君子握瑜怀瑾，芳草兰馨。道德是人的道德，也正因“人”，才赋予鹿亭更为理性、实用且浪漫的生命意象。在鹿亭，铸就了一曲人与自然、人与人和美共存的清丽赞歌。

诚然，余无意于作一篇辞藻华丽的颂词，自古人们对鹿亭传为美谈，墨客绣口间便有月章星句。余想表达的，只是作为一个始终珍爱着鹿亭、关注着鹿亭发展然长久在他乡生活工作的原乡人所体察到的家乡滋味。余也时常回到鹿亭，深感相较悠扬古史，鹿亭如今发展更为瑰丽。鹿亭人民唯智唯勤，创造了一个物茂年丰的新山区，山乡风貌万象更新，人文风尚与时俱进。

本志所载，鹿亭红色根脉与绿色资源交相辉映，结构产业联动发展，乡民生活衣食丰足、枕稳衾温；曾经的乡镇驻地晓云、白鹿在路转峰回之后生机焕发，中村、东岗山、香泉湾、狮峰亭等乡旅景点声名鹊起；作为“东海明珠乡”“东方鹿苑”美誉的新鹿亭，宾客络绎不绝，鹿亭之美，非孤芳自赏，而誉满寰中；忠于传承的鹿亭乡民，始终确守初心，仍可见座座朱祠、片片黛瓦、点点苍绿，未失其斑斓，而保有其朴与美，其传承的万千心力，亦唯乡民自知。

“治天下者以史为鉴，治郡国者以志为鉴。”而今，本志编写组将鹿亭历史和现实的有关资料，包含史地、人文的纪实辑成志节，其中的纲目包括自然环境、经济总情、村镇建设、风俗宗教、方言人文，等等，使诸位能更直观地感受家乡的前世今生，感受鹿亭发展的日新月异。

从不同层次和角度去观察鹿亭，正所谓是“横看成岭侧成峰”，诸位定领略各异。因而一部纵贯古今、横陈百业的志书，其“资治、存史、教化”之功是不可估量的。本志既为市（县）、镇编志提供资料，也能让海内外鹿亭人对乡土更加了解，增进天下鹿亭人的乡情梓谊。

《鹿亭乡志》经编写组的辛勤劳作，扎实调查，认真考证节选，以求去伪存真，取大舍小，简明扼要，较好反映鹿亭的历史风貌和现状，这种严谨的工作精神，至足可贵。

因撰数语，借此布臆，临纸神驰，不尽欲言。

感谢乡党委、乡政府，修志告成，是优秀领导力的展示。

祈愿鹿亭人民在新的发展征程中再展宏图，再谱壮美新篇。

陳壽灿

二〇二一年仲夏于杭州西溪

序二

前有所稽，后有所鉴。《鹿亭乡志》在中共余姚市委、市人民政府的关心支持、市史志办的精心指导下，历经五年寒暑终告修成。本志作为鹿亭乡境域内第一部志书，它的出版具有重要历史意义。

鹿亭其名源于清光绪《余姚县志》：“齐孔祐隐居是山，有鹿中矢来投，祐养其创，愈而去，因建鹿亭于祠宇之侧。”乡名盖由于此。其行政区划经唐、清、民国至中华人民共和国成立后多次变更，于1992年终成现境域。鹿亭是一块人杰地灵的宝地，地处余姚市南部的四明山脉中，层峦叠翠、山清水秀、风光旖旎；这里的人民淳朴善良、勤劳勇敢，文明崇德的乡风赓续绵延。这部乡志较好地记述了鹿亭的发展历程和风土人情，细读之下收获丰硕。

鹿亭灿烂的历史文化于此志中记载。中村白云桥始建于唐代贞观年间，同处中村的仙圣庙、古戏台始建于南宋末年。此外，晓云村大方桥建于清乾隆年间，石潭村龚氏宗祠于清咸丰年间落成，这些人文景观承载了鹿亭厚重的历史。鹿亭人文荟萃，名贤辈出，宋代武义大夫郑士渚、明朝工部侍郎龚辉等闻名遐迩，这里也是唐朝重臣和大书法家褚遂良后裔的聚居地。中华人民共和国成立后，特别是改革开放四十多年来，鹿亭乡焕发新的活力，各项事业蒸蒸日上、成绩斐然。进入新时代，鹿亭积极践行“绿水青山就是金山银山”理念，不断推进乡村振兴，逐步迈向共同富裕，继续谱写鹿亭历史新的华章。

鹿亭光荣的红色基因于此志中闪耀。在争取民族独立，人民自由解放的伟大斗争中，英雄的鹿亭儿女顽强拼搏、不惧牺牲，用生命和热血铸成了丰碑，换来了人民当家做主的时代。在抗日战争时期、解放战争时期和抗美援朝战争中，先后有32名鹿亭儿女为国捐躯。现乡内留存着新四军浙东游击纵队后方医院遗址、陈天龙修械所旧址等红色遗迹，以及为纪念革命先烈而设立的鹿亭乡烈士陵园、中村战斗纪念园等建筑。“为有牺牲多壮志，敢教日月换新天”，这些彪炳史册的革命英烈，这些气壮山河的抗争故事，激励着鹿亭后人奋发有为，在建设祖国、振兴家园的征途上砥砺前行。

鹿亭丰美的自然资源于此志中展现。乡境内阳光充足、四季分明，晓鹿大溪、白鹿大溪从中穿过，水质常年保持在Ⅱ类及以上，是宁波市重要的水源地之一；森林覆盖率达85%，富含负氧离子，空气清新宜人，是“中国天然氧吧”。乡内最多的是毛竹林，竹笋产量丰硕，加工制成的笋干香气馥郁、鲜嫩可口，其独特品质帮助鹿亭获得了“中国笋干特色之乡”的殊荣。狗头颈瀑布、算坑次森林、李家塔千年古樟、白鹿花海等各类自然景观成为游客打卡胜地，助推鹿亭全域旅游建设走向更高水平。

盛世修志，志载盛事。鹿亭史上首部志书的出版，为社会主义现代化建设提供了翔实的资料，不仅具有存史、资政、教化、交流的作用，而且有助于让鹿亭人民了解故土，激发鹿亭人民爱我鹿亭、振兴鹿亭的感情。借此机会，谨向为编纂乡志而付出辛勤劳动的全体人员致以崇高的敬意，向提供帮助和指导的各界人士、各级领导、有关专家表示衷心的感谢。

以史为鉴，开创未来。在建设“三美鹿亭”、推进乡村振兴、实现共同富裕的新征程中，希望鹿亭社会各界通过读志、用志总结成功的经验、吸取失败的教训、把握未来的方向，为鹿亭更加绚丽多姿的明天贡献力量。

是为序。

鹿亭乡党委书记　陈晓珍

鹿亭乡人民政府乡长　丁东青

2021年8月

凡例

一、本志编纂以马克思列宁主义、毛泽东思想、邓小平理论、“三个代表”重要思想、科学发展观和习近平新时代中国特色社会主义思想为指导，坚持辩证唯物主义、历史唯物主义的立场、观点和方法，遵循实事求是的原则，以史实为依据，力求真实、系统、完整地反映鹿亭乡域自然、政治、经济、文化和社会的历史与现状。

二、鹿亭乡境以现行政区划为主。民国至今，体制和名称有多次变化，追记史实时沿用原乡（公社）、村（大队）名称。现境机构的历史资料与境外无法分割、民众参加境外重大事件的，均予适当记述。

三、记述时限。上溯事物之发端，下至2016年底，部分照片拍摄时间延至2020年。

四、文体。本志采用语体文、记述体编写。前冠概述、大事记，中列专志25编，后殿丛录。以文为主，配以图、表、照片，结构层次分编、章、节、目。横排门类，纵述史实，详今略古，述而不论。

五、文字。以国家语言文字工作委员会1986年10月颁布的《简化字总表》为准。标点符号以中华人民共和国国家标准《标点符号用法》（GB/T 15834—2011）为准。

六、纪年。民国以前，用历史纪年括注公元纪年，同一节同一年号出现两次以上时，一般只括注首次。农历时间用汉字书写，公历和民国年号用阿拉伯数字书写。凡没有注明世纪的年代，均指20世纪。1949年10月1日中华人民共和国成立后，均用公元纪年。

七、地名。除记述历史事物时使用历史地名外，均采用《余姚地名志》公布的地名。1985年7月余姚撤县设市，此后所有冠县名的行政、事业单位均改冠市名。未冠名的市（县）均为余姚市（县）。

八、人物收录。立传人物遵循“生不立传”原则，以鹿亭籍人士为主（含祖籍）。当代人物中具有一定职级的干部及高级职称、高学位人员仅作名录记入，其中行政人员录记副科（局）级以上者。高级职称录记副教授、副高级专业技术职称以上者，高学位人员录记博士以上者。

九、简称的使用。各种名称每编首次出现时用全称，并在其后括注简称，此后一般使用该简称。

十、计量单位。一般采用《中华人民共和国法定计量单位》规定表述，必要时仍采用习惯名称。

十一、数据来源。历史数据来自文献资料。中华人民共和国成立后的数据，多来自统计部门，统计部门无数据的，以主管部门统计的档案数据为准。历史年代与调查统计部门不一，个别同项目数据存在差异者，尊重史料记述。地理高程数据沿用吴淞基准高程。

十二、本志编纂资料来自档案、旧志、正史、报刊、专著、谱牒、调查采访，均经考证审订，直录史籍原文时，注明其出处。史籍文献记载不一者，以诸说并存录入，部分调查采访难以考证者，尽量不予（或少）录入。

目录

第三编　人口　姓氏

第四编　经济总情

第五编 林业 特产

第六编 农牧渔业

第七编 水利 电力

第八编　工业经济

第九编　交通运输

第十编　商业　贸易

第十一编　旅　游

第十二编　邮政　电信

第十三编　财政　税务

第十四编　金融　保险

第十五编　村镇建设

第十六编　党派　群团

第十七编　人大、政府

第十八编　军事　政法

第十九编　民政　劳动人事与社会保障

第二十编　教　育

第二十一编　卫　生

第二十二编　文化　广电　体育

第二十三编　风俗　宗教

第二十四编　方　言

第二十五编 人 物

丛 录

概 述

一

鹿亭乡位于余姚市东南部，地处北纬29° 49′ 14″—29° 54′ 24″、东经121° 05′ 58″—121° 14′ 10″之间。东与宁波市海曙区为邻，南与大岚镇接壤，西与梁弄镇交界，北与梨洲街道、陆埠镇相连。距余姚市区38千米，距宁波市区42千米。辖区面积70.45平方千米，东西极距约10千米，南北极距约7千米，平均海拔400 ~ 500米。境内最高峰白岩尖，海拔777米。晓鹿、白鹿大溪为主要溪流，全长37.3千米，有主要支流10条，全长22.61千米，另有山涧小溪纵横交错，均属奉化江水系，水域面积0.72平方千米。属亚热带季风气候，夏冬稍长，春秋略短，有较明显的雨季和旱季。年平均气温15.8℃，年均日照1931.3小时；2007—2016年，年均无霜期257.7天，年均降水量1976.85毫米。

秦时属会稽郡余姚县，唐代始置四明乡。清光绪三十四年（1908），析四明乡置南溪乡。民国19年（1930），析南溪乡置鹿亭乡，隶属余姚县第二区。民国29年，鹿亭乡与白云乡合并为白鹿乡，隶属余姚县梁弄区。民国37年12月25日至次年5月，白鹿乡隶属四明县。1950年4月，析白鹿乡置鹿亭乡。1956年4月撤区并乡，白鹿乡并入鹿亭乡。1958年10月，鹿亭乡与晓云乡合并组建高峰人民公社。1959年3月，改名鹿亭人民公社，辖李家塔、晓云、陈家岩3个管理区。1961年，改管理区为公社，置鹿亭公社。1983年9月，实行政社分设，恢复鹿亭乡，乡人民政府驻地上庄。1992年5月，鹿亭、白鹿、晓云3个乡合并组建鹿亭乡，下辖39个行政村。2001年4月，39个行政村调整为12个。2016年，全乡有耕地480.8公顷、林地5065.65公顷、园地738.13公顷，总人口6525户、17180人。鹿亭乡先后获国家级环境优美乡镇、中国最美村镇“文明风尚奖”、浙江省生态示范乡、浙江省小康型老年体育乡镇、浙江省体育强乡、浙江省旅游强乡等荣誉。

二

鹿亭乡人文荟萃，名贤辈出。宋时，郑士渚以战功授武义大夫，为侍父放弃仕途，卜居中村，被奉为中村郑氏一世祖。明代，乡人龚辉中嘉靖二年（1523）进士，官至工部左侍郎，死后赠右都御史，被后世誉为“大明能臣”。民国时期，茶商陈一鸥热心公益，仗义执言，被人们称为浙东茶界一骑士。当代名人则有国际著名中国问题专家郑永年，中科院上海应用物理研究所副所长、研究员、博士生导师马余刚，浙江工商大学校长、二级教授、博士生导师陈寿灿，南京大学固体微结构国家重点实验室副主任、物理学教授、博士生导师马余强，浙江省作协副主席、宁波市作协主席、文学港杂志社主编褚佩荣等。

鹿亭乡历史上曾是军事纷争的战场。明嘉靖

年间（1522—1566）谢志望抗倭义兵、清康熙年间（1662—1722）以朱三太子为旗号的张念一反清义军等，都曾转战于境内。康熙四十七年（1708），绍兴同知分府设梁弄，把总1人带兵60人驻中村；康熙四十八年，设中村巡检司署；乾隆年间（1736—1795）中村洞桥（白云桥）头设中村汛。民国30年秋，国民党陆军暂编第九军挺进第一纵队曾设司令部于陈家岩；民国后期，中村曾驻国民党“浙保”第一总队第二大队。

鹿亭人民具有光荣革命传统。民国32年，成立中共晓岭村支部，是为境内第一个中共基层组织。至民国33年，乡境内建有乡党总支2个，村党支部15个。是时，东岗、中姚、晓岭、陈天龙、陈家岩等地均建立民兵组织。解放战争时期，境内发生大小战斗5次。许多热血青年积极投身革命，在抗日战争、解放战争、抗美援朝战争中，先后有32名鹿亭儿女牺牲。1985年，现乡境内3个乡由宁波市人民政府授予抗日战争时期革命老根据地称号。截至2016年底，境内有新四军浙东游击纵队后方医院等红色遗迹4处，其中宁波市爱国主义教育基地1处。

三

鹿亭乡地处姚南山区，山多田少，旱地种植茶树，间作豆类、麦、薯类等杂粮，粮食不足以自给。山林以毛竹山、林木、柴山为主，山民自产竹木山货及农副产品到附近集镇销售交易。中村为昔日鄞县、慈溪和余姚三县交界，至民国时期已有糕点加工、油车榨油、米店、南货店、中药房等。

1951年土地改革，废除封建土地所有制，实现“耕者有其田”，使农村生产力第一次得到解放。之后实行农业生产上的互助合作，先后建立互助组、初级农业生产合作社、高级农业生产合作社，随之实行工商业体制改革。此后历经三年困难时期和“文化大革命”，鹿亭经济在曲折坎坷中前进。1981年开始实行以家庭联产承包责任制为主体的农村经济体制改革，既促进农业经济发展，也为乡镇工业崛起提供充足的劳动力和原始资本。2016年，全乡工农业总产值13.24亿元，农民年人均收入17025元。

鹿亭农业以茶叶为主要特产，民国5年已出现小面积块状种植茶叶模式。中华人民共和国成立后，改进栽培技术、推广良种，面积、产量逐年上升。2016年，全乡有茶园578.33公顷，茶叶总产值1469.11万元，其中名优茶产值1179.38万元，占总产值的80.28%。“鹿沁牌”茶叶在第四届全国“中绿杯”名优绿茶评比中获金奖。1977年，鹿亭、晓云2个公社为省定毛竹丰产基地，1987年，鹿亭、晓云2个公社又被省政府定为万亩以上竹林基地乡镇。1995年，全乡有毛竹山2266.7公顷，毛笋总产量823万千克，总产值1975.2万元，户均收入3292元。2003年，全乡有生产水煮笋企业10家，收购鲜笋472.8万千克，加工成品31.85万罐，出口日本及东南亚市场，年产值2505万元。2016年，全乡晒制笋干、笋干菜130吨。1990年，鹿亭、晓云、白鹿3个乡被余姚市政府确定为林区。2016年，全乡有国家级、省级、宁波市级生态公益林4404.7公顷。

明嘉靖年间（1522—1566），晓岭廊棚有手工染布作坊。民国时期，境内有粮食加工场、油坊、茶食加工场等，还有数家砖瓦窑，多为家庭作坊。民国32年，三北游击司令部在晓云乡深坑、陈天龙村建立织工部、修械所。1950年，现乡境内有手工工人156户，从业人员1460余人。1956年，按行业组成5个手工业合作社（小组）。1958年10月，手工业合作社合并组建综合性厂，同年创办第一个社办企业热水瓶竹壳厂。1992年，全乡有乡村办企业、家庭联户和个体企业103家，从业人员2686人，工业总产值11138万元。1998年，乡村企业经营机制转换结束，乡工业经济以股份合作、民营独资、“三资”企业为主体，民营企业发展迅速。2016年，全乡有工业企业86家，其中上规模企业7家，总产值12.09亿元，出口交货值2915万元。

民国时期，境内无集市，山民农历每月逢五逢九肩扛背驮把农副产品搬到陆埠、梁弄、樟村、鄞江桥等集市交易。每当春笋上市，山民把春笋挑到鄞县童家滩销售。1983年，鹿亭供销社在宁波城区开设竹器门市部，1985年晓云农贸市场开市。至2016年，全乡有村级小菜场5个，有超市、专卖、连锁、直销、代销等现代商业网点数家，还有以互联网为理念建设的农副产品展销店1家。有注册工商户260户。

1986年始设乡级财政，2016年，乡级财政预算内收入3515.47万元，乡级财政支出9197万元，全乡个人存款余额20484.7万元。

四

1957年试办鹿亭中村水力发电站，1979年新安江电入境。1980年底，现乡境内39个行政村、162个生产队全部通电。至2016年，全乡有小水电站19座，总装机5715千瓦，年均发电量1084万千瓦时。总用电量869万千瓦时，其中农村用电量734万千瓦时。

山民外出历来须翻山越岭，交通极为不便。1954年，晓岭至鄞江桥手车道开通，1959年改建成晓鄞公路。至2016年，区域内有等级公路20条，其中县道3条、境内总长34.5千米，乡道17条、境内总长48.807千米，公路密度为1.18千米/平方千米。县道、乡道、支线机动车路纵横交织，四通八达，实现村村通公交。

民国时期，境内设邮政代办所。民国36年，现乡境内白鹿、晓云2个乡开通电话，时梁中线（梁弄—中村）与鄞县、慈溪两县连路直达线。1959年，鹿亭人民公社建农村电话交换所。1962年，电话通至每个生产大队。1994年3月全乡开通程控电话，1997年建移动电话基站，至2002年，全乡无线通信网络全覆盖。2016年，全乡宽带网络用户369户，固定电话用户1794户，电信业务收入88.64万元。

五

民国后期，境内有国民学校6所，另有私塾数家。1952年，民办小学全部由政府接管转为公办。1958年，创办高峰人民公社民办初中，各生产队相继兴办托儿所、幼儿园。1969年9月，现乡境内3个公社均创办公社中学，至1975年均设立高中部。1984年实现初等教育普及。1990—1992年，3个公社先后实施九年义务教育。1994年成立乡成人中等文化技术学校。2016年，全乡有幼儿园1所，在园幼儿24人，教职工9人；乡中心学校（九年一贯制）1所、9个班级，在校学生85人，其中小学生68人，初中生17人，教职工29人，乡成人中等文化技术学校1所，教职工3人。

民国时期，中村、岩头、叶家样、新宅、冬青、大溪等村均有私人诊所或郎中，也有走村串巷的走访郎中流动行医。1951年，梁弄区卫生保健所于白鹿陈家岩设分所，1992年，成立鹿亭乡卫生院，下设晓云、白鹿2个分院。2016年，设全科医疗、中医骨伤科、牙科、康复疗理、免疫接种、妇儿保健、计划生育指导、放射等科室，有医务人员33人。另有社区卫生服务站4个，村卫生室2个，卫生医疗服务点5个。基本消灭地方病，传染病发病率大大降低，可免疫疾病的发生基本得到控制。公共卫生事业也有长足发展，全乡自来水覆盖率100%，生活污水处理全覆盖，推广冲水式节水公厕，生活垃圾实施户集、村收、乡运、市填埋处理方式。至2016年，全乡有宁波市级卫生村4个、余姚市级卫生村8个。

2002年，被命名为宁波市“东海明珠乡”，村村建有图书室、文化礼堂、农民公园、老年活动室等，小型公共健身活动场地遍及各村，有健身路径28条，多次举办“快乐两轮·运动鹿亭”单车赛。全乡非物质文化遗产12个大类、88个项目入选宁波市《甬上风物》一书，其中鹿亭竹编被列入第二批宁波市非物质文化遗产名录，数字电视入户率98%。2016年，有全国首批传统村落1个，浙江省历史文化名村1个，宁波市历史文化名村2个。

全乡有山水景观18处，人文景观10余处，红色旅游景观4处。有香泉湾铁皮石斛、白鹿油菜花、东岗牡丹花和“东方鹿苑”鹿文化产业园等休闲观光农业基地。2016年，全乡有农家乐、民宿30家，全年游客超31万人次，旅游收入2922余万元。

境内文物古迹遗存以明清及民国时期地面建筑为主，集中分布于中村、李家塔、晓云、石潭等村落。至2016年，境内有浙江省文物保护单位1处——白云桥，余姚市文物保护单位5处——李家塔板桥、仙圣庙戏台、大方桥、龚氏宗祠、褚氏宗祠，文物保护点2个——石潭板桥、仙庆庙。

岁月流逝，沧海桑田，在漫长的历史长河中，鹿亭人民用自己的智慧和勤劳双手，通过不懈的努力，打造一个物茂年丰的新山区。全乡人民在党和政府领导下，因地制宜，同舟共济，物质文明和精神文明建设取得令人瞩目的成就。近年来，以“建设美丽乡村，发展美丽经济，共享美好生活”为总目标，以全域旅游为发展导向，以“鹿”文化为特色基因，逐步走出了一条生态文明建设与美丽乡村建设互促共建的科学发展路子。鹿亭人民正满怀信心，乘势而上，再铸鹿亭辉煌。

大事记

唐

贞观年间（627—649）

始建中村白云桥。

南宋

建炎年间（1127—1130）

龚俊自剡县（今嵊州市）坂田迁居余姚县四明乡白云村上菁里，名其地为龚村，被奉为石潭龚氏始祖。

郑士渚自余姚县云柯乡郑巷村（今属余姚市低塘街道）迁居四明乡中村，被奉为中村郑氏一始祖。

山东青州陈氏五世孙，行添一，随父兵部侍郎陈升扈驾南渡，居大岚山之陈家岩，被奉为陈家岩陈氏始祖。

隆兴至淳熙年间（1163—1189）

褚邦英，由慈溪金川（今属余姚市三七市镇）徙余姚四明小岭，被奉为晓岭褚氏始迁祖。

元

至治年间（1321—1323）

仙圣庙从茅坪迁造于中村石门潭右。

元末

赵德尧自上虞箭山（今属余姚市梁弄镇）迁居余姚四明上菁，被奉为四明上菁赵氏始祖。

姚氏十二世，行万佑，自上虞县夹塘村迁入余姚大园地（今鹿亭乡晓岭），被奉为余姚小岭姚氏始祖。

明

明初

汤卯自天台下汤村迁居余姚县李家塔村（今鹿亭乡李家塔村），被奉为李家塔汤氏始祖。

成化年间（1465—1487）

王怀，自四明郡城凉风冈迁居余姚县上菁李家塔，被奉为李家塔王氏一始祖。

正德十一年（1516）

龚辉参加浙江乡试居第二。嘉靖二年（1523），中二甲进士，官至工部左侍郎。

嘉靖三十四年（1555）

闰十一月初一日，泗门谢志望率乡兵与倭寇战于斤岭，志望战死。

万历三十九年（1611）

建上菁庙。

清

顺治十八年（1661）

除夕，中村仙圣庙火灾。

康熙三年（1664）

十月十六日，重建仙圣庙。康熙八年十二月十五日竣工。

康熙四十七年（1708）

设绍兴同知分府于梁弄，把总 1 人带兵 60 人驻中村。

康熙四十八年（1709）

设中村巡检司署，建有房屋 15 间。

康熙五十八年（1719）

重修上菁庙。道光十九年（1839）重建。

雍正八年（1730）

建褚孟常公祠（今褚氏宗祠）。道光二十三年（1843）重建。

乾隆元年（1736）

9 月，重大瘟疫，以至“棺价腾涌，送丧号哭，不绝于耳”。

乾隆四十年（1775）

巡司秦璜重修中村巡检司署。“旋圮，移寓梁弄永和庵。”

乾隆五十五年（1790）

晓云大方桥（又名洞桥）建成。

乾隆年间（1736—1795）

在中村洞桥（白云桥）头设中村汛。

道光二十九年（1849）

建龚氏宗祠，名“孝思堂”。咸丰二年（1852）落成。

同治八年（1869）

重修白云桥。

光绪二年（1876）

汤仁勇建造李家塔双溪桥。

光绪十六年（1890）

白云桥、会龙桥重建。

光绪三十一年（1905）

晓云大方桥重修。

光绪三十四年（1908）

析四明乡置南溪乡。

中华民国

民国 9 年（1920）

7 月中，大风雨暴作，四明诸山石崩岩裂，洪水数道并下。村落庐舍、道路触流立毁，淹溺人畜不可算数。

是年，乡人陈一鸥在陈家岩村创办趑山小学。后为白鹿乡中心国民学校。

民国 10 年（1921）

9 月，暴风雨，洪水披山而下。中村后岙桥、李家塔双溪桥被冲垮，白云桥南端石阶冲走 20 余级。各村无不受害，俗称“辛酉年大水”。

民国 11 年（1922）

重建李家塔双溪桥，为境内第一座钢筋混凝土桥梁。

民国 17 年（1928）

初春，晓岭、中姚等盐贩在中村白云桥头打死盐缉 13 人。

8 月，县调查户口，现乡境内南溪乡计 2680 户、11150 人，其中男 6250 人、女 4900 人。

是年，推行村里制，南溪乡设 8 个村、54 闾、268 邻，属浙江省余姚县第二区。

民国 18 年（1929）

6 月，全县取缔私塾 7 所，境内岩头私塾名列其中。

是年，陈一鸥倡议修建羊额岭，邀岩头褚稼圃主持其事，经年完工。

民国 19 年（1930）

改村里制为乡镇制，境内置鹿亭乡（俗称上鹿亭）、白云乡、晓岭乡、云岩乡。均属浙江省第五特区余姚县第二区。

民国 22 年（1933）

陈一鸥改建九垒岭，添建中凉亭一座。

民国 23 年（1934）

推行保甲制，改村为保，保领甲。

冬，陈家岩村陈一鸥组织茶叶运销合作社，以“异军”作茶叶商标。

民国 26 年（1937）

畲里“孝友堂”创办畲里小学。

民国 28 年（1939）

3 月，现乡境内鹿亭、白云、晓岭、云岩 4 个乡茶农与大岚、梁弄、左溪等乡茶农成立请愿团进县城，开展“提高茶价，平抑米价，反对操纵，救济山区人民”为中心的请愿活动，取得胜利。

民国 29 年（1940）

白云乡与鹿亭乡合并组建白鹿乡，晓岭乡与云岩乡合并组建晓云乡。均属浙江省第三行政区余姚县梁弄区。

民国 30 年（1941）

4 月 23 日，余姚沦陷。国民党县政机关先后撤至晓云乡岩头、白鹿乡陈家岩等地。

5 月 30 日下午，日伪军 300 余人进犯驻陈家岩的国民党余姚县政府，打死村民 1 人，打伤 2 人。

是年秋，国民党陆军暂编第九军挺进第一纵队进驻四明山，司令部设陈家岩，次年撤走。

民国 31 年（1942）

冬，中共四明地委迁姚南白鹿乡祝家堰。

民国 32 年（1943）

1 月，建立中共晓岭村支部，为境内第一个基层党支部。

6 月，三北游击司令部卫生处第一期医务卫生训练班在晓云上村大王庙开学。

7 月，三北游击司令部在晓云乡陈天龙村建立修械所。

是月，白鹿乡、晓云乡成立农民协会。

下半年，中共大岚区委派朱虹、陈苇 2 人分别到白鹿、晓云 2 个乡，组织农民开展减租减息斗争。

11 月，国民党“挺四”田岫山部和“挺五”张俊升部，连续袭击岩头、陈天龙三北游击司令部后方医院、修械所。

12 月 10 日，日本侵略军火烧上庄村（庄陇头）、高岩村、大山八石自然村。新四军浙东游击纵队通讯员赵德法在大山村十字路口中弹牺牲。

是年，三北游击司令部在晓云乡深坑村设立织工部。

民国 33 年（1944）

8 月，浙东鲁迅学院在陆埠杜徐村建立，后迁梁弄宣家塔、白鹿陈家岩等地。

9 月，白鹿、晓云 2 个乡党总支建立，下辖 15 个村党支部。

秋，新四军浙东游击纵队后方医院迁至晓岭大方桥（洞桥）东侧的岳殿。

民国 34 年（1945）

1 月 12—13 日，中共四明特派员办事处第九次政务会议在白鹿乡陈家岩召开。

4—8 月，浙东银行抗币印刷车间先后设南山乡杜徐、泥镬里、白鹿乡梁湖及南山乡袁马等地。

4 月，晓云、白鹿 2 个乡建立抗日民主政权。

上半年，中共大岚区委在白鹿乡陈家岩村举办 2 期干部训练班，对基层骨干进行培训教育，训练班每期 1 个月。

10 月，东岗、中姚 2 个村建立民兵组织，其中东岗村有民兵 7 人、中姚村 10 人。

民国 35 年（1946）

4 月 28 日，白鹿乡陈一鸥、晓云乡褚世芳当选为余姚县第一届参议会参议员。

是月，陈一鸥创办于余姚的天一茶厂复业，由上海大华茶叶公司代售。

是年，户口调查，乡境有20保、192甲，2318户。

民国 36 年（1947）

3 月某日晚，中共地下党负责人黄连率武装人员，袭击国民党晓云乡公所，缴获毛瑟步枪 5 支。

12月，白鹿、晓云2个乡开通电话。

是年，余姚县人口统计，现乡境内有17保、177甲，2319户，8635人。

民国37年（1948）

3月26日晚，浙东人民游击队三支队和教导队，对“浙保”中村据点发起进攻，激战2个多小时。

5月21日，浙东人民解放军第五支队和第三支队在晓云高山村宿营，遭“浙保”数营兵力进犯。阻击后成功转移。

5月22日下午，浙东人民解放军第五支队和第三支队在牛塘与“浙保”激战一个多小时。

秋，在上庄村建造革命烈士墓。

12月25日，国民政府增设四明县，白鹿、晓云2个乡隶属四明县。

民国38年（1949年9月30日止）

3月11日，中共鄞慈县民运干部朱敏、陈辉、萧章、徐角方被国民党“浙保”杀害于中村独山脚下。

4月，据人口统计，白鹿乡8保、83甲，1109户、4194人；晓云乡9保、94甲，1208户、4505人。

6月，建立白鹿乡、晓云乡人民政府。

是月，建立白鹿、晓云2个乡党支部。

9月24日，陈一鸥出席余姚县第一届各界人民代表会议第一次会议。

中华人民共和国

1949年

10月，废除保甲制度，设置行政村。

1950年

4月，白鹿乡分设为白鹿、鹿亭（俗称下鹿亭）两乡；晓云乡分设晓云、东岩两乡。

8月19日，晓云乡供销合作社成立。

冬，现乡境内鹿亭、白鹿、晓云、东岩4个乡全面开展土地改革，至次年10月基本结束。

1951年

4月，鹿亭乡供销合作社成立。

冬，鹿亭、白鹿、晓云、东岩4个乡均建立少年儿童队组织。

是年，梁弄区卫生保健所设分所于白鹿陈家岩。

1952年

4—5月，复查土地改革政策，向农民颁发土地房产所有证。

5月10日，白鹿乡农民陈茂强成功试制浙江省第一台单臂手摇茶叶杀青机。

9月，政府接管各类学校，改为公办。

是年，现乡境内4个乡分别建立治保委员会。

1953年

6月30日24时，第一次全国人口普查启动。

是月，供销社开展等级评定，鹿亭、晓云2个供销社均划为丙级社。

6月至12月，全县进行首次人民代表普选工作，现乡境有选举权公民6466人，占总人口的60.13%，参加选举公民5465人，参选率84.52%。

9月，建立中共鹿亭乡支部。

是年，鹿亭乡在中村前山仙圣庙内设粮油购销站点；晓云乡在晓岭平桥头羊坑祠堂内设立粮油购销站点。

是年，鹿亭供销社在宁波城区设立办事处。

是年，建立白鹿信用合作社，为境内第一个信用合作社。

是年，鹿亭乡成立圆木、竹器2个手工业合作小组。

1954年

3月5日，召开鹿亭乡第一届人民代表大会，选举鲁长根为乡长。

是月，各乡政府建立乡人民调解委员会。

4月，晓岭至鄞江桥手车道开通。

5月，建立中共东岩乡支部。

9月14日，各乡召开群众大会，传达中央有关棉布统购统销政策，宣布棉布一律凭票供应。

是月，建立农业社邮递员制，境内各乡均设邮递员1人。

是年，建立鹿亭信用合作社。

是年，建立晓云卫生保健所。

1955年

2月，鹿亭、晓云2个基层供销合作社并入梁弄供销社。

3月，农村粮食实行定产、定购、定销（简称“三定”）政策，统购三年一定，统销一年一定。

冬，部分初级农业生产合作社（简称“初级社”）开始升级为高级农业生产合作社（简称“高级社”）

是年，建造中村烈士墓。

1956年

4月，白鹿乡与鹿亭乡合并组建鹿亭乡，东岩乡与晓云乡合并组建晓云乡。

是月，分别建立中共鹿亭乡和晓云乡总支。

8月1日，12号强台风在象山南庄登陆，影响境内，造成极大损失。

10月10日，召开鹿亭乡第二届人民代表大会，选举王朝煊为乡长。

11月，鹿亭乡岙里遭受火灾，受灾45户，烧毁房屋65间。

是年，现乡境内手工业从业人员按行业组成竹器、木器（方木）、泥水、石匠、圆木5个手工业合作社。

是年，现境内鹿亭、晓云2个乡人民委员会建立财政。

是年，鹿亭、晓云2个乡妇女联合会（简称“妇联”）成立。

是年，晓云乡团委建立。

是年，白鹿勤丰合作社被评为余姚县茶叶生产先进合作社。绍兴地区有关县组织人员到白鹿乡陈家岩村后山茶园参观学习茶树栽培技术。

是年，晓云信用合作社建立。

是年，邮电部门架设梁弄至上庄木杆单线线路一条，杆号1～293，杆程14.36千米。

1957年

9月5日，第一批城镇中小学毕业生8人到梁弄、鹿亭插队落户。

10月，鹿亭乡中村水电站建成发电，装机20千瓦，是乡境内第一个农村小水电站。

1958年

4月9日，鹿亭乡第三届人民代表大会召开，选举王朝煊为乡长。

是月，实行粮食包干制度，确定统购统销政策数量后，增产不增购，减产不减免。

5月，晓云乡邮电所建立，置容量10门磁石总机1台。

6—7月，农村大批青年组成“木炭兵团”“铁砂兵团”，土法上马，大办钢铁。至次年下半年停办。

10月，实行人民公社制度，鹿亭乡与晓云乡合并组建高峰人民公社，下设8个大队。

是月，境内第一座小（2）型水库杨树湾水库开工建造。至1960年8月竣工。

11月，高峰人民公社民办初中创办。1961年因三年暂时困难而停办。

是月，高峰人民公社邮电所建立，置总容量30门磁石总机1台。

是月，高峰人民公社卫生保健所建立。

是月，恢复鹿亭供销合作社，并改称高峰人民公社供销部，设中村、晓云、陈家岩等供销社点。

是年，高峰人民公社手工业综合性厂在晓云洞桥东岳殿、龙王殿创办热水瓶竹壳厂，为境内第一个社办企业。

是年，境内村村开办托儿所、幼儿园和公共食堂。

是年，高峰人民公社开通余姚广播站有线广播，8个大队均安装广播喇叭。

是年，设立晓云茶叶收购站，为余姚县4个茶叶收购站之一。

是年，鹿亭桥（现名鹿亭大桥）建成。1981年重建，2013年再次重建。

1959 年

1月24日，陈家岩村大火，全村受灾144户，烧伤7人，烧毁房屋557间。

2月，开展土壤普查，进行土地规划和清丈，乡境内有耕地491.53公顷，其中水田420公顷，旱地71.53公顷。

3月，高峰人民公社改名鹿亭人民公社，下设李家塔、晓云、陈家岩3个管理区。

9月，由晓岭至鄞江桥手车道改建的晓鄞公路通车，为乡境内第一条公路。

是年，中国共产主义青年团鹿亭公社委员会建立。

是年，大溪公路桥建成。1996年改建，2001年重建。

1960 年

6月，李俞线第一期李家塔村至石潭村段建成，全长3千米。

是年，晓岭生产队褚士长被评为浙江省青年、妇女社会主义积极分子代表大会先进个人。

是年，中村幼儿园被评为浙江省先进儿童工作集体。

1961 年

9月，撤销鹿亭人民公社，李家塔、晓云、陈家岩3个管理区分别改建为鹿亭、晓云和白鹿公社。

10月，中共鹿亭、晓云和白鹿3个公社委员会相继建立。绝大多数生产大队建立党支部。

是月，召开鹿亭公社第四届人民代表大会，选举陈海潮为公社管理委员会主任。

12月11日，白鹿新宅发生火灾，遭灾29户，烧毁房屋49间。

是年，杨树湾水库发生倒坝事件，冲毁马家坪双溪桥。

是年，白鹿公社粮站建立。

是年，白鹿公社邮电所建立。

是年，鹿亭、晓云2个公社基层供销社恢复，新建白鹿公社供销合作社。

是年，鹿亭公社李家塔大队托儿所被评为省“三八”红旗集体。

1962 年

鹿亭、晓云、白鹿3个基层供销社并入梁弄区供销社，现乡境设鹿亭、晓云、白鹿3个供销分社。

是年，现乡境内3个公社42个大队均开通电话。

1963 年

3月6—18日，鹿亭公社冬青大队出席余姚县农业先进集体和先进个人代表大会，并被树立为全县10面先进红旗单位之一。

6月7日，鹿亭公社第五届人民代表大会第一次会议召开，选举黄大玉为公社管理委员会主任。

是年，建立白鹿公社团委。

1964 年

4月，鹿亭公社中村大队创办汽车油封厂，是余姚县首建的油封企业，也是乡境内第一个队办企业。

6月30日24时，第二次全国人口普查启动。鹿亭公社有1095户5020人，其中男2608人、女2412人。乡境内共有13873人，其中男7350人、女6523人。

10月19日，陆上线第二期袁马村至鹿亭公社上庄村段竣工通车。

是月，乡境内鹿亭、晓云2个公社邮路改由余姚县邮电局委办客运班车邮运。

是年，鹿亭公社农业中学创办，1966年停办。

是年，晓云公社前岙口粮食战备仓库建成投运。

1965 年

是年，公社、大队两级普遍建立贫下中农协会。

是年，中共余姚县委部署以清政治、清经济、清组织、清思想（简称“四清”）为主要内容的社会主义教育运动（简称“社教”），社教工作队进驻各公社、大队。

1966 年

2月16日，鹿亭公社第六届人民代表大会召开，选举黄大玉等5人为出席县第六届人民代表大会代表。

4月10日，梁弄镇等非农业户口知识青年10余人，到白鹿公社陈家岩大队“插队落户”。

是年，因“文化大革命”，学校师生“停课闹革命”。鹿亭公社中心小学自此停办近3年。

1967年

8月，鹿亭公社创办农机五金厂。

是年，组建鹿亭道班，20世纪60年代县境内4个农村道班之一。

1968年

7月，白鹿公社革命委员会成立，代行党委职责。1970年8月恢复公社党委。

11月26日，李俞线第二期自鹿亭公社石潭村至大岚公社余家横村段动工修建，至1970年5月8日竣工。

11月，鹿亭公社革命委员会成立，代行党委职责。1970年7月恢复公社党委。

年底,各大队卫生员、保健员改称“赤脚医生”。

1969年

5月，晓云公社革命委员会成立，代行党委职责。1970年8月恢复公社党委。

9月，创办鹿亭、晓云、白鹿3个公社中学，鹿亭公社中村大队小学附设初中班。

是月，农村公办小学下放到大队办，公办教师回原籍任教，乡境内39个行政村有小学35所。

是年，鹿亭公社农机五金厂购置现乡境内第一台“工农12型”手扶拖拉机。

是年，鹿亭公社、晓云公社相继建立广播放大站（俗称公社广播站）。

是年，各生产大队普遍实行合作医疗制度，建立大队合作医疗站。

1970年

5月，鹿亭、白鹿、晓云3个公社同时建立公社革命委员会党的核心小组。

是月，鹿亭公社成立电影放映队，有“赤脚放映员”3人。

7月，召开中共鹿亭公社第二次党员大会。

7—8月，现乡境内3个公社响应县革委会提出的“上学上岗，下学龙南”号召，全面开展农田水利基本建设、改土造田（俗称翻“大寨田”）、植树造林等运动。

9月1日，李俞线建成通车，白鹿公社邮件改由余姚客运班车邮运。

11月14日，白鹿百丈水库开工建造，至1973年2月8日竣工。

是年，中国人民解放军海军航空兵某部进驻晓云公社深坑岙。

1971年

1月,晓云公社并入鹿亭公社,次年3月又分设。

2月16日，白鹿、鹿亭2个供销分社组建鹿亭供销合作社。

4月，白鹿小黄泥岭水库开工建造，至1978年竣工。

5月，鹿亭公社组建民兵连。

9月，鹿亭公社中学招收首班高中一年级新生45人，为梁弄区2所完全中学之一。

是年，白鹿公社创办公社农机厂，为今余姚市松立工具五金有限公司前身。

是年，晓云公社创办农机五金厂，后更名余姚电视机厂。

是年，现乡境内3个公社均建立农科站。

1972年

2月5—12日，大雪8天，积雪41厘米，公路交通一度中断。

8月，受9号台风影响，在建白鹿小黄泥岭水库发生倒坝事件，致算坑村一座桥梁受损。

下半年，鹿亭供销社与梁弄供销社合并。

是年，晓云公社在王石坑村建立林场。

1973年

2月8日，现乡境内首座装机100千瓦的白鹿百丈电站（白鹿一级电站）建成投运，1978年底并入大电网。

5 月 30 日，大雨，晓云三弯圩水库大坝决口，冲走土石 100 余立方米，毁田 1.2 公顷。

1974 年

1 月 2 日，白鹿社办厂失火，延烧毗邻陈家岩大队茶厂，烧毁厂房 44 间。

是年，鹿亭公社中村大队大会堂（中村会场）落成，是当时宁波地区最大的村（大队）级大会堂。

是年，建立白鹿公社广播站。

1975 年

9 月，白鹿公社中学、晓云公社中学均招收高中班。

是年，梁弄区杂交水稻种植现场会在晓云公社中姚大队召开。

是年，鹿亭公社建立社队工业办公室，负责对下属工业进行管理指导。1983 年，改称为乡工业办公室。

是年，建立白鹿公社茶场，茶园面积 7.33 公顷。

是年，白鹿公社小黄泥岭高杨程机埠建成投运，扬程 35 米，受益面积 40 公顷。

是年，建立鹿亭公社农机管理站。

1976 年

1 月 8 日，周恩来逝世，乡境内各界群众自发佩戴黑纱、小白花，组织悼念活动。

9 月 9 日，毛泽东逝世，各机关、单位设灵堂，组织悼念活动。

是年，建立白鹿公社林场。

1977 年

1 月，连续下雪 21 天，交通一度中断，最低气温零下 9.3℃。

5 月，岩头电站建成投运，为乡境内第二座装机 100 千瓦的电站，1978 年底并入大电网。

9 月 10 日，晓鄞公路延伸至中姚村段动工修建，至 1979 年 12 月 12 日竣工通车。

是年，鹿亭公社在遥九岭、祝家堰和西岙等地建立公社林场。

1978 年

8 月，鹿亭公社、晓云公社同时组建民兵团。

9 月，白鹿、晓云 2 个公社中学停止招收高中学生。3 个公社恢复公社中心学校，3 个公社中学更名为公社中心学校初中部；李家塔小学、陈家岩小学、晓云上村联小分别冠以鹿亭、白鹿、晓云 3 个公社中心学校小学部之名。

是年，乡境内 39 个生产大队的所有自然村均通有线广播。

1979 年

1 月 1 日，乡境内接入国家电网。

9 月，鹿亭公社中心学校初中部停止招收高中新生。

1980 年

11 月 29 日，召开中共鹿亭公社第三次党员大会，选举龚鸿吉为公社党委书记。

12 月 3—4 日，召开鹿亭公社第七届人民代表大会第一次会议，选举赵炎邦为公社管理委员会主任。

12 月 15 日，沿山至沿夹岙公路建成通车。

是月，余姚县林特局在鹿亭公社召开林木抚育间伐座谈会。

是年，鹿亭公社算坑大队建成李家塔至东风山拖拉机路，时梁弄区 5 千米以上的拖拉机路仅此一条。

1981 年

4 月，开始试行农村家庭联产承包责任制。

是月，荷梁线中姚至梁弄段竣工，次月通车。

是年，境内 3 个公社均配备司法助理员，所辖 39 个大队均建立调解委员会。

1982 年

4 月，白鹿公社通过基本无盲单位验收。11 月，鹿亭公社、晓云公社基本无盲单位验收合格。

4 月 21 日至 5 月 20 日，对晓云、鹿亭、白鹿 3 个公社民办教师队伍进行考核整顿，乡境内 1978 年底前任教的在编民办教师共 93 人参加考核。

5月14日，斤岭顶至大坪公路建成通车。

是月，县人民政府在中村设立竹木检查站。

7月1日零时，第三次全国人口普查启动。鹿亭公社有1723户7130人，其中男3703人、女3427人。乡境内共有19505人，其中男10088人、女9417人。

是年，鹿亭公社有4个大队836户实行家庭联产承包责任制，有3个大队实行统一经营联产到劳，有2个大队分别实行统一经营联产到组和小段包工定额计酬。晓云公社91个生产队2245户社员、白鹿公社32个生产队763户社员全部实行包产到户。

是年，乡境内3个公社邮电所均参加余姚县农村邮电所联营站联营。

1983年

春，实行按人口劳动力分地到户经营的大包干，生产队与农户签订承包合同，颁发《承包手册》。

5月30日，鹿亭、晓云、白鹿3个基层供销分社组建余姚县上庄供销合作社。

6月，县林业局在鹿亭公社开展“封山育林（护林）综合技术研究”试点工作。

9月，实行政社分设，恢复乡人民政府，大队改称村。

9月23日，召开鹿亭公社第七届人民代表大会第三次会议，是政社分设建立乡人民政府后的第一次人代会，会议选举张国强为乡长。

是月，鹿亭公社中心学校撤销，初中、小学分开设置。

是月，乡境内3个乡卫生院均建立防疫接种站。

10月25日，中村至算坑公路建成通车。

12月15日，大洋山至郑塘岗公路建成通车。

1984年

春，境内3个乡185个生产队均实行家庭联产承包责任制。10月，乡人民政府给每户农户颁发土地使用证。

3月2日，余姚县邮电局自办山区第一条汽车邮路开通，沿途运送白鹿、鹿亭、晓云等11个邮电支局（所）的包裹等。

4月，境内3个乡均通过省普及初等教育验收，由省人民政府颁发“普及初等教育合格证”。

7月9日，召开鹿亭乡第八届人民代表大会第一次会议，选举张国强为乡长。

9月，晓云、白鹿2个公社中心学校撤销，初中、小学分开设置。

是年，鹿亭乡20余家乡、村办企业签订经济责任制承包合同，承包形式为集体承包厂长负责制。

是年，白鹿乡下姚村、陈家岩村等被命名为首批县级文明卫生单位，并获颁文明卫生光荣牌。

1985年

2月，实行“分级办学，分级管理”教育管理体制，乡初级中学、中心小学乡办乡管，其他学校下放村管理。

3月，建立晓云乡派出所。

4月，成立鹿亭乡科学技术协会。

8月16日，经宁波市人民政府批复，鹿亭、晓云、白鹿3个乡为抗日战争时期革命老根据地。

11月14日，晓云乡电视机配件厂安装50门磁石交换机，为境内唯一安装交换机的企业。

12月9—10日，大雪，山区公路交通中断15天。

是年，晓云乡农贸市场开市。

1986年

6月，乡境内在各基层党组织和全体党员中开展整党整风运动，历时1年，至1987年6月结束。

8月26日，农牧渔业部在验收余姚市改灶节柴试点中，随机抽查鹿亭乡，结果为平均每户年节柴750千克，全乡每年节约烧柴15.89万千克。

1987年

4月6日，召开中共鹿亭乡第四次代表大会，选举陈传坤为党委书记。

4月30日，晓岭至岩头公路竣工通车。第二期岩头至大年公路于7月动工修建，1989年12月23日建成通车。

是月，召开鹿亭乡第九届人民代表大会第一次会议，选举褚利富为乡长。

是月，首批居民身份证发放，至次年发放完毕。

9月，中村白云桥、李家塔板桥、中村仙圣庙戏台公布为市级文物保护单位。

12月，余姚市人民政府在晓云岳殿和陈天龙村口设立“新四军浙东纵队后方医院旧址”“陈天龙修械所旧址”纪念碑。

是年，鹿亭、晓云2个乡被省政府确定为万亩以上竹林基地乡镇。

1988年

7月8日，白鹿乡小黄泥岭电灌灌区灌道灌溉工程投产，管道全长2000米，受益面积40公顷。

7月29日，遭特大暴雨袭击，山洪暴发，溪水横溢，农田被毁。晓云乡2人被洪水冲走而亡。

8月7日晚，受7号台风正面袭击，境内山洪暴发。

1990年

3月18日至19日，召开中共鹿亭乡第五次代表大会，选举陈传坤为党委书记。

4月22日，召开鹿亭乡第十届人民代表大会第一次会议，选举陈传坤为乡人大主席团常务主席、黄志奋为乡长。

7月1日零时，第四次全国人口普查启动。鹿亭乡有2005户7193人，其中男3768人、女3425人。乡境内登记总人口18931人，其中男性9859人、女性9072人。

8月，鹿亭、晓云、白鹿3个乡被余姚市人民政府办公室确定为林区。

10月，农业部授予白鹿乡人民政府“全国农村能源建设先进集体”称号。

是年，鹿亭乡成为余姚市第五批实施九年义务教育乡镇。

是年，鹿亭中村大会堂（中村会场）、晓云岙里大会堂被列入市文艺演出中心和农村电影售票放映点。

1991年

5月27日—30日，宁波市人大常委会副主任钱念文率《中华人民共和国义务教育法》检查组来余姚，到白鹿等乡镇和学校作实地检查。

7月25日，鹿亭乡政府和武装部组织民兵等人员，配合宁波市劳教支队（黄湖监狱）狱警，捕获越狱窃犯周某设归案。

7月，中村村团支部书记郑世光被授予“1990年度全国青年绿化祖国突击手”称号。

是年，白鹿乡成为余姚市第六批实施九年义务教育乡镇。

是年，鹿亭乡通过市基本荒山绿化乡验收。白鹿、晓云两片于1993年摘掉荒山帽子。

1992年

3月，浙江省政府办公厅批准宁波市在中村村设“余姚市中村木材检查站”，1996年改为余姚市林业局下属余姚市木材检查站。

4月6日，召开鹿亭乡第十届人民代表大会第四次会议，补选陈荣芳为乡人大主席团常务主席。

是月，晓云乡成为余姚市第七批实施九年义务教育乡镇。

5月12日，鹿亭、晓云、白鹿3个乡合并为鹿亭乡。

5月，建立中共鹿亭乡纪律检查委员会，陈荣芳任书记。

是月，鹿亭乡财政组改建为鹿亭乡财政所。

6月8日，召开鹿亭乡第十届人民代表大会第五次会议。原鹿亭、白鹿、晓云3个乡的人大代表144人出席。会议通过徐少荣为乡人大主席团常务主席、选举金永兵为乡长。

6月17—18日，省委书记、省人大常委会主任李泽民慰问梁弄革命老区，并视察浙江电视机厂等企业。

8月，鹿亭乡初级中学改称乡中心初中，并设置白鹿、晓云2个片中；原鹿亭乡中心小学仍为鹿亭乡中心小学，原晓云乡中心小学、白鹿乡中心小学分别改称为晓云小学和白鹿小学，为2个辅导完小（亦称片校）。

9月，成立余姚市公安局鹿亭派出所。

10月，成立乡残疾人协会（联合会）。

是年，成立鹿亭乡老龄工作委员会（简称“老龄委”）。

是年，鹿亭、晓云、白鹿3个邮电所合并重新组建鹿亭乡邮电所。

是年，浙江电视机厂年产电视机212577台，年总产值首次突破亿元大关。

1993年

1月1日，召开中共鹿亭乡第六次代表大会，选举黄纪桥为党委书记。

2月26日，境内发生4级以下弱轻地震，延至3月3日、4日两天，次数增多，震级时弱时强，在1.7～4.2级之间，震感较强，出现屋宇摇晃现象，无房屋毁坏和人畜伤亡。

2月28日，召开乡第十一届人民代表大会第一次会议，通过徐少荣为乡人大主席团常务主席、选举金永兵为乡长。

3月3日，中姚村一村民家发生火灾，烧毁房屋3间，烧死1人。

5月，整合原鹿亭、白鹿、2个乡敬老院，重组鹿亭乡敬老院，集中供养全乡“五保”老人。

是月，乡政府选定余姚市鹿亭电器厂等3家乡办企业，开展转换经营机制试点工作，推行股份合作制。

6月30日，鹿亭片开通程控电话，电话总户数121户。

是年，全乡有14名（其中小学13人、初中1人）在编民办教师全部转为公办教师。

1994年

2月10日，中共余姚市委书记徐杏先率慰问团到鹿亭乡向节日期间坚守岗位人员进行慰问。

是月，成立鹿亭乡成人中等文化技术学校（简称“成校”）。

3月3日，召开乡第十一届人民代表大会第二次会议，选举蒋狄波为乡长。

3月21日，晓云、白鹿两片开通程控电话，共安装程控电话148门。

8月，浙江省省长万学远到鹿亭乡东岗村慰问“三老”人员和困难群众。

9月，乡中心小学从李家塔迁至上庄，乡境内冬青、孬里、上庄、金家、牛塘、郑洋、大洋山7所小学合并组建新乡中心小学。原乡中心小学改称为李家塔小学。

11月，由赵安中捐资30万元兴建的鹿亭乡初级中学林杏琴教学楼竣工交付使用。

是年，鹿亭乡通过省“两基”（基本普及九年义务教育、基本扫除青壮年文盲）验收。

1995年

8月，由原新四军浙东游击纵队政委谭启龙题写的“新四军浙东游击纵队后方医院遗址”纪念碑在晓云岳殿设立。

是月，双溪口至王石坑公路竣工。

是年，全乡毛笋总产量8200吨，总产值达1975万元，是乡境内历史上毛笋总产和总产值最高之年。

1996年

1月17日，中共宁波市委副书记李从军到鹿亭乡考察教育工作。

1月18日，召开中共鹿亭乡第七次代表大会，选举蒋狄波为党委书记。

1月24日，遭遇特大雪灾，压断、压破毛竹350余万千克，压塌大小房屋6间，低压电网断杆81根，全乡直接经济损失280余万元。

1月25日，召开乡第十二届人民代表大会第一次会议，选举徐少荣为乡人大主席、王明央为乡长。

是月，陈巴岭至大山公路竣工。

2月8日，浙江青鸿国际电子集团公司（简称“青鸿公司”）成立，是余姚市首家省级跨国集团公司。浙江省原副省长、省国际信托投资公司总经理王钟麓等领导出席成立大会。

8月10日，农业部审定青鸿公司为大型二档乡镇企业。

是月，以皎口水库为震中发生4.3级地震，境内震感强烈，出现屋宇摇晃现象，无房屋毁坏和人畜伤亡。

10月，高岩至陈天龙公路、岩头至路坑公路竣工。

是年，设立鹿亭乡司法所。

是年，鹿亭乡获评浙江省“双拥”模范乡镇。

是年，建立鹿亭乡农贸市场。

1997年

1月25日，境内第一个“2127”台无线寻呼发射基站建成投运。

8月11日，白鹿赤石至余姚南站客运中巴车途经李俞线九垒岭时，因制动失灵坠落山崖，造成3人死亡、30余人受伤的重大交通事故。

8月17日，遭受11号台风袭击，全乡直接经济损失202万余元。

9月，郑洋至沿夹岙公路竣工。

是月，成立余姚市林政管理站鹿亭分站。

是月，上庄至门石公路竣工。

12月1日，乡政府设鹿亭、晓云、白鹿3个办事处。

12月12日，新四军浙东游击纵队后方医院易地新建落成，宁波市副市长陈守义等参加竣工典礼。

是月，鹿亭乡干部汪长海获全国农业普查工作先进个人称号；鹿亭乡农业普查办公室获余姚市第一次农业普查省级先进集体称号。

是年，余姚市广电局突击为鹿亭乡安装3条全长44.5千米的有线电视主杆线，总投资105万元，全乡39个行政村村村通有线电视，成为宁波市贫困山区中第一个村村通有线电视的山区乡镇。

是年，在李家塔晓鹿大溪与白鹿大溪汇合处建造全市第一座橡胶坝水库。

是年，成立宁波松乐继电器有限公司工会，为全乡第一个企业工会。

是年，鹿亭乡摘去贫困乡镇帽子。

1998年

1月13日，投资100万元的无线电通信发射塔建成启用，境内开通移动电话。

4月1日零时起，乡域内全面推行火葬。

9月1日，邮政、电信分营，设鹿亭邮政所和鹿亭电信。

11月12日，下南王至羊坑公路竣工。

11月23日，白鹿小黄泥岭经高岩头至赤石公路竣工。

12月18日，召开中共鹿亭乡第八次代表大会，选举王明央为党委书记。

是年，鹿亭乡通过省“两高”（高标准普及九年义务教育、高标准扫除青壮年文盲）验收。

是年，第一批农村工作指导员进驻上庄、中村、中姚3个村。至2016年，宁波、余姚两级市级机关部门累计派员10批73人次到12个行政村任农村工作指导员。

是年，乡、村办两级企业经营机制转换工作结束，全部转为民营企业。

1999年

1月20日，召开乡第十三届人民代表大会第一次会议，选举徐少荣为乡人大主席，陈荣芳当选为乡长。

4月，成立鹿亭乡财政审计所。

6月22日，开展第五次村民委员会选举工作，是实施修改后的《中华人民共和国村民委员会组织法》第一次选举，以直选、海选为主要特点。

6月25日，乡农办主任郑传江被国家林业局授予“全国优秀乡村护林员”称号。

是月，乡教育辅导室组织举办全乡首届中小学田径运动会，至2002年共举办4届。

10月5日，日本佐藤全苗捐资30万元建造鹿亭乡中日友好希望小学签字仪式举行。

11月24日，上庄大岭脚至牛塘公路、白鹿小地碗至梁湖公路竣工。

是年，开展第二轮土地承包工作，土地承包期再延长30年，并颁发浙江省农村集体土地承包权证。

是年，境内鹿亭、晓云、白鹿3个粮站停止营业，粮食销售由市场调节。

2000年

1月14日，中共宁波市委副书记王卓辉到鹿亭乡考察扶贫开发工作。

5月，陆上线境内段大洋山至上庄、荷梁线中村至上庄段沥青混凝土路面建成，为境内首条沥青混凝土路面。

9月11日始，受台风“桑美”影响，3天平均雨量540毫米，降水强度达50年一遇，全乡造成直接经济损失360余万元。

9月，撤销白鹿、晓云2个初中教学点，并入乡初级中学。

11月1日零时，第五次全国人口普查启动。全乡登记总人口19594人，其中男性10174人、女性9420人。常住人口13197人，共4990户，常住人口中男性6681人，女性6516人。

12月26日，石潭至马家坪公路竣工。

12月28日，梁弄至鹿亭上庄总长14千米输电线路工程竣工。同时，上庄村木湾口35千伏变电所建成投运。

2001年

1月9日，召开乡第十三届人民代表大会第三次会议，补选王明央为乡人大主席、黄伟国为乡长。

4月19日，全乡行政村由39个合并成12个。同月，全乡组建4个村党总支、8个村党支部。

4月26日，撤销鹿亭、晓云、白鹿3个办事处。

6月29日下午，一辆由宁波开往大岚后朱的客运中巴，途经李俞线九垒岭与迎面而来的一辆大客车相遇时避让不及侧翻坠落55米高坡，造成2死17伤的重大交通事故。

12月28日，召开中共鹿亭乡第九次代表大会，选举黄伟国为党委书记。

是年，供销社完成改制，乡境内集体商业解体。

2002年

1月18日，召开乡第十四届人民代表大会第一次会议，选举黄伟国为乡人大主席、张志中为乡长。

9月6日，在余姚江南新城大黄桥南路631号成立“鹿亭乡外出人口管理服务中心”。

9月25日，鹿亭乡被命名为宁波市“东海明珠乡”。

是月，建立“鹿亭乡流动党员教育管理服务中心”，同时建立鹿亭乡外出党员支部。

是年，白鹿、晓云无线电通信发射塔工程竣工投运。至此，全乡无线通信网络全覆盖。

2003年

4月，成立乡行政事业单位会计核算中心，实行“单一账务、集中支付、统一核算”的财务管理体制。

11月，中共宁波市委副书记郭正伟到鹿亭乡调研人口梯度转移工作，并在高山村召开现场会。

是年，晓云坞泥塘自然村整体搬迁，成为全市第一个由政府引导并给予政策扶助的整体搬迁自然村。

2004年

3月16日，召开乡第十四届人民代表大会第四次会议。补选张志中为乡人大主席、朱刚为乡长。

11月25日，宁波市政协副主席宋小六到鹿亭乡检查溪流整治工作情况。

12月28日，暴雪，30日，再次出现大雪。全乡受灾严重，直接经济损失450余万元。

2005年

1月18日，召开乡第十四届人民代表大会第五次会议。补选陈荣芳为乡人大主席。

4月7日，中共宁波市委副书记郭正伟一行到鹿亭乡考察工作。

4月14日，宁波市人大常委会副主任陈旭一行到鹿亭乡调研扶贫工作。

12月22日，鹿亭乡获评浙江省民族团结进步模范集体。

12月，《泉香洞天话鹿亭》一书出版。

是年，注册商标为“鹿沁牌”的余姚绿沁茶叶专业合作社成立。

2006年

7月31日，召开乡第十四届人民代表大会第七次会议，补选陈为梁为乡长。

9月，乡初级中学、中心小学、白鹿小学合并组建余姚市乡镇第一所九年一贯制学校——鹿亭乡中心学校。

9月22日，召开中共鹿亭乡第十次代表大会，选举张志中为党委书记。

是月，创办鹿亭乡中心幼儿园，下设晓云、白鹿2个教学点。

10月，省林业厅批准东岗山建立省级森林公园。

11月30日，宁波市政协原副主席宋小六率宁波市水环境管理办公室有关领导到鹿亭乡调研。

是年，开展山林二轮延包，延长承包期50年，全乡发放林权证6006本。

2007年

1月17日，召开乡第十五届人民代表大会第一次会议，选举张志中为乡人大主席、陈为梁为乡长。

1月26日，乡党委书记张志中被推选为出席中共宁波市第十一次代表大会代表。

2月17日，中共宁波市委副书记郭正伟到鹿亭乡慰问“三老”人员和困难户。

4月18日，中共宁波市委常委、组织部部长姚志文到鹿亭乡调研。

9月4日，宁波市副市长陈炳水到鹿亭乡视察。

12月26日，浙江省副省长茅临生到鹿亭乡考察工业企业。

是月，曲艺“十番坐唱班”被列入首批余姚市非物质文化遗产代表作名录。

是年，鹿亭乡被评为浙江省生态示范乡。

是年，全年共出现47天最高气温高于（或等于）35℃的高温天气，是常年的2.4倍，造成村民夏季生活用水紧张。

2008年

4月10日，召开乡第十五届人民代表大会第二次会议，补选陈为梁为乡人大主席、黄红珍为乡长。

4月下旬，鹿亭乡茶叶专业合作社云河茶场选送的“鹿沁牌”茶叶在第四届全国“中绿杯”名优绿茶评比中获金奖。

5月，由鹿亭乡文化站、大隐镇文化站联合申报的四明山竹编被列入宁波市第二批非物质文化遗产代表作名录。

7月，成立乡环卫所，在全乡逐步建立户集、村收、乡运、市处理的垃圾收集处理方式。

8月，中村战斗纪念园落成。

2009年

1月25日，境域最低气温零下10.6℃。是年，最低温度在零摄氏度以下的有40天，低于或等于零下5℃的11天，为百年未遇之寒冬。

6月15日，中国美术学院设计艺术学院学生写生基地签约及授牌仪式在鹿亭乡举行。

10月，中共余姚市委书记陈伟俊考察鹿亭乡成人学校。

11月21日，中共宁波市委书记巴音朝鲁考察鹿亭乡“农民学校”，并作专题指示：“创办农民学校的做法很好，请农办注意总结并推广。”

2010年

4月20日，中共余姚市委书记陈伟俊到鹿亭考察工作。

4月26日，石潭龚氏宗祠由市人民政府公布为市级文物保护单位。

是月始，在全乡基层党组织和全体共产党员中开展以创建先进基层党组织、争做优秀共产党员为主要内容的“创先争优”活动。至2012年11月结束。

6月，教育部职成教协会原副会长陈乃林视察鹿亭乡成人学校。

7月，鹿亭乡与宁波户外活动协会在中村共同举办“2010宁波·鹿亭首届户外运动休闲文化节”。

8月7日，在云河漂流景区举办“品高山西瓜，玩户外运动”为主题的“鹿亭乡高山西瓜节”。

9月2—3日，中共余姚市委副书记、市长毛溪浩到鹿亭乡考察工作。

9月8日，召开乡第十五届人民代表大会第五次会议。选举黄红珍为乡人大主席、赵阳军为乡长。

11月1日零时，第六次全国人口普查启动。全乡登记总人口17664人，共6762户，其中男9156人、女8508人。常住人口7478人，共3571户，其中男性3718人、女性3760人。

是月，晓云褚氏宗祠和石潭板桥由余姚市文物管理委员会公布为文物保护点。其中晓云褚氏宗祠于2014年9月升级为市级文物保护单位。

12月28日，成立鹿亭乡总工会。

2011年

1月，白云桥由浙江省人民政府公布为省级文物保护单位。

5月12日，中共余姚市委书记陈伟俊到鹿亭乡调研。

6月5日，新加坡国立大学东亚研究所所长，郑永年教授回家乡鹿亭考察。

8月11日，中共余姚市委副书记、市长毛溪浩到鹿亭考察工作，夜宿陈家岩村民家。

是月，鹿亭乡被评为2007—2011年度宁波市群众体育先进单位。

9月22日，召开中共鹿亭乡第十一次代表大会，选举黄红珍为党委书记。

是月，关停中村、算坑、晓云等6家水煮笋加工厂，位于上庄村的宇洲食品罐头有限公司进行排污生态化改造。

10月13日，鹿亭乡被环境保护部授予“全国环境优美乡”称号。

是月，全乡建成太阳能垃圾处理站12座、生态环保厕所4座、卫生厕所15座。

11月，关停中村等地4家养猪场。

是年，全乡开展数字电视整体转换（简称“整转”），至2013年全部整转完成。

2012年

1月14日，召开乡第十六届人民代表大会第一次会议，选举郑奕训为乡人大主席、谢林权为乡长。

是月，鹿亭乡获“浙江省旅游强乡”称号。

4月17日始，实施晓鹿大溪祝家堰至中村段整治工程，至10月2日竣工。

5月27日，在白鹿村举办2012宁波·鹿亭户外运动休闲文化节暨首届“快乐两轮·运动鹿亭”单车赛。至2016年，“快乐两轮·运动鹿亭”单车赛共举办5届。

6月15日，开通余姚汽车南站经陆埠到鹿亭“516”城乡公交线路，另有乡内区间线路12条。次年，增设余姚汽车南站经梁弄到鹿亭“532”城乡公交线路。

7月17日，宁波市政协副主席、中共宁波市委统战部部长胡建岳到鹿亭乡调研。

8月28日，由中共宁波市委统战部牵头，由民革宁波市委会、民盟宁波市委会、中共余姚市委统战部等17家单位参加的“美丽乡村·鹿亭同心实践基地”正式启动。

8月30日，全国政协委员、宁波市副市长张明华到鹿亭乡调研。

9月4日，中共余姚市委书记毛宏芳到鹿亭乡调研美丽乡村建设情况。

是年，位于白鹿村陈家岩自然村后狮峰岩最高处的白鹿观景台建成。2016年，增建三层玻璃平台。

2013年

1月18日，召开乡第十六届人民代表大会第二次会议，补选赵阳军为乡人大主席。

2月，中村村入选住房建设部、文化部、国家文物局、财政部首批“中国传统古村落”名录。

6月8日，余姚市人大常委会主任孙钜昌率在余姚的省人大代表及鹿亭乡宁波、余姚两级人大代表，就鹿亭乡“美丽乡村·幸福家园”建设工作情况进行视察。

7月16日，全国政协委员、宁波市副市长张明华到鹿亭乡开展蹲点调研活动。

8月14日，中共余姚市委副书记、市长奚明率市农业、水利等相关部门负责人到鹿亭乡调研。

12月26日，余姚市文学艺术界联合会鹿亭分会成立。

2014年

2月24日，中共余姚市委书记毛宏芳到鹿亭乡调研美丽乡村建设情况。

2月，宁波市药检所科技人员在境内一海拔300米、距离地面20米的岩壁上发现野生铁皮石斛，为宁波市首次发现野生铁皮石斛。

4月，余姚市人民政府确定鹿亭乡中村村为余姚美丽乡村建设先行村、示范村。

5月28日，中共浙江省委常委、宁波市委书记刘奇到鹿亭乡中村村、亚球地板厂、香泉湾铁皮石斛基地调研，了解美丽乡村建设及四明山片区产业发展等情况。余姚市委书记毛宏芳等陪同。

7月，中村村被宁波市人民政府命名为第二批宁波市历史文化名村。

12月10日，中共余姚市委书记毛宏芳带领有关部门负责人到鹿亭乡中村调研美丽乡村建设工作。

是年，高山村创建余姚市首家村级托老所。次年，成为余姚市首个宁波市AAA级居家养老照料中心。

是年，全乡12个行政村自来水网管改造提升工程全部完成，共投资4000万元。

2015年

1月22日，中共余姚市委副书记、市长奚明到鹿亭乡调研。

是月，中村村被浙江省关注森林组织委员会命名为第五批“浙江省森林村庄”。

2月9日，中共宁波市委常委、组织部部长杨立平一行到鹿亭乡走访慰问困难群众、敬老院老人。

5月6日，中共余姚市委书记毛宏芳到鹿亭乡专题调研中村美丽乡村建设。

5月9日，四明山区首家集餐饮、住宿、商务、休闲、养生、观光于一体的民营山村精品度假酒店——香泉湾养生旅游度假区正式开业。

8月初，四明山原生态休闲健身营地（白云桥户外营地）获浙江省首批最美生态休闲健身点称号。

8月8日，民建宁波市委会组织的医疗专家到鹿亭乡开展“义诊”、送药活动，宁波市副市长、民建宁波市委主委张明华等参加活动。

9月9日，第二轮宁波市统一战线“美丽乡村·鹿亭同心实践基地”启动。

10月13—14日，中共宁波市委常委、宣传部部长万亚伟到鹿亭乡调研。

10月31日，在第三届2015中国最美村镇“中国梦村镇梦”市长论坛暨颁奖典礼上，鹿亭乡被授予2015中国最美村镇“文明风尚奖”。

12月5日，2015世界旅游小姐金色使者中国区总决赛暨颁奖盛典在鹿亭香泉湾度假山庄举行。

是月，晓云村被宁波市人民政府命名为第三批宁波市历史文化名村。

是年，乡政府关停拆除晓鹿、白鹿沿溪两岸畜禽养殖场9家，关停拆除面积3000平方米。

2016年

1月15日，召开乡第十六届人民代表大会第五次会议，补选陈晓珍为乡长。

4月20日，鹿亭乡政府和宁波大学共建“美丽乡村”签约仪式在鹿亭香泉湾举行，宁波大学党委书记郭华巍等出席签约仪式并致辞。

4月28日，召开鹿亭乡总工会第二次代表大会。

7月12日，中村村被省人民政府公布为第五批浙江省历史文化名村。

10月24日，召开中共鹿亭乡第十二次代表大会，选举陈晓珍为党委书记。

是月，中村供水站标准化管理工作通过省级专家组验收，成为全省首座通过标准化管理验收的小型水利工程和农民饮用水工程。

12月14日，中共余姚市委书记奚明带领相关部门负责人到鹿亭实地了解美丽乡村建设、生态修复、休闲旅游事业发展等情况。

12月23日，召开乡第十七届人民代表大会第一次会议，选举马伟军为乡人大主席、郑杰为乡长。

第一编
政　区

第一章 境 域

第一节 沿 革

春秋战国时期，现鹿亭乡境域为越国辖地。

秦始皇三十七年（前 210），始建余姚县，属会稽郡。现乡境属会稽郡余姚县。

隋开皇九年（589），省余姚县入句章县，废会稽郡置吴州，现乡境属吴州句章县。大业元年（605），析吴州置越州，大业三年，废越州复会稽郡，现乡境属会稽郡句章县。

唐武德四年（621），析句章复余姚县，并置姚州，废会稽郡置越州总管，姚州属越州，现乡境属姚州余姚县。武德七年，废姚州，现乡境属越州余姚县四明乡。

南宋绍兴元年（1131），升越州为绍兴府。现乡境属绍兴府余姚县四明乡。

元至元十三年（1276），改绍兴府为绍兴路，现乡境属绍兴路余姚县四明乡。元贞元年（1295），余姚以户逾四万升为余姚州，现乡境属绍兴路余姚州四明乡。至正二十六年（1366），绍兴路复为绍兴府，现乡境属绍兴府余姚州四明乡。

明洪武二年（1369），废州复余姚县，属绍兴府，现乡境属绍兴府余姚县四明乡。

清初承明制，归属不变。光绪三十四年（1908），析四明乡置南溪乡，现乡境属绍兴府余姚县南溪乡。

民国元年（1912），废府制，南溪乡属浙江省余姚县。民国 2 年，置会稽道，南溪乡属会稽道余姚县。民国 16 年，废道，南溪乡属浙江省余姚县。民国 17 年，公布县组织法，县以下设区、村、里，南溪乡设 8 个村，属浙江省余姚县第二区。民国 19 年，改村、里制为乡镇制，原南溪乡析为鹿亭、白云、晓岭、云岩 4 个乡，仍属浙江省余姚县第二区。

民国 21 年，省置县政督察区，现乡境内鹿亭、白云、晓岭、云岩 4 个乡均属浙江省第五特区余姚县第二区。民国 24 年，改属浙江省第三行政区余姚县第二区。民国 29 年，第二区改称梁弄区，白云乡与鹿亭乡合并称白鹿乡，晓岭乡与云岩乡合并称晓云乡，均属浙江省第三行政区余姚县梁弄区。民国 37 年，第三行政区改为第二行政区，白鹿乡、晓云乡属浙江省第二行政区余姚县梁弄区。同年 12 月 25 日，浙江省政府设置四明县，白鹿、晓云 2 个乡隶属四明县。1949 年 5 月 23 日余姚解放后，四明县即被撤销，白鹿、晓云两乡还属余姚县。

1949 年 6 月，白鹿、晓云 2 个乡属浙江省第二专员公署余姚县，同年 10 月第二专员公署改称宁波地区专员公署。1950 年 4 月，白鹿乡分为鹿亭、白鹿两乡，晓云乡分为晓云、东岩两乡。1956 年

4月，撤区并乡，白鹿乡并入鹿亭乡，东岩乡并入晓云乡，仍属宁波专区余姚县。1958年10月，实行人民公社化，鹿亭乡与晓云乡合并组建高峰人民公社，社址设上庄应家路。1959年3月改称鹿亭人民公社，下设李家塔、晓云、陈家岩3个管理区。1961年，恢复区建制，改管理区为公社，李家塔管理区改为鹿亭公社，晓云管理区改为晓云公社，陈家岩管理区改为白鹿公社，均属余姚县梁弄区。1971年1月，晓云公社并入鹿亭公社，1972年3月又分设。1983年，宁波地区改宁波市，余姚县归属宁波市。同年，政社分设，鹿亭、白鹿和晓云3个公社分别改称鹿亭乡、白鹿乡、晓云乡。1985年7月，余姚撤县设市（县级），鹿亭、白鹿、晓云3个乡均属余姚市梁弄区。1992年5月撤区扩镇并乡，鹿亭、白鹿、晓云3个乡合并为鹿亭乡，隶属余姚市至今。

第二节 变 迁

唐代，余姚县建十五乡，现乡境属四明乡，历宋、元、明、清晚期不变。

清光绪三十四年（1908），余姚县由十五乡划分为四十三乡（不含城区南城、北城两乡），始置南溪乡，境域四至为：东至鄞县章水镇，西至梁弄、让贤，南至大岚镇上马、甘竹、分水岭和鄞县大甘岭、乌岩横，北至沿夹岙、郑洋、陈巴岭、裘岙、茭湖、南黄。

民国19年（1930）5月14日，全县设163个乡、28个镇，原南溪乡析为鹿亭（俗称上鹿亭）、白云、晓岭、云岩4个乡。时鹿亭乡境范围大致为今陈家岩、下姚、新宅、叶家桦、赤石、高岩头、梁湖、马家坪、茶山、石潭等村。境域四至为：东与白云乡为邻，西依上马岗、大岚乡分界，南与鄞县大皎乡接壤，北至云岩乡、晓岭乡毗邻。东西长约6千米，南北宽约3千米。

民国29年，白云乡与鹿亭乡合并称白鹿乡。时境域面积约38平方千米，四至为：东接鄞县章水镇，西邻晓云乡，南界南岚乡分水岭、夹山和鄞县大甘岭、茶岭岗、乌岩横，北靠大山、茭湖、沿夹岙、郑洋。

1950年4月，鹿亭乡（俗称下鹿亭）从白鹿乡分设，左溪乡郑洋村划归鹿亭乡。境域四至为：东至鄞县章水镇的小皎、大皎，西至晓云乡晓岭、门石、大年为界，南至白鹿乡赤石、高岩头和鄞县茶岭岗为界，北界至晓云乡大山、高岩，王石乡陈巴岭、沿夹岙。境域东西长约7千米，南北宽约5千米，总面积约为28平方千米。

1956年4月撤区并乡，白鹿乡并入鹿亭乡，王石乡沿夹岙村划归鹿亭乡，境域面积约为40平方千米。境域北界大山、茭湖、陈巴岭、裘岙，其余界址与民国29年相似。

1958年10月，晓云乡与鹿亭乡合并组建高峰人民公社（次年3月更名鹿亭人民公社），境域面积59.45平方千米（时白鹿境域划大岚公社，1959年3月称陈家岩管理区，为鹿亭人民公社所辖）。境域南界至大岚，西界至梁弄，其余界址不变。

1961年，恢复区建制，李家塔管理区改设为鹿亭公社。四至为：东与鄞县章水镇大皎公社交界，西邻晓云公社，南接白鹿公社，北与陆埠区南山、洪山公社相邻。东西长7千米，南北宽6千米。晓云公社四至为：东与鹿亭公社毗邻，西邻梁弄镇、让贤公社，南与白鹿、大岚公社紧密相靠，北依黄明、茭湖、南山公社。东西长约8千米，南北宽约7千米。白鹿公社四至为：东与鹿亭公社为邻，西依上马岗与大岚公社分界，南与鄞县大皎公社接壤，北与晓云公社毗邻。东西长约6千米，南北宽约3千米。

1992年5月，撤区扩镇并乡，白鹿、晓云2个乡并入鹿亭乡，境域面积扩至70.45平方千米。此后至2016年，乡境无变动，境域范围东西极距10千米，南北极距7千米，境界线长约50.76千米。以鹿亭乡人民政府为中心，四至为：东邻海曙区章水镇，西接梁弄镇，南靠大岚镇，北邻陆埠镇和梨洲街道。

第二章 行政区划

隋代以前，县以下行政区划无考。

第一节 唐、宋、元、明、清时期

唐时县有十五乡，乡各有里，宋因之。

乡、里之名的文字记载最早见于南宋嘉泰《会稽志》，唐朝及北宋初期，鹿亭现乡境属四明乡白云里，后增设上菁里。

北宋熙宁年间（1068—1077），行保甲法，改里为保领于都。北宋元丰年间（1078—1085），复改保为里。

元至元十六年（1279），乡以下增设都，都领图（图相当于唐宋时的里）。按原乡、里远近依次称谓，四明乡领三都十九图，现乡境属第三都第十、十一图。

明代，乡、都不变，改图为里。

清初承明制，乡、都不变，里略有调整。光绪三十四年（1908），始置南溪乡，有叶家祥、高岩头、赤石、陈家岩、新宅、下姚、梁湖、马家坪、茶山、石潭、李家塔、算坑、中村、祝家堰、上庄、岙里、冬青、牛塘、里大山、外大山、高岩、水池、陈天龙、深坑、金家、大溪、上村、洞桥、平桥头、羊坑、岩头、大年、门石、王石坑、中姚、东岗等村落。

第二节 民国时期

民国初袭清制。

民国17年（1928），推行村、里制，农村百户以上为一村，不足百户由数村联合为一村。全县划分为512村、50里，南溪乡设8村：陈姚村（陈家岩、下姚），包括叶家祥、新宅、赤石、高岩头村；石马村（石潭、马家坪），包括梁湖、茶山村；

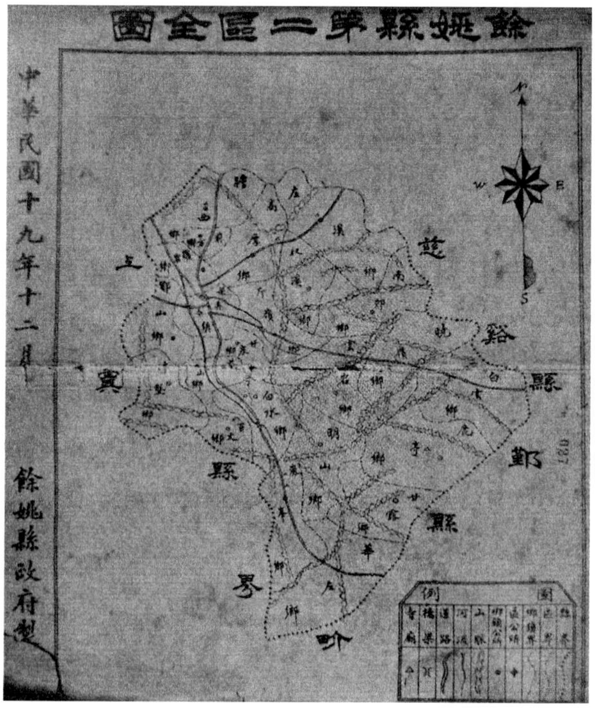

民国19年（1930）余姚县第二区全图

◉ 清光绪二十五年（1899）余姚县境图（局部）

中村村，包括算坑村；上李村（上庄、李家塔），包括祝家堰、岙里、冬青、牛塘村；晓岭村（上村、洞桥、平桥头），包括羊坑村；山溪村（大山、大溪），包括高岩、深坑、水池、陈天龙、金家村；岩大门村（岩头、大年、门石）；姚岗村（中姚、东岗），包括王石坑村。均隶属浙江省余姚县第二区。

民国19年，改村、里制为乡、镇制。全县设7区、163乡、28镇。首置鹿亭乡（上鹿亭），辖陈姚、石马2个村。乡境内还有白云乡，辖中村、上李2个村；晓岭乡，辖晓岭、山溪2个村；云岩乡，辖姚岗、岩大门2个村。均隶属浙江省余姚县第二区。

民国23年，推行保甲制，改村为保，保领甲。

次年整编乡镇，至民国29年整编结束，余姚县设8区、55乡、12镇。第二区改称梁弄区，白云乡与鹿亭乡合并，称白鹿乡，晓岭乡与云岩乡合并，称晓云乡。

民国35年，白鹿乡辖11保、98甲，1114户；晓云乡辖9保、94甲，1204户。

民国36年，白鹿乡辖8保、83甲，1108户，各保辖区如下：

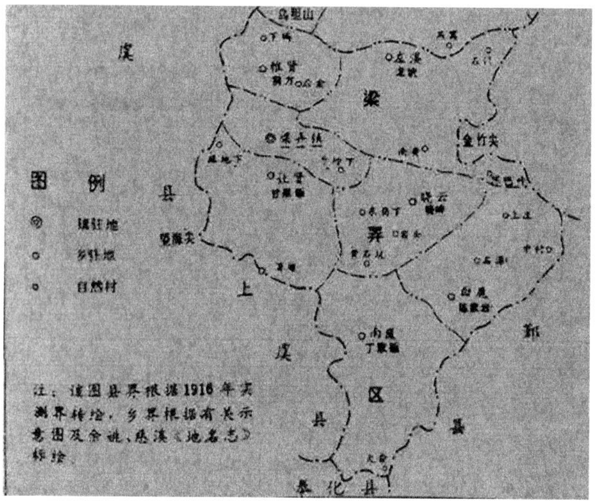

民国36年（1947）梁弄区全图

一保：新宅、下姚、叶家样、高岩头。

二保：陈家岩、赤石。

三保：梁湖、马家坪。

四保：石潭、茶山。

五保：李家塔。

六保：算坑、中村（部分）。

七保：中村（部分）。

八保：上庄、岙里、冬青、牛塘、祝家堰。

晓云乡辖9保、94甲，1211户，各保辖区如下：

一保：上村。

二保：平桥头、洞桥、羊坑。

三保：高岩、深坑、里大山、外大山。

四保：金家、大溪、水池、陈天龙。

五保：门石、大年。

六保：岩头。

七保：王石坑。

八保：东岗。

九保：中姚。

民国38年4月，四明县白鹿乡辖8保、83甲，1109户；晓云乡辖9保、94甲，1208户。

据1987年版《余姚地名志》载：余姚解放初期，白鹿乡从8保调整为5保，各保辖区如下：

一保：新宅、下姚、叶家样、高岩头、石潭、茶山。

二保：陈家岩、赤石、李家塔。

三保：梁湖、马家坪、算坑、中村（部分）。

四保：中村（部分）。

五保：上庄、岙里、冬青、牛塘、祝家堰。

晓云乡辖9保不变。

第三节　中华人民共和国成立后

1949年10月，中华人民共和国成立，废除保甲制，设置行政村。1950年4月，置鹿亭乡，下辖6个村。一村：茶山、石潭；二村：李家塔；三村：算坑、中村（部分）；四村：中村（部分）；五村：祝家堰、上庄、岙里、冬青、牛塘；六村：郑洋（从左溪乡划入）。境内白鹿乡辖4个村，一村：新宅、下姚、叶家样、高岩头；二村：陈家岩、赤石；三村：梁湖、马家坪；四村：门石、大年（从晓云乡划入）。晓云乡辖4个村，一村：上村；二村：岙里、洞桥、羊坑；三村：高岩、深坑、里大山、外大山；四村：大溪、金家、陈天龙、水池。东岩乡辖4个村，一村：岩头；二村：东岗；三村：中姚；四村：王石坑。

1954年至1956年，农村实现农业合作化，原村陆续为高级农业生产合作社所替代。1956年4月，撤区并乡，白鹿乡3个村并入鹿亭乡，王石乡沿夹岙村划归鹿亭乡，鹿亭乡下辖10个村建有高级农业生产合作社8个。现乡境内东岩乡4个村并入晓云乡，白鹿乡1个村划归晓云乡，大岚乡路坑村划入晓云乡。晓云乡辖10个村建有高级农业生产合作社9个。

1958年10月，实行人民公社化，推行政社合一。鹿亭、晓云两乡合并组建高峰人民公社，下辖8个大队，分别为陈家岩大队、李家塔大队、第二大队、第四大队、第五大队、上庄大队、晓岭大队和岩头大队。

1959年3月，高峰人民公社更名鹿亭人民公社，下设3个管理区，即晓云管理区、李家塔和陈家岩管理区。下辖20个生产队，其中李家塔管理区下辖大溪、上庄、中村、石潭、门石、李家塔、沿夹岙7个生产队，晓云管理区下辖路坑、东岗、中姚、岩头、晓岭、大山、大年、王石坑8个生产队，陈家岩管理区下辖陈家岩、下姚、赤石、梁湖、马家坪5个生产队。

1961年，恢复区建制，管理区改为公社，李家塔、晓云和陈家岩3个管理区分别改建为鹿亭、晓云、白鹿3个公社。生产队改称生产大队，现乡境内各公社所辖生产大队情况如下：鹿亭公社13个生产大队（晓云公社金家自然村划入鹿亭公社为金家大队）；晓云公社25个生产大队；白鹿公社8个生产大队。1968年，现乡境内有生产大队39个。

1971年1月，晓云公社并入鹿亭公社，1972年3月又分设。

1983年9月，政社分设，公社改称乡，生产大队改称村。鹿亭乡下辖茶山、石潭、李家塔、中村、算坑、祝家堰、上庄、岙里、冬青、牛塘、郑洋、沿夹岙、金家13个行政村。境内晓云乡辖上村、平桥头、洞桥、羊坑、高岩、深坑、里大山、外大山、大溪、陈天龙、水池、门石、大年、岩头、王石坑、东岗、中姚、路坑18个行政村。白鹿乡辖下姚、叶家样、高岩头、新村、陈家岩、赤石、梁湖、马家坪8个行政村。

1992年5月，撤区扩镇并乡，撤销晓云、白鹿两乡，并入鹿亭乡，全乡下辖39个行政村。

1997年12月，为方便管理，以原乡为基础，设鹿亭、晓云、白鹿3个办事处。

鹿亭办事处，辖上庄、岙里、冬青、金家、牛塘、郑洋、沿夹岙、马家坪、茶山、石潭、门石、算坑、中村、李家塔、祝家堰、外大山、里大山、深坑、高岩、陈天龙、水池共21个行政村。

晓云办事处，辖上村、平桥头、洞桥、岩头、大年、路坑、王石坑、东岗、中姚、大溪、羊坑共11个行政村。

白鹿办事处，辖陈家岩、新村、下姚、赤石、高岩头、叶家样、梁湖共7个行政村。

1999年2月，原属鹿亭办事处管辖的马家坪村划归白鹿办事处。

2001年4月，撤销3个办事处。全乡39个行政村合并为12个。

白鹿村：由陈家岩村、新村村、下姚村、赤石村、高岩头村、叶家样村、梁湖村合并组建。

石潭村：由石潭村、茶山村、马家坪村合并组建。

李家塔村：由李家塔村和算坑村千箩谷田自然村合并组建。

中村村：由中村村、算坑村合并组建。

上庄村：由上庄村、岙里村、冬青村、祝家堰村、牛塘村、金家村、门石村、水池村合并组建。

沿夹岙村：由沿夹岙村、郑洋村合并组建。

高岩村：由高岩村、陈天龙村、深坑村合并组建。

高山村：由外大山村、里大山村合并组建。

晓云村：由上村村、平桥头村，洞桥村、大溪村、羊坑村合并组建。

龙溪村：由岩头村、大年村、王石坑村、路坑村合并组建。

中姚村、东岗村：保持原状。

表 1-2-1　　1949—1983 年现乡境内各行政村名称变迁一览表

鹿亭乡行政村名称变迁表

1949 年底（白鹿乡）	1950 年（鹿亭乡）	1956 年（鹿亭乡）	1961 年（鹿亭公社）	1983 年（鹿亭乡）
一保	一村	六三高级社	茶山大队	茶山村
			石潭大队	石潭村
二保	二村	六一高级社	李家塔大队	李家塔村
三保、四保	三村、四村	五星高级社	算坑大队	算坑村
			中村大队	中村村
五保	五村	六二高级社	上庄大队	上庄村
			岙里大队	岙里村
			冬青大队	冬青村
			祝家堰大队	祝家堰村
			牛塘大队	牛塘村
左溪乡郑洋	六村	六四高级社	郑洋大队	郑洋村
左溪乡一保	王石乡一村		沿夹岙大队	沿夹岙村
晓云乡四保	晓云乡四村	晓云先进高级社	金家大队	金家村

白鹿乡行政村名称变迁表

1949 年底（白鹿乡）	1950 年（白鹿乡）	1956 年（鹿亭乡）	1961 年（白鹿公社）	1981 年（白鹿公社）	1983 年（白鹿乡）
一保	一村	永丰高级社	下姚大队	下姚大队	下姚村
			叶家样大队	叶家样大队	叶家样村
			高岩大队	高岩大队	高岩头村
		勤丰高级社	新宅大队	新村大队	新村村
二保	二村		陈家岩大队	陈家岩大队	陈家岩村
			赤石大队	赤石大队	赤石村
三保	三村	合心高级社	梁湖大队	梁湖大队	梁湖村
			马家坪大队	马家坪大队	马家坪村

晓云乡行政村村名变迁表

<table>
<tr><th>1949 年
晓云乡</th><th>1950 年
晓云乡</th><th>1956 年
晓云乡</th><th>1961 年
晓云公社</th><th>1965 年
晓云公社</th><th>1966 年
晓云公社</th><th>1968 年
晓云公社</th><th>1970 年
晓云公社</th><th>1980 年
晓云公社</th><th>1981 年
晓云公社</th><th>1983 年
晓云乡</th></tr>
<tr><td>一保</td><td>一村</td><td>第九高级社</td><td>上村大队</td><td>上村大队</td><td>上村大队</td><td>上村大队</td><td>上村大队</td><td>上村大队</td><td>上村大队</td><td>上村村</td></tr>
<tr><td rowspan="3">二保</td><td rowspan="3">二村</td><td rowspan="3">胜利高级社</td><td>岙里大队</td><td>岙里大队</td><td>岙里大队</td><td>岙里大队</td><td>岙里大队</td><td>岙里大队</td><td>平桥头大队</td><td>平桥头村</td></tr>
<tr><td>洞桥大队</td><td>洞桥大队</td><td>洞桥大队</td><td>洞桥大队</td><td>洞桥大队</td><td>洞桥大队</td><td>洞桥大队</td><td>洞桥村</td></tr>
<tr><td>羊坑大队</td><td>羊坑大队</td><td>羊坑大队</td><td>羊坑大队</td><td>羊坑大队</td><td>羊坑大队</td><td>羊坑大队</td><td>羊坑村</td></tr>
<tr><td rowspan="5">三保</td><td rowspan="5">三村</td><td rowspan="5">光明高级社</td><td>高岩大队</td><td>高岩大队</td><td>高岩大队</td><td>高岩大队</td><td>高岩大队</td><td>高岩大队</td><td>高岩大队</td><td>高岩村</td></tr>
<tr><td>深坑大队</td><td>深坑大队</td><td>深坑大队</td><td>深坑大队</td><td>深坑大队</td><td>深坑大队</td><td>深坑大队</td><td>深坑村</td></tr>
<tr><td>里大山大队</td><td>里大山大队</td><td>里大山大队</td><td>里大山大队</td><td>里大山大队</td><td>里大山大队</td><td>里大山大队</td><td>里大山村</td></tr>
<tr><td>赵家大队</td><td>赵家大队</td><td>赵家大队</td><td rowspan="2">外大山大队</td><td rowspan="2">外大山大队</td><td rowspan="2">外大山大队</td><td rowspan="2">外大山大队</td><td rowspan="2">外大山村</td></tr>
<tr><td>大岙大队</td><td>大岙大队</td><td>大岙大队</td></tr>
<tr><td rowspan="4">四保</td><td rowspan="4">四村</td><td rowspan="4">先进高级社</td><td>大溪大队</td><td rowspan="2">大溪大队</td><td rowspan="2">大溪大队</td><td rowspan="2">大溪大队</td><td rowspan="2">大溪大队</td><td rowspan="2">大溪大队</td><td rowspan="2">大溪大队</td><td rowspan="2">大溪村</td></tr>
<tr><td>田屋大队</td></tr>
<tr><td>陈天龙大队</td><td>陈天龙大队</td><td>陈天龙大队</td><td>陈天龙大队</td><td>陈天龙大队</td><td>陈天龙大队</td><td>陈天龙大队</td><td>陈天龙村</td></tr>
<tr><td>水池大队</td><td>水池大队</td><td>水池大队</td><td>水池大队</td><td>水池大队</td><td>水池大队</td><td>水池大队</td><td>水池村</td></tr>
<tr><td rowspan="2">五保</td><td rowspan="2">白鹿乡四村</td><td rowspan="2">大年高级社</td><td>门石大队</td><td>门石大队</td><td>门石大队</td><td>门石大队</td><td>门石大队</td><td>门石大队</td><td>门石大队</td><td>门石村</td></tr>
<tr><td>大年大队</td><td>大年大队</td><td>红岩大队</td><td>红岩大队</td><td>大年大队</td><td>大年大队</td><td>大年大队</td><td>大年村</td></tr>
<tr><td rowspan="3">六保</td><td rowspan="3">东岩乡一村</td><td rowspan="3">岩头高级社</td><td>外岩头大队</td><td>外岩头大队</td><td rowspan="3">红武大队</td><td rowspan="3">红武大队</td><td rowspan="3">红武大队</td><td rowspan="3">岩头大队</td><td rowspan="3">岩头大队</td><td rowspan="3">岩头村</td></tr>
<tr><td>中片大队</td><td>中片大队</td></tr>
<tr><td>里片大队</td><td>里片大队</td></tr>
<tr><td rowspan="2">七保</td><td rowspan="2">东岩乡四村</td><td rowspan="2">先锋高级社</td><td>里厂大队</td><td rowspan="2">王石坑大队</td><td rowspan="2">王石坑大队</td><td rowspan="2">王石坑大队</td><td rowspan="2">王石坑大队</td><td rowspan="2">王石坑大队</td><td rowspan="2">王石坑大队</td><td rowspan="2">王石坑村</td></tr>
<tr><td>外厂大队</td></tr>
<tr><td>八保</td><td>东岩乡二村</td><td>东岗高级社</td><td>东岗大队</td><td>东岗大队</td><td>东岗大队</td><td>东岗大队</td><td>东岗大队</td><td>东岗大队</td><td>东岗大队</td><td>东岗村</td></tr>
<tr><td rowspan="3">九保</td><td rowspan="3">东岩乡三村</td><td rowspan="3">红光高级社</td><td>暗堂大队</td><td rowspan="3">中姚大队</td><td rowspan="3">中姚大队</td><td rowspan="3">中姚大队</td><td rowspan="3">中姚大队</td><td rowspan="3">中姚大队</td><td rowspan="3">中姚大队</td><td rowspan="3">中姚村</td></tr>
<tr><td>庄畈大队</td></tr>
<tr><td>中姚大队</td></tr>
<tr><td>大岚乡三保</td><td>大岚乡三村</td><td>划入晓云乡</td><td>路坑大队</td><td>路坑大队</td><td>路坑大队</td><td>路坑大队</td><td>路坑大队</td><td>路坑大队</td><td>路坑大队</td><td>路坑村</td></tr>
</table>

第三章 行政村

2016年，鹿亭乡共有白鹿、石潭、李家塔、中村、上庄、沿夹岙、高岩、高山、晓云、龙溪、中姚、东岗12个行政村，有村民小组109个。

第一节 白鹿村

位于乡境南端，距乡政府所在地约5千米。东邻海曙区章水镇梅陇村，南接大岚镇新岚村，西连大岚镇上马，北界石潭村。总面积11平方千米，有陈家岩、新村、下姚、黄家坪、梁湖、小地碗、泥家田、叶家梯、南田丘、赤石、长丘田、仰天翁、坟坪下、高岩头、白狼鹿垄、龙王堂16个自然村。2001年4月，由陈家岩、新村、下姚、叶家样、赤石、高岩头、梁湖7个行政村合并组建，村民委员会驻地陈家岩，设8个村民小组。

2016年，全村总户数867户，总人口2271人，其中男1154人、女1117人。耕地总面积91.73公顷，其中水田84公顷；林地总面积509.93公顷，其中毛竹山306.74公顷；园地总面积218.6公顷，其中茶园202.2公顷，果园16.4公顷。全年社会生产总值16972万元，其中工业产值12269万元、农业产值2523万元、第三产业2180万元。村级集体经济收入200.49万元，农民人均年收入16965元。

2001年4月至2016年12月，历任村党总支书记兼经济合作社社长(股份经济合作社董事长)：龚松年(2001年4月至2004年9月)、郑伟英(女，2004年10月至2007年9月)、龚广夫(2007年10月至2013年9月)、陈立忠(2013年10月至2016年12月)。历任村民委员会主任：陈仁土(2001年4月至2005年4月)、陈建岳(2005年5月至2008年4月)、陈立忠(2008年5月至2014年4月)、陈鲍定(2014年4月至2016年12月)。

白鹿村村委会办公楼

第二节 石潭村

位于乡境中部，距乡政府所在地约3千米。东接李家塔村，南邻白鹿村，西靠龙溪村，北界上庄村。总面积6.22平方千米，有石潭、㟟底、石潭新村3个自然村，2001年4月由石潭、茶山和马家坪3个行政村合并组建，村民委员会驻地石潭，设9个村民小组。由于地质灾害等原因，2007年马家坪、茶山自然村整体搬迁至余姚西南公寓和石潭新村。

2016年，全村总户数601户，总人口1419人，其中男733人、女686人。耕地总面积38.07公顷，其中水田25.33公顷；林地总面积510.53公顷，其中毛竹山388.34公顷；园地总面积78.6公顷，其中茶园43.4公顷，果园35.2公顷。全年社会生产总值6189万元，其中工业产值3706万元、农业产值851万元、第三产业1632万元。村级集体经济收入116.38万元，农民人均年收入16853元。

2001年4月至2016年12月，历任村党支部书记兼经济合作社社长（股份经济合作社董事长）：龚法康（2001年4月至2004年11月）、龚祖江（2004年11月至2010年5月）、龚学士（2010年11月至2016年12月）。历任村民委员会主任：方光明（2001年4月至2002年5月）、方学飞（2002年5月至2008年5月）、龚学士（2008年5月至2011年3月）、龚世龙（2011年3月至2015年6月）、鲁文炯（2015年6月至2016年12月，乡政府下派）。

第三节 李家塔村

位于乡境东南部，距乡政府所在地1.5千米。东接中村村，南邻白鹿村，西靠石潭村，北界上庄村，村域面积4.14平方千米。有李家塔、千箩谷田2个自然村。2001年4月，由李家塔村和算坑村的千箩谷田自然村合并组建，村民委员会驻地李家塔，设9个村民小组。2007年，千箩谷田自然村整体移民至余姚西南公寓。

2016年，全村总户数417户，总人口1081人，其中男555人、女526人。耕地总面积34.6公顷，其中水田7.88公顷；林地总面积405.87公顷，其中毛竹山298.13公顷；园地总面积49.4公顷，其中茶园26.9公顷，果园22.5公顷。全年社会生产总值11600万元，其中工业产值8272万元、农业产值1453万元、第三产业1875万元。村级集体经济收入136.7万元，农民人均年收入17235元。

2001年4月至2016年12月，历任村党支部书记兼经济合作社社长（股份经济合作社董事长）：黄三庆（2001年4月至2004年5月）、黄传忠（2004年6月至2007年11月）、王朝宗（2007年11月至2013年11月）、黄五梅（2013年11月至2016年12月）。历任村民委员会主任：王华良（2001年4月至2002年5月）、王朝忠（2002年5月至2008年5月）、王夫江（2008年5月至2014年4月）、黄建火（2014年4月至2016年12月）。

石潭村村委会办公楼

李家塔村全景

中村村村委会办公楼

第四节　中村村

位于乡境东端，距乡政府所在地3千米。东接海曙区童皎村，南邻海曙区北山，西靠李家塔村，北界沿夹岙村的大洋山。总面积3.53平方千米，有中村、前山、算坑3个自然村。2001年4月，由中村、算坑2个行政村合并组建，村民委员会驻地中村，设9个村民小组。

2016年，全村总户数733户，总人口1874人，其中男964人、女910人。耕地总面积70公顷，其中水田59公顷；林地总面积661.07公顷，其中毛竹山413.47公顷；园地面积48.8公顷，其中茶园19.1公顷，果园29.7公顷。全年社会生产总值15989万元，其中工业产值10985万元、农业产值1238万元、第三产业3766万元。村级集体经济收入181.97万元，农民人均年收入17525元。

2001年4月至2016年12月，历任村党支部书记兼经济合作社社长（股份经济合作社董事长）：郑百成（2001年4月至2004年11月）、龚民（2004年11月至2016年12月）。历任村民委员会主任：龚民（2001年4月至2005年5月）、郑世光（2005年5月至2014年4月）、方善军（2014年4月至2016年12月）。

第五节　上庄村

位于乡政府驻地，东接中村村，南邻李家塔、石潭村，西靠龙溪村和晓云村，北界沿夹岙村。总面积14.86平方千米，有上庄、岙里、冬青、门石、水池、金家、牛塘，祝家堰、门头（坟头）9个自然村。2001年4月，由上庄、岙里、冬青、祝家堰、牛塘、金家、门石、水池8个行政村合并组建。村民委员会驻地上庄，设8个村民小组。

2016年，全村总户数981户，总人口2426人，其中男1244人、女1182人。耕地总面积47.33公顷，其中水田34.27公顷；林地总面积674.73公顷，其中毛竹山510.60公顷；园地总面积68.13公顷，其中茶园40.4公顷，果园27.73公顷。全年社会生产总值34537万元，其中工业产值28456万元、农业产值1152万元、第三产业4929万元。村级集体经济收入146.1万元，农民人均年收入17125元。

2001 年 4 月至 2016 年 12 月，历任村党总支书记兼经济合作社社长（股份经济合作社董事长）：赵祖国（2001 年 4 月至 2013 年 11 月）、赵强洪（2013 年 11 月至 2016 年 12 月）。村民委员会主任：赵强洪（2001 年 4 月至 2014 年 4 月）、王海军（2014 年 4 月至 2016 年 12 月）。

上庄村村委会办公楼

沿夹岙村村民委员会驻地全景

第六节 沿夹岙村

位于乡境东北部，距乡政府所在地 1.5 千米。东接陆埠镇裘岙村，南邻上庄村，西、北均靠陆埠镇翁岙村。总面积 2 平方千米，有楼屋里、岩下、郑堂岗、大洋山 4 个自然村。2001 年 4 月，由沿夹岙、郑洋 2 个行政村合并组建，村民委员会驻地楼屋里，设 4 个村民小组。

2016 年，全村总户数 235 户，总人口 726 人，其中男 374 人、女 352 人。耕地总面积 20.27 公顷，其中水田 13.87 公顷；林地总面积 167 公顷，其中毛竹山 117.13 公顷；园地总面积 19.73 公顷，其中茶园 19.7 公顷，果园 0.03 公顷。全年社会生产总值 7948 万元，其中工业产值 7142 万元、农业产值 484 万元、第三产业 322 万元。村级集体经济收入 81.25 万元，农民人均年收入 16898 元。

2001 年 4 月至 2016 年 12 月，历任村党支部书记兼经济合作社社长（股份经济合作社董事长）：鲁传忠（2001 年 4 月至 2013 年 11 月）、郑友钊（2013 年 11 月至 2016 年 12 月）。历任村民委员会主任：郑友钊（2001 年 4 月至 2014 年 4 月）、李长秀（2014 年 4 月至 2016 年 12 月）。

第七节 高岩村

位于乡境北部，距乡政府所在地 3.3 千米。东和北均界陆埠镇，南邻晓云村，西靠高山村。总面积 2.5 平方千米，有高岩、陈天龙、深坑、长湾 4 个自然村。2001 年 4 月，由高岩、深坑、陈天龙 3 个行政村合并组建，村民委员会驻地高岩，设 3 个村民小组。

2016 年，全村总户数 214 户，总人口 621 人，其中男 319 人、女 302 人。耕地总面积 10.27 公顷，其中水田 6.53 公顷；林地总面积 139.2 公顷，其中毛竹山 95.2 公顷；园地总面积 16.47 公顷，其中茶园 11.3 公顷，果园 5.17 公顷。全年社会生产总值 5037 万元，其中工业产值 4465 万元、农业产值 293 万元、第三产业 279 万元。村级集体经

高岩村村民委员会驻地全景

济收入102.08万元，农民人均年收入17025元。

2001年4月至2016年12月，历任村党支部书记兼经济合作社社长（股份经济合作社董事长）：褚德锢（2001年4月至2010年12月）、方兴波（2010年12月至2016年12月）。历任村民委员会主任：褚利强（2001年4月至2008年5月）、丁连康（2008年5月至2011年3月）、褚建意（2011年3月至2016年12月）。

第八节 高山村

位于乡境北部，距乡政府所在地4千米。东接高岩村，南邻晓云村，西靠晓云村羊坑，北界梨洲街道上王岗村。总面积2.3平方千米，有里大山、老赵家、新赵家、大岙、八石5个自然村。2001年4月，由外大山、里大山2个行政村合并组建，村民委员会驻地八石，设9个村民小组。

2016年，全村总户数274户，总人口778人，其中男416人、女362人。耕地总面积18.53公顷，其中水田10.73公顷；林地总面积124.91公顷，其中毛竹山95.73公顷；园地总面积38.4公顷，其中茶园30.4公顷，果园8.0公顷。全年社会生产总值4562万元，其中工业产值3154万元、农业产值335万元、第三产业1073万元。村级集体经济收入85.29万元，农民人均年收入16987元。

2001年4月至2016年12月，历任村党支部书记兼经济合作社社长（股份经济合作社董事长）：

高山村村委会办公楼

赵忠尚（2001年4月至2007年）、褚吉云（2007年至2016年12月）。历任村民委员会主任：褚徐祥（2001年4月至2002年5月）、褚孝林（2002年5月至2008年5月）、赵小来（2008年5月至2014年4月）、褚孝贝（2014年4月至2016年12月）。

晓云村村中心

龙溪村村委会办公楼

第九节　晓云村

位于乡境中西部，距乡政府所在地5千米。东接上庄村，南邻龙溪村，西靠中姚村，北界梨洲街道上王岗村。总面积8.1平方千米，有上村、平桥头、洞桥、羊坑、大溪、田屋6个自然村。2001年4月，由上村、平桥头、洞桥、羊坑、大溪5个行政村合并组建，村民委员会驻地晓岭洞桥，设29个村民小组。

2016年，全村总户数861户，总人口2488人，其中男1317人、女1171人。耕地总面积32.47公顷，其中水田25.07公顷；林地总面积686.07公顷，其中毛竹山530.33公顷；园地总面积26.73公顷，其中茶园22.0公顷，果园4.73公顷。全年社会生产总值35159万元，其中工业产值31629万元，农业产值1040万元，第三产业2490万元。村级集体经济收入268.55万元，农民人均年收入17453元。

2001年4月至2016年12月，历任村党总支书记兼经济合作社社长（股份经济合作社董事长）：褚林世（2001年4月至2007年11月）、姚文华（2007年11月至2013年11月）、方建刚（2013年11月至2016年12月）。历任村民委员会主任：姚文华（2001年4月至2008年5月）、褚伟平（2008年5月至2011年3月）、姚文华（2011年3月至2014年4月）、褚姚军（2014年4月至2016年12月）。

第十节　龙溪村

位于乡境西南部，距乡政府所在地5.5千米。东靠石潭村和上庄村，南接大岚镇后朱村，西邻东岗村，北界晓云村。总面积9.2平方千米，有岩头、大年、白岩下、路坑里厂、路坑外厂、王石坑里厂、王石坑外厂、南向8个自然村。2001年4月，由岩头、大年、路坑、王石坑4个行政村合并组建，村民委员会驻地岩头，设5个村民小组。

2016年，全村总户数674户，总人口1804人，其中男924人、女880人。耕地总面积62.87公顷，其中水田52.53公顷；林地总面积720.0公顷，其中毛竹山485.67公顷；园地总面积117.53公顷，其中茶园108.1公顷，果园9.43公顷。全年社会生产总值7440万元，其中工业产值4861万元、农业产值1253万元、第三产业1326万元。村级集体经济收入152.54万元，农民人均年收入16563元。

2001年4月至2016年12月，历任村党总支书记兼经济合作社社长（股份经济合作社董事长）：褚国长（2001年4月至2013年11月）、褚建义（2013年11月至2016年12月）。历任村民委员会主任：褚成再（2001年4月至2005年5月）、褚洪善（2005年5月至2016年12月）。

第十一节　中姚村

位于乡境西北部，距乡政府所在地6.5千米。东与晓云村毗邻，南与龙溪、东岗村相连，西靠梁弄镇东溪村斤岭下自然村，北与梨洲街道茭湖村相接。总面积3.1平方千米，有暗堂、庄畈、祠堂跟3个自然村，村民委员会驻地祠堂跟1号，设10个村民小组。

2016年，全村总户数285户，总人口808人，其中男427人、女381人。耕地总面积23.33公顷，其中水田16公顷；林地总面积237.13公顷，其中毛竹山173.93公顷；园地总面积11.73公顷，其中茶园11.7公顷，果园0.03公顷。全年社会生产总值3976万元，其中工业产值2826万元、农业产值319万元、第三产业831万元。村级集体经济收入104.59万元，农民人均年收入16586元。

2001年4月至2016年12月，历任村党支部书记兼经济合作社社长（股份经济合作社董事长）：姚银炳（2001年4月至2004年11月）、俞全忠（2004年11月至2007年11月）、俞国英（2007年11月至2013年11月）、姚超达（2013年11月至2016年12月）。历任村民委员会主任：俞全忠（2001年4月至2004年11月）、俞国英（2004年11月至2008年5月，2014年4月至2016年12月）、姚超达（2008年5月至2014年4月）。

中姚村村委会办公楼

第十二节 东岗村

位于乡境西部，距乡政府所在地约10千米。东接龙溪村和晓云村，南邻龙溪村王石坑自然村，西与梁弄镇相邻，北连中姚村，总面积3.5平方千米，村民委员会驻地东岗，设6个村民小组。

2016年，全村总户数255户，总人口717人，其中男374人、女343人。耕地总面积31.33公顷，其中水田12公顷；林地总面积235.2公顷，其中毛竹山154.60公顷；园地总面积44公顷，其中茶园41.3公顷，果园2.7公顷。全年社会生产总值5304万元，其中工业产值3135万元、农业产值572万元、第三产业1597万元。村级集体经济收入96.4万元，农民人均年收入16479元。

2001年4月至2016年12月，历任村党支部书记兼经济合作社社长（股份经济合作社董事长）：姚根金（2001年4月至2013年11月）、姚建岳（2013年11月至2016年12月）。历任村民委员会主任：姚夏水（2001年4月至2011年3月）、姚邵平（2011年3月至2016年12月）。

东岗村全景

第二编

自然环境

第一章　地质地貌

乡境处于华南褶皱系北端，地质地貌深受区域构造控制。出露地层有中元古界变质岩，以新生界第三系为主。

第一节　地　质

地质简史

地质构造　乡境为早新华夏系构造，呈北东40° ~ 60° 走向，部分地区略扁。压扭性或压性断裂呈带状密集分布。梁弄—陆埠构造带（宽8 ~ 10 千米）有湖山压性断裂，北溪—大隐构造带（宽16 千米），芦田—芝林压性断裂和张扭性断裂，丁家畈向斜。以断裂构造为主，褶皱构造不发育，且受东北向丽水—余姚深断裂、近东西向昌化—普陀大断裂、西北向长兴—奉化大断裂的影响与控制。新构造运动与区域相协调，表现为间歇性缓慢上升。境内“V”形谷深切，河谷两侧陡壁，沟口及谷地内全新统堆积层部分内叠于上更新统。

地壳稳定性　乡境地震动峰值加速度0.05g（g为重力加速度），相应的地震基本烈度为Ⅵ度。地震活动总的特点是强度较弱、频度较低，属区域地壳稳定地区。

地质灾害点分布　据《余姚市志》载，乡境内有石潭村马家坪山体、石潭村茶山山体、东岗村山体、高山村民房道地、乡中心学校后山挡墙、上庄村冬青山体、上庄村门石山体、中村村东泥石流、晓云村民房屋基、龙溪村王石坑泥石流、白鹿村叶家样山体、晓云村悬石等20处地质灾害点。其中，石潭村马家坪山体、石潭村茶山山体为易发区。乡党委、政府逐步消除地质灾害点安全隐患，如马家坪、茶山两个自然村自2004年至2007年实施整体搬迁，其中搬迁至石潭新村34户65人，外迁至兰江街道西南公寓115户432人。乡中心学校后山挡墙用钢筋、混凝土、块石浆砌等。

2009 年鹿亭乡地质灾害防治工作责任人一览表

表 2-1-1

地质灾害隐患点编号	所在行政村	灾害类型	防治工作总负责人	总责任人	隐患点监察预防责任人
YY21	东岗村	潜在崩塌	黄红珍（乡长）	厉海表（副乡长）	姚夏水（村主任）
YY28	高山村	潜在滑坡			赵小来（村主任）
YY94	龙溪村	泥石流			褚洪善（村主任）
YY95	中村村	泥石流			郑世光（村主任）

地层

地层岩性　乡境属华南地层区，出露地层有中元古界变质岩，中生界火山岩、沉积岩，新生界沉积层及燕山晚期侵入岩，以中生界火山岩系与新生界第三系为主，占总面积的 95% 以上。境内有间断性的 K1g 和 N2sh 沉积岩夹基酸性火山岩、玄武岩分布带：新宅（新村）—石潭、上庄—车厩。

中生界　由侏罗系和白垩系组成，距今约一亿三千七百万年。

新生界　由第三系和第四系组成，距今约七千年至一千二百万年。其中第三系上新统一千二百万年；第四系中新更统二百万年、上更新统一百八十万年、全新统七千年。

上侏罗统　乡境山地大多为出露上侏罗统地层。以流纹质波屑凝灰岩、英安质烙结凝灰岩和流纹质角砾破屑（或多屑）岩为主。与下伏地层呈整合接触式平行不整合接触。出露的岩浆为酸性流纹岩、雾细岩、雾细斑岩、基性玄武岩、玄武玢岩、燕山晚期的石英闪长岩及燕山晚期橄榄辉基岩。岩性以中酸性、酸性火山碎屑岩为主，酸性—中酸性熔岩、火山碎屑沉积岩与沉积岩次之，并夹有少量基性或中基性熔岩。根据《浙江省区域地质志》，该统称为磨山群。可细分为：

高坞组：分布于晓云一带。岩性下部为深灰色英安质晶屑玻屑熔结凝灰岩，上部为灰色、浅灰色流纹质晶屑玻屑熔结凝灰岩，总厚度≥ 2874.4 米。

九里坪组：分布于上庄、中村一带。岩性为单一的酸性熔岩，有灰色、灰紫色、浅灰绿色流纹（斑）岩，球泡流纹岩，霏细（斑）岩，流纹质集块角砾熔岩，夹流纹质凝灰角砾岩，硅质沉凝灰岩，总厚度≥ 110 米。

下白垩统　分布于乡域全境。该统是以沉积岩为主的火山——沉积岩系。

馆头组（K15）：分布于东岗一带。岩性底部为紫灰色砾岩、砂砾岩、长石砂岩；下部为深灰色玄武岩（局部为安玄岩或安山岩），与朱红色不等粒岩屑砂岩互层；中部为浅灰绿色、浅色紫色流纹质（部分为英安质）角砾玻屑凝灰岩，玻屑弱熔结凝灰岩与沉凝灰岩，凝灰质砂岩，含砾粉砂泥岩互层；上部为浅灰紫色流纹质玻屑强熔结凝灰岩，局部为流纹斑岩，总厚度≥ 560.3 米。

朝川组：分布于白鹿一带。岩性下部主要为紫红色粉砂泥质岩和泥质粉砂岩；上部为浅灰色粉细砂岩。其间夹数层砂岩、砂砾岩、流纹质晶屑—玻屑凝灰岩。顶部为沉凝灰岩；底部为灰黑色、暗紫色细砾岩。总厚度≥ 747.5 米。

地震

乡域地处闽浙断陷区江山——绍兴深大断裂带东部，早在距今二百万年至三百万年前已形成冲击—洪积为主体的陆相沉积地层，因此地壳稳定，处于地震无危险区域，历史上无重大地震灾害发生，也无火山、断层等自然灾害。由于地质构造活动引起的地壳运动，乡境仅有数次遭地震波及。

历代地震波及一览表

表 2-1-2

朝代纪年	公元时间	震中	震情	震级
元至正十九年正月初一	1359 年 1 月 29 日	鄞县西部一带	震地极光	3.1 至 2 级
明嘉靖十五年	1536 年	鄞县	震如雷鸣	—
崇祯十一年七月	1638 年 8 月 10 日	宁波府	地震有声	4 至 3.3 级
清同治六年十一月二十二日	1867 年 12 月 17 日	宁波府南	午前十时刚过，地震剧烈，时钟停摆，灯架摇晃，缸水起波纹	—
—	1984 年 7 月 6 日 0 时 55 分 50 秒	皎口水库	屋宇摇晃	2.1 级
—	1993 年 3 月	慈溪	同上	4.2 至 1.7 级

第二节 地貌

溪流

境内主要溪流有晓鹿大溪和白鹿大溪，均属奉化江水系。发源于乡西南部与大岚镇交界处的晓鹿大溪作为鹿亭中线，先北流后折向东，流经晓云、上庄，至李家塔村口，与由西向东流向、发源于上马岗的白鹿大溪汇合，经中村过白云桥，入海曙区皎口水库。冬青溪等 10 条主要支流和众多山涧小溪如树枝状自东南而西北发育。雨季水流湍急，水位暴涨暴落，易诱发山洪。由于溪水冲击，沿溪两岸形成少量谷地，成为境内主要农耕区和人口聚居地。

台地

乡境有多处四周陡崖、凸起面积较大、直立于邻近低地、顶面较平坦似台状的地貌，俗称台地。较典型的为白鹿村高山台地，周围沟壑纵横，峡谷群峰，面积约 3 平方千米，主要分布在陈家岩、新宅、下姚、梁湖等自然村。此外，境内龙溪村岩头、大年自然村亦有分布。

山峰

乡域属余姚市南部中低山丘陵区，岗峰起伏，遍及全境，其中海拔 500 ~ 1000 米的中低山占 10%，海拔 250 ~ 500 米的山丘占 25%，海拔 250 米以下的丘陵占 65%。主要山峰有：

大兰山　位于白鹿村，海拔 547 米。相传汉代上虞县令刘纲、樊云翘夫妇在此成道升仙，故又名升仙山、伏虎山。山多青石，剖之皆有七窍，亦名孔石山。

东岗山　位于东岗村西南。山顶开阔平缓，南北延伸，高耸屹立，植被茂盛，海拔 754 米。余姚市林场东岗山分场设于此。2006 年，建省级森林公园。

大洋山 又名磨盘山，位于沿夹岙村。山形似羊，后雅化为现名，海拔 352 米。

大庵山岗 位于中村村，海拔 570 米。

大塘岗 位于中村村，海拔 433 米。山岗地势平坦，形似鱼塘，故名。

大园山 位于白鹿村，海拔 658 米。

金竹尖 位于高山村外大山，海拔 650 米。古时传说尖顶上有一棵金竹，故名。

白岩尖 位于龙溪村路坑，海拔 777 米。

狗头尖 位于龙溪村岩头，海拔 565.5 米。

大横山 位于龙溪村大年，海拔 586 米。古时半山腰有一条出行山路横穿此山，故名。

地坪岗 位于中村村。

仙山 位于中村村西南面，海拔 500 米。因山似仙人状，故名。“仙山朝旭”为中村八景之一。

茅岗山 位于石潭村，海拔 510 米。山岗上遍地茅草，杂柴丛生，故名。

蔡坑山 位于李家塔村，海拔 376 米。

白岩山 位于白鹿村梁湖，海拔 517 米。因山中有白色大岩石而得名。

草万岗 位于白鹿村新宅，海拔 595 米。山岗上杂草丛生，故名。

庵后岗 位于白鹿村梁湖，海拔 436 米。因岗前原有庵，故名。

和尚头 位于白鹿村高岩头，海拔 556 米。山形似和尚光秃秃的头，故名。

门前岗 位于石潭村马家坪，海拔 511.1 米。村民开门见岗峰而得名。

狮子山 位于白鹿村陈家岩。形似卧狮，故名，海拔 510 米。现此山上建有观景台和狮峰亭。

鸡笼山 位于东岗村东岗山林场，海拔 735.8 米。

九里岗 位于东岗村东岗山林场，海拔 702 米，因山岗离村 9 里（4.5 千米）而得名。

丫尖山 位于晓云村上村，海拔 605 米。山峰呈丫字形，故名。

三千行岗 位于上庄村冬青，海拔 507 米。

石笋岗 位于中姚村，海拔 557.5 米。山中有石头形似笋，故名。“石笋参天”为晓岭八景之一。

镬沿层岗 位于白鹿村，海拔 530.2 米。山形似镬沿，故名。

新朝山 位于晓云村，海拔 527.1 米。山脚溪间有新朝龙潭，故以潭袭名。

特塘坪 位于龙溪村路坑，海拔 525.1 米。因山脚有一小坪，名特塘坪，山以坪名。

大荒山 位于龙溪村，海拔 577 米。山上无植被，故名。

第三节 土 壤

乡境土壤资源类型很多，以黄红壤亚类为主，白鹿、东岗一带是山地黄黏土、山地黄泥土，其余是山地黄砾泥、山地石砂土等。

山地黄黏土

由玄武岩风化体发育，土层深厚，质地细腻，以轻黏为主。黏粒和物理性黏粒含量分别高达 39% 和 68%，砂黏比甚小，平均 0.24，是山地土壤中质地最黏的一种土壤类型。整个土体呈浅棕黄色，酸性反应，pH 值 6 左右。

山地黄泥土

母质为流纹岩，凝灰岩风化体，质地较细腻，重壤至轻黏。A 层松软深厚，呈色黑灰，富含有机质；B 层较紧实，呈黄色或棕黄色，块状结构，黏粒含量较高；其下为逐步过渡的母岩风化体。全剖面呈酸性反应，pH 值 5.7 左右。下属土种有：山地黄泥土，为本土属的代表性土种，土层深厚，剖面完整，质地细腻，不含或少含砾石，多为茶园或旱地，农业利用价值较高；山地砾石黄泥土，土体中夹有多量砾石，农业利用价值小，多为茶园或林木基地；山地香灰土，为森林植被下发育的含有机质型土壤，腐殖质层深厚，剖面发育完整，有机质积累量大，因地处偏僻，人类活动少，多为自然植被下的林木基地。

山地黄泥沙土

母质为花岗岩风化体，质地为砂质壤土，粗砂和中细砂含量高达 26% ~ 30%。表土层呈暗灰色，B 层黄色。整个土体结构松散，石质性明显，呈酸性反应，pH 值 6.2 左右。农业利用价值较高，大多为旱什粮基地，少数为茶园或竹林。本土属出露面积不大，主要分布在东岗山，下属土种与土属同名。

黄砾泥

母质为酸性岩浆岩风化体，土体较深厚，土体中含有大量砾石，分布位置较高，面积大、范围广，多为旱地或园林地。

黄泥沙田

广布于山垄和山麓缓坡，母质为红壤和黄红壤各亚类的坡积体，受地下水和侧渗水的潴渍影响，有较密集的锈纹锈斑，有的出现焦坍或结核，土层浅薄。局部地段，由于受侧渗水影响强烈，盐基离子淋失殆尽，形成灰白色的漂洗层段。本土属是境内最大的一种水田土壤，质地中壤至重壤，耕性适宜，土壤通透性好，供保协调，微酸性反应，适宜于种植各类作物。本土属根据质地划分土种，主要有：黄泥沙田，质地以中壤为主；黄粉泥田，质地以重壤为主。

泥沙田

分布于溪流两岸，母质以近代的冲击物为主，亦夹有洪积物。质地轻松，砂壤至中壤，土体中含有大量的粗砂和砾石；粗砂和中细砂含量达 40% ~ 50%，砂黏比大。土层厚薄不等，有的心底土为老河床相的砂砾层，其上为人造坍，土层浅薄（如半砂田）。本土属耕作轻松，通透性良好，适宜于种植春粮等旱地作物，就水田来说，易漏水漏肥，保蓄性能弱，潜在肥力低，土层浅薄者，生产性状更差。下属土种为泥砂田和半砂田。

鹿亭乡山地、山田主要类型土壤养分含量一览表

表 2-1-3

土属	有机质	全氮	速磷 PPM	速钾 PPM	pH	全磷	C/N（碳氮比）
红泥土	2.19	0.105	2.75	84	5.7	0.02	12.1
黄泥土	2.5	0.128	17.03	123.45	5.8	0.023	11.3
粉红泥土	2.16	0.145	10	91	5.9	0.012	8.6
山地黄泥土	5.01	0.23	31.27	148.55	5.6	0.05	12.6
山地黄泥砂土	2.57	0.143	9	69	6.1	0.036	10.4
山地石沙土	5.26	0.224	14.25	171.75	5.6	0.025	13.6
山地黄黏土	4.52	0.227	12	78	6.1	1.38	11.6
山地黄泥沙田	4.66	0.255	24	135.4	5.4	0.041	10.6
山地黄泥田	3.37	0.199	0	59	6	0.044	9.8
烂滃田	4.06	0.221	0	0	5.2	0.035	10.7

注：摘自《余姚县土壤普查资料》。

鹿亭乡山地土壤分类一览表

表 2-1-4

土类	亚类	土属	土种名称	代号
红壤	红壤	红泥土	红泥土	114-1
			红砂泥土	114-2
			红砾泥	114-3
			高地红泥土	114-4
		红黏土	红黏土	115-1
	黄红壤	黄泥土	黄泥土	122-1
			黄砂泥土	122-2
			黄砾泥	122-3
		粉红泥土	粉红泥土	125-1
			紫粉泥土	125-2
		砂黏质红土	砂黏质红土	124-1
		亚黄筋泥土	亚黄筋泥土	121-1
		红砂土	酸性紫色土	120-2
	侵蚀性红壤	石砂土	石砂土	131-1
		白岩砂土	白岩砂土	132-1
黄壤	黄壤	山地黄泥土	山地黄泥土	211-1
			山地砾石黄泥土	211-2
			山地香灰土	211-3
		山地黄泥砂土	山地黄泥砂土	212-1
		山地黄黏土	山地黄黏土	213-1
	侵蚀性黄壤	山地石砂土	山地石砂土	221-1
	表潜黄壤	山地草甸黄泥土	山地沼泽黄泥土	231-2

第二章 气 候

乡境属亚热带季风性气候，阳光充沛，雨量丰富，温度湿润，四季分明，有较明显的雨季和旱季。

第一节 四 季

四季历期

夏冬稍长，平均历期100天；春秋略短，平均历期70天。

鹿亭乡四季历期一览表

表2-2-1

季节	始日	终日	历期（天）	季平均气温（℃）
春	3月31日	6月13日	75	17.9
夏	6月14日	9月21日	100	26.7
秋	9月22日	11月21日	61	17.2
冬	11月22日	3月30日	129	6.2

四季特征

春季　春分后天气转暖，平均气温上升至12℃。时有冷空气南下，天气时冷时热，气温曲折回升。1957年4月3日最低气温0.4℃，1967年4月30日最高气温34.1℃，相差33.7℃。春季雨量明显增多，降水量和降水日占全年的25%左右。清明后，常出现春寒、倒春寒现象。

夏季　春夏之交，冷暖空气交锋，阴雨连绵，常伴有暴雨、雷雨、冰雹、大风等天气，时有洪涝灾害发生，俗称梅雨季节。一般6月中旬初入梅，7月上旬末出梅，平均25天。逢暖气流偏强的年份，会出现“少梅”或“空梅”现象。出梅后，副热带高压日趋增强，气温迅速上升。七八月间，天气酷热，东南季风盛行，俗称伏天。伏天时期，多天不下雨。2013年，连续12天晴天。夏季是热带风暴（台风）影响季节，常有暴风骤雨，在一定程度上能缓解伏天酷暑。

秋季　夏秋之交，东南季风转向东北季风，冷空气南下。同时，热带风暴侵袭频繁，暴雨大风多发。深秋，昼夜温差大，有时暖气流偏强，出现秋雨连绵的秋涝或气温居高不下的“秋老虎”天气。

冬季　冷空气活动频繁，强劲的西北风可使乡境降温 10℃以上，且伴有降水（含降雪），降雪会造成冰冻甚至严重冰冻，给人们生活，特别是交通出行带来严重不便。1 月最冷，历年平均气温 3.8℃，平均最低气温 0.0℃。2009 年最低温度在零摄氏度以下 40 天，低于或等于零下 5℃的 11 天，为百年未遇之寒冬。也有少数年份暖气流偏强，气温偏高，出现“暖冬”。

第二节　日　照

1961—2016 年，乡境日照时数年均 1931.3 小时。最多的 1971 年为 2394.4 小时，最少的 2015 年为 1567.3 小时，相差 827.1 小时。一年之中，7 月和 8 月日照时数最长，年均 249.0 小时和 237.4 小时，占全年的 25.2%；1 月和 2 月最短，年均 116.8 小时和 110.0 小时。一年中日照时数 7 月变化最大，1999 年 7 月为 140.8 小时，而 1971 年 7 月为 361.6 小时，相差达 220.8 小时。

第三节　气　温

平均气温和极端气温

2007—2016 年，乡境年平均气温 15.8℃。其中最低为 2011 年，年平均气温 14.6℃；最高为 2007 年，年平均气温 16.6℃。四季平均气温，冬季（12 月至次年 2 月）5.4℃，春季（3 月至 5 月）14.7℃，夏季（6 月至 8 月）25.7℃，秋季（9 月至 11 月）17.6℃。年极端最高气温主要出现在 7—8 月，日最高气温在 35℃以上的年均 24.9 天，2013 年最多，为 46 天；2014 年最少，仅 8 天。极端最高气温出现在 2013 年，为 41.4℃；极端最低气温出现在 2009 年和 2016 年，均为零下 10.6℃。

2007—2016 年气温情况表

表 2-2-2

年份	平均气温（℃）	最高气温（℃）	最低气温（℃）	无霜期（天）	终霜日	初霜日
2007	16.6	39.3	−6.6	265	3 月 8 日	11 月 29 日
2008	15.7	39.8	−8.4	249	3 月 15 日	11 月 20 日
2009	15.8	39.9	−10.6	243	4 月 2 日	12 月 2 日
2010	15.5	39.9	−8.7	271	3 月 11 日	12 月 8 日
2011	14.6	38.7	−8.4	241	4 月 5 日	12 月 3 日
2012	14.9	39.6	−7.6	250	3 月 21 日	11 月 27 日
2013	16	41.4	−8.1	258	3 月 4 日	11 月 18 日
2014	15.6	37.4	−7.8	262	3 月 14 日	12 月 2 日
2015	15.8	38	−8.8	260	3 月 11 日	11 月 27 日
2016	16.4	39.3	−10.6	278	3 月 12 日	12 月 16 日

积温

据上庄气象站资料，2007至2016年，稳定通过10℃的积温初日一般在3月27日前后，最早初日为2016年3月3日；终日一般在11月24日前后，最晚终日为2010年12月6日。积温的持续天数平均252天。年平均积温5070.3℃。年际积温有高低，2013年积温最高，为5288.2℃；2009年积温最低，为5060.9℃。

第四节 降 水

降水量

据上庄气象站资料，2007—2016年，乡境年平均降水量（含雨、雪、冰雹，下同）1976.85毫米。年际变幅：2015年2869.4毫米为最多，2008年1380.1毫米为最少。

降水量年内分配不均匀。春雨、梅雨、秋雨与伏旱、秋冬旱互相交替。降水最高峰在8—9月台风季节，历年平均476.2毫米，占全年的24.5%。降水量次高峰在6月梅雨季节，历年平均300.3毫米，占全年的15.5%。

2007—2016年降水量情况表

表2-2-3　　单位：毫米

年份	1月	2月	3月	4月	5月	6月	7月	8月	9月	10月	11月	12月	全年
2007	91.8	56.1	185.2	82.2	48.2	186.2	88.9	207	316.6	253.5	38.4	42.4	1596.5
2008	21	0.5	42.6	141.9	149.2	218.8	187.2	247.8	243.8	85.4	38.4	3.5	1380.1
2009	45.9	177.6	130	97.4	104.9	165.4	268	649	163.3	89.5	299.9	95.6	2286.5
2010	76.2	259.7	349.7	214.6	198	370.5	314.9	117.8	248.4	240.3	56.8	107.6	2554.5
2011	101.7	72.8	82.5	57.2	80.7	747.3	71.3	254.3	141	100.6	175.2	96.3	1980.9
2012	243.6	121.5	235.2	100.2	237.8	255.4	119.5	10.8	180.7	34.3	123.9	108.3	1771.2
2013	38.7	85.6	101.4	113	102.1	251.6	21.5	171.5	81.7	606.1	45.1	99.3	1717.6
2014	30.8	109.5	64.1	95.3	142	220.6	176	341.2	407.1	14.2	57.6	11.2	1669.6
2015	81.9	129.7	197.4	100.4	111.2	288.6	851.1	259.9	369.8	84.5	276.6	118.3	2869.4
2016	147.7	34.1	88.2	207.1	271.2	300	175.8	108.5	388.9	97.3	89.6	33.8	1942.2

降水日数

日降水量达0.1毫米以上为雨日。2007—2016年，年平均降水178.9天，2015年最多，计204天；2008年最少，138天。一年中，6月最多，平均20.5天；10月最少，平均11.4天。暴雨日（日降水量50.0～99.9毫米），年均7天，最多年份12天；暴雨日主要出现在6—9月间，其中9月最多，年均1.2天。大暴雨日（日降水量100.0～250.0毫米），2007—2016年间共出现13次，年均1.3次，平均每1年有一次。特大暴雨日（日降水量250.0毫米以上），2007—2016年间共出现2次，分别为2013年10月7日和2015年7月11日，日降水量分别达448.1毫米和425.5毫米。

蒸发

据余姚国家站气象资料，1961—2016年，全市平均年蒸发量1408.3毫米，略少于降水量。一年之中，七八月蒸发量最大，历年平均分别为220.1毫米、201.9毫米，占全年的30%；而1月、2月和12月则只有48.5毫米、55.4毫米和55.3毫米。

第五节　灾害性天气

春寒

2007—2016年，清明后平均气温连续3天小于等于11℃的倒春寒出现4年，概率40%，最近一次出现于2015年。

夏寒

2007—2016年，5月下旬连续3天日平均气温小于20℃出现4年，概率40%，最近一次出现在2012年5月26日至28日。

秋寒

立秋后，连续5天滑动平均气温小于20℃或22℃称为秋寒。2007—2016年，连续5天滑动平均气温大于或等于20℃的终日平均日期为9月28日。其中出现在9月上旬、9月中旬的有0年和2年，概率20%，出现在9月下旬、10月上旬的各4年，概率80%。最近见于2015年9月11日。

干旱

有伏旱、秋旱、冬旱。伏旱发生在七八两月，秋旱发生在九十月，冬旱发生在冬季。1961—1987年发生干旱共13次，概率48.15%，其中伏旱5次，占38.46；秋旱3次，占23.08%；冬旱5次，占38.46%。最严重一次出现在1967年6月23日至9月9日，旱期持续79天。

梅季暴雨

均发生于6—7月，概率22%。最严重一次出现在1983年5月27日至7月18日，实测雨量526毫米，占当年雨量的39%。数百亩农田被毁，农作物被淹。

风暴天气

1961—2016年，乡境受热带风暴影响（影响台风定义：过程极大风力8级及以上且过程雨量50毫米及以上，或过程雨量100毫米及以上，或过程极大风力10级及以上）190次，平均每年3.1次。热带风暴影响一般为八九月，最早出现为1961年5月20日3号台风，最晚出现为1964年10月15日23号台风。热带风暴侵袭时，常伴随大风暴雨。风力最强为2004年8月12日云娜台风，最大风速58.7米/秒，最大风力逾17级。雨量最多为2013年9月5—9日的23号台风，达593.3毫米。

霜雪冰天气

霜　1961—2016年，历年平均有霜日26.8天。最多为出现在1983—1984年，为45天；最少为出现在1966—1967年和1972—1973年，均为12天。有霜日集中于12月至次年2月之间，并以1月为中心呈正态分布。初霜期历年平均在11月22日。最早为1966年10月29日，最晚为2016年12月16日。终霜期历年平均在3月18日，最早为1997年2月19日；最迟为1987年4月16日。无霜期最长为1980年，282天；最短为1962年，214天。伴随气候变暖，每年有霜日在减少，无霜日在增多，2007—2016年，年平均257.7天。

积雪　1961—2016年，降雪通常出现在11月至次年4月间。年均降雪日为9.2天，最早初雪日出现在1979年11月18日，最晚终雪日出现在1971年2月24日。积雪主要出现在12月至次年2月。1972年2月8日积雪最厚，乡境积雪深度达2米左右，连续大雪和长时间积雪对交通运输、通信邮电、电力输送均带来严重影响，长时间低温冰冻，使越冬作物冻害受损。

冰　1961—2016年，历年平均结冰日29.5天。1967年最多，59天；2000年和2007年最少，13天。各月结冰日数以1月为中心成正态分布。历年平均初结冰日为12月6日。最早为1989年11月9日；最晚为1988年，出现在次年1月8日。平均终结冰日为3月5日。最早为2009年1月28日；最晚为1962年3月30日。历年平均结冰期85天。1992年11月21日至1993年3月19日最长，119天；1999年1月8日至1999年2月21日最短，45天。

附　乡境内主要自然灾害

宋

熙宁八年（1075），旱。

绍兴五年（1135），旱灾。

绍兴十八年八月，大水害稼。

绍兴二十四年，旱灾。

绍兴二十八年，大风，水。

乾道七年（1171），大旱。

乾道八年五月，涝灾，稼尽败。

淳熙元年（1174），大旱。

淳熙七年，旱，大饥。

淳熙十四年，旱灾。

庆元二年（1196），涝灾。

嘉泰四年（1204），旱灾。

开禧元年（1205），旱。

嘉定九年（1216），大水。

嘉熙四年（1240），旱，大饥。

景定二年（1261），涝灾。

咸淳八年（1272）八月，涝灾。

元

大德六年（1302），五月不雨至六月，饥。

大德十一年，大旱，饥疫。

至顺元年（1330）闰七月，大水。

至正六年（1346），旱。

至正十二年四月至七月，旱。

至正十九年夏，旱。

至正二十三年夏，旱。

明

正统十年（1445）春，旱，因久旱而起疫。

景泰七年（1456）夏，旱，饥。

天顺元年（1457）六、七月，旱，枯苗。

天顺五年夏，旱，蝗。

成化十三年（1477），大水。

成化二十三年秋，大旱。

弘治七年（1494）七月至十二月不雨，大旱。

弘治十二年春，不雨。

弘治十四年秋，大旱，蝗，饥。

正德元年（1506）夏，旱，饥。

正德五年十月，大水。

正德十二年四月，地震。十二月至闰十二月，大雪。

正德十五年夏，大旱，饥。

嘉靖二年（1523）夏，旱，饥。

嘉靖四年夏，旱，疫。

嘉靖二十九年，瘟疫。

嘉靖四十年秋，涝灾。

嘉靖四十三年夏，大旱。

万历元年（1573），旱。

万历七年，旱。

万历十年，旱。

万历十四年，地震。

万历十六年春，大饥，瘟疫盛行。夏，旱。

万历二十一年秋，旱。

万历二十四年秋，大水。

万历二十六年，旱。

万历三十七年七月，大水。

万历四十六年七月，大水。

天启六年（1626）七月，大水。

天启七年七月，风雨作，山崩石裂。

崇祯元年（1628）七月，大风雨。

崇祯七年八月，大水。

崇祯十四年正月，雨雪不止。六月，蝗灾，大饥。

崇祯十七年，旱。

清

顺治元年（1644），旱，饥。

顺治三年四月至七月，不雨。

顺治五年四月，雨雹。

顺治十一年夏，大旱。十二月，大雪。

顺治十四年六月，大风雨坏堤岸。

顺治十八年，大旱，饥。

康熙三年（1664）八月，大水。

康熙八年八月，大水，一夕平地数尺。

康熙九年六月，大风，害稼。

康熙三十二年夏，旱，歉收。九月，大水。

雍正元年（1723）秋，大旱，荒。

雍正五年七月，洪水暴发。

乾隆元年（1736）九月，大疫，棺价腾涌，送丧号哭不绝于耳。

乾隆十六年，旱，五月不雨至八月。大饥。奉旨赈恤。

乾隆十九年七月，涝灾。

乾隆二十五年八月，大水，大雨三昼夜，山水暴出。

乾隆四十六年四月至五月，旱。六月，大风拔木，损民舍。

乾隆五十九年七月，大风连旬，拔木损房。

嘉庆七年（1802），大旱。

嘉庆十年，大旱。

嘉庆十一年六月至七月，不雨。

嘉庆二十四年，大旱，五十天不下雨。

道光八年（1828）秋，大旱。

道光十二年闰九月至次年正月，连续阴雨，柴米价格昂贵，饥荒严重。

道光十五年夏，旱。

道光十六年，大疫。

道光二十年十一月，大雪厚三尺余。

道光二十二年春，旱。

道光二十四年夏，大旱。

道光二十六年，大旱。

道光二十七年秋，旱。

道光三十年八月十二日夕至十六日，大雨，积水出平地三尺。

咸丰二年（1852）四月至七月，不雨，旱。十一月初六夜，地震。

咸丰十年七月，旱。

咸丰十一年十二月二十六日，大雪，平地积四五尺。

同治元年（1862）夏秋，干旱。

同治三年五月不雨至十一月，旱。

同治十年夏，旱。

同治十一年夏，大旱。

同治十三年七月，大风雨，山水暴下，害人畜无算。秋冬，干旱。

光绪三年（1877）五月二十三日，大风拔木。

光绪五年夏，大旱，水涸，禾枯。

光绪十年八月，大水。

光绪十二年，大旱，水涸，禾枯。

光绪十五年八月，中大雨不至，水暴涨伤禾。

光绪十八年八月，大水。

光绪二十四年，大旱。

宣统元年（1909）春，涝灾。

宣统二年闰六月十六日，台风暴雨，禾损房毁。

中华民国

民国3年（1914），大旱。时疫流行，儿童夭亡尤多。

民国7年7月至9月，不雨，旱灾。

民国9年7月，中大风雨暴作，日夜不止，四明诸山石崩岩裂，洪水数道并下。村落庐舍、道路触流立毁。淹溺人畜不可算数，背山诸乡皆及其灾。

民国10年9月，暴风雨，洪水披山而下，较上年尤甚。中村后岙桥、李家塔双溪桥、万安桥等被冲毁，白云桥南端踏步冲掉20余级。近山各村无不被害，为百年未有之灾。

民国16年7月至9月，3个月不雨，旱灾。

民国17年夏，旱。秋虫相间成灾。

民国20年春，低温久雨，涝灾。

民国23年，自4月不雨，直达中秋后始稍有雨意，且每日亢热非常，溪床毕露，稻田龟裂，晚稻枯黄。及秋中雨足，禾穗方结实，而虫害突发。

民国29年，自2月27日起至8月底长达6个月无雨，田禾农作物受害，民无饮水。

民国31年，中伏大旱。8月12日夜，强台风入境。

民国37年，7月7日至10日，暴雨成灾。

民国38年，7月24日，台风暴雨。

中华人民共和国成立后

1951年5月10日至6月16日，旱36天。

1953年6月9日至10日，降雨86.6毫米，农田受淹2天。全年受台风影响共4次，8月16日至8月18日，最大风力8～9级，拔起直径约40厘米大树10余株。

1955年，夏、秋间，干旱43天。

1956年8月1日，12号强台风在象山南庄登陆，乡境雨量516.5毫米，最大风速90米/秒，最低气压902百帕。牲畜伤亡，房屋倒塌。中姚村大水冲走1人。

1958年5月19日至8月23日，旱，其间仅降雨226毫米，农田、山林作物严重受灾。

1959年8月29日、9月4日，连续受两次台风影响，后一次同时暴雨，雨量达269毫米，最大风速60米/秒，最低气压963百帕，农田、房屋、人畜均受灾。

1962年9月3日至6日，受14号台风影响，雨量达524毫米，山洪暴发，房屋损坏，农田受淹。

1963年，12号台风在福建连江登陆，影响乡境。雨时出现在9月9日至15日，雨量416.7毫米，最大风速70米/秒，最低气压918百帕，冲毁公路、桥梁、房屋。

1967年6月23日至9月9日，旱，其间仅降雨66.2毫米。溪、池、井均干涸。

1971年，13号台风，白鹿百丈水库大坝水漫40厘米。

1972年2月5日至12日，大雪8天，积雪41厘米，公路交通中断。8月，9号台风，白鹿小黄泥岭水库倒坝，致算坑村一座桥梁受损。

1973年5月30日，大雨，晓云三弯坵水库大坝决口，冲走土方100余立方米，毁田1.2公顷。10月28日至次年1月底，连续干旱70余天，溪流干涸。

1974年8月19日晚11时，13号台风于在象山石浦登陆，最大风速75米/秒。乡境雨量301.4毫米，农田、房屋被毁。

1977年1月，下雪21天，积雪20厘米。1月5日，极端最低气温零下9.3℃。同年8月21日至23日，台风暴雨，涝灾，粮食歉收。

1979年8月初，伏旱。8月23日至26日，受10号台风影响，最大风力9～10级，雨量457毫米，农田山塘、水库受损。

1981年8月30日至9月4日，受14号台风影响，阵风10级以上，雨量472毫米，强风暴雨持续36小时。粮食歉收，毛竹、大小树木折断无数。

1983年9月24日至9月27日，受10号台风影响，降雨量220毫米，水利工程及房屋均受损。

1984年6月13日，暴雨一昼夜，雨量165毫米，农作物受淹43.3公顷，房屋倒塌32间。

1985年12月9日，大雪。严寒持续16天，最低气温零下8.1℃。公路交通受阻。

1988年8月7日晚，受7号台风正面袭击，风力12级以上，瞬间最大风力38米/秒，过程雨量100毫米以上，局部大暴雨。山洪暴发，拔树倒房。农田、水利、道路损毁无数，直接经济损失17余万元。秋，旱，连冬。

1989年8月21日至23日，受东海海面云团影响，连降暴雨，雨量达300毫米以上。

1990年1月29日至2月1日，持续降雪，积雪厚达32厘米。7月4日起，伏旱。8月30日至9月1日，受15号台风影响，暴雨，8级以上大风持续29小时。

1991年1月4日至5日，连续降雪14小时，降雪25厘米。9月7日，16号台风过境，暴雨成灾。12月27日至28日，大雪，严寒持续近10天。一年三灾，农作物严重减产。

1992年8月30～31日，受16号台风影响，风力8～9级，伴大暴雨。9月23日，受19号台风影响，大暴雨，农作物受严重影响。

1993年2月26日，发生4级以下弱轻地震，延至3月3日、4日两天，次数增多，震级增强，1.7～4.2级之间，无房屋和人畜伤亡。8月23日至25日，受太平洋副热带高压控制，日气温上升到36.3℃，“秋老虎”严重影响晚秋作物生长。11月17日至24日，北方冷空气南下，日气温下降到零下3℃，“早霜冻”严重影响冬季作物生长。

1994年1月16日至18日，受强冷空气影响，48小时日平均气温过程降温12.2℃，19日早晨最低气温零下2.1℃。8月21日，17号台风过境，大暴雨，8级以上大风持续15小时，中旬稻、农作物、水利房屋受损严重。

1995年7月8日至8月5日，连续高温晴天，干旱。全乡360公顷中汛稻，有267公顷受灾，其中133.5公顷晒白干裂，将近67公顷颗粒无收。全乡晚稻插种20公顷，严重减产减收；近180公顷旱地作物受晒枯苗，47公顷毛竹山的毛竹受晒枯死，时39个村有21个村严重缺水。

1996年1月24日，特大雪灾，积雪达30厘米，压断、压破毛竹无数，压塌大小房屋6间，低压电网断杆81根，直接经济损失280余万元。

1997年8月17日，遭受11号台风袭击。损毁毛竹58.5万千克，林木375立方米，抗旱机埠3只，拦水闸7座，堰坝、渠道1000余米，机耕路、公路塌方55处、9023立方米。总计损失102.295万元。

1998年1月23日夜，普降暴雪，积雪30厘米，对农作物影响严重，毛竹压断120万株，交通运输受阻，供电线路倒杆，13个村断电。9月19日至20日，受6号台风影响，过程雨量150毫米，局部出现大暴雨和特大暴雨，39个村均受影响，损毁房屋31间，农作物受灾近67公顷，水利、道路、供电等损失160余万元。26日至月底，受8号强热带风暴影响，过程雨量140余毫米。

1999年7月8日，出现罕见雷阵雨，短时大暴雨，1小时雨量100毫米以上，造成一定的经济损失。

2000年8月7日，台风“杰拉华”过境，最大风力9级。8月30日，受台风“派比安”影响，出现8至9级东北大风。9月11日开始，受台风“桑美”影响，12日普降大雨，13日至14日暴雨，局部大暴雨，3天平均雨量540毫米，降水强度达50年一遇，洪、涝造成多处溪道冲毁，农田受淹，造成直接经济损失360余万元。

2001年6月下旬，受台风“飞燕”外围影响，又逢梅雨季节，连续暴雨。6月26日，雨量100毫米以上，是月降水量占全年降水量近30%。

2002年1月15日至17日，受强冷空气影响，48小时降温14.0℃，19日早晨最低气温零下4.1℃。9月16日，受台风“森拉克”影响，最大风力10级以上。

2004年12月28日，出现暴雪，积雪深度22厘米，12月30日，再次出现大雪。两次大雪压倒压断毛竹91万株，损失450万元，2个村出现停电，1间平房被压倒。

2005年3月10日，后半夜开始受强冷空气影响，48小时降温幅度15.7℃，12日早晨最低气温零下3.3℃，上午普遍降雪，最厚积雪150毫米。大雪和降温天气使茶树受冻，茶叶减产，春季作物影响严重。8月6日，受9号台风“麦莎”影响，溪道、房屋多处损毁。

2006年6月10日11时至13时，受强对流飑风天气过程影响，境内普遍出现8～10级大风，东岗山一带出现冰雹。

2007年，全年共出现47天最高气温≥35℃高温，是常年的2.4倍，4—8月总降雨量510.4毫米，比常年大幅减少，造成夏季用水紧张。

2008年2月2日，遭1972年后最大暴风雪袭击，积雪深度达43厘米以上，出现严重冰冻，道路受阻，供电设施、通信设施严重破坏，30%的毛竹被压断或粉碎。

2009年1月22日至24日，寒潮，48小时过程降温10.4℃，过程最低气温零下6.5℃。2月13日至15日，强冷空气，48小时过程降温11.9℃，农作物均受影响。6月5日18时15分，受罕见强雷雨大风、冰雹和短时暴雨影响，5个村受灾。冰雹持续时间6分钟，最大的有桂圆大小。毛竹、房屋瓦片、畜牧业遭受不同程度的损失。

2010年8月11日至13日，受副热带高压控制，气温连续攀升，13日最高气温达40.7℃，市气象台连续发出高温橙色、红色预警信号。

2013年10月6日至8日，受23号“菲特”台风影响，出现特大暴雨，过程雨量478毫米，最大降雨量达到714毫米，且持续时间长，沿溪田地均受淹，山涧多泥石，毛竹、树木多有连根拔起，村道、溪道多处被毁。敬老院13名老人转移至成人学校避灾。

2015年7月11日，受9号台风“灿鸿”影响，降雨量达389.6毫米，为全市之最。3个地质灾害点群众转移。毛竹、树木多受影响。

第三章　自然资源

第一节　土　地

2016年，全乡土地总面积6632.45公顷，其中耕地、林地、园地面积6284.58公顷。

耕地

2016年，全乡有耕地480.8公顷，其中水田348.52公顷，占耕地总面积的74.49%。由于产业结构调整，大部分水田改种经济作物。

林地

乡境历史上森林茂密，植被丰富，顶级植被群落为亚热带常绿阔叶林、落叶阔叶林。经漫长的人类活动，和历史上各种自然气象等因素影响，顶级自然植被遭到破坏，现已不多见，极大部分顶级植被已被次生植被或人工植被所代替。但在算坑自然村域内，保存一大片原始次森林，总面积182.2公顷，植被覆盖率98%。2016年，全乡有林地5065.65公顷，其中毛竹山3569.87公顷，占林地总面积的70.47%。

园地

2016年，全乡有园地738.13公顷，其中茶园578.33公顷，占园地总面积的78.35%。

第二节　水

乡境雨量充沛，水资源丰富，年均水资源总量4153.5万立方米。

降水

乡域年均降水量1.393亿立方米，其中山川径流0.557亿立方米，占40%；蒸发量0.836亿立方米，约占60%。一年之内，梅季、台风季节雨水多，水量充沛；伏旱期，雨水少，稍有干旱产生（详见本编第二章第四节）。

蓄水

全乡山塘、水库共154座，井103口，泉42处，年均蓄水量2868.2万立方米。以山塘、水库蓄水为主，达1521.2万立方米，约占53.04%；复库储水1259.3万立方米；农田自蓄58.7万立方米；地下水（井水）29万立方米。农田灌溉、生活用水2536.4万立方米，供需相抵余331.8万立方米。属水资源富足地区。

水质

有机污染综合定级为一级水。水质清洁，pH值6.7～7.5；总硬度0.4～2.0；氨氮0.06毫米／升；氯化物5.0～9.0毫克／升；氟化物0.07～0.2毫克／升；细菌总数4000～50000米／升。2010年起，确保鄞州（今海曙）皎口水库水质，减少溪道沿线畜牧养殖以及水煮笋厂的关闭，晓鹿大溪全线保洁。2016年，推进“五水共治”剿灭劣V类水，污水零排放，实行溪道河长制管理。

第三节　矿　产

大年岗矿

位于雷公寺通往岩头村的路旁。该矿矿砂经中外矿炼化炼，均认定是铜矿。民国5年（1916），由邑人胡承烈发起，购置矿地，组织成立“大成铜矿公司”，呈请农商部注册，发给探照等手续，于民国7年业已完备。民国8年春开始招股，后因附股者很少，又无资本接济，致使功败垂成。

黄狼山矿[1]

位于陈家岩村东约1.5千米处，山岩主人陈明通的女儿在山里挖到一块矿石，银光闪闪，引起人们兴趣，后有不少人都挖到过类似矿石。民国9年，曾有外地资本家请工程师到此勘探。第二次请日本工程师勘探，判断为贫矿，并含有多种矿质，无开采价值。

第四节　野生动物

乡境内野生动物在地理分布上属东洋界区系，历史上动物资源丰富。在新石器时代遗址发掘中即有野生动物骨架。元代，以虎皮和貉皮作为赋征，说明这些动物当时在乡境内也有一定蕴藏量。

元末，四明乡山民石明三为报母被虎所害之仇，怒杀五虎，最后力竭而亡的事迹孝感天地，在晓云村大王庙内尚存“石君祠”匾。据《四明上菁赵氏宗谱》记载，清雍正年间（1723—1735），大湾（今属高山村）瑞生公长子遇虎被害。清代，中村人郑某入山砍柴，被虎噬去。直至民国，山民每年农作之余，成群结队围猎山谷。1964年5月某日，白鹿公社马家坪大队孩童方某在距村子

①摘自陈一鸥《天地一沙鸥》。

不到500米的地方，遭受豺狗撕咬，路过的邻村村民陈某用竹棒敲打毛竹驱赶，是为境内最后一次出现大中型猛兽。

此后，由于森林资源遭人为破坏，野生动物栖息场所和活动范围缩小，加之人为乱捕滥杀，动物资源日益减少，许多野生动物濒临灭绝。20世纪90年代后，国家重视野生动物保护，同时也加强森林资源保护，野生动物繁衍势头有所好转。至2016年，乡内大、中型野生动物主要为猪科类的野猪和鹿科类的鹿（俗称鹿狼）。

乡境内动物有脊椎动物和无脊椎动物之分，本志主要记载脊椎动物。

脊椎动物

哺乳类　乡境内多有分布，偶有发现毛冠鹿和金钱豹，为国家一级重点保护野生动物；獐为二级重点保护野生动物。共有15科26种。

鹿亭乡野生哺乳动物一览表

表2-3-1

科目	名称	俗名	分布
獐科	獐	獐么郎	—
鹿科	毛冠鹿	—	—
	麂	麂狼	—
	狼	—	—
犬科	豺	豺狗	—
	貉	毛狗	—
	金钱豹	花豹	—
猫科	豹猫	线猫	—
鼬科	貂	黄喉貉	—
	黄鼬	黄鼠狼	—
	黄腹鼬	香菇狼	—
	狗獾	猹	—
	猪獾	山獾	—
	水獭	獾猫	—
灵猫科	小灵猫	香狸	—
	花面狸	上树狸	—
獴科	食蟹獴	山獾	—
猪科	野猪	—	—
猬科	刺猬	—	—

续表 2-3-1

科目	名称	俗名	分布
穿山甲科	穿山甲	—	—
豪猪科	豪猪	—	—
仓鼠科	东方田鼠	沼泽田鼠	—
松鼠科	松鼠	—	—
	赤腹松鼠	—	—
兔科	华南兔	野兔	—
蝙蝠科	伏翼	蝙蝠	—

鸟类 常见鸟类有 21 科、32 种，多栖息、活动于山林及水边。山林鸟类活动范围的垂直分布大多在 6 ~ 18 米，即以树冠生活鸟类为主。此外，下层木生活鸟类分布于 3 ~ 10.5 米；冠层木生活鸟类在 0.6 ~ 6 米之间，竹鸡、黑背燕尾等则分布于地面。鸟类栖位以小于 1 厘米的树枝上分布频率最大，占 41.7%；其次为 1 ~ 2.5 厘米，占 30.8%；水库、溪流、沼泽边也是鸟类的主要栖息与活动处。1988 年，调查发现乡境内常见鸟类基本为食虫类鸟类，食肉类鸟类如鹰科等在 20 世纪 70 年代初绝迹。鸟类中白鹤为国家一级重点保护野生动物，松鸦和环颈雉为国家二级重点保护野生动物。

鹿亭乡鸟类一览表

表 2-3-2

科目	名称	俗名	分布
鹭科	苍鹭	灰鹭	水田、沼泽
鹤科	白鹤	—	湿地（偶见）
鸭科	豆雁	麦鹅	候鸟
	绿头鸭	野鸭	水库、湖泊
隼科	灰背隼	—	田野、山麓
雉科	环颈雉	山鸡、野鸡	草丛、灌木丛
	鹌鹑	鹑鸟	稻丛
	竹鸡	—	山林地面
鸠鸽科	山斑鸠	—	山地林间
杜鹃科	大杜鹃	布谷	山麓
鸱鸮科	长耳鸮	猫头鹰	常见

续表 2-3-2

科目	名称	俗名	分布
夜莺科	夜莺	新疆歌鸲	山麓
雨燕科	白腰雨燕	—	山地
啄木鸟科	绿啄木鸟	—	山间粗大树木
百灵科	云雀	—	—
燕科	家燕	燕子	房屋梁椽
	金腰燕	—	—
鹎科	白头鹎	白头翁	花园、果树林
	白头黑鹎	—	山林树冠
黄鹂科	黑枕黄鹂	黄鹂	丘陵林木中
椋鸟科	八哥	—	农田、村落
鸦科	松鸦	—	山林下木层
	喜鹊	干鹊	田野、庭院
	红嘴蓝鹊	—	山林树冠
	树鹊	—	山林树冠
鹟科	黑背燕尾	—	山林地面
	画眉	—	竹从、灌木
	白眶雀鹛	—	山林灌木丛
山雀科	大山雀	白脸山雀	针阔混交林树冠
	红头山雀	—	针阔混交林树冠
文鸟科	麻雀	—	田野、农舍墙洞
雀科	金翅雀	—	松柏林中

爬行类　常见的爬行类动物 7 科、13 种。20 世纪 50 年代起，大规模农田基本建设改变生态环境，爬行类动物数量大为减少。

鹿亭乡常见爬行类动物一览表

表 2-3-3

科目	名称	俗名	分布
龟科	乌龟	—	田野沟渠
鳖科	鳖	甲鱼	溪流水库塘沟渠
壁虎科	多疣壁虎	—	房屋墙壁
石龙子科	石龙子	四脚蛇	路石草丛
游蛇科	黑眉锦蛇	家蛇	陈旧建筑、庭院
	乌梢蛇	乌风蛇	—
	火赤链	—	—
	水蛇	白线蛇	溪流、水沟
眼镜蛇科	银环蛇	金钱白花蛇	丘陵多水地段
	眼镜蛇	扇头风	水边石垣洞穴
蝰科	蝮蛇	百花蛇	山间、平原湿地
	尖吻蝮	五步蛇	山涧草丛
	竹叶青	—	竹林、草丛

两栖类　以蛙为主，分布于水稻田及其他田地，山溪湿地也常见。有日本林蛙、花臭蛙、华南湍蛙、大树蛙、中华大蟾蜍（俗称癞蛤蟆）、泽蛙、金线蛙、虎纹蛙（俗称水鸡）、黑斑蛙（俗称青蛙）和饰纹姬蛙等。其中，虎纹蛙为国家二级保护动物。

鱼类　有鳙鱼（俗称胖头鱼）、草鱼、鲤鱼、鲫鱼（俗称河鲫鱼）、鲇鱼、黄颡鱼（俗称昂刺鱼）、石斑鱼、小溪鱼、鳗鱼、鳝鱼（俗称黄鳝）、泥鳅等。

节肢动物

昆虫类　有二化螟、三化螟、大螟虫、稻螟蛉、稻包虫、桑螟、蚱蜢、瓢虫、蝼蛄、蚂蚁、白蚁、蚊、蝇、虱、臭虫、蟑螂、蜻蜓、蝉（俗称知了）、胡蜂、螳螂、牛虻、蜜蜂、萤火虫、纺织娘等。

多足类　有蜈蚣、马乐（俗称百脚）等。

蛛形类　有黑蜘蛛、花蜘蛛等。

甲（贝）壳类　有石蟹、沙蟹等。

其他低等动物

软体动物类　有田螺、蛳螺、青蛳、蜗牛等。

环节动物类　有蚯蚓、水蛭（俗称蚂蟥）。

第五节　野生植物

乡境内常见植物包括孢子植物、裸子植物、被子植物各门类，人工引进品种日增。水杉为国家一级保护植物，银杏、杜仲、罗汉松为国家二级保护植物。广玉兰、杜鹃分别为余姚市市树和市花。

孢子植物

菌类植物 多系人工培植的食用菇类，野生菌类则多数有毒。计11科、20种：银耳，木耳，灵芝、茯苓，蘑菇、平菇、香菇、金针菇、草菇，黄曲霉、黄青霉、点青霉、白粉霉、黑根霉，蝉花，竹黄，酵母，马勃，毒伞，地衣。

苔藓类植物 计17科20种：绿片苔，平叉苔，带叶苔，钝叶护蒴类，石地钱，黄牛毛藓，长蒴藓、长叶曲柄藓，大凤尾藓，小石藓，银叶真藓，疣灯藓，虎尾藓，尖叶油藓，羊角藓，羽枝青藓，鳞叶藓，波叶仙鹤藓、包叶金发藓、东亚金发藓。

藻类植物 有水绵、衣藻、蓝藻等。

蕨类植物 计24科、39种：卷柏、江南卷柏、毛枝卷柏，紫萁，镰叶瘤足蕨，海金沙，芒萁、黑白蕨，阴地蕨，水蕨，铁线蕨，边缘鳞盖蕨，乌蕨，凤尾蕨、井栏边草，凤丫蕨，长江蹄盖蕨，倒挂铁角蕨、北京铁角蕨、虎尾铁角蕨，金星蕨，胎生狗脊蕨、狗脊蕨，镰羽贯众、贯众、斜方复叶耳蕨，黑足鳞毛蕨，金鸡脚、江南星蕨、瓦苇、抱石莲、石苇、槲蕨、水龙骨，槐叶苹，满江红，石松，节节草。

裸子植物

多为乔木，少数为灌木或藤木，计7科40种：苏铁，银杏，松树、马尾松、黑松、湿地松、火炬松、五针松、华山松、短叶五针松、日本冷杉、雪松、金钱松，杉木、水杉、池杉、落羽杉、柳杉、日本柳杉，侧柏、龙柏、匍地柏、翠柏、金星桧、福建柏、刺柏、日本扁柏、云片柏、孔雀柏、日本花柏、凤尾柏、绒柏、香柏、线柏、垂枝柏，罗汉松、短叶罗汉松、竹柏，三尖杉、香榧。

主要物种有：

银杏，俗名白果树、公孙树。银杏科银杏属。境内树龄100年以上的古银杏有12棵（其中500年以上的有2棵），已入选古树名木保护名录。

松树，松科松属。常绿乔木。为乡境内主要用材林木。

水杉，杉科水杉属。植株高大挺拔，乡境内有人工种植。

杉木，杉科杉木属。常绿乔木。是主要的用材林木，境内有成片人工种植。

柳杉，杉科柳杉属。常绿乔木。境内有人工种植。

雪松，松科雪松属。常绿针叶乔木。园林观赏树木，多有引种。

五针松，松科松属。常绿针叶乔木。多为盆景培植，鲜有野外种植。

罗汉松，罗汉松科罗汉松属。常绿针叶乔木。境内有人工种植。

侧柏，又称香柏。柏科侧柏属。常绿乔木。

扁柏，柏科扁柏属。常绿灌木。景观绿化树引种。

刺柏，柏科刺柏属。常绿小乔木。

铁树，又名苏铁。苏铁科苏铁属。常绿乔木。以盆景种植为主。

被子植物

为境内最大的植物类群，种类繁多，从草本到木本均有分布，计116科644余种：三白草、鱼腥草；金栗兰、宽叶金栗兰；垂柳、旱柳、龙爪柳、叶柳、杞柳、加拿大杨、响叶杨、意大利杨；化香、枫杨、青钱柳；苦槠、青冈、麻栎、栓皮栎、白栎；桤木；榔榆、白榆、刺榆、榉树、沙朴、朴树；柘木、桑树、无花果、薜荔；苎麻、赤车、糯米团；马兜铃、杜衡；红蓼、水蓼、戟叶蓼、稀花蓼、杠板归、虎杖、何首乌、荞麦、羊蹄、酸模、金钱草；土荆芥、藜、无翅猪毛菜、菠菜、碱蓬；鸡冠花、刺苋、苋、尾穗苋、牛膝、千日红、莲子草；紫茉莉；商陆；马齿苋、大花马齿苋、土人参；鹅不食草、石竹、繁缕、牛繁缕、王不留行、漆姑草；雀舌草；荷花、芡实、萍逢草；金鱼藻；牡丹、芍药、天葵、大叶唐松草、小毛茛、威灵仙、山木通、女萎；大血藤、三叶木通、木通、白木通；六角莲、八角莲、淫羊藿、三叶九芝草、日本小檗、十大功劳、南天竹、阔叶十大功劳、庐山小檗；木防己、千金藤、金线吊乌龟、石蟾蜍；冷饭团、厚朴、广玉兰、白玉兰、紫玉兰、白兰花、含笑、鹅掌楸、木莲；蜡梅、夏蜡梅；樟、山鸡椒、檫木、紫楠；虞美人、荷花牡丹、黄堇、罂粟；醉蝶花；卷心菜、甘蓝、大头菜、油菜、芥菜、白菜、青菜、萝卜、荠菜、碎米荠、水田碎米荠、焯菜、焯菜、花椰菜；茅膏菜；瓦松、晚红瓦松、景天、垂盆草、佛甲草、凹叶景天；溲疏、宁波溲疏、绣球、虎耳草；海桐、崖花海桐；二球悬铃木；檵木、枫香、红花檵木；杜仲；龙牙草、地榆、草莓、蛇莓、野山楂、石楠、小叶石楠、光叶石楠、火棘、石斑木、海棠、野海棠、玫瑰、月季、硕苞蔷薇、野蔷薇、小果蔷薇、金樱子、枇杷、李、郁李、紫叶李、重叶梅、杏、桃、寿星桃、碧桃、山桃、垂枝碧桃、毛樱桃、重瓣榆叶梅、榆叶梅、毛山樱、山樱、樱桃、樱花、棠梨、贴梗木瓜；龙须藤、云实、山皂荚、皂荚、山槐、合欢、紫荆、槐树、龙爪槐、刺槐、南苜蓿、铁扫帚、紫藤、黄檀、含羞草、田菁、红花锦鸡儿、野大豆、草木樨、紫云英、铁马鞭、鸡眼草、落花生、小巢菜、蚕豆、豌豆、三籽两型豆、宜昌杭子梢、短叶决明、豆茶决明、山蚂蟥、马棘、胡枝子、大豆、野葛、刀豆、赤豆、豇豆、绿豆、扁豆、眉豆、野扁豆、鸡血藤、苦参；酢浆草；野老鹳草、天竺葵；叶下珠、蓖麻、铁海棠、一品红、地锦、泽漆、算盘子、重阳木、油桐、千年桐、野桐、白背叶、乌桕；枸橘、金橘、金柑、橘、柚、甜橙、代代酸橙、佛手、臭辣树；苦木、臭椿、香椿；楝树、川楝；南酸枣、黑漆树、盐肤木、黄连木；鸡爪槭、红枫、羽毛枫、青榨槭、槭树、青枫、三角枫；无患子；冬青、枸骨、小果冬青、龟甲冬青、斑叶冬青；卫矛、冬青卫矛、扶芳藤、雷公藤；凤仙花；雀舌黄杨、黄杨、小叶黄杨、长叶黄杨、细叶黄杨；枣、酸枣；七叶树；葡萄、毛葡萄、刺葡萄、爬山虎、异叶爬山虎、青龙藤、蛇葡萄、三裂叶、乌蔹莓；杜英；木槿、紫色重瓣木芙蓉、苘麻、洋麻、棉花；黄麻；茶梅、山茶、木荷；梧桐；金丝桃、地耳草、元宝草、小连翘；紫花地丁、毛堇菜、三色堇、戟叶堇菜；胡颓子、木半夏；柞木；紫薇；柽柳；秋海棠、中华秋海棠、四季海棠；仙人掌、蟹爪兰、昙花；石榴、月季石榴；喜树；倒挂金钟；常春藤、五加、刺楸；蛇床、破子草、天胡荽、积雪草、山芹菜、苦爹菜、柴胡、旱芹、水芹、茴香、前胡、胡萝卜；长叶鹿蹄草；朱砂根、紫金牛；点地梅、过路黄、星宿菜、珍珠菜；马银花、羊踯躅、满山红、杜鹃、米饭花、乌饭树、闹羊花；野柿、柿子；野茉莉、折花龙；白蜡树、桂花、金桂、丹桂、月桂、小蜡、女贞、小叶女贞、水蜡、茉莉花、迎春花、金叶女贞；夹竹桃、络石、白花夹竹桃；龙胆；柳叶白前、徐长卿、萝藦、夜来香；菟丝子、马蹄金、打碗花、蕹菜、牵牛花、茑萝；马鞭草、长叶紫珠、莸、兰香草、豆腐柴、牡荆、蔓荆、黄荆、大青、臭牡丹；藿香、筋骨草、紫背金盘、半枝莲、薰衣草、活血丹、长毛韩信草、野芝麻、夏枯草、益母草、风轮菜、一串红、野薄荷、留兰香、紫苏、水苏；酸浆、辣椒、龙葵、白英、马铃薯、番茄、茄、曼陀罗、烟草、枸杞、挂金灯；通泉草、阴行草、光叶翼萼、母草、胡淋草、马先蒿、鹿茸草、婆婆纳、蚊母草、泡桐、洋地黄、浙玄参；凌霄、梓树；马兰；爵床、穿心莲；大车前、车前、平车前；黄毛耳草、白花蛇舌草、栀子、重瓣栀子、茜草、猪殃殃、钩藤、虎刺、六月雪、白马骨、鸡矢藤；忍冬、八仙花、接骨草、珊瑚树；丝瓜、西瓜、香瓜、菜瓜、冬瓜、苦瓜、葫芦、蒲瓜、南瓜、栝楼、北瓜；半边莲、沙参、桔梗；下田菊、胜红蓟、白鼓丁、佩兰、泽兰、一枝黄花、雏菊、风菜、女菀、一年蓬、多茎鼠麴草、天名精、苍耳、鳢肠、向日葵、鬼针草、菊花、野菊、除虫菊、甜叶菊、瓜叶菊、石胡荽、牡蒿、四方蒿、茵陈蒿、艾蒿、黄花蒿、奇蒿、细叶艾、野艾、一点红、百日菊、兔儿伞、千里光、白术、小蓟、大蓟、球子草、矢车菊、金盏菊、红花、杏香兔耳风、大丁草、稻槎菜、蒲公英、万寿菊、苦苣菜、莴苣、丁萝卜、黄鹌菜、山苦荬、旋覆花、剪刀股、菊芋、大丽菊、紫菀、美国紫菀、小白酒草、刺儿菜、沙苦荬菜；眼子菜、竹叶眼子菜；泽泻、窄叶泽泻、长喙毛茛、慈姑；黑藻、水鳖、苦草、水筛、水车前；箬竹、苦竹、毛竹、淡竹、雷竹、芦竹、稻、茭白、淡竹叶、芦苇、小麦、大麦、野燕麦、看麦娘、牛筋草、龙爪茅、狗牙根、大米草、盐鼠尾粟、稗、光头稗子、雀稗、紫马唐、升麻唐、大狗尾草、狗尾草、狼尾草、黑麦草、芒、荻、白茅、甘蔗、高粱、白羊草；荆三棱、海三棱、香附子、短叶茳芏、水蜈蚣、牛毛毡；棕榈；马蹄莲、芋、半夏；浮萍、紫萍、无根萍；竹叶吉祥草、吊竹梅、水竹草；凤眼莲、鸭舌草；灯芯草、野灯芯草；百部；吊兰、黄花菜、郁金香、百合、葱、洋葱、蒜、韭菜、万年青、多花黄精、天门冬、文竹、麦冬、丝兰、虎尾兰、牛尾菜、土茯苓、七叶一枝花；石蒜、水仙、葱莲、晚香玉、君子兰；黄独；蝴蝶花、射干、唐菖蒲；芭蕉；姜、山姜；美人蕉；春兰、蕙兰、墨兰、白及、寒兰。

主要物种有：

木荷，又名荷木。山茶科木荷属。常绿大乔木。用材树种，耐久用，易加工，乡境内常见。

白杨，又名大叶杨。杨柳科杨属。落叶乔木。用于绿化、防护。多病虫害，趋于淘汰。

枫杨，又名元宝树，俗称溪沟树。胡桃科枫杨属，落叶乔木，多见于晓鹿、白鹿大溪旁。

桑树，桑科桑属。早年曾广泛种植，今庭院、溪边有见。

广玉兰，木兰科木兰属。阔叶常绿乔木。20世纪末，作为园林景观树种大量引种。

樟树，又名香樟。樟科樟属，阔叶常绿乔木。种植最多的公路边绿化树。乡境内树龄200年以上的樟树有3棵，其中1棵树龄在880年以上。

楝树，又名苦楝。楝科楝属。阔叶落叶乔木。20世纪60—70年代屋边、沟旁多有种植。现白鹿陈家岩自然村周边尚存较大楝树100余棵，其他各村零星均有。

梧桐，梧桐科梧桐属。阔叶落叶乔木。早年有野生，今少见。

泡桐，玄参科泡桐属。阔叶落叶乔木。20世纪60年代，曾作为造林树种大量引种，因气候不适，今少有种植。

棕榈，棕榈科棕榈属。常绿乔木。早年为农家主要经济树种，今多作景观树种植。

第三编

人口　姓氏

第一章 人口变迁

乡境内人口资料记于民国17年（1928），民国中后期，人口数量变化甚微。中华人民共和国成立后，人民生活和卫生保健条件逐步改善，人口自然增长幅度提高，1963—1972年是人口自然增长率的高峰期。20世纪80年代后，实行计划生育，自然增长率开始有所控制。20世纪90年代，人口总体呈不断增长趋势，人口数量最多的是1995年，达20162人。1998—2015年，人口逐年减少，1999年，首次出现负增长。2016年，全乡总人口17180人。

第一节 民国时期人口

民国17年（1928），乡境内南溪乡有2680户11150人，其中男6250人、女4900人。

民国35年，白鹿乡有1114户，晓云乡有1204户，其他数据缺失。

民国36年，白鹿乡有1108户4178人，其中男2211人、女1967人；晓云乡有1211户4457人，其中男2422人、女2035人。

民国38年，白鹿乡有1109户4194人，其中男2222人、女1972人；晓云乡有1208户4505人，其中男2447人、女2058人。

第二节 中华人民共和国成立后人口

1951年，鹿亭乡有922户3259人，其中男1726人、女1533人。乡境内晓云乡791户2970人，其中男1578人、女1392人；白鹿乡624户2469人，其中男1319人、女1150人；东岩乡576户2159人，其中男1221人、女938人。

1953年6月30日24时，第一次全国人口普查，数据缺失。据《1953年梁弄区人口户数统计表》显示，鹿亭乡有922户3468人，其中男1811人、女1657人。乡境内晓云乡791户3023人，其中男1564人、女1459人；白鹿乡627户2374人，其中男1310人、女1064人；东岩乡576户2210人，其中男1232人、女978人。

1960年，乡境内李家塔管理区有1219户4635人，其中男2479人、女2156人；晓云管理区1243户5172人，其中男2786人、女2386人；陈家岩管理区507户2071人，其中男1071人、女1000人。

1964年6月30日24时，第二次全国人口普查启动，鹿亭公社有1095户5020人，其中男2608人、女2412人。乡境内晓云公社有1555户

6597 人，其中男 3529 人、女 3068 人；白鹿公社有 515 户 2256 人，其中男 1213 人、女 1043 人。

1982 年 7 月 1 日零时，第三次全国人口普查启动，鹿亭公社有 1728 户 7130 人，其中男 3703 人、女 3427 人。鹿亭公社人口比 1964 年第二次全国人口普查时增加 2110 人。乡境内晓云公社有 2213 户 9320 人，其中男 4787 人，女 4533 人；白鹿公社有 754 户 3055 人，其中男 1598 人、女 1457 人。晓云公社和白鹿公社人口比 1964 年第二次全国人口普查时分别增加 2723 人和 799 人。

1990 年 7 月 1 日零时，第四次全国人口普查启动，鹿亭乡有 2005 户 7193 人，其中男 3768 人、女 3425 人。鹿亭乡人口比 1982 年第三次全国人口普查时增加 63 人。乡境内晓云乡有 2595 户 8875 人，其中男 4581 人、女 4294 人；白鹿乡有 845 户 2863 人，其中男 1510 人、女 1353 人。晓云乡和白鹿乡人口比 1982 年第三次全国人口普查时分别减少 445 人和 192 人。

2000 年 11 月 1 日零时，第五次全国人口普查启动，鹿亭乡有 5481 户 19594 人，其中男 10174 人、女 9420 人。全乡总人口比 1990 年第四次全国人口普查时增加 663 人。

2010 年 11 月 1 日零时，第六次全国人口普查启动，鹿亭乡有 6762 户 17664 人，其中男 9156 人、女 8508 人。全乡总人口比 2000 年第五次全国人口普查时减少 1930 人。

2016 年，全乡有 6525 户 17180 人，其中男 8880 人、女 8300 人。

1961—2016 年全乡人口情况表

表 3-1-1　　　　单位：人

年份	户数（户）	人口数			平均每户人口数
		合计	男	女	
1961	1113	4606	2500	2106	4.14
1962	1128	4799	2557	2242	4.25
1963	1105	4961	2609	352	4.49
1964	1095	5020	2608	2412	4.58
1965	1108	5282	2745	2537	4.77
1966	1115	5441	2820	2621	4.88
1967	1130	5586	2915	2671	4.94
1968	1150	5748	2989	2759	5
1969	1161	5914	3075	2839	5.09
1970	1187	5958	3080	2878	5.02
1971	1219	6076	3158	2918	4.98
1972	1242	6173	3209	2964	4.97
1973	1276	6278	3265	3013	4.92
1974	1322	6356	3306	3050	4.81

续表 3-1-1

年份	户数（户）	人口数			平均每户人口数
		合计	男	女	
1975	1388	6429	3350	3079	4.63
1976	1450	6489	3380	3109	4.48
1977	1593	6718	3503	3215	4.22
1978	1664	6817	3558	3259	4.1
1979	1595	6801	—	—	4.26
1980	1638	6860	—	—	4.19
1981	1710	6942	—	—	4.06
1982	1728	7130	3703	3427	4.13
1983	1784	7104	—	—	3.98
1984	1846	7128	—	—	3.86
1985	1891	7152	—	—	3.78
1986	1993	7209	—	—	3.62
1987	2043	7273	—	—	3.56
1988	5924	19816	—	—	3.35
1989	6083	19887	—	—	3.27
1990	6101	18931	9859	9072	3.1
1991	6208	20021	10381	9640	3.23
1992	6235	20076	10387	9689	3.22
1993	6281	20087	10503	9584	3.12
1994	6313	20113	10787	9326	3.19
1995	6369	20162	10525	9637	3.17
1996	6389	20063	10442	9621	3.14
1997	6465	20109	10455	9654	3.11
1998	6361	19919	10362	9557	3.13
1999	6236	19807	10331	9476	3.18
2000	5481	19594	10174	9420	3.57
2001	6055	18959	9903	9056	3.13
2002	6035	18532	9690	8842	3.07

续表 3-1-1

年份	户数（户）	人口数			平均每户人口数
		合计	男	女	
2003	6025	18191	9530	8661	3.02
2004	6107	18053	9444	8609	3
2005	6204	17928	9364	8564	2.9
2006	6352	17865	9314	8551	2.82
2007	6513	17820	9297	8523	2.74
2008	6726	17817	9283	8534	2.65
2009	6743	17719	9221	8498	2.62
2010	6762	17664	9156	8508	2.61
2011	6716	17616	9144	8472	2.62
2012	6653	17510	9106	8404	2.63
2013	6623	17444	9309	8405	2.63
2014	6599	17355	9004	8351	2.63
2015	6565	17273	8945	8328	2.63
2016	6525	17180	8880	8300	2.63

注：1. 1961—1987 年为原鹿亭乡（公社）人口数。

2. 2005—2016 年数据由鹿亭派出所提供。

第三节　人口分布

1985 年，乡境内有 39 个行政村，平均人口密度为每平方千米 264 人，其中鹿亭乡每平方千米 253 人，晓云乡每平方千米 270 人，白鹿乡每平方千米 275 人。

2016 年，全乡 12 个行政村平均人口密度为每平方千米 244 人。其中中村村最高，每平方千米 530 人；上庄村最低，每平方千米 174 人。

1951 年，乡境内农业人口 9446 人，占总人口的 87.0%。其中，鹿亭乡 84.04%，白鹿乡 91.66%，晓云乡 86.33%，东岩乡 87.08%。

1953 年，乡境内农业人口 10088 人，占总人口的 91.09%。其中，鹿亭乡 89.01%，白鹿乡 94.48%，晓云乡 90.90%，东岩乡 90.95%。

1964 年，乡境内农业人口 13616 人，占总人口的 98.15%。其中，鹿亭公社 97.59%，白鹿公社 98.94%，晓云公社 98.30%。

1982 年，乡境内农业人口 19208 人，占总人口的 98.47%。其中，鹿亭公社 98.1%，白鹿公社 98.1%，晓云公社 98.8%。

1988 年，乡境内农业人口 19348 人，占总人口的 97.63%。其中，鹿亭乡 97.20%，白鹿乡 97.06%，晓云乡 98.18%。

1992 年，全乡农业人口 19723 人，占总人口的 98.24%。

2016 年，全乡农业人口 17013 人，占总人口的 99.03%。

2016 年各行政村人口分布情况表

表 3-1-2

行政村	人口数（人）	人口密度（人/平方千米）	行政村	人口数（人）	人口密度（人/平方千米）
白鹿村	2271	206	高岩村	621	248
石潭村	1419	228	高山村	778	338
李家塔村	1081	261	晓云村	2488	307
中村村	1874	530	龙溪村	1804	196
上庄村	2593	174	中姚村	808	260
沿夹岙村	726	363	东岗村	717	204

注：上庄村人口数含非农 167 人。

第四节　人口变动

自然增长

中华人民共和国成立前，人口出生率高，死亡率亦高。

1949—1970 年，人口向高出生率、低死亡率的高自然增长型转化。1965 年，鹿亭公社出生率 43.9‰，自然增长率 35.4‰。

1971—1998 年，重视推行计划生育，人口向低出生率、低死亡率、低自然增长率过渡。1972 年，鹿亭公社人口出生率 24.26‰，自然增长率 16.68‰。1978 年，鹿亭公社人口出生率 17.31‰，自然增长率 9.98‰。1998 年，乡境内人口出生率 7.74‰，自然增长率 1.24‰。

1999 年，全乡出生 143 人，出生率 7.2‰，死亡 148 人，死亡率 7.45‰，自然增长率 -0.25‰，首次出现人口负增长。

2000—2015 年，人口总体呈低出生率、低死亡率的负增长型态势。其中出生人数最少的是 2002 年，全乡出生 78 人，出生率 4.21‰，死亡 122 人，死亡率 6.58‰，自然增长率 -2.37‰。自然增长率最少的是 2009 年，全乡出生 92 人，死亡 166 人，自然增长率 -4.18‰。

2016 年，全国实行全面二孩政策，人口自然增长率有所回升。是年，全乡出生 147 人，出生率 8.55‰，死亡 158 人，死亡率 9.20‰，自然增长率 -0.65‰。

人口流动

唐代，境内始有人定居。南宋时为避战乱，居住者增多。至民国 17 年（1928），境内居住者达 11150 人。由于战争影响及生活和医疗条件等原因，1949 年，现乡境内人口 8699 人，不增反减。

中华人民共和国成立后，因行政区划调整及升学、分配工作、参军、转业、婚嫁、工作调动等，经常有人口变动。1950 年，郑洋村从左溪乡划入；1956 年大岚乡路坑村、王石乡沿夹岙村划入现乡境。1957 年 5 月，第一批城镇中小学毕业生 8 人到梁弄鹿亭插队落户。人民公社化时期，境内部分青年响应中共余姚县委、县人民政府号召赴宁夏支援社会主义建设（简称“支宁”）。“支宁”人员因不适应当地水土、风俗、生活习惯等，1961 年后大部返回。1960 年，东岗生产队大坪自然村 7 户 26 人划入东岗山林场。1970 年，又有部分青年赴长兴煤矿工作。

1966—1975 年，在非农业户口知识青年（简称“知青”）中开展“上山下乡”运动。梁弄镇等非农业户口知识青年到境内农村生产队“插队落户”，其中白鹿公社陈家岩大队10余人。当时户粮在上海、杭州、宁波等地，祖籍在乡境的知识青年，投亲靠友在鹿亭、晓云、白鹿3个公社“插队落户”的亦为数不少。知识青年在农村“插队落户”后，农村生产队给予住房安排，国家给予一定的经济补助，部分知识青年成为民办、代课教师，或成为社、队办企业职工。1978年后，“上山下乡”知识青年通过招工、升学、参军等途径，大部返回原籍，部分与农村青年结婚留在当地安家落户。

2016年，全乡迁入60人，其中省外迁入42人。迁出96人，其中迁往省外14人。

1961—2016年全乡人口变动情况表

表3-1-3

年份	农业人口（人）	非农人口（人）	出生（人）	出生率（‰）	死亡（人）	死亡率（‰）	自然增长	
							人数（人）	增长率（‰）
1961	4426	180	—	—	—	—	—	—
1962	4605	194	—	—	—	—	—	—
1963	4847	114	190	38.3	34	6.85	156	31.45
1964	4980	124	203	39.78	56	10.97	147	28.8
1965	5160	122	228	34.17	41	7.76	187	26.41
1966	5330	111	193	35.47	37	6.8	156	28.67
1967	5467	119	—	—	—	—	—	—
1968	5633	115	180	31.32	35	6.09	145	25.23
1969	5801	113	184	31.11	28	4.73	156	26.38
1970	5762	192	161	27.02	37	6.21	124	20.81
1971	5964	112	177	29.13	43	7.08	134	22.05
1972	6057	116	151	24.26	48	7.78	103	16.68
1973	6160	118	—	—	—	—	—	—
1974	6234	122	124	19.51	45	7.08	79	12.43
1975	6309	120	114	17.73	37	5.76	77	11.97
1976	6375	114	114	17.57	38	5.86	76	11.71
1977	6604	114	114	16.97	38	5.66	76	11.31
1978	6695	122	118	17.31	50	7.33	68	9.98
1979	6801		—	—	—	—	—	—
1980	6860		—	—	—	—	—	—
1981	6942		—	—	—	—	—	—
1982	7130		—	—	—	—	—	—
1983	7104		—	—	—	—	—	—
1984	7128		75	10.52	30	4.21	45	6.31

续表 3-1-3

年份	农业人口（人）	非农人口（人）	出生（人）	出生率（‰）	死亡（人）	死亡率（‰）	自然增长	
							人数（人）	增长率（‰）
1985	7152		—	—	—	—	—	—
1986	7209		104	14.43	35	4.86	69	9.57
1987	7043	230	136	18.7	37	5.09	99	13.61
1988	19348	468	290	14.63	152	7.67	138	6.96
1989	19498	389	285	14.33	143	7.19	142	7.14
1990	19551	415	295	14.78	117	5.86	178	8.92
1991	19652	369	255	12.74	135	6.74	120	6
1992	19723	353	236	11.77	149	7.43	87	4.34
1993	19715	372	241	12	116	5.78	125	6.22
1994	19737	376	236	11.74	109	5.42	127	6.32
1995	19774	388	272	13.49	161	7.99	111	5.51
1996	19681	382	209	10.39	137	6.81	72	3.58
1997	19724	385	201	10.01	113	5.63	88	4.38
1998	19506	413	155	7.74	130	6.5	25	1.24
1999	19364	443	143	7.2	148	7.45	−5	−0.25
2000	19164	430	216	11.11	162	8.27	54	2.84
2001	18530	429	86	4.54	116	6.12	−30	−1.58
2002	18107	425	78	4.21	122	6.58	−44	−2.37
2003	17765	426	168	9.24	214	11.76	−46	−2.53
2004	17645	408	209	11.58	144	7.98	65	3.6
2005	17483	445	124	6.92	139	7.75	−15	−0.84
5006	17362	503	140	7.84	137	7.67	3	0.17
2007	17282	538	153	8.59	142	7.97	11	0.62
2008	17245	572	116	6.51	131	7.35	−15	−0.84
2009	17719		92	5.19	166	9.37	−74	−4.18
2010	17664		125	7.08	106	6	19	1.08
2011	17616		101	5.73	155	8.8	−54	−3.07
2012	17510		114	6.51	162	9.25	−48	−2.74
2013	17444		127	7.28	141	8.08	−14	−0.8
2014	17355		128	7.38	125	7.2	3	0.17
2015	17273		96	5.56	152	8.8	−56	−3.24
2016	17013	167	147	8.55	158	9.2	−11	−0.65

注：1961—1987 年为原鹿亭乡（公社）数据。

1963—1972 年现乡境各公社人口增长率比较一览表

表 3-1-4　　单位：‰

项目 年份 公社	1963		1964		1965		1966		1967		1968		1969		1970		1971		1972	
	出生率	自然增长率	出生率	自然增长率	出生率	自然增长率	出生率	自然增长率	出生率	自然增长率	出生率	自然增长率	出生率	自然增长率	出生率	自然增长率	出生率	自然增长率	出生率	自然增长率
鹿亭	38.93	32.03	40.33	28.80	43.90	35.40	36.39	29.41	—	—	31.32	25.23	31.11	26.38	27.00	22.00	29.18	22.09	24.40	16.86
晓云	41.62	33.12	44.06	21.00	44.16	33.58	42.36	34.17	—	—	25.06	28.99	24.35	18.07	—	—	29.54	21.63	26.68	17.62
白鹿	42.94	31.54	37.66	29.28	43.10	29.77	32.46	22.07	—	—	30.48	19.39	25.63	20.97	26.10	19.70	28.91	18.02	24.01	16.25

注：摘自《余姚县十年来人口增长率比较表》。

第二章　人口结构

1953—2010年，开展6次全国人口普查，其中有人口、年龄、性别、文化、职业、民族等项目的确切记录。

第一节　民　族

乡境内历来为汉族人口居住地区。1982年第三次全国人口普查时，境内人口均为汉族。后少数民族因婚嫁、工作等原因陆续迁入，民族种类和人口逐渐增多。

1990年，第四次全国人口普查，鹿亭乡有土家族11人、苗族2人。乡境内白鹿乡有土家族1人、苗族1人；晓云乡有土家族18人、苗族17人、回族1人。共51人，占总人口数的0.27%，其中男性1人、女性50人。

2000年，第五次全国人口普查，全乡常住人口中有汉族13091人，占总人口的99.20%。另有苗族44人、彝族2人、布依族1人、侗族1人、土家族55人、傣族1人、土族1人、未识别民族1人，共106人，占总人口数的0.80%。

2010年，第六次全国人口普查，全乡常住人口中有汉族7400人，占总人口的98.96%。另有苗族23人、彝族1人、壮族1人、布依族1人、土家族46人、羌族1人、毛南族2人、仡佬族2人、未识别民族1人，共78人，占总人口数的1.04%。

至2016年，全乡有汉族16877人，占总人口数的98.23%。另有蒙古族2人、苗族102人、彝族4人、壮族15人、布依族8人、满族3人、侗族14人、瑶族4人、白族1人、土家族140人、黎族1人、畲族3人、土族1人、羌族1人、仫佬族1人、仡佬族3人，共303人，占总人口数的1.77%。

各村少数民族人口分布情况：白鹿村37人，石潭村33人，李家塔村10人，中村村20人，上庄村39人，沿夹岙村32人，高岩村27人，高山村16人，晓云村19人，龙溪村48人，中姚村9人，东岗村13人。

2016年底全乡少数民族人口分布情况表

表 3-2-1

单位：人

村别＼民族	蒙古族	苗族	彝族	壮族	布依族	满族	侗族	瑶族	白族	土家族	黎族	畲族	土族	羌族	仫佬族	仡佬族	合计
白鹿	—	18	1	3	3	—	1	1	—	9	—	—	—	—	—	1	37
石潭	—	9	3	2	1	—	1	2	—	14	1	—	—	—	—	—	33
李家塔	—	5	—	—	—	—	—	—	—	5	—	—	—	—	—	—	10
中村	2	6		4	—	—	2	—	—	5	—	—	—	—	—	1	20
上庄	—	14	—	3	—	1	2	—	1	16	—	2	—	—	—	—	39
沿夹岙	—	10	—	—	—	—	—	1	—	20	—	—	—	1	—	—	32
高岩	—	8	—	2	1	—	2	—	—	14	—	—	—	—	—	—	27
高山	—	3	—	—	—	—	—	—	—	12	—	—	—	—	1	—	16
晓云	—	9	—	—	1	—	1	—	—	8	—	—	—	—	—	—	19
龙溪	—	13	—	—	1	2	5	—	—	25	—	—	1	—	—	1	48
中姚	—	6	—	—	—	—	—	—	—	2	—	1	—	—	—	—	9
东岗	—	1	—	1	1	—	—	—	—	10	—	—	—	—	—	—	13
合计	2	102	4	15	8	3	14	4	1	140	1	3	1	1	1	3	303

注：上庄村数据含非农人口中的少数民族人口。

附：堕民

堕民是明清时期浙东地区一个有别于“士农工商”四民的特殊阶层。民间俗称堕民为“大贫”，女性堕民则被称为“堕婢嫂”。境内上庄、石潭等有堕民聚居。

关于堕民的起源，据明万历《新修余姚县志》载：“南宋迁，将卒背叛，乘机肆毒，及渠寇以剿捕就戮，其余党焦光瓒等贬为堕民，散居浙东之宁绍。其类有二：一曰丐户，一曰郎户。良家吉凶之事，男女皆来供役。衣物居处特异，其制狗头帽、横布裙，低屋小房。子孙不得考取、入学、仕进，良民不通婚姻。”

堕民不仅不得与平民通婚，即使自相婚配，也只许在夜间迎娶，不可在白天招摇过市。遇丧事，不得行大出丧，只可简易操办。清明节不得插柳，祭扫祖墓必须在清明节过后，端午节家门口不许挂菖蒲和艾条。每户堕民有固定的服务对象，称门眷，数户至十数户不等。凡遇东家有婚丧大事、生日喜庆等，男女均去供役，帮助东家操办一切。门眷关系一旦形成，一般很少变更，有些堕民户为东家供役达十余代之久。

明洪武年间编定全国户籍时，朱元璋将堕民编籍为丐户。至清代，朝廷数次下诏解除堕民籍。据《清史稿》载：“雍正元年（1723）七月辛巳，除绍兴堕民丐籍。”“光绪三十年（1904）十月，除浙江堕民民籍，准入学堂，毕业者予出身。”民国元年（1912）3月17日，中华民国临时大总统孙中山也颁布开放“堕民”“疍户”（闽广一带的水上人家）令，使其享有选举、参政、言论、集会、信教等自由权利。至1949年10月中华人民共和国成立前，大多数堕民迫于生计，仍从事抬轿、剃头、唱戏等行业，供人役使。中华人民共和国成立后，堕民阶层逐渐与其他阶层获得相同的地位。至20世纪80年代末，“堕民”称谓成为历史。

第二节 性别 年龄

人口性别结构变化

民国17年（1928），南溪乡有男性6250人、女性4900人，性别比为127.55。

民国36年，现乡境内有男性4633人、女性4002人，性别比为115.77。其中，白鹿乡有男性2221人、女性1967人，性别比为112.40；晓云乡有男性2422人、女性2035人，性别比为119.02。

民国38年，现乡境内有男性4669人、女性4030人，性别比为115.86。其中，白鹿乡有男性2222人、女性1972人，性别比为112.68；晓云乡有男性2447人、女性2058人，性别比为118.90。

1951年，现乡境内有男性5844人、女性5013人，性别比为116.58。其中，鹿亭乡有男性1726人、女性1533人，性别比为112.59；白鹿乡有男性1319人、女性1150人，性别比为114.70；晓云乡有男性1578人、女性1392人，性别比为113.36；东岩乡有男性1221人、女性938人，性别比为130.17。

1953年，现乡境内有男性5917人，女性5158人，性别比为114.72。

1960年，李家塔管理区有男性2479人、女性2156人，性别比为114.98；晓云管理区有男性2786人、女性2386人，性别比为116.76；陈家岩管理区有男性1071人、女性1000人，性别比为107.1。

1964年，鹿亭公社有男性2608人、女性2412人，性别比为108.13。乡境内共有男性7350人、女性6523人，性别比为112.68。

1953年现乡境内人口性别情况表

表 3-2-2

乡别	总人口（人）			占总人口数 %		性别比（女=100）
	合计	男	女	男	女	
鹿亭	3468	1811	1657	52.22	47.78	109.29
晓云	3023	1564	1459	51.74	48.26	107.20
白鹿	2374	1310	1064	55.18	44.82	123.12
东岩	2210	1232	978	55.75	44.25	125.97
总计	11075	5917	5158	53.43	46.57	114.72

1982年，鹿亭公社有男性3703人、女性3427人，性别比为108.50。乡境内共有男性10088人、女性9417人，性别比为107.13。

1990年，鹿亭乡有男性3768人、女性3425人，性别比为110.01。乡境内共有男性9859人、女性9072人，性别比为108.68。

2000年，全乡有男性10174人、女性9420人，性别比为108.00。

2010年，全乡有男性9156人、女性8508人，性别比为107.62。

2016年，全乡有男性8880人、女性8300人，性别比为106.99。

历来境内人口性别比男性略多于女性，但65岁以上人口性别比则男性少于女性。1982年，0～64岁年龄段中，性别比为109.25；65岁以上人口中，性别比为72.86。1990年，0～64岁年龄段中，性别比为110.71；65岁以上人口中，性别比为85.53。2000年，0～64岁年龄段中，性别比为105.06；65岁以上人口中，性别比为87.57。2010年，0～64岁年龄段中，性别比为105.10；65岁以上人口中，性别比为81.63。2016年，0～64岁年龄段中，性别比为112.45；65岁以上人口中，性别比为84.39。

人口年龄结构变化

0～9岁人口，1982年，占人口总数的17.93%；1990年，占人口总数的14.90%；2000年，占人口总数的11.48%；2010年，占人口总数（常住人口数）的3.84%。2016年，占人口总数的5.26%。是年，该年龄段人数比1982年下降12.67个百分点。

60岁以上人口，1982年，占总人口数的7.70%；1990年，占人口总数的10.19%；2000年，占人口总数的17.7%；2010年，占人口总数的35.36%。2016年，占人口总数的27.73%。是年，该年龄段人数比1982年提高20.03个百分点。鹿亭乡于20世纪90年代初进入人口老龄化阶段（国际标准规定60岁以上人口比重超过10%为人口老龄化）。

民国 36 年（1947）现乡境人口年龄、性别情况表

表 3-2-3

年龄（岁）	人口数（人）			占人口总数（%）		性别比（女=100）
	合计	男	女	男	女	
0 ~ 4	1028	536	492	6.21	5.70	108.94
5 ~ 9	567	353	214	4.09	2.48	164.95
10 ~ 14	1054	636	418	7.36	4.84	152.15
15 ~ 19	875	477	398	5.52	4.61	119.85
20 ~ 24	789	417	372	4.83	4.31	112.10
25 ~ 29	682	374	308	4.33	3.57	121.43
30 ~ 34	607	304	303	3.52	3.51	100.33
35 ~ 39	610	308	302	3.57	3.50	101.97
40 ~ 44	573	292	281	3.38	3.25	103.91
45 ~ 49	559	313	246	3.62	2.85	127.24
50 ~ 54	433	242	191	2.80	2.21	126.70
55 ~ 59	296	150	146	1.74	1.69	102.74
60 ~ 64	243	94	149	1.09	1.73	63.09
65 ~ 69	167	81	86	0.94	0.99	94.19
70 岁及以上	152	56	96	0.65	1.11	58.33
总计	8635	4633	4002	53.65	46.35	115.77

注：数据来源《民国 36 年度余姚县人口统计报告表》。

1964 年鹿亭公社人口年龄、性别情况表

表 3-2-4

年龄（岁）	人口数（人）			占人口总数（%）		性别比（女=100）
	合计	男	女	男	女	
0 ~ 4	804	405	399	8.07	7.95	101.5
5 ~ 9	756	414	342	8.25	6.81	121.05
10 ~ 14	626	332	294	6.61	5.86	112.93
15 ~ 19	467	244	223	4.86	4.44	109.42
20 ~ 24	230	106	124	2.11	2.47	85.48
25 ~ 29	325	165	160	3.27	3.19	103.13
30 ~ 34	351	187	164	3.73	3.27	114.02
35 ~ 39	336	190	146	3.78	2.91	130.14

续表 3-2-4

年龄（岁）	人口数（人）			占人口总数（%）		性别比（女=100）
	合计	男	女	男	女	
40～44	273	152	121	3.03	2.41	125.62
45～49	204	114	90	2.27	1.79	126.67
50～54	191	101	90	2.01	1.79	112.22
55～59	162	84	78	1.67	1.55	94.87
60～64	126	57	69	1.14	1.37	82.61
65～69	88	33	55	0.66	1.09	60
70～74	41	15	26	0.3	0.52	57.69
75～79	31	6	25	0.12	0.5	24
80～84	7	2	5	0.04	0.1	40
85～89	1	1	0	0.02	0	—
90～94	1	0	1	0	0.02	—
总计	5020	2608	2412	51.95	48.05	107.27

注：晓云、白鹿2个公社分年龄数据无考。

1982年现乡境内人口年龄、性别情况表

表 3-2-5

年龄（岁）	人口数（人）			占人口总数（%）		性别比（女=100）
	合计	男	女	男	女	
0～4	1716	889	827	4.56	4.24	107.5
5～9	1782	931	851	4.77	4.36	109.4
10～14	2445	1270	1175	6.51	6.02	108.09
15～19	2691	1357	1334	6.96	6.84	101.72
20～24	1669	828	841	4.25	4.31	98.45
25～29	2070	1080	990	5.54	5.08	109.09
30～34	1507	805	702	4.13	3.6	114.67
35～39	994	515	479	2.64	2.46	107.52
40～44	599	318	281	1.63	1.44	113.17
45～49	957	530	427	2.72	2.19	124.12
50～54	814	446	368	2.29	1.89	121.2
55～59	760	417	343	2.14	1.76	121.57

续表 3-2-5

年龄(岁)	人口数(人)			占人口总数(%)		性别比(女=100)
	合计	男	女	男	女	
60～64	552	302	250	1.55	1.28	120.8
65～69	405	189	216	0.97	1.11	87.5
70～74	238	102	136	0.52	0.7	75
75～79	196	75	121	0.38	0.62	61.98
80～84	76	27	49	0.14	0.25	55.1
85～89	28	5	23	0.03	0.12	21.74
90～94	6	2	4	0.01	0.02	50
总计	19505	10088	9417	51.72	48.28	107.13

1990年现乡境内人口年龄、性别情况表

表 3-2-6

年龄(岁)	人口数(人)			占人口总数(%)		性别比(女=100)
	合计	男	女	男	女	
0～4	1377	763	614	4.03	3.24	124.27
5～9	1443	776	667	4.1	3.52	116.34
10～14	1572	816	756	4.31	3.99	107.94
15～19	1740	899	841	4.75	4.44	106.89
20～24	2086	1084	1002	5.73	5.29	108.18
25～29	1814	949	865	5.01	4.57	109.71
30～34	1814	903	911	4.77	4.81	99.12
35～39	1652	883	769	4.66	4.06	114.82
40～44	1283	676	607	3.57	3.21	111.38
45～49	667	350	317	1.85	1.67	110.41
50～54	701	367	334	1.94	1.76	109.88
55～59	853	476	377	2.51	1.99	126.26
60～64	681	349	332	1.84	1.75	105.12
65～69	554	288	266	1.52	1.41	108.27
70～74	314	143	171	0.76	0.9	83.63
75～79	223	82	141	0.43	0.74	58.16
80～84	103	38	65	0.2	0.34	58.46
85～89	42	16	26	0.08	0.14	61.54

续表 3-2-6

年龄（岁）	人口数（人）			占人口总数（%）		性别比（女=100）
	合计	男	女	男	女	
90 ~ 94	11	1	10	0.005	0.05	10
95 ~ 99	1	0	1	0	0.005	0
总计	18931	9859	9072	52.08	47.92	108.68

2000 年全乡人口年龄、性别情况表

表 3-2-7

年龄（岁）	人口数（人）			占人口总数（%）		性别比（女=100）
	合计	男	女	男	女	
0 ~ 4	643	340	303	2.58	2.3	112.21
5 ~ 9	872	473	399	3.58	3.02	118.55
10 ~ 14	1153	634	519	4.8	3.93	122.16
15 ~ 19	635	357	278	2.71	2.11	128.42
20 ~ 24	398	174	224	1.32	1.7	77.67
25 ~ 29	609	273	336	2.07	2.55	81.25
30 ~ 34	1091	530	561	4.02	4.25	94.47
35 ~ 39	1124	578	546	4.38	4.14	105.86
40 ~ 44	1288	644	644	4.88	4.88	100
45 ~ 49	1353	694	659	5.26	4.99	105.31
50 ~ 54	1095	566	529	4.29	4.01	106.99
55 ~ 59	601	306	295	2.32	2.24	103.73
60 ~ 64	570	288	282	2.18	2.14	102.13
65 ~ 69	712	370	342	2.8	2.59	108.19
70 ~ 74	492	231	261	1.75	1.98	88.51
75 ~ 79	346	153	193	1.16	1.46	79.27
80 ~ 84	134	55	79	0.42	0.6	69.62
85 ~ 89	64	14	50	0.11	0.38	28
90 ~ 94	15	1	14	0.007	0.106	7.14
95 ~ 99	2	0	2	—	—	—
总计	13197	6681	6516	50.625	49.375	102.53

注：表中数据为常住人口数。

表 3-2-8

2010 年全乡人口年龄、性别情况表

年龄（岁）	人口数（人）			占人口总数（%）		性别比（女=100）
	合计	男	女	男	女	
0 ~ 4	155	82	73	1.1	0.98	112.33
5 ~ 9	132	68	64	0.91	0.86	106.25
10 ~ 14	186	96	90	1.28	1.2	106.67
15 ~ 19	304	165	139	2.21	1.86	118.71
20 ~ 24	251	154	97	2.06	1.3	158.76
25 ~ 29	162	93	69	1.24	0.92	134.78
30 ~ 34	199	120	79	1.6	1.06	151.9
35 ~ 39	247	135	112	1.81	1.5	120.54
40 ~ 44	531	259	272	3.46	3.64	95.22
45 ~ 49	669	340	329	4.55	4.4	103.34
50 ~ 54	925	430	495	5.75	6.62	86.87
55 ~ 59	1049	529	520	7.07	6.95	101.73
60 ~ 64	859	434	425	5.8	5.68	102.12
65 ~ 69	486	226	260	3.02	3.48	86.92
70 ~ 74	428	189	239	2.53	3.2	79.08
75 ~ 79	501	242	259	3.24	3.46	93.44
80 ~ 84	253	106	147	1.42	1.97	72.11
85 ~ 89	114	44	70	0.59	0.94	62.88
90 ~ 94	22	6	16	0.08	0.21	37.5
95 ~ 99	5	0	5	0	0.07	0
总计	7478	3718	3760	49.72	50.28	98.88

注：表中数据为常住人口数。

表 3-2-9

2016 年全乡人口年龄、性别情况表

年龄（岁）	人口数（人）			占人口总数（%）		性别比（女=100）
	合计	男	女	男	女	
0 ~ 4	426	228	198	1.33	1.15	115.15
5 ~ 9	478	258	220	1.5	1.28	117.27
10 ~ 14	491	243	248	1.41	1.44	97.98
15 ~ 19	685	344	341	2	1.98	100.88

续表 3-2-9

年龄（岁）	人口数（人）			占人口总数（%）		性别比（女=100）
	合计	男	女	男	女	
20 ~ 24	995	557	438	3.24	2.55	127.17
25 ~ 29	1051	578	473	3.36	2.75	122.20
30 ~ 34	1045	600	445	3.49	2.59	134.83
35 ~ 39	1119	619	500	3.6	2.91	123.80
40 ~ 44	1118	590	528	3.43	3.07	111.74
45 ~ 49	1708	871	837	5.07	4.87	104.06
50 ~ 54	1943	1048	895	6.1	5.21	117.09
55 ~ 59	1357	683	674	3.98	3.92	101.34
60 ~ 64	1786	898	888	5.23	5.17	101.13
65 ~ 69	1168	576	592	3.35	3.45	97.30
70 ~ 74	799	371	428	2.16	2.49	86.68
75 ~ 79	348	149	199	0.87	1.16	74.87
80 ~ 84	379	166	213	0.97	1.24	77.93
85 ~ 89	198	76	122	0.44	0.71	62.30
90 ~ 94	82	25	57	0.15	0.33	43.86
95 ~ 99	4	0	4	0	0.02	0.00
总计	17180	8880	8300	51.69	48.31	106.99

注：表中数据为户籍人口数，数据来源鹿亭派出所。

附：百岁老人

龚梅香　女，生于清光绪二十三年（1897）二月，卒于1997年8月，享年101岁（虚岁，下同），家住石潭村。

朱冬莲　女，生于清光绪二十三年（1897），卒于1998年，享年102岁，家住上庄村门石。

钟爱姑　女，生于清光绪二十二年（1896），卒于2000年，享年105岁，家住沿夹岙村。

童银娥　女，生于清光绪二十八年（1902）七月，卒于2002年9月，享年101岁，家住石潭村。

童美月　女，生于清光绪三十二年（1906）二月，卒于2005年1月，享年100岁，家住中村村。

郑冬美　女，生于清光绪三十三年（1907）十二月，卒于2009年8月，享年103岁，家住石潭村。

陈林娣　女，生于清宣统二年（1910），卒于2011年，享年102岁，家住白鹿村赤石。

黄杏娣　女，生于民国4年（1915）5月，卒于2016年2月，享年102岁，家住石潭村。

第三节 婚 姻

中华人民共和国成立前，婚姻凭父母之命、媒妁之言，讲究门当户对，早生儿子早得福，故普遍早婚，一般男性十八九岁、女性十六七岁成婚。时社会上还有领童养媳、兑换亲等劣俗。中华人民共和国成立后，倡导男女平等、自由婚姻，提倡晚婚。

1982年，鹿亭公社有15岁以上4986人（男2536人、女2450人）。其中，未婚1307人（男761人、女546人），占26.21%；已婚3679人（男1649人、女1650人），占73.79%。在已婚人数中，有配偶的3299人，占89.67%；丧偶的362人，占9.84%；离婚的18人，占0.48%。是年，现乡境内白鹿公社有15岁以上2138人（男1124人、女1014人）。其中，未婚601人（男379人、女222人），占28.11%；已婚1537人（男745人、女792人），占71.89%。在已婚人数中，有配偶的1341人，占87.25%；丧偶的177人，占11.52%；离婚的19人，占1.23%。晓云公社有15岁以6434人（男3337人、女3097）。其中，未婚1873人（男1140人、女733人），占29.11%；已婚4561人（男2197人、女2364人），占70.89%。在已婚人数中，有配偶的3998人，占87.66%；丧偶的518人，占11.36%；离婚的45人，占0.98%。

1990年，鹿亭乡有15岁以上5467人（男2800人、女2667人）。其中，未婚1099人（男696人、女403人），占20.1%；已婚4368人（男2104人、女2264人），占79.9%。在已婚人数中，有配偶的3992人，占91.4%；丧偶的362人，占8.3%；离婚的14人，占0.3%。是年，现乡境内白鹿乡有15岁以上2225人（男1174人、女1051人）。其中，未婚566人（男373人、女193人），占25.4%；已婚1659人（男801人、女858人），占74.6%。在已婚人数中，有配偶的1442人，占86.9%；丧偶的196人，占11.8%；离婚的21人，占1.3%。晓云乡有15岁以上6847人（男3530人、女3317人）。其中，未婚1580人（男1008人、女572人），占23.1%；已婚5267人（男2522人、女2745人），占76.9%。在已婚人数中，有配偶的4720人，占89.6%；丧偶的519人，占9.9%；离婚的28人，占0.5%。

2000年第五次全国人口普查时，对全乡15岁以上人口进行10%抽样调查。在调查的1093人（男530人、女563人）中，未婚114人（男69人、女45人），占10.43%；已婚979人（男461人、女518人），占89.57%。在已婚人数中，有配偶的861人，占87.59%；丧偶的105人，占10.73%；离婚的13人，占1.33%。

2010年第六次全国人口普查时，对全乡15岁以上人口进行10%抽样调查。在调查的747人（男370人、女377人）中，未婚92人（男66人、女26人），占12.3%；已婚541人（男278人、女263人），占72.4%。在已婚人数中，有配偶的427人，占78.93%；丧偶的106人，占19.59%；离婚的8人，占1.48%。

2016年，全乡15～50周岁育龄妇女3967人，未婚1104人，占27.83%；已婚2863人，占72.17%。在已婚育龄妇女中，有配偶的2665人，占93.08%；丧偶的18人，占0.63%；离婚的180人，占6.28%。

第四节　文化程度

中华人民共和国成立前，境内仅有6所国民学校和数家私塾，求学甚为不便，多数农民为文盲半文盲，文化水平普遍较低。中华人民共和国成立后，初等教育发展较快，初中教育也逐步普及。村乡开展群众性的扫盲工作，文盲、半文盲人数大为减少。1977年，恢复高考制度后，接受高等教育的人数明显增加。20世纪80年代，实施九年制义务教育，文半盲（文盲、半文盲）人数大幅减少。

1964年，鹿亭公社有6岁以上3944人，其中文盲、半文盲2293人，占58.14%；小学文化程度1478人，占37.47%；初中文化程度151人，占3.83%；高中文化程度22人，0.56%。是年，现乡境内有6岁以上10982人，其中文盲、半文盲 7015 人，占 63.88%；小学文化程度 3613 人，占 32.90%；初中文化程度 295 人，占 2.69%；高中文化程度 57 人，0.52%；大学文化程度 2 人，占 0.02%。

1982 年，鹿亭公社有 6 岁以上 6381 人，其中文盲、半文盲 1856 人，占 29.08%；小学文化程度 3156 人，占 49.45%；初中文化程度 1024 人，占 16.05%；高中文化程度 344 人，占 0.54%；大学文化程度 1 人，占 0.015%。是年，现乡境内 6 岁以上 17458 人，其中文盲、半文盲 5274 人，占 30.21%；小学文化程度 8931 人，占 51.16%；初中文化程度 2539 人，占 14.54%；高中文化程度 711 人，占 4.07%；大学文化程度 3 人，占 0.017%。

1990 年，鹿亭乡有 6 岁以上 6555 人，其中不识字或识字很少 1017 人，占 15.51%；小学文化程度 3689 人，占 56.28%；初中文化程度 1464 人，占 22.33%；高中文化程度 353 人，占 5.39%；中专 24 人，占 0.37%；大学专科 8 人，占 0.12%。是年，现乡境内有 6 岁以上 17378 人，其中不识字或识字很少 2862 人，占 16.47%；小学文化程度 10006 人，占 57.58%；初中文化程度 3680 人，占 21.18%；高中文化程度 733 人，4.22%；中专 80 人，占 0.46%；大学专科 16 人，占 0.09%；大学本科 1 人，占 0.006%。

2000 年，全乡常住人口中有 6 岁以上 12373 人，其中未上过学 1722 人，占 13.92%；读过扫盲班 608 人，占 4.91%；小学文化程度 6379 人，占 51.56%；初中文化程度 2864 人，占 23.15%；高中文化程度 664 人，占 5.37%；中专文化程度 95 人，占 0.77%；大学专科 36 人，占 0.29%；大学本科 5 人，占 0.04%。

2010 年，全乡常住人口中有 6 岁以上 7292 人，其中未上过学 1148 人，占 15.74%；小学文化程度 3610 人，占 49.51%；初中文化程度 1834 人，占 25.15%；高中文化程度 610 人，占 8.37%；大学专科 73 人，占 1.0%；大学本科 17 人，占 0.23%。

第五节　职　业

1982 年，鹿亭公社 15 岁以上有 4986 人，其中在业 4049 人，占 81.21%；不在业 937 人，占 18.79%。在业人数中，从事农、林、牧、渔业 2885 人，占 71.25%；电力、煤气、自来水生产和供应业 1 人，占 0.02%；制造业 894 人，占 22.08%；建筑业 82 人，占 2.03%；交通运输、邮电通信业 15 人，占 0.37%；商业、饮食业、物资供销及仓储业 60 人，占 1.48%；住宅管理、公用事业管理和居民服务业 9 人，占 0.22%；卫生、体育和社会福利事业 17 人，占 0.42%；教育、文化艺术事业 56 人，占 1.38%；金融、保险业 6 人，占 0.15%；国家机关、政党和群众团体 23 人，占 0.57%；其他行业 1 人，占 0.22%。是年，现乡境内 15 岁以上有 13558 人，其中在业 10712 人，占 79.01%；不在业 2846 人，占 20.99%。在业人数中，从事农、林、牧、渔业 7977 人，占 74.47%；电力、煤气、自来水生产和供应业 15 人，占 0.14%；制造业 2004 人，占 18.71%；建筑业 205 人，占 1.91%；交通运输、邮电通信业 37 人，占 0.35%；商业、饮食业、物资供销及仓储业 189 人，占 1.76%；住宅管理、公用事业管理和居民服务业 20 人，占 0.19%；卫生、体育和社会福利事业 39 人，占 0.36%；教育、文化艺术事业 157 人，占 1.47%；金融、保险业 11 人，占 0.10%；国家机关、政党和群众团体 57 人，占 0.53%；其他行业 1 人，占 0.01%。

1990 年，鹿亭乡 15 岁以上有 5467 人，其中在业 4514 人，占 82.6%；不在业 953 人，占 17.4%。在业人数中，从事农、林、牧、渔、水利业 3643 人，占 80.7%；工业 517 人，占 11.45%；建筑业 69 人，占 1.53%；交通运输、邮电通信业 40 人，占 0.89%；商业、公共饮食业、物资供销和仓储业 110 人，占 2.44%；房地产管理、公用事业、居民服务和咨询服务业 21 人，占 0.47%；卫生、体育和社会福利事业 15 人，占 0.33%；教育、文化艺术和广播电视业 71 人，占 1.57%；金融、保险业 5 人，占 0.1%；国家机关、政党机关和社会团体 23 人，占 0.51%。是年，现乡境内 15 岁以上共有 14539 人，其中在业 12010 人，占 82.6%，不在业 2529 人，占 17.39%。在业人数中，从事农、林、牧、渔、水利业 9344 人，占 77.8%；工业 1664 人，占 13.86%；建筑业 241 人，占 2.01%；交通运输、邮电通信业 117 人，占 0.97%；商业、公共饮食业、物资供销和仓储业 299 人，占 2.49%；房地产管理、公用事业、居民服务和咨询服务业 44 人，占 0.37%；卫生、体育和社会福利事业 34 人，占 0.28%；教育、文化艺术和广播电视业 172 人，占 1.43%；金融、保险业 16 人，占 0.13%；国家机关、政党机关和社会团体 79 人，占 0.66%。

2000 年第五次全国人口普查时，对全乡 15 岁以上人口进行 10% 抽样调查。在抽样调查的 1093 人中，在业 816 人，占 74.66%；不在业 277 人，占 25.34%。在业人数中，从事农、林、牧、渔业 539 人，占 66.05%；制造业 147 人，占 18.01%；电力煤气及水的生产和供应业 9 人，占 1.10%；建筑业 17 人，占 2.08%；水利管理业 1 人，占 0.12%；交通运输、仓储及邮电通信业 8 人，占 0.98%；批发和零售贸易、餐饮业 52 人，占 6.37%；金融、保险业 2 人，占 0.25%；社会服务业 11 人，占 1.35%；卫生、体育和社会福利事业 2 人，占 0.25%；教育、文化艺术和广播电影电视业 13 人，占 1.59%；国家机关、政党机关和社会团体 15 人，占 1.84%。

2010 年第六次全国人口普查时，对全乡 16 岁以上人口进行 10% 抽样调查。在抽样调查的 740 人中，经济活动人口 452 人，就业 437 人；正在工作 437 人，失业 15 人。非经济活动人口 288 人，劳动参与率 61.08%，失业率 3.32%。

第三章 人口管理

20 世纪 80 年代始，贯彻执行计划生育基本国策，积极宣传人口理论，促进人们婚育观念转变，提倡晚婚晚育和计划生育，各级政府又陆续出台相关计划生育政策和措施，使境内人口增长与经济社会发展相协调。2016 年，全乡出生率 8.55‰，自然增长率 -0.65‰。

第一节 计划生育

中华人民共和国成立前，农村人口生育无计划，人口发展呈高出生率、高死亡率态势。

中华人民共和国成立初期，人口出生率仍高，死亡率开始降低。1957 年后，受“人多好办事”思想影响，人口高速增长。至 1963 年，鹿亭公社人口出生率、自然增长率分别为 38.93‰ 和 32.03‰。乡境内其他公社出生率和自然增长率如下：晓云公社，出生率 41.62‰，自然增长率 33.12‰；白鹿公社，出生率 42.94‰，自然增长率 31.54‰。3 个公社平均出生率和自然增长率分别为 41.16‰和 32.23‰。同年，中共中央、国务院下发《关于认真提倡计划生育的指示》，各公社相继成立计划生育领导机构，提出“生得少、生得好”的口号。1969 年，现乡境内 3 个公社平均出生率和自然增长率分别为 27.03‰和 21.81‰。

20 世纪 70 年代初，人口增长过快势头得以控制。1972 年，鹿亭公社人口出生率 24.40‰，比 1963 年下降 14.53‰；自然增长率 16.86‰，比 1963 年下降 15.17‰。乡境内晓云公社人口出生率 26.68‰，比 1963 年下降 14.94‰；自然增长率 17.62‰，比 1963 年下降 15.50‰。白鹿公社人口出生率 24.01‰，比 1963 年下降 18.93‰；自然增长率 16.25‰，比 1963 年下降 15.29‰。

1974 年，推广实施“晚、稀、少”（晚婚晚育、间隔生育、少生优育）措施，人口出生率和自然增长率连年下降。是年，鹿亭公社出生率、自然增长率分别为 19.51‰和 12.43‰。1975 年，乡境内 3 个公社平均出生率和自然增长率分别为 15.89‰和 10.28‰。

1978 年，提倡一对夫妻生育孩子的数量“最好一个，最多二个”，对晚婚年龄、两胎生育间隔期及独生子女待遇等分别作出具体规定。各公社配备计划生育专职干部，各大队配备计划生育专职联络员。

1980 年，中共中央发出《关于控制我国人口增长问题致全体共产党员、共青团员的公开信》，要求广大共产党员、共青团员带头响应“一对夫妇只生育一个孩子”的号召。次年起，各公社对所属大队下达人口出生指标，提倡一胎，控制二胎。1982 年，鹿亭公社人口出生率 22.61‰，自然增长率 16.9‰。是年，白鹿公社党委、白鹿公社高岩头大队、晓云公社岩头大队、鹿亭公社上庄大队和中村大队被评为梁弄区计划生育先进集体。

1983 年后，计划生育被确定为基本国策，境内各乡制定《关于计划生育的若干规定》，组织医疗队下村，使计划生育工作落到实处。1984 年，鹿亭乡人口出生率、自然增长率分别为 10.27‰和 7.27‰。其他乡出生率和自然增长率如下：晓云公社，出生率 8.54‰，自然增长率 2.66‰；白鹿公社，出生率 5.17‰，自然增长率 –4.61‰。3 个公社平均出生率和自然增长率分别为 7.99‰和 1.77‰。是年，实际出生 171 人，比出生指标数的 307 人少出生 136 人。计划生育率分别为：鹿亭乡 92%、晓云乡 96.25%、白鹿乡 87.5%。鹿亭乡李家塔村、上庄村、牛塘村、晓云乡岩头村、东岗村、路坑村、白鹿乡陈家岩村、梁湖村被评为余姚市计划生育先进集体，乡境内有 21 个村成为“三无”（无计划外生育、无多胎、无大月份流产）村，其中鹿亭乡 5 个村、晓云乡 9 个村、白鹿乡 7 个村。

1985 年后，农村计划生育政策有所放松，一胎率下降，人口出生率和自然增长率有所回升。1986 年，3 个乡平均出生率和自然增长率分别为 13.89‰和 6.86‰。1990 年，3 个乡平均出生率和自然增长率分别为 14.87‰和 8.92‰。

1989 年，至 11 月底实际出生 260 人，比出生指标数的 296 人少出生 36 人。乡境内 3 个乡计划生育率分别为鹿亭乡 99%、晓云乡 97.69%、白鹿乡 100%。

1991 年，现乡境内 3 个乡出生人数 295 人，其中一胎数 195 人，占 67.46%。是年，鹿亭乡政府落实乡计划生育专干及村联络员养老保险6人，资金 8489 元。

1992 年，全乡加强提倡晚婚宣传，落实孕前管理，并实施独生子女父母养老保险、二女结扎户夫妇养老保险、独生子女健康平安保险和计划生育联络员养老保险等计划生育系列养老保险。

1993 年，全乡实际出生 243 人，比出生指标数的 313 人少出生 70 人，计划生育率 98.77%。1998 年，全乡实际出生 157 人，比出生指标数的 300 人少出生 143 人，计划生育率 98.09%。次年始市不再下达出生人数指标。

1996 年，鹿亭乡被评为市计划生育先进集体。1998 年，中村村被评为市计划生育先进集体。是年，全乡有计划生育合格村 3 个，次年增至 25 个。

2003 年，设立计划生育公益金，主要用于独生子女发生意外伤残或死亡而夫妻不再生育等特殊情况，2004—2016 年，全乡有 7 户独生子女死亡家庭和12户独生子女伤残家庭享受公益金一次性帮扶。同年，农民及城镇下岗失业居民享受独生子女父母奖励政策，每年享受不低于100元的奖励金，经费由市人民政府负担，双农独女户一次性奖励金额为2000元。2005年，60周岁以上只生育1个子女的老人开始享受专项补贴。是年，全乡共63人，每人每月80元。2008—2016年，全乡享受独生子女父母奖励金7199户次。

2005年始，实施农村部分计划生育家庭奖励扶助政策。至2016年，全乡有362人享受此政策。2007年起，对独生子女伤残三级以上或死亡家庭进行特别扶助。至2016年，全乡有26人享受特扶政策。

2008年，乡政府被评为余姚市人口与计划生育工作先进单位。

2008—2016年，全乡享受双农独女户一次性奖励的有365户。2016年，全乡出生率8.55‰，自然增长率-0.65‰，计划生育率96.97%。

1992—2016全乡人口出生指标、计划生育率一览表

表3-3-1

年份	出生人数指标	实际出生人数	出生率（‰）	计划生育率（%）
1992	295	255	12.7	97.06
1993	313	243	12.1	98.77
1994	—	241	11.99	99.17
1995	290	237	11.78	99.58
1996	—	209	10.4	98.1
1997	—	202	10.05	99.51
1998	300	157	7.88	98.09
1999	此年始不再下达	144	7.22	98.61
2000	—	169	8.52	99
2001	—	162	8.54	98.77
2002	—	141	7.6	99.29
2003	—	131	7.2	98.47
2004	—	118	—	98.31
2005	—	124	6.9	99.19
2006	—	95	5.3	—
2007	—	101	5.7	96.04
2008	—	121	6.78	94.21
2009	—	138	5.92	92.03
2010	—	105	5.92	98.91

续表 3-3-1

年份	出生人数指标	实际出生人数	出生率（‰）	计划生育率（%）
2011	—	136	7.72	96.33
2012	—	115	6.57	96.53
2013	—	106	6.76	97.17
2014	—	130	7.49	93.08
2015	—	104	6.2	99.04
2016	—	147	8.55	96.97

注：此表数据由乡社会事务办提供。

第二节 晚婚 晚育

中华人民共和国成立前，山区农民普遍早婚早育。1951年后，按《中华人民共和国婚姻法》规定的年龄结婚，少有晚婚者。

20世纪60年代初，开展晚婚晚育宣传，动员青年男女晚婚晚育，提倡男满25周岁、女满23周岁，或男女青年合计年龄在48虚岁以上结婚。时因尚未形成社会共识，晚婚晚育者甚少。

1974年起，全面推行晚婚。1978年，规定男满25周岁、女满23周岁为晚婚年龄。1979年，规定凡国家机关、全民和县属集体工厂、企业及乡属企事业单位干部职工，晚婚年龄男性为26周岁、女性为24周岁，男女双方或一方未满晚婚年龄，不得办理结婚登记手续。1981年始，每年把出生人口按指标下达到村，严格把关，严加控制，基层组织按乡分配的出生人口计划数分类排队，责任落实到人，使育龄妇女不盲目生育，达到晚育要求。

1982年，《浙江省计划生育条例（试行草案）》对晚婚晚育作出统一规定：男女青年按法定年龄各推迟3年结婚为晚婚；妇女24周岁以上生育或晚婚后生育为晚育。是年，鹿亭公社晚婚率78%。1984年，现乡境内结婚105人，其中晚婚67人，晚婚率63.81%。其中鹿亭乡50%、白鹿乡54.55%、晓云乡70%。1986年，3个乡平均晚婚率19.67%。1987年后，对已达新《中华人民共和国婚姻法》规定的结婚年龄，一方是大龄青年或符合其他条件的，男女青年签订晚育合同后，允许办理结婚登记，晚婚率有所下降。1989年至11月底，现乡境内结婚139人，其中晚婚74人，晚婚率53.24%。其中鹿亭乡47.37%，晓云乡59.02%，白鹿乡52.38%。1993年，与育龄夫妇签订晚育合同，签订率95%。1992—2001年，年均晚婚率48.51%。1994年，晚育率44.38%。

1995年，申请生育第一个孩子的夫妇，女子须年满23周岁，夫妻一方在28周岁以上的给予适当照顾；申请照顾生育第二个子女的夫妇，与生育第一个孩子间隔6年后安排生育指标。

2002年，对机关、团体、企事业单位和其他组织的职工实行晚婚的，增加婚假12天，工资、奖金和其他福利待遇照发。晚育的，男方可享受7天护理假，工资、奖金和其他福利待遇照发。

2016年，全乡晚婚率86.47%。

表 3-3-2

1992—2016 年全乡晚婚情况表

年份	女性初婚人数（人）	晚婚人数（人）	晚婚率（%）
1992	177	90	50.85
1993	152	54	35.53
1994	113	37	32.74
1995	175	74	42.29
1996	—	—	—
1997	102	54	52.94
1998	133	76	57.14
1999	143	70	48.95
2000	145	77	53.1
2001	214	135	63.08
2002	148	70	47.3
2003	97	45	46.39
2004	130	—	—
2005	84	—	—
2006	112	63	56.25
2007	106	—	—
2008	117	79	67.52
2009	88	46	52.27
2010	123	80	65.04
2011	96	68	70.83
2012	114	80	70.18
2013	79	62	78.48
2014	134	112	83.58
2015	65	55	84.62
2016	133	115	86.47

第三节 优生优育

1950年《中华人民共和国婚姻法》颁布后，曾一度对男女青年实行婚前体检。1985年，新《中华人民共和国婚姻法》恢复婚前体检制度，婚前体检由乡卫生院负责检查。2003年10月1日，取消强制婚检制度。

1982年后，对儿童健康实行系统管理。1985年，始建孕产妇围产期保健卡，把孕产妇健康、产前检查、分娩及新生儿访视等情况记录入卡。

1999年，设乡计划生育服务站。各行政村设计划生育服务室，配备血压计、体重秤、药具箱和电脑等设施。2005年，对800名外出妇女免费进行健康检查。2008年，乡、村卫生服务站（室）进行“二次发展”。2010年9月，乡计划生育服务站重新改造，将服务站设在乡卫生院内，实行计卫合一管理，继续为育龄夫妇提供优生优育、生殖健康等服务。同年12月，完成村计生服务室的改造。2009—2013年，为妇女免费健康检查5376人次。

2016年，全乡有计卫合一村服务室12家，从事村级计生技术服务人员12人，随访服务7315人次。

第四节 流动人口计划生育管理

1993年，鹿亭乡政府对流动人口（含外来人口和外出人口）建计划生育情况登记册，以居地为主，由村民委员会对外来育龄妇女进行属地化管理，查验其婚育证明，定期向计划生育后遗症患者发放生活补助。对外出人口中的育龄妇女，每年联系2次，及时掌握他们的计划生育状况。1993年，全乡外出人口做证率60%以上。

1994年，制定《鹿亭乡流动人口计划生育管理实施细则》。1995年，有外来育龄人员40人，交验证明40人，验证率100%。外出育龄人员151人，领证率95.4%。1996年起，乡政府每年与各用工单位签订流动人口计划生育管理责任书。2013年，成立流动人口综合治理领导小组，与11家小型企业签订厂长计划生育责任状。建立外出人口计划生育管理网络，为外出育龄妇女建档建册，各村计划生育联络员每隔1个月进行电话、短信或上门随访，使外出人口享受与常住人口同等的计划生育服务。

第五节 计划生育协会与全面二孩政策

计划生育协会

20世纪80年代初，乡境内各乡成立计划生育协会，协助政府开展计划生育工作。各村也相继成立计划生育协会，协助村妇联开展计划生育工作。1991年，乡境内有计划生育协会会员529人，其中鹿亭乡171人、晓云乡265人、白鹿乡93人。

至2016年，全乡有计划生育协会组织13个，其中乡级协会1个、村级协会12个，有会员2099人，共召开过7次会员代表会议。

全面二孩政策

浙江省自2014年起正式实施“单独二孩”政策。2015年12月十二届全国人大常委会第十八次会议审议《人口与计划生育法修正案（草案）》，规定一对夫妇可生育两个孩子，自2016年1月1日起实施。2016年1月5日，中央发文明确生育两个孩子无需审批，由家庭自主安排生育。

第四章 姓 氏

据现有资料，境内较早族居的有南宋建炎年间（1127—1130）中村郑氏、石潭龚氏和陈家岩陈氏等，其始祖因避中原战乱而徙此，还有南宋隆兴至淳熙年间（1163—1189）由慈溪金川徙居晓岭的褚氏。明代及明末清初迁入的有李家塔黄氏、王氏，大溪方氏和中姚姚氏。2016年，全乡203个姓氏中，1人1姓的62个，占30.5%，大多数是20世纪90年代后少数民族因婚嫁而迁入。

第一节 姓氏录

境内乡民历来从父姓，亦有个别从母姓。2016年，全乡有203姓，其中单姓202个，复姓1个。所有姓氏中，以褚姓人数最多，共4018人，占全乡总人口的23.3%；方姓次之，2039人，占全乡总人口的11.87%。人数在1000 ~ 2000人的依次为郑、龚、赵、姚、陈5个姓，分别为1581人、1467人、1336人、1275人、1079人，共6738人，占全乡总人口的39.22%。300 ~ 1000人的有黄、王、马、朱4个姓，共1996人，占全乡总人口的11.62%。1人1姓的有干、卫、中、牛、计、勾、车、白、代、令、令狐、宁、司、邢、闫、毕、池、关、米、戎、伍、竹、步、冷、束、励、宗、欧、尚、武、岳、昊、侣、苗、段、柳、娄、迷、钮、咸、祝、凌、涂、席、诸、康、麻、阎、游、盛、葛、姬、覃、蓝、雷、蒲、楼、甄、虞、裴、潭、魏62个姓。

2016年鹿亭乡姓氏统计表

表3-4-1　　单位：人

序号	姓氏	人数	序号	姓氏	人数	序号	姓氏	人数
1	丁	34	12	勾	1	23	叶	48
2	干	1	13	毛	18	24	卢	13
3	于	11	14	计	1	25	田	30
4	万	5	15	文	4	26	史	20
5	卫	1	16	方	2039	27	冉	2
6	马	435	17	邓	17	28	付	4
7	王	564	18	孔	4	29	代	1
8	中	1	19	古	2	30	印	11
9	韦	4	20	厉	5	31	令	1
10	车	1	21	石	15	32	令狐	1
11	牛	1	22	龙	33	33	白	1

续表 3-4-1

序号	姓氏	人数	序号	姓氏	人数	序号	姓氏	人数
34	包	2	67	严	12	100	孟	4
35	冯	8	68	应	8	101	宓	3
36	兰	2	69	余	8	102	苟	2
37	宁	1	70	邹	7	103	於	2
38	尹	3	71	芦	5	104	昊	1
39	司	1	72	宋	5	105	侣	1
40	朱	328	73	杜	3	106	苗	1
41	刘	42	74	苏	3	107	段	1
42	邢	1	75	肖	3	108	赵	1336
43	阮	3	76	谷	2	109	俞	164
44	闫	1	77	劳	2	110	施	22
45	孙	19	78	邱	2	111	胡	19
46	伊	2	79	邬	2	112	洪	2
47	毕	1	80	步	1	113	郭	15
48	向	19	81	冷	1	114	姜	6
49	池	1	82	束	1	115	钟	5
50	许	6	83	邵	50	116	侯	4
51	关	1	84	汤	28	117	姚	1275
52	任	5	85	陆	15	118	徐	92
53	米	1	86	励	1	119	柳	1
54	江	4	87	郑	1581	120	娄	1
55	戎	1	88	周	62	121	迷	1
56	吕	4	89	杨	60	122	钮	1
57	伍	1	90	罗	18	123	咸	1
58	乔	3	91	宗	1	124	祝	1
59	竹	1	92	林	12	125	翁	35
60	陈	1079	93	练	7	126	夏	24
61	吴	130	94	范	5	127	高	12
62	沈	128	95	金	4	128	桑	2
63	何	124	96	欧	1	129	袁	12
64	张	120	97	尚	1	130	唐	11
65	李	114	98	武	1	131	钱	8
66	汪	12	99	岳	1	132	顾	5

续表 3-4-1

序号	姓氏	人数	序号	姓氏	人数	序号	姓氏	人数
133	贾	4	157	崔	3	181	赖	3
134	秦	4	158	屠	3	182	蒙	2
135	倪	3	159	梅	2	183	蓝	1
136	陶	3	160	戚	2	184	雷	1
137	殷	3	161	康	1	185	蒲	1
138	凌	1	162	麻	1	186	楼	1
139	隆	2	163	阎	1	187	甄	1
140	柴	2	164	盛	1	188	虞	1
141	栾	2	165	游	1	189	廖	9
142	耿	2	166	鲁	217	190	蔡	8
143	莫	2	167	彭	28	191	熊	6
144	候	2	168	韩	16	192	谭	3
145	涂	1	169	蒋	11	193	裴	1
146	席	1	170	程	7	194	潘	13
147	姬	1	171	傅	6	195	颜	3
148	黄	669	172	舒	6	196	潭	1
149	龚	1467	173	童	6	197	黎	2
150	谢	23	174	董	5	198	穆	2
151	曹	7	175	曾	4	199	薛	2
152	梁	7	176	葛	1	200	戴	22
153	章	7	177	覃	1	201	糜	5
154	常	5	178	褚	4018	202	鞠	2
155	符	5	179	裘	41	203	魏	1
156	诸	1	180	鲍	3			

第二节 部分姓氏来历

褚姓

据《姚江四明褚氏宗谱》记载：南宋隆兴至淳熙年间，镇江录事参军褚邦英由慈溪金川徙余姚四明小岭，子孙繁衍，为晓岭褚氏始迁祖。嗣后子孙分居低塘、梁弄、岩头、王石坑、深坑、上庄等地。

境内褚氏聚居地有晓岭、羊坑、高岩、王石坑、外大山、深坑、大年、岩头等自然村。2016年，全乡有褚姓4018人。

方姓

据1987年版《余姚地名志》记载，现境内方姓有沿夹岙、马家坪和大溪方氏三支。沿夹岙方氏，在明代从河南迁居姚江平原(今河姆渡镇翁方村)，明末迁往沿夹岙。马家坪方氏，五百年前从河南迁居马家坪村。大溪方氏，相传唐代河南瘟疫成灾，方姓始祖逃此落户。一说大溪方氏世居宁海县，始迁祖为方孝孺之后。

境内方氏聚居地有马家坪（现并入石潭村）、李家塔、沿夹岙、上庄村门石、金家、晓云村大溪等自然村。2016年，全乡有方姓2039人。

郑姓

迁姚始祖郑雍，世居河南荥阳，官湖广武昌主簿，北宋末自江夏（今湖北武昌）徙居余姚县云柯乡郑巷村。南宋建炎年间时，郑雍曾孙郑士渚，字德洪，号荇洲，行大六，自郑巷迁居四明乡中村，即今鹿亭乡中村村，堂号“中和堂”。

境内郑氏聚居地除中村外，还有祝家堰（属上庄村）、郑堂岗（属沿夹岙村）等。2016年，全乡有郑姓1581人。

龚姓

迁姚始祖龚俊，字子秀，号九垒山人，周晋大夫坚之后。北宋时由进士官至殿前右一将军。南宋建炎年间护驾南渡，遂从剡县（今嵊州市）坂田迁居余姚县四明乡白云村上菁里，名其地为龚村，即今鹿亭乡石潭村，世称四明龚氏。分为下宅、药壶、八房茅山头、八房红椐树下、八房东房、岙底、南宅、新宅、大房王家石埠、二房老屋基、二房王坑、二房王家坪、三房乌柏岭、四房王家石埠、中村、乌柏岭、五房厅前、小房叶家阳等支。

境内龚氏聚居地有石潭、中村和白鹿村叶家样、新宅、梁湖等自然村。2016年，全乡有龚姓1467人。

赵姓

始祖赵元佐，宋太宗长子，世居河南汴梁。南宋初年，六世孙赵不抑扈跸南渡，迁居上虞县等慈寺。元初，赵不抑九世孙赵亚一自上虞皂隶湖迁居箭山，为箭山西园赵氏始祖。元末明初，赵亚一十二世孙赵德尧，行太一，自箭山西园迁居余姚四明上菁（今鹿亭乡上庄村岙里），为四明上菁赵氏始祖。

境内赵氏聚居地有上庄村岙里、应家路、冬青、牛塘和高山村新赵家、老赵家等自然村。2016年，全乡有赵姓1336人。

姚姓

始祖姚世荣，又名熊，行千五，生于宋真宗咸平二年（999），北宋中期自吴兴县迁居上虞县夹塘村。至元末明初，夹塘姚氏十二世行万祐迁入余姚大园地（今鹿亭乡晓岭），为余姚小岭祖。又有宏一房二十五世孙，名均，排行均九，于明末清初迁余姚金岭中姚(今鹿亭乡中姚村)。清代，东岗始祖自中姚迁居（另说自晓岭迁居）。

境内姚氏聚居地有中姚、东岗、晓云村。2016年，全乡有姚姓1275人。

陈姓

据1987年版《余姚地名志》记载，约一千三百年前，陈姓从山东青州郡历城县迁居陈家岩定居。一说远祖陈实，字仲弓（107—187），颍川（今河南省长葛市古桥乡陈故村）人。谥文范先生，汉桓帝时太邱长，传三十五世讳学古，北宋年间迁山东青州，为青州始祖。传五世，行添一，南宋建炎年间随父兵部侍郎陈升扈驾南渡，居大岚山之陈家岩，为陈家岩陈氏始祖。

境内陈氏聚居地有白鹿村的陈家岩、冷水背、长丘田、坟坪下、梁湖、高岩头等自然村。2016年，全乡有陈姓1079人。

黄姓

迁姚始祖黄万河，字时通，号鹤山，南宋初年自金华县先迁慈溪县凤凰山竹墩，再迁余姚县通德乡竹桥（今属梨洲街道），世称竹桥黄氏。传六世端，字行时，分7支，其中端廿二为李家塔支（原明伟乡，今属梨洲街道）。现境内黄姓始祖自原明伟乡李家塔迁此，沿袭祖地村名。李家塔黄姓来历另一说：黄氏十八世孙元公，于明朝初自彭桥（今属慈溪市横河镇）迁此。

境内黄氏聚居地有李家塔村和白鹿村赤石自然村。2016年，全乡有黄姓669人。

王姓

据《四明上菁李家塔王氏宗谱》记载：迁姚始祖王怀，字居安，号养静，行春三十五，系王阳明从叔。明成化年间（1465—1487），自四明郡城凉风冈迁居余姚县上菁李家塔村。

境内王氏聚居地有李家塔、上庄、石潭、中村等村。2016年，全乡有王姓564人。

马姓

据1987年版《余姚地名志》载，约三百年前，马姓始祖在此造窑烧制砖瓦而定居。因地处上马村之下，即以下窑命村。民国初期，人们为便于书写，遂改为下姚。马姓另一说：马氏祖先源于陆埠袁马，再迁居上马村（今属大岚镇）。明末清初，上马马氏四兄弟中1人分居下姚村（今属鹿亭乡），堂号“德本堂”。

境内马氏聚居地有白鹿村的下姚、高岩头、叶家样自然村。2016年，全乡有马姓435人。

朱姓

迁姚始祖廷碧，字美甫，行万四，北宋中期自鄞县迁居余姚县冠佩里（今属梨洲街道）。支祖经，行德，廷碧六世孙，自冠佩里迁居大岚后朱上宅（今属大岚镇）。境内路坑村原属大岚后朱村，1956年划归晓云乡，2001年并入龙溪村。

境内朱氏主要聚居地龙溪村路坑自然村。2016年，全乡有朱姓328人。

汤姓

据《天台南山汤氏宗谱》记载，一世祖讳善，字正德，于宋时慕赤城耸秀，自处州青田县而徙天台。元至元年间（1264—1294），十三世余中公迁台南下汤村，为天台汤氏始祖。明初，二十世孙讳卯，字高七，自天台下汤村迁居余姚县李家塔村（鹿亭乡李家塔村），为李家塔汤氏始祖。

境内汤氏聚居地李家塔村。2016年，全乡有汤姓28人。

第三节　宗祠及祖堂

旧时乡境内各大姓氏都建有不同规模的祠堂和祖堂。后部分祠堂遭拆毁或移作他用，有的毁于火灾。

褚孟常公祠

位于晓云村上村平桥头。晓岭六祠堂之一，始建于清雍正八年（1730），道光二十三年（1843）

及光绪年间重修。建筑面积347.8平方米，由大厅、厢楼、门楼组成院落。东西山墙内嵌有道光二十四年和光绪三十四年（1908）“忠清世家”石碑各一通。

民国时期，祠内曾办私塾。中华人民共和国成立后，曾设晓云上下三村联办学校。1953—1979年，设晓云供销社。2009年，祠堂重修，冠名“褚氏宗祠”。（详见第二十二编第四章第一节）

龚氏宗祠

位于石潭村。始建于清道光二十九年，至咸丰二年（1852）落成。建筑面积499平方米，前后二进，东西厢房，呈四合院式。前进并台门共7间，挂“龚氏宗祠”匾，侧厢共2间1弄，后进中堂5间，内挂“孝思堂”匾，大厅正中原挂有御赐“天下达尊”匾，后遗失。现所挂“天下达尊”匾为2011年重制。2011年，龚马良出资70余万元修缮。（详见第二十二编第四章第一节）

方氏宗祠

位于沿夹呑村。始建于明朝后期，建筑面积60平方米。2014年，方氏族人捐资32万元重修。

赵氏宗祠

位于上庄村。始建于清同治八年（1869），同治十二年落成。建筑面积600平方米，前后二进，各五开间。前进悬“赵氏宗祠”匾，系本县举人徐建棠所书，后进中堂悬“树滋堂”匾，为徐兆镛所名，周镛手书。1959年，拆除后进建鹿亭供销社采购部，前进辟为农副产品仓库房。1983年，拆除前进建上庄供销社办公用房。

赵氏除宗祠外，各房均建支祠。大房祠堂，位于上庄村呑里（俗称大分里），堂号“德沛堂”，与小房合用。建于清宣统年间（1909—1911），面朝东南，1956年毁于大火。三房祖堂，位于庄陇头，堂号“德润堂”，民国32年（1943）被侵华日军烧毁。“德崇堂”在高山村，原名大地湾老赵家，建于清代晚期，尚存。“德竣堂”在高山村，原名大地湾新赵家，建于清代晚期，尚存。上菁赵氏第五世应家路分支总堂前，位于上庄村应家路，堂号“绳武堂”，建于清乾隆年间（1736—1795），咸丰年间（1851—1861）重建，2013年倒塌。上菁赵氏二世祖仁七公派下祖堂，位于上庄村白门头，堂号“永顺堂”，建于清代，坐北朝南，2015年倒塌。仁九公派下祖堂，位于呑里西边，堂号“德源堂”，历代多次修缮，2012年倒塌。赵氏楼下支仁十一公派下祖堂，位于上庄呑里桥衕，堂号“孝友堂”，清嘉庆十三年（1808）由董事赵文格等筹资创建，同治年间（1862—1874）倒塌。民国13年，赵先翰等发起重建。民国时期办私塾，后改办学校，名为小学堂。人民公社化时期曾辟为高峰人民公社民办初中校舍。20世纪60年代部分拆除改建呑里大会堂。世嘉公派下祖堂，位于上庄村冬青，堂号“一善堂”，1978年建冬青新村时拆除。另有呑里楼下道地完璧公派下祖堂，堂号“余庆堂”；鸣玉公派下祖堂，堂号“怀本堂”；美斯公派下祖堂，堂号“耕余堂”；冬七公派下祖堂，堂号“积善堂”。均毁于1956年呑里大火。

郑氏宗祠

位于中村村东白云桥西南首。建于明代，坐南朝北，前后两进。后进正屋五开间，左右厢楼，前进门楣悬“郑氏宗祠”匾，内设戏台，天井卵石铺地，占地约0.14公顷。民国29年重修。20世纪50—60年代作村（大队）大会堂使用。1976年拆除。

郑氏祖堂（中和堂）

位于中村村，为鹿亭郑氏分祠。建于清代，砖木结构，建筑面积662.3平方米。面阔三开间，两侧有厢楼，前有门楼，堂内挂“中和堂”匾，

郑氏祖堂

为民国19年所书。现厢楼及门楼被拆除，三开间祖堂尚存。（详见第二十二编第四章第三节）

黄氏祖堂

位于李家塔村。始建年代不详，坐西北朝东南，由前厅、大厅及两厢楼组成院落，前厅、大厅均为三开间，东厢楼为八开间，西厢楼为九间一弄。内正中悬“华祝堂”匾，保存完好（详见第二十二编第四章第三节）。

姚氏祠堂

位于中姚村。建于清代，坐东朝西，面阔3间，堂号“耕山堂”，两边墙上书有“忠孝节义，永镇乾坤”八字。祠堂前有天井、围墙，左右两边开月洞门。20世纪60年代，天井中建戏台。民国后期至1970年，辟为校舍。1971年，拆除祠堂重建中姚小学校舍，2014年拆建为村文化礼堂。

东岗姚氏祠堂

位于东岗村。建于清代，坐北朝南，堂号“耕山堂”，为姚年卫、姚长法父子所建。前后两进，后进5间，用来摆放祖宗牌位。正中挂“耕山堂”匾，据传为康熙皇帝所赐（另传为嘉庆皇帝所赐，匾上刻有“嘉庆二年”字样），“文化大革命”期间被毁。两旁各有厢房与前进相接，前进建戏台，前后两进间有约100平方米天井。1973年建造电站水库时拆除。

陈氏祖堂

位于白鹿村陈家岩。分前、中、后3个堂前，成直线排列，虽地势有高低，但屋栋持平，均坐北朝南，面阔3间。前头分堂前，即大房祖堂，堂号“敦伦堂”；中央堂前，即二房祖堂，堂号“永远堂”；后头分堂前，即统三房祖堂，堂号“信义堂”。均毁于1959年1月24日大火。

大溪方氏祖堂

位于晓云村大溪。始建于清代，坐北朝南，2开间，堂号“余庆堂”，民国27年重修，1971年毁于大火。重建后改坐西朝东，面积小于原祖堂，尚存。大溪方氏尚有堂号“积善堂”“武陵堂”等祖堂，均毁于1971年大火。

新宅龚氏祖堂

位于白鹿村新宅。建于清代，坐北朝南，面阔3间，堂号“崇本堂”，1961年毁于大火。重建后面阔7间，中为堂前，尚存。

叶家样龚氏祖堂

位于白鹿村叶家样。始建于清代，坐南朝北，面阔3间，中为堂前，堂号“孝思堂”。清同治元年（1862），毁于太平天国战火。光绪三年（1877），由龚克文发起，各家捐资重建祖堂。20世纪50年

叶家样龚氏祖堂

代，祖堂安装一层楼板，楼下办公，楼上为账房，后又辟为学校和大队合作医疗站。2004 年，村民集资 22455 元重修。

马氏祖堂

位于白鹿村下姚。建于清代，坐北朝南，面阔 3 间，中为堂前，堂号“德本堂”，尚存。

晓岭六祠堂

民间有“晓岭大地方，三庙六祠堂”之说法，六祠堂除褚孟常公祠外，其他 5 座为：晓岭上村平前畈祠堂，位于晓岭桥西边约 80 米处，建于清代，坐北朝南，面阔 3 间，毁于 20 世纪 50 年代。大红畈祠堂，位于晓云上村大红畈，建于清代，坐西朝东，面阔 3 间，前后两进，两进间天井卵石铺地，左右两边为石砌围墙。80 年代，拆除建 2 层民房。六房祠堂，位于晓云上村，建于清代，坐西朝东，面阔 3 间，1964 年拆除建造上村大会堂，2010 年拆建为晓云上村老年活动室。羊坑祠堂，位于晓岭平桥头，紧靠“褚氏宗祠”西首，建于清代，坐北朝南，面阔 3 间，中华人民共和国成立后，曾辟为晓云粮站营业所，70 年代中期拆除建造生产队用房，农村经济体制改革后卖给农户。下庙跟祠堂，位于东岳殿东首，建于清代，坐北朝南，面阔 3 间，毁于 60 年代。

第四编

经济总情

第一章　农业经济体制

中华人民共和国成立前，为封建土地所有制，土地属私人所有。1950年开展土地改革，以后又组织农业生产互助组、创办初级农业生产合作社、高级农业生产合作社。至1958年成立人民公社，实行集体土地所有制。20世纪80年代初，结束人民公社体制，实行家庭联产承包责任制和双层经营体制，使土地所有权和经营权分离。

第一节　封建土地所有制

据1951年鹿亭、白鹿、晓云、东岩4个乡《土改前后各阶层土地占有使用情况表》统计，土地改革前，乡境内耕地总面积627.83公顷，总户数2913户，户均耕地0.22公顷。其中，地主26户，占总户数的0.89%，占有耕地39.88公顷，占耕地总数的6.35%，户均1.53公顷；富农10户，占总户数的0.34%，占有耕地11.42公顷，占耕地总数的1.82%，户均1.14公顷；中农551户，占总户数的18.92%，占有耕地206.43公顷，占耕地总数的32.88%，户均0.37公顷；贫农1666户，占总户数的57.19%，占有耕地130.50公顷，占耕地总数的20.79%，户均0.078公顷；雇农80户，占总户数的2.75%，占有耕地1.26公顷，占耕地总数的0.2%，户均0.016公顷；其他户580户，占总户数的19.91%，占有耕地39.68公顷，占耕地总数的6.32%，户均0.068公顷。地主户均占有耕地是贫雇农的20.4倍，是中农的4.1倍。

地主占有的土地绝大部分出租。无地或少地的农民向地主、富农租地耕种，以出卖劳力谋生。26户地主中有封建地主13户，占有耕地24.77公顷，户均1.91公顷。耕地总面积中，尚有祠堂田、祭祀田、寺庙田、学田等198.66公顷，占耕地总面积的31.64%，这些公共用地均租给贫农或中农耕种。

土地租赁有大租田、小租田之分。大租田是业主出租土地给佃户耕作，田赋由业主承担，佃户上缴田租给业主。此类租田，经佃户长期斗争取得田面权，业主不得随意抽回转租，称永佃权。田面权可出租、出卖，卖价高于田底权价格。小租田是由佃户将承租的田面权转租（第二次出租），一般在佃户之间转租，亦有转让给原业主，又由业主转让给第三者，使业主成为田底权、田面权两层出租人。小租田承租人无田面权，耕作使用权仅1年或1季，出租人可随时收回转租。小租额一般与大租额相仿，一般年景，耕作者在收获后缴出大、小租后，所剩无几。

民国时期，地租有议租、板租、垫租、押租等形式。议租亦称活租，一年一议，一般在早稻成熟时或秋收后，由业主根据年成丰歉确定租额，或五五，或四六（佃户四，业主六）。正常年景视土地肥瘦，每亩实缴租谷35～50千克不等，时亩产在100千克左右。民国27年（1938），浙江省政府提出“二五”减租（田租在往年基础上减少25%，规定田租不得超过农产品收获量的37.5%），佃农负担有所减轻。此后，常有乡议会、农会、乡公所派代表参加议租。板租亦称包租、死租，业主与佃户在建立租佃关系时订立契约，确定每亩每年租额，以后不论年成好坏，均须照约缴租。祠堂田、寺庙田、学田等多用此法。垫租又称预租、稍租，佃户租田时须预付下年租金，不预付不得租种。民国2年，经余姚县人民政府审准，垫租每亩至多4元。押租是业主在佃户租田时收取一定数额的押金，佃户缴付押金后仍要照常缴租，待退佃时才退还押金。广大佃户租种小租田，要缴纳田底权所有者的地租和田面权所有者的地租，受双重剥削。

土地两权分离租赁、买卖始于明清时期，盛于民国15年前后，同一耕地，有占有者、佃权者、耕作者三方，常为承租、转租和租税缴纳诸事引起争执纠纷，通常由乡议会、农会出面参与调解。

第二节　土地改革

1950年冬，县人民政府派出土改工作队，至白鹿、鹿亭、晓云、东岩4个乡开展土地改革（简称“土改”）。工作队组织发动贫雇农，成立农民协会，实行一切权力归农会，划分阶级成分，执行“依靠贫雇农，团结中农，中立富农，消灭封建剥削制度、发展农业生产”的路线，按照政策有计划地没收地主土地，分给无地、少地农民。佃户有永佃权的土地以30%作自留田保护，70%统一分配，得田户原耕种面积多于应分得数的，允许分田数高于人均分田额5%～10%，单身雇工得两份，留3%～6%的土地作备用机动地。同时，对家住农村且有劳动能力的地主亦分给一份土地，促使其劳动，成为自食其力的劳动者。时白鹿乡下姚畈有近千亩水田，多为峙岭、李家坑等村地主所有，土改后大部分分给白鹿乡农民。

1951年10月，土改基本结束，据《土改前后各阶层租佃关系统计表》显示：乡境内划地主26户。其中封建地主13户，二地主2户，工商地主1户，地主兼其他职业3户，破产地主2户，其他职业兼地主1户，地主待遇4户。境内2293户农民人均分得土地0.067公顷，户均0.248公顷。4个乡共没收地主农具1839件，耕畜11.5只，家具2165件，房屋152间，稻谷2544.375千克，其他杂件1300件，分给贫苦农民。同时，县、区建立人民法庭，对抗拒土改运动的地主、富农依法予以打击。1952年4—5月，复查土改政策，向农民颁发土地房产所有证。经土地改革，延续数千年的封建土地所有制被废除，实现耕者有其田，调动农民生产积极性，生产力得以解放。

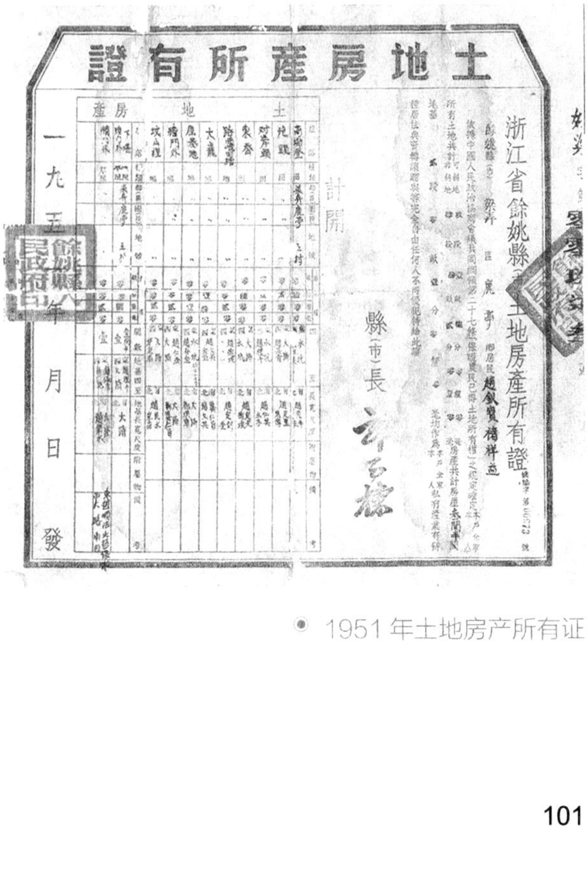
土地房產所有證
浙江省餘姚縣土地房產所有證
縣（市）長
一九五　年　月　日　發

1951年土地房产所有证

1951年现乡境各乡土地及划分阶级成分情况表

表4-1-1　　单位：公顷、户

乡	耕地	地主	富农	中农	贫农	雇农	工商业家	其他
鹿亭	198.12	6	2	177	509	28	0	200
白鹿	147.28	2	2	134	390	13	3	80
晓云	140.47	6	1	135	414	29	2	204
东岩	141.96	12	5	105	353	10	0	91

土改前后现乡境内各阶层土地占有情况表

表4-1-2　　单位：公顷

乡别	阶层	土改前		土改后	
		占有土地	比重（%）	占有土地	比重（%）
鹿亭乡	总计	198.12	100	226.45	100
	地主	11.36	5.73	2.07	0.91
	富农	3.1	1.57	3.16	1.39
	中农	68.09	34.37	78.4	34.62
	贫农	41.27	20.83	110.46	48.78
	雇农	0.38	0.19	3.95	1.74
	其他	11.55	5.83	24.07	10.63
	公共土地	62.37	31.48	0.45	0.2
	保留土地	—	—	3.89	1.72
白鹿乡	总计	147.28	100	172.08	100
	地主	2.23	1.51	0.62	0.36
	富农	3.34	2.26	3.34	1.94
	中农	45.14	30.65	54.92	31.91
	贫农	33.36	22.65	94.21	54.75
	雇农	0.33	0.23	1.9	1.1
	其他	7.46	5.07	14.58	8.47
	公共土地	55.42	37.63	0	0
	保留土地	—	—	2.51	1.46
晓云乡	总计	140.47	100	131.48	100
	地主	9.19	6.54	1.15	0.88
	富农	0.95	0.67	0.95	0.72
	中农	52.98	37.71	54.5	41.45
	贫农	27.92	19.88	50.61	38.49

续表 4-1-2

乡别	阶层	土改前		土改后	
		占有土地	比重（%）	占有土地	比重（%）
晓云乡	雇农	0.31	0.22	2.58	1.96
	其他	13.73	9.77	19.7	14.98
	公共土地	35.39	25.2	0	0
	保留土地	—	—	1.99	1.52
东岩乡	总计	141.96	100	128.83	100
	地主	17.1	12.04	4.22	3.27
	富农	4.03	2.84	4.03	3.13
	中农	40.22	28.33	41.93	32.55
	贫农	27.95	19.69	63	48.9
	雇农	0.24	0.17	1	0.78
	其他	6.93	4.89	11.87	9.21
	公共土地	45.48	32.04	0	0
	保留土地	—	—	2.78	2.16

1951 年现乡境各乡土改时没收地主农具、耕牛、家具、房屋、粮食等情况表

表 4-1-3

乡	农具（件）	耕牛（头）	家具（件）	房屋（间）	粮食（千克）	杂件（件）
鹿亭	350	7	1008	45.5	2121.875	99
白鹿	16	1.5	155	29	0	2
晓云	540	1	585	35.5	350	906
东岩	933	2	417	42	72.5	293
合计	1839	11.5	2165	152	2544.375	1300

1951 年鹿亭乡土改时五大财产没收征收及分配情况表

表 4-1-4

	得益户数	得益人数	农具（件）	耕牛（头）	家具（件）	房屋（间）	粮食（千克）
没收征收总数	—	—	350	7	1008	45.5	2121.875
分配总数	313	1015	350	7	1008	45.5	2121.875
雇农	13	27	40	0	57	4	82.5
贫农	232	738	205	7	716	28	673.5
中农	2	6	21	0	2	0	0
富农	0	0	0	0	0	0	0

续表 4-1-4

	得益户数	得益人数	农具（件）	耕牛（头）	家具（件）	房屋（间）	粮食（千克）
地主	4	23	40	0	61	0	0
其他	62	221	40	0	110	6	70
归公	—	—	4	0	62	7.5	1295.875
机动	—	—	0	0	0	0	0

第三节　互助合作

农业互助组

土地改革结束后，广大贫苦农民分得土地，问题亦随之产生。由于土地按人口分配，部分农户人口多，分得土地多，而劳动力不足；有些农户人口少，分得土地少，劳动力出现剩余。大部分农民缺少生产资金和农具，农村开始出现两极分化，有些农户将刚分得的土地卖出，也有农户出卖劳动力。

1951 年冬，部分农户在原有代耕、调工、帮工等形式基础上，根据自愿互利原则组成农业生产互助组，实行“以工抵工、差额找补、人抵牛工”等办法，开始走社会主义集体化道路。互助组一般以组长名字冠名，如白鹿乡第二村陈茂强互助组，共 21 户 76 人，其中男 38 人、女 38 人；东岩乡第三村有褚育品互助组，共 6 户 34 人，其中男 18 人、女 16 人；晓云乡有方开正互助组、方万和互助组、裘金德互助组；鹿亭乡有王朝龙互助组、王华夫互助组等。成立于 1950 年的白鹿乡马世忠互助组，为梁弄区最早的互助组。

互助组分常年互助组和临时互助组（含季节性互助组）两种。开始时，临时互助组占多数，由农户根据农事季节凑合，农忙时集中互助，农忙后解散。临时互助组成员多为同一自然村的左邻右舍，其规模从数户到十余户不等。1952 年上半年，鹿亭乡有常年互助组 9 个，参加农户 66 户；临时互助组 8 个，参加农户 56 户。东岩乡有常年互助组 4 个，参加农户 23 户 47 人；临时互助组 53 个（含季节性互助组 38 个），参加农户 392 户 501 人。晓云乡有常年互助组 2 个，参加农户 10 户 50 人；临时互助组 10 个（含季节性互助组 2 个），参加农户 49 户 211 人。至 1953 年 3 月，现乡境内建有常年互助组和临时互助组 189 个，参加农户 1841 户，占农业总户数的 70.4%，参加人数 7406 人，占农业总人口的 75.15%。

表 4-1-5　　1953 年现乡境内互助组情况表

乡别	农业总户数（户）	农业总人口（人）	常年互助组			临时互助组			合计		
			组数（组）	户数（户）	人口（人）	组数（组）	户数（户）	人口（人）	组数（组）	户数（户）	人口（人）
鹿亭	795	2904	8	131	577	45	484	1853	53	615	2430
白鹿	589	2410	7	86	343	39	458	1787	46	544	2130
晓云	718	2582	1	10	49	46	355	1429	47	365	1478
东岩	513	1959	22	178	751	21	139	617	43	317	1368
合计	2615	9855	38	405	1720	151	1436	5686	189	1841	7406

初级农业生产合作社

互助组的土地归各农户所有，其经济体制仍属个人所有制。1953年下半年，互助组升级为初级农业生产合作社（简称“初级社”）。初级社属半社会主义性质，保留社员生产资料私有权，实行土地入股，统一经营，产品统一分配，每年在收益时提存积累储备以扩大再生产。社员除按劳动工分获得劳动报酬外，入股的土地和交社使用的生产资料亦可得到规定份额的报酬。

1955年，乡境内各乡均建有初级社。其中，白鹿乡有初级社15个，入社农户300户，占总农户数的50%左右；鹿亭乡有初级社18个，入社农户占总农户数的99%。东岩乡和晓云乡资料缺失。

高级农业生产合作社

1955年冬，部分初级社开始升级为高级农业生产合作社（简称“高级社”）。社员土地除少量自留外全部入社，耕牛、大中型农具折价归社，统一组织生产，统一分配产品，实行按劳分配，取消土地分红。

1956年，推行并社升级，即把数个初级社合并升级为一个高级社，也有把原有初级社升级为高级社。是年底，乡境内有17个高级农业生产合作社。其中，鹿亭乡（1956年2月白鹿乡并入鹿亭乡）有8个高级农业生产合作社，即勤丰高级社、永丰高级社、合心高级社、六一高级社、六二高级社、六三高级社、六四高级社、五星高级社；晓云乡（1956年2月东岩乡并入晓云乡）有9个高级农业生产合作社，即第九高级社、胜利高级社、光明高级社、先进高级社、岩头高级社、先锋高级社、东岗高级社、红光高级社、大年高级社。

第四节　人民公社

1958年10月，乡境内鹿亭晓云2个乡17个高级农业生产合作社11800余人组建高峰人民公社（俗称“大公社”）。公社实行政社合一，农工商一体的新体制，下辖8个大队。

晓岭大队，1958年10月从晓云乡分设，1959年3月并入晓云管理区，大队长姚怀国（1958年10月至1959年3月）。

岩头大队，1958年10月从晓云乡分设，1959年3月并入晓云管理区，大队长褚炳槐（1958年10月至1959年3月）。

陈家岩大队，1958年10月从鹿亭乡分设，1959年3月改名陈家岩管理区，大队长陈茂强（1958年10月至1959年2月）、潘建广（1959年2月至1959年3月）。

李家塔大队，1958年10月从鹿亭乡分设，1959年3月改名李家塔管理区，大队长褚传庆（1958年10月至1959年2月）、黄庆善（1959年2月至1959年3月）。

第二大队，1958年10月从鹿亭乡分设，1959年2月并入上庄大队，大队长黄庆丰（1958年10月至1959年2月）。

第四大队，1958年10月从鹿亭乡分设，1959年2月并入上庄大队，大队长方金尧（1958年10月至1959年2月）。

第五大队，1958年10月从晓云乡分设，1959年2月并入李家塔大队，大队长褚庆化（1958年10月至1959年2月）。

上庄大队，1958年10月从鹿亭乡分设，1959年3月并入李家塔管理区，大队长龚鸿吉（1958年10月至1959年3月）。

1959年3月，高峰人民公社改名鹿亭人民公社，下设晓云、李家塔、陈家岩3个管理区。人民公社推行组织“军事化”、行动“战斗化”、生活“集体化”，以管理区建营，大队建连，生产队建排，农业生产由公社统一指挥，收益统一分红或发工资，兴办公共食堂，社员吃大锅饭，取消自留地，土地、房屋等公共财产在公社内无偿平调，其间出现高指标、瞎指挥，严重影响农业生产和社员生活。是月，贯彻中共中央“郑州会议”精神，纠正平调风和农业生产瞎指挥、浮夸风，纠正无偿调用生产大队生产资料的错误，确立以生产队为基本核算单位。鹿亭人民公社下辖20个生产队，其中李家塔管理区7个，晓云管理区8个，陈家岩管理区5个。

1961年10月，贯彻《农村人民公社工作条例（草案）》（简称“农业六十条”），调整社队规模，解散公共食堂，以管理区为单位建立人民公社（俗称“小公社”）。乡境内李家塔、晓云、陈家岩3个管理区改为鹿亭、晓云、白鹿3个人民公社，下辖46个生产大队，其中鹿亭公社13个，白鹿公社8个、晓云公社25个。同年，贯彻《中共中央关于农村基本核算单位问题给各中央局、各省、市、区党委的指示》，确定公社、大队、生产队三级所有，以生产队为基础，实行三级核算，使组织生产和进行分配的单位统一起来，恢复劳动评工记分，按工分分配报酬和口粮到人制度，恢复社员自留地和允许搞家庭副业。是年，鹿亭公社有社员自留地10.4公顷。1962—1965年，农业经济得到恢复和发展。

1968年后，开展“农业学大寨”，进行农田水利基本建设，改土造田，植树造林。后因“左”倾思想影响，推行“政治评分”“并队升级”，生产队从1964年的236个减至1971年的82个，时现乡境内39个大队有28个实行公社、大队二级核算，占大队总数的71.79%，重复平调风错误，又一次挫伤农民生产积极性。

1978年中共十一届三中全会后，农村逐步进行改革。1983年9月，实行政社分设，恢复乡、行政村体制，自此结束长达25年之久的人民公社化制度。

1960年鹿亭人民公社公共食堂及用餐人数一览表

表4-1-6

管理区	生产队	公共食堂数（个）	用餐人数（人）
陈家岩管理区	马家坪	1	209
	梁湖	1	98
	下姚	2	523
	陈家岩	4	744
	赤石	4	404
晓云管理区	路坑	3	231
	王石坑	3	267
	东岗	1	564
	晓岭	3	1492
	中姚	4	571
	岩头	1	724
	大山	8	982
	大年	1	248
李家塔管理区	中村	3	1373
	李家塔	1	636
	石潭	2	674
	上庄	5	964
	沿夹岙	4	350

续表 4-1-6

管理区	生产队	公共食堂数（个）	用餐人数（人）
李家塔管理区	大溪	4	563
	门石	1	224
合计	20	55	11841

表 4-1-7

1981 年现乡境内人民公社基本情况表

公社	生产大队（个）	生产队（个）	参加人民公社粮食分配			年末耕地面积（公顷）		
			户数（户）	人口数（人）	劳动力（人）	合计	集体	自留地
鹿亭	13	61	4569	6905	9531	499.66	473.13	26.53
晓云	18	91		8973				
白鹿	8	32		2983				
合计	39	184	4569	18861	9531	499.66	473.13	26.53

第五节 农村经济体制改革

家庭联产承包责任制

1981 年 4 月，开始试行农村家庭联产承包责任制，从分组作业、联产计酬起步，发展为大田包干到组、户，茶、果、竹、木等经济特产实行专业承包。1982 年，鹿亭公社有 4 个大队 836 户实行包产到户；有 3 个大队实行统一经营联产到劳；有 2 个大队的集体牧场、集体企业实行专业承包联产计酬；还有 2 个大队分别实行统一经营联产到组和小段包工定额计酬。时晓云公社 91 个生产队 2245 户社员、白鹿公社 32 个生产队 763 户社员全部实行包产到户。

1983 年春，实行按人口、劳动力分地到户经营的大包干，生产队与农户签订 3 ~ 5 年承包合同。1984 年春，境内 3 个乡 39 个生产大队 185 个生产队均实行家庭联产承包责任制，大田承包期延长至 15 年以上。至此，历时 3 年的农村体制改革第一步基本完成，所有农村集体生产单位（生产队）的农田及大部分林业特产等由集体经营转为家庭经营。这是农村生产关系继土地改革、农业合作化、人民公社化后的又一重大变革。

1983 年承包手册和 1984 年土地使用证

1993 年，鹿亭乡 39 个行政村实行家庭联产承包责任制，有家庭承包经营的农户 6001 户，签订承包合同 5568 份。全乡 389.27 公顷水稻田全部按口粮田承包经营。另有经济特产林承包单位 32 个，承包面积 77.27 公顷，签订承包合同 92 份。有承包专业队 65 个，承包面积 218.91 公顷，其中山林 11.93 公顷，荒山 4 公顷，茶园 84.77 公顷，果园 11.13 公顷。

表 4-1-8

1993—1999 年鹿亭乡家庭联产承包责任制情况表

项目 \ 年度	1993	1994	1995	1996	1997	1998	1999
村（个）	39	39	39	39	39	39	39
生产队（个）	188	188	188	188	188	188	188
农户（户）	6001	6044	6081	6128	6156	6117	6104
耕地面积（公顷）	471	468	464	461	461	461	437
口粮田面积（公顷）	389.27	—	—	—	—	—	—
承包田面积（公顷）	0	—	—	—	—	—	—
专业队（组）承包经营个数（个）	65	—	71	87	36	37	24
专业队（组）承包经营土地面积（公顷）	219	—	216	78	64	67	77

产业结构调整

1984 年后，农村在完善家庭联产承包责任制的同时，逐步进行以调整农业内部产业结构为主要内容的农业经济第二步改革。从单一的农业生产转变为以粮食生产为主，工业、商业、副业全面发展的多种经营格局。20 世纪 80 年代后期，农村出现剩余劳动力，为产业结构调整创造条件，农民利用荒山斜坡垦种茶叶、培育毛竹、种植水果。至 2016 年，全乡有茶园 578.33 公顷，年茶叶总产量 171 吨；有毛竹山面积 3569.87 公顷，年毛笋总产量 2062.5 吨，总产值 257.3 万元。种植水果及瓜用果 135.27 公顷。

20 世纪 90 年代初，产业结构再次调整，政府支持农民发展适销对路的经济作物，以适应日益发展的市场经济体制。受周边乡镇影响，承包户种植花木面积逐年扩大。至 2012 年，全乡种植面积 286.67 公顷，销售额 2200 万元。1999 年，白鹿村种植高山西瓜 0.33 公顷，至 2008 年发展到 66.67 公顷，产值达 920 万元。

2000 年后，加快产业结构调整步伐。至 2016 年，全乡有农民专业合作社 6 家：白鹿高山西瓜专业合作社、余姚鹿亭高山竹笋专业合作社、龙溪竹木专业合作社、鹿亭花木专业合作社、鹿亭绿豪茶叶专业合作社、鹿亭鹿沁茶叶专业合作社。经营基地面积 67.47 公顷，总收入 513 万元。另有经营蔬菜、水产、家畜家禽等种养业家庭农场 12 家，其中种植业 3 家、渔业 2 家、种养结合 7 家。经营土地面积 75.99 公顷，年销售农产品总值 618.5 万元，净利润 19.5 万元。

1982 年，乡境内在业人口 10682 人，从事农业生产的 7977 人，占 74.68%。1993 年，全乡实有劳动力 12166 人，从事农业生产的 8919 人，占 73.31%。2000 年，全乡实有劳动力 12514 人，从事农业生产的 6820 人，占 54.50%。2016 年，全乡实有劳动力 10203 人，大部分农民进城务工经商，以从事农业为主的仅 3023 人，占 29.63%。

建立双层经营体制

1985 年后，农村经济体制改革在稳定和完善家庭联产承包责任制的同时，重视发展村级经济。现乡境内 39 个行政村创办集体经营的工、副业及为农业生产配套的各项事业，村级财务收入及固定资产总值逐年增长。1995 年，全乡有村办企业 15 家，销售收入 936 万元，生产总值 1254 万元。

20 世纪 80 年代开始的农村经济体制改革，使土地所有权与经营权相分离，生产经营者责、权、利相统一，解决长期存在“吃大锅饭”的平均主义弊端，农民生产积极性得以充分调动，劳动生产率成倍增长。1995 年，全乡农业生产总值 4295 万元，是 1985 年的 5.11 倍，年均增长 17.7%。

1993—2016 年村级财务情况表

表 4-1-9　　　　单位：万元

年度	村级财务收入	村固定资产总值	年度	村级财务收入	村固定资产总值
1993	86	—	2005	543	3059
1994	92	—	2006	722	3353
1995	71	—	2007	638	3617
1996	88	—	2008	754.51	3838.48
1997	140	1131	2009	631.27	3745.35
1998	163	1597	2010	779.51	4028.18
1999	220	1659	2011	891.87	4627.81
2000	250	1796	2012	1098.23	5446.52
2001	262	2268	2013	1052.42	6207.21
2002	291	2353	2014	821.42	8991.24
2003	313	2844	2015	1129.42	10562.77
2004	324	2966	2016	1672.34	12192.12

第二轮土地承包

1999 年第一轮土地承包到期后，在“大稳定、小调整”的前提下，按照明确集体土地所有权、稳定农户土地承包权、搞活土地经营权的原则，把各农户的土地承包期再延长 30 年（1999 年 10 月 1 日至 2029 年 9 月 30 日），农村土地家庭联产承包责任制得以稳定和完善。1999 年 3 月，鹿亭乡在下姚、上庄、王石坑 3 个村开展二轮土地承包试点，然后全乡铺开，至年底基本结束。除 1 个生产队暂缓外，基本完成第二轮土地承包工作。全乡应开展二轮土地承包的户数（大田承包）5388 户，完成二轮承包核发浙江省农村集体土地承包权证 5323 户，占总户数的 98.80%；应承包土地面积 358.5 公顷，核发权证面积 355 公顷，占总面积的 99.02%。

2000 年，全乡山林承包户数 6032 户，承包山林面积 3981 公顷，签订山林承包合同 5503 份。

2016 年，为完善农村基本经营制度，依法维护农民土地权益，妥善解决农村承包土地历史遗留问题和矛盾纠纷，全乡各行政村开始进行农村土地承包经营权确权登记颁证工作。

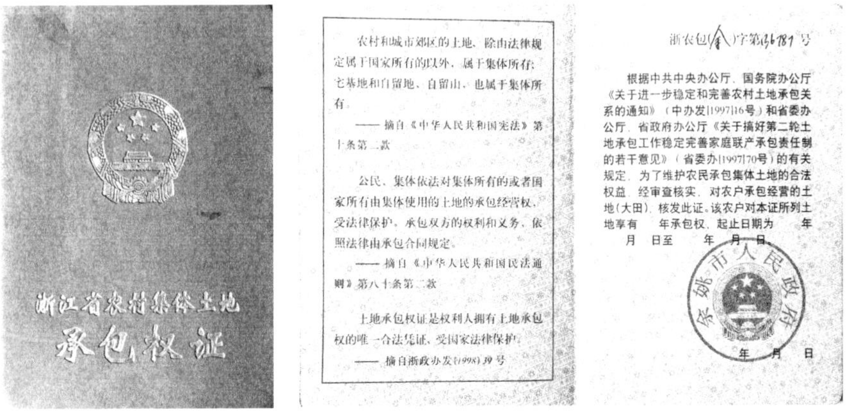

◉ 1999 年《浙江省农村集体土地承包权证》（封面、内页）

表 4-1-6

2000—2016 年鹿亭乡第二轮农村家庭联产承包责任制情况表

项目＼年度	2000	2001	2002	2003	2004	2005	2006	2007	2008	2009	2010	2011	2012	2013	2014	2015	2016
行政村（个）	39	12	12	12	12	12	12	12	12	12	12	12	12	12	12	12	12
家庭承包经营农户数（户）	6066	6042	6029	5686	5670	6011	6016	5592	5388	5388	5388	5388	5388	5388	5388	5388	5388
家庭承包经营耕地面积（公顷）	453.8	460.3	449.5	475.3	476.7	481.7	481.9	482.1	482.1	482.1	482.1	482.1	482.1	480.8	480.8	480.8	480.8
完成二轮承包的行政村数（个）	39	12	12	12	12	12	12	12	12	12	12	12	12	12	12	12	12
完成二轮承包的耕地面积（公顷）	454	460	—	—	—	—	—	—	—	—	—	—	—	—	—	—	—
转包转让的农户数（户）	—	—	—	—	—	—	—	—	—	—	—	—	—	—	—	—	—
转包转让的耕地面积（公顷）	15.2	34.9	57.6	105	105	90.3	93.7	97.4	97.4	97.4	212	204	204	0	24	64.1	—
实行耕地适度经营的行政村（个）	—	—	2	5	—	9	—	—	—	—	—	—	—	—	—	—	—
实行耕地适度经营的土地面积（公顷）	—	—	1.67	43.3	67.7	69.2	91.5	98.7	299	98.9	99.7	105	109	13	41.5	42.9	8.67

第二章 工商业经济体制

第一节 中华人民共和国成立前工商业经济体制

民国时期，木匠、篁匠、箍桶匠遍布各村。晓云乡东岗、中姚、门石、里大山、外大山，鹿亭乡牛塘、沿夹岙等村大多农户都有手工专长，农忙时务农，农闲时搞副业。境内还有米店、剃头店、裁缝店、南货店、中药房、油坊等数家，石匠、泥水匠则无固定经营场所，还有串村叫卖的小商小贩和上门做生意的铜匠担。

乡境内有手工业者159户，商贩153户，手工工人156户，从业人员1460余人，均属私营性质。

第二节 手工业 私营工商业社会主义改造

中华人民共和国成立后，人民政府在扶持手工业恢复、发展的同时，根据自愿结合的原则，鼓励成立手工业生产合作社或生产合作小组。1953年，鹿亭乡成立手工业合作小组2个，即石潭圆木小组，成员22人，负责人龚立章、龚荣林；上庄竹器小组，成员20余人，负责人赵彩定。1955年，东岩乡成立手工业互助组5个，共30户127人。1955年12月，龚荣林、赵彩定参加宁波地区办社骨干训练班。

1956年，在社会主义改造高潮中，乡内手工业从业人员按行业组成竹器、木器（方木）、泥水、石匠、圆木5个手工业合作社。散居在各村的手工业从业人员按地域、行业组成小组。在手工业合作社中，生产资料折价入股，股金陆续归还，统一经营，统负盈亏，实行固定工资和劳动分红相结合的分配制度。初级形式的小组，生产工具归己，分散经营，统一管理供销，自负盈亏。

1951年，乡境内有私营商贩153家，另有服务业、南货店等数家。1953年，在小商小贩中成立联购分销组，由行业相近的商贩自愿结合，集中采购，分散经营。1956年，私营商业社会主义改造时，组织私营商贩成立合作商店、合作小组。是年底，私营商业社会主义改造完成。

第三节 工商业经济体制改革

工业体制改革

工业体制改革大致划分为两个阶段。

第一阶段为20世纪80年代初至90年代初，工业企业由点到面进行经济体制改革，调整和理顺行政与企业、计划经济与市场经济等关系，扩大企业自主权，改变行政干预过多、计划统一过死等状况。扩权范围：县属大集体企业有15个方面50余条，乡镇集体企业有10个方面23条。境内无国营企业，集体企业多为独立核算，自负盈亏，生产、销售、分配等方面享有较多自主权。主要改革内容有：

改革企业经营管理体制　调节企业与职工的关系，实施奖金制，实行与绩效挂钩为主要内容的经济责任制。1979年前，公社集体企业职工工资由企业拨给生产队，再由生产队记工分，企业职工参加生产队分配。1979年后，企业职工工资与生产队实行半脱钩办法。企业按职工工资的5%拨给生产队，职工在生产队参加分配，其余工资直接发到职工本人手中。同时企业实行评级工资制，评级工资由公社工业办公室按照前3年企业平均利润和发展情况，确定利润包干基数，超利润包干部分按适当比例作为职工年终奖，经公社工业办公室审核后由企业分配到职工。公社内各企业的工资基本一致，时男职工工资一般每月35～39元，女职工一般每月28～35元。1983年，各企业实施基本工资加浮动工资相结合的办法，以后逐步实行男女同工同酬，按劳取酬。1985年后，基本形成浮动工资、计件工资、超额工资、计时工资、联利计奖、记分计奖、职务补贴等多种分配形式。对供销人员采取核定基数、超额分成的计酬形式。

实行厂长负责制　1983年，乡集体企业实行以厂长（书记）为主的集体承包制。1985年实行厂长负责制，确认厂长在企业中的中心地位。在遵守国家政策法规、加强企业民主管理的前提下，厂长有人事任免、职工奖惩、机构设置的权力；主持制定和组织实施生产规划的权力；对人员、资金、物资调度和处理的权力；决定企业经营政策、制订技改计划的权力；安排产品品种产量、决定产品价格浮动的权力；以法人身份对外履行经营、司法责任的权力。1984年，在厂长负责制试点之初，乡工业办公室对企业厂长（书记）实施百分考核，按企业主要经济指标完成情况，年终单独考核，强化以厂长为代表的承包责任制。是年，鹿亭乡20余家乡、村办企业签订经济责任制承包合同，承包形式为集体承包厂长负责制。1989年，全面推行厂长负责制。

推进企业改组和经济联合　20世纪80年代初，乡镇企业逐步实行内部行业结构的调整及外部经济联合，陆续出现跨部门、跨地区、冲破所有制界限的经济联合体和多种横向经济联营。主要形式有以名牌产品、传统产品为龙头的联营，有以上规模的企业为主体，同行业间专业协作生产的联营。至1992年，全乡共有联户个体企业60家，从业人员568人。

第一阶段的工业企业改革使企业增加活力，工业企业发展速度加快，企业的管理水平和经济效益均有明显提高。

第二阶段是进行工业企业产权制度改革（企业转制）。1993年，在余姚市鹿亭电器厂、余姚市电器传动设备厂等3家企业中开展经营机制转换试点工作，推行股份合作制。由乡转制工作领导小组负责指导。转制工作的具体步骤为：企业自行组织清产核资；乡转制工作领导小组成员到企业实地评估；评估材料报乡党委、政府审定；上报市乡镇工业局、财政局批准，发给资产评估确认书，组成股份合作制形式的新企业。同年7月，试点工作完成，其中余姚市鹿亭电器厂重估净值30.7619万元，净资产值10.2224万元；余姚市电器传动设备厂重估净值92.79万元，净资产值27.92万元。由市财税局发给资产评估确认书。

1993年年初，落实企业经营经济承包责任制。有6家重点骨干企业落实以厂长为代表的集体承包经营责任制，对3家乡办企业采取扭亏经营承包责任制，2家乡办企业采用成本目标经营承包责任制，2家乡办企业实行租赁承包。对原鹿亭阀门配件厂实行兼并和拍卖。7月，选择基础好、家底实，又有发展前途的4家企业转为股份合作制企业。10 月，对 5 家乡办企业进行动产和不动产拍卖，对晓云工艺竹编厂、余姚市缝纫一厂实行不动产租赁、动产拍卖的租赁承包责任制。1994 年，余姚市第二水煮笋厂、鹿亭家用电器厂等转为私营企业。浙江电视机厂对所属企业实行目标承包，第二继电器厂实行企业自我管理、自负盈亏、自我约束、自我发展，动产、不动产、无形资产实行一次性全部拍卖。与乡属集体企业同时转制的还有村集体企业，村办集体企业转制工作是在乡转制工作领导小组指导下，由村民委员会直接负责，方法步骤与乡属企业相似。

至 1997 年，全乡已完成经营机制转换的企业占乡、村两级企业总数的 60% 以上。至 1998 年底，乡、村两级企业经营机制转换工作全部结束。

第二阶段改革使企业产权得以明晰，企业经营者责、权、利达到基本统一，民营企业进入迅速发展时期。

商业体制改革

1979 年起，逐步改革商业体制，扩大商业流通渠道，全面开放集市贸易，鼓励和扶植合作商业、个体商贩的发展。提倡多种经济成分、多种经营方式、多种流通渠道并存，打破城乡封锁、条块分割、行业单一的局面。粮食、油料、棉布及大多数商品由统购包销逐步改变为计划收购、订购、选购、代批代销、自由购销。供销部门所属商业网点逐步由统一经营、统一核算转为商店独立经营、独立核算、自负盈亏。1983 年起，上庄供销合作社下属 3 个分社全部转为集体所有制，以组织上的群众性、管理上的民主性、经营上的灵活性为办社原则，重新清股扩股，召开社员代表大会，民主选举理事会、监事会。1983 年下半年，现乡境内共吸收股金户 2949 户，股金 17757.75 元。

1999—2001 年，完成供销社改制工作，所有在职职工按工龄补偿，退还社员股金。供销社资产全部拍卖、租赁。供销合作商业结束在鹿亭商品流通领域长达 40 余年的主导地位，促进个体商业和现代物流业的快速形成和发展。

第三章　经济发展

第一节　发展概况

乡境属姚南山区，历来以从事农业、林业生产为主。至明清时期，农副业开始发展，山民把竹制品等农副产品挑运到陆埠、梁弄等集市交易。境内耕地以种植水稻、大小麦等粮食作物为主。民国时期，农副业靠天时年景，工商业发展缓慢，老百姓生活贫困，经济落后。

中华人民共和国成立后，经土地改革，生产力获得解放，工农业生产逐步得到恢复和发展。据 1951 年土地改革调查统计，乡境内鹿亭、白鹿、晓云、东岩 4 个乡共有耕地 627.83 公顷，且极大部分为水稻田。1951年，单季稻亩产112.4千克，4乡水稻总产766.768吨。1952年，亩产169.65千克，增幅50.9%。1957—1965年，粮食亩产量由274.5千克提高到323千克，增幅17.67%。正常年景，白鹿乡（公社）粮食能基本自给，鹿亭、晓云2个乡（公社）粮食不足部分由国家供应（称返销粮）。

1957年，农业、手工业和私营工商业社会主义改造基本完成后，建立和发展公有制经济，生产条件得以改善，社会经济稳步发展，工农业生产总值逐年递增。

1958年，工农业生产搞“大跃进”“高指标”，土法上马的小工业盲目发展，工业产值有所上升，农业产值增幅不大。1959—1961年，因“高指标”“平调风”，挫伤工人、农民生产积极性，加连年自然灾害，致使工农业生产急剧下降，物资匮乏，市场萎缩，社会经济和人民生活陷入困境。

1961年后，贯彻国民经济“调整、巩固、充实、提高”八字方针，关停不具备生产能力的工厂，精简职工，压缩非农人口，调整农村积累比例，使经济得到恢复。1962—1965年，工农业生产总值连年递增。

1966年6月后，“文化大革命”开始波及境内，经济工作受到干扰，由于政策限制发展多种经济，造成市场上日常生活必需品缺乏，农村经济增长缓慢。20世纪60年代后期，社队企业开始起步，工业经济有所增长，而以粮食生产为主的农业产值徘徊在1965年水平。1966—1976年，工农业总产值递增缓慢。1976年10月，“文化大革命”结束，经济进入持续发展阶段。1978年12月中共十一届三中全会后，实行家庭联产承包责任制，使农村经济得到快速发展。1986—1991年，工农业生产总值年均递增42.1%，其中工业生产总值年均递增38.3%，财政收入年均递增21.1%。

1992年5月撤区扩镇并乡后，工业企业由点到面开展以经营机制转换为重点的产权制度改革，通过调整产业结构，激发企业活力，民营企业崛起。农业通过第二轮土地承包和产业结构调整，农业生产稳步发展。1992—1997年，全乡工农业生产总值年均递增75.0%，财政收入年均递增31.7%。

2000年，全乡工商业企业产权体制改革基本完成，在社会主义市场经济规律指导下，注重一、二、三产业协调发展，依托先进科学技术和现代企业管理，全乡经济进入快速、稳定、可持续性发展阶段。2000—2016年，全乡工农业生产总值年均递增39.7%，财政收入年均递增11.4%。

1985—2016年鹿亭乡工农业生产总值一览表

表4-3-1

年份	工农业总产值（万元）	其中			
		工业总产值（万元）	比重（%）	农业总产值（万元）	比重（%）
1985	2509	1669	66.52	840	33.48
1986	1742	895	51.38	847	48.62
1987	4435	3420	77.11	1015	22.89
1988	10276	8755	85.2	1521	14.8
1989	13816	12193	88.25	1623	11.75

续表 4-3-1

年份	工农业总产值（万元）	其中			
		工业总产值(万元)	比重(%)	农业总产值(万元)	比重(%)
1990	9238	7812	84.56	1426	15.44
1991	10084	8466	83.95	1618	16.05
1992	12739	11138	87.43	1601	12.57
1993	15682	13439	85.7	2243	14.3
1994	28193	25714	91.21	2479	8.79
1995	53302	49007	91.94	4295	8.06
1996	236261	231991	98.19	4270	1.81
1997	208819	204555	97.96	4264	2.04
1998	94889	90682	95.57	4207	4.43
1999	16530	11729	70.96	4801	29.04
2000	17832	13518	75.81	4314	24.19
2001	20932	16957	81.01	3975	18.99
2002	29170	23821	81.66	5349	18.34
2003	35907	31015	86.38	4892	13.62
2004	42590	37656	88.42	4934	11.58
2005	50302	43883	87.24	6419	12.76
2006	57099	52386	91.75	4713	8.25
2007	62942	58535	93	4407	7
2008	75405	67834	89.96	7571	10.04
2009	81595	74613	91.44	6982	8.56
2010	92724	84877	91.54	7847	8.46
2011	112296	101155	90.08	11141	9.92
2012	114719	101744	88.69	12975	11.31
2013	111851	100630	89.97	11221	10.03
2014	120649	109778	90.99	10871	9.01
2015	130600	119600	91.58	11000	8.42
2016	132413	120900	91.31	11513	8.69

1986—2016 年鹿亭乡财政总收入一览表

表 4-3-2　　单位：万元

年份	总收入	年份	总收入	年份	总收入
1986	75	1997	818	2008	3168
1987	79	1998	813	2009	3390
1988	140	1999	510	2010	3820.49
1989	127	2000	685.27	2011	6080.31
1990	173	2001	558.88	2012	3881
1991	196	2002	1088	2013	3332.43
1992	205	2003	1430	2014	4182.41
1993	193	2004	1333	2015	4192.59
1994	258	2005	2017	2016	3847.3
1995	403	2006	2275	—	—
1996	463	2007	2846	—	—

注：1986—1998 年数据来源于《余姚辉煌五十年》；1999—2016 年数据来源于乡财政所。

第二节　产业结构

农业比重

境内经济历来以农业为主，主要种植水稻、大小麦、薯类、豆类等农作物，兼有林业、畜牧业。民国时期，农业（含林业、畜牧业，下同）比重占社会总产值的 98% 左右。

中华人民共和国成立后，经土地改革和互助合作，农业稳步发展；私营商业社会主义改造后，工商手工业、副业也随之发展，农业比重有所下降。20 世纪 60 年代后期，社队工业开始起步，至 70 年代农业比重占社会总产值的 80%。1980 年，农业占社会总产值的比重为 52.65%。1982 年，农村实行家庭联产承包责任制后，农村经济摆脱单一农业生产传统结构，初步形成农、工、副、商全面发展的经济结构，1985 年，工业产值超过农业产值，农业比重降至 33.48%。90 年代后，执行稳农、强工、活商政策，一、二、三产业得以协调发展。1992 年，农业比重降为 11.41%，工业比重升为 79.36%，建筑、交通运输、商业、饮食业等升为 9.23%。1993 年，农业总产值 2243 万元，1998 年攀升至 4207 万元，但由于工业的快速发展，农业比重还是快速下降至 4.43%。1999 年，由于产业结构调整，重视林业、畜牧业和花木种植，农业产值提高，农业比重上升至 29.04%。2016 年，农业比重占工农业总产值的 8.69%。

工业比重

民国时期，境内有粮食加工场 1 家，油坊 1 家，茶食（糕点）加工场数家，以加工粮、油、茶食为主。工业、手工业数量少，规模小，占社会总产值的比重低。20 世纪 50 年代，由于大办工业，工业比重有所上升。60 年代始，社队企业开始起步。70 年代后，集体企业发展迅速，工业产值在社会总产值中的比重上升较快。1980年，工业产值占社会总产值的33.16%。1985年，工业产值占工农业总产值的66.52%，1989年达到88.25%。1992年撤区扩镇并乡后，乡村工业持续发展，重视集体经济发展，扶贫结对、招商引资企业增加，工业比重逐年递增，1996年，工业比重占工农业总产值的98.19%，为全乡工业比重最高年。1999年后，企业改制，农业产业结构调整，农业比重有所回升，工业比重年均80%。2016年，工业比重占工农业总产值的91.31%。

商业比重

中华人民共和国成立初期，境内商业产值不足社会总产值的1%。20世纪80年代初，个体商业迅速发展，市场活跃，商业比重有所提高。1980年，乡境内社会总产值90535万元，其中商饮业6269万元，占社会总产值的6.92%。1992年，全乡有个体户355户，其中商饮业237户，占66.76%。1993年，全乡社会总产值13067万元，其中商饮业47万元，占社会总产值的0.36%。1996年后，随农业产业结构调整和工业体制改革，工农业总产值上升，商饮业比重有所下降。1997年，商饮业总产值占社会总产值0.21%。2000年后，商业体制改革，个体商饮业遍布全乡，现代物流兴起。2000年，第三产业占社会总产值的8.83%，其中商饮业2.69%。2005年后，随旅游资源开发，境内农家乐、民宿发展迅速，第三产业占社会总产值的比重逐年上升，2013年，第三产业产值占社会总产值的10.95%。2016年，第三产业产值占社会总产值的14.41%。

第三节 固定资产投资

1977年前，基本建设项目少、规模小，固定资产投资少。1978年中共十一届三中全会后，农村经济全面发展，新建项目逐年增多，固定资产投资增长。

政府投资

1985年前，乡政府属报账单位，基本建设、投资由市（县）财政直接安排。地方性公共事业投资资金主要靠社会募集和上级补助，乡一级不投入专项资金。1986—1991年，基本建设项目增多，乡境内3个乡财政规模小，难以安排基本建设资金，公共性基本建设投资还是依靠社会集资。1992年撤区扩镇并乡，乡政府基本建设投资逐年增多，主要是水利设施、交通设施、村镇建设、教育等方面的投入。20世纪90年代，全乡新建校舍10所，建筑面积4220平方米，乡政府总投资119万元。2000年后，投资迅速增大，主要是村镇建设投资、改水治污投资等。2005年后，政府重视旅游资源开发，景区、景点建设投入加大。2010年，固定资产投资6064.61万元，其中农业投资1225.61万元。2016年，乡政府基本建设投资主要用于公共设施建设。

集体单位投资

1992年前，集体单位投资主要集中在乡镇企业。1978—1992年，乡镇集体所有制企业发展迅速，生产规模不断扩大，基本建设投资逐年递增，1994年固定资产投资额1713万元，2006年达2919万元。1998年，工业企业开始产权制度改革后，乡、村集体资金逐步退出对企业的直接投入，转由企业自主投入。

1994—2012年部分年份鹿亭乡村办（私营）工业企业固定资产投资情况表

表4-3-3

年份	固定资产投资额（万元）	备注
1994	1713	建设项目10个，其中设备购置99万元
1995	205	其中新建扩建厂房153万元
1996	509	其中技术改造360万元
1999	512	其中技术改造20万元
2000	865	新建厂房257万元，技改608万元
2001	1607	其中新建扩建厂房665万元
2003	1553	其中技术改造1000万元
2004	486	其中设备购置350万元
2006	2919	其中设备购置2143万元
2007	486	其中技术改造86万元
2012	600	其中设备购置200万元

1979—1998年乡（公社）、村（大队）办企业固定资产（原值）情况表

表4-3-4　　单位：万元

年份	固定资产（原值）	年份	固定资产（原值）
1979	122	1989	1932
1980	151	1990	2202
1981	162	1991	4219
1982	169	1992	5534
1983	185	1993	6844
1984	204	1994	7276
1985	546	1995	7054
1986	620	1996	7249
1987	788	1997	14995
1988	1407	1998	14859

2008—2016 年全乡村级固定资产投资总额情况表

表 4-3-5　　　　单位：万元

年份	投资总额	其中	
		设备投资	基建投资
2008	3753.51	10.96	3742.55
2009	3687.91	34.19	3653.72
2010	3944.61	36.45	3908.16
2011	4250.52	45.5	4205.02
2012	5087.69	50.73	5036.96
2013	5633.83	62.1	5571.73
2014	7752.5	64.41	7688.09
2015	8122.29	87.47	8034.82
2016	8671.53	90.23	8581.3

第四章　经济行政管理

第一节　计划管理

1953 年起，国民经济实行计划管理。是年，国家对粮食、油料、茶叶等实行统购统销，由县计划委员会制订统购统销计划。

1957 年 8 月，国务院将毛竹列为国家统一收购的二类物资，由各级计划委员会下达任务，并指定供销社统一经营管理。

1958—1960 年，实行高度集中的指令性计划管理制度。因受“大跃进”影响，确定生产指标过高，基建计划安排过大，致使劳动生产率、生产速度下降。

1961年后，执行“调整、巩固、充实、提高”八字方针，调整各业发展计划，国民经济逐步趋向正常。1966—1976年，受“文化大革命”影响，各项计划管理基本废弃。1976年6月，全面恢复计划管理，计划编制范围逐步扩大。

1978年中共十一届三中全会后，根据“改革、开放、搞活”方针，国民经济以计划管理为主，市场调节为辅，逐步缩小指令性计划范围，增加指导性计划。1994年，中共十四届三中全会提出调整国民经济战略布局，从计划管理转向市场调节。至2001年，社会主义市场经济新体制初步形成。

生产计划

农业　1953年后，国家对粮食、油料等农作物实行统购统销。县计划委员会编制水稻、春粮、油菜等主要农作物种植面积指令性计划，由各乡（公社）落实到生产大队或生产队，并采取相应政策和奖励措施，保证种植面积有效落实。1957—1984年，现乡境内水稻年种植面积稳定在518.18公顷左右。1979—1984年油菜种植面积年均34.9公顷。

1985年后，农作物种植面积由指令性计划改为指导性计划。承包户根据市场需求，自行决定农作物种植品种。至2016年，除尚有个别农户种植少量水稻、油菜外，大部分耕地改种经济作物。

工业　1959年，县计划委员会开始按不同所有制（全民、集体）编制工业生产发展计划，时受急于求成冒进思想影响，计划指标定得过高。

1961年，调整计划，把支农产品和日用工业品列为发展重点，对生产企业按产品产量、产值、成本、劳动生产率、利润等指标实行计划管理。先后列入计划的支农产品有插秧机、脱粒机、中小农具、农用小水泵等10余种。日用工业品有五金类53种、木器类31种、竹器类30种、其他日用品39种。手工业系统的生产则按“先维修、后制新”原则，以“一修、二配、三改、四制”顺序安排生产。

1978年后，按工业行业分别制订计划，指令性计划减少，指导性计划增加。1985年后，企业开始实行以厂长（经理）为主的集体承包制，企业自主权逐步扩大。1993年，实行产权制度改革后，企业有权按市场需求自行安排生产。

物资分配

1956年，开始对钢材、木材、毛竹、水泥、煤炭、机电产品、化工产品及有色金属等国家统配物资实行计划管理，用于支农的生产资料全部统购统配。物资分配“以条为主，条块结合”，县计划委员会将物资分配指标下达到各主管部门，再由主管部门分到工厂企业，按分配计划供应。物资分配指标分申请单位和非申请单位两种，物资供应有计划供应和市场供应两个体系。县计划委员会物资供应组对部管、县管物资进行平衡、分配、调剂，并经营部分钢材、机电产品、化工原料等物资。

20世纪70年代，物资计划管理内容增加，物资分配由县计划委员会审批和调拨。1980年，物资供应逐步实行“双轨制”，计划统配部分缩小，市场调节数量增加。至1985年，除国家统配的煤炭、部分钢材、水泥、机动车辆、化工产品以及当地产的部分红砖实行计划管理外，极大部分物资由市场调节供应。

1993年，国家取消指令性计划物资分配制度，除统配物资、稀有金属、剧毒品、放射性物品、爆炸品及其他危险品等由国家专控外，其余均进入市场流通领域，实行市场调节。

基建安排

1958年起，基本建设项目逐步纳入计划管理。20世纪70年代，全民集体企业投资在1万元以上的基本建设项目报省计划经济委员会审批，1万元以下的作为零星土建项目由县计划委员会审批，以后县审批额度增加到2万元。1985年，放宽基建项目审批权限，简化审批手续：全民所有制企业投资在5万元以内的基建项目，由主管局（公司）审批；集体所有制企业投资在20万元以内的生产性建设项目，由企业主管部门审批；乡镇工业基建项目，除涉及利用外资、银行贷款以及规模较大者外，归乡镇工业局审批。

1986年起，实行全社会固定资产投资计划管理，全民单位实行指令性计划，集体和个体企业实行指导性计划。全民单位投资在300万元以上的生产性建设项目与投资在100万元以上的非生产性建设项目，由市计划委员会审批。为严格控制土地使用，投资在10万元以下需征用土地的基建项目，亦由市计划委员会审批。

第二节 工商行政管理

民国时期，工商企业登记由县人民政府建设科（实业科）委托县商会代管。

1950—1966年，工商企业登记、商标注册、市场及物价先后由县人民政府实业科、工商科、商业局、县工商行政管理局、县工商管理科等负责管理。1967年，撤销县工商行政管理科，改设县打击投机倒把办公室，并在梁弄区设分支机构，乡境内3个公社隶属梁弄区管理。1979年，成立余姚县梁弄区工商所，乡境内3个公社（乡）的工商企业登记注册及个体商贩的管理，合同、商标、广告管理、监督查处经济违法活动等隶属梁弄区工商所管理。1991年7月，成立梁弄区个体工商户定期定额评议委员会，各乡设评议小组，由乡财税办人员任组长，设组员2人，负责本乡个体工商户的评议和初审工作。1999年，工商行政管理体制改革，余姚市工商行政管理局更名为宁波市工商行政管理局余姚分局，梁弄工商所亦更名为余姚分局梁弄工商所，鹿亭乡的工商行政管理隶属余姚分局梁弄工商所，至2016年未变。

市场管理

1949年5月，余姚解放，县军管会采取行政、组织、教育等措施管理市场。

1950年8月，晓云供销社成立，逐步确定国营经济在市场中的主导地位，有计划地实行全面的市场管理。1952年，梁弄区成立市场管理委员会，境内4个乡隶属梁弄区市场管理委员会管理。1957年，因限制农村家庭副业和自留地种植，集市贸易量减少，市场管理时断时续。1959年，国家困难时期，为促进余粮和农副产品上市，按“活而不乱，管而不死”原则开放集市贸易。

1967年后，市场管理由区打击投机倒把办公室接管，对农民家庭副业、小卖小买实行限制，造成市场萧条。中共十一届三中全会后，农民生产的农副产品，除完成统派购任务外，均允许上市，市场逐渐繁荣。1984年后，开放三类工业品市场，一、二类工业品管理亦有松动，计划外产品和完成计划后的计划管理产品允许在指定市场交易。

1988年，乡境有农贸市场1个，小型乡村集市交易处2处，以路为市、露天交易，隶属梁弄区市场管理委员会管理。

2001年后，工商部门承担市场的监督管理。

2008年，全乡有上庄村菜市场1个，中村村菜市场（交易点）1个，均为农副产品综合市场。2009年，全乡有村级小菜市场5个，隶属梁弄工商部门管理。

上庄菜场

工商企业登记

1950年8月，晓云乡供销合作社成立，由余姚县工商登记委员会办理登记入册手续。1951年，乡境内有个体商贩153户，612人。1953年，鹿亭乡设粮油购销站点，获经营许可证。1958年后，由于人民公社化、“大跃进”等政策失误，造成国民经济失调，工商登记混乱，登记工作停办。1963年，根据《浙江省工商企业登记管理试行办法》，对工商企业进行清理整理和全面登记。至20世纪70年代，乡境内有供销社、合作商店、个体商店、下伸商店、粮油购销站等20余家，均进行工商登记、审核、发证。1978年中共十一届三中全会后，加强对工商企业的登记、变更、歇业、注销等管理。1980年，鹿亭公社10余户个体工商户在工商所登记。1984年，鹿亭乡有批准登记营业的个体商贩37户。1986年，现乡境内有登记企业93家，其中乡办22家、村办28家、联户30家、个体13家。1987年，鹿亭乡有个体工商户71户，其中烟杂业33户、饮食业4户、运输业30户，其他4户。晓云乡有个体工商户129户，其中烟杂业37户、饮食业22户、运输业31户，其他39户。白鹿乡有个体工商户50户，其中烟杂业16户、饮食业6户、运输业26户，其他2户。1992年，第三产业调查时，全乡有个体户355户，其中登记发证的有345户，占97.18%。是年，全乡有乡、村办集体企业43家，联户、个体企业60家。1992年后，弱化前置审批，缩小许可证范围，强化监督管理。1995年，集体企业转换机制，工商部门采取“一歇一开”、允许保留企业名称等方法确保企业转制工作的顺利开展。1996年，第一次全国农业普查，全乡有个体工商户613户，其中工业138户，建筑业4户，交通运输业126户，批零贸易、餐饮业256户，其他行业89户。有营业执照的488户，占79.61%。1998年，余姚市企业办证注册服务中心实行“一条龙”“一站式”办理照（证）服务。2003年，推行企业登记“一审一核”制度，简化登记程序环节，提高办事效率。后又发展到“审核合一”，简化行政审批流程。

2005年，全乡登记在册工商企业296家（户），其中私营企业77家，个体商业户219户。2013年，全乡有个体户135户，其中有工商或民政执照的109户。2016年，全乡登记在册工商企业共409家（户），其中私营企业149家，个体商业户260户，注册资金19364.95万元。

1992年鹿亭乡第三产业调查情况表

表4-4-1　　单位：户

行业类别 户数		交通运输	商业	饮食业	服务业	修理业	其他行业
合计	355	83	215	22	21	7	7
其中有证	345	81	213	22	17	7	5

2000—2016 年鹿亭乡工商企业注册登记户情况表

表 4-4-2

年份	总户数（户）	注册资金（万元）	私营企业（家）	个体商业户（户）
2000	303	4195.09	57	246
2001	319	4449.09	49	270
2002	293	5785.07	58	235
2003	288	5973.97	59	229
2004	292	8671.66	71	221
2005	296	9493.11	77	219
2006	272	10099.92	88	184
2007	292	10223.1	90	202
2008	304	10700.6	97	207
2009	278	10934.4	124	154
2010	277	10033.45	127	150
2011	299	12307.45	135	164
2012	320	13650.75	137	183
2013	335	14245.5	134	201
2014	353	16055	136	217
2015	381	18652	148	233
2016	409	19364.95	149	260

商标

民国 23 年（1934），白鹿茶商陈一鸥组织茶叶运销合作社，创建“异军”茶叶商标，为乡境内第一只商标。

2003 年，宁波松乐继电器有限公司的“继电器”商标经工商部门核发证照，被认定为宁波市知名商标，2004 年被认定为浙江省著名商标。2008 年，余姚市白云桥美味食品厂“古云”笋干商标被评为宁波市知名商标。同年，全乡有 3 家农民专业合作社拥有注册商标，其中余姚市鹿沁茶叶专业合作社“鹿沁”牌茶叶商标被认定为浙江省著名商标，产品以“鹿沁”牌黄茶系列、绿茶系列为主，有精品、特级、普通各种规格；余姚市鹿亭高山西瓜专业合作社“鹿亭”牌西瓜商标被认定为宁波市知名商标；余姚市绿豪茶叶专业合作社注册“绿豪”茶叶商标，产品以绿茶为主，有精品、特级、普通各种规格。至 2016 年，全乡有 7 家家庭农场（余姚市亚科果蔬种植场、余姚市东岗山农庄、余姚市庆庆水产养殖场、余姚市鹿亭乡云河茶场、余姚市鹿亭乡明明养殖场、余姚市鹿亭乡世绿蔬菜种植场、余姚市中村果蔬山庄）和 1 家专业合作社（余姚市鹿亭高山竹笋专业合作社）拥有注册商标。

计量演变

清代，以尺、升、两为度量衡主计量单位。计量器具沿用尺、秤、斗、吊提等。

民国时期，量具有三元尺、1 市尺木尺、码尺、三折木尺、杆秤、戥秤、三纽秤、天平、台秤、磅秤及木制斗、升、合等。民国 16 年废营造尺，改用米制。次年，实施《权度标准方案》，确定标准制、市制并用。民国 22 年，以新量器市制为准，后又相继公布《度量衡法》《度量衡法实施细则》等法规 30 余个。但市场上仍是多种单位值并存。如有 0.96 尺为 1 尺度量，0.9 斗、0.95 斗、0.98 斗、1.05 斗为 1 斗的容量，13.6 两、14.16 两、18.20 两、24 两为 1 斤的衡量。

中华人民共和国成立后，1950 年废三元老尺。1952 年废斗、升、合，标准量具由国家定点制造。1959 年 6 月 25 日，国务院发布《关于统一计量制度的命令》，确定公制为基本计度单位。10 月，改 16 两制为 10 两 1 斤制。市上通行竹木制市尺、米尺、米制皮卷尺、钢卷尺，木制市秤、千克小秤、戥秤、台秤、电子台秤、磅秤、地秤、天平，粮油自动计量机、吊提。1977 年 5 月，国务院颁布《中华人民共和国计量管理条例（试行）》后，逐步采用“国际单位制”。1979 年 1 月，中医处方用药、中药销售计量一律以克、毫克、升、毫升为计量单位，取代两、钱、分。1985 年 1 月开始使用定量木杆秤和不锈钢量提，商业部门销售液体商品按容积计价，并逐步淘汰非定量砣木杆秤和非不锈钢量提。1987 年，农贸市场电子台秤为公平秤，1992 年起统一使用电子台秤。

第三节　审计　统计管理

审计

1999 年 4 月，鹿亭乡审计所成立，负责对全乡财政收支和乡属部门、各办事处、行政村、企事业单位的财务计划、财务预决算、财务收支、基本建设项目等经济活动进行审计监督。2001 年，制定《鹿亭乡审计工作办事依据》《工作流程》《服务承诺》等规章制度。2002 年，审计范围从机关内部财务收支审计，逐步向村级和工程项目延伸，并与纪检委联手开展监察工作，实行多管齐下，加强监督力度。

自 2002—2016 年底，乡审计所共完成审计、监察项目 39 个，查出违纪违规金额 31.92 万元，收回违规资金 23.74 万元，核减乡村两级各项工程款 494.38 万元，提出各种处理违规操作意见建议 122 条。

历任审计所所长先后有郑交方、马友明、龚剑波。

2002—2016 年部分年份审计工作情况表

表 4-4-3

项目 年度	完成审计项目（个）	查出违规违纪金额（万元）	收回违规金额（万元）	核减工程款（万元）	提出违规意见（条）	处理违纪人数（人）
2002	3	—	—	—	—	—
2004	7	—	—	—	—	—
2011	5	8.23	6.58	8.42	24	—

续表 4-4-3

年度 \ 项目	完成审计项目（个）	查出违规违纪金额（万元）	收回违规金额（万元）	核减工程款（万元）	提出违规意见（条）	处理违纪人数（人）
2012	4	5.53	0	28.99	26	—
2013	4	6.62	6.62	93.98	12	—
2014	8	6.3	6.3	119.4	38	—
2015	4	0	0	170.86	9	—
2016	4	5.24	4.24	72.73	13	—

统计

20 世纪 50 年代初，统计内容主要有人口与土地、互助合作、农业等数据。1958 年后，各村（大队）设会计 1 人，统计村（大队）工农业总产值及农村经济收益分配情况，上报乡（公社）政府，乡政府秘书（文书）综合汇总后报梁弄区公所。1972 年，各公社设会计辅导员，负责指导下属大队的分配方案制订、工农业总产值及农村经济收益分配数据统计，汇总后上报梁弄区公所。1975 年，各公社计划生育办公室、工业办公室分别统计计划生育、工业企业月报表和年报表。1979 年，要求各公社补充 1961—1978 年农业统计分年台账，包括“人口情况台账”“粮食作物种植面积和产量台账”等 13 张台账表式，系统反映境内 1961—1978 年农业生产、人口、畜牧业等情况。1981 年 10 月，各公社配置兼职统计人员，统计全公社工农业总产值和经济发展数据。1984 年后，统计内容增加国民收入等综合指标。1992 年后，乡统计年报由农业办公室统计后上报市统计局。2000 年后，由乡农经办统计综合后上报市统计局。

2016 年，年度统计有综合、农业、工业、第三产业、固定资产投资、财政等 10 余项内容。

第五章　老区扶贫开发

1985年8月，经宁波市人民政府批复，鹿亭、晓云、白鹿等余姚市62个乡镇被划定为抗日战争时期革命根据地。1988年5月，余姚市被浙江省人民政府批准为革命老区县（市），乡境内有老区村39个。1992年撤区扩镇并乡后，鹿亭乡被列为革命老区乡镇中经济欠发达区块，确定为重点扶持对象。是年，由宁波市教委牵头，宁波市人事局等6家单位对鹿亭乡实施帮乡扶村。1994年，乡政府内设机构调整，增设扶贫办。2002年后，农业经济办增挂扶贫办牌子。

1988年起，各级政府和帮扶单位出资帮助经济欠发达山区人民改善生活条件和进行基础设施建设，主要为“输血型”扶贫；继之政府组织有关部门和企业落实扶贫项目，引导老区群众开发山水资源，为“开发式”扶贫，亦即“造血型”扶贫。1997年，全乡经济薄弱村由原14个下降至2个，农民年人均收入1508元。是年，对照贫困乡镇脱贫的9个标准，鹿亭乡脱贫。

第一节　扶贫项目及成果

教育扶贫

1989年，宁波市确定白鹿乡为宁波市教委扶贫对象。11月，宁波市教委认为应从智力开发角度着手，开展扶贫工作，遂派一名干部长驻白鹿乡，协助乡长开展工作。1990年4月，新建白鹿乡初级中学教学楼，宁波市教委资助3.7万元。同年10月，帮助乡政府成立“教育基金会”，集资2.2万元，宁波市教委捐赠0.2万元。12月，新建梁湖小学，宁波市教委资助0.3万元。结对帮扶期间，宁波市教委为白鹿乡初级中学无偿配备价值1.1万元的教学实验仪器，从余姚师范调拨价值3万元的教学仪器、课桌、书柜等；从宁波市区部分中学调拨课桌3卡车；征集捐赠图书6600册。宁波市招考办为白鹿乡定向招收中师生2人，高师生1人，民办教师转公立教师1人。

1992年“撤扩并”后，宁波市教委继续对鹿亭乡进行教育扶贫，每年派一名干部长驻鹿亭乡，一般兼任乡党委委员或乡长助理，任期1～2年。扶贫的主要内容为：改善学校教学设施、教师业务培训、送教下乡、校舍建设、提高教师福利待遇等。

1989—2000年，宁波市教委（教育局）驻白鹿、鹿亭乡干部有胡岳金、张敏、邵忠新、孔玮玮、丁耀方、俞毅、翁豪民、尹晓军等。

信息扶贫

1997年，余姚市广电局对鹿亭乡实施信息扶贫，突击为鹿亭群众安装3条全长44.5千米的有线电视主杆线，总投资105万元，惠及17个行政村，2378户农户。鹿亭成为宁波市贫困山区中第一个通有线电视的山区乡镇。

公路扶贫

1996—2000年，全乡列入宁波市扶贫公路建设计划的公路有6条：高岩至陈天龙公路、叶家样至赤石公路、下南王至羊坑公路、石潭至马家坪公路、大岭脚至牛塘公路、小地碗至梁湖公路。全长13.033千米，总投资500余万元。帮助修建资源路7.2千米，解决10个村1200余户农户行路难问题。

林特扶贫“1215”工程

1995年，市人大作出关于推进林特扶贫“1215”工程的决议，在税收、信贷、财政等方面向农村林业发展倾斜，市财政落实专项扶贫资金，达到贫困山区人均拥有2亩经济特产林（竹、笋、茶、果），年人均产值1500元。是年9月22日，余姚市人民政府林特扶贫“1215”工程实施工作会议在鹿亭乡召开。至1997年，全乡累计开发和改造各类经济特产林3506.67公顷，其中茶园473.33公顷，水果366.67公顷，竹林2666.67公顷，人均拥有经济特产林0.17公顷（合2.55亩），林业经济收入2949万元，人均增收1518元，基本实现林特扶贫“1215”工程目标。1997年8月2日《浙江科技报》报道，1996年，鹿亭乡林业总产值达2500万元，占全乡农业总产值的72%。

帮扶农村安装自来水

1995年，市邮电局帮扶叶家样村和茶山村安装自来水，开始实施山区饮水工程。至1997年，全乡32个村4944户农户喝上清洁水，其中30个村安装自来水。2005年后，实施自来水提升工程，主要是水质测检、管道修复、蓄水池扩容等。至2007年，全乡共建有供水站27个，均配过滤和消毒设备，受益人口20136人，全乡自来水普及率100%。至2014年，全乡12个行政村全部完成自来水改造工程。

帮扶发展山区小水电

小水电开发始于20世纪50年代，至1987年，乡境内有小水电站14座，总装机容量609千瓦，年发电55万千瓦时。1988年始，余姚市人民政府把开发小水电作为发展山区经济、帮助山区脱贫致富奔小康的一项战略任务，小水电每千瓦补助1100元。1992年“撤扩并”后，主要采用村级参与电站股份开发，或对已建成的电站乡让股、村按股份投入，年底分红或固定回报的方式。鹿亭乡政府出让给中姚村电站股份30万元，每年可回报4.5万元。2002年，全乡18座电站改革经营体制实行承包经营，当年提高经济效益15%以上。2016年，全乡有小水电站19座，总装机容量5715千瓦，年发电量1084万千瓦时。

第二节　结对扶贫

1988年始，宁波、余姚两级市机关部门出资金、出项目，对现乡境内有关村进行结对扶贫。1992年，余姚市人民政府认定鹿亭乡人均年收入不足700元的贫困村18个，计2179户7123人。是年始，宁波市教委等6家单位和余姚市交通局等22家单位与境内贫困村开展结对帮扶。至1997年，结对单位共资助资金160余万元，帮助15个村安装有线电视，建自来水工程9个。市级机关、企事业单位党组织与境内部分有劳力、缺资源、少门路的生产型特困户开展形式多样的帮扶活动。结对帮扶单位共走访特困户450户次，有100户特困家庭摆脱贫困，占全乡特困户的70%。2001年始，市管领导干部和机关党组织与境内贫困户结对，开展助学助医帮扶。2007年，余姚市级单位与鹿亭乡欠发达村结对帮扶，共到位资金 79.5 万元。至 2010 年，宁波市级 7 个部门挂钩结对全乡 7 个欠发达行政村，余姚市级部门挂钩结对全乡 9 个欠发达行政村，累计村企结对企业 12 家，落实共建项目 12 个，到位资金 75 万元。2015 年，中村村与市新中宇集团、晓云村与宁波松乐继电器有限公司、上庄村与宁波舜韵电子有限公司结对，开展以企带村、以村促企、互利共赢的“村企共建”活动。

1992—1993 年扶贫单位帮助贫困村开发项目支持资金、物资一览表

表 4-5-1　　　　单位：万元

村别	扶贫单位	支持项目开发资金物资详细摘要	资金	其中		
				企业	农业	设施
陈天龙	余姚通用厂	支持企业设备：45 克压机 1 台，大车床 3 台	—	—	—	—
大溪	余姚捷丰公司	支持企业资金 10 万元	10	10	—	—
水池	余姚动力机厂	支持企业资金 1 万元，南站房屋场地 2 间	1	1	—	—
大年	余姚电视机厂	支持用电标准化村资金 1.3 万元	1.3	—	—	1.3
中姚	余姚第一化纤厂	（未落实）	—	—	—	—
里大山	余姚水泥厂	支持茶园抚育费 1.5 万元，安装程控电话 0.18 万元	1.68	—	1.5	0.18
外大山	余姚市交通局	支持造机耕路资金 2 万元	2	—	—	2
羊坑	余姚塑料总厂	支持彩电 1 台、冰箱 1 台	—	—	—	—
东岗	余姚矿山机械厂	支持企业设备：45 克压机 1 台，大车床 3 台	—	—	—	—
路坑	余姚市供电局	支持造机耕路资金 1.2 万元	1.2	—	—	1.2
沿夹岙	余姚市土特产公司	支持企业资金 0.5 万元	0.5	0.5	—	—
茶山	余姚市邮电局	支持板栗基地开发 180 亩，资金 1 万元，造机耕路资金 1 万元	2	—	1	1
牛塘	丈亭胶木五金厂	（未落实）	—	—	—	—
马家坪	余姚市供电局	支持建造电站资金 10 万元	10	10	—	—
叶家样	余姚市邮电局	支持修校舍资金 3 万元，自来水资金 2 万元，制茶设备资金 0.3 万元	5.3	0.3	—	5
下姚	余姚市饲料公司	支持村办企业资金 1 万元，牧场资金 1.5 万元	2.5	2.5	—	—
新宅	余姚市农业局	支持灵窑资金 0.6 万元	0.6	0.6	—	—
赤石	丈亭挤塑件厂	（未落实）	—	—	—	—
合计	—	—	38.08	24.9	2.5	10.68

2007年余姚市级单位与鹿亭乡欠发达村结对情况表

表 4-5-2　　单位：万元

村名	帮扶单位	到位资金	村名	帮扶单位	到位资金
白鹿	市教育局	2	沿夹岙	市质监局	1
	市府办	9	高岩	市统计局	1.5
石潭	市委统战部	5	高山	市审计局	2
	市安监局	2	晓云	市气象局	2
李家塔	市经济发展局	3	龙溪	市人民法院	15
中村	市老区办	9	中姚	市人大办公室	10
上庄	市委宣传部	7		市建设局	5
	市文化广电局	4	东岗	交通银行余姚支行	2

2010年宁波市级部门与鹿亭乡欠发达村结对帮扶情况表

表 4-5-3

市级部门	结对帮扶村	市级部门	结对帮扶村
浦发银行宁波分行	白鹿村	宁波市检验检疫局	高山村
宁波市人事局	上庄村	镇海炼化	沿夹岙村
宁波市教育局	晓云村	东航	龙溪村
宁波市农科院	中村村	—	—

2010年余姚市级部门与鹿亭乡欠发达村结对帮扶情况表

表 4-5-4

市级部门	结对帮扶村	市级部门	结对帮扶村
政协办	中姚村	统战部	石潭村
建设局		安检局	
宣传部	上庄村	人大常委办	李家塔村
文化广电新闻出版局		经济发展局	
市府办	白鹿村	总工会	龙溪村
教育局		工商联	
市府办	中村村	招投标管理办公室	东岗村
老区办		外经贸局	高山村

第三节 美丽乡村·鹿亭同心实践基地

2012年8月，宁波市统一战线“美丽乡村·鹿亭同心实践基地”启动。至2015年3月，共启动实施同心美丽乡村建设、同心基础设施建设、同心民生帮扶工程、同心合作招商工程四大类61个项目，其中同心民生帮扶项目32个，扶贫帮困资金超220万元，受惠群众6000余人。2015年8月8日，民建宁波市委会在宁波市副市长、民建宁波市委主委张明华等带领下组织医疗专家到鹿亭乡开展“义诊”、送药活动。

2015年9月，第二轮宁波市统一战线“美丽乡村·鹿亭同心实践基地”启动，至2016年底，已签约38个项目，其中实施民生帮扶类项目21个，到位帮扶资金94.12万元。

“美丽乡村·鹿亭同心实践基地”建设签约仪式

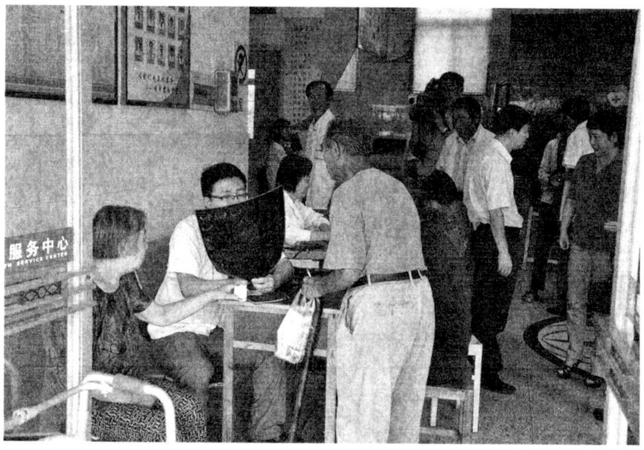

“美丽乡村·鹿亭同心实践基地”建设之义诊活动

宁波市统一战线

“美丽乡村·鹿亭同心实践基地”民生帮扶项目汇总情况表

表4-5-5　　　　单位：万元

项目名称	帮扶单位	帮扶资金	项目实施情况
上庄村困难群众帮扶	中共宁波市委统战部	8.48	已完成
困难群众帮扶	中共宁波市委统战部、市“创二代”联谊会	7	已分发到各困难户
“菲特”台风救灾帮扶	中共宁波市委统战部	30	已分发到各村
	宁波各民主党派及统战系统各部门	27	
	中共余姚市委统战部	10	
龙溪村困难群众帮扶	民革宁波市委会	4.53	已完成
	民革余姚市委会	0.4	已完成
李家塔村困难群众帮扶	民盟宁波市委会	4.53	已完成
中姚、晓云村困难群众帮扶	民建宁波市委会	9	已完成

续表 4-5-5

项目名称	帮扶单位	帮扶资金	项目实施情况
高岩村困难群众帮扶	民进宁波市委会	5.2	已完成
石潭村困难群众帮扶	农工党宁波市委会	5.5	已完成
东岗村困难群众帮扶	致公党宁波市委会	2.3	已完成
沿夹岙村困难群众帮扶	九三学社宁波市委会	2.02	已完成
中村村困难群众帮扶	宁波市侨办	2.76	已完成
“菲特”台风救灾帮扶	宁波市侨办、余姚市侨办	21.1	已实施
乡卫生院急救车辆更换			
困难大学生助学	宁波市知联会	12.9	已实施
高山村困难群众帮扶			
白鹿村困难群众帮扶	宁波市甬江联	4.95	已完成
东岗村困难群众帮扶	宁波市“创二代”联谊会	5	已完成
送医送药、义诊	宁波市侨办、民盟宁波市委会、民建宁波市委会、致公党宁波市委会、宁波市知联会等	7	已完成（石潭、晓云、李家塔、高山等村义诊）
	农工党宁波市委会、农工党余姚支部	4	
少数民族困难帮扶	宁波市民宗局	11.4	已分发到困难户
	余姚市民宗局	10.6	已分发到困难户
助学活动	余姚市侨办、镇海中学梓荫会	3	已完成
“六一”助学捐赠、送演出活动	余姚市侨办、余姚市海创会	2.6	已完成
春节慰问	余姚市侨办	5	已完成
幼儿园校车捐赠	余姚市侨办、香港余姚联谊会	20	已购置
老年手机赠送	余姚市知联会	3	赠送 100 部
“六一”助学捐赠	余姚市知联会塑料城分会	1	已完成
大型惠民行动	中共宁波市委统战部、各民主党派、知联会，余姚市委统战部、各民主党派、知联会	10	已实施
文艺演出送戏下乡活动	中共宁波市委统战部、民革宁波市委会、民盟宁波市委会	3	已开展
	中共宁波市委统战部、余姚市知联会	5	已开展
	民进余姚支部	3	已开展
红豆杉树苗捐赠	致公党宁波市委会	2	已完成

第四节　农村工作指导员

1998年，宁波、余姚两级机关部门首次派出马胜利等3名农村工作指导员，进驻鹿亭乡上庄、中村、中姚3个村，指导所在村的脱贫致富工作。1998—2016年，宁波、余姚两级机关部门累计派员10批73人次到鹿亭乡12个行政村指导工作。其中，宁波市级机关27人次，余姚市级机关46人次。2009年，鹿亭乡被评为宁波市农村指导员工作先进单位。2015年，首次农村工作指导员讲堂在鹿亭乡举行。是年，农村工作指导员撰写调研报告14篇，驻村日记200余篇，完成调研课题12项，落实项目8个。2016年2月，宁波市农办副主任舒翔、农村工作指导员办公室处长汪泳一行到鹿亭调研，6名宁波市派驻农村工作指导员及相关人员参加指导员座谈会。

2015年、2016年两年，农村工作指导员共为村争取落实扶贫资金160余万元，落实项目11个。

历任上级下派农村工作指导员名录一览表

表4-5-6

序号	姓名	工作单位	派驻村	备注
1	马胜利	宁波市教育局	上庄村	第1批
2	龚银夫	余姚市国土局陆埠所	中姚村	第1、2批
3	唐文荣	余姚市老区办	中村村	第1批
4	周永明	宁波市教育局	上庄村	第2批
5	黄国军	余姚市老区办	中村村	第2批
6	卢玉哲	宁波市教育局	上庄村	第3批
7	俞红权	余姚市老区办	中村村	第3批
8	金建利	余姚市国土局陆埠所	中姚村	第3批
9	刘国平	宁波市人事局	上庄村	第4批
10	余赠振	浙江纺织服装职业技术学院	晓云村	第4批
11	柳　科	中共余姚市委宣传部	李家塔村	第4批
12	陈树根	余姚市人民法院	白鹿村	第4批
13	赵校灿	余姚市总工会	龙溪村	第4批
14	李威武	宁波市人事局	上庄村	第5批
15	储智鹏	宁波大红鹰学院	晓云村	第5批
16	周玉濂	宁波市农科院	中村村	第5批

续表 4-5-6

序号	姓名	工作单位	派驻村	备注
17	王志华	余姚市人民法院	白鹿村	第 5 批
18	沈一枫	余姚市总工会	龙溪村	第 5 批
19	鲁岳彪	余姚市小曹娥镇	李家塔村	第 5 批
20	何前明	余姚市牟山镇	石潭村	第 5 批
21	刘红升	宁波市人事局	上庄村	第 6 批
22	郑高南	宁波市职教中心	晓云村	第 6 批
23	陈惠云	宁波市农科院	中村村	第 6、7 批
24	邵姚斌	中共余姚市委宣传部	李家塔村	第 6 批
25	陈苗荣	余姚市人民法院	白鹿村	第 6 批
26	王旭明	余姚市总工会	龙溪村	第 6、7、8 批
27	沈增荣	余姚市老区办	东岗村	第 6 批
28	何文星	余姚市招投标办	石潭村	第 6、8 批
29	吴　华	宁波市人事局	上庄村	第 7 批
30	张孝安	宁波市甬江职高	晓云村	第 7 批
31	马金浩	中共余姚市委宣传部	李家塔村	第 7 批
32	张谷昌	余姚市人民法院	白鹿村	第 7 批
33	陈　俊	余姚市气象局	东岗村	第 7、8、9 批
34	许正杰	余姚市招投标办	石潭村	第 7 批
35	谢志军	宁波大学信息学院	白鹿村	第 8 批
36	叶根良	宁波工业投资有限公司	李家塔村	第 8、9 批
37	刘　健	余姚市科院生物技术研究所	中村村	第 8、9 批
38	王宇麟	中共余姚市委编办	上庄村	第 8 批
39	施家芳	余姚市人民法院检察室	沿夹岙村	第 8、9 批
40	郑超	中共余姚市委宣传部文化发展科	高山村	第 8 批

续表 4-5-6

序号	姓名	工作单位	派驻村	备注
41	潘振华	宁波市检验检疫局	高岩村	第 8 批
42	王　刚	宁波经贸学校竞赛装备中心	晓云村	第 8 批
43	沈雪锋	余姚市住建局	中姚村	第 8、9 批
44	黄鸿超	宁波大学科技学院	白鹿村	第 9 批
45	杨建忠	余姚市招投标管理办公室	石潭村	第 9 批
46	胡　宁	中共宁波市委编办	上庄村	第 9 批
47	李荣荣	中共余姚市委宣传部宣传科	高山村	第 9 批
48	李如松	宁波市检验检疫局	高山村	第 9 批
49	徐涌波	宁波第二教师学院	晓云村	第 9 批
50	马文文	余姚市总工会	中姚村	第 9 批
51	徐　霁	宁波大学信息学院	白鹿村	第 10 批
52	徐晶晶	余姚市招投标中心综合科	石潭村	第 10 批
53	平德兴	宁波工业投资集团有限公司	李家塔村	第 10 批
54	舒巧云	宁波市农科院	中村村	第 10 批
55	项　波	中共宁波市委编办	上庄村	第 10 批
56	曹钟波	余姚市人民法院	沿夹岙村	第 10 批
57	余文锴	中共余姚市委宣传部网络文化管理中心	高山村	第 10 批
58	徐友文	宁波市大榭出入境检疫局	高岩村	第 10 批
59	柯宏伟	宁波市职业技术教育中心学校	晓云村	第 10 批
60	钱婷婷	余姚市总工会	龙溪村	第 10 批
61	余美芬	余姚市住建局办公室	中姚村	第 10 批
62	高益波	余姚市气象局气象台	东岗村	第 10 批

第六章　人民生活

民国时期，人民生活贫富悬殊，正常年景，普通农民尚可维持温饱。若遇战乱或灾荒，则冻馁逃荒常有发生。中华人民共和国成立后，经济发展，人民生活逐步改善。1959—1961年，受“大跃进”影响，物资匮乏，粮食极度紧张，生活水平普遍降低。1961年后，贯彻国民经济调整方针，经济恢复发展，人民生活水平有所好转。1966—1976年“文化大革命”期间，工农业生产发展缓慢，生活必需品凭计划配给供应，生活水平提高不明显。1978年后，贯彻改革开放政策，经济发展迅速，人民生活明显改善。至20世纪90年代中期，境内石潭、中村、金家、李家塔、上庄等村先后成为余姚市小康村。

第一节　收　入

农民

民国时期，多数农民靠租田、做雇工、打短工为生，收入微薄。租田农户一般四六拆账（年收成的六成归地主，四成归租户），秋收后缴出租谷外，所剩无几，所谓“年岁不算差，只够过年粮”“放沙尖，没饭吃”（沙尖，割稻农具，刀口有锯齿状）。丰年尚可勉强维持生计，歉收或荒年得借贷、逃荒讨饭度日，有的靠挖野菜充饥。雇工按日计算工钱，生计更是艰难。民国20年（1931），农村雇工日工资一般为男工0.35元、女工0.20元、童工0.10元（时值大米分别为3.5市斤、2市斤和1市斤）。此外，地主还不定期雇用童工放牛，仅管吃饭，不付工钱，随时辞退。据1949年余姚解放时数据，境内除部分中农以上富裕户有隔年储粮可度春荒，其余均入不敷出。

中华人民共和国成立后，经土地改革和农业合作化，农民拥有自己的生产资料，收入逐年增加，生活得以改善。1959—1961年，农业减产，农民分配收入下降，年人均收入不足70元，年人均口粮198千克。1962—1965年，鹿亭公社农民分配收入年人均77元，其中1965年人均分配收入71元，加上家庭副业、自留地收入，年人均实际收入超100元，年人均口粮209.5千克。1966—1976年“文化大革命”期间，取消农民自留地和家庭副业，农民年收入增长缓慢，年均收入约107元。1981年后，农村实行家庭联产承包责任制，农业经济全面发展，农民收入有明显增长。20世纪80年代中期，农业产业结构调整，农民从事工副业生产收入比重逐年上升。1988年，农民年收入人均584元，1997年1508元。2016年，全乡农民人均收入17025元，分别是1982年、1995年和2008年的101.95倍、15.37倍和3.36倍。

职工

民国时期，有业人员收入低微。据民国 17—20 年（1928—1931）余姚工商事业情况调查资料记载，时工厂厂长每月工资 6 ~ 15 元；短工按日计算，每日 0.3 ~ 0.6 元；手工业者按日计算，每日 0.3 ~ 0.8 元。商店职员每月工资 8 ~ 20 元。乡境内有 6 所国民学校，教员月薪 16 元，抗日战争胜利后，比照县级公务员发给公粮、补助费外，学校收取学米等作补贴。

中华人民共和国成立后，公立学校、供销合作社、粮油购销站等相继建立，职工人员逐年增加，工资逐年提高。农村手工业者（木匠、泥水、箍匠、石匠等）日工资从 20 世纪 60 年代的 1.46 ~ 2.00 元提高到 2016 年的 200 ~ 250 元，增长近 130 倍。20 世纪 70 年代始，发展社办工业，就业面扩大。1978 年后，恢复奖金制度，职工收入又有增加。1985—1990 年，物价虽有上涨，但职工工资上涨幅度大于物价上涨幅度。1986 年，乡、村办企业职工人均年工资，鹿亭乡 703 元、晓云乡 667 元、白鹿乡 623 元。1991 年后，社会主义市场经济进一步完善，职工收入趋向多元化，平均工资不断提高，奖金占职工工资的比重逐年提高。

第二节 消 费

饮食

民国时期，农民丰年以大米、杂粮（番薯、玉米、大水麦、南瓜、荞麦等）相济。杂粮烧煮多样化，有青菜六谷（玉米）糊、六谷饼、麦面、烤南瓜、南瓜糊、烤马铃薯、烤番薯、番薯干饭，等等。灾年则青黄不接，常以野菜充饥。佐餐以自种蔬菜为主，自制腌菜、腌冬瓜、腌苋菜梗、笋干菜、马铃薯等是农家常年主菜，餐桌上少有荤菜。中华人民共和国成立初期，仍有春荒。1953 年，粮食统购统销后，口粮由集体分配。1957 年，人均分配口粮 252 千克。1959—1961 年，口粮减少，1963 年后有所增加。1967 年，因干旱造成粮食减产，人均口粮减至 214 千克。1968—1977 年，年人均口粮保持在 233.8 千克。1980—1991 年，年人均口粮稳定在 240 千克。1992 年，粮食放开供应，副食品大量增加，大部分水稻田改种经济作物，农户可按实际需要购买大米，人均粮食消费在 200 千克。

1954 年农业合作化后，农民副食品由集体统一分配，自留地种植及家庭养殖以自食为主，少部分去集市出售。1966—1976 年“文化大革命”期间，取消自留地，限制家庭养殖，农民副食紧缺。1981 年，农村实行家庭联产承包责任制后，种植、养殖业迅速发展，副食品日益丰富，普通家庭能每日不断荤，讲究素荤搭配、时鲜营养，农民饮食水准显著提高。至 2016 年，农民食物消费逐步由主食型向副食型转变，粮食蔬菜等食物消费下降，肉禽蛋等动物性食物增加，营养和口味成为农民追求的目标。

民国时期，居民收入低，大多数人家食无隔日粮、菜无点滴油，少数殷实富庶人家亦难得鱼肉上桌。中华人民共和国成立初期，居民饮食无明显改变。1953 年，口粮以人定量，平价供应。1959—1961 年，计划供应标准降低，副食品紧缺，居民饮食水准下降，至 1962 年才有所缓和。1966—1976 年“文化大革命”期间，居民有定量主副食供应，虽是拮据，但饮食水准超农民，非农户口成为人人羡慕的身份。1978 年后，副食品市场逐步开放，1992 年粮食市场亦全面放开，市场经济开始繁荣。至 2016 年，居民粮食消费充足，副食品消费量上升，消费水准提高，衣食无忧，生活稳定。

1963—1978 年鹿亭公社经济收入及分配情况表

表 4-6-1　　　　单位：元

年份	分配总收入	国家税款	集体提留						社员分配	
			合计	费用支出	公积金	公益金	生产基金	储备基金	合计	年人均收入
1963	523102	31751	123623	97011	20436	6176	—	—	367728	74
1964	512800	29632	117310	92310	19500	5500	—	—	365858	75
1965	502400	28181	114305	81389	23705	8978	233	—	359914	71
1966	530285	19668	111037	74913	25435	10201	—	488	399580	75
1967	716182	13973	132399	81136	42334	8949	—	—	569810	104
1968	617043	13158	110405	67968	33808	8323	—	306	493480	88
1969	736148	13173	146190	71564	45670	15788	2343	10825	576785	100
1970	784115	16289	167697	97873	50462	13495	—	5867	600129	105
1971	807788	14735	172401	106801	48900	16332	95	273	620652	102
1972	936002	16111	198893	117119	62000	17322	—	2452	720998	115
1973	1004104	15600	225704	135400	64700	19000	104	6500	762800	122
1974	984800	16500	210600	123000	62800	17800	3700	3300	757700	119
1975	1081900	16600	244500	131300	73700	23100	15400	900	820800	129
1976	1061900	18400	233300	131200	77000	18900	5700	500	810200	125
1977	1124200	17200	241600	127300	80300	23300	10700	—	865400	130
1978	1260100	18700	352000	234000	92500	21600	2700	1200	889400	133

注：数据来源《鹿亭人民公社统计历史资料汇编》。

1980—2016年现乡境内农民分配、经营收入情况表

表4-6-2　　单位：元

年份	人均收入	年份	人均收入	年份	人均收入
1980	155	1993	881	2006	4060
1981	165	1994	940	2007	4520
1982	167	1995	1108	2008	5062
1983	264	1996	1280	2009	5620
1984	309	1997	1508	2010	6266
1985	394	1998	1602	2011	7302
1986	441	1999	1912	2012	8940
1987	511	2000	2083	2013	11076
1988	584	2001	2235	2014	13113
1989	668	2002	2423	2015	15630
1990	671	2003	2676	2016	17025
1991	699	2004	3071		
1992	699	2005	3530		

1957—1985年现乡境年人均口粮情况表

表4-6-3　　单位：千克

年份	年人均口粮			年份	年人均口粮		
	鹿亭公社(乡)	白鹿公社(乡)	晓云公社(乡)		鹿亭公社(乡)	白鹿公社(乡)	晓云公社(乡)
1957	263.5	234.7	259	1972	267	264.1	232.5
1958	249.5	222.4	245	1973	246	254.6	231
1959	229.5	232.4	226	1974	237.5	229.8	225.5
1960	198	186.7	191	1975	222.5	234.8	219.5
1961	170	173.6	176	1976	228	229.4	218.5
1962	191	205.7	198	1977	221.5	223.5	215.5
1963	201	208.9	202	1978	260	256.8	230
1964	206.5	216.3	209.5	1979	247.5	235	236
1965	203	216.8	208.5	1980	235	234.3	235
1966	233	224.9	222	1981	225	225	225
1967	212	222.1	209	1982	215	223.2	216
1968	246	271.8	205	1983	202	227.1	217.5
1969	256	282.1	214.5	1984	248.5	281.4	227
1970	242	248.6	223	1985	208	192.5	213.5
1971	206	211.4	215				

注：数据来自梁弄粮管所统计表。

1954—2016年居民主副食供应标准情况表

表4-6-4 单位：千克/年

时间	粮食	食油	肉蛋	食糖
20世纪50年代中后期	按户计口凭证	1	市场购买	—
20世纪60年代	以人分档定量	2.2～2.4	逢节发票	3.5
20世纪70年代	以人分档定量	2.2～2.4	逢节发票	—
20世纪80年代	以人分档定量	3.2～4	逢节发票	—
20世纪90年代	以人分档定量	平价油1.5千克/年，议价敞开	敞开供应	敞开供应
1992—2016年	敞开供应			

衣着

民国时期，除少数士绅、富贵人家穿纺绸、洋布外，普通农户皆以土布为衣，因无钱添置新衣，衣着常打补丁，素有“新三年，旧三年，缝缝补补又三年”和“新阿大、旧阿二、破阿三”之说。农民上山干活，多穿草鞋山袜，雨天穿蓑衣，戴斗笠，打赤脚。多数农民平时很少穿袜子，只有大冷天才穿土布袜。少数富贵人家男的穿马褂，女的穿旗袍。

中华人民共和国成立后，人民衣着水平有所提高，列宁装、人民装、西式衬衫、西装西裤等相继流行。20世纪60年代，土布衣裤逐渐减少，服装比较单一。“文化大革命”期间，草绿色军装成为时尚。70年代，人们开始穿化纤布的确良、涤卡衣服。1979年后，纺织品市场敞开供应，衣着款式多样，呢绒、绸缎、皮革应有尽有。80年代始，服装由面料为主转向以成衣和针织服装为主，主要有中山装、西装、夹克衫、牛仔裤、滑雪衫、羊毛衫等，呢、毛制服等高档服饰开始受农民青睐。90年代后，传统农民服饰已少见，人们服饰档次越来越高，花样繁多，质地高档，人们穿着讲究时装化、个性化、品牌化，一季多衣，时令时尚成为人们衣着追求的目标。

住房

民国时期，现乡境内农民住房多以石木结构平房，间有少数草房，偶有两层楼房，户均1.45间，户均居住面积62.63平方米。20世纪50年代至70年代，农村居住条件改善缓慢，多数农户住房仍停留在修旧补漏状态，甚少新建，户均居住面积分别为64.24平方米、51.20平方米、64.18平方米。80年代始，平房翻建楼房者增多，户均1.79间，户均面积81.51平方米，草舍基本绝迹。1982年，晓云公社建房122户，251间（砖木结构43间、石木结构208间），其中楼房196间，占78.1%。1984年，鹿亭乡中村村建房36户，40间（混合结构23间，砖木、石木结构17间），其中楼房35间，占87.5%。1987年，白鹿乡建房33户，52间（混合结构33间，砖木、石木结构19间），其中楼房41间，占78.85%。90年代，现乡境内户均住房2.06间，户均居住面积89.13平方米。1993年，全乡建房114户，竣工房屋207间，面积15558平方米。2000年，户均住房1.74间，人均居住面积27.66平方米。楼房占85.47%，平房占14.53%，其中钢筋混凝土结构楼房占17.83%，砖石结构占49.42%。2010年，境内常住人口平均每户住房2.16间，人均住房1.03间，人均住房建筑面积44.84平方米。20世纪90年代前，农村新建楼房大部分无卫生间。进入21世纪后，农村住房设施完善，大部分农户在原楼房内改建卫生间，尤其是2010年后，新建的住房配套设施齐全，美观舒适。

出行

民国时期，农民外出大多步行，少数富裕人家出行则坐青衣小轿。货物运输靠肩挑、背驮或撑竹排。1953年，晓鄞手车道开通，人们始用手拉车运输货物。1959年、1964年、1970年晓鄞公路、鹿上线公路、李俞线公路相继通车后，境内农民可乘汽车外出。20世纪60年代始，邮电、供销部门和政府机关部分干部购置自行车，成为信件投递、上下班的交通工具。70年代，鹿亭公社自行车基本普及，晓云、白鹿2个公社亦有不少农户购置自行车，自行车为主要交通工具。也有用自行车作运输工具搭载货物。同时拖拉机、货车逐年增多，成为出行运输的主要交通工具。80年代后，个别家庭拥有摩托车，后逐年增多。90年代后，家用轿车开始出现，同时运输市场开放，个体中巴客运线路增多，村村通公路，私家轿车、个体中巴车成为主要交通工具，摩托车、自行车为短途出行的代步工具。2007年，全乡有生活用轿车（面包车）46辆。2012年，城乡公交开通，农民出行很少步行，大多乘坐公交车出门，同时私家轿车、货车、小面包车也比较普遍，电动自行车、电动三轮车、三轮小卡车等成为农民短途出行的辅助交通工具。

第三节　生活用具　家用电器　通信工具

生活用具

民国时期，家庭生活用具少而粗陋。20世纪50—60年代，生活用具变化不大。70年代后，手表、自行车、缝纫机是男女青年结婚须备的三大件。90年代后，随人民生活水平提高，家庭生活用具发生很大变化，许多家庭装饰讲究，厨卫设施、卧室设施、客厅设施趋于完备，高档用具名目繁多。进入21世纪，价值数百元至数千元一件的家具普及一般家庭。

家用电器

20世纪70年代普及电灯；80年代初，有的家庭购置黑白电视机；90年代始，多数家庭有电风扇、收录机，并购置彩色电视机。进入21世纪，许多家庭购有洗衣机、电冰箱、智能电饭锅、电茶壶、电磁炉等，还装空调，拥有台式、手提电脑，并使用互联网。

通信工具

20世纪70年代前，通信以书信为主，后虽有电话，也只是机关事业单位和村（大队）才安装，有急事打外埠电话要到乡（公社）邮电所，由乡（公社）总机转到县总机，然后再逐级转呼，耗时多，效率低，计费贵。80年代后，手摇电话机改成转拨电话机。90年代，改装程控电话。1996年，全乡安装程控电话408部。2007年，安装程控电话2913部，全乡拥有移动电话5450部，电话进入普通百姓家。至2011年，全乡固定电话用户增加到4008户。后随移动电话的普及，固定电话逐年减少。至2016年，全乡有固定电话用户1794户，宽带网络用户369户，成年人均拥有智能手机或老年手机，现代化通信设备得以普及。

第五编

林业　特产

第一章 林 业

乡境内森林植被属中亚热带东部常绿阔叶林和落叶阔叶林带。1990年8月，乡境内晓云、鹿亭、白鹿三乡均被余姚市人民政府办公室确定为林区。1996年，第一次农业普查，全乡有林地2335.34公顷，其中用材林1273.97公顷，经济林327.64公顷，薪炭林726.81公顷，林木苗圃0.99公顷，其他5.93公顷。2006年全市森林资源调查，鹿亭乡土地总面积6636.27公顷，其中林业用地5803.73公顷，占土地总面积的87.45%。林业用地中有有林地5107.47公顷（其中竹林3572.27公顷，含杂竹2.4公顷，占69.94%；乔木林1535.2公顷，占30.06%），有灌木林630.86公顷，另有其他林地65.4公顷。活立木总蓄积量63098立方米，其中乔木林地蓄积62112立方米，四旁树蓄积503立方米，散生木蓄积483立方米。毛竹11281100株，森林覆盖率86.27%，林木绿化率86.65%。2016年，全乡有林业用地5065.65公顷。

第一节 山地造林

乡境内林种分为防护林、用材林、特种用途林、经济林和薪炭林五大类。又可细分为水源涵养林、水土保持林、护路林、用材林、竹林、食用林、果树林、薪炭林、环境保护林和生态公益林等10种。树种有马尾松、刺杉、金钱松、栎类、软阔、竹灌、毛竹、木荷、湿地松、硬阔、檫树、柳杉、水杉、黑松、银杏、板栗、杨梅、梨树、樱桃、枫香、茶树、青冈、赤楠、小杂竹、其他灌木等。以毛竹为主要树种，生态公益林为主要林种。

中华人民共和国成立初期，农村进行土地改革，山区农民分到山地林地，营林积极性高涨。

1952年起，实行谁种谁有、民造公助、合作造林等办法，推行包种、包活、包培育、包管理和定质、定量、定分、定队、定山的“四包五定”林业生产责任制。从互助组到初级社，然后到高级社，林业生产逐步由分散经营转向集中统一经营，集体成为主要的造林者。在以绿化荒山为主要目标的造林中，注意到用材林、薪炭林、水源林，防护林、经济林和风景林等各种森林功能的整体组合。1956年，开始种植油茶。1958年，实行人民公社化运动，原属合作社山林全部划为集体，在“大办钢铁”“大办食堂”“大办粮食”中乱砍滥伐。1963年，贯彻确立林权、保护山林和发展林业的政策，坚持停垦还林，实行人工造林、封山育林和护林育林并举的做法。是年，鹿亭公社冬青大队树立为全县植树造林先进红旗单位。

20世纪60—70年代，引进水杉、池杉、泡桐、白杨、苦楝、梧桐等树种。其中，水杉、池杉因速生美观，适应性强，得以大面积推广；泡桐、白杨等因易染病虫害而被淘汰；苦楝树大多被砍伐，用于替代杉木制作圆木类家具。今白鹿陈家岩自然村周边尚存苦楝树100余株，有的已长成合抱大树。梧桐树主要作为风景树，在公路两旁种植，尤其在李俞线陈家岩至叶家样自然村段种植较多。80年代，引进五针松、日本扁柏、细叶香樟、大叶香樟等。90年代末，开始发展花木，种植樱花、红枫、桂花等。据2006年余姚市森林资源调查，全乡有防护林面积393.8公顷，用材林（含竹林）面积4583.73公顷，特用林面积7.73公顷，经济林面积122.2公顷。

1972年，根据林业部“在南方建设以杉木为主的速生用材林”的指示，建立社办林场和队办林场。自1975年起，历时18年，建造杉木速生林466.7公顷，其中建造乡办林场3个，面积60.13公顷；村办林场1个，面积66.7公顷。有6个村拥有村级集体杉木基地146.7公顷。中共十一届三中全会后，贯彻中共中央、国务院关于保护森林发展林业若干问题的决定，开展以“稳定山权、林权、划定自留山和确定林业生产责任制”为主要内容的林业“三定”政策，集体山林实行以家庭经营为主要形式的山林承包责任制，并鼓励承包者造林。省林业厅发放造林补息贷款实行补助，使杉木林面积快速增长，杉木速生丰产林居宁波之首，并成为余姚的样板基地。1984年，鹿亭乡中村村村民龚国庆承包（转包）荒山造林6.67公顷，在鄞县皎口水库种植池杉1万余株，后被评为宁波市级农业劳动模范。1989年，余姚市人民政府提出“一年准备，四年消灭荒山，八年绿化余姚”的目标，政府增加造林资金的投入，执行采伐限额制度和审批制度。1991年，原鹿亭乡通过市基本荒山绿化乡验收。白鹿、晓云两片也于1993年摘掉荒山帽子。乡境内共绿化荒山291.7公顷，涉及399个小班，其中造林144.9公顷，封山育林133.1公顷，迹地更新17公顷。1993年，白鹿、晓云片在封山内苗木补植41500株，其中马尾松21500株、木荷20000株。1997年8月2日《浙江科技报》报道，鹿亭乡以杉木为主的速生用材林基地达466.67公顷。

1995年始，实施林特扶贫“1215”工程，提出每人拥有2亩以上经济特产林（竹、笋、茶、果）和年人均产值1500元的要求。至1997年，累计造林和经济特产林改造683.2公顷。其中造林232.9公顷，完成规划的94.4%；低产竹林改造面积400公顷，完成规划的75%；低产茶园改造面积50.3公顷，完成规划的55.3%。1993—1998年，在单一的经济特产林建设基础上，开始发展“一优二高”（优质、高产量、高效益）林业400.92公顷，其中板栗233.13公顷（1997年中村村郑志来个人开发板栗基地10公顷）、猕猴桃6.6公顷、白果45.13公顷、柿子4.93公顷、茶叶53.87公顷、新栽毛竹37.93公顷、杨梅12公顷、小杂竹7.33公顷，并对低产茶园、竹林、果园进行改造。1992年、1993年、1995年、1996年被市人民政府评为林业生产先进乡镇。

2008年，尝试划定生态公益林393.6公顷，其中国家级7.67公顷，省级385.93公顷。2009年，划定宁波级生态公益林3333.33公顷。2010年，又增划宁波级生态公益林677.73公顷，鹿亭乡被评为宁波市级生态乡和浙江省级生态乡。到2016年，累计划定国家级、省级、宁波级生态公益林4404.67公顷，占全乡林地总面积的75.89%。

2006年鹿亭乡各林种面积、蓄积统计表

表 5-1-1

林种	面积（公顷）	比例（%）	蓄积（立方米）	比例（%）
合计	5107.46	100	62112	100
防护林	393.8	7.71	9997	16.1
特用林	7.73	0.15	280	0.45
用材林	4583.73	89.75	51106	82.28
经济林	122.2	2.39	729	1.17

第二节　森林保护

历代官府都有封山护林的措施，乡民则以立禁牌、订乡规民约等传统形式封山护林，封山后不许上山砍柴割草放牧，违者处罚。

中华人民共和国成立后，政府推广民间封山育林的经验，并以行政和法律的手段封山护林，禁止盗伐滥伐，每年将封山指标和造林计划下达给各乡镇。1952年，根据省政府颁发的奖励育苗造林及保护森林暂行办法，各乡制定护林公约，成立护林队，派专人巡山护林。1954年，国家实行木材统购，执行“计划采伐，统购统销”。1965年，政府制定措施制止毁林开山种粮。1983年，贯彻落实以家庭联产承包经营为主的林特生产责任制。1985年，开放木材交易市场，取消统购，实行限额管理，凭证采伐。1986年，市人民政府下达现乡境内林木采伐限额数量5000立方米。1992年，全乡木材采伐限额总量665立方米，其中农民自用材360立方米，其他用材305立方米，毛竹采伐限额52.5万支。2006年，开展山林二轮延包，延长承包期50年，并以发放林权证用法律形式予以保护。全乡山林延包换发放林权证6006本，其中农户使用权证5796本，集体所有权证210本。涉及责任山2854.26公顷，自留山286.37公顷，统管山316.78公顷。

1983年4月，鹿亭公社制定《关于山林管理的几条规定》。同年6月，县林业局在鹿亭公社开展“封山育林（护林）综合技术研究”试点工作，封禁山林833.3公顷。五年后，在试点范围内，林业用地立木蓄积增长29.63%，用材林面积增长38.23%，疏林减少47.7%，无林地减少92.6%，毛竹立竹量由154株增加到180株左右，森林覆盖率上升到91.9%，比封禁前的81.8%提高10.1%。介绍鹿亭乡政府《封山育林林更茂》一文，发表在1986年《宁波林业》第三期。

鹿亭乡封禁五年实施变化情况表

表 5-1-2

项目	林业用地		地类				竹林蓄积（万株）
	面积（公顷）	蓄积（立方米）	用材林（公顷）	竹林（公顷）	疏林（公顷）	无林地（公顷）	
实施前	912.93	8903	249.87	444.47	26.27	90.27	102.58
实施后	912.93	11541	345.4	446.13	13.73	6.67	113.76
增减	—	2638	95.53	1.66	−12.54	−83.6	11.18
百分率	—	29.63	38.23	—	—	—	10.9

注：数据来源于余姚市林业特产局《关于鹿亭乡封山育林“综合技术研究”试点工作总结》。

1981—1984年间，白鹿公社（乡）开展改灶（建节柴灶）、改厕（封闭灭菌）、改圈（猪圈软改硬）行动，推进人畜粪便、农作物秸秆、生活垃圾和污水（三废）向肥料、饲料的资源转化，全公社（乡）8个大队（村）均办沼气，共建造沼气池445只，利用沼气烧饭、炒菜，80%农户把吃柴灶改为节柴灶，一年节柴近25万千克。1982年12月24日《宁波日报》第二版刊登《四明山上沼气村》一文，介绍白鹿公社推广沼气和使用情况，并配发7张照片。1990年10月，白鹿乡政府被农业部授予“全国农村能源建设先进集体”称号。

1990年10月，白鹿乡获全国农村能源建设先进集体奖状

1983—1986年，鹿亭乡改制节柴灶1677台。1986年8月26日，农牧渔业部在验收余姚市改灶节柴试点中，随机抽查鹿亭乡10户农户，结果显示平均每户节柴750千克，全乡每年节约烧柴15.89万千克。

1986年现乡境内改灶节柴情况表

表5-1-3

乡名	户数（户）	累计改灶（台）	占农户总数（%）
鹿亭	1717	1677	97.67
晓云	2139	2031	94.95
白鹿	719	702	97.64

1982年6月，县人民政府在鹿亭中村设立竹木检查站。1992年3月，浙江省政府办公厅发出《关于全省县、乡道公路检查站设置的通知》，批准宁波市在中村村设“余姚市中村木材检查站”。1996年改设为余姚市林业局下属的余姚市木材检查站。木材检查人员上岗时必须佩戴全国统一制定、统一编号的“木材检查”胸章和有专用标志的臂章。1997年10月，成立余姚市林政管理站鹿亭分站，打击乱砍滥伐森林、乱占乱用林地行为，控制木材出山外运。

1992年3月前，乡境内三个乡所属林场和39个行政村均设管山员和义务扑火队伍。1992年4月撤区扩镇并乡后，森林防火责任主体落实到乡政府，组建以乡长为组长的森林防火指挥部。1994年，成立乡森林防火综合治理领导小组，配备吉普车、摩托车，风力灭火机12台，安装程控电话，配备传呼机。1997年制定《森林防火系统工程的实施方案》，制定扑火预案，并与毗邻区域签订护林防火联防协议书，各村制定防火公约。1998年，获余姚市森林防火先进乡镇。1999年，开辟防火隔离带以及生物防火林带5000米，有6015户农户与各行政村签订森林防火责任书，在林区主要路旁、道口设立永久性宣传牌20块。1999年6月，乡农办主任郑传江被国家林业局授予“全国优秀乡村护林员”称号。2006年，组建由21人组成的护林中队，另有专业扑火队伍成员33人。2009年，乡森林消防指挥所配备森林防火车、定位仪、望远镜、对讲机等，并与各村书记、

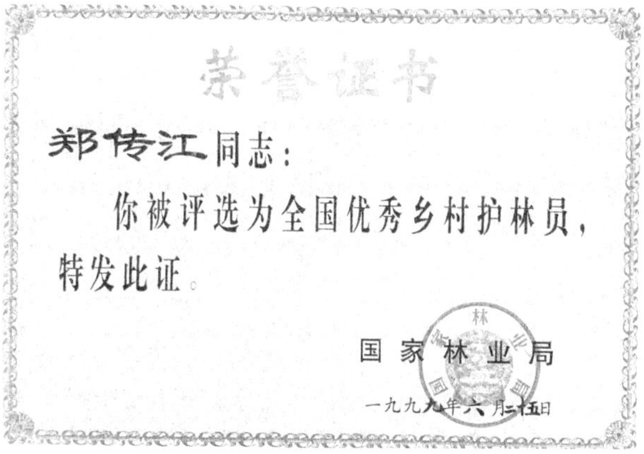
荣誉证书

郑传江同志：

你被评选为全国优秀乡村护林员，特发此证。

国家林业局

一九九九年六月二十五日

1999 年 6 月郑传江被评为全国优秀乡村护林员证书

村长分别签订森林资源保护责任书、森林消防责任状。2010 年，与兄弟县市、乡镇签订山林所有权边界认定书 46 份、山林权属四至确认表 45 份，涉及鄞州区、市林场，周边 6 个乡镇 26 个行政村。是年，被评为市森林消防工作先进集体。2016 年，组建 2 支森林消防专业中队。

2009 年始，国家对农民承包山林给予每亩 14 元的补贴。2016 年，提高到每亩 131 元。

2012 年，响应宁波、余姚两级政府《关于严禁四明山区域毁林开垦切实加强森林资源保护的决定》，将全乡林地划定禁止开发区 4589.2 公顷，限制开发区 589.2 公顷，产业提升区 625.3 公顷。2012—2016 年，退花还林修复面积 79.63 公顷。2015 年 1 月，中村村被浙江省关注森林组织委员会命名为第五批“浙江省森林村庄”。

第三节 古树名木

据余姚市绿化办 2003 年调查，乡境内树龄在 100 年以上的古树名木 44 株，分布于白鹿、石潭、李家塔、中村、上庄、晓云、龙溪 7 个行政村。其中，金钱松 3 株，枫香 11 株，银杏 12 株，枫杨 2 株，榧树 2 株，金桂 1 株，春榆 5 株，樟树 3 株，黄檀 1 株，三角槭 1 株，锥栗 2 株，柞木 1 株。

44 株古树名木中，树龄在 500 年以上的一级古树 4 株，分别为银杏 2 株，春榆 1 株，樟树 1 株；树龄在 300 ～ 499 年的二级古树 5 株，分别为银杏 1 株，三角槭 1 株，樟树 1 株，金钱松 2 株；树龄在 100 ～ 299 年的三级古树 35 株。

2003 年，在开展古树名木普查的基础上，对古树名木统一编号、统一挂牌。标牌标明树名、学名、科属、保护等级、树龄、立牌时间、树木编号等，又在每株古树名木四周安装护栏设施。落实专项古树名木管护经费，由村落实专人实行就近看护。乡政府每年组织专业技术人员对古树名木长势和病虫害进行逐一调查，采取相应技术措施进行防治。

白鹿村陈家岩古银杏

◉ 李家塔村千年古樟

至2016年，44株古树名木中有2株枯死，其中1株枫香（位于晓云村大溪），1株金桂（位于龙溪村大年），另增加1株蓝果树（位于白鹿村下姚畈），乡境内树龄在100年以上的古树名木共有43株。

2016年古树名木名录一览表

表5-1-4

原编号	树名	树龄（年）	树高（米）	胸围（厘米）	平均冠幅（米）	所在村（小地名）
0219200038	银杏	513	17	420	16	白鹿村陈家岩
0219200039	春榆	513	7.5	450	12.5	白鹿村陈家岩
0219200040	樟树	880	23	770	22	李家塔村
0219200041	银杏	513	25	420	15	上庄村应家路
0219200050	三角槭	313	13.5	335	16	白鹿村陈家岩
0219200051	银杏	363	20	405	15.5	中村村
0219300153	银杏	213	23	365	21	白鹿村长坵田
0219300154	黄檀	113	25	185	9.5	白鹿村长坵田
0219300155	枫香	113	17	235	10	白鹿村陈家岩
0219300156	枫香	113	24	225	7.5	白鹿村陈家岩
0219300157	枫香	113	22.5	260	10	白鹿村陈家岩
0219300158	枫香	213	21	395	14	白鹿村陈家岩
0219300159	枫香	213	27	330	9.5	白鹿村陈家岩
0219300160	枫香	113	24	220	10	白鹿村陈家岩
0219300161	枫香	113	21	200	10	白鹿村陈家岩
0219300162	银杏	113	16	285	12.5	白鹿村陈家岩
0219300163	春榆	163	17	260	13	石潭村马家坪
0219300164	柞木	113	31	310	9.5	石潭村马家坪

续表 5-1-4

原编号	树名	树龄（年）	树高（米）	胸围（厘米）	平均冠幅（米）	所在村（小地名）
0219300165	锥栗	113	19	260	10	石潭村马家坪
0219300166	锥栗	113	18	240	7	石潭村马家坪
0219300167	银杏	113	20	260	16.5	石潭村岙底
0219300168	枫香	163	25	230	11	李家塔村
0219300169	枫香	163	23	250	12	李家塔村
0219300170	樟树	263	16.5	510	24	中村村
0219300171	银杏	113	19	370	13	中村村
0219300172	樟树	453	8.5	400	8.5	中村村
0219300173	银杏	213	21	365	11.5	中村村算坑
0219300174	枫杨	163	12	335	12	中村村算坑
0219300175	枫杨	213	12	500	17	中村村算坑
0219300176	金钱松	348	30	350	14.5	龙溪村王石坑
0219300177	榧树	113	17	240	11	龙溪村大年
0219300178	银杏	128	20	265	13	龙溪村大年
0219300179	榧树	133	34	310	9	龙溪村大年
0219300180	银杏	193	20	265	15	龙溪村大年
0219300181	银杏	133	25	330	15.5	龙溪村大年
0219300182	银杏	113	18	180	9.5	龙溪村大年
0219300184	春榆	113	25	370	17	龙溪村大年
0219300185	春榆	123	21	260	16.5	龙溪村大年
0219300186	金钱松	378	32	410	19	龙溪村岩头
0219300187	金钱松	133	34	310	9	龙溪村大年
0219300188	春榆	113	19	230	11	晓云村大溪
0219350011	蓝果树	113	22	350	20	白鹿村下姚畈
0218132100012	枫香	213	22	285	14	白鹿村长坵田

附：算坑原始次森林

算坑原始次森林位于中村村算坑自然村，地名红岩山，总面积 182.2 公顷。森林植被覆盖率为 98%，树种大多为南方阔叶树种，杂然连生，形成天然次森林，其中最大的一片面积有 100 公顷。植被呈现“四层楼式”，一层有杉木、木荷、白栎、枫香等，二层有云锦、杜鹃、毛叶石楠、川榛、乌米饭树等，三层有铁芝苴、茅草丛等，四层有苔藓、地衣。区域内野生动物种类繁多，有蛇类、河鹿、穿山甲、猫头鹰、野猪、猪獾、赤腹松鼠、松鸡、白额雁、长尾雉等数十种。

第二章　林特产品

第一节　毛竹　竹笋

面积产量

据1992年余姚市农林局调查，含鹿亭乡在内的姚南山区以毛竹和刚竹（龙须竹）以及野生的刚竹属竹种为主。品种有毛竹、绿竹、青皮竹、雷竹、金竹、龙须竹、节竹、鳗竹、雁竹、苦竹、淡竹、燕竹、阔叶箬竹等小杂竹。

据1974年森林资源清查，乡境内鹿亭公社有竹林1049.9公顷，其中毛竹林1030.5公顷、1878320株，杂竹林19.4公顷、68650株；晓云公社有竹林945.2公顷，其中毛竹林927.8公顷、1585700株，杂竹林17.4公顷、64700株。白鹿公社资料缺失。1975年，3个公社完成毛竹派购任务共118131株。1977年，鹿亭、晓云2个公社233.3公顷毛竹山为省定毛竹丰产基地（余姚县共8个公社），每亩每年补助3元、化肥1.5千克、粮食5千克。1979年，鹿亭公社当年留笋养竹732030株，年末实有蓄积量2526975株；白鹿公社当年留笋养竹80200株，年末实有蓄积量318500株；晓云公社当年留笋养竹573750株，年末实有蓄积量1933200株。1981年，乡境内有毛竹林面积1489.9公顷，其中鹿亭公社736.9公顷，晓云公社650.7公顷，白鹿公社102.3公顷。当年完成毛竹派购任务131900株，其中鹿亭公社69600株，晓云公社42500株，白鹿公社19800株。1984年，鹿亭乡有竹林1125.33公顷，其中毛竹林1123.2公顷、2288000株，杂竹林2.13公顷、2571株。1987年，鹿亭乡、晓云乡被省政府定为万亩以上竹林基地乡镇。1990年，乡境毛竹年采伐限额数为510100株。

1993年，全乡有毛竹山面积2240.4公顷，竹笋总产量683万千克，总产值961万元。1995年，全乡有毛竹山2266.7公顷，毛笋总产量823万千克，总产值1975.2万元，户均收入3292元，出现2万元以上的毛笋大户2户。时石潭村春笋总收入200余万元，户均8129元，其中有14户收入超万元。1997年，全乡毛竹山面积2497.2公顷，毛笋产量1025万千克，总产值1476万元。2003年，有毛竹山面积2504.27公顷，毛笋总产量1171.3万千克，总产值1194.7万元。

2000—2006年，在石潭村、沿夹岙村试点的基础上，对有水源条件的笋用林安装喷滴管266.7公顷（其中2003年116.7公顷）。共涉及11个村，受益农户2085户。2012年，开发余姚市竹笋示范基地186.7公顷。

2002年后，毛竹滞销，竹林疏于管理，导致原竹山边上的茶园和部分林地逐渐变成毛竹山，

◉ 毛竹山一角

竹林面积有逐年扩大的趋势。2006年，全市开展林地面积调查，乡境内有毛竹山面积3569.87公顷，毛竹11281100株，亩均约210株。毛竹林面积占林业用地总面积的61.51%，是全市竹林总面积的18.48%。其中，白鹿村306.74公顷，石潭村388.34公顷，李家塔村298.13公顷，中村村413.47公顷，上庄村510.60公顷，沿夹岙村117.13公顷，高岩村95.20公顷，高山村95.73公顷，晓云村530.33公顷，龙溪村485.67公顷，中姚村173.93公顷，东岗村154.60公顷。2016年，全乡有毛竹山面积约3569.87公顷，竹笋总产量2679.25吨（含冬笋、鞭笋），总产值857.11万元。

2003年全乡毛竹山面积、竹笋产量、产值情况表

表5-2-1

村别	竹山面积（公顷）	竹笋产量（吨）				竹笋产值（万元）				新竹留养（万株）
		合计	毛笋	冬笋	鞭笋	合计	毛笋	冬笋	鞭笋	
白鹿	230.6	1057.1	949	28.6	79.5	142.58	96.8	17.16	28.62	19.5
石潭	269.87	2008.9	1873	36.2	99.7	248.92	191.3	21.72	35.9	21.6
李家塔	192.27	1422.6	1322	25.6	75	177.16	134.8	15.36	27	16
中村	330.8	2000	1844	42	114	254.24	188	25.2	41.04	38.5
上庄	398.87	2189.9	1987	52.9	150	288.34	202.6	31.74	54	34.1
沿夹岙	79.87	333.7	293	10.7	30	47.12	29.9	6.42	10.8	6.5
高岩	59.4	314.2	282	8.2	24	42.46	28.9	4.92	8.64	5
高山	64.33	321.5	287	9	25.5	43.88	29.3	5.4	9.18	5.5
晓云	396.67	1507.6	1331	45.4	131.2	209.71	135.2	27.24	47.27	35
龙溪	254.67	812.6	684	39.6	89	125.6	69.8	23.76	32.04	17
中姚	109	658.9	602	16.4	40.5	86.02	61.6	9.84	14.58	9
东岗	117.93	317.9	259	15.4	43.5	51.4	26.5	9.24	15.66	8.3
合计	2504.28	12944.9	11713	330	901.9	1717.7	1195	198	324.7	216

2004—2015年鹿亭乡笋类产量、产值情况表

表 5-2-2

年份	合计		毛笋		雷（冬）笋		其他小杂笋	
	产量（吨）	产值（万元）	产量（吨）	产值（万元）	产量（吨）	产值（万元）	产量（吨）	产值（万元）
2004	4886	1286	4258	681	127	254	501	351
2005	13139	1962	11768	1201	375	263	996	498
2006	8131	1432	7079	779	246	443	806	210
2008	6420	1541	5342	620	129	257	949	664
2009	11663	1827	10760	1033	186	335	717	459
2010	3154	1090	2425	315	58	104	671	671
2011	8184	1748	7427	983	102	306	655	459
2012	6491	1352	5983	809	82	267	426	276
2013	8890	1559	8310	1024	75	173	505	362
2014	4035	1236	3653	736	72	169	310	331
2015	7557	951	7217	673	40	98	300	180

注：2007年数据缺失。

竹材、竹笋加工

传统竹材加工以竹编为主，如篮、箩、簟、筛、匾、椅、床、扫帚等。20世纪50年代，因建筑材料不足，以竹代木，以竹代钢材，竹子被列为主要发展林种。20世纪70年代始，创办工艺竹编厂3家，产品有篮、盘、罐、盆和各类动物造型，通过广交会销往国外。时晓云公社工艺竹编厂年产值80余万元，鹿亭工艺竹编厂年产值20余万元。1983年，上庄供销社在宁波开设山货竹器门市部，竹制产品有48种。2008年3月，由鹿亭乡文化站、大隐镇文化站申报，四明山竹编被列入第二批余姚市非物质文化遗产代表作名录。同年5月，被列入第二批宁波市非物质文化遗产代表作名录。2010年上半年，中村亚球竹地板厂收购毛竹275万千克，生产竹地板5.5万平方米，产值550余万元。此外，还有加工脚手架和扫帚等家庭副业。

历来家家都有制作笋干菜、笋干、油焖笋、烤笋、盐煎笋的习惯，或自食，或馈送亲友。由白云桥美味食品厂生产的真空包装羊尾小笋，畅销上海、杭州、宁波及余姚周边县市。

20世纪90年代，竹笋加工产品以水煮笋为主，主要出口日本及东南亚市场。1995年，乡境内有水煮笋厂3家，年加工毛笋256万千克，生产水煮笋998吨，其中外销856吨，内销142吨，出口创汇616.32万元。1997年，全乡有水煮笋厂4家，年加工鲜笋2700吨，生产水煮笋1970吨，其中外销1610吨，内销360吨。1999年，有水煮笋厂5家，收购鲜笋355.5万千克，加工水煮笋2290吨，其中外销2130吨，内销160吨。2003年，全乡拥有水煮笋厂10家，收购鲜笋945.5万千克，加工成品31.85万罐，产值2505万元。2006年，为保护水源，宁波市人民政府提出对水煮笋厂实行关、停、并、转。2016年，乡境内还剩水煮笋厂2家。

表 5-2-3

2003 年全乡水煮笋厂鲜笋加工情况表

厂名	负责人	鲜笋收购		加工成品		
		毛笋（万千克）	平均价（元/千克）	内销（万罐）	外销（万罐）	产值（万元）
振兴	郑其伦	43.5	1.26	1.8	1.35	110
腾宇	郑伟明	141	1.32	1	3.9	450
中村	郑志云	155	1.32	1.2	4.2	500
百佳	郑百成	53	1.3	0.1	1.5	130
前山	龚　民	140	1.26	1.2	3.8	420
耀华	郑光耀	60	1.26	0.3	1.6	132
腾丰	郑安法	55	1.28	0.4	1.5	130
佳美	方建义	104	1.24	0.35	1.35	110
	周中保	140	1.28	0.7	3.7	400
	郑忠元	54	1.16	0.4	1.5	123
合计		945.5	1.28	7.45	24.4	2505

第二节　茶　叶

面积产量

19 世纪前，乡境内村旁山地都种有茶树，但面积不大，野生茶到处都是。19 世纪中叶，外销敞开，刺激山民种茶热情，大片荒山及近村山地开拓平整后栽种茶树。民国 5 年（1916），出现小面积块状种植茶叶模式。民国 9 年，陈家岩村民在地名“后山”的陡坡上种植茶树 3.13 公顷。此后，茶叶便成为山民的主要产业。20 世纪 30 年代后期，茶农把劳动力转移到种植杂粮生产上以度饥荒，致使茶园荒芜，茶叶产量下降。40 年代初，茶农从荒草中整理茶树根苗，松土、除草、施肥、灌溉，茶叶生产复苏。

1950 年起，国家通过调整茶叶收购价格、发放贷款、供应肥料、茶机、燃料等措施以发展茶叶。垦复荒芜茶园、开辟新茶园，促使茶叶生产由分散到集中，从间作茶园到专业茶园转化。1952 年，鹿亭、白鹿 2 个乡有茶园 41.36 公顷。据梁弄收茶站 1953 年 5 月 1 日至 6 月 30 日收购茶叶分级统计表显示，是年，乡境共投售燥茶 28506.125 千克。其中，白鹿乡 14048.625 千克、晓云乡 6256.125 千克、东岩乡 6590 千克、鹿亭乡 1611.375 千克。1956 年，国家下拨茶叶专用化肥，每担茶叶补助粮食 13.5 千克。1957 年，乡境内有茶园 111.2 公顷，茶叶总产 89238 千克。1958 年，晓云设茶叶收购站，为余姚县 4 个收购站之一（其余 3 个为大岚、梁弄、陆埠）。1958 年以后，受“愈采愈发”的理论影响，片面追求高产，提倡“片叶下山”，使茶树生机受损，产量下跌。1959 年，鹿亭公社茶叶总产 52494.5 千克，总产值 72341 元。其中，陈家岩管理区 16830 千克，晓云管理区 23243.5 千克，李家塔管理区 12921 千克。20 世纪 60 年代初，出现毁茶种杂粮现象，茶园面积减少，茶叶产量下降。1960 年，鹿亭公社茶叶总产 38875.25 千克，总产值 69041.71 元。后贯彻毛泽东主席“以后山坡上要多多开辟茶园”的指示，开发荒山荒坡，茶叶重新得以恢复和发展。1963年，实行茶叶投售定额奖售粮食、化肥政策，改造低产茶园，茶园面积逐年扩大。1975年，收购茶叶147748.5千克，总产值454332元。1978年，制定“确定收购基数，超基数减税、加价、让利”的政策，茶叶生产发展迅速。1979年，乡境内有茶园面积419.37公顷，茶叶总产量224586.5千克。1981年，新发展茶园40.25公顷，其中鹿亭公社2.1公顷、白鹿公社4.35公顷、晓云公社33.8公顷。1982年，茶叶派购任务243000千克。1983—1984年，茶叶滞销，收购价格下跌，茶园面积减少，茶叶产量下降。1985年，采取“多茶类生产，多渠道经营，多口岸贸易”的办法，茶叶生产有所回升。是年，境内共有茶园418.69公顷，年产燥茶249吨。1993年，茶叶面积499.73公顷，其中当年新增34.2公顷。总产量393.3吨，其中春茶245.4吨，夏茶90.6吨，秋茶57.3吨。1997年，全乡拥有茶园面积460.53公顷，有集体专业茶场28个，茶园84.07公顷，承包到户的茶园面积376.43公顷。1999年，全乡有茶园471.93公顷。2003年，全乡有茶园476.2公顷，总产量283吨，总产值559.87万元。2007年全乡有茶园478.87公顷，茶叶总产量431吨，总产值1028万元，其中名优茶38.1吨，产值762万元，占干茶总产值的74.12%。

2016年，全乡茶园面积578.33公顷。其中，白鹿村202.2公顷，石潭村43.4公顷，李家塔村26.9公顷，中村村19.1公顷，上庄村40.4公顷，沿夹岙村19.7公顷，高岩村11.3公顷，高山村30.4公顷，晓云村22公顷，龙溪村108.1公顷，中姚村11.7公顷，东岗村41.3公顷，乡林场1.83公顷。全乡茶叶总产值1469.11万元，其中名优茶1179.38万元，占总产值的80.28%。

茶园一角

1961—1978 年鹿亭公社茶园面积、总产量情况表

表 5-2-4

年份	茶园面积（公顷）	当年采摘面积（公顷）	总产量（吨）
1961	18.93	18.93	7
1962	18.93	18.93	7.15
1963	20	18.93	7.65
1964	34.67	20	8.4
1965	50	33.33	9.3
1966	64	41.33	10.95
1967	72	50	11.9
1968	75.33	56.33	11.9
1969	82.6	65.47	15.6
1970	108.53	66.67	30.35
1971	102.87	68.07	23.5
1972	125.53	74.73	32.35
1973	105.33	76.07	34.25
1974	109.8	79.33	40.85
1975	108.13	78.2	47.4
1976	108.67	81.2	52.85
1977	114.93	85.47	62.5
1978	169.27	88.13	66.75

1988—2016年鹿亭乡茶园总面积、总产量情况表

表 5-2-5

年份	总面积（公顷）	总产量（吨）	年份	总面积（公顷）	总产量（吨）
1988	436.2	361	2003	476.2	283
1989	441.73	336	2004	478.87	359
1990	456.27	362	2005	478.87	443
1991	464.2	346	2006	478.87	491
1992	465.53	389	2007	478.87	431
1993	499.73	393.3	2008	578.67	394
1994	513.07	365	2009	578.67	274.3
1995	470.2	374	2010	578.67	239.6
1996	470.2	375	2011	578.67	318.8
1997	460.53	357	2012	578.67	268
1998	470.2	435	2013	578.67	201.9
1999	471.93	379	2014	573.33	214
2000	472.2	340	2015	578.33	192
2001	473.2	424	2016	578.33	171
2002	476.2	319			

注：数据来源于历年《余姚统计年鉴》。

栽培

茶树传统品种多系灌木型中、小叶种，大部分茶园是间作茶园，耕作粗放，套种玉米、番薯、芋艿、南瓜、蔬菜等作物。中华人民共和国成立后，一些生产合作社垦复荒芜茶园，挖掘野生茶树补植和采摘茶籽种植，注意培育管理，对茶园进行翻作除草，提高种植密度，逐步发展集中成片的茶园。1956年，白鹿勤丰合作社被评为余姚县茶叶生产先进合作社，是年，绍兴地区有关县曾组织人员到白鹿乡陈家岩村后山茶园参观学习茶树栽培技术。20世纪70年代，推行“按产施肥”的施肥方法和矮化速生栽培技术，使间作茶园向密植茶园和专业茶园转变。80年代后，从外地引进“黄金芽”“乌牛早”“白茶”等优良品种，提高经济效益。2003年，全乡茶树改植换种面积24.26公顷（东岗村3.53公顷、白鹿村20.73公顷），无性茶树良种改植示范基地10公顷。

2016年，全乡578.33公顷茶园中，有龙井鸠坑567.66公顷，黄金芽1.33公顷，乌牛早2.67公顷，白茶6.67公顷。

采摘

每年春末夏初为采茶季节，按采摘时间前后，有头茶（春茶）、二茶（夏茶）之分。以采春茶为主，兼采夏茶，采秋茶的极少。一般从谷雨前后采摘，立夏前后结束。采摘用传统的“一脚踏，一把捋，一口咬”的方法，采齐大茶并结合洗蓬（采光当年新叶）。20 世纪 60 年代，推广及时分批按标准（一芽二叶或三叶）留大叶的采摘制度，采用“采高养低，采顶留侧”，并对茶树进行定型修剪，扩大树冠采摘面。2013 年，全乡有修剪机 71 台，采摘机 38 台。90 年代始，因推广茶叶早生品种和发展名优茶生产，茶叶采摘时间有所提前。

制作

乡境内茶农家庭都有特砌的炒茶灶，先用铁锅高温杀青，再在竹匾上用手（脚）揉捻，最后在斜锅上炒干。

20 世纪初期，云岩乡岩头村褚奎新、褚宝新兄弟在鄞县大皎开设“新新茶栈”，为余姚当地茶栈的创始者。民国 35 年，白鹿乡陈家岩村陈一鸥在余姚开办的“天一茶厂”复业，直接向茶农收购“条干”，再用手工加工成珠茶，年产珠茶 1500 箱，每箱 40 千克。

1952 年 5 月，白鹿乡陈家岩村陈茂强互助组在原歪锅茶灶手工操作的基础上，成功试制浙江省第一台单臂手摇茶叶杀青机，工效比手工提高 4 倍。1958 年，推广 58 型杀青机，手推木制揉捻机。20 世纪 60 年代末，开始使用机械制茶，现境内先后建立茶叶初制厂 39 个，有杀青机 57 台，其中大型杀青机 3 台，揉捻机 47 台，二青机 49 台，炒干机 214 台，年加工能力 50 万千克，初步实现茶叶初制机械化。90 年代，采用“电炒锅 + 手工”的加工方法。1997 年，全乡有手工电炒锅 607 台，名茶机械制作机 11 台。2011 年，有机械制茶机 774 台。2013 年，有多功能理茶机 191 台，扁形茶炒制机 116 台。2016 年，全乡有机械制茶机 836 台，流水线机械制茶机 6 套，茶叶加工全部实现机械化，手工柴灶锅、手工电炒锅逐步退出历史舞台。

1999 年，引进余姚瀑布仙茗机械设备。2005 年，成立注册商标为“鹿沁牌”的余姚绿沁茶叶专业合作社，创建“鹿沁”牌白云龙舌茶叶品牌，后改为“余姚春”名茶品牌。2007 年，“余姚春”品牌茶叶实现 QS 认证。2008 年 4 月，在第四届全国“中绿杯”名优绿茶评比中获金奖。是年，成立注册商标为“绿豪牌”的余姚市绿豪茶叶专业合作社。2012 年，沿夹岙村方国芳建成占地 0.22 公顷的余姚芳迪茶厂，为全乡首家精制茶厂，年加工精制茶 300 吨。同年，新建鹿亭乡白鹿茶厂，投资 300 万元，占地约 0.53 公顷，成为鹿亭历史上第一家大型茶厂。2016 年，全乡有名茶制作茶

2008“中绿杯”名优绿茶评比金奖奖杯

厂8家。

第三节 水 果

山民素有在房前屋后栽种果树的习惯，主要有桃、柿、杨梅等，多供自家食用。20世纪80年代前，无大面积种植，也无专门栽种水果的果园。1995年，开始实施“1215”林特扶贫工程。至2005年，全乡种植猕猴桃6.6公顷，白果45.13公顷，柿子11.6公顷，杨梅22公顷，桃子70.93公顷。此后，种植面积逐年萎缩。

杨梅

受地形土壤性质等生态环境限制，乡境未被列入余姚市杨梅栽培区域，仅少数行政村有零星种植。20世纪90年代，全乡种植杨梅12公顷，至2005年发展至22公顷，分布在石潭、李家塔、中村、上庄等村，成熟季节也比其他地方略迟，果实偏小。21世纪初，花木发展较快，中村村、白鹿梁湖自然村将部分杨梅树砍伐后改种花木。

桃

品种有夏白桃、水蜜桃、黄桃等。1987年，白鹿乡在茶园间作黄桃，种植面积92公顷。1988年，发展黄桃生产总投资15500元，其中县补助7000元，乡政府投入7000元。1989年首年起产，共产黄桃75000余千克，由宁波罐头厂收购，农民收入6万余元。其中陈家岩村重点种植户年产桃1250千克；另一种植户单株黄桃产桃90余千克。90年代中期，由于茶叶价格升值，黄桃被淘汰。2005年，实施林特扶贫“1215”工程，发展桃子70.93公顷，主要分布在石潭、中村、上庄等村。

柿

品种有吊红柿、方柿、馒头柿等。1993年，全乡种植柿子4.93公顷，至2005年发展到11.6公顷，主要分布在石潭、上庄、高山等村。

猕猴桃

乡境内盛产野生猕猴桃，俗称藤梨。多用于制作藤梨酒食用，有个别山民将野生猕猴桃引种到房前屋后。1990年，石潭村种有猕猴桃6.6公顷。

1992—2016年水果总面积、总产量情况表

表5-2-6　　单位：公顷、吨

年份	总面积（公顷）	水果及果用瓜产量（吨）		
		合计	水果	果用瓜
1992	5.93	19	19	—
1993	51.8	12.2	12.2	—
1994	104.27	31	31	—
1995	130.33	57	57	—
1996	230.73	85	85	—
1997	43.8	58	58	—
1998	350.8	196	196	—
1999	358.8	375	375	—

续表 5-2-6

年份	总面积	水果及果用瓜产量		
		合计	水果	果用瓜
2000	160.07	313	313	
2001	330.07	2116	156	1960
2002	330.07	1633	135	1498
2003	338.73	1203	57	1146
2004	338.73	2848	57	2791
2005	336.4	2343	47	2296
2006	360.4	2675	58	2617
2007	360.4	3029	105	2924
2008	239.4	2238.7	75	2163.7
2009	237.07	2149.7	75	2074.7
2010	225	1807.3	66	1741.3
2011	217.07	1759.1	78	1681.1
2012	217.07	2292.2	97	2195.2
2013	166.4	3107	294	2713
2014	139.4	2900	225	2685
2015	135.27	309	123	186
2016	135.27	1339	124	1215

注：数据来源于历年《余姚统计年鉴》。

第四节　干　果

境内干果主要有板栗、银杏等，大面积种植始于20世纪90年代，时实施“1215”林特扶贫工程，全乡种有板栗233.13公顷，银杏35.33公顷。到2016年，因经济效益不高，疏于管理，面积锐减。

银杏

据2003年市农林局对古树名木普查，全乡列入国家保护的百年以上树龄的银杏有12株，其中属于国家一级保护树龄在500年以上的银杏树2株，属于国家二级保护树龄在300～499年的银杏树1株，属于国家三级保护树龄在100～299年的银杏树9株。分布在白鹿、石潭、中村，上庄、龙溪等行政村。其中，位于白鹿陈家岩自然村东首树龄500年以上的银杏树，树高17米，胸围4.2米，平均冠幅16米，株繁叶茂，年产果实500余千克。20世纪80年代后，由于银杏价格的提高，银杏叶等药用特殊功效的发现，林业部门开始重视银杏的栽培。90 年代，在白鹿、中村等村种植银杏 35.33 公顷。

20 世纪 90 年代种植的银杏树

板栗

20 世纪 80 年代前，仅少量农户分散零星种植。80 年代后期，调整种植结构，进入发展时期。据 1998 年统计，全乡有板栗基地 233.13 公顷，主要分布在石潭、李家塔、上庄、中村等村。1994 年，石潭村 22.33 公顷板栗收获 3000 千克，产值 3 万余元。

香榧

据 2003 年市农林局对古树名木普查，龙溪村大年自然村有香榧 4 株，其中列入国家二级保护植物名录的榧树 2 株，一株树龄 100 年以上，另一株树龄 120 年以上。2009 年，马家坪、茶山自然村整体搬迁后，其宅基地造地 3.33 公顷，全部栽种香榧，每亩种植约 20 株，全村 300 余户每户分植 1 株，共种植香榧 1300 余株。至 2016 年，已有零星结果。

第五节　花卉　花木

20 世纪 70 年代，花卉生产为农村致富途径之一，时白鹿公社梁湖大队 70 户投资 10000 元从奉化江口购买五针松进行种植，面积 0.2 公顷。80 年代初，开始有部分农户经营花卉生产，种植于房前屋后或近村园地。品种有五针松、茶梅、茶花，龙柏、地柏、广玉兰等。共有经营花卉的农户 40 余户。后随花卉苗木价格暴涨，一年生五针松苗每株售价 20 元左右，供嫁接用的五针松按穗每个 3 ~ 5 元，茶梅论叶计价，每叶 2 元以上，花农纷纷追加投入。1986 年，花木市场泡沫破灭，花木生产一时进入低谷。

20 世纪 90 年代初，随着城乡绿化发展的需要和四明山镇等周边乡镇以樱花、红枫为代表的花木生产的发展，鹿亭乡也进入花木发展高速期，种植面积逐年扩大。1993—2002 年，全乡发展花木 67 公顷，培育花卉苗木 100 万株。2003 年，增加花木 27 公顷，育苗 8.47 公顷，130 万株，有种植 0.67 公顷以上的花木大户 40 户。到 2012 年，全乡种植面积 286.67 公顷（其中白鹿村 116.5 公顷），销售额 2200 万元。2013 年后，花木价格开始下滑，出现供大于求的局面。境内花木品种以樱花、红枫为主，2016 年，全乡种植面积 281.85 公顷，其中樱花 156.08 公顷，红枫 100.96 公顷，青枫 17.94 公顷，桂花 6.87 公顷。

2012 年 12 月，宁波、余姚二级政府作出《关于严禁四明山区域毁林开垦、切实加强森林资源保护的决定》，乡政府将在林地上种植的 120 公顷花木实施退花还林生态修复工程，至 2016 年退花还林 79.63 公顷。

2016 年全乡花木种植面积情况表

表 5-2-7　　　　单位：公顷

村名	合计	樱花	红枫	青枫	桂花
白鹿	116.46	73.53	32.93	6	4
石潭	5.46	2.8	2.13	0.53	0
李家塔	13.13	8.6	3	1.53	0
中村	28.47	10.53	15.47	2.47	0
上庄	21.27	13	6.4	1.07	0.8
沿夹岙	0.33	0.2	0.13	0	0
高岩	0.33	0.23	0.1	0	0
高山	4.53	2.93	1.4	0.2	0
晓云	29.2	4.53	20	4.67	0
龙溪	20.93	15.53	5.07	0.33	0
中姚	22.8	16.13	5	0.67	1
东岗	18.94	8.07	9.33	0.47	1.07
合计	281.85	156.08	100.96	17.94	6.87

第六节　铁皮石斛

2014 年 2 月，宁波市药检所主任林海伦在鹿亭乡境内一处海拔 300 米、距离地面 20 米的岩壁上发现野生铁皮石斛，是为宁波市首次发现野生铁皮石斛。到 2015 年，乡境内已发现长有铁皮石斛科植物的岩壁 3 处，平均海拔高度为 235 ~ 300 米。2015 年 6 月，由市农林局牵头，邀请宁波的两位攀岩高手上山拍照并采集样本。2015 年 8 月 5 日，浙江农林大学教授李根有率专家组一行到鹿亭乡，对乡境内发现的石斛属植物进行鉴定，确定该植物为野生铁皮石斛。

2016 年，乡境内有种植铁皮石斛的公司 2 家。余姚市白鹿生态种养殖有限公司，位于白鹿村梁湖，有土地 1 公顷。2009 年，从雁荡山引进铁皮石斛，聘请专业技术人员尝试人工大棚种植试验并获成功。年均亩产 15 千克，鲜条 1600 元 / 千克，亩均产值 2.4 万元。2016 年，人工大棚种植 1.33 公顷，年产量 300 千克，活树附生态栽培 3.33 公顷，年产量 750 千克，年总产值 198 万元。

白鹿仙草园铁皮石斛种植基地

浙江韵之堂生物科技有限公司，位于上庄村香泉湾山庄内。2013 年，建造 400 余平方米的组培室，将培育一年的 10 万株铁皮石斛，嫁接在数百棵香樟树和枣树上，面积 1.33 公顷。山体斜坡上有移栽8万株培育苗的2000多个木桩，有3000余盆铁皮石斛盆栽和500余个木桩移栽。所产仿野生铁皮石斛有效含量80%，通过香港中医药标准SGS检测。2016年，被评为“浙江省中医药文化养生旅游示范基地”。

第三章 林场 茶场

第一节 林 场

在20世纪50年代中期的农业互助合作运动中，东岗山率先创办农林牧高级社，1959年8月并入东岗山林场。1960年3月，晓云公社东岗生产队大坪自然村7户26人划归林场，设东岗山分场。1972年，学习湖南造林经验，开展杉木商品材林基地建设，把建立社队林场与建设用材林基地结合起来，对生产大队无力经营的荒山，采取“划山造林，山权不变，谁种谁有，比例分成”的办法，晓云公社营建杉木基地林场，为乡境内第一家公社林场。社办林场的固定劳力由公社统一抽调，执行“劳动在场，分配在队，按劳计分，场队结算”的劳动报酬分配政策，或由公社直接支付报酬。20世纪70年代，社队林场发展较快，到1978年，有公社办林场3个，固定人员37人，经营山林60.13公顷。另有大队办林场1个，经营山林从创办初期的3.47公顷发展到66.67公顷。

白鹿公社林场

创办于1976年，经营杉木林16.67公顷。设场长1人，有林场职工7人，工资报酬由公社支付。1989年森林二类资源调查时，称白鹿乡茶林场。1992年，白鹿乡林场23、24小班面积13.33公顷，皆伐80立方米。2003年起，林场委托所在的白鹿村管理。

晓云公社林场

位于晓云公社王石坑村，创办于20世纪70年代初。时晓云公社派员赴湖南株洲学习杉木造林经验，发动王石坑村男女老少及各村选派壮劳力参与开山造林，经营杉木林13.33公顷，时有林场职工8人。1989年森林二类资源调查时，称晓云乡茶林场。1991年3月，晓云乡政府与王石坑村签订协议，林场属乡、村联办，土地所有权属王石坑村，经营权属晓云乡政府。收益按1∶5∶4的比例分成，即10%归原生产队土地所有，50%归王石坑村所有，40%归乡政府所有。经营方式，由乡政府统一经营，统一结算。2000年起，林场委托所在的王石坑村管理。2001年，并入龙溪村。

鹿亭公社林场

位于遥九岭、祝家堰和西岙，创办于1977年，时有林场职工22人。经1989年森林二类资源调查统计，林场经营面积30.13公顷，其中有杉木林27.67公顷，茶园0.8公顷，毛竹0.27公顷，未成林造林地1.4公顷。1992年，鹿亭乡林场77、79小班，面积4.87公顷，皆伐200立方米。到1995

年已建立速生丰产杉木林73.33公顷。1995年，荒山垦复种植板栗6.67公顷。1992年撤扩并后为鹿亭乡林场。

中村村林场

创办于1975年，经营杉木林3.47公顷，1977年发展到13.33公顷。20世纪80年代山林实行家庭承包责任制后，采取“村出钱，户出山（承包山），山权不变，林权归场，受益三七分（户30%，村70%）”的办法，把400余承包户的荒山连片集中造林。1985年，杉木林开始间伐，村收入7.2万元，亩均蓄积达9立方米，最高每亩达14立方米。1987年，经营杉木林49.33公顷，林木蓄积3700立方米。1990年，经营山林66.67公顷，林木蓄积量近5000立方米。1985—1989年，砍伐收入24.7万元，按三七分成，村得17.3万元，用于村自来水改造、地下水道疏通、村道路面改造等。1989年，中村村林场84小班2公顷，皆伐150立方米。1999—2001年，两次砍伐6.8公顷，村收入17余万元。办场初成立林业队，到1990年有专业队员17人，其中大部分是1975年创办至今的老队员，村每年拨出资金付给报酬，同时在林场内部实行“按额定工，以工付酬”的承包办法。

第二节　茶　场

20世纪60年代始，乡境内39个大队普遍建立茶场或茶牧场，个别生产小队也建立茶牧场，经营面积2～3.33公顷不等。时白鹿公社8家生产大队茶牧场，经营茶山23.93公顷。大队茶牧场人员由各生产队抽调，吃、住、劳动都在场，报酬一般都记工分。茶牧场以经营茶树栽培和生猪饲养为主，场内收入作为大队集体收入。80年代农村实行家庭联产承包责任制后，各大队和生产小队的茶牧场大多解散。

从20世纪60年代开始，陆续兴办起集体专业茶场。至1997年，全乡有专业茶场28个，面积84.07公顷。

石潭村茅岗山茶场

1964年建场，时有茶场员工20余人，均由各生产队抽调，报酬为工分制。建场时有茶园面积6.8公顷，通过逐年开垦，茶园面积达16.67公顷，年产鲜叶20万千克，最高时年产干茶每亩50千克，亩产值300余元。1972年，茅岗山建茶叶初制厂。1984年，茶场开始由个人承包，承包期每轮3年，每年上缴承包款13000元。1994年，开辟股份制茶园基地4.67公顷。1999年，改承包期为15年，每年上缴承包款1万元。2014年起，改承包期为20年，每年上缴村承包款5万元。

中村村茶场

1964年建场，茶园面积8公顷。1968年建茶叶初制厂。1975年建速生茶园，提出“一年种，二年摘，三年超双百”的口号，年产珠茶100千克。1988年始，由个人承包。

白鹿公社茶场

创办于1975年，茶园面积7.33公顷。在小黄泥岭建茶叶初制厂，有平房20余间。1989年森林二类资源调查时，称白鹿乡茶林场，有面积26.27公顷，其中茶园9公顷，松林、杉木林、疏林等17.27公顷。历任场长（负责人）陈茂强、马仁太、马炳坤、马纪乾、龚宣达。1999年由个人承包经营。2003年起，采用改植换种，承包给个人管理。

晓云公社茶场

创办于20世纪70年代，1989年森林二类资源调查时，称晓云乡茶林场，有面积17公顷，其中茶园面积4公顷，松林、杉木林面积12.67公顷，荒山荒地0.33公顷。历任场长（负责人）姚善定、姚云龙、方张国。80年代后承包给个人管理。

第六编

农牧渔业

第一章　主要农作物

第一节　粮食作物

乡境内粮食作物以水稻为主，辅以大小麦（春粮）及番薯、玉米等夏秋杂粮。

水稻

按类型分，有籼稻、粳稻、糯稻；从熟制上分，有早、中、晚稻。因地理环境不同，白鹿片多数粮田为海拔450米以上的山坡梯田，适宜种植中汛单季水稻；鹿亭片地势较低，多数粮田适宜种植双季稻；晓云片多数村适宜种植中汛单季稻，有个别村（如大溪村）也适宜种植双季稻。中华人民共和国成立初期，水稻品种单一，产量低而不稳。1951年，乡境4个乡种植水稻454.7公顷，亩产112.4千克。1952年，乡境内种植中汛稻426.16公顷，晚稻40.24公顷。1964年，种植水稻525.06公顷，总产1732.9吨。20世纪70年代，农村改善水利设施，提倡科学种田，县、区、公社、大队建立四级科技队伍，乡境水稻总产从1968年的2079.8吨提高到1978的2799.75吨。80年代后期，随农业产业结构调整，水稻种植面积逐年减少。2016年，全乡种植水稻2.73公顷，总产11吨。

大小麦

俗称春粮。中华人民共和国成立初期，农户尚把大麦炒熟磨成“炒麦粉”，当早餐或点心食用；还用磨碎的大麦与大米烧在一起做成“麦碎米饭”，以补充粮食之不足。1957年，现乡境内大小麦种植面积170.27公顷，平均亩产77千克，总产近200吨。种植面积最多为1958年，共种植219.27公顷。1979年，种植面积173.8公顷，亩产158.8千克，总产414吨，为大小麦亩产、总产最高之年。1988年后，水稻产量提高，粮食出现阶段性过剩，种植大小麦效益下降，种植面积逐年减少。1989年，乡境内大小麦种植面积44.6公顷，总产77吨。2003年后，乡境内不再种植大小麦。

杂粮

番薯　是境内夏季种植的主要旱地粮食作物。20世纪60—70年代，各生产队在旱地上均种植番薯，亩产一般在350 ~ 500千克。80年代始，实行家庭联产承包责任制后，亩产量有了提高，一般在600 ~ 700千克，高的可达1000余千克。部分作猪饲料，部分制作番薯粉丝，部分充当薯粮，补充粮食不足。1961—1977年，鹿亭公社年均种植26.59公顷，年均总产达183.03吨。70年代，政府为照顾山区农民，可在粮站用番薯干兑换大米。1974年，乡境内杂粮总产量730.7吨，其中番薯总产量669.95吨，占杂粮总产量的91.7%。1979年，鹿亭、晓云、白鹿3个公社种植杂粮总面积111.24公顷，其中番薯种植面积100.31公顷，占杂粮种植总面积的90.17%。番薯总产最高为1978年，达787.5吨。60—70年代，番薯“五折一”（5斤番薯折1斤稻谷）作农户口粮分配。农户自留地上也有种植。80年代，实行家庭联产承包责任制后，农户仍有大面积种植。90年代始，水稻产量提高，粮食不再紧张，番薯种植面积有所减少，1993年全乡种植73.47公顷。2000年后，发展花木生产和全面开放粮食市场，番薯种植面积更是逐年减少。2001年，全乡种植番薯55.67公顷，总产量247.16吨。2016年，全乡番薯种植面积46.5公顷，总产463吨。

玉米　俗称六谷。因秋季玉米秆易被台风吹倒，故境内以种植春玉米为主。20世纪60年代前，部分山民把玉米种在山坡上，实行“刀耕火种”，即在冬季把山坡上的树、柴、草都砍倒、晒干，然后把整个坡上的树、柴、草焚烧成灰，以增加地力。第二年春季播种，整个山坡俗称“六谷山”，一般在0.6公顷以上。玉米生长期和收获以前，山民在山坡上搭棚管理，日夜守候，以防兽害和偷窃。1961年，鹿亭公社种植玉米12.67公顷，亩产156.5千克，总产量29.74吨。70年代后，作为水旱轮作制度改革，进行示范种植，引进新品种，推广杂交玉米。1979年，白鹿公社种植玉米5.9公顷，亩产205.8千克，总产量18.213吨。2007年，全乡种植玉米面积27.93公顷，总产108吨。2012年，全乡种植玉米面积50.67公顷，亩产242千克，总产量183.93吨。此后，引进种植菜用甜玉米“华珍”、闲食用糯玉米“苏玉糯2号”，均采收鲜玉米自食或供应市场，经济效益较好。

1957—1991年鹿亭乡（公社）粮食种植面积、总产一览表

表6-1-1

年份	种植面积（公顷）	总产（吨）	春粮		早稻		晚稻（含中汛稻）		杂粮	
			种植面积（公顷）	总产（吨）	种植面积（公顷）	总产（吨）	种植面积（公顷）	总产（吨）	种植面积（公顷）	总产（吨）
1957	356.4	852.4	59	37.6	81.4	245	165.27	361.15	50.73	208.65
1958	384	1037.1	66.6	120.4	89.27	278.3	163.8	375.2	64.33	263.2
1959	336.67	1071.4	46.67	87	128.8	412.55	108.8	335.05	52.4	236.8
1960	364.07	960	69.2	98.7	99.2	299.6	151.87	339.65	43.8	222.05
1961	351.87	853.1	69.4	97.75	88.87	210.8	152.47	363.3	41.13	181.25
1962	355.2	838.55	71.53	106.35	83.67	205.55	159.73	374.2	40.27	152.45
1963	361.66	940.7	79.67	116.4	92.73	233.75	158.93	413.95	30.33	176.6
1964	348.6	1009.1	49.67	57.55	110.73	318.9	157.13	434.85	31.07	197.8
1965	351.94	942.4	45.2	67.05	115.87	446.55	156.6	278.55	34.27	150.25
1966	330.66	1146.35	43.6	65.5	137.2	612	118.73	277.65	31.13	191.2
1967	303.26	960.4	56.33	85.15	141.87	643.35	68.73	141.2	36.33	90.7

续表 6-1-1

年份	种植面积（公顷）	总产（吨）	春粮		早稻		晚稻（含中汛稻）		杂粮	
			种植面积（公顷）	总产（吨）	种植面积（公顷）	总产（吨）	种植面积（公顷）	总产（吨）	种植面积（公顷）	总产（吨）
1968	303.93	1223.65	43.93	98.6	146.87	684.35	76.8	235.55	36.33	205.15
1669	299.6	1324.65	36.33	57.9	146.87	749.25	82.53	304.85	33.87	212.65
1970	313.33	1359.55	38.67	87.2	141.93	762.85	100	283.5	32.73	226
1971	297.13	1062.15	41.73	111.25	142	660.8	76.73	142.6	36.67	147.5
1972	367.6	1652.6	69.4	175.3	157.33	821.45	101.07	319.1	39.8	336.75
1973	369.6	1596.25	75.6	150.2	148.8	810.75	107.33	364.6	37.87	270.7
1974	361.87	1529.55	74.8	190.5	106.67	605.15	148.73	496.05	31.67	237.85
1975	350.06	1412.1	66.93	87.35	90.13	482.25	153	619.65	40	222.85
1976	354.54	1416.65	68.07	124.95	93.87	487.8	153.53	600.6	39.07	203.3
1977	360.46	1394.85	69.53	84.7	92.4	451.4	158.53	599.1	40	259.65
1978	374.2	1751.25	72.87	175.65	95.8	550	165.53	749.55	40	276.05
1979	372.6	1672.9	80.33	243.3	95.87	576.55	158.8	668.8	37.6	184.25
1980	351.27	1321.8	72.13	178.2	90.67	458.6	154.87	540.2	33.6	144.8
1981	324.6	1200.5	60.27	148	87.53	511.9	150.13	428.6	26.67	112
1982	330.07	1392.95	67.2	155.65	85.07	459.85	151.13	632.1	26.67	145.35
1983	342.26	1307.65	73.53	197.85	87.2	302.6	153.53	662.75	28	144.45
1984	351.8	1668	73.33	198.35	86.47	471.3	153.47	775.75	38.53	222.6
1985	314.26	1431.9	76.67	186.9	74.73	432.65	140.53	658.9	22.33	153.45
1986	287.2	661.3	61.4	75.85	69.87	202.9	129.4	299.1	26.53	83.45
1987	284.81	670.25	56.47	68.75	68.8	178.55	132.67	338.95	26.87	84
1988	289	622.55	60.93	76	65.33	164.05	133.87	322	28.87	60.5
1989	272.2	1087	27.13	54	81.07	427	135.33	511	28.67	95
1990	277.8	1366	24.73	52	81.47	459	140.13	735	31.47	120
1991	290.4	1451	36.67	82	83.33	470	140.6	740	29.8	159

1957—2016年鹿亭乡境内粮食种植面积总产一览表

表6-1-2

年份	种植面积（公顷）	总产（吨）	春粮		早稻		晚稻（含中汛稻）		杂粮	
			种植面积（公顷）	总产（吨）	种植面积（公顷）	总产（吨）	种植面积（公顷）	总产（吨）	种植面积（公顷）	总产（吨）
1957	914.8	2226.1	170.27	196.95	101.8	287.3	463.13	1144.3	179.6	597.55
1958	996.6	2561.95	219.27	312.85	113.33	341.25	450.33	1149.6	213.67	758.25
1959	805.4	2598.55	119.87	200.05	217.47	706.9	295.73	1027.2	172.33	664.4
1560	824.93	2222.05	175.93	223.45	153.4	462.3	368.07	948.8	127.53	587.5
1961	812	2057.75	176.47	195.05	130.93	322.6	377.53	1011.5	127.07	528.6
1962	800.6	2116.9	177.27	251.7	105.13	257.4	395.8	1153.2	122.4	454.6
1963	807.52	2472.9	192.33	265.65	102.33	256.05	403.53	1342.8	109.33	608.4
1964	746.33	2611.6	116.07	144.3	119.93	345.9	405.13	1387	105.2	734.4
1965	739.8	2274.45	110.47	161.65	124.8	475.3	402.2	1148.3	102.33	489.2
1966	715.46	2718.8	105.33	151.35	153.8	686	352.4	1271	103.93	610.45
1967	681.87	2392.6	107.47	174.2	158.4	724.25	313.8	1134.6	102.2	359.55
1968	661.59	2868.8	87.6	170.2	166.33	788.2	303.53	1291.6	104.13	618.8
1969	653.73	3204.65	76.87	99.8	168.13	861.5	307.2	1540.8	101.53	702.55
1970	685.67	3271.35	80	156.45	171.6	934.6	317.27	1540.9	116.8	639.4
1971	666.2	2611.7	95	202.3	209	1023.6	263.33	902.7	98.87	483.1
1972	799.33	3854.95	157.4	340.55	219.73	1144.2	292.33	1321.7	129.87	1048.5
1973	809.81	3894.55	183.07	316.8	160.07	863.9	343.87	1846.6	122.8	867.25
1974	794.4	3619.1	181.8	359.5	116.2	660.7	388.07	1868.2	108.33	730.7
1975	777.47	3461.1	163.27	188	96.6	515.45	390.93	2053.8	126.67	703.85
1976	790.27	3356.7	167.67	229.35	98.6	511.4	391.27	1968.3	132.73	647.65
1977	780.94	3238.65	153.2	137.05	102.47	499.25	395.27	1799.8	130	802.55
1978	795.33	3996	157.87	293.45	106	608.65	398.13	2191.1	133.33	902.8
1979	790.67	3468.65	173.8	414	98.87	594.15	397.93	1923.6	120.07	536.9
1980	729.39	3037.9	139.8	292.4	93.13	469.6	395.93	1790.5	100.53	485.4
1981	664.34	2603.9	104.6	220.6	89.87	523.95	389.87	1553.4	80	305.95
1982	672.67	3145.55	113.07	244.65	86.8	467.15	389.47	1993.2	83.33	440.55
1983	700.4	3124.7	143.93	318.1	88.47	307.15	393.67	2014.5	74.33	484.95
1984	719.4	3741.55	136.73	316.25	87.47	475.7	393.2	2248.8	102	700.8
1985	680.54	3280.85	140.8	309.25	75.67	437.15	376.47	1965.3	87.6	569.15
1986	613.33	2403.65	104.33	113.1	70.6	410	359	1653	79.4	227.55

续表 6-1-2

年份	种植面积（公顷）	总产（吨）	春粮		早稻		晚稻（含中汛稻）		杂粮	
			种植面积（公顷）	总产（吨）	种植面积（公顷）	总产（吨）	种植面积（公顷）	总产（吨）	种植面积（公顷）	总产（吨）
1987	606.53	2776.85	95.67	98.75	69.73	366	360.6	2025	80.53	287.1
1988	607.74	2430.2	91.27	99.8	66.27	333	363.07	1834	87.13	163.4
1989	577.33	2082	44.6	77	82	430	365.4	1372	85.33	203
1990	590.47	2771	45.87	81	82.33	463	371.27	1868	91	359
1991	614.92	3172	58.73	110	84.13	474	370.73	2164	101.33	424
1992	566.67	3044.6	11	65	83.87	478.6	370.33	2000	101.47	501
1993	511.47	3583	—	—	68.67	372	356.73	2004	86.07	1207
1994	449.4	2698	—	—	15.27	82	352.2	1919	81.93	697
1995	452.14	2758	—	—	16	83	349.47	2185	86.67	490
1996	496.94	2730	—	—	2.67	16	336.87	2285	157.4	429
1997	492.74	2343	—	—	—	—	341.87	1923	150.87	420
1998	436.26	2635	—	—	—	—	349.53	2181	86.73	454
1999	429.86	2530	—	—	—	—	346.93	2102	82.93	428
2000	404.93	2482	—	—	—	—	332.93	2019	72	463
2001	301.47	1743	6.53	17	—	—	217.47	1425	77.47	301
2002	178.53	1005	8.33	21	—	—	113.27	737	56.93	247
2003	166.67	1227	—	—	—	—	120.47	798	46.2	429
2004	166.06	1089	—	—	4	24	108.13	637	53.93	428
2005	158.26	1113	—	—	—	—	105.33	700	52.93	413
2006	156.54	1131	—	—	—	—	102.87	703	53.67	428
2007	155.34	1152	—	—	—	—	93.07	618	62.27	534
2008	206.6	1514	—	—	—	—	121.93	827	84.67	687
2009	202.14	1393	—	—	—	—	117.87	703	84.27	690
2010	195.74	1389	—	—	—	—	111.07	702	84.67	687
2011	204.27	1347	—	—	—	—	125.6	755	78.67	592
2012	221.87	1059	—	—	25.87	154	92.47	548	103.53	357
2013	200.86	1097	—	—	12.33	73	77.93	331	110.6	693
2014	223.47	1067	—	—	15.27	69	78.47	508	129.73	490
2015	148.27	613	—	—	—	—	71.8	330	76.47	283
2016	83.4	564	—	—	—	—	2.73	11	80.67	553

1961—1978 年鹿亭公社大小麦种植情况表

表 6-1-3

年份	合计		大麦			小麦		
	面积（公顷）	总产（吨）	面积（公顷）	亩产（千克）	总产（吨）	面积（公顷）	亩产（千克）	总产（吨）
1961	46.4	61.97	35.33	95	50.35	11.07	70	11.62
1962	48.8	62.03	37.13	90	50.13	11.67	68	11.9
1963	58.2	68.98	40.93	80.5	49.43	17.27	75.5	19.55
1964	48.2	55.37	37.67	72	40.68	10.53	93	14.69
1965	44.13	65.1	30.47	98.5	45.01	13.67	98	20.09
1966	41.07	63.95	24.73	107	39.7	16.33	99	24.26
1967	55.47	87.56	30.87	115	53.25	24.6	93	34.32
1968	43.13	97.17	25.93	143	55.63	17.2	161	41.54
1969	37.87	57.71	17.67	104	27.56	20.2	99.5	30.15
1970	38.13	85.6	15.87	166	39.51	22.27	138	46.09
1971	40.73	109.37	24.8	197	73.28	15.93	151	36.09
1972	68.53	174.01	51.47	175	135.1	17.07	152	38.91
1973	72.87	149.09	58.8	142	125.24	14.07	113	23.84
1974	74	191.07	60.4	177.5	160.82	13.6	148.5	30.25
1975	66.33	85.19	46.8	81.5	57.21	19.53	95.5	27.98
1976	66.27	123.1	46.07	128	88.45	20.2	114.5	34.65
1977	66.6	83.78	45.07	85	57.46	21.53	81.5	26.32
1978	72.07	174.32	46.07	164.5	113.67	26	155.5	60.65

注：摘自《鹿亭人民公社统计历史资料汇编》。

1961—1977 年鹿亭公社夏秋玉米种植情况表

表 6-1-4

年份	种植面积（公顷）	亩产（千克）	总产（吨）	年份	种植面积（公顷）	亩产（千克）	总产（吨）
1961	12.67	156.5	29.74	1970	1.67	118	2.95
1962	13	129	25.16	1971	2.53	153	5.81
1963	5.4	227.5	18.43	1972	0.67	275	2.75
1964	4.8	185	13.32	1973	0.53	275	2.2
1965	5.73	116	9.98	1974	0.4	266.5	1.6
1966	7.33	57.5	6.33	1975	0.67	225	2.25
1967	4.87	78.5	5.73	1976	0.53	131.5	1.05
1968	10.13	72	10.94	1977	0.26	108.5	0.43
1969	4	130.5	7.83	—	—	—	—

注：摘自《鹿亭人民公社统计历史资料汇编》。

1974—1988年现乡境内各公社（乡）番薯总产一览表

表6-1-5　　　　单位：吨

年份＼公社(乡)	鹿亭	晓云	白鹿
1974	218.55	297.2	154.2
1975	215.85	285.65	160.65
1976	196.15	291.01	120.27
1977	246.53	313.75	198
1978	248.15	334.85	204.5
1979	174.1	196.05	114.4
1980	135.35	177.95	111.45
1981	110.5	91.5	83.75
1982	140.25	112.7	147.15
1983	142.55	160.6	158.1
1984	157.36	191.88	169.84
1985	153.45	189.75	176.67
1986	81.1	104.6	31.5
1987	80.5	125.95	62.8
1988	57	58.7	31

第二节　油料作物

清代，现乡境内已有油菜种植。至民国时期，种植已较为普遍。20世纪50—70年代，受粮食丰歉和收购价格影响，种植面积变化较大。1960年，鹿亭人民公社种植油菜11.01公顷，亩产油菜籽43.19千克，总产量7133.4千克。1978年，菜籽收购价格提高，种植面积扩大。1979年，鹿亭、晓云、白鹿3个公社种植油菜17.73公顷，亩产油菜籽102千克，总产量27132千克。1985—1994年，乡境内年均种植面积为76.34公顷，亩产90～100千克。1992年，全乡种植面积和总产均达最高峰。是年，全乡种植面积109.87公顷，总产182吨。1995—1999年，全乡年均种植面积70.6公顷，亩产稳定在103千克左右。亩产最高的是1996年，平均亩产达115.5千克。1999年，全乡种植面积70.9公顷，亩产103千克。2000年后，全乡种植面积大为减少，2002—2010年，每年种植面积在20～30公顷，亩产105千克左右。2011年后，除白鹿村农户有种植外，其他村已不再种植。2016年，全乡种植面积12.2公顷，总产27吨。

1979—2016年现乡境内油菜种植面积总产一览表

表6-1-6

年份	种植面积（公顷）	总产（吨）	年份	种植面积（公顷）	总产（吨）
1979	17.73	27	1998	70.47	84
1980	21.53	31	1999	70.9	110
1981	37	57	2000	74.4	98
1982	45.53	68	2001	51.9	70
1983	46.2	55	2002	31.7	72
1984	41.73	51	2003	35.7	67
1985	41.2	61	2004	22.1	50
1986	51.4	79	2005	24.4	58
1987	71.53	108	2006	26.3	63
1988	58.73	58	2007	27.7	65
1989	89.6	121	2008	27.4	65
1990	89.93	139	2009	25.6	59
1991	91.67	132	2010	21.8	28
1992	109.87	182	2011	31.1	80
1993	107.33	133	2012	30.5	69
1994	52.12	81	2013	31.3	78
1995	68.4	111	2014	26.2	68
1996	68.67	119	2015	19	43
1997	74.67	122	2016	12.2	27

第三节 蔬 菜

品种

2016年，乡境内蔬菜品种共13个大类70余种。

豆类　传统品种有毛豆（大豆，俗称黄豆），分六月拔、七月拔、九月拔，以及扁豆、带豆（长豇豆，俗称羹豆，分夏羹豆、秋羹豆）、豇豆、绿豆、赤豆（红豆）、豌豆（青豆）、蚕豆、黑豆等。新品种有台湾75、日本大豆、羊角豆（梅豆、四季豆）。

茄果类　传统品种有红茄、白茄、紫茄、藤茄、番茄（西红柿）、辣椒等。1970年引进菜椒、羊角椒。1990年引进宁波农科院新品种藤茄，21世纪初引进秋葵。

果瓜类　传统品种有冬瓜、南瓜（俗称饭瓜）、丝瓜（俗称天萝）、黄瓜、菜瓜、蒲子（手膀蒲、葫芦蒲）等。1984年后，陆续引进小青瓜、苦瓜、白长蒲。2000年后，引进短丝瓜、早熟小南瓜等。

叶菜类　传统品种有青菜、小白菜、高脚白、黄芽菜、菠菜、塌科菜、凤凰菜、蒿菜等。1975年前后引进大白菜（俗称茭菜）；1990年后引进空心菜、香菜、木耳菜等；2000年后引进小塘菜、苏州青、大叶黑、矮抗青等。

绿叶梗菜类　传统品种有苋菜。1990年后引进芹菜、莴苣。

根菜类　传统品种有本地大头菜、洋种大头菜、萝卜（红萝卜、长萝卜、圆萝卜）等。1990年后，引进浙江长萝卜、高抗青大萝卜、圆白萝卜、一点红萝卜等。

芥菜类　传统品种有花叶芥、弥陀芥、包芯芥、雪里蕻。

甘蓝菜类　20世纪70年代从温州引进包心菜（形似南瓜，俗称南瓜菜），20世纪末引进西兰花、包心菜（形似粽子，俗称粽子菜）。

水生菜类　传统品种有茭白、慈姑。

薯芋类　传统品种有马铃薯、芋艿（有香梗芋艿、黄奋进芋艿、乌脚进芋艿）、蕉藕等。

葱蒜类　传统品种有韭菜、小葱、洋葱、大蒜等。

多年生菜类　竹笋（冬笋、春笋、鞭笋、龙须笋、燕笋、雷笋、其他小竹笋）、香椿、生姜、金针等。

食用菌类　蘑菇、其他无毒可食用野生菌。

产量

1985年前，农户在屋前屋后、自留地（饲料地）零星种植日常蔬菜，仅供自给，每年不足150公顷。种植最多的是马铃薯，其次是白菜、雪里蕻菜、萝卜，还有黄豆等豆类。1979年，鹿亭、白鹿两公社种植面积69.41公顷，其中种植蔬菜（包括萝卜）17.68公顷，大豆11.2公顷，总产量16.62吨；马铃薯40.53公顷，总产量111.83吨。20世纪80年代后期始，农业调整种植结构，蔬菜种植面积增加。1993年，全乡种植蔬菜76.1公顷，总产量991吨。2006年种植面积217.2公顷，总产量5507吨。其中马铃薯62.4公顷，总产量1674吨；豆类51.8公顷，总产量159吨；菜类50.7公顷。2016年，全乡种植蔬菜33.2公顷，总产量505吨。

1996—2016年鹿亭乡蔬菜种植面积、总产量一览表

表6-1-7

年份	种植面积（公顷）	总产（吨）	年份	种植面积（公顷）	总产（吨）
1996	130	1524	2007	214.3	5471
1997	146.1	1518	2008	219	5605
1998	131.4	2263	2009	144	3663
1999	114.7	2234	2010	141.73	3401.6
2000	90.7	1579	2011	141.1	1661
2001	190	1726	2012	146.9	2501
2002	191	—	2013	95	1460
2003	194.2	—	2014	100.5	1433
2004	180.6	4536	2015	32.13	488
2005	213.5	5384	2016	33.2	505
2006	217.2	5507			

部分蔬菜简介

大豆 俗称毛豆、黄豆，本地蔬菜作物，部分年份作其他杂粮统计。20世纪50年代前，品种有早大豆、秋大豆2种，早大豆又分五月拔、六月拔等品种，秋大豆俗称九月拔。每家每户在田边地角、零星杂地、田塍、田埂上零星种植。60年代，从嵊县引进迟大豆种子，作为抗旱作物推广种植，种植面积扩大到40公顷上下。后又多次从外地引进大青豆、粗大豆、矮脚青等品种，因株型紧凑、不易倒伏、成熟早、产量高、品质好，颇受农户欢迎。1961—1978年，鹿亭公社年均种植5.01公顷，年均总产量10.58吨。1979年，鹿亭、晓云、白鹿3个公社种植大豆16.47公顷，亩产104千克，总产量25.71吨。2007年，全乡种植大豆面积15.4公顷，亩产235千克，总产54吨。至2016年，大豆作为鲜食蔬菜仍广有种植。

1996—2016年鹿亭乡夏秋大豆种植面积总产一览表

表6-1-8

年份	种植面积（公顷）	总产（吨）	年份	种植面积（公顷）	总产（吨）
1996	16	34	2007	15.4	54
1997	20.67	39	2008	26.6	54
1998	29.2	64	2009	28.07	102
1999	31.4	71	2010	27.87	99
2000	29.93	67	2011	33	112
2001	29.73	49	2012	32.73	112
2002	17.93	57	2013	39.87	83
2003	15.93	49	2014	30.27	103
2004	17.2	54	2015	20.87	48.5
2005	16.4	54	2016	7.67	44
2006	16.47	56			

马铃薯 俗称洋芋艿，在本地主作蔬菜，部分年份亦作杂粮统计。每年立春后种植，小满前收获。1961—1978年，鹿亭公社年均种植马铃薯21.13公顷，年均总产量69.78吨，其中1970年为最高，达96.72吨。1979年，鹿亭、晓云、白鹿3个公社种植马铃薯80.6公顷，亩产285.9千克（其中牛塘大队亩产高达405千克），总产量345.65吨。1980—1997年，年均种植面积在133.3公顷，亩产约1205千克。1995年后，引入圆形黄皮种“东农303”，至今仍为主栽品种。2002年，全乡种植马铃薯92.3公顷，亩产1696千克，总产量2348吨。后因农村劳动力大量向城镇转移，种植马铃薯的农户和种植面积相对减少。

1961—1978 年鹿亭公社马铃薯种植情况表

表 6-1-9

年份	种植面积（公顷）	亩产（千克）	总产（吨）	年份	种植面积（公顷）	亩产（千克）	总产（吨）
1961	21	101.5	31.97	1970	20.73	311	96.72
1962	25.73	102.5	39.57	1971	18	318	85.86
1963	26.67	153	61.2	1972	17.93	348	93.61
1964	26.53	211.5	84.18	1973	15.87	350	83.3
1965	25	148.5	55.69	1974	18.27	253	69.32
1966	22.67	188	63.92	1975	17.93	206	55.41
1967	22.8	197	67.37	1976	19.27	276.5	79.91
1968	22.53	200	67.6	1977	20.53	268.5	82.7
1969	21.33	225	72	1978	17.53	250	65.75

注：摘自《鹿亭人民公社统计历史资料汇编》。

第四节 浙贝母

浙贝母是中药“浙八味”之一，用于治疗外感风寒引起的咳嗽，具有清热祛痰、解毒的功效。乡境内种植浙贝母（以下简称“浙贝”）主要是原鹿亭公社。20 世纪 70 年代中期，从浙贝原产地鄞县章水镇樟村引进。开始只有少数农户种植，随土地承包责任制的落实和种植浙贝经济效益的提高，激发农户种植浙贝的积极性。1983 年，余姚县浙贝生产派购计划，鹿亭公社 14.8 公顷，派购任务 11100 千克。1985 年，贝母市场开放后，在各家收购单位竞争中，干贝母价格猛增，从原来每千克 16 元，增加到每千克 80 元。是年，鹿亭乡种植贝母 13.3 公顷，亩产干贝母 100 千克左右，总产值 160 余万元，种植贝母成为农户主要经济来源之一。1992 年，全乡种植贝母 19.1 公顷，总产值 26 万元。2003 年，“非典”时期，市场收购价每千克干贝高达 230 元。以后价格又下跌，2007 年，全乡种植贝母 57.13 公顷，鲜贝母总产量 351 吨。2009 年，国家推行贝母无硫化加工的规定，明令禁止用硫黄熏蒸贝母的传统方法，使贝母加工工序复杂，影响农户种植积极性，造成浙贝种植面积回落。2011 年，全乡种植贝母 26.3 公顷，鲜贝母总产量 196 吨。2012 年，全乡种植 32.1 公顷，鲜贝母总产量 215 吨。2016 年，全乡种植贝母 1.3 公顷。

第五节 高山西瓜

民国时期，乡境内不产西瓜。中华人民共和国成立后，少数农户从樟村、梁弄等地买西瓜秧种植。

1999 年，在乡农科部门指导下，白鹿 4 户农户引进大型西瓜种植品种“西农 8 号”，种植面积 0.33 公顷，总产值 0.5 万元。2000 年，引进另一新品种“黑美人”。是年 9 月，召开高山西瓜开发恳谈会，扩大种植规模。次年，白鹿连片种植13.3公顷获丰收，总产量达300吨，示范户亩产值2400元。2001年后，引进优质西瓜“早佳84-24”，并从台湾农友公司引进小型西瓜种植品种“惠兰”。因经济效益明显，种植农户逐年增多，种植面积逐年扩大。2001年，全乡种植高山西瓜100公顷，总产量615吨，总产值169.8万元。并在余姚、宁波、杭州、上海等地设立销售窗口。2007年，全乡种植西瓜97.32公顷（其中白鹿村种植66.67公顷），亩产2003千克，总产量2924吨。

高山西瓜

2003年，成立白鹿高山西瓜专业合作社，制订合作社章程，有理事会成员5人，入股社员37户，每户股金500元，专业合作社实行产销一体化服务（2008年6月，高山西瓜专业合作社入股社员增至96户）。是年，经浙江省无公害产品领导小组审定，鹿亭高山西瓜被列入浙江省无公害产品基地名单，标志编号WNCR-ZJ10328，同时被列入浙江省绿色农产品名单，产品编号ZGP-02-2014。同年，经宁波市绿色农产品认定委员会认定，“鹿亭牌”西瓜被列入宁波市绿色农产品名单，产品编号YGP-01-0108-2003。

2007年，白鹿村高山西瓜实产调查：调查农户17户，种植面积3.67公顷，亩产西瓜2383.4千克，户均增收8105元。

2010年8月7日，在云河漂流景区举办以“品高山西瓜，玩户外运动”为主题的鹿亭乡高山西瓜节，由余姚市旅游局、鹿亭乡人民政府主办，云河漂流景区、白鹿高山西瓜合作社、宁波大自然户外运动俱乐部承办。

2011年鹿亭高山西瓜擂台赛

2011年8月12日，在白鹿村举办“清纯鹿亭·美丽乡村”2011鹿亭高山西瓜擂台赛，由乡政府主办，白鹿村委会、白鹿高山西瓜合作社承办。

2011年后，随花木生产发展，西瓜种植面积逐年减少，种植品种以“惠兰”礼品小西瓜为主。2011年，全乡高山西瓜种植62.4公顷，亩产1796千克，总产量1681吨。2016年，全乡西瓜种植45.07公顷。

1999—2010年白鹿村高山西瓜种植情况表

表6-1-10

年份	种植农户（户）	种植面积（公顷）	亩产（千克）	总产值（万元）
1999	4	0.33	1000	0.5
2000	6	6.67	2000	60
2001	50	13.3	1900	76
2002	150	20	1900	171
2003	200	30	2250	404
2004	300	40	2300	552
2005	400	53.3	2300	736
2006	500	60	2400	860
2007	650	66.67	2400	960
2008	700	66.67	2300	920
2009	500	53.3	2000	640
2010	300	33.3	1750	350

第二章　种植　培育

第一节　耕作制度

中华人民共和国成立初至1970年，重点推广以适当密植为中心的“七大”技术，即选用良种、培育壮秧、精耕细作、适当密植、合理施肥、科学灌水、防治病虫害。在耕作制度上，逐步推广“一熟”为“二熟”的耕作制度，发展春粮种植面积。1963年，乡境内种植早稻102.3公顷，平均亩产167千克，中晚稻403.5公顷，平均亩产222千克，种植春粮192.3公顷，平均亩产92.2千克。

1971—1984年，重点扩大春粮、油菜、水稻新“三熟制”，1973年，提出大麦—早稻—晚稻新“三熟制”的改革思路。是年，为历史上大麦种植面积最多的一年，乡境内春粮种植面积达到183.07公顷，平均亩产115.37千克，总产316.8吨。实行家庭联产承包责任制后的1983年和1984年，农民生产积极性特别高，冬种面积也特别多。这一时期，真正达到绿肥过冬，无一块冬闲田（除冷水田以外）。境内水稻田有两大区域耕作制度，原鹿亭乡（公社）为“大麦—早稻—晚稻”和“油菜—早稻—晚稻”2种“三熟制”耕作制度；原白鹿、晓云两乡（公社）为“绿肥—中汛稻”“油菜—中汛稻”“麦—中汛稻”和“马铃薯—中汛稻”4种“二熟制”耕作制度。旱地种植推行“马铃薯—番薯”“麦—番薯”“油菜—番薯”“马铃薯—玉米、大豆、花生”等种植模式。

1985年，停止已实行三十年的农产品统购统派任务，由计划经济向市场经济转型，开始逐步调整农业产业结构，发展多种经营，种植面积减少。1990年以来，以市场为导向，效益为中心，农业增效、农民增收为目标，创新农作制度，从种植为主向种养结合转变；从种粮为主向粮经并举转变；从注重产品数量向注重质量转变。特别是2000年开始，取消粮食、油菜的定购、派购任务，还农民自主种植以后，大面积增加以蔬菜花卉为主的经济作物面积，经十余年调整，种植粮食作物面积显著减少。到2016年，已形成一批有区域特色的主要产业。大部分梯田、山田、山坡中，有一部分发展花卉苗木、高山蔬菜、高山西瓜，一部分退耕还林，一部分遗弃荒废。

第二节 栽 培

水稻

育秧　水稻育秧全过程环绕“适龄、壮秧、足苗”三个目标。育秧第一步做到适期播种，早稻清明前后，中汛稻谷雨前后，晚粳、晚糯稻夏至前后播种最为适期。第二步做到足苗，杂交水稻本田种量0.8 ~ 1千克，秧田亩用种量8千克，秧龄控制在35天左右。再次是催好芽，1958年前，采用冷水催芽。1959年，推行温水催芽。1975年推行“5406”菌种催芽，此法孵芽安全、整齐、发芽率高，播种后生命力强，不易烂秧，生产队普遍推广。实行联产承包责任制后，因一家一户种植水稻，种子量少，此法不便应用。20世纪50年代后，还曾采用小箩催芽、地洞催芽、蒸汽催芽、焦泥灰大堆催芽等。50年代前，采用牛耕、人翻、破碎、灌水、做平、糊化、耥平的水秧田。1960年后，推广合适秧田、半旱秧田、通气秧田、免耕秧田等，改革秧田肥水管理。1976年后，普遍采用塑料薄膜保温育秧，烂秧问题才得以基本解决。

稻田耕作　民国时期，稻田盛行冬耕晒白或烂水田灌水泡田，有“田要冬耕，儿子囡要亲生”的农谚。1958年后，推行深耕改土，在冬耕晒垡的基础上，春天用铁耙破碎泥块，泥土在晒白后再行双耕、双耙、双耖。1970年后，以手扶拖拉机为主的耕作机械逐步增加。到1980年后，除少量山田以外，水稻田基本普及拖拉机耕耙。

插秧　历代实行秧苗手拔移栽、手工插种方式，沿用至今。20世纪50年代末前，早稻多在芒种前插种，小满前插种完毕。1960年，春粮种植面积扩大、少数靠天田水源不足，导致早稻、中汛稻插种日期有所推迟，农谚有“芒种种半田，夏至了秧田”之说。晚稻一般在立秋前插种完毕，否则会影响晚稻抽穗、结实，造成歉收。插种时做到合理密植，就近肥田株行距6寸 ×7寸（一寸＝3.33厘米），山岙冷水田5寸 ×6寸。1960年后，提倡小株密植5寸 ×4寸或5寸 ×3寸。1975年起，常规品种5寸 ×4寸，杂交水稻5寸 ×5寸或5寸 ×6寸。1982年起，水稻种植以杂交水稻为主，密度为6寸 ×7寸或5寸 ×5寸，本田每亩插1.5万 ~ 2.4万丛，至2016年一直沿用。1970年后，还曾采用过旱田育秧，小苗带土移栽的种植方式。

田间管理　一般浅水插秧，深水护苗，返青后浅水灌溉，分蘖后及时排水、适度搁田，复水后间歇灌溉。返青至分蘖期耘田2 ~ 3次。民国时期至50年代，单季稻除人工耘田时放掉水以外，其他大多数时间长灌水、深灌水、不断水，收割前才放掉水。60年代后，逐步推广浅灌、勤灌和看天、看土、看苗进行灌水和排水，推行“薄水插秧、寸水拔苗、浅水促蘖、够苗搁田、足水养胎、有水抽穗、干湿灌浆、以湿为主、潮田割稻”的水浆管理技术，以增加水稻产量。70年代后，冷水田推行未种时先开沟，或搁田前再开沟，以排放冷水，达到田块里外平衡促早发。

大小麦

民国时期，霜降前后播种，以点播为主，旱地做畦宽度不等，水田畦宽约1米，沟深约0.3米，土地利用率约65%。亩用麦种2 ~ 3千克，用基肥很少，麦穴上盖一点焦泥灰，施点人粪肥。1949年后，小麦仍在霜降前后播种，大麦在立冬前后播种。1960年后，推广点播。1970至1974年，推广阔畦撒播，每亩麦种12千克。1975年后，推行密植点播，部分阔幅条播。1982年后，推行多条播。多条播的优点在于行间既可中耕除草，又可覆猪牛泥，施肥比较集中，土地利用率约80%左右，有效穗增加，比点播麦增产，人工收割也比较方便。2000年后，因经济效益低，种植面积逐年减少，改种经济作物。至2016年，境内大小麦种植已很难看到。

油菜

油菜是本地主要油料作物，秋季播种育苗，冬季种植，次年6月收割。1960年前，多寒露前直播，亩播菜籽0.75 ~ 1千克，长至2 ~ 3叶后删苗、松土、除草、施肥，次年清明前后摘菜蕻，促其分叉，以提高产量，小满后收割。1960年后，推行育苗移栽，秋分前后播种，秧龄35 ~ 45天，霜降前后移栽，亩栽6000 ~ 8000株。“适期播种、培育壮秧、合理密植、施好肥料、防好病虫、适时摘蕻”等栽培技术，是油菜籽取得高产的重要因素。

浙贝母

浙贝性喜温凉湿润，要求肥沃的沙质土壤。一般于9月下旬至10月下旬播种，以早为宜。

商品干贝母与种子分别种植。播种前翻耕作畦，畦宽1.5 ~ 2米，沟深20厘米。常见行株距23厘米 ×20厘米、20厘米 ×13厘米、17厘米 ×13厘米等，种子入土深度7 ~ 8厘米，不施种肥，12月下旬施土杂肥，次年出苗后薄施苗肥2次。顶端有1 ~ 2朵花欲开时，摘花打顶，并施追肥。商品贝母于5月下旬茎叶枯萎即可起土收获。但种子贝母不起土，表面除去杂草，套种瓜菜、花生等，遮阳越夏，使种子自然贮藏在地下。待9月下旬挖起鳞茎，按大小分为4档，将第二档作为种子贝母在原地（或其他土质较好地块）种植，其余种入商品贝母地。

商品贝母分元宝贝和珠宝贝两种。鳞茎起土后，去芯，大者一剖为二，做成元宝贝，小者做珠贝。洗净后装入船形炒箱来回推动，至表皮脱净、浆液渗出时加蛎壳灰，每150千克鲜贝母加2.5千克蛎壳灰，再来回推动炒箱，使每个鲜贝完全上灰后，盛箩筐阴置过夜。翌日起薄摊暴晒5 ~ 7天后，阴凉1 ~ 2天，再晒至表里均干，就可出售。

第三节　良种推广

民国时期，农作物种子以农家自选、自繁、自留、自用为主。1971年，乡境内白鹿、鹿亭、晓云3个公社均成立农科站，每个公社农科站配备专职农技人员3人。同时每个大队配植保员1人，计39人。1973年，各生产小队配1名植保员，共114人，形成公社、大队、生产队三级良种推广网络。1981年后，实行家庭联产承包责任制，大队、生产队植保员多数成为农业科技良种推广示范户，后发展成为重点户、专业户。

早、晚稻

明清时期，早稻有“六十日”“早白”“黄岩稻”“上虞白”“细杆红”等品种。糯晚稻有“黄黏”“缩颈”“九里香”“湖州白”“黄壳糯”“桂花糯”“铁砂糯”“红须糯”等品种。民国元年（1912）至34年，新增早稻品种“罗江尖”“余姚早”，新增晚稻品种“细嵌”“大嵌”等，早晚稻品种共有47种。民国35年（1946），推广“早籼503”“早籼504”“晚籼9号”。20世纪50年代，早稻普及“503”“504”，晚稻普及“红须梗”，引进良种有“南特号”“有芒早梗”等。20世纪60年代，早稻推广“矮脚南特”，晚稻以“农垦58”为主，兼有“老来红”等。70年代，早稻以“广陆矮4号”“二九青”为主，兼有“南丰早”等中矮秆品种，晚稻推广“农虎6号”“加湖4号”。80年代，早稻以中熟品种逐步替代迟熟品种，以“二九丰”为主，兼种“广陆矮4号”“团粒早”等，晚稻有“宁67”“84-11”等。90年代，早稻有“浙辐908”“原丰早”“嘉育293”，晚稻有“测48”“春1203糯”等。2000—2016年，早稻有“嘉育280”“嘉育143”“嘉育253”，晚稻有“甬糯18”“台糯2号”，杂交稻有“甬优1号”“甬优3号”和“甬优5号”等。

中汛稻

民国至中华人民共和国成立初期，籼稻有“万年红”“露白”“细杆红”“早大杆”等，粳稻有“细嵌”“老来红”“红须粳”“晚青”“青粳金”等，1954年推广“老来青”。糯稻有“湖州白”“红壳糯”“白壳糯”等。20世纪60—70年代，籼稻引种“矮脚南特”“广陆矮4号”“珍珠矮”“广籼”“金龙”等，其中“珍珠矮”以其耐旱、耐瘠、产量高等特点，受生产队农民所喜爱。粳稻引种“科引”“农垦58”，糯稻引种“京引”“桂花黄”。1977年，杂交水稻“汕优6号”作中汛稻试种。1979年，“汕优6号”中汛稻亩产高达500余千克，比“珍珠矮”品种每亩增产140余千克。1980年后，籼稻种植以杂交水稻为主，品种有“汕优6号”“协优64号”，兼种“广二”“桂朝”“早金凤”，粳糯稻种植较少，且沿用原品种。2010—2016年，杂交水稻推广新品种“中浙8号”，全生长期山脚地区139天，高山地区150天左右。

油菜

从清康熙年间引种油菜起，至20世纪50年代初，乡境内以种植白菜型土种为主，该品种易患病，产量低。1956年引进甘蓝型“胜利”油菜，20世纪60年代引进“金华”油菜，70年代推广“九二”油菜。80年代多种“九二13号”“九二58号”新品种，这两个品种表现为早熟、抗病，产量比“九二”油菜增18%左右。“九二58号”品种在推广期间，为防止其种性退化，曾搞提纯复壮工作，但收效甚微，“九二58号”油菜籽壳厚，出油率较低，仅32%左右。90年代后，引进种植“高油605”等品种。

大小麦

20世纪60年代，大麦推广“二棱麦”“六棱麦”“米麦”等。70年代，小麦推广“浙麦1号”“杨麦1号”“杨麦3号”。大麦以“早熟3号”为主，还有“钱江2号”。80年代，小麦有“杨麦4号”，大麦仍以“早熟3号”为主。1990年后，大麦品种有“早熟3号”“农大3号”“秀麦3号”等；小麦种植品种有“杨麦5号”“杨麦158”和“杨麦11”等。

蚕豆

民国时期至1990年，种植品种以“姚白蚕”“青蚕”2个传统本种蚕豆为主。1990年后，引进种植籽粒大的“日本大白蚕”（慈溪大白蚕），“姚白蚕”因其籽粒小、产量低，种植面积减少。至2016年，上述品种均有种植。

玉米

20世纪50年代后期，推广“金皇后”旱玉米，80年代引进“苏玉糯1、2号”“浙玉糯2号”“浙糯1号”“旅曲”“丹玉6号”“虎单5号”等品种。2004年，引进“金菲”“金利”“中甜2号”“科甜87–8”等甜玉米品种。近年又引进种植菜用甜玉米“华珍”、闲食用糯玉米“苏玉糯2号”等品种。

浙贝母

20世纪70年代引进时，品种以细叶种为主，占贝母种植面积的85%以上。另有轮叶种、大叶种和“三只头”品种，至今还有“一子多头”品种繁育，茎多时可与洋芋艿相匹配。轮叶种高产且抗病性强，但鳞片小、质量差。大叶种高产优质，但抗病性差。“三只头”一株产三茎，繁殖系数高，但产量不稳定，因此栽种较少。“一子多头”一株产3 ~ 6个茎，繁殖力强，产量也高，农户种植的多是此品种。

第四节 肥 料

境内农田、旱地用肥素以绿肥、土杂肥、人粪肥、畜肥、饼肥、灰肥、草肥等农家有机肥料为主。20世纪50年代始，使用硫酸铵、过磷酸钙、氯化钾等化肥。1990年后，施用有机肥逐年减少，至2016年，以施用化肥为主。

有机肥料

绿肥　紫云英（俗称草子），素为水稻的当家肥料。春天农民将草子的上半部分割去喂猪、牛，下半部分留在田间，然后用犁翻耕，称为“削板”，将剩余部分的草子压在泥土下面，任其腐烂后成稻田基肥。民国时期，农户偶有种植。中华人民共和国成立后，种植面积扩大。1951年，乡境内种植绿肥95.41公顷。1952年种植148.53公顷，其中东岩乡22.2公顷，白鹿乡24.43公顷，晓云乡49.87公顷，鹿亭乡52.03公顷。1979年，鹿亭、晓云、白鹿3个公社共有水田401.17公顷，种植绿肥270.31公顷，占水田总面积的67.38%。1981年，乡境内种植绿肥323.27公顷。后因多种春粮、油菜，种植面积减少。1984年，乡境内有水田399.40公顷，种植绿肥213.93公顷，占水田总面积的53.56%。20世纪90年代以后，随着产业结构调整，绿肥种植面积逐年减少，1993年，全乡绿肥种植面积100.8公顷，占水田总面积的25.89%。1997年种植45.7公顷，1999年种植33.3公顷，占水田总面积的8.69%。至2016年，已无农户种植绿肥。

1961—1978年鹿亭公社绿肥种植面积一览表

表6–2–1　　单位：公顷

年份	种植面积	年份	种植面积	年份	种植面积	年份	种植面积
1961	70.67	1966	108.53	1971	121.6	1976	106.07
1962	69.33	1967	116.27	1972	98.6	1977	109.93
1963	65.8	1968	120.93	1973	95.73	1978	108
1964	71.2	1969	125.47	1974	96.6	—	—
1965	90.6	1970	126.6	1975	103.93	—	—

粪肥　畜肥和人粪肥自古为农家主要肥料。畜肥以猪粪、牛粪为主，还有羊粪、兔粪、鸡鸭粪等。以1头猪计，垫草软栏，年积肥100余担，时有“猪多肥多，肥多粮多”的口号。以1头牛计，垫草软栏，年积肥500余担。20世纪80年代始，化肥供应充足，养猪农户逐年减少，畜肥也随之减少。人粪肥更是农家最常用的肥料，家家户户都有粪缸，素有“吃屙着屙，呒屙弗大”之谚语。社员除自留地上使用人粪肥外，还须向生产队投售，生产队用“粪液计”测量人粪肥的浓度，以重量和浓度计价。1980年后，农户开始在家中安装冲便式厕所，人粪尿被作为污水处理。至2016年，使用人粪肥的农户已为数不多。

草肥　清代及民国时期为农田主要基肥。谷雨前后，村民上山割树叶及野草，集中堆放，使其腐烂，水稻插种前均匀撒于田间，并人工踏入泥土之下，作为基肥。20世纪80年代起，无机肥供应充足，农户不再使用割野草作基肥。

饼肥　常见有豆饼、棉饼、菜饼3种。中华人民共和国成立后，提倡先肥畜后肥田，棉饼用作耕牛过冬的精饲料，提高经济效益。20世纪90年代始，饼类用于工业原料和饲料，用作肥料在逐年减少。至2016年，乡境内很少使用饼肥。

灰肥　有草木灰和焦泥灰2种。草木灰用于绿肥、豆类作物，焦泥灰常用作基肥和秧田覆盖。多数农户将草木灰垫在鸡、鸭栏内，焦泥灰垫在羊栏内，施用于薯芋类和根茎类作物。20世纪90年代后，灰肥使用减少。

秸秆　1956年后，推广稻草还田作基肥。20世纪70—80年代后，稻草还田面积有较大增加，解决晚稻基肥和杂交稻钾肥。

化肥（旧时称肥田粉）

20世纪50年代至80年代初，国家对化肥实行计划供应。一是生产队向国家出售茶叶、毛竹等农产品后的奖售化肥；二是国家按田亩面积下达的资助化肥和林特扶贫化肥。1990年，梁弄区公所分配给现乡境水稻用尿素18697.5千克，实行分配到户，发票供应；分配粮田补助化肥12934千克，每亩2.3千克，实行专肥专用；分配碳铵109620千克，每亩20千克。2009年，全乡农用化肥使用量1890吨，其中氮肥132吨、磷肥265吨、钾肥265吨、复合肥1230吨。2012年，全乡农用化肥使用量达1969.5吨，其中氮肥131吨、磷肥253.5吨、钾肥231吨、复合肥1354吨。2016年，全乡农用化肥使用量138吨，其中氮肥47吨、磷肥19吨、钾肥2吨、复合肥70吨。

氮肥　20世纪50年代以硫酸铵为主，60年代有硫酸铵、氨水、碳氨。70年代后，以碳铵为主，逐渐淘汰硫酸铵。50年代平均每亩施4千克，60年代21千克，70年代35千克，80年代以后达80 ~ 100千克。

磷肥　以过磷酸钙为主，用于油菜、薯芋类、蚕豆等农作物的基肥。20世纪50年代，平均亩施3.2千克，60年代12.8千克，70年代18.2千克，80年代后达30 ~ 50千克。

钾肥　以氯化钾为主，应用推广比较缓慢，自1984年土壤普查后，发现境内土壤普遍缺钾，钾肥才得以较大面积推广。20世纪70年代平均亩施0.46千克，80年代1.64千克，1984年3.3千克，2004年达10千克。

复合肥　始用于1974年。20世纪80年代，施用量大增，且种类繁多，有磷酸铵复合肥、磷酸二氢钾复合肥、氮磷钾复合肥，其中以磷酸二氢钾和氮磷钾复合肥应用最广，磷酸二氢钾复合肥作根外追肥效果甚好，据1978年试验，杂交水稻喷施磷酸二氢钾后，亩增稻谷45千克，增率10.99%。1985年引进俄罗斯“48%·44%·40%三元”

含氯复合肥，2002年引进希腊“45%”、芬兰“45%”含硫复合肥。

微生物肥料

主要是“5406”菌种，1971年在大麦上应用，1979年用于早稻、中汛稻催芽。1985年后随地膜育秧技术推广，微生物肥料逐渐淘汰。至20世纪末，微生物肥料已不见使用。

第五节 植 保

主要病虫害

境内常见的水稻病虫害有稻瘟病、纹枯病、矮缩病、白叶枯病、蝗虫、螟虫、黏虫、纵卷叶虫、响虫（稻飞虱、稻叶蝉）、稻椿象等。蔬菜病虫害有根腐病、软腐病、锈病、白粉病、霉病、蚜虫、黏虫、潜叶蝇、菜青虫、根结线虫等。麦类主要有赤霉病、锈病、白粉病、黄矮病、黑穗病等病害。茶叶有炭疽病、茶尺蠖、茶小绿叶蝉等虫害。

稻瘟病自1970年流行成灾以来，每年都有不同程度发生。1974年，晚稻穗颈瘟流行，发病面积占晚稻种植总面积的15%，病田平均损失稻谷32.5千克。1976—1979年，发病减轻。1981年，再次大面积发生，全县有21个公社晚稻发病，鹿亭公社是其中之一。1986年后，危害程度大幅下降。到2000年，只有个别品种零星发生。境内中汛稻随“优63”推广，稻瘟病也基本绝迹。2010年，个别品种抗性退弱，中汛稻稻瘟病又有抬头趋势。是年，稻苗期发生严重叶瘟，穗期发生严重穗茎瘟，全乡近70公顷水稻减产30% ~ 50%，其中有3公顷水稻颗粒无收。后通过更换品种，稻瘟病得以有效控制。

水稻纹枯病、矮缩病、白叶枯病在20世纪50、60年代期间发病较轻，70年代开始逐年加重。80年代后期，随农田水利设施日益完善，水稻品种更换，抗病品种推广，病害逐年减少。矮缩病到80年代绝迹，白叶枯病90年代后未曾发生，纹枯病2000年后仅零星发生。

大小麦赤霉病在20世纪50—70年代间发。1978年，小麦锈病又大发。大麦改种“二棱麦”和小麦改种较抗病的品种后，该病发病率有所减轻。但遇上小麦生长期连绵阴雨，该病仍有发生。

防治措施

1955年后，梁弄区农技站派专职农技人员指导农民开展病虫害防治工作。1971年，乡境内3个公社均建立农科站，先后配专职农技员9人。1973年，乡境内39个生产大队、114个生产小队都配植保员，形成公社、大队、生产队三级防治网络。

农业防治　粮食作物、经济作物选用抗病虫良种，实行轮种、合理密植，在肥料施用上以有机肥为主，在化肥的使用上控制氮肥，增施磷、钾肥，开沟排水，促进根系生长，增强农作物自身抗病能力。

人工防治　20世纪50年代，推行掘毁稻根、火烧田边杂草、冬翻耕地等方法治越冬害虫，还发动农民人工捕捉害虫。1953年，东岩、晓云、白鹿3个乡掘毁稻根139.08公顷。60年代，推行黑光灯诱蛾。90年代，采用高压杀虫汞灯灭蛾。此后火烧田边杂草被禁，冬翻耕地一直沿用至今。

生物防治　推广抗菌素生物农药，利用天敌自然控害，如广泛宣传保护青蛙、试放赤眼蜂等，还应用性诱剂使成虫失去生育能力减少产卵量等。2000年后，注重生物防治，保护生态，减少对农作物的危害。

药物防治　20世纪60年代，杀虫类药剂主要使用“六六六”“二二三”等农药。70年代，多用“敌百虫”“马拉松”“乐果”“八八九”“1605”“甲铵磷”等农药。80年代，沿用有机磷，推广“杀虫双”“叶蝉散”等高效、低毒、残药期短的农药，停用有机氯农药。90年代，推广菊脂类和有机磷药剂及高效低毒复配农药。用“溴氰菊酯”“联苯菊酯”防治蔬菜类和茶叶病虫害；“氯氰菊酯”用于花木虫害；用“20%氯虫甲酰胺”防治水稻二化螟、稻纵卷叶虫，“50%吡蚜酮”防治稻飞虱、蚜虫、叶蝉、稻蓟马等虫害。2000年后，推广应用更加高效、低毒、残药期短的新农药，围绕无公害农产品要求选用农药。

杀菌药剂主要用于防治农作物病菌害。20世纪60年代，用“多菌灵”“托布津”防治水稻叶瘟、穗颈瘟、纹枯病、小麦赤霉病等。70年代用“稻瘟净”“克瘟散”防治稻瘟病，用“稻脚青”防治水稻纹枯病。80年代用“井冈霉素”防治纹枯病。90年代后用“苯甲”“丙环唑”防治稻颈瘟、纹枯病等，亩用量30克（3小包），加水45千克。

20世纪70年代中后期，稻田推广“除草醚”“杀草丹”等除草剂，80年代引进“乐草隆”“丁草胺”等，进入21世纪普遍使用“吡嘧磺隆”，亩用量10克（1小包）。旱地除草多用“草甘膦”和“20%草铵膦”。

综合防治　主要采用种子消毒处理，秧苗带药到大田，合理密植和氮肥、磷肥合理搭配施用，控苗减湿适时搁田，提高作物自身抗病、抗倒能力。

第三章　养殖业

饲养猪、牛、羊、兔、鸡、鸭、鹅为本地农家传统副业。民国时期，境内缺粮，畜禽饲养量较少。中华人民共和国成立后，畜禽业发展较快，成为农村经济重要组成部分。

第一节　家　畜

猪

养殖数量　民国时期，饲养量不大。中华人民共和国成立后，农户普遍养猪，养猪成为畜牧业中比重最大的副业。1952年，生猪饲养量636头。1953年，积肥成为养猪的主要目的之一，谚有“养猪不赚钱，回头看看田”之说。1957年，贯彻“以粮食生产为中心，养猪生产为重点”农业生产方针，全年养猪3382头。1958年生猪饲养量增加到3505头，1959年养猪4412头。1960—1962年，粮食歉收，农民口粮实行低标准，猪饲料严重不足，饲养头数减少。1963年，贯彻“公养私养并举，以私养为主”的方针，各生产队推行粮肥挂钩、以肥换粮政策，生猪饲养开始大发展。是年，饲养量达4500头，年末存栏3179头。1966年，饲养量9321头，年末存栏5252头。20世纪60年代后期，取消奖励政策，发展缓慢，饲养量和存栏数下降。70年代初期，贯彻积极发展集体养猪方针，掀起集体养猪热潮，社社队队办牧场。1971年，乡境内有社队办牧场46个，其中晓云公社17个，鹿亭公社21个，白鹿公社8个。共养猪788头，其中母猪304头。是年，生猪饲养量12225头，出售活肥猪4593头，年末存栏6718头，平均每户生猪饲养量3.54头。至1973年，公社、大队、生产队三级牧场共74个，养猪1246头。是年生猪饲养量13681头，年末存栏7753头，按农户计算，平均每户养猪3.81头，按农业人口计算，每人0.79头，按总耕地面积计算，每亩1.65头。1978年，全县养猪生产实行饲料粮"三统一"（生产队统一提留、统一支付、统一结算）。是年，发放饲料粮67.32万千克。1979年，生猪饲养量16518头，年末存栏8269头，出售给国家8023头。按农户计算，平均每户养猪3.46头（其中白鹿公社户均5.05头），按农业人口计算，每人0.89头，按总耕地面积计算，每亩2.25头。公社、大队、生产队集体牧场增至109个。农村实行家庭联产承包责任制后，取消饲料粮"三统一"政策，集体牧场锐减，1982年，尚存集体牧场29个，养猪228头，至1985年全部停办。

生猪作为二类管理商品，国家从1956年起实施派养派购政策，派养任务实行指导性计划，派购任务实行指令性计划。完成派购任务外的生猪，允许生产者自行处理，增养不增购。同时国家实行各种奖售政策，除奖售饲料粮外，还奖售粮票、化肥票、棉布票，还有缝纫机、自行车等。1984年，以乡镇为单位再次实行饲料粮"三统一"，并继续执行奖售政策。时鹿亭乡规定：饲料粮由乡统一提存，每出售1头肉猪，奖售饲料粮75千克（由食品站结算），母猪每头100千克，公猪每头150千克。是年，乡境内生猪全年派养任务13760头，派购任务7410头，其中鹿亭乡2810头、晓云乡3130头、白鹿乡1470头，年末存栏6605头。1986年，取消生猪派养派购，此后生猪生产进入自由养殖、自由买卖、多渠道经营时期。20世纪80年代，生猪年饲养量稳定在15800头。90年代后，家庭饲养量逐年减少，生猪年饲养量保持在1万头左右，后逐步向养猪专业户发展。1999年，全乡有养猪户1455户，其中散养户1445户，规模化养殖户10户。至2016年，农户基本不养猪，全乡有专业养殖户10户，政府给予优惠奖励政策，全年饲养量5013头，年末存栏2014头。

猪种　民国时期，本地传统猪种仅黑猪单一品种。中华人民共和国成立后，陆续引进"金华两头乌""花白猪"等品种。20世纪70年代，引进"约克夏猪""荣昌猪""长白猪"等种猪，与当地母猪杂交繁育，推广良种。1979年，现乡境内农户养母猪871头，占农户总数的25%，仔猪自给有余。

饲养形式　20世纪70年代前，家庭饲养是境内养猪的主要形式，择屋旁杂地搭猪舍，设栏栅圈养，一般春养冬宰，故称"年猪"。本地有"养了一年蚀本猪，好了稻田不得知"的俗语，有不少猪养一年才达到32.5千克白肉的及格猪标准，头产值仅48元。70年代始，除家家户户饲养外，兴办集体牧场饲养，时每个生产队均办有牧场，饲养员吃住在牧场，采取评工记分。进入21世纪后，散养户逐年减少，规模化养猪兴起，以专业户形式饲养。

饲料　有青饲料、精饲料和混合饲料之分。传统猪饲料以谷糠、青菜野草为主，辅以残羹剩饭，农户将番薯叶、马铃薯叶、小番薯、小马铃薯、南瓜、萝卜等作猪饲料。还有紫云英（草子）、水浮莲等作青饲料。生猪派养派购后，精饲料以按计划提留谷物和国家奖售饲料粮形式供给。1990年始，试用以麦皮、清糠、玉米、大麦、稻谷为主，配以菜籽饼、鱼粉等混合配制饲料，由市（县）饲料公司加工供应。

牛

民国时期，以养黄牛为主，供耕田、车水、碾米使役，仅田亩较多的农户饲养，个别无田或少田的赤贫户，养牛租给别人耕田、碾米等，多数农户无田养不起牛。1952年，存栏685头。1956年，农业合作化时，耕牛折价入社。1958年，限制农户私养，取消耕牛交易市场，存栏数下降。至1963年，存栏477头。1973年，现乡境有耕牛537头，其中鹿亭公社210头，晓云公社191头，白鹿公社136头，每个生产队4～5头。鹿亭、晓云两公社以养黄牛为主，占95%，白鹿公社有水牛63头，占46.3%。1982年，实行家庭联产承包责任制，生产队耕牛折价由农户自营。后随农机化发展，“铁牛”（拖拉机）代替耕牛，牛饲养量和存栏逐年下降。至1993年，年存栏239头，1999年，年存栏139头。此后产业结构调整，发展花木生产，农户基本不种水稻，耕牛逐年减少，仅少数农户饲养在春节前宰杀出售牛肉的菜牛，年存栏约30头。2016年，存栏38头。现乡境内黄牯牛主要来自浙南黄岩、天台等地，水牛主要来自上海南汇、崇明等地。饲养为圈养、放养并举。

羊

本地饲养主要是山羊。多为当地种，全身白毛，有角，尾短，个体小，生长慢。民国时期，饲养量极少。中华人民共和国成立后有所发展，以农户家养为主，少则一两头，多则十余头。少者以绳栓羊放牧，多者由老人或小孩放牧。1952年，全乡羊存栏965头。1963年，中共余姚县委在抓养猪生产的同时，也抓养羊生产，规定在饲料、投肥等奖励政策上猪羊一视同仁，是年存栏3932头。1966年，存栏4163头。20世纪70年代，实行封山育林，禁止牛羊上山，存栏量锐减，1971年存栏仅569头，其中鹿亭公社296头，晓云公社202头，白鹿公社71头。1973年存栏630头，其中鹿亭公社337头。中共十一届三中全会后，提倡发展食草家畜，养羊生产有所回升，1979年存栏2162头。1980—1986年年均存栏2660头，1987—1994年年均存栏1491头。

1994年，建立山羊基地。1995年12月，全乡饲养量5000余头，年末存栏3000余头。1996年，乡政府会同宁波、余姚两级农业局和扶贫办，规划万头山羊基地建设，在品种改良和技术服务方面出台政策措施，50头以上养羊户给予3000～5000元奖励，免费提供种羊，免费防疫。是年，全乡养山羊20头以上的农户114户，饲养山羊4342头。至2004年，建立东岗、中姚、石潭、李家塔4个养羊专业村，超过50头饲养户50余户，年饲养量在1万头左右，年出栏商品羊5000余头，羊农收入达150万元。1996—2006年，年存栏约5000头。2007年后，山羊饲养量减少，平均年存栏约1000头，其中2013年、2014年和2015年，年存栏已不足400头，2016年年末存栏915头。

村民放养的山羊群

2000年，宁波市老区办从徐州引进肉用波尔山羊和杂交羊16头，其中纯公羊2头、母羊1头，在石潭村养羊户龚立江处建立宁波市波尔山羊配种中心，开展山羊杂交改良工作。杂交羊初生重3.5～4.5千克，经7～8个月饲养，可达30～50千克，出肉率60%，饲养周期比本地山羊缩短一半，效益翻一番，附近养羊农户纷纷前去配种。2003年，配种89头，人工授精158头。

兔

民国时期，少数农户饲养本地兔（短毛白兔）宰杀食用。中华人民共和国成立后，养兔农户增加。1963年，饲养量2438只。20世纪70年代，引进安哥拉英系长毛兔饲养。1973 年，长毛兔饲养量 626 只，现乡境内 3 个公社商业部门均设立兔毛收购点。1979 年，浙江省农业厅连续分配余姚县扶持发展牛、羊、兔生产资金，重点扶持 12 个公社 31 个大队发展牛、羊、兔生产，晓云公社名列其中。是年，饲养量增加至 1900 只，其中晓云公社 722 只。1982 年后，调低兔毛收购价格，挫伤农户养兔积极性，饲养量下降，是年现乡境内饲养量 969 只，1984 年饲养量 818 只。后受兔毛销路和价格影响，饲养量时起时落，1985 年饲养量 12768 只，1988 年饲养量 307 只。20 世纪 90 年代后，饲养量继续下降。2006 年始有所回升，全乡兔年末存栏 1000 只，出售兔毛 0.8 吨，产值 15.1 万元。2009 年，全乡兔年末存栏 1357 只，出售兔毛 3.0 吨，产值 53 万元。2011 年，饲养量在 1000 只左右。2012 年饲养量再次下降。2016 年，饲养量有所回升，以肉用兔为主，全乡饲养量 1299 只。

第二节 家禽

境内家禽主要有鸡、鸭、鹅等品种。民国时期，多为农家自孵、自育、自食，部分出售。中华人民共和国成立后，饲养量逐年增加。1958 年公社化后，大办公共食堂，粮食困难，饲养量减少。1963 年，家禽饲养量 6279 羽。农村实行家庭联产承包责任制后，副业发展，1984 年，现乡境内家禽年末存栏 15889 羽，其中鹿亭公社 6917 羽，白鹿公社 2251 羽，晓云公社 6721 羽。1987 年，现乡境内全年饲养量 23938 羽，其中年内出栏 9266 羽，年末存栏 14672 羽。1990 年，年末存栏 18900 羽。1998 年，全乡家禽饲养量 23897 羽。2001 年后，养禽专业户兴起，2004 年，有家禽养殖专业户 10 户，全乡总饲养量 195000 羽，鸡年内出栏 162000 羽，鸭年内出栏 8000 羽。2010 年，有养殖大户 36 户，全乡总饲养量 198000 羽，总产值 435 万元。2003—2012 年，是全乡家禽养殖最多的 10 年，鸡年均出栏 99256 羽，鸭年均出栏 4814 羽。2016 年，全乡禽总量 57250 羽，其中年末出栏 39860 羽，年末存栏 17390 羽。

鸡

传统品种有麻栗壳鸡、芦花鸡和萧山鸡等，1949 年后又引进来杭鸡、白洛克鸡等。本地农户养母鸡以产蛋，养阉公鸡食用，一般采用散放式饲养，公鸡春养冬宰。除喂米、糠外，把鸡群放养在房前屋后杂地、草地、竹园、树丛中。2001 年后，推广低密度家禽饲养模式，即在山地、园地等采用圈养半圈养式饲养，以增加鸡的活动量，同时延长饲养周期。饲养品种以中小个体优质“三黄鸡”（高山土鸡）为主。饲养期在 100 天以上，长的 5 ~ 6 个月，喂配合饲料为主。

养鸡场放养的鸡群

1961—1978年鹿亭公社畜牧业生产情况表

表 6-3-1　　单位：头、只

年份	生猪							牛		羊		兔
	年末存栏		其中母猪		1—12月底		全年饲养	年末存栏		年末存栏		年末存栏
	合计	其中集体	合计	其中集体	出售给国家	自宰		合计	其中水牛	合计	其中集体	
1961	810	—	38	—	380	210	1400	185	—	900	—	—
1962	822	—	39	—	412	220	1454	186	—	907	—	—
1963	1166	—	40	—	301	117	1584	220	—	2852	—	—
1964	1628	6	48	—	849	114	2591	201	—	2157	—	—
1965	1643	9	110	—	1383	100	3126	225	—	1979	—	—
1966	1784	49	188	—	1690	27	3501	244	—	1561	—	—
1967	1544	49	85	—	1458	521	3523	231	—	1251	—	—
1968	1614	40	93	—	1821	280	3715	208	—	1178	—	—
1969	1762	108	141	—	1784	134	3680	229	—	766	—	—
1970	2607	156	295	—	1598	217	4422	225	—	302	—	—
1971	2576	297	301	122	2024	327	4927	223	—	296	—	—
1972	2496	265	268	114	1942	335	4773	210	1	326	11	—
1973	2760	345	282	131	1887	417	5064	191	2	337	27	555
1974	2727	395	252	153	2112	457	5296	185	1	340	28	698
1975	2428	332	209	172	1704	784	4916	178	11	387	26	558
1976	1951	337	212	182	1554	854	4359	172	11	463	10	363
1977	2397	480	259	215	1473	390	4260	166	8	651	69	757
1978	2879	515	304	238	2121	328	5328	172	14	761	79	1478

1979—2016年全乡（现乡境内）畜牧业生产情况表

表6-3-2　　单位：头、只

年份	生猪		牛年末存栏	羊年末存栏	兔年末存栏
	饲养量	年末存栏			
1979	16518	8269	457	2162	1900
1980	19306	8491	471	2507	1836
1981	17424	7825	470	2543	1353
1982	16375	7326	470	2629	969
1983	15107	7383	474	2859	766
1984	13760	6650	376	2524	818
1985	13968	6975	405	2254	12768
1986	15842	6880	532	2011	3305
1987	15655	7507	498	1691	1274
1988	15010	6900	471	1838	307
1989	14943	6549	442	1876	182
1990	13894	6234	408	1488	121
1991	14795	6930	388	1204	200
1992	14368	6633	337	1268	—
1993	11547	5198	239	1184	126
1994	8464	3711	178	1375	92
1995	8733	3842	170	2553	72
1996	7735	3406	171	4156	36
1997	8412	3662	170	5041	236
1998	7559	3328	137	5025	305
1999	5014	2201	139	4916	425
2000	—	—	115	—	—

续表 6-3-2

年份	生猪		牛年末存栏	羊年末存栏	兔年末存栏
	饲养量	年末存栏			
2001	—	—	94	—	—
2002	—	—	—	—	—
2003	601	272	—	—	—
2004	910	150	47	3000	400
2005	2480	980	36	5100	150
2006	2450	1000	21	5300	1000
2007	2255	913	24	1655	750
2008	5213	1713	19	1763	1138
2009	6600	1673	77	1631	1357
2010	6036	2058	56	990	999
2011	6061	1806	49	1026	853
2012	5013	2014	38	915	426
2013	5615	3167	7	252	39
2014	4251	2001	14	385	—
2015	5615	3167	7	252	39
2016	5013	2014	38	915	1299

注：表中空白部分数据无考。

鸭

主养蛋、肉兼用的绍兴麻鸭，还有少量北京鸭，以群养产蛋为主，食用为次。历来有养鸭专业户，采用“看大阵鸭”，即牧鸭的形式。利用农田收获遗剩的谷物及溪沟中螺蛳、泥鳅、小鱼、小虾等动物性饲料，以节约饲料减少成本。后随水源水质等养鸭环境影响，作为蛋鸭品种的绍兴麻鸭饲养量逐年减少，肉用鸭番鸭（俗称“呆大鸭”）饲养量增加。2003 年，全乡有番鸭饲养户 9 户，全年养殖 34203 只。至 2016 年，只有少量农户尚在饲养，年内出栏 2292 只。

鹅

主要品种是浙东白鹅，为食草动物，早期生长迅速，有谚语“边吃边拉，六十日好卖”。本地视作养殖业中次要养殖品种，个别农户散养。

1993—2016 年部分年份全乡禽业生产统计情况表

表 6-3-3　　单位：只

<table>
<tr><th>年份</th><th>禽总量</th><th>鸡年内出栏</th><th>鸭年内出栏</th><th>年份</th><th>禽总量</th><th>鸡年内出栏</th><th>鸭年内出栏</th></tr>
<tr><td>1993</td><td>20300</td><td colspan="2">9980</td><td>2007</td><td>103955</td><td>68690</td><td>1460</td></tr>
<tr><td>1994</td><td>9400</td><td colspan="2">7100</td><td>2008</td><td>88747</td><td>71442</td><td>1895</td></tr>
<tr><td>1996</td><td>24881</td><td colspan="2">12548</td><td>2009</td><td>180945</td><td>88885</td><td>1870</td></tr>
<tr><td>1997</td><td>30000</td><td colspan="2">20000</td><td>2010</td><td>249257</td><td>132282</td><td>1950</td></tr>
<tr><td>1998</td><td>23897</td><td colspan="2">11895</td><td>2011</td><td>256863</td><td>148391</td><td>3722</td></tr>
<tr><td>1999</td><td>20539</td><td colspan="2">9738</td><td>2012</td><td>194785</td><td>106627</td><td>6572</td></tr>
<tr><td>2000</td><td>7640（鹿亭片）</td><td colspan="2">1852</td><td>2013</td><td>117625</td><td>52251</td><td>1749</td></tr>
<tr><td>2003</td><td>49675</td><td>14700</td><td>17125</td><td>2014</td><td>129105</td><td>62017</td><td>4477</td></tr>
<tr><td>2004</td><td>195000</td><td>162000</td><td>8000</td><td>2015</td><td>48500</td><td>35000</td><td>2500</td></tr>
<tr><td>2005</td><td>160000</td><td>107863</td><td>3000</td><td>2016</td><td>57250</td><td>37568</td><td>2292</td></tr>
<tr><td>2006</td><td>136000</td><td>91684</td><td>2550</td><td></td><td></td><td></td><td></td></tr>
</table>

注：1995 年、2001 年、2002 年数据缺失。

第三节　特种动物饲养

梅花鹿

2010 年，引进梅花鹿 35 头。次年，成立东岗山农业发展有限公司。2013 年，梅花鹿增至 113 头。2014 年，扩建东岗山梅花鹿养殖场，选址龙溪村东岗山，租用山地 2.8 公顷，租赁年限 20 年。建造综合管理用房 440 平方米（包括管理办公室、宣传长廊、生活用房），梅花鹿标准化养殖技术示范场所 1101 平方米，并对周围环境设施进行标准化改造。至 2016 年，另设沿夹岙、大岗 2 个养殖点，共养殖梅花鹿 200 头。主要开发产品有鹿茸酒、鹿茸胶囊等。

七彩山鸡

野生七彩山鸡（俗称雉鸡），属飞禽类野鸡。雄性雉鸡羽毛鲜艳，尾羽毛特长。1998 年，门石村方永敢引入美国七彩山鸡进行拦网养殖，当年养殖约 50 只，次年发展到 500 余只，年收入 4 万余元。2008 年，全乡特种禽类共养殖 1500 只，产值 23 万元。后因七彩山鸡养殖难度较大，逐年淘汰，至 2016 年已无养殖。

第四节　渔　业

乡境内水产类野生物种有石斑鱼、小鲃鱼、黄颡鱼（俗称昂刺鱼）、泥鳅、黄鳝、溪鳗、溪蟹、螺蛳（青蛳）、乌龟、甲鱼（鳖）、石蛙、田螺等。中华人民共和国成立前，乡境内无淡水养殖业，1958年始，人民公社（乡）、生产大队（村）相继建造山塘、水库154座，总库容量220.751万立方米，淡水养殖面积大增。

20世纪60年代，部分生产大队在池塘放养胖头鱼、鲢鱼等，逢年过节时捕捞，按人头分配给农户食用。70—80年代，集体利用山塘、水库投本放养，派专人负责管理，1981年，淡水养殖1.33公顷。农村实行家庭联产承包责任制后，白鹿、中村、李家塔、上庄、冬青、晓云等村部分山塘、水库由个人承包经营。1985年，鹿亭乡淡水养殖面积2.97公顷，投放鱼苗13500尾。1981—1991年，乡境内水产养殖总产量年均4.1吨，其中1991年12吨。2015年，石潭村一养殖户承包水田0.2公顷养殖溪鱼。

2005年，开始对山塘、水库进行增殖放流和人工养殖高山冷水鳖试点。2009年，推广到116个山塘、水库，年产值超160万元。

2011年始，龙溪村路坑自然村有专业户养殖石蛙2500只。2013—2014年，又有中姚村、石潭村、高山村专业户养殖石蛙、甲鱼共13000只，其中中姚村专业户养殖5000只，石潭村专业户养殖7000只，高山村专业户养殖1000只。

2006—2015年，山塘、水库年均放养面积17.96公顷，共投放鱼种32.5吨，投放稚鳖8.2万只，淡水养殖产量42.73吨，其中鱼类27.18吨，鳖15.55吨。放养主要鱼种有草鱼、鲢鱼、鲫鱼、鳜鱼（俗称桂鱼）、鳙鱼、青鱼、鳊鱼、黄颡鱼等。至2016年，全乡除山塘、水库养鱼、养鳖外，还有王石坑石蛙养殖场、龙溪石蛙养殖场和庆庆水产养殖场3家经营主体，有从业人员14人。

2011年2月，乡政府把乡境内溪流水域和山塘、水库列为禁渔范围。同年3月，成立乡生态保护监察办公室，各行政村成立村生态环境保护监察小组，建立协管员队伍。规定协管员每天巡查时间不少于6小时，以阻止炸鱼、毒鱼、使用电瓶和地笼捕鱼等破坏渔业资源的行为。

受台风、洪涝影响，渔业灾情常有发生。2013年，受灾面积6.6公顷，直接经济损失46万元；其中水产损失3.5吨，直接经济损失18万元。2015年，受灾面积4公顷，直接经济损失60万元；其中水产损失1.5吨，30万元。

1981—1991年现乡境内水产品总产量一览表

表6-3-4　　　　单位：吨

年份	1981	1982	1983	1984	1985	1986	1987	1988	1989	1990	1991
产量	2	1	1	3	4	3	7	5	4	3	12

2006—2015 年鹿亭乡淡水养殖情况表

表 6-3-5

年份	放养面积（公顷）	投放鱼种（吨）	投放稚鳖（万只）	淡水养殖产量（吨）		
				合计	鱼类	鳖
2006	16	2.5	0.3	1.9	1.4	0.5
2007	19	2.8	0.5	3.1	2.3	0.8
2008	19	3.1	0.6	3.56	2.66	0.9
2009	20	3.2	0.7	3.2	2.2	1
2010	21	3.2	0.9	4.1	2.2	1.9
2011	22	4.1	1.2	6.2	3.7	2.5
2012	22.3	4.2	1.2	6.35	3.8	2.55
2013	24.3	5.2	1.5	6.12	3.72	2.4
2014	8	3.2	1.3	4.1	2.6	1.5
2015	8	1	—	4.1	2.6	1.5

第五节　畜禽疫病防治

乡境内畜禽疫病主要是：猪有猪瘟、猪丹毒、气喘病、传染性肠胃炎、水肿病等；牛有牛炭疽、牛流感、恶性卡他热；羊有羊肝蛭；兔有兔瘟；禽有禽流感、鸡瘟、鸭瘟、鹅瘟、雏鸭病毒性肝炎等。

民国时期，仅有少数“牛郎中”游医乡村，沿用祖传针灸技术和中草药兼治常见牛病，还有阉猪阉鸡的阉割员为农户医治常见的畜禽疫病和畜禽阉割。1954 年，组织民间兽医建立兽医阉割社。20 世纪 70 年代，乡境内鹿亭、晓云、白鹿 3 个公社均建立民办兽医站，配备畜牧专管员，培训农村防疫员。1973 年，3 个公社均建立兽医站，39 个生产大队配兽医 25 人。1975 年 11 月，重新确定高志祥、方先荣、方法宝为公社畜牧专管员。1984 年，各乡配备畜禽生产辅导员。1992 年“撤扩并”后，建立鹿亭乡畜牧兽医站，归属乡农业办公室管理，定编 1 人。2008 年，迁址上庄村村委内，总面积 65 平方米，统一配置办公设施，设站长 1 人，工作人员 3 人。2014 年，乡畜牧兽医站更名为“余姚市动物卫生监督所鹿亭分所”，配专职所长 1 人，兽医 4 人，兼职动物防疫员 4 人。

1953 年始，春秋季对猪、牛进行免疫注射，后对家禽也进行免疫注射。20 世纪 80 年代始，乡兽医站负责食品站检疫工作。2002 年后，请专家对畜禽养殖大户进行一年一次养殖技术、疫病预防免疫培训。2007 年，全乡共防疫家禽 23089 只，猪口蹄疫 407 头，羊口蹄疫 2430 头，牛口蹄疫 8 头。2008 年，开展猪瘟、高致病性猪蓝耳病、鸡新城疫、鸭瘟、山羊豆、狂犬病等动物疫病免疫工作，根据行政村及畜禽数量全乡划分 3 个区域，各配置动物防疫员 1 人，并签订《鹿亭乡动物防疫员、检疫员社会化服务责任书》，当年家畜预防数量 1762 头，家禽 51715 羽。2015 年，乡动物卫生监督分所增挂“余姚市动物检疫申报点”牌子。

第四章　农机具

传统农具多以竹、木、铁、石为原料，手工制作，动力全赖人力和畜力，工效甚低。中华人民共和国成立后，逐渐发展由机械生产的现代农机具，石捣臼、石磨、石碾子、脚碓、水碓、水车等传统农机具先后被淘汰。

第一节　传统农机具

耕作农具

木犁　为主要耕田工具，犁身木制，犁冲成弓形，犁柄可灵活调节，下置铁制犁壁、犁头，牛力牵引耕作。

耙类　有铁耙、耖耙和滚轴（滚耙）之分，同为碎土、整田工具，均为牛力牵引。

锄头　为主要碎土、中耕工具，用于整地、松土、除草等，式样很多，分平锄、阔板锄、板锄等。

铁盘（四齿耙）　用于开地（翻土）、平土、覆土等。

排灌农具

有水桶、粪桶、料勺、盛勺（竹制）、水车（有手牵、脚踏和牛拉3种）等。

收割、脱粒农具

收割农具　有镰刀、沙尖。形如新月，刃无刺称镰刀，有刺称沙尖，手工割稻（麦）工具。

脱粒农具　稻桶组合用具，有稻桶、稻桶床（俗称摘粒）、遮头、稻桶畚斗等，竹木制造，用于人工脱粒。

干燥（净）稻谷用具

风车　木制，净谷器具。

晒谷簟　竹篾编织，晒谷用。

晒谷耙　丁字形，竹木制，翻晒稻谷用。

此外还有谷筛、箩筐、箩络和抬杠等。

运输农具

手拉车　俗称榻车，由铁制车轴连接钢丝支撑钢圈的2个橡胶车轮和木制车身组成，晓鄞手车道开通后始用于运输物资。

扁担　竹木制，一字形，两端微翘，长约1.6米，用于肩挑实物。

朵支　木制，用于背竹木、挑担时支撑。

冲担　竹木制，两头尖形，有的包铁皮于两端，挑柴草用。

农产品加工农具

石捣臼（驼碓）　舂米器具，石制。

驼碓柱　木石制成，直径约15厘米、长30

厘米的硬质树木，底端是石制半球体，手柄长 70 余厘米。系与石捣臼配对的舂米器具。

石磨　石制，磨粉器具。石盘直径约 37 厘米、高 24 厘米，由上下 2 个磨盘、磨担（俗称磨担丫叉）、支座等组成。上磨盘上面形如小脸盆，用于盛放待粉碎食物，边沿凿有一直径约 3 厘米的垂直小圆孔，下磨盘固定在支座上，上下磨盘啮合面凿有渐开线磨槽。操作时 1 人（或 2 人）推拉磨担带动上磨盘转动，1 人左手扶磨担辅助牵盘，右手将盛于上磨盘的米、麦、豆之类拨入小圆孔，通过上下磨盘研磨成粉排出磨沿。

石碾子　粮食加工器具，石制，由碾饼、碾盘、碾架等组成，牛力拉动。旧时白鹿村陈家岩、叶家样有石碾子，石碾饼尚存。

脚碓　木石制作，两部分组成，一为石臼，固定在地面。另一部分是 1 根长约 6 米，直径约 20 厘米的树木。树木顶端用石榫头固定一长约 20 厘米、宽约 15 厘米、高 60 ~ 70 厘米，底端圆形

木制风车

碾饼

石捣臼

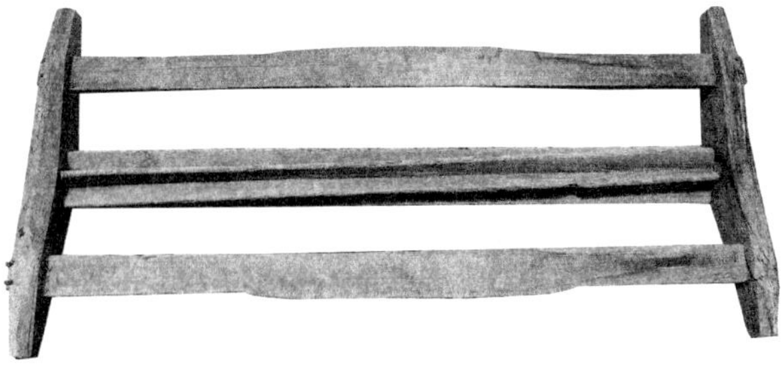

滚耙

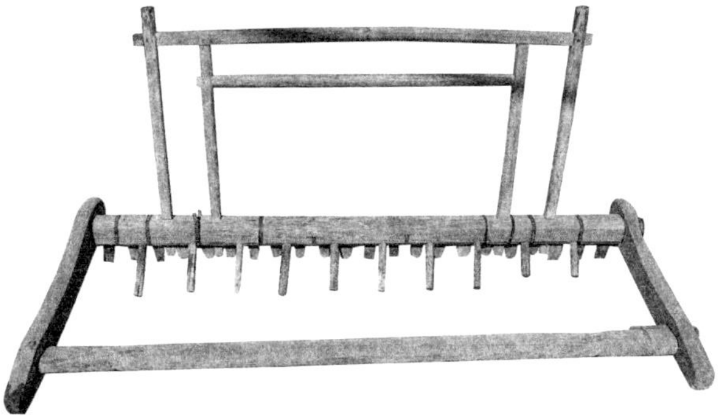

耖耙

木犁

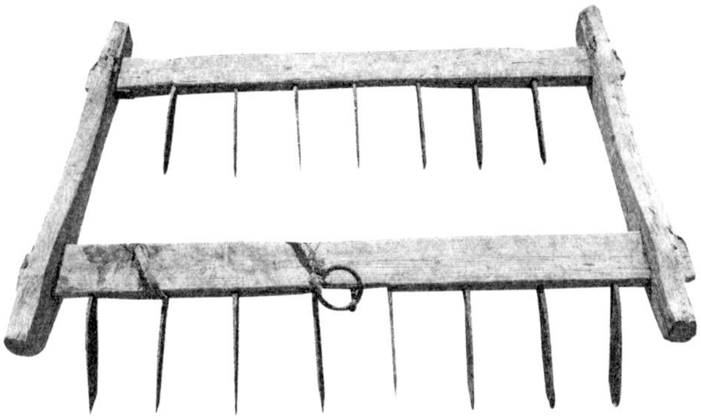

铁耙

的长方体石柱，树木中间部位用2根小木头嵌入左右2块高出地面石头的凹中，作为杠杆支点。使用时，数人（至少5人）同时用力踩踏树木的一端，根据杠杆原理，固定长方体石柱的一端自然向上翘起，后再自由落下。用于碾米、舂馒头粉、年糕粉等。安置脚碓的小平房俗称“脚碓翁”。

水碓 利用水力，构造同脚碓，用于碾米、舂香粉等。

其他农具

土箕（畚箕） 竹制，运盛泥土、厩肥等。

秧凳 独脚小木凳，拔秧时坐人用。

刀具 分大刀、斫柴刀、割草刀等，铁身木柄，用于伐薪、割草。

柴斧 铁身木柄，砍劈竹木、柴枝用。

草鞋耙 木制，编织草鞋用具。

谷箩（灰箩） 竹制，用于割稻时挑谷。

钪铣 铁木制，用于将地沟上的土放到地垄上，给农作物培土，俗称“铣钪”。

麦琢 俗称琢麦孔柱，种麦农具，有铁制、石制、木制。

第二节 现代农机具

耕作机械

1969年，鹿亭公社农机五金厂购进一台“工农12型”手扶拖拉机，用于农田耕作，为乡境内机耕之始。此后，乡境内3个公社部分社队办企业、大队相继购置手扶拖拉机。1973年，共有手扶拖拉机30台；1979年，有手扶拖拉机36台，有牵引农具14台。1992年，全乡有手扶拖拉机92台。1998年，全乡有手扶拖拉机25台。2008年，全乡有手扶拖拉机22台，其中纯农田耕作13台，机引配套农具施耕机11台，犁2台。20世纪初，农村大部分农田种上花木，水稻种植面积锐减，拖拉机只作单一货运。后随农用运输车的增加，拖拉机逐年减少，至2016年，全乡尚存拖拉机7台。

收割机械

脱粒机（俗称打稻机），有单人双人，分人力和机动两种。其中人力打稻机（亦称脚踏打稻机）于20世纪60年代引进，比旧式稻桶脱粒工效提高2～3倍。1973年，乡境内有人力打稻机212台。1979年，使用3马力柴油机为动力的机动打稻机，工效比人力打稻机提高5倍，乡境内有机动打稻机62台，人力打稻机298台，人力机动并存。农村实行土地承包责任制后，2～3户农户共用1台打稻机。1993年，全乡有机动打稻机9台，人力打稻机522台。2016年，全乡种植水稻面积锐减，部分种田农户多使用单人人力打稻机。

脱粒机（打稻机）

排灌机械

主要有抽水机和喷滴管。20世纪70年代采用柴油机抽水灌溉，70年代后期，电动机逐渐替代柴油机。山塘、水库和山涧溪水提升到高处灌溉，采取分级抽水灌溉，建造高扬程翻水站。1979年，现乡境有排灌机械109台，其中机动68台，463马力，电动41台，290千瓦，农用水泵83台，喷灌机械45套。2008年，全乡有排灌机械141台，总动力667千瓦。其中柴油机55台，473千瓦；电动机20台，194千瓦；农用水泵29台，节水喷灌机械37台。2000年开始，对有水源条件的笋用林安装喷滴管。至2006年，全乡共安装喷滴管266.7公顷。2003年，全乡有排灌机械69台，总动力275千瓦。2016年，全乡共有排灌机械110台，总动力707千瓦。

植保机械

20世纪60年代始，使用人力手工压缩式圆筒喷雾器防治病虫害，至70年代普及，型号也不断更新。1973年，乡境有人力手动喷雾器417台。1979年始有机动喷雾器出现，但数量极少，仅20台，有手动喷雾器463台，多为背包式。80年代后，农村实行家庭联产承包责任制，社会拥有量急剧增加，每农户达1台或2台。1994年，全乡有喷雾器1870台。2016年，农户多用背包式手动喷雾器和电动喷雾器。

运输机械

1969年，拖拉机只用于农田耕作。1970年底，鹿亭公社分配到拖拉机挂斗1只，才用于运输。1979年，乡境内拥有拖拉机36辆，都配有拖斗，农忙耕田，农闲搞运输，一机多用，大、中型拖拉机长年搞运输。20世纪80年代后，农村始有农用运输车。1994年，全乡有农用运输车17辆，运输型拖拉机54辆。2008年，全乡有各类农用运输机械144台，总动力4185千瓦，分别为农用运输车123辆（其中三轮运输汽车21辆，低速载货汽车102辆），3318千瓦；运输拖拉机21辆（其中大中型19辆，小型2辆），867千瓦。2016年，全乡有运输机械161辆，总动力4875千瓦。

农产品加工机械

有粮食作物加工和经济作物加工两大类。主要有碾米机、磨粉机、年糕机、饲料粉碎机、茶叶机等。1973年，乡境内有农产品加工机械200余台。2007年，全乡有农产品加工机械239台，913.2千瓦。至2016年，境内碾米机、磨粉机、年糕机等粮食作物加工机械大多废弃。

碾米机　20世纪50年代，每个生产大队（村）均办有轧米厂。1973年，乡境有碾米机36台，1979年增至54台。2008年，全乡粮食加工机械91台，加工粮食690吨。

磨粉机　20世纪60年代始使用，70年代全面推广。1979年，乡境有磨粉机38台。

茶叶机　1952年，白鹿乡陈茂强互助组试制竹木结构手摇茶叶杀青机，效率比手工提高4倍。1958年，引进木制双人对推揉捻机，工效比人工高10倍。20世纪60年代，各生产大队兴办茶叶初制厂。1973年乡境有茶叶机113台，1979年增至213台。杀青、揉捻、炒干全过程初步实现机械化操作。1999年，全乡有杀青机57台，揉捻机47台，二青机49台，炒干机214台。2008年，有茶叶机械573台，总动力1866千瓦，加工茶叶393.5吨。2013年，有多功能理茶机191台，扁形茶炒制机116台。2016年，全乡有机械制茶机836台。

第三节　农机管理

1965年底，乡境首批农机人员6人，参加宁波地区第二期农机培训班，学习柴油机、排灌机械、农产品加工机械等操作知识。1975年，鹿亭公社建立农业机械管理站，性质属公社事业单位，经费采取社办公助形式，以公社集体为主，国家补助为辅，配农机辅导员1人，会计1人。同年10月，农机辅导员参加宁波地区农业机械管理工作训练班。1979年，新安江电供电后，农机管理站改称机电站，增加农电人员3人。1983年，建立农机服务站，负责农机修理、农机管理和技术培训等。1984年，各乡成立拖拉机安全片组。1987年，乡机电站农机、农电分设，改称乡农机管理站（简称“农机站”）和乡农电管理站（简称“电管站”）。

1981—2012 年鹿亭乡（现乡境内）农业机械总动力情况表

表 6-4-1　　单位：千瓦

年份	机械动力	年份	机械动力	年份	机械动力
1981	2346	1992	3049	2003	3916
1982	2402	1993	3256	2004	5765
1983	2900	1994	3698	2005	4138
1984	2823	1995	3698	2006	7128
1985	2586	1996	3766	2007	7386
1986	1616	1997	3772	2008	7980
1987	3164	1998	3916	2009	9545
1988	3229	1999	3916	2010	9830
1989	2874	2000	3919	2011	9830
1990	3115	2001	3916	2012	7386
1991	2898	2002	3916		

注：2013 年始不作统计。

1988 年 2 月，撤销白鹿乡农机服务站。1990 年，鹿亭乡农机站被评为宁波市安全生产先进集体。1992 年 6 月，撤销鹿亭、晓云、白鹿 3 个农机管理站，组建鹿亭乡农业机械管理站，至 2016 年未变。

20 世纪 70 年代，农机操作人员由公社组织培训。1976 年，鹿亭公社农机站举办第一期农机训练班，参训 19 人，其中动力机手 12 人，由县农机局派人考核，成绩合格者发给结业证书；拖拉机驾驶员 7 人，由县交通局派人考核，合格的发给拖拉机驾驶证。1978 年，第二期拖拉机驾驶员培训 14 人，与湖东公社农机站合并考核。以后，农机操作人员培训由梁弄区农机站负责。1982 年后，县（市）农机局统一培训，农机操作人员均需经市农机局培训合格方能上岗。

2007 年，全乡有农机供油站（点）4 个，年销售 269 吨，其中汽油 20 吨、柴油 245 吨、其他 4 吨，销售额 134.55 万元。2008 年，全乡有农机维修点 3 个，农机从业人员 181 人，其中拖拉机驾驶员 25 人、农用车驾驶员 152 人、农机维修人员 4 人。农机化培训 89 人次，维修拖拉机 57 台次，维修运输机械 329 台次，其他农机具维修 1710 台次。2016 年，全乡有农机从业人员 3 人，农机站工作人员 1 人，主要负责农机安全管理和技术培训。

1961—1980 年鹿亭公社部分农机具情况表

表 6-4-2

年份	手扶拖拉机		打稻机（台）		喷雾器（架）		排灌机械		农用水泵（台）	碾米机（台）	磨粉机（台）	饲料粉碎机（台）	茶叶机（台）	手拉车（辆）
	台	马力	电动	人力	电动	人力	台	马力						
1961	—	—	—	20	—	24	—	—	—	4	—	2	—	30
1962	—	—	—	20	—	24	—	—	—	4	—	2	—	30
1963	—	—	—	20	—	49	1	8	—	4	—	2	—	34
1964	—	—	—	24	—	49	1	8	—	4	4	2	—	34
1965	—	—	—	24	—	57	1	8	—	6	4	5	—	40
1966	—	—	—	64	—	60	1	8	—	8	4	4	—	53
1967	—	—	—	65	—	80	5	68	—	8	4	7	—	71
1968	—	—	—	70	—	102	5	68	—	8	4	7	—	76
1969	—	—	—	75	—	102	5	68	—	14	9	5	—	79
1970	—	—	—	76	—	102	13	149	—	15	17	7	8	81
1971	—	—	—	85	—	137	8	41	9	17	17	7	14	110
1972	4	36	—	81	—	146	8	41	14	15	18	13	32	126
1973	5	49	—	83	—	140	20	124	16	15	16	12	35	140
1974	7	73	—	90	—	171	22	139	19	18	18	10	61	173
1975	9	88	4	84	3	164	13	78	21	17	17	13	71	175
1976	11	112	13	73	3	164	29	164	21	17	18	13	83	175
1977	12	128	21	62	12	161	41	284	18	17	19	14	96	127
1978	12	128	37	54	12	172	47	344	28	18	17	13	106	209
1979	19	210	46	36	4	166	50	343	51	18	18	13	81	198
1980	20	255	48	42	2	171	35	246	45	17	17	13	82	268

第七编

水利　电力

第一章 溪流 水库 山塘

境内群山环抱，气候湿润，降水丰沛，白鹿、晓鹿两大溪流贯穿全乡，蕴藏丰富的水资源。20世纪50年代始，境内共建有水库、山塘154座，总库容220.751万立方米。

第一节 溪 流

乡境内以晓鹿大溪和白鹿大溪为主要溪流，另有10条主要支流及许多山涧小溪，均属奉化江水系。

晓鹿大溪

因流经原晓云、鹿亭两乡，故名。旧时又名篁溪。源于乡西南部与大岚镇交界处，溪水先向北流，汇东岗、中姚诸水后折向东，流经晓岭、大溪、金家、上庄、祝家堰等自然村，于李家塔村口与白鹿大溪汇合后流向中村，经白云桥流入皎口水库。全长27千米，溪道宽度6～59.5米，集雨面积78.93平方千米。

晓鹿大溪

白鹿大溪

因流经原白鹿、鹿亭两乡，故名。源于白鹿村西南部与大岚镇交界处的上马岗，流经白鹿至石潭，与发源于大岚镇上马村的石潭溪汇合后、经李家塔村汇入晓鹿大溪。全长10.3千米，溪道宽度6～30米，集雨面积21.34平方千米。

白鹿大溪

主要支流

王石坑溪　源于龙溪村王石坑自然村，经王石坑电站汇入晓鹿大溪。全长约0.84千米，溪道宽度5～17米。

中姚溪　源于梨洲街道茭湖，流经中姚村，在晓岭双溪口处汇入晓鹿大溪。全长约3.5千米，溪道宽度5～20米。

深龙岩溪　源于高岩村，流经高岩、陈天龙、深坑、香泉湾休闲度假区汇入晓鹿大溪。全长约1.6千米，溪道宽度4～10米。

冬青溪　源于龙溪村大年自然村，流经上庄村门石、冬青、岙里、应家路等自然村，在上庄汇入晓鹿大溪。全长约4.6千米，溪道宽度8～13米。

算坑溪　源于白鹿小黄泥岭，流经算坑至中村汇入晓鹿大溪。全长约1.96千米，溪道宽度15～30米。

石潭溪　源于大岚镇上马村，入境后流经马家坪、茶山、岙底、石潭等自然村，在石潭汇入白鹿大溪。全长约3千米，溪道宽度5～20米。

东岗溪　源于东岗村，经东岗二级电站汇入晓鹿大溪。全长约2.2千米，溪道宽度5～13米。

后岙溪　源于中村后岙水库上方，过后岙桥在原中村供销社旁汇入晓鹿大溪。全长约1千米，溪道宽度4～12米。

李家塔溪（林后溪）　源于白鹿村赤石，至李家塔村汇入白鹿大溪。全长约3.3千米，溪道宽度18～25米。

晓云东溪　源于晓云羊坑自然村，流至晓岭太平桥处汇入晓鹿大溪。全长约0.61千米，溪道宽度3.5～13米。

第二节　水　库

乡境内自20世纪50年代起就兴修水利，至2016年，全乡共建有小（2）型水库（库容大于或等于10万立方米而小于100万立方米的水库）5座；小（3）水库（库容大于或等于1万立方米而小于10万立方米的水库）33座。

小（2）型水库

杨树湾水库　位于龙溪村，1958年10月开工建造，1960年8月竣工。建成次年曾发生倒坝事件。

百丈水库　位于白鹿村黄帽山马家溪，1970年11月14日开工建造，1973年2月8日竣工。

小黄泥岭水库　位于白鹿村赤石岔口的小黄泥岭，1971年4月开工建造。1972年8月，受9号台风影响发生倒坝事件，大坝重建，1978年竣工。

小黄泥岭水库

龙溪电站水库　位于龙溪村，建于1996年。

上村（晓云）电站水库　位于晓云村，建于1999年。

晓云电站水库

小（3）型水库

后岙水库　位于中村村后岙，1958年建成。

地坪岗水库　位于中村地坪岗杨路坑，1972年建成。

窑六石水库　位于中村村，1970年建成。

池谷田水库　位于李家塔村，建于1977年。建成时安装40千瓦水力发电装置，大电网入境后发电装置废弃。2013年进行全面整治，现为李家塔村主要饮用水源。

池谷田水库

横石岩水库　位于石潭村马家坪，1995年建成。

鹿亭电站水库　位于石潭村马家坪，1992年建成。

西下坑水库　位于石潭村马家坪西下坑岭岭头，1958年建成。

后抚水库　位于白鹿村，建于1958年。

后抚水库

下小黄泥岭水库　位于白鹿村赤石，建于1975年。

梁湖堰水库　位于白鹿村梁湖，建于1958年。

上海湾水库　位于白鹿村，建于1958年。

乌里水库　位于白鹿村，建于1958年。

昌蒲塘水库　位于白鹿村叶家样，建于1958年。

昌蒲塘水库

白鹿三级电站水库　位于白鹿村陈家岩，建于1990年。

岙里电站水库　位于上庄冬青自然村外，2010年建成。

头湾水库　位于上庄门石自然村，1958年建成。

下深坑水库　位于上庄村下深坑，1958年建成。

姜岙坑水库　位于上庄村姜岙坑，1972年建成。建成时曾安装单机30千瓦水力发电装置，1979年1月境内接入大电网后发电装置废弃，现为上庄村及附近企事业单位主要饮用水源。

姜岙坑水库

门石岭头水库　位于上庄村门石，1958年建成。

大岭头水库　位于沿夹岙村大岭头，建于

1958年。现为沿夹岙村主要饮用水源。

二桥下水库　位于高岩村，建于1958年。

深龙岩水库　位于高岩村，建于1998年10月。

三湾丘水库　位于高山村，建于1958年。

大溪电站水库　位于晓云村狗头颈，2001年建成。

王石坑水库　位于龙溪村王石坑，1993年建成。

门掩湾水库　位于龙溪村，建于1961年。

奄马水库　位于龙溪村，建于1958年。

下坑水库　位于龙溪村，建于1962年。

岩头水库　位于龙溪村岩头，建于1977年。水库建成时安装100千瓦发电装置，1979年1月大电网入境内后并入大电网。

大平岗水库　位于中姚村，1958年建成。

东岗一级电站水库　位于东岗村庵下，始建于1973年，1991年改建。

东岗二级电站水库　位于东岗村龙洞坑，1991年4月建成。

东西塘水库　位于东岗村上田岗，1958年建成。

第三节　山　塘

至2016年，全乡共建有山塘（库容在1万立方米以下水库的统称）116座，其中白鹿村30座，石潭村11座，李家塔村12座，中村7座，上庄村14座，沿夹岙村6座，高山村9座，晓云村2座，龙溪村13座，中姚村6座，东岗村6座。

鹿亭乡山塘情况一览表

表7-1-1

序号	村别	山塘名称	集雨面积（平方千米）	库容量（万立方米）	坝高（米）	坝顶宽（米）	坝长（米）	溢洪道（米）	
								进口宽	总深度
1	白鹿	张管炎	0.6	0.6	4	3	27	2	1
2	白鹿	井洞丘1	0.3	0.6	5	3	38	0.5	0.5
3	白鹿	山头	0.3	0.7	12	5.5	52	1	1
4	白鹿	安装丘	0.04	0.1	—	—	—	涵洞	
5	白鹿	枫树亭	0.01	0.11	4	2	20	0.7	0.3
6	白鹿	乌沙壁	0.03	0.4	3	3	44	—	—
7	白鹿	新宅后门	0.05	0.15	—	—	—	涵洞	
8	白鹿	大年岗	0.01	0.2	6	6	35	2	0.5
9	白鹿	大路岗	0.01	0.3	5	5	39	0.5	0.5
10	白鹿	上马岗	0.01	0.25	5	5.5	48	0.5	1
11	白鹿	门口落石	0.01	0.2	—	—	—	—	—
12	白鹿	大办塔	0.02	0.1	4	5	90	0.5	0.5
13	白鹿	岭头	0.01	0.3	3.5	7	45	—	—

续表 7-1-1

序号	村别	山塘名称	集雨面积（平方千米）	库容量（万立方米）	坝高（米）	坝顶宽（米）	坝长（米）	溢洪道（米）	
								进口宽	总深度
14	白鹿	大杜岗	0.05	0.15	5	3	25	0.6	0.5
15	白鹿	到马岭	0.02	0.18	5	4	30	0.5	0.5
16	白鹿	井洞丘 2	0.05	0.2	5	2.5	33	—	—
17	白鹿	石头丘	0.05	0.07	3	3	22	0.5	0.3
18	白鹿	屋井	0.06	0.05	3	2	37	0.5	0.3
19	白鹿	南田丘	0.05	0.08	—	3	49	—	—
20	白鹿	沙锯铁	0.05	0.4	3	3	17	—	—
21	白鹿	兰子湾	0.03	0.05	5	2.5	19	0.5	0.5
22	白鹿	龙王塘	0.02	0.05	2	2	26	0.3	0.3
23	白鹿	王寺年	0.05	0.05	5	3	25	0.5	0.5
24	白鹿	杨竖岙	0.05	0.05	2	1.5	10	—	—
25	白鹿	高岩门头	0.05	0.05	3	2.5	10	—	—
26	白鹿	张古湾	0.03	0.3	4	2.5	20	—	—
27	白鹿	冷水培	0.01	0.1	6	3	21	0.5	0.5
28	白鹿	丈丘田	0.06	0.11	2	5	17	2	3
29	白鹿	晚稻岗	0.02	0.1	3	2	20	—	—
30	白鹿	刺榨岭	0.02	0.1	4	2	20	—	—
31	石潭	毛岗中湾	0.6	0.8	6	3	41	0.8	0.3
32	石潭	牛龙岗	0.04	0.11	5	3	17	—	—
33	石潭	土堂后	0.03	0.15	5	3	24	1.2	0.6
34	石潭	里湾	0.1	0.4	7	3	36	1	1
35	石潭	前山坪	0.035	0.1	4	1.6	30	0.6	0.5
36	石潭	茶山	0.35	0.05	4	2	17	0.5	0.5
37	石潭	岙底	0.1	0.25	7	2	36	0.3	0.5
38	石潭	陈桃	0.1	0.1	2.5	3	37	0.3	0.5

续表 7-1-1

序号	村别	山塘名称	集雨面积（平方千米）	库容量（万立方米）	坝高（米）	坝顶宽（米）	坝长（米）	溢洪道（米）	
								进口宽	总深度
39	石潭	中安	0.1	0.1	7	6	24	1.2	0.7
40	石潭	中安跨	0.1	0.1	5	3.5	30	—	—
41	石潭	泥桥	0.005	0.05	4	1.5	27	0.6	0.6
42	李家塔	牛栏	0.42	0.6	7	2	35	0.7	0.6
43	李家塔	陆家安	0.1	0.35	8	2	32	0.8	0.6
44	李家塔	上畈	0.08	0.1	5	1.5	32	0.5	0.5
45	李家塔	牛同坑	0.25	0.2	5	1.5	33	0.5	0.3
46	李家塔	厂坑	0.04	0.1	3	2	25	—	—
47	李家塔	前山	0.02	0.05	3	2	21	—	—
48	李家塔	赤石岭脚	0.7	0.2	6	3	37	1.2	0.6
49	李家塔	全岙	0.04	0.1	7	2.5	26	1.5	0.3
50	李家塔	树林湾	0.1	0.12	5	2	19	—	—
51	李家塔	庙后	0.2	0.2	3	1.5	56	0.5	0.3
52	李家塔	上庙后	0.08	0.13	3	2	23	—	—
53	李家塔	东风山	0.4	0.16	7	4	33	1.2	0.7
54	中村	深坑岗	0.61	1.8	6	3	45	0.5	0.6
55	中村	野猫湾	0.02	0.15	5	3	30	1	0.3
56	中村	金树岭	0.035	0.2	4	2	15	0.5	0.7
57	中村	后山	0.3	0.2	4	2	20	0.6	0.3
58	中村	姜青岙	0.58	0.31	4	2	30	—	—
59	中村	黄泥平	0.1	0.15	4	2	18	—	—
60	中村	将军池	0.1	0.01	3	1	10	—	—
61	上庄	东坑湾	0.5	0.15	7	2.5	26	2.5	1.3
62	上庄	里家山	0.5	0.15	5	2.5	36	0.5	0.5
63	上庄	屋下门	0.5	0.15	5	3	34	0.5	0.5
64	上庄	陈家林	0.62	0.3	5	2.5	23	0.5	0.3

续表 7-1-1

序号	村别	山塘名称	集雨面积（平方千米）	库容量（万立方米）	坝高（米）	坝顶宽（米）	坝长（米）	溢洪道（米）	
								进口宽	总深度
65	上庄	木湾	0.48	0.3	6	6	28	—	—
66	上庄	张家库	0.7	0.35	8	2	25	0.5	0.5
67	上庄	后山	0.8	0.02	4	3	15	0.5	0.6
68	上庄	大里湾	0.5	0.3	5	3	28	0.5	0.5
69	上庄	西岙	0.8	0.2	6	4	25	0.5	0.8
70	上庄	汽孔	0.4	0.06	6	3	25	0.5	0.5
71	上庄	屋后	0.3	0.3	6	5	26	1.3	0.8
72	上庄	双弯	0.1	0.23	5	2	32	0.5	0.5
73	上庄	毛坪	0.1	0.12	7	4	28	0.8	0.3
74	上庄	外湾	0.1	0.16	6	3	31	1	0.5
75	晓云	乌泥塘	0.001	0.03	5	3	25	—	—
76	晓云	岙底	0.002	0.046	5	2.5	20	—	—
77	中姚	黄泥岗	0.2	0.5	6	1.5	25	0.6	0.4
78	中姚	平石畈	0.01	0.05	3	1	10	—	—
79	中姚	岭后	0.01	0.06	3	1	11	—	—
80	中姚	小畈	0.01	0.045	2.5	1	10	—	—
81	中姚	吴夹岙	0.02	0.01	2	2	8	0.2	0.5
82	中姚	兰水塘	0.01	0.11	2	2.5	32	0.8	0.4
83	东岗	杨家田岗	0.02	0.11	4	2	25	0.8	0.5
84	东岗	上吉竹	0.03	0.1	5	3	21	—	—
85	东岗	桃树湾	0.02	0.1	4	2.5	22	1.5	1.5
86	东岗	冷湾 1	0.004	0.065	4	2	35	—	—
87	东岗	高头	0.001	0.03	4	1.5	22	0.4	0.6
88	东岗	外头前	0.01	0.05	4	3	21	0.8	0.5
89	龙溪	珠丫坑 1	0.02	0.1	4	5	25	—	—
90	龙溪	盟岗 1	0.004	0.13	5	3	53	—	—

续表 7-1-1

序号	村别	山塘名称	集雨面积（平方千米）	库容量（万立方米）	坝高（米）	坝顶宽（米）	坝长（米）	溢洪道（米）	
								进口宽	总深度
91	龙溪	盟岗 2	0.001	0.05	3	1.5	20	0.6	0.3
92	龙溪	兰田湾 1	0.01	0.25	12	4.5	38	4	0.8
93	龙溪	兰田湾 2	0.01	0.05	4	1.5	20	0.8	0.6
94	龙溪	水竹塘	0.01	0.05	4	1.5	16	0.3	0.5
95	龙溪	珠丫坑 2	0.01	0.005	3	2	15	1	0.4
96	龙溪	珠丫坑 3	0.01	0.05	5	2	15	0.3	1.6
97	龙溪	雷公寺	0.01	0.05	5	3	26	0.6	1.5
98	龙溪	背爬湾	0.01	0.14	3	4	15	—	—
99	龙溪	猪塘湾	0.01	0.1	5	2	30	0.5	0.5
100	龙溪	兰田湾 3	0.01	0.12	4	2.5	24	0.5	0.5
101	龙溪	兰田湾 4	0.01	0.05	4	1.5	20	0.8	0.5
102	高山	锅沿陈	0.1	0.6	4	2	30	—	—
103	高山	大鱼头	0.01	0.09	3	1.5	22	—	—
104	高山	里大湾	0.03	0.15	4	2.5	20	0.5	0.5
105	高山	小岗	0.001	0.08	4	3	20	0.5	0.5
106	高山	新赵家	0.001	0.09	4	3	15	0.5	0.5
107	高山	冷水孔	0.005	0.1	4	3	15	0.5	0.8
108	高山	小田湾	0.01	0.07	3	2.5	15	—	—
109	高山	石岭头	0.02	0.3	5	2.5	25	0.5	0.5
110	高山	松毛岩	0.01	0.08	4	3	17	0.5	0.5
111	沿夹岙	屋下	0.25	0.5	7	1.5	29	0.3	0.3
112	沿夹岙	大梁山	0.1	0.3	5	2	8	—	—
113	沿夹岙	坟年顶	0.1	0.3	6	4	26	0.5	0.5
114	沿夹岙	小故平	0.03	0.1	5	3	13	0.5	1
115	沿夹岙	岩下	0.04	0.2	5	4	21	0.5	1
116	沿夹岙	楼屋里	0.02	0.2	6	3	28	1	0.3

第四节　堰坝　井泉

堰坝

山区溪流逐段构筑大小溪坝提高水位，以解决农田灌溉和生活用水，由来已久。境内堰坝主要构筑在晓鹿大溪上，大多位于原鹿亭乡，据1993年版《余姚水利志》记载：原鹿亭乡有堰坝6处，灌溉面积15.4公顷，灌溉面积较大的有上庄大堰岩堰坝、祝家堰下面的外岙堰坝等。20世纪70年代后期，高扬程机埠陆续建成，堰坝的作用相应减少。80年代后期，农业产业结构调整，水稻种植面积逐年减少，原有堰坝均已废弃。

井泉

据1993年版《余姚水利志》记载：原晓云乡有水井106口，年取水量12.17万立方米，其中农田灌溉面积5.73公顷，用水量5万立方米；生活用水3933人，取水量7.17万立方米。原鹿亭乡有水井15口，年取水量6.1万立方米，其中农田灌溉面积3.33公顷，用水量5万立方米；生活用水600人，取水量1.1万立方米。原白鹿乡有水井24口，年取水量10.73万立方米，其中农田灌溉面积1.8公顷，用水量1.6万立方米；生活用水3900人，取水量9.13万立方米。

随农村饮用水工程的普及，井泉大多废弃。至2016年，全乡尚有部分井泉在继续使用，其中东岗村8口（为阔秋里古井、下道地古井、双井团古井、四石里古井、路樱里古井、外村大堂前古井等）、龙溪村13口、李家塔村3口、白鹿村18口、中姚村6口等。

◉ 叶家样古井

第二章　水利建设

第一节　溪流整治

1998—2011年，对晓鹿大溪晓云段、狗头颈至上庄段、祝家堰至中村段相继进行整治。2011年，投资287万元对晓鹿大溪狗头颈、上庄段再次进行整治，全长1.778千米，其中狗头颈段长0.8千米，上庄段长0.978千米。2012年4月17日至10月2日，对晓鹿大溪祝家堰至中村段再次进行整治，该段溪道长3.3千米，工程级别及标准为：村庄段防洪标准为20年一遇，农田段为10年一遇，堤防等级为4级。整治工程挡墙砌筑0.92千米，挡墙护脚0.415千米，挡墙加固0.08千米，溪道疏浚砂卵石清理2000立方米，建造拦水堰7座。工程总投资181.36万元。2014年6月16日至10月25日，实施晓鹿大溪三期治理工程，主要对晓鹿大溪（含部分支流）堤防塌落处进行维修加固，分别位于龙溪村、中姚村、晓云村、上庄村、李家塔村、中村村以及深龙岩溪段。三期工程共新建挡墙1.66千米，新建拦水堰15座，清淤13581.6立方米，干砌和浆砌块石埠头各1个，总投资474万元。2016年6月22日至10月19日，对中姚村溪道护岸进行修复、砌筑，溪底淤积砂卵石清理。共浆砌块石挡墙675.95立方米，新建（修复）拦水堰11处，新建河埠头2座、堰桥1座、人行桥1座，投资82.28万元。

至2016年，已完成晓鹿大溪路坑自然村至中村段和中姚溪的全面整治。

第二节 水库山塘建造

20世纪50年代后期起，开始兴建水库山塘，以保障农田灌溉。其中杨树湾水库为高峰人民公社时所建，白鹿一级、二级电站水库为白鹿乡（公社）所建，鹿亭电站水库（茶山水库）为鹿亭乡所建，其余各水库山塘均为20世纪50年代末至70年代各生产大队所建，或为90年代建造水力电站时所建，2000年后又建造3座电站水库。至2016年，全乡建有各类水库、山塘154座，在防洪、灌溉、供水、发电、保护生态环境及村民生活用水等方面发挥重要作用。

建于20世纪50年代的水库（山塘）主要有杨树湾水库、后抚水库、昌蒲塘水库、梁湖堰水库、上海湾水库、乌里水库、后岙水库、西下坑水库、茅岗中湾水库、大坪头水库、黄泥岗水库、乌鸡龙水库、大岭头水库、三湾丘水库、下深坑水库、头湾水库、门石岭头水库、二桥下水库、张家库水库、东西塘水库、大平岗水库、上吉竹水库、奄马水库、雷公寺水库等。

建于20世纪60年代的水库（山塘）主要有茶山水库、坟年顶水库、屋下水库、楼屋里水库、杨家田岗水库、门掩湾水库、珠丫坑水库1、珠丫坑水库2、珠丫坑水库3、下坑水库、盟岗水库1、盟岗水库2、烂田湾水库1、烂田湾水库2、猪塘湾水库等。

建于20世纪70年代的水库（山塘）主要有：百丈水库、小黄泥岭水库、下小黄泥岭水库、窑六石水库、地坪岗水库、姜岙坑水库、池谷田水库、岩头水库、东岗一级电站水库、前山坪水库等。白鹿百丈水库是现乡境内建造最早的小（2）型电站水库，1970年11月14日开工建造，1973年2月8日竣工，集全白鹿公社人力和财力所建。共完成土方5万余立方米，石方5000余立方米。总投资95500余元，其中上级补助77000元，集体（公社）筹资9500元，社员集资9000余元（共560余户，每户16元）。百丈水库和一级电站的建成，既解决了白鹿公社部分农田灌溉，又解决了全公社各单位、每户社员照明用电。

20世纪80年代以后，随农村土地承包责任制的实施和种植结构的改变，用于农田灌溉的水库、山塘不再建造。

20世纪90年代建造的水库主要用于水力发电，电站水库主要有白鹿三级电站水库、横石岩（马家坪电站）水库、鹿亭电站水库、王石坑（电站）水库、东岗二级电站水库、龙溪电站水库等。1997年，在晓鹿大溪与白鹿大溪汇合处建造全市第一座橡胶坝水库，总投资55万元。

2000年后建成的电站水库有3座，为上村电站水库、大溪电站水库、岙里电站水库。

至2016年，部分水库、山塘在农村种植结构改变后已废弃，或为村民饮用水源。

第三节 水库山塘除险加固

1995年，全乡除险加固水库山塘11处，投工3512工，总投资8.87万元。

2003年后，根据《浙江省千库保安工程余姚市专项计划》，对3座小（2）型水库实施“千库保安”工程建设。同时，对小（3）型水库和山塘进行排查摸底，在此基础上实施除险加固工程建设。

杨树湾水库

是乡境内建造的第一座小（2）型水库，整个水库由大坝、溢洪道、放水隧洞等组成，水库设计洪水标准为30年一遇，校对洪水标准为200年一遇。1981年，首次实施除险加固，把水库溢洪道开在陡坡段，建造启闭房并安装启闭设备；大坝在原有基础上加宽2米；在迎水坡做黄泥斜墙，背水坡做倒滤层，并在迎水坡、背水坡均加砌护坡石。1989年、1991年、1994年数次进行维修。2005年实施千库保安工程，为大坝加固、输水涵管封堵和溢洪道进口平整等。工程共完成土石方4151.01立方米，其中土方开挖543.04立方米，石方开挖1145.17立方米，库底清淤1142.89立方米，碎石垫层364.82立方米，干砌石块664.02立方米，浆砌石291.07立方米，于2006年1月15日竣工。总投资203.1378万元，其中用于水库加固147.5033万元，用于抢险道路修建55.6345万元。

百丈水库

1990年，投资8万元实施除险加固增容工程。2008年5月6日实施千库保安工程，为大坝加固（采用大坝套井回填的主要加固措施）、溢洪道加固（拆除原溢洪道，用砼新砌筑）、涵管处理（废除封堵原放水管，在左坝头新开挖安装ø500钢管作放水管）和新建管理房50平方米。共完成土石方19056.13立方米，其中土方开挖8877.62立方米，石方开挖1760.4立方米，库底清淤4870立方米，碎石垫层683.85立方米，干砌石块1835.35立方米，浆砌石217.29立方米，灌砌石811.62立方米，于2009年1月13日竣工，总投资340.45万元。

小黄泥岭水库

1991年，投资4.5万元实施除险加固增容工程。2009年6月6日实施千库保安工程，针对水库大坝的渗水现象采取坝体灌浆、黄泥套井、溢洪道加固、新建启闭房及更换放水设施等。完成主要工程量为土方2300立方米，石方720立方米，混凝土40立方米，套井567.7米，灌浆611米，于2009年10月10日完工，总投资55.7万元。

部分水库山塘除险加固整治简表

表7-2-1

序号	村别	名称	整治情况	整治时间	序号	村别	名称	整治情况	整治时间
1	白鹿	百丈电站	除险加固	2009年	10	石潭	西下坑	全面整治	2013年
2	白鹿	小黄泥岭	除险加固	2009年	11	石潭	毛岗中湾	维修加固	2014年
3	白鹿	后抚	全面整治	2013年	12	石潭	土堂后	维修加固	2013年
4	白鹿	昌浦塘	除险加固	2011年	13	石潭	里湾	维修加固	2013年
5	白鹿	上海湾	全面整治	2016年	14	李家塔	池谷田	全面整治	2013年
6	白鹿	乌里	全面整治	2014年	15	李家塔	上畈	维修加固	2012年
7	白鹿	下小黄泥岭	全面整治	2012年	16	李家塔	牛同坑	维修加固	2015年
8	白鹿	井洞丘1	维修加固	2015年	17	李家塔	赤石岭脚	维修加固	2015年
9	白鹿	山头	维修加固	2014年	18	李家塔	东风山	维修加固	2012年

续表 7-2-1

序号	村别	名称	整治情况	整治时间	序号	村别	名称	整治情况	整治时间
19	上庄	头湾	全面整治	2012 年	31	龙溪	背爬湾	维修加固	2013 年
20	上庄	下深坑	维修加固	2013 年	32	龙溪	猪塘湾	维修加固	2014 年
21	上庄	姜岙坑	维修加固	2012 年	33	高岩	深龙岩	维修加固	2016 年
22	中姚	大平岗	全面整治	2015 年	34	高山	大鱼头	维修加固	2014 年
23	东岗	东岗一级	全面整治	2015 年	35	高山	里大湾	全面整治	2013 年
24	东岗	桃树湾	维修加固	2013 年	36	高山	小岗	全面整治	2013 年
25	东岗	外头前	除险加固	2016 年	37	高山	新赵家	维修加固	2015 年
26	龙溪	杨树湾	除险加固	2006 年	38	高山	冷水孔	维修加固	2014 年
27	龙溪	王石坑	全面整治	2012 年	39	高山	小田湾	维修加固	2014 年
28	龙溪	门掩湾	全面整治	2012 年	40	高山	石岭头	全面整治	2012 年
29	龙溪	下坑	全面整治	2014 年	41	高山	松毛岩	全面整治	2012 年
30	龙溪	盟岗 1	维修加固	2016 年	42	沿夹岙	大岭头	维修加固	2012 年

第三章　灌　溉

第一节　农田灌溉

山区农田灌溉历来靠溪上筑坝引水（用石块在溪道上筑一拦水堰坝以提高水位，再筑一条水渠，将水引入农田）或以“盛勺”引流（把整支毛竹对剖，疏通竹节，将水引入农田；或将整支毛竹疏通贯穿，数根连在一起作为管子将水引入农田）。一般年份山溪水量充足，能满足沿溪两岸农田的灌溉。原鹿亭乡有堰坝 6 处，灌溉面积 15.4 公顷，旱年引水量 18 万立方米，一般年份 14 万立方米。原晓云乡灌溉面积 47.8 公顷。

20 世纪 50 年代后期，现乡境内开始兴建水库和山塘，增加自流灌溉面积，但仍有不少“靠天田”。70 年代初，机动排灌机械逐渐应用。1970 年，鹿亭公社有排灌机械 13 台，149 马力。70 年代中期始，电动灌溉开始引向山区。1975 年，白鹿小黄泥岭高杨程机埠建成投产，扬程 35 米，置 50 千伏安变压器、30 千瓦电动机和型号为 6SH-9A 水泵各 1 台，受益面积 40 公顷。1979 年 1 月新安江电入境后，电动灌溉逐渐替代部分机动灌溉，境内部分大队兴建电动灌溉机埠，如鹿亭公社李家塔大队牛车潭灌溉机埠、中村大队李家塔独山脚下灌溉机埠、上庄大队大堰岩灌溉机埠、金家大队长田下灌溉机埠等。时排灌机械机动灌溉和电动灌溉并存。1979年，乡境内有灌溉机械109台，其中机动68台，合463马力；电动41台，合290千瓦；农用水泵83台。1987年，白鹿乡会同市农业局、水利局投资6.3万元，在下姚畈上端安装高200米，长2500米的高扬程环山网管水渠，使下姚畈80%以上的农田可自流灌溉。是年，投资2万元对小黄泥岭高杨程灌溉工程增容加固。1988年7月8日，白鹿乡小黄泥岭电灌灌区灌道灌溉工程投产，管道全长2000米，受益面积40公顷。1989年，白鹿乡管道灌溉工程获宁波市1988年度农业丰收奖四等奖。1996年，上庄大堰岩新建高扬程机埠1座，扬程20米，灌溉面积20公顷。1997年，全乡铺设地下网管2.5千米，浇筑水泥明渠10千米，翻水站改造3处。2007年，全乡有排灌机械135台，644.7千瓦。其中机动92台，451.2千瓦，电动43台，193.5千瓦。农用水泵28台，节水喷灌机械35套。

1972—1978年鹿亭公社排灌机械、农用水泵情况表

表7-3-1

年份	排灌机械		农用水泵（台）	潜水泵	
	内燃机（台）	功率（马力）		数量（台）	功率（千瓦）
1972	8	41	14	—	—
1973	20	124	16	9	140
1974	22	139	19	7	119
1975	13	78	21	7	119
1976	29	164	21	9	118
1977	41	284	28	3	90
1978	47	344	28	8	79

至21世纪，由于境内农田不再种植粮食作物而改种经济作物，部分山塘、水库和堰坝等逐渐失去作用，除电站水库蓄水发电外，其余水库山塘或作为村民饮用水源或废弃，原灌溉用拦筑堰坝或毁于洪水，或在溪道整治疏浚后已荡然无存，灌溉机埠全都拆除，灌溉机械或移作他用或废弃。

第二节　喷滴灌

2000年始，余姚市人民政府在山区大面积推广经济型喷滴灌，境内各村有水源条件的笋用林、白茶、香榧等水果基地、大棚蔬菜基地、仿野生铁皮石斛基地等安装喷滴灌。至2006年，全乡笋用林安装喷滴管266.7公顷。至2009年，全乡在笋用林、花木、白茶、水果、大棚蔬菜、仿野生铁皮石斛种植基地等共安装喷滴灌面积359.67公顷。由于一般年份毛竹山和花木地根本用不上喷滴灌，在旱年需要使用喷滴灌灌溉时，却发现无水可灌。至2016年，安装在毛竹山和花木地上的水管极大部分已被拆除，仅白茶、水果基地、大棚蔬菜基地、白鹿仙草园农庄和香泉湾山庄的仿野生铁皮石斛基地等喷滴灌仍在使用。其中香泉

湾山庄安装面积 0.67 公顷，白鹿仙草园农庄安装 2.67 公顷。

◉ 毛竹山喷滴灌

◉ 香泉湾仿野生铁皮石斛喷滴灌

第四章　电　力

第一节　水力发电

1957 年 10 月，试办鹿亭中村水电站成功，装机 20 千瓦，是乡境内第一个水力发电站。据 1993 年版《余姚市水利志》记载，从 20 世纪 50 年代后期至 60 年代末，乡境内先后兴建晓云上村、洞桥、大溪，鹿亭石潭、李家塔、茶山、中村、岙底、上庄、算坑、金家 11 座水力发电站。这些小水电站建造速度快，但标准低，质量差，发电装机功率小，年利用小时低，甚至个别电站建成不到一年即报废，有的建成不久即毁于洪水。但在一定程度上促进了经济发展，开阔了群众眼界。

20 世纪 70 年代，小水电建设更是迅速发展。1973 年 2 月，白鹿公社百丈电站（白鹿一级电站）建成投运，装机 100 千瓦；1977 年 5 月，晓云公社岩头电站竣工，装机 100 千瓦；1979 年 8 月，白鹿二级电站竣工，装机 100 千瓦。百丈电站和岩头电站在 1978 年底大电网入境时并入大电网，白鹿二级电站建成投运时即并入大电网。乡境内建成投运的除上述 3 座装机功率较大的入网电站外，还有建于 70 年代初期的晓云外大山电站、鹿亭岙里电站和中村第二水电站，建于 1972 年的晓云群英电站，建于 1973 年的上村电站，建于 1974 年的深坑电站、王石坑电站，建于 1975 年的东岗电站，及建于 1977 年的鹿亭李家塔池谷田电站和建于 1978 年的上庄姜岙坑电站。

20 世纪 60 年代至 70 年代末，除水力发电外，各生产大队都有火力发电（用柴油机带动发电机发电）装置。1979 年 1 月大电网入境后，火力发电停用。

表 7-4-1

1987 年底现乡境内并网电站一览表

序号	站名	站址	所有制	开发形式	集雨面积（平方千米）	水头（米）	流量（立方米/秒）	装机容量		主要设备			投产日期	年均发电量（万千瓦时）
								总装机（千瓦）	单机（台×千瓦）	水轮机（型号/台）	发电机（型号－千瓦）	变压器（千伏安/台）		
1	白鹿一级	白鹿	乡办	引水式	2	110	0.1	100	1×100	QT-W-48/1/1	TSWN-8-100	135/1	1973 年 2 月	20
2	晓云岩头	晓云	村办	引水式	0.89	150	0.1	100	1×100	QJ-W-48/1/1	TSWN-8-100	135/1	1977 年 5 月	18
3	白鹿二级	白鹿	乡办	引水式	2.5	95	0.1	100	1×100	QT-W-48/1/1	TSWN-8-100	135/1	1979 年 8 月	17

注：摘自 1993 年版《余姚市水利志》。

表 7-4-2

1987 年底现乡境内未并网电站一览表

站名	站址	所有制	开发形式	集雨面积（平方千米）	水头（米）	流量（立方米/秒）	装机容量		主要设备			投运日期
							总装机（千瓦）	单机（台×千瓦）	水轮机（型号/台）	发电机（型号－千瓦）	变压器（千伏安/台）	
中村	鹿亭	村办	引水式	40	5	—	20	1×20	ZD-LM-40	TSWN-6-20	—	1957 年 10 月
大溪	晓云	村办	引水式	16	4.5	—	12	1×12	水轮泵 -30	TSWN-6-12	—	1966 年 4 月
上庄	鹿亭	村办	引水式	35	4.5	—	20	1×20	ZD-LM-40	TSWN-6-20	—	1958 年 4 月
姜岙坑	鹿亭	村办	引水式	1	42	—	30	1×30		TSWN-6-30	—	1978 年
金家	鹿亭	村办	引水式	20	4.5	—	8	1×8	水轮泵 -30	TSWN-6-8	—	1967 年 7 月
深坑	晓云	村办	引水式	2	45	—	40	1×40	XT-W-25/7	TSWN-6-40	50/1	1974
东岗	晓云	村办	引水式	0.8	70	—	55	1×55	XT-W-25/7	TSWN-6-55	100/1	1975 年
王石坑	晓云	村办	引水式	2	44	—	30	1×30		TSWN-6-30	—	1974
群英	晓云	村办	引水式	16	15	0.3	36	2×18	HL210-WJ-20B/2	TSWN-6-18	50/1	1972 年 4 月
上村	晓云	村办	引水式	12	12	0.16	18	1×18	HL210-WJ-20A	TSWN-6-18	—	1973 年
池谷田	鹿亭	村办	引水式	2	40	0.15	40	1×40	XT-W-35	TSWN-6-40	—	1977 年

注：摘自 1993 年版《余姚市水利志》。

至 1987 年底，现乡境内有小水电站 14 座（乡办 2 座、村办 12 座），总装机 609 千瓦，其中并网电站 3 座，总装机 300 千瓦，年均发电量 55 万千瓦时。未并网电站 11 座，总装机 309 千瓦。

1990 年 8 月，白鹿乡新建并网电站 1 座——白鹿三级电站，装机 125 千瓦。至是年底，乡境内共有小水电站 15 座（乡办 2 座、村办 13 座），总装机 734 千瓦，总发电量 108.44 万千瓦时，其中并网电站 4 座，总装机 425 千瓦，总发电量 62.14 万千瓦时。未并网电站 11 座，总装机 291 千瓦，总发电量 46.3 万千瓦时。此后 11 座未并网电站或改建扩容后并入国家电网，或陆续废弃。

20 世纪 90 年代后，乡村两级利用余姚市人民政府对小水电事业发展的鼓励和支持，再次掀起兴建小水电站的热潮，是鹿亭乡小水电事业发展最快的阶段，前期以新电站开发为主，后期逐渐转向老电站更新改造及扩容技改。截至 2009 年底，全乡有 18 座电站（其中更新改造 3 座，扩容技改 2 座、重建 2 座、新建 11 座），总装机 5430 千瓦，全部并网运行。

至 2016 年底，全乡共有水力发电站 19 座，总装机 5715 千瓦，年均发电量 1084 万千瓦时，全部并入国家电网。所有电站都有集体股份，而且绝大多数为纯集体所有。全乡 12 个行政村除高山、中姚、沿夹岙 3 个村无电站（或无电站股份）外，其余 9 个村均有集体电站（或有电站股份）。

白鹿一级电站（百丈电站）

位于白鹿村，采用引水型开发形式，于 1973 年 2 月建成投产。引水长度 1040 米，设计水头 102 米，流量 0.15 米^3/ 秒，装机容量为总装机 100 千瓦，单机 1×100 千瓦，集雨面积 2 平方千米。2004 年 3 月 9 日更新改造工程竣工投产，单机 1×100 千瓦，投资 40 万元，年平均发电 20 万千瓦时。原属乡政府所有，后为股份制，其中乡政府 40%，白鹿村 60%。

岩头电站

位于龙溪村岩头自然村，采用引水型开发形式，于 1977 年 5 月建成投产。引水长度 550 米，设计水头 147 米，流量 0.1 米^3/ 秒，装机容量总装机 100 千瓦，单机 1×100 千瓦，集雨面积 0.89 平方千米。2008 年 3 月 28 日更新改造工程竣工投产，单机 1×100 千瓦，年平均发电 20 万千瓦时。属龙溪村所有。

白鹿二级电站

位于白鹿村，采用引水型开发形式，于 1979 年 8 月建成投产。引水长度 560 米，设计水头 95 米，流量 0.3 米^3/ 秒，装机容量总装机 100 千瓦，单机 1×100 千瓦，集雨面积 2.5 平方千米。2004 年 1 月更新扩容为总装机 200 千瓦，单机 1×200 千瓦，改造工程总投资 70 万元。年平均发电 35 万千瓦时。原属乡政府所有，后为股份制，其中乡政府 40%，白鹿村 60%。

白鹿三级电站

位于白鹿村，采用引水型开发形式，于 1990 年 8 月建成投产。引水长度 1100 米，设计水头 60 米，流量 0.44 米^3/ 秒，装机容量总装机 200 千瓦，单机 1×200 千瓦，时实装机 1×125 千瓦，投资 52 万元，集雨面积 3.22 平方千米。2006 年 4 月更新改造工程竣工投产，扩容为装机 200 千瓦，单

白鹿三级电站

机 1×200 千瓦，总投资 117 万元。年平均发电 35 万千瓦时。属白鹿村所有。

东岗一级电站

位于东岗村，采用引水型开发形式，初建于 1975 年。集雨面积 1.38 平方千米，装机 55 千瓦。1991 年 11 月改建，引水长度 450 米，设计水头 95 米，流量 0.2 米^3/ 秒，装机容量 100 千瓦，实装机仍为 55 千瓦，改建后并入国家电网。2005 年 12 月再次改建，扩容至实装机 100 千瓦，单机 1×100 千瓦，年平均发电 18 万千瓦时。属东岗村所有。

东岗二级电站

位于东岗村，采用引水型开发形式，于 1991 年 4 月建成投产。引水长度 1100 米，设计水头 91 米，流量 0.185 米^3/ 秒，装机容量总装机 125 千瓦，单机 1×125 千瓦，集雨面积为 2.4 平方千米，总投资 42 万元，后扩容至 160 千瓦，年平均发电 30 万千瓦时。原属乡政府所有，后改为东岗村所有，乡政府有干股。

鹿亭电站

位于石潭村茶山自然村，采用引水型开发形式，于 1992 年 12 建成投产。引水长度 1450 米，设计水头 115 米，流量 0.39 米^3/ 秒，装机总量 320 千瓦，单机 1×320 千瓦，集雨面积 6.18 平方千米。年平均发电 80 万千瓦时。属乡政府所有。

鹿亭电站

王石坑电站

位于龙溪村王石坑自然村，采用引水型开发形式，于 1993 年 3 月建成投产。引水长度 456 米，设计水头 75 米，流量 0.23 米^3/ 秒，装机容量总装机 125 千瓦，单机 1×125 千瓦，时实装机 75 千瓦，单机 1×75 千瓦。2004 年 4 月技改扩容至装机 125 千瓦，单机 1×125 千瓦，集雨面积为 1.9 平方千米，年平均发电 23 万千瓦时。属龙溪村所有。

石潭一级电站

位于石潭村，采用引水型开发形式，于 1994 年 2 月建成投产。引水长度 1220 米，设计水头 45 米，流量 0.7 米^3/ 秒，装机容量总装机 200 千瓦，单机 2×100 千瓦，集雨面积为 7.49 平方千米，总投资 67.521 万元，年平均发电 35 万千瓦时。属石潭村所有。

马家坪电站

位于石潭村马家坪自然村，采用混合型开发形式，于 1996 年 6 月 12 日建成投产。引水长度 1720 米，设计水头 106 ~ 210 米，流量 0.16 ~ 0.31 米^3/ 秒，装机容量总装机 250 千瓦，单机 1×250 千瓦，集雨面积为 3.85 平方千米，总投资 310 万元，年平均发电 50 万千瓦时。属石潭村所有。

龙溪电站

位于龙溪村，采用混合型开发形式，于 1996 年 6 月 13 日建成投产。引水长度 850 米，设计水头 80 米，流量 0.428 米^3/ 秒，装机容量总装机 250 千瓦，单机 1×250 千瓦，集雨面积为 4.52 平方千米，年平均发电 45 万千瓦时。属龙溪村所有。

龙溪电站

李家塔电站

位于李家塔村，采用引水型开发形式，于1998年1月建成投产。引水长度2120米，设计水头16米，流量5.3米^3/秒，装机容量总装机600千瓦，单机3×200千瓦，集雨面积为56.24平方千米，年平均发电100万千瓦时。属李家塔村所有。

石潭二级电站

位于石潭村，采用混合型开发形式，于1998年2月建成投产。引水长度470米，设计水头19.1米，流量0.551米^3/秒，装机容量总装机200千瓦，单机1×75千瓦+1×125千瓦，集雨面积为15.8平方千米，总投资158万元。后扩容至装机250千瓦，单机2×125千瓦，年平均发电30万千瓦时。属上庄村所有，乡政府有股份。

深坑电站

位于高岩村深坑自然村，采用混合型开发形式，于1999年2月建成投产。引水长度410米，设计水头94米，流量0.15米^3/秒，装机容量总装机100千瓦，单机1×100千瓦，集雨面积为1.23平方千米，总投资70万元，年平均发电18万千瓦时。属高岩村所有。

晓云电站

位于晓云村上村，采用引水型开发形式，于1999年10月8日建成投产。引水长度1450米，设计水头71.5米，流量0.919米^3/秒，装机容量500千瓦，单机2×250千瓦，集雨面积为11.34平方千米，总投资340万元，年平均发电120万千瓦时。属股份所有制，其中晓云村49%，个体51%。

晓云电站

中村电站

位于中村村，采用引水型开发形式，于1999年12月7日建成投产。引水长度2600米，设计水头20米，流量5.54米^3/秒，装机容量总装机820千瓦，单机1×320千瓦+2×250千瓦，集雨面积为70.85平方千米，年平均发电110万千瓦时。属乡政府所有，中村村有股份。

大溪电站

位于晓云村大溪自然村，采用引水型开发形式，于2001年4月25日建成投产。引水长度1070米，设计水头38米，流量1.78米^3/秒，装机容量总装机520千瓦，单机1×200千瓦+1×320千瓦，集雨面积为23.4平方千米，总投资340万元，年平均发电130万千瓦时。属股份所有制，其中乡政府30%，晓云村27%，个体43%。

上庄电站

位于上庄村，采用引水型开发形式，于2001年6月8日建成投产。引水长度1500米，设计水头33米，流量2.12米^3/秒，装机容量总装机720千瓦，单机1×400千瓦、1×320千瓦，时实装机570千瓦，单机1×320千瓦+1×250千瓦，集雨面积为26.6平方千米，总投资340万元。2009年11月，250千瓦机组扩容为400千瓦，总装机720千瓦，单机1×320千瓦+1×400千瓦，年平均发电150万千瓦时。属股份所有制，其中乡政府20%，上庄村30%，个体50%。

岙里电站

位于上庄村岙里自然村，采用引水型开发形式，于2010年6月建成投产。引水长度900米，设计水头52米，流量0.51米^3/秒，装机容量200千瓦，单机1×200千瓦，集雨面积为7.8平方千米，年平均发电35万千瓦时。属上庄村所有。

鹿亭乡水力发电站基本情况一览表

表7-4-3

序	电站名称	投产时间	装机（千瓦）	年均发电（万千瓦时）
1	白鹿一级电站	1973年2月	100	20
2	岩头电站	1977年5月	100	20
3	白鹿二级电站	1979年8月	200	35
4	白鹿三级电站	1990年8月	200	35
5	东岗二级电站	1991年4月	160	30
6	东岗一级电站	1991年11月	100	18
7	鹿亭电站	1992年12月	320	80
8	王石坑电站	1993年3月	125	23
9	石潭一级电站	1994年2月	200	35
10	马家坪电站	1996年6月	250	50
11	龙溪电站	1996年6月	250	45
12	李家塔电站	1998年1月	600	100
13	石潭二级电站	1998年2月	250	30
14	深坑电站	1998年1月	100	18
15	晓云电站	1999年1月	500	120
16	中村电站	1999年12月	820	110
17	大溪电站	2001年4月	520	130
18	上庄电站	2001年6月	720	150
19	岙里电站	2010年6月	200	35

第二节　供　电

20世纪50年代中期，现乡境内始建小水电站发电，至70年代有水力发电站14座，每晚只发电3～4个小时，用于村民照明，且村民只准使用15瓦白炽灯。村庄主要路口也有杆子路灯，但供电很不稳定。1971年，乡境内39个大队65个生产队只有22个生产队通电，占33.85%。社队办企业生产、电影放映、其他农副产品加工用电以火力发电（以柴油机带动发电机发电）为主。

1979年1月1日，大电网（时称新安江电）入境通电。时为节约材料减少成本，大电网入境线路走山顶，自梁弄—晓云—鹿亭—白鹿，且均实行“两线一电”制，10千伏线路输入，3个公社各安装1只变压器。1980年底，电网普及，乡境内鹿亭、晓云、白鹿3个公社39个大队162个生产队实现队队通电。前期，部分大队大电网与未并网电站并存，不久未并网电站相继淘汰。在2000年前，虽有正常供电，但很不稳定，由于线路实行“两线一电”制，在台风、大雪期间，梁弄至晓云的线路上，只要有1根毛竹碰线，就会导致乡境全部断电，最长1次断电时间达9天之久。1988年和1998年大雪期间，通往各村的线路由于冰柱造成输线杆倾倒或断裂，境内出现局部停电现象。2000年12月28日，35千伏变电所建成投运后，始有正常稳定的供电。

1988年起，实施新农村“电气化”建设。1991年，鹿亭乡被命名为“新农村电气化乡”。1999年下半年始，全乡实施一、二期农村电网建设与改造。在一期农村电网建设与改造中，原有方杆、圆杆全部淘汰，改用10米或12米圆杆，线径由原先的16毫米改为35毫米或70毫米。在二期农村电网建设与改造中，全部改用12米圆杆，导线全部改用70毫米或120毫米的绝缘线，民用线全部采用绝缘集束导线，供电能力得到大幅提升。

2001年，国务院出台“两改一同价”（改革农村电力管理体制、改造农村电网，实现城乡用电同网同价）政策后，农村生活用电开始同网同价，农村供电量大增。2012年7月1日始，安装“一户一表”的农户，阶梯电价从按月用电量累进加价调整为按年用电量划分三档阶梯式累进加价。其中，第一档为年用电量2760千瓦时及以下部分，电价为每千瓦时0.538元；第二档为年用电量2761～4800千瓦时部分，电价在第一档电价基础上加价0.05元，即每千瓦时0.588元；第三档为年用电量超过4800千瓦时部分，电价在第一档电价基础上加价0.30元，即为每千瓦时0.838元。对低保户和农村五保户实行每户每月15千瓦时的免费用电政策，电价至2016年未变。2015年7月取消传统电费纸质账单，居民客户电费通知改用电子账单。

1996年，全乡用电量286.8万千瓦时，其中生活用电186.42万千瓦时，生产用电100.38万千瓦时。2010年，全乡用电量首次突破500万千瓦时。2014年，全乡用电量增至665.7万千瓦时，是1996年的2.32倍。2015年，全乡用电量突破800万千瓦时。2016年，全乡用电量869万千瓦时，是2010年的1.738倍，其中农村用电量734万千瓦时。

1992 年现乡境内农村电气化标准合格村情况表

表 7-4-4

乡	行政村		标合村户数（户）	单相电表（只）	家电触保器（只）	配电屏（只）	整改低压线路（千米）	触电保安器	
	总计（个）	标合村（个）						总保（只）	分保（只）
白鹿乡	8	4	613	603	533	4	12	—	—
鹿亭乡	13	5	951	936	812	6	8.64	4	10
晓云乡	18	6	1136	1124	1074	6	11.77	2	10

2003—2016 年全乡用电量

表 7-4-5

年份	用电量	备注	年份	用电量	备注
2003	300 万千瓦时	其中工业用电 180 万千瓦时	2010	500 万千瓦时	其中工业用电 254.3 万千瓦时
2004	280 万千瓦时	—	2011	500 万千瓦时	—
2005	300 万千瓦时	其中工业用电 183 万千瓦时	2012	528 万千瓦时	—
2006	310 万千瓦时	—	2013	545 万千瓦时	—
2007	428 万千瓦时	—	2014	665.7 万千瓦时	—
2008	450 万千瓦时	—	2015	805 万千瓦时	—
2009	495 万千瓦时	其中工业用电 251.8 万千瓦时	2016	869 万千瓦时	其中农村用电量 734 万千瓦时

第三节　输变电

境内供用电隶属梁弄供电所。1974 年，35 千伏梁冯变电所竣工。1978 年底，10 千伏晓鹿线建成投运。1995 年，鹿亭乡供电由梁弄供电所管理，并在鹿亭境内设供电营业所。

2000 年 12 月 28 日，35 千伏变电所在上庄村木湾口建成投运，变电所占地面积约 0.25 公顷。整个输变电工程建架线铁塔 47 座，架设梁弄至上庄 35 千伏输电线路 1 条，线路总长 14 千米，由梁弄供电所供电，并与梁弄变、陆埠变、大岚变联络互通。工程总投资 922.86 万元，其中线路架设 338.13 万元，房舍、设备和土地征用、赔偿等 584.73 万元。铁塔建造、线路架设、房舍、设备等输变电工程建造资金全部由市供电局负担，土地征用和架线塔基赔偿处理费由乡政府负担。变电所的建成投运，境内小水电电力输送不出及由此导致电压升高烧坏村民家用电器现象得到解决。变电所 10 千伏输出线路共 4 条，总长 62.047 千米。全乡各行政村、企事业单位、小水电站配变总容量28845千伏安，其中综合变73台，总容量18790千伏安；专用变26台，总容量2710千伏安；小水电配变24台，总容量7345千伏安。

◉ 变电所

第四节 管理机构

1979年元月，大电网入境，乡境内鹿亭、晓云、白鹿3个公社农机管理站分别改建为公社机电管理站（简称“机电站”），实行农机农电统一管理，机电站均配有专职农电工作人员2～3人。1987年，乡农机、农电管理站分设，成立鹿亭乡电管站，站址设鹿亭乡政府西厢房，由机电站站长郑善球任电管站站长。同年，各行政村建立电管小组，并配备电工1人。境内晓云、白鹿2个乡也同时成立电管站，首任站长分别为褚水弟、陈其善。不久乡农电管理站改称为电力管理站（仍简称为电管站），负责辖区内电力规划、安全用电、计划用电、节约用电和收缴电费等工作。

1992年5月撤区扩镇并乡后，鹿亭、晓云、白鹿3个乡电管站合并，建立鹿亭乡电力管理站，同年9月站址易地（现址上庄村兴庄路）新建，1994年竣工交付使用。1996年，乡电管站改称为余姚市供电局鹿亭供电所。2004年，再次改称为国网余姚市供电公司鹿亭供电营业所。2015年，又改称为国网浙江余姚市供电有限公司鹿亭供电服务站。2000年前，电力调度全由人工操作，2001年始运用计算机管理。2016年，鹿亭供电服务站有职工10人。

鹿亭乡电力管理站（供电服务站）历任站长（所长）：郑善球（1987—2005年）、郑斌（2005—2013年）、陈建厂（2013—2015年）、黄斌斌（2015—2016年）。

第八编

工业经济

第一章　发展概况

第一节　中华人民共和国成立前工业　手工业

明嘉靖年间，晓岭廊棚有手工染布作坊，为乡境内最早之工业。直至20世纪50年代，还可见到作坊痕迹。

民国时期，乡境内工业、手工业数量少，规模小，仅有粮食加工场1家、油坊1家（晓岭），在中村尚有茶食（糕点）加工场2家，均为家庭手工作坊，以加工粮、油、茶食为主。此外，还有个体手工业者流动作业于乡村，主要有方木（俗称木匠）、圆木（俗称箍桶）、竹器（俗称篁匠）、建筑（含泥工、石匠）、铁器（俗称铁匠）、缝纫（俗称裁缝）六大类。

竹木制摇篮

竹制幢篮

竹制蒸笼

附：新四军浙东游击纵队织工部、陈天龙修械所

新四军浙东游击纵队织工部　民国32年（1943），第三战区三北游击司令部（同年12月改称新四军浙东游击纵队，下同）在晓云乡深坑村（今鹿亭乡高岩村深坑自然村）设立织工部，有织布机等机械设备5台，工人30余人，主要生产军服、军被、布鞋等军需产品。民国34年10月，织工部随新四军浙东游击纵队北撤。

陈天龙修械所　民国32年7月，第三战区三北游击司令部在晓云乡陈天龙村（今鹿亭乡高岩村陈天龙自然村）建立修械所，修理、生产枪支弹药。至民国34年1月，已发展到翻砂、榴弹2个厂区和炮弹、子弹、刺刀、木工4个车间，有工人300余人，是抗日战争期间浙东地区规模最大、时间最长的兵工厂。至抗日战争胜利，共生产长短枪1000余支、刺刀5000余把、各种小炮800余门、各种榴弹1万余发、手榴弹4万余颗、子弹5万余发。民国34年10月，修械所大部人员随新四军浙东游击纵队北撤。

第二节 社会主义时期工业 手工业

1951年，梁弄区成立手工业劳动者协会，乡境内鹿亭、白鹿、晓云、东岩4个乡的个体手工业从业人员均加入该协会，协会在各乡设有委员，其中鹿亭乡有龚方奎、马维法、龚荣林。1953年，鹿亭乡成立圆木、竹器2个手工业合作小组。圆木小组组长龚立章（后为龚荣林），竹器小组组长赵彩定。1956年，手工业从业人员按行业组成竹器、木器（方木）、泥水、石匠、圆木5个手工业合作社。1958年10月，5个手工业合作社合并组建高峰人民公社（次年3月改称鹿亭人民公社）手工业综合性厂，址设晓云下庙跟。同年，综合性厂创办热水瓶竹壳厂，为社办企业，厂址设晓云洞桥东岳殿、龙王殿，有职工50余人，1961年9月后歇业。1960年8月，鹿亭公社综合性厂工业自然行业调查时有从业人员236人。其中，竹器社57人，木器社54人，泥水社43人，石匠社25人，圆木社47人，其他10人。9月，《工业整顿情况调查表》显示：乡境内工业从业人员151人，其中化工厂28人，茶叶初制厂30人，砖瓦厂37人，运输业24人，机械厂32人。1961年9月，管理区改设公社，鹿亭人民公社手工业综合性厂分设鹿亭、晓云、白鹿3个公社综合性社，社主任分别为鹿亭公社龚荣林、晓云公社褚丙瑞、白鹿公社马维煌。鹿亭公社综合性社址设李家塔廊桥头黄姓祠堂内，“文化大革命”期间，祠堂被拆除，迁址上庄。1986年12月，成立余姚市个体劳动者协会梁弄分会，乡境内3个乡各设委员1人。

鹿亭公社中村大队于1964年4月创办汽车油封厂，为乡境内最早的队办企业。1967年8月，鹿亭公社农机五金厂建立，厂址设上庄村下畈上庄水电站处。同年李家塔大队创办五金加工厂，厂址设六益水电站内。1969年，鹿亭公社农机五金厂有职工27人，销售收入64085.30元。20世纪70年代初，大队办企业由公社成立联办厂，统一对外经营，各队办厂统一称鹿亭公社联办厂第×车间，同时社队企业亦由以农机修配为主逐步转向为外地国营企业加工塑料、五金配件等。1976年，鹿亭公社有社办企业3家，从业人员400人，其中运输队15人，农机厂91人，联办厂294人；销售总收入1076533.89元，其中运输队9995.89元，农机厂200071.00元，联办厂866467.00元。70年代后期，公社联办厂解体，各大队办企业开始独立经营。

1985年，鹿亭仪表电器厂分设为鹿亭仪表厂和鹿亭机械配件厂，同年创办鹿亭电气传动厂。是年，全乡有乡办企业8家，村办企业13家，从业人员738人，年创利50.94万元。1986年4月，创办鹿亭塑料五金厂。是年底，鹿亭乡共有乡、村办企业22家，其中乡办9家，村办13家，另有联户及个体企业17家，有从业人员918人，工业总产值（不变价）443.85万元，销售收入302.02万元，创利42.85万元，固定资产（原值，下同）83.48万元。1991年，鹿亭乡有乡、村两级企业17家，有从业人员649人（含个体联户），工业总产值按现行价统计为552.21万元（含个体联户），固定资产147万元（含个体联户）。

1969—1991 年鹿亭乡（公社）部分年份工业经济情况表

表 8-1-1

年份	企业（家）	从业人员（人）	总产值（万元）	销售收入（万元）	利润总额（万元）	上交税收款（万元）	固定资产（万元）
1969	1	27	—	6.41	—	—	—
1976	3	400	—	107.65	—	—	—
1979	5	495	124.46	—	24.1	—	59.08
1980	4	492	123.59	—	24.09	—	48.58
1981	6	289	48.91	44.16	5.09	1.99	24.88
1982	21	626	165.98	58.13	8.6	4.32	25.20
1985	21	738	392.1	300.04	50.94	—	—
1986	22	918	443.85	302.02	42.85	—	83.48
1991	17	649	552.21	459.49	−25.45	—	147.00

注：1. 1985 年、1986 年、1991 年企业数为集体企业，其他数据均含联户及个体企业。
2. 1986 年总产值为不变价，余为现行价。

白鹿公社继 1971 年创办公社农机厂后，于 1975 年创办白鹿橡胶厂。20 世纪 70 年代，赤石、梁湖 2 个大队创办五金厂，下姚大队创办塑料厂。80 年代，白鹿公社先后创办白鹿玻璃制品厂、白鹿竹制安全帽厂和白鹿塑料编织厂等企业。至 1985 年，白鹿乡有乡办企业 7 家，村办企业 7 家，从业人员 272 人。

1991 年，白鹿乡有乡、村两级企业 8 家，从业人员 397 人（含联户个体），工业总产值按现行价统计为 444.42 万元（含联户个体），固定资产 131.30 万元（含联户个体）。

晓云公社于 1971 年建立公社农机五金厂，主要开展加工五金、塑料、橡胶轮胎翻新等业务。后转产电视机配件，随企业发展，职工人数增加至 300 余人，企业更名为余姚电视机配件厂。1985 年 1 月，经县乡镇工业局批复，余姚电视机厂增挂“北京电视机配件厂余姚分厂”牌子。1985 年，晓云乡有乡办企业 7 家，村办企业 13 家，从业人员 1181 人，年创利 118.39 万元。至 80 年代末，晓云乡有余姚电视机厂（后更名为浙江电视机厂）、无线电六厂、市电控厂、工艺竹编厂、遥控四厂等 9 家乡办企业和岩头烟机厂、上村电器厂等 6 家村办企业。

1991 年，晓云乡有乡、村两级企业 15 家，从业人员 1798 人（含联户个体），工业总产值按现行价统计为 7085.97 万元（含联户个体），固定资产 3971.1 万元（含联户个体）。

1979 年，乡境内共有社队企业 31 家，从业人员 1187 人，工业总产值 241 万元，其中社办企业 66 万元，队办企业 175 万元，销售收入 225 万元，利润总额 49 万元，上缴国家税金 7 万元，固定资产 122 万元。至 80 年代初，3 个公社陆续兴办电子电器配件、塑料、五金、仪表、线绣、工艺竹编、橡胶、玻璃制品等生产厂家。1981年，乡境内共有社队企业55家，从业人员1585人，其中社办企业777人，队办企业808人；总产值386.77万元，其中社办企业159.93万元，队办企业226.84万元；销售收入325.66万元，其中社办企业128.83万元，队办企业196.83万元；实现利润55.26万元，其中社办企业25.73万元，队办企业29.53万元；固定资产161.13万元，其中社办企业87.28万元，队办企业73.85万元。

1983年，社队企业改称乡村企业，政府采取各种措施扶助乡村企业，使乡村企业得以迅速发展。1984年始，私营个体企业异军突起，形成一个乡办、村办、联户办、个体办4个轮子一起转的乡村企业新局面。是年底，乡境内共有企业96家，其中乡、村两级企业56家，联户个体企业40家；有从业人员2314人，其中乡、村两级企业1914人，联户个体企业400人；生产总值846万元，其中乡办企业472万元，村办企业312万元，联户个体企业62万元。

1989年，乡境内共有企业198家，其中乡、村两级企业41家，联户个体企业157家；从业人员3310人，其中乡村办企业2386人，联户个体企业924人；工业生产总值12193万元。

1990年，乡境内有集体企业40家，其中鹿亭乡17家，晓云乡15家，白鹿乡8家；从业人员2422人，其中鹿亭乡497人，晓云乡1716人，白鹿乡209人；集体工业总产值7456万元，其中鹿亭乡458万元，晓云乡6713万元，白鹿乡285万元。固定资产2202万元，其中鹿亭乡216万元，晓云乡1903万元，白鹿乡83万元。是年，现乡境内联户个体企业总产值673万元，其中鹿亭乡388万元，晓云乡174万元，白鹿乡111万元。

1992年5月撤区扩镇并乡，晓云、白鹿2个乡并入鹿亭乡。是年底，全乡共有企业103家，其中乡、村办企业43家、家庭联产和个体企业60家；有从业人员2686人，其中乡、村办企业2118人，家庭联产和个体企业568人；工业总产值11138万元，其中乡办企业10091万元，村办企业434万元，家庭联产和个体企业613万元；销售收入9468万元，利润总额83万元，上缴国家税金164万元。

1993年5月，选定余姚市鹿亭电器厂、余姚市电器传动设备厂等3家乡办企业，开展经营机制转换试点，推行股份合作制，7月试点工作结束，10月始在全乡逐步铺开。同时，村办企业经营机制转换工作在乡转制工作领导小组指导下由各村组织实施。次年，余姚市第二水煮笋厂、鹿亭电器厂等乡办企业先后转为私营企业。企业经营体制转换期间，全乡工业产值快速增长，1995年，全乡工业总产值49007万元，是1992年的4.4倍。1996年，全乡工业生产总值达231991万元，是1995年的4.73倍，为全乡工业生产总值至今最高之年。至1998年底，乡、村两级企业经营机制转换工作全部结束。是年，全乡工业总产值90682万元。

1999年后，乡工业经济以股份合作、民营独资企业为主体，民营企业得到发展。1999—2001年全乡工业生产总值处于低谷，徘徊在年均14000万元。2003年后逐年回升，至2010年，回升至84887万元。2011—2015年，全乡工业生产总值在10万～120000万元之间。至2016年底，全乡有企业86家，形成电子电器、机械配件、工具五金、工艺织品、竹木制品、汽车配件、兽医器械、包装彩印、工程建筑、农副产品加工、家居用品等10余个产业门类。全年工业总产值120900万元，销售收入103260万元，利润总额6275万元，上缴税金1237万元，固定资产10237万元。

1979—1998 年乡境工业企业单位数、从业人数和工业总产值一览表

表 8-1-2

年份	企业单位数（个）			从业人数（人）			工业总产值（现价）（万元）			
	合计	乡（社）村（队）办	联户个体	合计	乡（社）村（队）办	联户个体	合计	乡（社）办	村（队）办	联户个体
1979	31	31	—	1187	1187	—	241	66	175	—
1980	46	46	—	1486	1486	—	298	117	181	—
1981	55	55	—	1585	1585	—	387	160	227	—
1982	53	53	—	1565	1565	—	413	131	282	—
1983	58	58	—	1622	1622	—	553	275	278	—
1984	96	56	40	2314	1914	400	846	472	312	62
1985	92	55	37	2595	2191	404	1669	1043	462	164
1986	88	50	38	2939	2640	299	895	376	369	150
1987	157	52	105	3048	2485	563	3420	2832	384	204
1988	117	47	70	3267	2604	663	8755	7704	385	666
1989	198	41	157	3310	2386	924	12193	11121	431	641
1990	105	40	65	2732	2422	310	7812	6811	328	673
1991	103	40	63	2844	2353	491	8466	7535	324	607
1992	103	43	60	2686	2118	568	11138	10091	434	613
1993	156	47	109	2786	2014	772	13439	9177	1025	3237
1994	136	31	105	2921	2032	889	25714	17975	1254	6485
1995	276	31	245	2792	1547	1245	49007	38307	2477	8223
1996	135	20	115	1925	1524	401	231991	229352	1840	799
1997	82	20	62	1844	1554	290	204555	198419	2806	3330
1998	35	20	15	1566	1511	55	90682	87582		3100

注：数据来源于《余姚辉煌50年》。

1979—1998年鹿亭乡、村办企业财务指标一览表

表 8-1-3　　　　单位：万元

年份	销售收入	税金	利润总额	固定资产（原值）
1979	225	7	49	122
1980	216	7	33	162
1981	326	14	55	162
1982	386	19	57	169
1983	542	27	104	185
1984	631	32	128	204
1985	1038	54	147	546
1986	1597	83	281	620
1987	3083	188	291	788
1988	9009	500	755	1407
1989	9533	347	1123	1932
1990	5090	139	-87	2202
1991	6609	172	-82	4219
1992	9468	164	83	5534
1993	10689	341	-415	6844
1994	13390	473	225	7276
1995	30071	48	687	7054
1996	233480	63	2941	7249
1997	212132	695	619	14995
1998	61866	647	1630	14859

注：数据来源于《余姚辉煌50年》。

1999—2016 年鹿亭乡工业经济情况表

表 8-1-4

年份	企业（家）	从业人员（人）	总产值（万元）	销售收入（万元）	税金（万元）	利润总额（万元）	固定资产（原值）（万元）
1999	51	926	11729	10190	256	—	2015
2000	44	1083	13518	12069	—	—	2392
2001	44	1121	16957	15596	—	328	2785
2002	—	—	—	—	—	—	—
2003	52	1858	31015	29893	981	2239	4997
2004	—	2033	37656		748	—	4229
2005	54	—	43883	40173	1328	2245	27167
2006	57	2106	52386	50760	1540	1648	33288
2007	75	—	58535	56089	—	—	—
2008	—	—	—	—	—	—	—
2009	74	2507	74613	73351	2463	2685	56690
2010	—	—	84877	80939	—	—	—
2011	93	2372	101155	94998	—	—	7955
2012	89	2570	101744	97122	4103	4374	—
2013	82	2716	100630	97097	2498	5315	10948
2014	84	1972	109778	104981	1743	4964	8428
2015	86	2085	119600	118409	2037	7192	12482
2016	86	1829	120900	103260	1237	6275	10237

注：2002 年、2008 年资料缺失。

第三节　外贸企业

20 世纪 70 年代，鹿亭、晓云 2 个公社开办工艺竹编厂，多次参加“广交会”，产品远销国外，年产值 100 余万元。乡境内还有农户编织金丝草帽等外贸产品。至 1992 年，全乡有外贸出口企业 6 家，其中乡办 4 家、村办 2 家。总产值 7394 万元，其中出口产品生产总值 5049 万元，出口交货总值 3122 万元，其中直接出口 3053 万元，创利税 86 万元。90 年代始，利用自然资源创办水煮笋厂，加工成品水煮笋远销日本及东南亚市场。1995 年，全乡有水煮笋厂 3 家，加工毛笋 256 万千克，生产成品水煮笋 99.8 万千克。其中外销 85.6 万千克，出口创汇 616.32 万元。1997 年，全乡有外向型企业 5 家，出口交货值 121600 万元，其中直接出口 121261 万元，为全乡出口交货值最高之年。是年，鹿亭乡被宁波市人民政府评为“宁波市乡镇企业创汇先进乡镇”。2003 年，全乡生产成品水煮笋企业发展到 10 家，收购鲜笋 945.5 万千克，加工成品水煮笋 31.85 万罐，产值 2505 万元，其中外销 24.4 万罐。是年，全乡有市农业龙头企业 3 家（外贸企业），销售收入 1508.76 万元，出口创汇 177 万美元。2016 年，全乡有外贸出口企业 4 家，年出口交货值在 500 万元以上的 3 家，全年出口交货值 2915 万元，其中轻工类 609 万元，机电类 821 万元，其他类 1485 万元。

1994—2016 年全乡外向型经济情况表

表 8-1- 5

年份	企业数量（家）	出口交货值（万元）	其中			协议引进外资（万元）	实际外资到位（万美元）
			直接出口（万元）	含自营出口（万元）	间接出口（万元）		
1994	7	2483	2359	—	—	—	—
1995	7	8693	8390	6868	303	12	12
1996	6	—	—	—	—	—	—
1997	5	121600	121261	120574	339	—	—
1998	4	43353	43086	42570	267	—	—
1999	4	2045	1056	—	988	—	—
2000	4	1818	868	—	950	—	—
2001	4	3059	640	145	2419	—	—
2002	—	—	—	—	—	—	—
2003	3	5708	1551	771	4156	—	—
2004	3	8311	588	—	—	—	—
2005	3	8558	956	—	7602	—	—
2006	2	1399	1399	1399	—	—	—
2007	2	1320	682	—	638	—	—
2008	7	1519	1519	836	—	—	—
2009	1	506	506	—	—	—	—
2010	2	2721	1941	716	780	—	—
2011	8	5408	517	—	4891	—	—
2012	6	3303	—	—	1602	—	—
2013	7	2925			2925	100	10
2014	3	3443	—	—	3443	90	15
2015	4	2807	—	—	2807	200	50
2016	4	2915	—	9（万美元）	2915	100	50

注：1996 年、2002 年资料缺失。

第二章 管理体制

20世纪50年代初，私营粮、油、食品加工作坊归入县工业统计，私营铁器五金、竹木建筑等归入县手工业统计。1956年，完成对私营工业、手工业的社会主义改造，以公私合营或地方国营方式经营的粮、油、食品加工作坊等企业分别归属县主管局管理。1958年10月人民公社化后，工业、手工业划属人民公社，由县工业交通局统一管理。

1961年，梁弄区手工业办事处成立，乡境内3个公社的手工业社及公社化后陆续兴办的社队工业企业均隶属于梁弄区手工业办事处管辖。20世纪70年代，设立县公社工业管理局，加强对社队企业的管理。后县公社工业管理局更名为县社队企业管理局，乡境内晓云、白鹿、鹿亭3个公社先后成立社队工业办公室（简称“工办”），负责对下属工业、手工业进行管理。1983年，社队工业办公室改称乡工业办公室。

1992年撤区扩镇并乡，成立鹿亭乡工业办公室，负责乡、村和个体联营企业的管理。1998年，乡、村办企业经营体制改革基本结束。至2016年，由企业经营者独资或合资的民营企业全部归属乡工贸与村镇建设办公室管理。

第一节 二轻工业

1956年，完成对全乡私营手工业的社会主义改造，手工业从业人员按行业组成竹器、木器（方木）、泥水、石匠、圆木5个合作社。1958年10月，取消手工业生产合作社体制，手工业合作社合并组建高峰人民公社综合性厂，厂址设晓云下庙跟，厂长赵彩定。隶属高峰人民公社管辖，为社办企业。

1961年9月，鹿亭人民公社手工业综合性厂分设为鹿亭、晓云、白鹿3个手工业综合性社，均由新成立的梁弄区手工业办事处管理。“文化大革命”期间，因大中城市国营企业生产停滞，市场供应匮乏，鹿亭综合性社于1968年创办鹿亭轻工机械厂，厂址设上庄（今上庄村石盖山路基督教堂处），厂长龚方奎。鹿亭综合性社及所属企业轻工机械厂均隶属于余姚县二轻工业局（简称“二轻局”），其性质为大集体。1975年，鹿亭轻工机械厂搬迁至李家塔西山下，时有职工60余人，其中在编职工48人，厂长龚荣林（后黄庆夫）。1984年，鹿亭综合性社（鹿亭轻工机械厂）并入梁弄铸钢厂，此后境内无二轻工业。

第二节 乡村工业

乡境内乡村工业起步于1958年，高峰人民公社综合性厂创办的热水瓶竹壳厂，为社办企业。1961年9月，管理区改设公社时，热水瓶竹壳厂歇业。1964年，鹿亭公社中村大队创办汽车油封厂。1967年，鹿亭公社创办农机五金厂，同年李家塔大队创办五金加工厂。20世纪70年代初期，晓云、白鹿公社相继建立农机五金厂。70年代后，发展社队企业，各队办企业由公社成立联办厂，统一对外经营。晓云、白鹿、鹿亭公社分别于1973年、1974年、1975年建立社队工业办公室，社队企业归属公社社队工业办公室管理。

1978年改革开放后，乡镇（社队）工业得以迅速发展。1979年，原鹿亭公社竹器创新小组改建为余姚县鹿亭公社工艺竹编厂，址设李家塔，归口县社队企业管理局领导。1980年7月创办鹿亭绣花厂（后改名鹿亭线绣厂）。1980年8月，因生产经营规模扩大，鹿亭农机厂分设为鹿亭仪表电器厂、鹿亭汽车附件厂和鹿亭电器塑料厂3家企业。1981年1月建立鹿亭五金厂。是年，鹿亭公社有社办企业6家，从业人员289人，总产值48.91万元，销售收入44.16万元，实现利润5.09万元，上缴国家税收1.99万元，固定资产24.88万元。

1983年，实行政社分设，社队办企业改称乡村企业。乡集体企业开始实行以厂长（书记）为主的集体承包制。是年，乡境内有乡、村企业58家，从业人员1622人，生产总值553万元。1984年，中央对乡镇工业实行“积极扶持、合理规划、正确引导、加强管理”方针，乡、村企业开始推行经济承包责任制，开展多种形式的横向联营，促进乡镇工业的发展。是年，鹿亭乡20余家乡、村办企业签订经济责任制承包合同，承包形式为集体承包厂长负责制。1985年，电器配件、五金塑料、竹编、线绣、玻璃、电视机配件等行业已初具规模。鹿亭晓云工艺竹编厂生产的出口产品，深受国际友人喜爱；晓云电视机配件厂生产的电视机主要部件，年产值达401万元，晓云乡工业年产值居山区乡镇首位。1990年，乡境内有集体企业40家，总产值7139万元，联户个体企业65家，总产值673万元。是年，余姚市家庭工业高产户统计：10万～20万元的，鹿亭乡2家；20万～30万元的，晓云乡1家。各乡、村和私营企业均归属各乡工业办公室管理。

1992年5月撤区扩镇并乡后，全乡工业企业均归乡工业办公室管理。1993年，由余姚铝复合材料厂与香港美棱有限公司联营创办“宁波捷海塑料制品有限公司”，为鹿亭乡首家“三资”企业。客商累计投资313万美元，其中当年投资150万美元。是年，鹿亭乡获乡镇企业“五洲杯”称号。

1993年5月至1998年底，乡、村办企业先后完成经营机制转换工作。乡、村办企业转制为民营企业后，企业生产经营自主权增大。2016年，全乡有企业86家，其中外向型企业4家，全部归属乡工贸与村镇建设办公室管理。

第三节 部门企业

境内县属部门企业极少，仅有教育系统所属校办企业。1978年，鹿亭公社中心学校创办校办厂，址设李家塔仙庆庙东首厢房，厂长黄庆浩。主要生产电源插座、刹车螺帽等配件，以小车床手工操作为主，每年利润1000～5000元。1983年，实行政社分设，公社中心学校分设为乡初级中学和乡中心小学，校办厂划归为乡初级中学。1986年，鹿亭乡初级中学校办厂歇业。是年，部分乡镇企业利用校办企业的优惠政策开始挂靠校办企业名义。自1986—1993年，鹿亭乡中心小学、中村小学、石潭小学，晓云乡初级中学、中心小学、岩头小学，白鹿乡初级中学等近10所学校，均有挂靠之校办企业，既隶属市教育局所属校办企业管理公司，同时又隶属于乡工业办公室管理。校办企业税收优惠部分按一定比例分成上交学校，对改善学校办学条件起一定作用。

1993年后，乡、村企业进行经营机制转换，挂校办企业牌子的乡、村企业逐步转为民营企业。至20世纪90年代中期，境内已无挂靠校办企业。

此外，1984年，上庄供销社创办竹制胶合板厂，址设晓云茶培，隶属于供销系统。2年后因产品销路等因素，胶合板厂歇业。

第三章 行业门类

鹿亭工业历经数十年建设发展，逐步形成电子仪器、机械五金、塑料制品、农副产品（竹、木、笋）加工、包装及其他等六大门类构成的加工制造工业体系。

第一节 电子仪器

发展概况

境内电子工业始于20世纪70年代，发展于80年代，90年代后逐步进入兴盛时期。

20世纪70年代初，晓云公社创建农机五金厂，初仅加工五金、塑料等零配件。80年代始生产电视机配件，企业先后更名为余姚市电视机配件厂、余姚电视机厂、浙江电视机厂等。随企业发展，职工人数达300余人，产值超千万，时任厂长褚百青。1988年，厂址迁余姚最良新村，专业生产“牡丹”牌电视机。1991年，有职工490人，年产电视机132934台，总产值5027.79万元。1992年，有职工568人，年产电视机212577台，其中彩色电视机4950台，黑白电视机207627台，总产值首次突破亿元大关，达10183.13万元，创利38.35万元。1998年，企业因经营管理、资金链断裂、及创新能力等原因倒闭。

1983年，方世荣从电视机配件厂分离创建余姚市无线电六厂，聘请刘云章担任业务厂长。1985年，刘云章从无线电六厂分离，创办余姚电器控制厂，自任厂长。其间，刘云章聘请上海籍工程师张祖荫对产品进行技术创新，获浙江省科技精英奖。1990年，因资金链断裂，电器控制厂临近倒闭，时晓云乡政府委派乡工业办公室工作人员褚士陆担任电器控制厂厂长。1992年，余姚电器控制厂更名为余姚市继电器厂。是年，有从业人员151人，产值达285.61万元，创利39.01万元。2002年，迁址余姚远东工业区，同时更名为宁波松乐继电器有限公司。

2016年，全乡有电子仪器类企业3家，有从业人员共742人，全年生产总值18251万元，占全乡工业总产值的15.10%，创利1029万元。

主要企业

宁波松乐继电器有限公司　前身系创办于1985年的余姚电器控制厂，为晓云乡办企业。1992年，更名为余姚市继电器厂，2002年，迁址余姚远东工业区，同时更名为宁波松乐继电器有限公司。系中外合资企业，具有三十余年生产历史的超小型电磁继电器制造公司。产品获美国、德国、中国相关安全认证，并获国际电工委员会"IECQ"（国际电工委员会电子元器件质量评估体系）电子元器件制造厂认可证书。在ISO 9001质量体系保证下，松乐公司成为国内外众多汽车电器、家用电器、通信设备及工业自动化控制生产厂商的主要配套单位。2016年，公司占地面积3万平方米，生产厂房5万平方米；拥有二十条设施先进标准化生产线，并集产品开发设计，模具制造，塑料、金属加工于一体，年生产继电器2亿只，产品畅销国内外。

2016年，有从业人员610人，实现产值14933万元，利润962万元，税金897万元，出口交货值825万元，全员劳动生产率24.48万元/人。

◉ 宁波松乐继电器有限公司无尘车间

宁波亚希尔电器有限公司　前身系成立于1992年9月的余姚换热器元件厂，厂址设鹿亭乡中村，厂长徐成东，属私营企业。1998年，迁址余姚经济开发区财源路14号。2001年11月，更名为宁波亚希尔电器有限公司，为中外合资有限责任公司，是生产PTC（热敏电阻）行业钎焊铝合金散热条的生产厂家。开发生产的空调PTC辅助电加热器、MZFR系列发热器、电熨斗发热器及车用12伏、24伏直流电加热器，各项技术指标均达到国际和国家的行业标准。1999年，产品通过中国电工产品认证委员会产品安全认证（CCEE认证），2001年8月通过ISO 9001质量管理体系认证，获UKAS（英国皇家认可委员会）国际质量管理体系认证证书。

2016年，有从业人员87人，实现产值2496万元，利润36万元，税金103万元，全员劳动生产率28.69万元/人。

◉ 宁波亚希尔电器有限公司

宁波松铭电器有限公司　成立于2009年3月，是一家以制造、加工家用电器为主的有限责任公司，注册资本150万元。产品以取暖器为主，主要出口俄罗斯、捷克、意大利、瑞士等国家。主要设备有注塑机、流水线、粉碎机、端子机等。公司于2009年通过欧盟GS、CE产品安全认证；2011年3月通过ISO 9001质量管理体系认证；2016年7月通过EU-ERP认证（能源相关产品生态设计指令认证）。

2016年，有从业人员45人，生产总值822万元，销售收入822万元，创利润31万元，出口创汇805万，固定资产232万元，全员劳动生产率18.27万元/人。公司占地0.05公顷，建筑面积1000平方米。公司地址余姚市财源路14号。

第二节 机械五金

发展概况

境内五金加工业始于20世纪60年代，70—80年代为发展期。80年代后期迅速发展的联户和个体企业多为五金加工业。

成立于1967年的鹿亭农机五金厂和李家塔大队五金厂，为境内五金加工业之始。20世纪70年代，晓云、白鹿2个公社相继建立农机厂，产品均为五金加工为主。70—80年代，鹿亭乡（公社）相继建立鹿亭汽车附件厂、鹿亭机械配件厂、鹿亭五金厂、鹿亭塑料五金厂等乡（社）办企业及中村五金厂、岙里汽配厂、牛塘五金厂、郑洋五金厂、李家塔五金厂、祝家堰五金厂等村（队）办企业，均为五金加工企业。乡境内晓云、白鹿2个乡（公社）的绝大多数乡、村（社、队）企业，均从事五金加工业。

1992年5月撤区扩镇并乡后，鹿亭乡有余姚市阀门煤气配件厂（前身为白鹿农机厂）等15家乡、村企业从事五金加工业，生产总值389.92万元，其中余姚市阀门煤气配件厂100.89万元。因境内交通不便、企业发展空间小等原因，宁波宁虹乐器有限公司、余姚市松立工具五金有限公司等企业分别于2004年后相继迁至梁辉经济开发区、余姚东郊工业园区等地。

至2016年，全乡有从事五金业主要企业6家，从业人员313人，全年总产值7157万元，占全乡工业总产值的5.92%，创利575万元。

主要企业

余姚市松立工具五金有限公司 前身系成立于1971年的白鹿农机厂，为社办企业，址设白鹿公社新宅。1984年更名为余姚市阀门煤气配件厂；2006年，更名为余姚市松立工具五金有限公司，注册资金80万元。2011年，厂址迁至余姚市同光东郊工业园区嘉和路5号，厂区占地0.4公顷，建筑面积6500平方米。主要加工角磨机、电锤、切割机等系列产品零部件。长期与日立、牧田等知名企业配套生产数百款电动工具零部件。2016年，有从业人员82人，实现产值2669万元，利润189万元，税金157万元，全员劳动生产率38.13万元/人。

余姚市松立工具五金有限公司

宁波精马机械有限公司 前身系成立于1989年的余姚远东轻工机械厂，专业生产烟草机械零配件、技术改造和现场服务。2004年2月，更名为宁波精马机械有限公司，是中国烟草专用机械零配件交易会会员单位和浙江省烟草机械零配件交易会理事会成员。主要加工高精度设备，有电火花切割机、数控车床、慢走丝电火花、万能铣床、万能磨床等设备共48台（套），拥有进口最先进（精度达到0.002毫米以内）的CE504A紫红外线三坐标（三次元）检测仪、BLK水平臂移动式三坐标测量机、SRN光学影像测量仪、硬度机、偏摆测量仪、大型平整仪和激光自动商标打标机。2002年通过ISO 9001：2000质量管理体系认证，又于2011年通过ISO 9001：2008质量管理体系认证。获各种技术创新专利19项，其中一项为发明专利。主要产品有PROTOS 70（ZJ17）、PROTOS 90E（ZJ112）、PROTOS 1-8、PROTOS M5、PASSIM（YJ19/29）等卷接机组、GDX型包装机组和KDF4滤嘴成型机组的零配件，库存产品达1万余种。其中，新开发的1-8型配件1500余种，M5机型配件400余种，被福建中烟指定国产化开发供应单位。2016 年，有从业人员 38 人，实现产值 1276 万元，利润 53 万元，税金 114 万元，全员劳动生产率 33.58 万元 / 人。厂区占地 0.67 公顷，建筑面积 8000 平方米。公司地址余姚远东工业城 C-21。

◉ 宁波精马机械有限公司

余姚海浪液压机械公司　成立于 2006 年 7 月，坐落于浙江省余姚市经济开发区振兴南路 28 号，专业生产液压件及五金类产品。2014 年 6 月，通过 ISO 9001：2008 质量管理体系认证。已开发十余种油泵产品。

主要设备有油加工中心、数控车床、压铸机、铣床、磨床、冲床等。公司占地 0.67 公顷，建筑面积 5000 余平方米，固定资产 646 万元，产品主要销往南京、杭州等地。2016 年，有从业人员 75 人，总产值 1369 万元，创利 8 万余元，全员劳动生产率 18.25 万元 / 人。

宁波市宁虹乐器有限公司　前身系创办于 1976 年 8 月郑洋和祝家堰两个大队联办的郑祝农机五金厂，厂址设新大岭上端的公路旁，以生产拖拉机配件为主。1995 年 6 月，联办厂分设，改名为余姚市兽用注射器厂，迁址大洋山自然村，生产兽用医疗器械。2004 年 3 月，迁址梁辉经济开发区财源路 20 号，同时更名为宁波市宁虹乐器有限公司，为股份制企业，注册资本 150 万元。是一家专业生产各种型号的木吉他、电吉他、木贝斯、电贝斯等乐器配件的厂家，产品按照 ISO 9001 国际标准实施，销往广东、山东、江苏等省。

厂区占地 0.48 公顷，建筑面积 4128 平方米。主要设备有数控车床 30 台，钻心机、压铸机等，固定资产 932 万元。2016 年，有从业人员 80 人，实现产值 1843 万元，产品销售 1575 万元，创利 165 万元，全员劳动生产率 23.00 万元 / 人。

◉ 宁波市宁虹乐器有限公司

第三节　塑料制品

发展概况

境内塑料加工始于 20 世纪 70 年代，90 年代后为逐步发展期，至 21 世纪步入兴盛时期。

20 世纪 70 年代初，晓云公社创建农机五金厂，除加工五金配件外，同时加工塑料制品，为乡境内塑料加工之始。

创建于 1967 年 8 月的鹿亭农机五金厂于 1980 年 9 月分设为鹿亭仪表电器厂、鹿亭汽车附件厂和鹿亭电器塑料厂 3 家企业。1985 年，鹿亭电器塑料厂生产总值 25.48 万元，创利 2.06 万元。

境内塑料制品现以生产兽用医疗器械为主。创办于 1972 年的鹿亭联办厂第 2 车间（厂址设上庄大队）专业生产兽用注射针，为境内生产兽用注射针之始。20 世纪 70 年代后期，鹿亭联办厂解体，第 2 车间改名为余姚注射针厂，系上庄大队队办企业。1985 年，余姚注射针厂生产总值 20.99 万元，创利 1.84 万元。90 年代后，相继创办余姚市佳善兽医器材厂、宁波宇球医疗器械有限公司和宁波天牧兽用器械制造有限公司等多家兽用医疗器械生产企业。至2001年，全乡有兽用医疗器械生产企业10家。2007年，乡内成立兽用医针同业协会，由鹿亭乡生产的兽用医疗器械销往全国各地，占国内市场的70%。

主要企业

宁波宇球医疗器械有限公司　成立于1998年，是专业生产“宇球”牌畜牧兽用器械的制造企业，有20余年兽用器械生产经验，通过ISO 9001：2000国际质量体系认证。产品种类从最初的兽用注射器发展到拥有兽用金属注射器、兽用连续注射器、兽用塑钢注射器、牛耳标、猪耳标、羊标钳和各类兽用手术刀具、猪用饮水器等上百个品种。公司地址鹿亭乡上庄村。

余姚市佳善兽医器材厂　创建于1993年，是国内专业生产兽医器材的重点企业。企业拥有5000平方米以上专业的生产厂房，百人左右的生产规模，以及大量专业生产设备及检测设施，以“佳善”为商标。主要生产兽用金属注射器、连续注射器、塑钢注射器、耳标钳及耳标系列、畜禽养殖系列、半自动注射器等兽用器械。企业地址鹿亭乡中村村。

宁波天牧兽用器械制造有限公司　前身为创办于1989年的鹿亭兽用注射器厂，址设鹿亭乡上庄村，为私营企业。2008年8月，更名为宁波天牧兽用器械制造有限公司，是国内专业生产兽医器械的重点企业，“双佳”“塔夫龙”商标已成为国内较有实力的兽用器械品牌。企业主要产品有兽用金属注射器、兽用连续注射器、兽用塑钢注射器、投药器、消毒喷雾等近百个规格。2016年，公司有从业人员26人，生产总值1100万元，利润200万元，全员劳动生产率42.3万元/人。公司占地0.15公顷，建筑面积2000平方米。

第四节　农副产品（竹、木、笋）加工

发展概况

境内农副产品（竹木）加工业始于1958年公社化期间，时高峰人民公社所属综合性社创办晓云热水瓶竹壳厂。20世纪70年代，晓云、鹿亭2个公社先后创办工艺竹编厂，厂领导和业务人员每年去广州参加外贸商品交易会，与外商签订商品（竹制工艺品）合同，年产值100余万元。至90年代中期，2个企业因产品创新能力等原因先后歇业。此外，其他竹木制品加工也是农副产品（竹木）加工业的重要组成部分，如创办于1984年的晓云竹制胶合板厂、1985年创办的白鹿竹制安全帽厂，还有余姚市亚球竹地板厂、余姚市兴达竹木制品厂等。1990年，经清理整顿，乡境内有符合经营条件的木（竹）加工单位（户）7家，其中个体锯板厂5家，乡、村办工艺竹编（竹制品）厂2家，由市林业、工商行政管理机构共同审定发给营业执照。

20世纪90年代始，创办水煮笋厂。1995年，全乡有水煮笋厂3家，生产成品水煮笋998吨。至2003年，全乡水煮笋厂发展到10家，其中3家为余姚市农业龙头企业。至2016年，水煮笋厂对皎口水库水质造成污染等原因，大部分关闭，尚剩2家水煮笋厂。

2016年，全乡有农副产品加工企业6家。

主要企业

余姚市一洲食品厂　前身系成立于1992年9月的余姚市第二水煮笋厂，厂址设鹿亭乡晓云村茶培，1993年正式投产，1994年迁址鹿亭乡上庄村。2006年9月，企业更名为余姚市一洲食品厂（普通合伙），注册资本50万元。主要生产设备有4吨锅炉1台，预制锅4只，冷却池3只，污水处理池1座，自动机8台，笋壳输送带及其他机械设备，厂区占地1公顷，建筑面积8000平方

米，固定资产 960 万元。主要产品为水煮笋，销往浙江、安徽、福建等地，出口日本。2016 年，企业在生产期间有从业人员 380 人（属季节性生产企业），实现产值 655 万元，产品销售 592 万元，创利 11.8 万元，全员劳动生产率 1.72 万元 / 人。

余姚市白云桥美味食品厂　成立于 2004 年 1 月，注册资本 38 万元。最初主要经营薯类食品、蔬菜制品和罐头（果蔬罐头）的生产、加工，现以山区竹笋、薯类为主要生产原料，产品以笋干菜、四明笋干、原味烤笋、油焖笋、小节笋为主，以番薯枣子、番薯粉丝为次，销往上海、江苏、浙江等省、市。主要有烘房、切丝机、切块机、真空包装机、电炒锅、杀菌箱等生产设备。先后通过国家食品安全 SC、HACCP（食品安全管理体系认证）质量管理认证。厂区占地 0.22 公顷，建筑面积 1300 平方米。2016 年，有从业人员 18 人，生产总值 200 万元，全员劳动生产率 11.11 万元 / 人。企业地址晓云村茶培。

余姚市白云桥美味食品厂

第五节　包　装

包装企业主要有以下 2 家：

宁波金鼎包装有限公司

前身系创办于 20 世纪 80 年代末的余姚市出口商品包装公司，位于梁弄区黄明乡，是一家专业从事纸制品包装生产的企业。1997 年，在余姚扶贫开发区落户。2002 年，企业更名为宁波金鼎包装有限公司，公司占地面积近 7.5 公顷，建筑面积 2 万平方米，拥有固定资产 7000 多万元。企业兴盛期年产值达 2 亿元以上，是一家集印刷、加工、设计、制造为一体的大型区域性包装产品生产企业。已通过 ISO 9001：2000 国际质量管理体系认证。2016 年，有从业人员 115 人，实现产值 4242 万元，全员劳动生产率 36.89 万元 / 人。

余姚市奇普包装有限公司

是一家专业设计、生产、销售聚苯乙烯泡沫包装制品的实业型企业。自 2001 年创建以来，所生产的聚苯乙烯泡沫板、聚苯板泡沫包装等产品广泛用于电动工具、继电器、仪表仪器、家用电器等泡沫包装。企业地址鹿亭乡晓云村。

余姚市奇普包装有限公司

第九编

交通运输

第一章 道 路

鹿亭乡位于四明山区，境内群山环拱，山高岭陡，出行不便。中华人民共和国成立后，交通道路得到改善。1954年4月，晓岭至鄞江桥手车道开通，并于1959年9月改建成晓鄞公路，是境内第一条公路。20世纪70—90年代，山区公路建设发展迅速，水泥混凝土路面从无到有，沥青路面逐年增多。县道、乡道辐射全境，村村通公路，支线机动车路辐射各自然村。2016年全乡有等级公路20条，总长83.307千米，公路密度为1.18千米/平方千米。

第一节 公 路

县道

至2016年，乡境内有荷花池至梁弄、李家塔至余家横、陆埠至上庄3条县道，境内部分总长34.5千米。

荷花池至梁弄公路　简称荷梁线。自鄞县（今海曙区）荷花池至余姚市梁弄镇，全长55.6千米，统一编号X012。境内段自中村白云桥至斤岭顶，长17千米。该公路分3期工程建造。第一期自中村至晓岭村，系利用原晓（岭）鄞（江桥）手车道改建，长11千米，1958年10月动工，次年9月竣工通车，由鹿亭、晓岭联合完成。第二期自晓岭村至中姚村，长3千米，于1977年9月10日动工，1979年12月12日竣工通车。第三期自中姚村至梁弄斤岭下村，境内段（中姚至斤岭顶）长3千米，于1977年9月10日动工，1981年4月竣工，5月通车，由梁弄区组织沿路公社完成。路基宽7～7.5米，路面宽3.5米，为泥结碎石路面。境内段筑有桥梁2座，计长42.85延米，有涵洞12道。设计荷载汽车13吨，挂车60吨，属4级公路。1993年、1995年和1997年，晓岭、上庄、中村穿村段2.447千米砂石路面先后改建为水泥混凝土路面。总投资97.57万元。1996年，大溪桥改建。

2000年5—10月，K30+854～K34+704段砂石路面改建为水泥混凝土路面0.86千米，沥青路面2.99千米，路面宽5.5～6米。2001年7—10月，K35+500～K40+400段（上庄至晓岭段）砂石路面改建为沥青路面，路面宽5米。重建大溪桥。总投资169.98万元。2003年5—9月，41K+280～K50+940段砂石路面改建为沥青混凝土路面，路面宽5.5米。至此，境内段路面全部硬化。2004年10月，K53+200～K55+000段罩面中修。2006年，境内段安装波形梁钢护栏。2010年，平均日交通量1670辆。

李家塔至余家横公路　简称李俞线。自鹿亭乡李家塔村至大岚镇余家横村，全长18千米，统一编号 X214。境内段长 13 千米，路基宽 6 ~ 7 米，路面宽 5 ~ 6 米，泥结碎石路面。境内段筑有桥梁 2 座，计长 60.1 延米。设计荷载汽车 10 吨，履带 50 吨，属 4 级公路。该路由鹿亭、白鹿、大岚公社联合分 2 期工程建造。第一期自鹿亭公社李家塔村至石潭村，长 3 千米，在原手车道路的基础上，于 1960 年年初动工，同年 6 月建成。第二期自石潭村至大岚公社余家横村，长 15 千米，境内段自石潭村至叶家样岭头，长 10 千米。于 1968 年 11 月 26 日动工，1970 年 5 月 8 日竣工，9 月 1 日通车（当时作为战备公路，曾抽调全梁弄区民工共同修筑）。

县道李俞线九垒岭段

1996—1997 年，白鹿穿村段 0.385 千米砂石路面改建为水泥混凝土路面，路基宽 7 米，路面宽 6 米。2000 年 5—10 月，起点段 0.269 千米砂石路面改建为沥青路面，路面宽 6 米。2004 年 5 月，李俞线路面改造，同年 11 月竣工。改造工程长 15.61 千米，有水泥混凝土路面 0.45 千米，路面宽为 6 米，余为沥青混凝土路面，路面宽 5 米。工程投资 634 万元，其中宁波市交委补助 126 万元。2013 年，李俞线截弯取直工程完工，位于李家塔处公路桥重建，并命名为“鹿亭大桥”。2010 年，平均日交通量 1009 辆。

陆埠至上庄公路　简称陆上线。统一编号 X203。起点相交于甬梁线 K32+240，终点鹿亭乡上庄村，与荷梁线 K34+136 相交，全长 21.477 千米。境内段长 4.5 千米，路基宽 6.5 ~ 7 米，路面宽 5.5 ~ 6 米，属 4 级公路。设计荷载汽车 10 吨，挂车 50 吨。该公路分 2 期工程建造。第一期陆埠至洪山公社袁马。第二期袁马至鹿亭公社上庄，长 13.5 千米，境内段长 4.5 千米。1964 年 10 月 19 日竣工通车。

1996 年，上庄穿村段 0.112 千米砂石路面改建为水泥混凝土路面，路面宽 6 米。2000 年 5—10 月，K9+432 ~ K21+363 段（袁马至鹿亭上庄段）砂石路面改建，建成水泥混凝土路面 1.86 千米，路面宽 6 米；沥青混凝土路面 10.071 千米，路面宽 5.5 千米。总投资 706 万元。2010 年，平均日交通量 6818 辆。

乡道

2016 年，境内有乡道公路 17 条，总长 48.807 千米。

双溪口至王石坑公路　编号 Y205，全长 1.530 千米。1992 年 7 月开工建设，1995 年 10 月竣工。属山岭重丘 4 级公路，路基宽 4.5 米，泥结碎石路面宽 3.5 米，有小桥 4 座，计 33.9 延米，有涵洞 16 道。设计荷载汽车 10 吨，挂车 50 吨。2006 年 6—12 月，由砂石路面改建为宽 3.5 米水泥混凝土路面。

高岩至陈天龙公路　编号 Y206，全长 1.035 千米，列入宁波市扶贫公路建设计划。1996 年 10 月开工建设，同年 10 月竣工。属山岭重丘 4 级公路，路基宽 6.5 米，泥结碎石路面宽 3.5 米，有涵洞 11 道。2006 年 6—12 月，由砂石路面改建为宽 3.5 米的水泥混凝土路面。

晓云至大年公路

岩头至路坑公路　编号Y207，全长2.273千米。1996年6月开工建设，同年10月竣工。属山岭重丘4级公路，路基宽6.5米，泥结碎石路面宽3.5米，有小桥1座，长9米，有涵洞8道。设计荷载汽车10吨，挂车50吨。2006年6—12月，由砂石路面改建为宽3.5米的水泥混凝土路面。

大洋山至郑堂岗公路　编号Y214，起点与陆上线相交，全长2.004千米。1981年动工建设，1983年12月15日建成通车。属山岭重丘4级公路，路基宽6.5米，泥结碎石路面宽3.5米，有涵洞11道。2006年6—12月，改建为水泥混凝土路面。

晓云至大年公路　编号Y221，起点与荷梁线相交，全长7.080千米。属山岭重丘4级公路，路基宽6.5米，泥结碎石路面宽3.5～4.5米，有小桥3座，计46延米，有涵洞39道。设计荷载汽车10吨，挂车50吨。该公路由晓云公社（乡）岩头、大年大队（村）联合分2期工程建造。第一期，自晓岭村（汇头岭）至岩头村，长4.680千米，1966年年初动工，几经波折，历时20年，于1987年4月30日建成通车。第二期，自岩头村至大年村，全长2.400千米，1987年7月动工，1989年12月23日建成通车。2006年6—12月，由砂石路面改建为水泥混凝土路面。2010年，平均日交通量137辆。

沿山至沿夹岙公路　编号Y222，长0.728千米。山岭重丘4级公路，路基宽7.2米，泥结碎石路面宽3.5米，有涵洞7道。设计荷载汽车10吨，挂车50吨。该公路由鹿亭公社沿夹岙大队建造，1978年春动工，1980年12月15日建成通车。2004年9—12月，由砂石路面改建为水泥混凝土路面。

斤岭顶至大坪公路　编号Y224，起点与荷梁线相交，长6.451千米。山岭重丘4级公路，路基宽6.5米，泥结碎石路面宽3.8米，有涵洞37道。该路由梁弄区组织沿路公社建造，1977年9月动工，1982年5月14日建成通车。2006年6—12月，由砂石路面改建为宽5米的沥青混凝土路面。2010年，平均日交通量105辆。

中村至算坑公路　编号Y235，起点与荷梁线相交，长1.509千米。山岭重丘4级公路，路基宽5.5米，泥结碎石路面宽3.5米，有中桥1座，长52米，有涵洞5道。设计荷载汽车10吨，履带车50吨。该公路由鹿亭公社（乡）算坑大队（村）建造，1982年1月动工，次年10月25日建成通车。2006年6—12月，由砂石路面改建为路基宽6.5米、路面宽5.5米的水泥混凝土路面。2006年，公路桥重建。

叶家样至赤石公路　编号Y255，起点与李俞线相交，长1.367千米，工程被列入宁波市扶贫公路建设计划。1998年5月开工建设，同年11月竣工。山岭重丘4级公路，路基宽6.5米，泥结碎石路面宽3.5米，有涵洞14道。2006年6—12月，由砂石路面改建为宽3.5米的水泥混凝土路面。

郑洋至沿夹岙公路　编号Y258，长1.006千米。1997年5月开工建设，同年9月竣工。山岭重丘4级公路，路基宽6.5米，泥结碎石路面宽3.5米，有涵洞8道。2006年6—12月，由砂石路面改建为宽4.5米的水泥混凝土路面。

下南王至羊坑公路 编号Y260，起点梨洲街道下南黄村，长2.476千米，工程被列入宁波市扶贫公路建设计划。1998年6月开工建设，同年11月竣工。山岭重丘4级公路，路基宽6.5米，泥结碎石路面宽3.5米，有涵洞18道。2006年6—12月，由砂石路面改建为宽3.5米的水泥混凝土路面。

石潭至马家坪公路 编号Y265，起点与李俞线相交，长4.586千米，工程被列入宁波市扶贫公路建设计划。2000年5月开工建设，同年12月26日竣工。山岭重丘4级公路，路基宽6.5米，泥结碎石路面宽3.5米，有小桥2座，计25.4延米，涵洞33道。设计荷载汽车10吨，挂车50吨。2006年6—12月，石潭至岙底段1.4千米砂石路面改建为宽5.5米的水泥混凝土路面。

大岭脚至牛塘公路 编号Y266，起点与陆上线相交，长2.053千米，工程被列入宁波市扶贫公路建设计划。1999年5月开工建设，同年11月竣工。山岭重丘4级公路，路基宽6.5米，泥结碎石路面宽3.5米，有涵洞24道。设计荷载汽车20吨，挂车100吨。2006年6—12月，由砂石路面改建为宽3.5米的水泥混凝土路面。

小地碗至梁湖公路 编号Y269，起于李俞线8K+500转右至梁湖，长1.516千米，被列入宁波市扶贫公路建设计划。1999年5月开工建设，同年11月竣工。山岭重丘4级公路，路基宽6.5米，泥结碎石路面宽3.5米，有涵洞18道。设计荷载汽车20吨，挂车100吨。2006年6—12月，由砂石路面改建为宽3.5米水泥混凝土路面。

上庄至门石公路 编号Y274，起点与荷梁线相交，长4.214千米。1997年5月开工建设，同年10月竣工。山岭重丘4级公路，路基宽6.5米，泥结碎石路面宽3.5米，有中桥1座，小桥4座，计75.9延米，涵洞30道。设计荷载汽车15吨，挂车80吨。2006年6—12月，由砂石路面改建为宽4.5米水泥混凝土路面。1997年，上庄桥修建拓宽。

陈巴岭至茭湖公路 编号Y240，长9.51千米，境内段6.08千米。山岭重丘4级公路，路基宽6.5米，泥结碎石路面宽3.5米。该公路分2期工程建造。第一期陈巴岭至大山村段，1991年7月动工建设，1996年1月竣工。工程长6.04千米，有涵洞52道。2006年，由砂石路面改建为水泥混凝土路面。第二期茭湖至大山段（原梁辉镇境内），1997年6月开工建造，同年11月完工，工程长3.47千米，境内段0.04千米。2006年6—12月，由砂石路面改建为沥青混凝土路面。

深坑岔口至水池公路 起点与荷梁线相交，全长2.9千米。

公路养护

自荷梁线、陆上线、李俞线相继通车后，曾陆续建立道班3处（鹿亭道班、白鹿道班和中姚道班），共有道班房面积437.99平方米。

20世纪60年代，国家补助农村社队养护经费360元/千米·年。1971年，称社队养护，养路行政工作由公社、大队武装部长、民兵队长负责，养护技术受公路段养护班长指导。1983年政社分设后称乡村养护，乡成立公路养护办公室，负责管理公路养护。1990年，道班改称养护站，时有养护工9人，共养护里程35千米。1993年9月，余姚市公路段调整李俞线公路养护管理体制，把原大岚、鹿亭公路站养护的李俞线全部划归白鹿公路站管养，并由熟悉养护工作且具有一定工作经验的农民工承包养护。调整荷梁线中姚公路站养护管理体制，把中姚公路站管养的荷梁线9千米县道公路承包给当地村民养护。至1997年，境内3处养护站建筑面积扩大至555平方米。2004年12月，道班房作为公路养护生产性资产转让给姚东公路养护有限公司，转让价为23694元。

鹿亭道班、养护站　1967年组建，是20世纪60年代余姚境内4个农村道班之一（其他为大岚道班、灵溪道班、裘岙道班）。在鹿亭公社上庄建有道班房102.93平方米。1990年，有养护工5人，养护陆埠至上庄公路K17+000～K21+500段和李家塔至余家横公路K0+000～K3+000段及荷花池至梁弄公路K31+000～K38+500段，计里程15千米。1997年4月，养护站撤销。历任养护站（道班）负责人（班长）有赵孝岳、褚方春、陈其位、黄伟校等。

白鹿道班、养护站　1970年组建，在白鹿公社新宅建有道班房195.56平方米。1990年，有养护工3人，养护李家塔至余家横公路K3+000～K15+000段，里程12千米。1997年4月，养护站撤销。历任养护站（道班）负责人（班长）有劳吕天、孙文钊、杨立定、潘钱根、傅百尧、郑文来等。

中姚养护站　1980年组建，在晓云公社中姚建有道班房139.5平方米。1990年，有养护工1人，养护荷花池至梁弄公路K38+500～K46+500段，里程8千米。1997年4月，养护站撤销。历任养护工有孙水照、鲁国华、吕士龙等。

附：晓鄞手车道

自余姚县梁弄区晓云乡晓岭村经上庄、李家塔、石潭、中村、鄞县小皎等村至鄞县鄞江桥，全长31.68千米，乡境内段长11千米。1953年7月动工建造，次年4月竣工。是20世纪50年代姚南山区通邻县的唯一手车道。

在建筑手车道时，成立筑路委员会，以宁波专员公署副专员王博平为主任，汤光华、陈健康为副主任，协调两县筑路中有关事宜。省交通厅拨款数亿元（旧人民币），并组派见习技术员协助测设、施工，余鄞两县按协议派出民工。

晓鄞手车道于1959年9月改建为晓鄞公路。1981年，公路延伸至梁弄镇，改称荷梁公路。

第二节　村道　资源路　拖拉机路（机耕路）

村道

至2016年，全乡有主要村道19条，计长34.283千米。

岩头至后朱　长2.556千米，粒料加固土路面，2006年建成。

岩头至水库　长1.547千米，粒料加固土路面，2006年建成。

赤石至高岩头　长1.03千米，粒料加固土路面，2007年建成。

金家至水池　长2.84千米，水泥混凝土路面，2007年建成。

下姚至叶家样　长0.85千米，水泥混凝土路面，2011年建成。

赤石至长丘田　长0.8千米，水泥混凝土路面，2015年建成。

陈家岩至下姚　长0.6千米，水泥混凝土路面，2010年建成。

石潭至马家坪　长5千米，其中石潭至岙底为水泥混凝土路面，岙底至马家坪为砂石路面。1973年建成。

大年岔口至后朱　境内段长2.16千米，砂石路面，2005年建成。

晓云平桥头至羊坑　长3千米，水泥混凝土路面，2011年建成。

晓云上村至马家石步　长2千米，水泥混凝土路面，2015年建成。

李家塔至中村　长2.2千米，水泥混凝土路面，2012年建成。

高山村化岭大寨田至大地湾　长0.6千米，水泥混凝土路面，2003年建成。

高山村高岩岭脚至红塔头　长0.5千米，水泥混凝土路面，2003年建成。

东岗外村至里村　长2.1千米，水泥混凝土路面，2001年建成。

东岗松树龙亭至和尚头 长1.3千米，水泥混凝土路面，2009年建成。

高岩至陈天龙（长湾） 长2.5千米，砂石路面，1997年建成。2009年改建水泥混凝土路面。

深坑岔口至深坑 长1.2千米，水泥混凝土路面，2012年建成。

上庄至牛塘 长1.5千米，水泥混凝土路面，2002年建成。

资源路

20世纪90年代始，为便于竹林、茶园、田畈资源及农副产品运输所修筑的道路，称资源路。至2016年，乡境内有资源路40余条，计长51.06千米。其中1千米以上的28条，计长44.41千米。

遥九岭至茅岗 长5.8千米。

泥塘垦至黄建岸 长1.2千米。

外茅岗至里茅岗 长1千米。

白岩山脚至大地 长1千米。

马家坪半山垅至镬头口 长1千米。

下小王泥岭至乌岩横 长3千米。

苦竹岭至西下坑岭头 长3千米。

赤石至野猫洞 长1.2千米。

石潭至仙人桥 长1千米。

赤石底至凉亭下 长1千米。

文湾至小岭头 长1.5千米。

小王泥岭水库至庵头 位长1千米。

桥洞至毛石岗 长1.5千米。

梁湖至官山下 长2.5千米。

庄畈至胡夹岙 长1千米。

楼屋里至茅山里 长1.2千米。

东岗村至溪坪 长1.51千米。

岙口至东西塘 长1千米。

大年车站至相公殿 长2.5千米。

牛头山脚至八马岗 1.1千米。

松树湾至梅坑 长1.5千米。

济兴桥至王家宅 长1千米。

后岙桥至长龙山脚 长1.2千米。

陆上线至李家山顶 长1.3千米。

池谷田水库至赤石底 长1.2千米。

李家塔村桥至安根 长1千米。

东风山小岙至牯牛头 长1.2千米。

金竹尖至马塔 长2.0千米。

拖拉机路（机耕路）

20世纪70年代起，拖拉机成为山区主要货运工具。为沟通村与村、村与田间地头、山林的货物运输，建造以砂石路面为主的拖拉机路，长度不一，宽度一般为2.5 ~ 3.5米。20世纪90年代前，乡境内村村都有拖拉机路，与县道公路交织成纵横交错的乡间道路网。伴随山区道路的发展，实现村村通公路，原先的拖拉机路大多改建成水泥混凝土路面的城乡公交车路。至2016年，全乡尚有500米以上的拖拉机路（机耕路）7条，计长9.84千米。

李家塔至东风山拖拉机路 全长5千米，宽4.5米，筑有桥梁5座，由原鹿亭公社算坑大队于1980年建成。时梁弄区5千米以上的拖拉机路仅此一条。

李家塔村桥至池谷田水库拖拉机路 全长1千米，1977年建成。

梨树湾山脚至冬青机耕路 长0.84千米，1967年建成。

高山村八石至赵家机耕路 长0.5千米，2003年建成。

高山村下新屋至新赵家机耕路 长0.5千米，2003年建成。

门石人民桥至相公殿机耕路 长1千米，2010年建成。

大坪公路至鹿场机耕路 长1千米，2016年建成。

第三节 古道 凉亭

古道

旧时，人们多依赖步行，境内有沟通外乡镇的主要古道山岭22条，沟通乡境内各村的主要古道山岭24条。

沟通外乡镇的古道山岭有：

斤岭　自中姚岭门口至梁弄镇斤岭下村，全长5千米，有石阶3000余级。是古时杭、绍经梁弄通明州（宁波）、奉化的必经之路，历来是商邮往来驿道，也是山民山货、粮食、杂货运输出入的交通要道。

虎坑岭　自中姚村口虎坑岭脚至茭湖石子岗岭，全长2.5千米，有石阶900余级。北连茭湖，出黄明进余姚，南接岩头村经四明山入奉化县境，是余姚出南门8条干路之一。民国35年（1946），曾有上海同乡会出资委托中姚村民姚怀其、姚炳法修缮，历时一年余。古道保存完好。

大岭（老大岭）　起自上庄应家路自然村东首，上岭过太平庵、它山殿、沿夹岙三皇庙至陆埠镇翁岙村通余姚，全长约3千米。属明清古道，路面全部用石块筑成，为旧时上庄、岙里、冬青等村去陆埠、余姚必经之路。陆上线开通后，逐渐荒芜。

后岙岭　起自中村村北后岙桥，过半山凉亭经裘岙村、袁马村通余姚，全长2千米。后岙岭上段岔口处原竖有高约1米的石碑一块，上刻“南往华盖山，北往裘岙”等字样。

大坪头岭　自斤岭顶至茭湖石子岗岭，有石阶500余级，全长2.5千米，经黄明通余姚。

黄泥岗古道　自中姚文弯山脚起，经黄泥岗、过蒲山、羊坑九松亭通南黄，全长5千米。

燕竹弯古道　自中姚祠堂跟起，至石笋岗，过九松亭通南黄，全长5千米。

长龙古道　自中姚祠堂跟西首起，过长龙至石笋岗，过九松凉亭通南黄，全长5千米。

叶家样岭　自叶家样自然村起，南经分水岭通鄞县（今海曙区），西经夹山、甘竹通大岚镇。

树德岭　自下姚自然村西南首起，经上马岗、过雅庄村通大岚镇。

长岗岭　自白鹿新村自然村起，经后抚水库通大岚镇上马、后朱村。

杨树岙岭　自白鹿小王泥岭起，通鄞县上门坎等村。

树德岭古道

新大岭　自祝家堰村东首鹿兴亭起，至太平庵、它山殿与老大岭汇合通陆埠到余姚，全长1.5千米，由明工部侍郎龚辉出资修建。

香脚岭　自岩头自然村路口起，过岭经后朱、雅庄、大岚，通四明山。

门前岭　自大年自然村起，经后朱通大岚，全长0.8千米。

九曲岭　自晓岭平桥头金坑口起，经九曲岭凉亭通梨洲街道。“九曲呼岭”为小岭八景之一。

茶岭 起自算坑自然村，上茶岭通鄞县茶岭岗村。

穿水岭 又名臭水岭，起自高山村北首八马岗，通陆埠杜徐村，全长2千米。

十八转岭 因岭路有十八弯，故名。自龙溪路坑自然村西起，通大岚镇四丰村、姚江源头，全长2.5千米。

大潮湾岭 自龙溪路坑自然村西起，至白岩尖、大坪，通梁弄，全长2千米。

塌岩岭 起自王石坑外厂西首，至大坪通梁弄，全长1.5千米，起始段有石阶500余级。

庙岭 因岭旁有“三皇庙”而得名，自沿夹岙起经三皇庙通陆埠翁岙村，全长1.5千米。

沟通境内各村的古道山岭有：

岩头岭 自岩头自然村口起，全长1.5千米，有石步阶1223级，经五洞桥、乌沙鳖桥往西通中姚，往东通晓云、上庄。

九垒岭古道

九垒岭 亦称救鹿岭，起自石潭村南首，通白鹿村，全长2.5千米。初修于明代，以四明石潭龚氏始祖龚俊别号（九垒山人）命名，明工部侍郎龚辉有《垒岭垂梯》诗，“垒岭垂梯”为石潭十景之一。因有孔祐救鹿故事，故又名“救鹿岭”。民国23年，白鹿陈家岩村陈一鸥以向外募捐所得和余姚县建设基金下拨500元改建九垒岭，并由白鹿新宅村龚竹史负责改建。

遥九岭 起自上庄岙里自然村南首，经遥九岭过大善桥、墅溪庙到石潭村，全长2千米。《四明上菁赵氏宗谱》记载：“四明之九垒岭上有亭翼然，相传谓即九题之鹿亭，盖胜境也。”此岭与之对峙，可以遥望九垒，故名。清中村郑师远有《遥九岭诗》：“九垒遥望故为名，岭下山村号上菁。”上菁即今上庄。

梅坑岭 自东岗村起，全长2.5千米。下岭往西去中姚，往东通晓云村。

赤石岭 自赤石自然村起，全长2.5千米。经倒叉岭通李家塔。

倒叉岭 起自李家塔村南首，经赤石岭通白鹿。民国7年，村民王仁林难行修建。今荒废。

下坑岭 自陈家岩自然村东首银杏树脚起，过下坑桥，小溪沿凉亭通赤石。

薰岭 起自石潭村东，为白鹿、石潭去李家塔、中村的必经之路。明工部侍郎龚辉有《薰岭泊云》诗，“薰岭泊云”为石潭十景之一。1954年后，随晓鄞手车道开通和李俞线通车后，此岭遂荒芜。

雷公寺岭 因岭旁原有“雷公寺”而得名。自马家坪自然村西首起，至银孔跟，通岩头村。

峰岭 起石潭岙底自然村西北首，全长约3千米，通门石自然村。

百步岭 因从岭脚到岭顶有一百步石阶，故称为百步岭。自王石坑自然村口起，经乌沙鳖桥，往西到中姚村，往东通晓云村。

晓安岭 又名仙岭，起自大年自然村西首，全长1千米，通岩头村。

南岙岭　起自晓岭大方桥南首，全长2.5千米，通岩头村。

东岙岭　起自晓岭大方桥北首，全长2.5千米，通高山村。其中有石阶1000余级，长1.5千米。

东岙岭古道

红头岭　起于晓云大溪自然村南首，过毛山岗通上庄冬青自然村。

松树岭　起自大年自然村东首，全长1.5千米，石台阶路面，通门石、冬青至上庄。

小岭　又名晓岭，起自晓岭村西，经平路跟凉亭通中姚村。古时交通不便，山民只能靠肩挑背驮，才能把山货运出山外。每天天未亮就要出门，爬上村西小岭岭顶，天才拂晓，久而久之，小岭叫成晓岭。民国时期，乡以岭名。“晓岭凝烟”为小岭八景之一。

岳殿岭　因岭头有岳殿而得名。起自中村村，经岳殿通算坑。

长挑岭　起自门石自然村，全长2千米，通岩头村。

水池岭　起自金家自然村的“金家桥”头，全长1.2千米，从岭脚至岭头段，全部由石阶筑成，宽度1.4米左右，共980余级，通水池自然村。

高堂岭　起自路坑自然村南，全长1.2千米，通南向自然村。

牛桩岭　又名油照岭，起处上庄门石自然村村东风有桥北首，至马家头岭岭头往东通冬青，往西通晓岭，往北通大溪。

水竹坑岭　起自大溪自然村西，全长2千米，通高岩陈天龙自然村。

中安岭　起自白鹿梁湖自然村西南首，通马家坪、石潭等村。

凉亭

凉亭为行人憩息、担者歇力之处，一般建在大道要隘、山岭岭巅、岭脚和山岭中间。时有行善者供施茶水。20世纪70年代后，随古道主体功能的移位，凉亭作用逐步减少，大多年久失修，或危亭废圮，或移作他用。据1987年《余姚交通志》记载，乡境内有凉亭16座，其中晓云乡9座，鹿亭乡3座，白鹿乡4座。至2016年，境内尚有新旧凉亭23座。

九松亭　位于晓云羊坑自然村羊黄公路北侧，坐北朝南。为硬山顶平屋，三开间。明间，抬梁

九松亭

式梁架，用三柱。次间，穿斗式梁架，四柱五檩。前后檐柱皆用石柱。明间檐柱外侧刻有抱对“路遥切莫欠栖身，力倦何妨暂驻足”。建于民国23年。

石子岭岗凉亭　位于石子岭岗。原亭已在建公路时拆除，现亭为易地重建。

清心亭　又名新凉亭，位于斤岭古道安空下，地处古道陡峭地段，内置石凳。民国33年，由中姚村俞学闰、姚金宝募资建造。

它山殿凉亭　位于斤岭中段，与它山殿大殿紧靠，亭内置石凳。原为三开间穿路凉亭，过桥一泓清泉。民国期间，亭边有住户摆摊，并负责打扫亭子。2014年重建。

斤岭顶凉亭　位于斤岭顶通往晓云、东岗、茭湖的三岔路口。1997年重建。

平路跟凉亭　位于梅坑岭脚，为依岩而建的穿路凉亭。三开间，东首佛座，西首置石凳，亭外路顶设土地堂。原亭于1981年建公路时拆除，移建对面梅坑岭脚。

平路跟凉亭

大坪头凉亭　位于大坪头，内置石凳。

九垒岭上凉亭　位于九垒岭古道上段，地名馒头垅，为穿路凉亭，内置石凳。

九垒岭下凉亭　位于九垒岭古道下段，为穿路凉亭，石木结构，内置石凳。历代数次修缮，至今完好。

树德岭凉亭　位于树德岭中段，内置石凳。

杨树岙岭凉亭　位于杨树岙岭脚，内置石凳。

西下坑岭凉亭　位于横岩桥头。建于1961年，石木结构平房，几经修缮，后改建为预制板平台。

野猫洞凉亭　位于赤石自然村东首，内置石凳。

小溪沿凉亭　位于下坑岭脚东首，内置石凳。

庵头岗玉堂凉亭　位于庵头岗。20世纪70年代，下姚村村民马玉堂出资建造。

遥九岭路口亭　位于遥九岭脚公路旁。砖石混凝土平台一间，1988年由石潭村村民捐资建造。

中齐亭　又名徐家墩凉亭，位于鄞余交界的徐家墩古道上。为三开间穿路凉亭，亭内铺设鹅卵石路面。20世纪90年代毁于火灾，1999年10月村民捐资重修，规模小于原亭。

鹁鸪岩凉亭　亦称五洞桥凉亭，位于五洞桥桥头。原为三开间木结构平房，内置石凳。1993年改建为两间水泥预制板平台。

东岙岭上凉亭　位于东岙岭，始建于清。1993年重修，2016年重建。三开间，内置石凳。

东岙岭中凉亭　位于东岙岭中，1959年建造，毁于2013年“菲特”台风。2016年重建，内置石凳。

鹿兴亭　位于新大岭岭脚，原名“新凉亭”。2001年冬重修，改名。

金家亭　位于金家桥北首，1992年由金家村出资建造，内置石凳。

香脚岭凉亭　位于香脚岭中段，内置石凳。凉亭对面有一冷水潭，可供行人解渴。

已毁凉亭：

九垒岭中凉亭　位于九垒岭古道中段，民国23年，陈家岩村陈一鸥募资添建。1969年，建李俞公路时毁。

虎坑岭凉亭　位于虎坑岭中段，内置石凳，已倒塌，旧址尚存。

赤石岭凉亭　位于赤石岭脚，内置石凳，已倒塌，旧址尚存。

西下坑上凉亭　位于西下坑上半岭，已倒塌，旧址尚存。

南岙岭凉亭　位于南岙岭半岭，已倒塌，旧

址尚存。

后岙岭半山凉亭　位于后岙岭，已倒塌，旧址尚存。

岩头岭凉亭（北坡亭）　位于岩头岭中段拐弯处，内置石凳。1986年建造公路时被石块砸毁。

放场处凉亭　位于斤岭顶至东岗古道。1983年斤大线（斤岭顶—大坪）通车后，因古道少人行走，凉亭年久失修倒塌，旧址尚存。

大善桥头凉亭　位于石潭大善桥头，毁于1956年台风。

新建亭子

改革开放后，随新农村建设的需要和旅游事业的发展，在乡村间要道、公路岔口、景点、公园等处新建亭子10余座。有石潭村“侍意亭”，白鹿村“护鹿亭”“岩山亭”“狮峰亭”“莲花亭”，晓云村“初心亭”等。

郑洋岔口新建亭子

第二章 桥 梁

第一节 公路桥梁

境内公路桥梁始建于1959年。至2016年，全乡共有公路桥梁20座，计长339.4米。其中县道桥梁4座，计102.95米；乡道桥梁16座，计236.45米。

县道桥梁

大溪桥 位于县道荷梁线大溪自然村。全长12.85米，跨径9.3米，桥面宽4.7米，设计荷载汽车10吨，挂车50吨。1959年建成，1996年改建，2001年重建。

晓岭桥 位于县道荷梁线晓云村。全长30米，跨径10米，桥面宽7米，单孔石拱桥，下部重力石台。设计荷载汽车13吨，挂车60吨。1978年6月建造。

鹿亭大桥 位于县道李俞线李家塔村。始建于1957年，系3孔石拱桥。1981年重建，全长41米，3孔，跨径40.5米，桥面净宽7米，桥高3米，桥梁上部为块石拱，下部为重力式墩台，水泥混凝土桥面。设计荷载汽车10吨，挂车50吨。由余姚市交通局组织设计、建设、监督，余姚市交通管理所施工，工程总造价4万元。2013年再次重建，命名为“鹿亭大桥”。

石潭桥 位于县道李俞线石潭村。始建于1969年，全长19.1米，跨径16.8米，桥面宽8米，钢筋混凝土桥面，设计荷载汽车13吨，挂车60吨。2011年整修。

乡道桥梁

中村桥 原名算坑桥，位于乡道中村至算坑公路。原桥为3跨上承双曲钢筋混凝土拱桥，全长52.05米，共2孔，跨径组合2 ~ 25米，桥面

鹿亭大桥

宽 4.5 米，桥高 5.2 米，水泥混凝土桥面。设计荷载汽车 10 吨，挂车 50 吨。1982 年 10 月竣工。2006 年重建后改名中村桥。

中村桥

上庄桥　位于乡道上庄至门石公路，跨晓鹿大溪。全长 44.8 米，跨径总长 37.8 米，3 孔，桥面宽 4.5 米，桥高 4.2 米，水泥混凝土桥面，桥梁上部为双曲拱，下部为重力式墩台，设计荷载汽车 15 吨，挂车 80 吨。始建于 1964 年，1997 年 10 月加宽、整修。

上庄桥

红卫桥　位于乡道上庄至门石公路。全长 8.3 米，单孔石拱桥，桥面宽 6.5 米，桥高 4.4 米。1967 年建造，1997 年建公路时拓宽。

冬青村西石拱桥　位于乡道上庄至门石公路。全长 7 米，宽 6.5 米，桥高 5.6 米，设计荷载汽车 15 吨，挂车 80 吨。1997 年建造。

冬青村东石拱桥　位于乡道上庄至门石公路。全长 7.3 米，宽 6.5 米，设计荷载汽车 15 吨，挂车 80 吨。1997 年建造。

黄泥岭龙潭顶石拱桥　位于乡道上庄至门石公路。全长 8.5 米，宽 7.5 米，桥高 7 米，设计荷载汽车 15 吨，挂车 80 吨。1967 年建造。

龙溪桥　位于乡道岩头至路坑公路。全长 9 米，宽 6.5 米，设计荷载汽车 10 吨，挂车 50 吨。1997 年竣工。

岩头桥　位于乡道晓云至大年公路岩头岭头处。长 15 米，宽 6.2 米，单孔石拱桥，桥高 11 米，设计荷载汽车 10 吨，挂车 50 吨。1987 年建造。

汇头桥　位于乡道晓云至大年公路。全长 15 米，跨径 5 米，桥宽 5.4 米，设计荷载汽车 10 吨，挂车 50 吨。1987 年建成。

晓云至大年公路桥　位于晓云电站水库西约 100 米处的岩头岭脚（电站）对面。全长 16 米，桥宽 7.5 米，为两孔钢筋水泥桥。设计荷载汽车 10 吨，挂车 50 吨。1996 年建造。

双溪口至王石坑公路桥　位于岩头公路与王石坑公路岔口、王石坑电站东约 30 米处，单孔石拱桥，长 13.5 米，宽 6 米。设计荷载汽车 10 吨，挂车 50 吨。1992 年建造。

百步岭脚公路桥（一）　位于乡道双溪口至王石坑公路。长 7.4 米，宽 6.5 米，设计荷载汽 10 吨，挂 50 吨，钢筋混凝土桥梁。1995 年建成。

百步岭脚公路桥（二）　位于乡道双溪口至王石坑公路。长 7 米，宽 6.5 米，设计荷载汽 10 吨，挂 50 吨，单孔石拱桥。1995 年建成。

王石坑外厂公路桥　位于乡道王石坑公路外厂至里厂段。长 6 米，宽 4 米，高 3.6 米，设计荷载汽车 10 吨，挂车 50 吨，单孔石拱桥。

岙底桥　位于乡道石潭至马家坪公路。全长 12 米，桥宽 7.5 米，单孔石拱桥。设计荷载汽车 10 吨，挂车 50 吨。始建于 1973 年，2000 年建造公路重建。

双溪桥　位于乡道石潭至马家坪公路。全长

13.4 米，桥宽 7 米，设计荷载汽车 10 吨，挂车 50 吨。2000 年建成。

第二节　民间桥梁

据 1987 年《余姚交通志》记载，现乡境内有跨径 5 米以上的桥梁 21 座，计长 326 米。其中鹿亭乡 13 座，计长 228 米；晓云乡 3 座，计长 58 米；白鹿乡 5 座，计长 40 米。至 2016 年，乡境内建有通行桥梁 106 座。建于民国及以前的桥梁共 49 座，其中已毁 17 座，改建、重建 3 座。中华人民共和国成立后所建桥梁 57 座，其中 19 座为无名桥梁。

民国及以前桥梁

永安桥　位于白鹿下姚自然村西南首。古时桥北有稠树庙（下姚庙），为古道树德岭起点。建于民国 16 年（1927），横跨马家溪，长 3.3 米，宽 1.93 米。系单孔平板石梁桥，桥面由三块石板并列相连，桥东侧面中间刻有桥名“永安桥”，两旁刻有“民国丁卯”“芙月建造”落款。2011 年村道改建时，在桥两旁安装护栏。

下坑桥　位于白鹿陈家岩自然村东南首的下坑岭脚。为两块石板相连的单孔石梁桥，过桥往东通赤石自然村。

杨树岙岭石拱桥　位于白鹿村杨树岙岭脚。单孔石拱桥，全长 5.1 米，宽 1.9 米，高约 4 米。桥两端各有石阶 3 级，桥上两边砌有石头护栏。

马家溪桥　位于白鹿村南，单孔石梁桥，1970 年建百丈水库时毁。

同善桥　位于石潭村东墅溪庙旁。建于清乾隆十年（1745），单孔石板桥，桥长 2.5 米，已毁。刻有桥名的铭石在 20 世纪 60 年代建石潭板桥时作为基石砌在桥台下。铭石刻有“大清乾隆十年六月吉旦”“同善桥”“祠下弟子龚永寿、成祥合造”。

大善桥　位于石潭村东的薰岭古道。建于清代，单孔石板桥，是石潭村民去李家塔、中村的必经之路。1956 年毁于洪水。

梯云桥　位于石潭村西南首九垒岭脚，建于清光绪七年（1881）。南北跨九垒岭山溪上，长 2.8 米，宽 1.7 米，高 2.5 米，系 4 块石板并列相连的单孔石板桥。桥东侧面中间刻“梯云桥”，两边刻“光绪辛巳，□春月”落款。尚存。

梯云桥

石潭板桥　位于石潭村。始建于清代，以合抱大树对开作桥板，为古时石潭村民去龚氏宗祠的唯一通道。20 世纪 60 年代改建为屋盖式廊桥，桥中间只设一桥墩，桥墩由两根并排分列的长石条组成，该桥造型朴素，就地取材，具有山区廊桥的典型特色。2010 年 11 月，被公布为余姚市文物保护点。2011 年，进行保护性修复。

横岩桥　位于石潭马家坪自然村东南。横跨西下坑古道山溪上，因山溪上游有横石岩而得名。始建时间无考，民国 18 年重建，桥长 5.5 米，宽 2 米。系伸臂式平板石梁桥，两端各有五根伸臂石从溪岸桥台斜向上伸出，立面呈八字形，伸臂石端部各搁一横石，然后再将5根梁石置于横石之上，桥两端各有两级石条台阶，桥南侧面中间刻有“横岩桥”和“民国己巳年三月重建”落款。用伸臂的办法，梁石长度缩短，既解决用材难题，又增加桥与溪面的高度差，防止桥梁被洪水冲垮，在境内众多桥梁中比较典型。尚存。

横岩桥

观音桥　位于石潭马家坪自然村东首，因桥对面山上有“观音岩”而得名。单孔石梁桥，建造时间不详，桥梁结构同“横岩桥”。1991年建鹿亭电站水库时淹没在库底。

双溪桥　位于石潭马家坪自然村西首。单孔石梁桥，建造时间不详，桥梁结构同“横岩桥”。1961年杨树湾水库倒坝时冲毁。

李家塔板桥　又名会龙桥，位于李家塔村，始建于清。全长27.5米，宽4.5米。建筑采用石墩屋盖式，整座桥只有一个桥墩，是由六根高近4.3米的大石条并列组成，顶端再用一根条石打横。为防止打滑、位移，又在横石上凿槽，把竖石上端做成榫头状，使之牢牢固定。桥墩与两岸之间平铺直径尺余的原始大木作为桥梁，桥梁上铺上木板，再盖上桥屋。桥屋共有10间，其中跨溪7间，贯通如长廊。两侧设有长凳，供过往行人休息之用。桥北迎面挂“会龙桥”匾。1987年9月，公布为余姚市级文物保护单位。2013年重修。

双溪桥　位于李家塔村东首晓鹿大溪和白鹿大溪交汇处的独山脚下。始建于清光绪二年（1876），民国10年毁于洪水，次年王仁林等村民捐资重建，系钢筋混凝土桥梁，南北横跨双溪。桥全长37.76米，宽2.8米，桥体最大高度达5.1米，跨径35.9米，两墩三跨，跨径不等，跨径组合6.1米+16.85米+12.95米。桥面钢筋混凝土浇筑，表面划刻方格子，正中有一块58厘米见方的水泥板，刻一朵含苞欲放的荷花。南端刻有方胜、铜钱吉祥修饰，南落坡置六级台阶和一平台，桥面两侧六水泥望柱，五栏板。两端桥基用混凝土浇筑，中间两桥墩用方正长条石并列错缝砌筑，迎水面砌成破水尖。墩上置大块石垫板，架水泥斗拱式悬臂支撑桥面，桥东西两侧栏板刻“双溪桥”。双溪桥是余姚境内现存民国时期建造最长的钢筋混凝土桥梁。

李家塔双溪桥

永安桥　位于李家塔村中白鹿大溪上。建造年代不详，为单孔石拱桥，是李家塔村连接马蹄岭、岭后岙的桥梁。民国10年被大水冲毁。

万安桥　位于李家塔村南首。为古时石潭到中村的必经之路。建于清咸丰十一年（1861）八月，系双孔平板石梁桥，东西横跨林后溪，全长6.8米，宽1.6米，高2.3米，桥面由三块石板并列相连。桥墩分水尖朝南，墩由大小不等的方形石块及长条石并连错逢砌筑，两桥埯由大块卵石及岩石砌成，桥北侧面中间刻“万安桥”，旁镌“辛酉八月”

万安桥

等字样。

白云桥　位于中村村东余鄞交界处。是古时大岚及境内山民去明州（宁波）的必经之路。为单孔石拱桥，始建于唐贞观年间（627—649），重建于清光绪十六年（1890）。全长25.3米，桥孔净跨12.65米，桥面下宽上窄，桥顶宽度仅3.3米。原共有石阶96级，南北两边各48级。现南边48级完好无损，北边尚存30级，另18级已在1953年修筑晓鄞手车道时填没。桥面上共有16根望柱，最高处的四根望柱上刻有两对雌雄狮子，桥身东西两边各雕有两只镇水神兽，桥面两侧各有9块长2米的护栏。南端增设3～5米的引道，既减少上桥的陡坡度，而又加强拱桥的稳固性。1987年9月被公布为余姚市级文物保护单位，2011年1月被列入省级文物保护单位。

蜈蚣山脚水泥桥　位于中村蜈蚣山脚，横跨算坑溪。全长24米，3孔，始建年代不详，几经水毁，几经修复，民国10年再次毁于洪水。次年由鄞县小皎村民出资建造钢筋水泥平桥，名为"水门汀桥"。该桥一桥二用，一作通水堰沟，二为通行，现通水堰沟已填没。

后岙桥（廊桥）　位于中村北首后岙溪上。始建于清宣统三年（1911），民国10年毁于洪水，后由上庄赵宗秀出资建造。以合抱大树对开作桥梁，上铺木板，有廊屋7间，其中桥上3间，桥西、桥东各2间（其中桥东1间修路时毁）。中华人民共和国成立后办牧场，也曾住人，建晓鄞公路时存放过建筑物资和工具，现作为佛教场所。廊桥保存完好，但已失桥的功能。

聚心桥　位于中姚村北首柳树洪。单孔石板桥，建于清咸丰四年（1854），长3米，宽1.17米，高2.75米，桥面由三块石板组成，桥石南侧刻桥名"聚心桥"，两旁刻有"咸丰四年十月公立"和"三村公造"落款（三村为庄畈、祠堂跟、暗堂）。另刻"姚宗规妻黄氏助钱三千文"等字样。尚存。

同顺桥　位于中姚村虎坑岭。是由三块石板并列而成的单孔石板桥，建于民国8年，长3米，宽1.5米，高2米。桥石刻"同顺桥"及"民国已未""桐月建造"落款。尚存。

安心桥　位于中姚村虎坑岭石子岗下。是由三块石板并列而成的单孔石板桥，建于民国8年，长1.9米，宽1.2米，高1.5米。桥石刻"安心桥"及"民国已未""桐月建造"落款。尚存。

树桥　位于中姚村。原是村民为图方便用树木搭建而成，故名树桥。2016年，改建为钢筋混凝土桥，长7米，宽5米，桥名沿用。

它山桥　位于它山殿顶。单孔石板桥，尚存。

双溪桥　位于中姚村巴交、虎坑岭双溪汇合处。已毁。

永镇桥　位于中姚村。3孔石板桥，1979年建公路时拆除（桥板现置于祠堂跟小溪坑）。1995年离原桥约20米处（村委办公楼前）重建钢筋混凝土桥，桥名沿用。2016年加宽加固处理，现桥长10米，宽4米。

众和桥　又名祠堂桥，位于中姚村祠堂下。单孔石板桥，1968年建手拉车路时拆除。

悦性桥　又名水碓桥，位于中姚村水碓跟。3孔石板桥，是沟通祠堂跟和暗堂自然村的通道，又是斤岭古道口的重要桥梁，1980年建造公路时拆除。2000年，在离原桥30米处建长8米、宽4米的单孔钢筋水泥桥。

一心桥　位于梅坑岭脚。单孔石板桥，长5米，宽1.4米，由四块条石并列而成，桥石刻“一心桥”三字。过桥上梅坑岭通东岗村。尚存。

陆安桥　位于晓云村东吊坑口。是由三块石板并列而成的单孔石板桥，建于清代，桥石刻“陆安桥”及“甲戌年五月”落款。桥长3.6米，宽1米，桥面高出路面，桥两端各有石阶12级。尚存。

太平桥　位于晓云村平桥头古道上，横跨晓云东溪。单孔石板桥，重建于清乾隆五十年。此桥由5块长4.75米、面阔0.4米的条石并列而成，桥两边各有一块高约0.3米、宽约0.25米的条石作桥栏，侧面刻桥名“太平桥”和“乾隆乙巳年重建”落款，还刻有“岙内”“后宅”“东宅”“桥庙”等助钱数量和“干首钦圣、大本”等5人姓名。1998年拆除。刻有桥名的条石置于新建的太平桥北首桥头。

乌沙鳖桥　位于晓云汇头岭乌沙鳖潭旁。单孔石板桥，建于清代，是古时岩头等村民去宁波、余姚的必经之路。1986年建晓岭至岩头公路时拆除。

金水桥　位于晓云村金坑口山溪上，九曲岭起点处。是由三块石板并列而成的单孔石板桥，建于清代，桥长3.5米，宽1.29米，高1.8米。桥石刻“金水桥”及“乙丑年杏月建”落款。尚存。

五洞桥　位于龙溪村岩头岭脚。5孔石板桥，始建于清光绪三十四年。20世纪80年代建岩晓公路时拆除重建公路桥，仍为5孔，桥名沿用。钢筋混凝土桥面，全长19.65米，宽4.5米，跨径14.25米，设计荷载汽车10吨，挂车50吨，1987年竣工。1996年因建晓云上村水库，公路升高改道而荒废。尚存。

大方桥　位于晓云村。单孔石拱桥，因形似月洞亦称洞桥。始建于清乾隆五十五年，光绪三十一年重修，全长25.8米，宽5.49米。桥洞两边各镌刻一副对联，桥栏正中镌刻“大方桥”三个隶书大字，四根望柱几经历史磨蚀，残缺不全。“洞桥石砌”为小岭八景之一。

一大桥　位于岩头自然村南首的坞塘门跟。建于清代，是古时岩头村民去大岚、白鹿的必经之路。长3米，宽1米，由三块石板并列而成（其中一块石板已断裂无踪），桥石刻有“一大桥”“无名氏立”和“己巳冬之吉”落款。尚存。

庙后桥　位于龙溪村石君庙后。单孔石拱桥，桥长4米，宽2米，建岩头水库时毁。

泰安桥　位于龙溪村岩头岭头。单孔石板桥，桥长3.6米，宽1.8米，建岩头水库时毁。

惠生桥　位于岩头岭脚，建于清光绪十五年，单孔平板石梁桥，长1.65米，桥面由4根宽0.32米，厚0.25米的条石并列而成。桥北侧面刻有“惠生桥”三字，两旁落款为“光绪己丑、众姓公立”。20世纪80年代建晓岭至岩头公路时毁，刻有桥名的桥石尚存。

金水桥

岩头岭石板桥　位于龙溪村岩头岭。已毁。

宝渡桥　位于上庄村。建于清道光十八年（1838）。据《四明上菁赵氏宗谱》记载：日曜公捐资创建，列洞四，架木为梁，而编篾于其上，往来者甚赖焉。复虑其易朽，而捐仲四公祀钱十千，日光公钱十一千，立七柱存放生息，以充每年修葺之资，诚美举也。皆嘱予名是桥，乃取李青莲（李白）“宝筏渡迷津（川）”之意，而名之曰“宝渡”。已毁。

仙人桥　位于上庄村门石。细石垒成，约丈许，疑非人工，故名。

万福桥　位于上庄门石自然村相公殿东侧。单孔石拱桥，桥长3米，宽2.27米，高3.2米，拱桥地处小溪狭窄段，故跨径小而拱高，桥面高出路面约0.5米，桥两端各设三级台阶。桥石刻有“万福桥”和“民国乙丑吉旦，众姓公立”落款。为方、褚等众姓捐资修建。尚存。

三姓桥　位于上庄门石自然村相公殿东200米处。是古时岩头、大年、路坑等村民去宁波、余姚的必经之路。朱、褚、方三姓捐资修建，故有“三姓桥”之名。尚存。

世德桥　位于上庄门石自然村。单孔石板桥，长2米，宽1.5米，高1.5米。尚存。

大本桥　位于上庄门石自然村。单孔石板桥，建于民国3年。1983年建“人民桥”时桥毁，两端桥脚完好。

风有桥　位于上庄门石自然村东200米处。由三块石板并列相连的伸臂式单孔石板桥，建于民国3年，桥长4米，宽1.5米，高2.75米，西侧桥石中间刻“风有桥”，两旁落款为“甲寅吉旦”“首事敬立”。尚存。

崇津桥　在上庄村双溪口。已毁。

百步岭石板桥　位于王石坑百步岭山溪上。长2.1米，宽1.6米，由4块石条并列而成的单孔石板桥。

矴步桥　位于李家塔村，横跨白鹿大溪。建于20世纪20年代初，全长19.2米，主体由24块步墩石组成，中间设桥板成桥孔，北侧置步墩石15块，南侧置9块，排列整齐。桥面由上下两层组成，呈台阶状，步墩北侧下游处置石块护坝。此处原有石拱桥（永安桥），民国10年毁于洪水，因资金短缺，遂放弃重建。为方便山民过溪劳作，故在此建矴步桥。

中华人民共和国成立后所建桥梁

潭溪桥　位于石潭村。长18.5米，宽5米，2孔，桥面为钢筋混凝土，桥墩为块石，两边有钢筋混凝土护栏，1992年村民集资建造。2013年更换为大理石护栏。

龙潭桥　位于石潭村。长18.5米，宽5米，2孔，桥面为钢筋混凝土，桥墩为块石，两边有钢筋混凝土护栏，2003年村民集资建造。2013年更换为大理石护栏。

丰产桥　位于石潭村。整桥为钢筋混凝土浇筑，两边安装铁管护栏，原为引水渡槽。全长10米，宽2米，其中槽宽60厘米，槽上由水泥板盖住，便于行人行走。建于20世纪60年代。

碧水桥　位于石潭村。桥长13米，宽4米，2孔，桥墩为块石，桥板用预制板拼合，两侧有钢筋混凝土护栏，1993年村民集资建造。2013年更换为大理石护栏。

听泉桥　位于石潭村，桥西矴步南端为九垒岭古道起点。桥长17米，宽4.5米，2孔，桥面预制板拼合，两侧安装钢筋混凝土护栏。1995年石潭村民龚士听捐资建造。2013年更换为大理石护栏。

矴步桥

听泉桥与旧时矴步桥

龙泉桥　位于石潭村。桥长13米，宽4米，钢筋混凝土桥面，两侧有护栏。2001年村民集资建造。2013后更换为大理石护栏。

跃进桥　位于石潭村马家坪自然村西首。桥长4米，宽2米，竹筋混凝土结构。因建于“大跃进”时期，故名。

电站桥　位于马家坪电站旁。长5米，宽4米，钢筋混凝土结构，建于1996年。

四孔桥　位于马家坪观音桥上方。桥长35米，宽3米，钢筋混凝土桥面，桥墩用块石浇筑，4孔组成，建于2013年。

周家山桥　位于石潭村。桥长13.5米，宽4米，钢筋混凝土桥面。始建于20世纪80年代，2006年曾整修。

振兴桥　位于石潭岙底自然村。桥长13米，宽3.4米，钢筋混凝土桥面，桥墩为块石，有护栏，2005年村民集资建造。2013年更换为大理石护栏。

兴鹿桥　位于石潭村。桥长11米，宽3.4米，钢筋混凝土桥面，两侧安有护栏。1991年由鹿亭电站出资建造。

李家塔村桥　位于李家塔村。桥长25米，宽5.7米，桥高6.5米，系钢筋混凝土拱桥。始建于1976年，名“庆丰桥”。2012年拆除重建，更名为“李家塔村桥”。

红星桥　位于中村算坑自然村。全长17米，宽4米，高5米。1967年始建，为双孔石拱桥。1995年桥面整修，2013年拓宽。

中村桥（中村廊桥）　位于中村村。全长55.6米，宽5.7米。始建于20世纪70年代初期，由县交通局设计建造，是以竹筋代替钢筋的双曲拱桥。1995年，经市交通局派技术员勘察后重建。2014年，在原址重建新桥，为现代仿古建筑，命名为中村廊桥，总投资220万元。

青锋桥　位于中姚村庄畈横山路口。长11米，宽4米，单孔石拱桥。1979年建造。

星星桥　位于中姚村祠堂下。长7米，宽5米，单孔石拱桥。1968年建造。

蛤蟆岩便桥　位于中姚村蛤蟆岩。两孔水泥板桥。1996年建造，2016年作加固修理。

中姚桥　位于中姚村庄畈口。长11米，宽6米，单孔石拱桥。2007年建造。

青潭桥　位于松树湾至梅坑岭资源路起始点。单孔石拱桥，长7米，宽5米。2010年建造。

兴朝桥　位于晓云汇头岭。桥长5米，宽3米，始建于1973年，由树桩木板搭建而成，是晓云村民去兴朝畈劳作的简易便桥。2002年拆除重建钢筋混凝土便桥。

上村桥　位于晓云上村。3孔石拱桥，全长19.5米，宽4.2米，桥高7.5米。1979年建造。

六和桥　位于晓云上村。3孔水泥板桥。2012年建造。

晓云桥　亦称平桥，位于晓云上村。长21.5米，宽3.2米，高6米，始建于1955年，是晓岭村第一座钢筋混凝土桥梁。1988年曾整修。

济兴桥　位于晓云村东下庙跟，3孔钢筋混凝土桥梁，桥长22米，宽5.1米，桥高6.7米。1996年建造。

庙前蓬桥　位于晓云村东公墓地前。3孔钢筋混凝土桥梁，桥长24米，宽2.4米，桥高3.6米。2007年建造。

高岩沿桥（大溪桥）　位于晓云大溪自然村。4孔钢筋混凝土桥梁，桥长22.8米，宽4.8米，高3.5米。1991年建造。

大溪电站桥　位于晓云大溪自然村大溪电站西。3孔钢筋混凝土桥梁，桥长13.2米，宽3.4米。2000年建造。

太平桥　位于晓云村。3孔钢筋混凝土桥梁，桥长33.5米，宽7.5米，桥高6.5米。1998年建造。

大众桥　位于龙溪村村委前。长8米，宽6米，水泥混凝土浇筑，建于20世纪90年代。

金家桥　位于上庄金家自然村。桥长24米，宽5.5米，高4.55米，3孔钢筋混凝土桥面。1969年建成，1994年重建。

上村桥

高岩沿桥（大溪桥）

祝堰桥　位于上庄祝家堰自然村。桥长32米，宽4.5米，高4.8米，3孔钢筋混凝土桥面。始建于1974年，1995年傍原桥并行新建。

幸福桥　位于上庄门石自然村。单孔石拱桥，长4米，宽1.5米，高4米，1983年建造。

人民桥　位于上庄门石自然村。单孔石拱桥，长6米，宽6.5米，高3.8米，1983年建造。

竹场坪桥　位于上庄冬青自然村。单孔石拱桥，桥长6米，宽2.4米，高3米。1976年建造。

群英桥　位于上庄岙里自然村。单孔石拱桥，桥长6.8米，宽3.6米，高4.5米，两边各有石板护栏5块。1969年建造。

反资桥　位于上庄村应家路双溪口。单孔石拱桥，桥洞两侧各有2个小桥洞，溪水暴涨时可增加桥洞过水量，以减轻洪水对桥身的冲击。桥长10米，宽3.3米，高3.9米，左右两侧各有7块高0.48米，厚0.16米石板护栏，桥东、西两侧栏板中间刻"反资桥"，东侧栏板还刻有"一九七五春""上庄大队造"落款。

利民桥　位于龙溪村王石坑外厂陡峭山溪上，长4.2米，宽2.7米，高3.2米，单孔石拱桥。20世纪60年代建造。

农益桥　位于龙溪村王石坑上厂自然村。系单孔石梁桥，桥面由4根桥石并列相连，桥长3米，宽1.2米，高1.83米。1969年建造。

无名桥梁

1. 位于李家塔村南端。桥长8米，宽6.8米，高6米，钢筋混凝土浇筑，2011年建造。

2. 位于上庄金家自然村西约100米的电站处。3孔2墩钢筋混凝土桥，桥长19米，宽1米，高3.4米。2005年建造。

3. 位于香泉湾岔口晓鹿大溪上。3孔钢筋混凝土桥，长16米，宽2.5米，高4.9米。2012年建造。

4. 位于上庄小堰岩。6孔钢筋混凝土桥，长27.5米，宽2.5米，高1.7米。2016年建造。

5. 位于上庄电站处。2孔钢筋混凝土桥，长16米，宽2.5米，高4.05米。1999年建造。

6. 位于上庄村新大岭脚西首20米处。3孔钢筋混凝土桥，长32.5米，宽2.45米，高4.2米。2012年建造。

7. 位于上庄门石自然村相公殿西80米处。单孔钢筋混凝土桥，长7.35米，宽4.05米。2015年建造。

8. 位于上庄门石自然村东停车场。单孔石拱桥，桥长6米，宽7米，高3.6米。1997年建造。

9. 位于上庄冬青自然村西100处。单孔石拱桥，桥长6.5米，宽1.8米，高3.6米。1970年建造。

10. 位于上庄冬青自然村村口。单孔石拱桥，桥长6米，宽6.6米，高4.7米。2004年建造。

11. 位于上庄岙里黄泥岭头。单孔钢筋混凝土桥，长9米，宽2.5米，高5.6米。1998年建造。

12. 位于上庄岙里自然村。单孔钢筋混凝土桥，长6米，宽2.1米，高2.8米。2010年建造。

13. 位于上庄岙里自然村西边蟹形里。长6.8米，宽2.2米，高3米，2孔，桥面为预制件洞孔板，桥墩系花岗石浆砌而成。1979年建造。

14. 位于上庄岙里自然村东。桥长9米，宽2.5米，高3.65米，单孔，钢筋混凝土浇筑。2016年建造。

15. 位于路坑自然村里外厂交界的停车场西首。钢筋混凝土浇筑，桥长5米，宽3.2米，高2.5米。始建于1966年，1990年重建。

16. 位于路坑自然村东首的龙力坪，是去路坑公墓地必经之桥，钢筋混凝土浇筑，桥长9米，宽3.4米，高3米。2013年建造。

17. 位于算坑自然村村口。钢筋混凝土浇筑，桥长12米，宽3.5米。建于20世纪80年代初。

18. 位于算坑自然村。钢筋混凝土浇筑，桥长11.5米，宽2.1米。2001年建造。

19. 位于王石坑里厂，长2.9米，宽1.37米，由3块石条并列而成的单孔石板桥。20世纪60年代建造。

第三章　运　输

第一节　运输工具

人力工具

境内机动交通未兴时，以人力交通工具为主要运载工具。

扁担　有木制、竹制两种，以木制为主。用硬木或半边毛竹削制而成，长短因人而异，一般长160～170厘米，中间较宽，两端略窄，稍微上翘。

轿　分花轿、踏板轿两种。花轿，轿壳为竹木制立式长方体，空间宽敞，两侧中间安插轿杠，前面悬挂大红绣帘，余三面装饰花团锦簇，外观艳丽，4人抬行，专为嫁娶新娘乘坐，旧时上庄应家路有出租。20世纪60年代淘汰绝迹。踏板轿，又称凉轿，用2根竹杠夹住竹制、藤制轿椅捆缚而成，轿杠两端扎一横担，供轿夫肩抬之用，椅前吊一踏脚板，供坐轿人搁脚，其上撑花边白布，以遮太阳，或防雨淋，两人抬行，为山区所常见。70年代中期，农村流行竹制躺椅，偏僻山区急送老人生病就医时，用2根竹杠捆住躺椅后抬行。

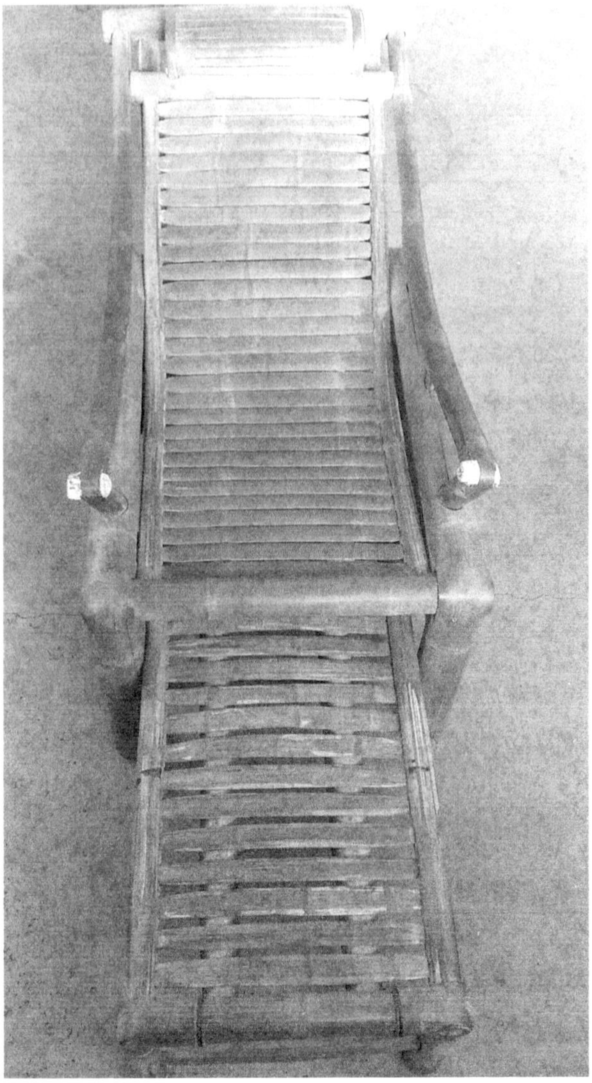

竹制躺椅

手拉车　俗称榻车、双轮车，始于20世纪50年代初期晓鄞手车道开通之际。由铁制车轴相连，以钢丝辐条支撑钢圈的两个橡胶车轮（橡胶外胎裹充气内胎）和硬木制成并固有两根车柄的车身组成，能载重300～400千克。20世纪60～70

手拉车

年代，是短途运输的主要工具，1981年，现乡境内有手拉车417辆，其中鹿亭公社300辆，晓云公社87辆，白鹿公社30辆。80年代后期，随机动车辆的发展，手拉车逐渐退出短途运输。2016年，除建筑工地还有改装的钢丝翻斗车外，偶见农户用手拉车作临时代肩使用。

自行车　俗称脚踏车，用脚踩踏板为动力。60年代始见，多为行政事业机关和邮电部门所置。70年代由于山区公路建设的发展，人们以自行车代步，载物代挑，数量猛增，特别是机关事业单位、中学师生上学放学多用自行车代步。90年代后期，机动交通工具发展迅速，自行车逐年减少，至2016年已不多见。

人力三轮车　俗称黄鱼车，后置小型车斗，人力踩踏。20世纪70年代多为机关企事业单位自备，80年代后期多为个人、家庭使用，因其轻便易学，可载少量货物，成为中老年人代步载物工具。

机动工具

1959年，晓鄞手车道改建成公路后始有汽车过境。至2000年，各类汽车、拖拉机、摩托车、机动三轮车、电动车等为主要交通工具。2016年，境内拥有各种大小机动车辆505辆（不含拖拉机、摩托车和机动三轮车）。

汽车　分载重汽车（卡车）、载客汽车（大巴、中巴、面包车、轿车）、特种车（工程车、救护车、消防车）3种。1959年，晓鄞公路通车，时有宁波1辆班车通晓云。20世纪70—80年代，企事业单位自备汽车增多。90年代增加迅速，大多为社队办企业和个体运输户。1995年，全乡拥有乘坐汽车21辆，105座位。其中企事业单位自备15辆，75座；个体户6辆，30座。货运汽车11辆，32.5吨位。其中企事业单位5辆，2.5吨位；个体户6辆，30吨位。简易机动车50辆，50吨位，50座位。其中企事业单位5辆，5吨位，5座位；个体户45辆，45吨位，45座位。2016年，境内拥有大小货车31辆，轿车454辆，特种车5辆，农用运输车12辆，农用载重汽车3辆。

拖拉机　有手扶式和方向盘式两种，以手扶式居多，拖斗额定载重1吨。1969年，鹿亭公社农机五金厂购进第一辆工农12型手扶拖拉机，用于农田作业。1970年底分配到农用挂斗1只，才可上路运输。时公社安排郑利岳、褚伯青2人驾驶。20世纪70年代后期，大多生产队均拥有拖拉机，大多作运输工具，少量农忙时用于耕作。1981年，现乡境内有手扶拖拉机36辆，合432马力，配拖斗36只。家庭联产承包责任制后，拖拉机均由个人承包或折价归个人所有。1992年，全乡共有手扶拖拉机92辆，方向盘式（中型）拖拉机6辆。随其他机动车的增多，拖拉机逐渐减少，至2016年尚剩拖拉机7辆。

摩托车　以汽油（或柴油）为燃料，有两轮和侧三轮两种。境内最早一辆摩托车为鹿亭公社郑洋大队大洋山自然村的方国强于1979年购置。至2016年，全乡有摩托车154辆。

机动三轮车　俗称三卡，一般可载货0.5吨，也有经改装用于载客，最高时速约40千米，初见于20世纪80年代。1992年，全乡有各种型号的机动三轮车60余辆。2010年后数量增多，多为农民个体购置，作为山间、地头的农副产品运输。2016年，境内拥有机动三轮车168辆。

电动车　又称电瓶车，由蓄电池（电瓶）充

电提供电能，由电动机驱动，有两轮、三轮、四轮之分。境内主要以两轮、三轮为主，是方便个人出行和工厂上班的交通工具。至2016年境内有各种电动车676辆。

第二节 货物运输

陆路运输

肩挑 早年挑夫，也称挑脚，定点定线挑运货物以获得一定的经济报酬，1953年，余姚县人民政府对人力肩运费率作统一规定。

手拉车运输 20世纪50—60年代，晓鄞手车道开通，晓云乡成立临时搬运队，用手拉车作为运输工具，把中村供销社、粮站的货物搬运至晓云，以方便农民购买；后又把采购部门收购的毛竹、毛笋、茶叶等山货用手拉车运到宁波、余姚、慈溪等地。1958年，鹿亭乡成立搬运小组，时有职工4人。1964年，陆上线通车，搬运小组改名为鹿亭运输队。作为乡办企业，经营搬运装卸业务，手拉车作为主要的搬运工具。时有职工9人，房屋5间125平方米，固定资产0.22万元，拥有手拉车8辆，后因业务清淡，1983年停办。

拖拉机运输 20世纪70—80年代，拖拉机作为农村主要的运输工具，装运肥料、农副产品和沙、石、砖等建筑材料。中型拖拉机专为毛竹、树木等长途运输。1996年，第一次全国农业普查，全乡有大型拖拉机1辆，小型拖拉机64辆。至2016年，境内尚有7辆拖拉机为农村短途运输所用。

汽车货运 20世纪70年代，鹿亭供销社购置境内首辆汽车运送货物。80年代，规模较大的社队办企业陆续购置货车，专事原料和产品运输。改革开放后，有个体户购置货车跑运输。1996年，第一次全国农业普查，全乡有农用载重汽车29辆，农用运输车23辆。1998年，全乡拥有农用载重汽车32辆，农用运输车16辆。至2016年，境内有农用载重汽车3辆，农用运输车12辆。

水路运输

晓鄞公路通车前，境内主要利用晓鹿大溪撑行竹排运送毛竹。

用溪水运送毛竹，须先将毛竹做成竹排。做竹排时，先挑4根较小的毛竹，用斧头背把毛竹梢头敲扁，上下各2根用绞索棍把竹梢绞实，然后用竹篾把竹梢牢牢缚住，用同样方法捆住另4根较小毛竹。两捆毛竹左右并放，上下4根间插入一木棍(称为“排贯”，用于前后单排间的连接)，左右两端打上两个竹篾索圈，再用绞索棍绞紧，用竹篾缚牢，这样一“段”(每8根毛竹称为一“段”，32根为一“坪”)毛竹就做成1个“人”字形的单排。用同样的方法把毛竹做成一个个单排，放在溪边排亭上(用来堆放毛竹的地方称为排亭)。

待到雨过天晴，溪水可撑行竹排时，把做好的一个个单排拖到溪边竹梢朝前放到溪水中，将后一个单排的竹梢插入前一个单排“人”字形的空隙处，并将“排贯”用竹篾索连接起来。这样把一个个单排连接成一架长排(一般一架长排15坪毛竹左右，亦即约60个单排)，每架长排重10吨余。大毛竹做成的单排放到长排后面，这样撑行时可使长排平稳。每架长排一般由3～5人撑行(根据长排的长度而定)，竹排启动后顺流而下，头排1人(一般是经验丰富的人)，手握竹篙，如果碰到溪中有竖起的岩石和弯道时，为避免竹排受阻，头排人用竹篙左右调节方向，不使竹排撞上岩石或搁滩受阻，其余几人站在中间或排尾。

竹排从晓云、上庄、李家塔、中村等地出发，顺流而下，撑到鄞江桥后，水势趋平，只能用纤拉动(其时，有经验的撑排人会利用海水退潮而少花力气)。拉到宁波咸河头将毛竹及搭载在竹排上面的木料、小圈柴爿、木炭等山货卖与行贩。20世纪60年代初期，晓鹿大溪上还有多处撑竹排的水道，俗称“排港”。

竹排是水上运输毛竹的古老方式，对山区货物流通曾发挥过重要作用。晓鄞公路和陆上线竣工通车后，用竹排运送毛竹的水路才停止使用。

第三节　城乡客运

客运汽车

1959年9月，晓鄞公路开通后，班车终点从鄞县蜜岩汽车站延伸至晓云。乡境内段自中村至晓云，运营线路11千米。设中村、李家塔、上庄、大溪、晓云5个站点，每天有宁波客运班车通晓云。1979年，从晓云延伸至中姚，1981年又从中姚延伸至梁弄，境内段运营线路增加到17千米，增设中姚、斤岭顶2个站点。

1964年，陆（埠）上（庄）线开通，班车终点从陆埠袁马村延伸至上庄。乡境内段运营线路4.5千米，设大洋山、上庄2个站点，并设上庄汽车站。后余姚班车终点延伸至晓云，建站房。时上庄、晓云各有过夜班车1辆，次日早上原路返回余姚汽车北站。20世纪90年代初期，上庄过夜班车改设中村，1995年取消。

1970年9月，李（家塔）俞（家横）线鹿亭石潭至大岚余家横公路开通，乡境内段从李家塔至叶家样，运营线路13千米，设李家塔、石潭、梁湖、白鹿（新宅）、叶家样5个站点，并设白鹿汽车站，有余姚汽车北站至白鹿（过夜）班车1辆，次日早晨经大岚余家横、梁弄返余姚。20世纪80年代后期，白鹿站有客车3班（中午1班，下午2班），其中下午2班为过夜车，次日早上1班开往陆埠方向，1班开往梁弄方向。1995年4月，过夜班车取消。

1987年，岩（头）晓（云）公路通车，岩头村有余姚过夜车1辆。1990年1月，公路延伸至大年村，岩头过夜车改设大年村，2012年取消。

20世纪90年代，开放运输市场，乡境内始有个体中巴车运营。最早的个体中巴运营始于1992年，线路石潭经上庄至余姚。1993年，又有算坑至余姚个体中巴运营。后逐年增多，客运线路有余姚南站至赤石、余姚南站至马家坪、余姚南站至晓云、余姚南站至中村、余姚南站至中姚、余姚南站至李家塔等。至2006年，全乡12个行政村全部通个体中巴车。2010年年末，境内有城乡客运线路11条，分别为余姚市公路运输有限公司7条，余姚市姚南汽车客运有限公司2条，余姚市四明丹山汽车客运有限公司2条。时还有大岚至宁波、梁弄至宁波、余姚至奉化的个体客运班车过境。

2010年年末全乡客运线路一览表

表9-2-1

序号	线路起讫地点名称	里程（千米）	经营单位
1	南站至沿夹岙	35	余姚市公路运输有限公司
2	南站至马家坪	49	余姚市公路运输有限公司
3	南站至门石	41	余姚市公路运输有限公司
4	南站至赤石	58	余姚市公路运输有限公司

续表 9-2-1

序号	线路起讫地点名称	里程（千米）	经营单位
5	南站至外大山	36	余姚市公路运输有限公司
6	西站至白鹿	42	余姚市公路运输有限公司
7	南站至大年	50	余姚市公路运输有限公司
8	南站至王石坑	50	余姚市姚南汽车客运有限公司
9	南站至上庄	52	余姚市姚南汽车客运有限公司
10	南站至大山	75	余姚市四明丹山汽车客运有限公司
11	南站至白鹿	51	余姚市四明丹山汽车客运有限公司

2012 年 6 月，余姚市政府下发《关于印发全市农村客运班车公交化改造实施方案的通知》，对境内 11 条线路、11 辆客运中巴车进行公交化改造，其线路经营权由交通部门调整重组，个体车辆由政府部门收购，并由新组建的余姚市城乡公共交通有限公司独家经营。境内投放苏州金龙豪华型双开门空调车 8 辆，从余姚南站经陆埠到鹿亭，公交线路 516。同时投放金龙 6 米单开门区间空调车 7 辆。2013 年增设从余姚南站经梁弄到鹿亭 532 公交线路，又投放苏州金龙豪华型双开门空调车 6 辆。至 2016 年，全乡拥有城乡公交线路 14 条，其中干线 2 条，区间线 12 条，均为无人售票车，干线票价 2.00 元，区间线票价 1.00 元。

2016 年乡境内区间公交线路站点一览表

表 9-2-2

公交线路	起讫站点	全程（千米）	沿途停靠站点
621	上庄—大年	15	上庄、深坑岔口、金家、大溪、云河漂流、晓云新村、洞桥、后方医院、晓云村委、上村、汇头岭岔口、路坑岔口、岩头、大年岔口、大年
622	上庄—路坑（转王石坑）	15.3	上庄、深坑岔口、金家、大溪、云河漂流、晓云新村、洞桥、后方医院、晓云村委、上村、汇头岭岔口、王石坑岔口、外厂、王石坑、外厂、王石坑岔口、路坑岔口、路坑外厂、路坑
623	上庄—中村	5.7	上庄、卫生院、敬老院、祝家堰、李家塔、中村卫生院
623	上庄—门石	4.2	上庄、上庄桥头、岙里、冬青、门石

续表 9-2-2

公交线路	起讫站点	全程（千米）	沿途停靠站点
646	上庄—水池	4.5	上庄、深坑岔口、营房、水池岔口、水池
626	上庄—大岚	22.5	上庄、卫生院、敬老院、祝家堰、李家塔、二小区、石潭新村、石潭岔口、梁湖岔口、陈家岩、白鹿村委、新宅、下姚、赤石岔口、叶家样、甘上线岔口、细岭岔口、夹山、新兰村委、甘竹、雅庄岔口、大路下、大路下村委、观下村、老屋基、下芝庄岔口、李俞线、明山路、后朱岔口、大岚
640	上庄—石潭	6.3	上庄、卫生院、敬老院、祝家堰、李家塔、二小区、石潭新村、石潭岔口、桥对岸、石潭岙底
621	上庄—梁弄	24.26	上庄、深坑岔口、金家、大溪、云河漂流、晓云新村、洞桥、晓云村委、上村、汇头岭岔口、王石坑岔口、路坑岔口、岩头、大年、岩头、路坑岔口、王石坑岔口、庄畈、中姚、斤岭顶、上横路口、斤岭下桥头、斤岭下、金子岙岔口、梁冯桥、梁弄菜场、梁弄
623	上庄—童皎（转算坑）	12.4	上庄、鹿亭卫生院、敬老院、祝家堰、李家塔、中村卫生院、算坑、中村卫生院、白云桥、童皎
625	上庄—赤石	20.8	上庄、卫生院、敬老院、祝家堰、李家塔、二小区、石潭新村、石潭岔口、梁湖岔口、小地碗、梁湖、小地碗、梁湖岔口、陈家岩、白鹿村委、新宅、下姚、赤石岔口、高岩头岔口、高岩头、高岩头岔口、赤石
625	上庄—白鹿	13.3	上庄、卫生院、敬老院、祝家堰、李家塔、二小区、石潭新村、石潭岔口、梁湖岔口、陈家岩、白鹿
625	上庄—高山	20.4	上庄、牛塘岔口、郑洋岔口、大岭头、郑洋、大岭头、沿夹岙、沿夹岙岔口、龙潭下、沿山、陈巴岭岔口、陈巴岭下、陈巴岭、深坑、高岩、高山

注：上庄至梁弄公交线路于2016年8月取消。

机动三轮车

1986年，乡境内始有机动三轮车从事客运服务，均为个体运输户所有。最早购置三轮车搞客运的是上庄村的赵官球。车头置12马力发动机，在车轴上制有车兜，外罩篷盖。可载客6人，无固定运营线路，随客租用，一般在村与村之间运营。后因私人出租车的出现，逐步退出客运市场。

出租车

20世纪90年代中期，始有人从事小四轮、小面包车出租业务，后又出现小轿车出租业务。最早从事小轿车出租业务的是中村村的郑建军。这些出租车辆均为个人运营，无专门管理机构，随客租用，无固定运营线路，据乘客需要自由运营，最远可运达周边县市。个体客运因其服务周到，停走方便，候车费时少，为乘客所欢迎。至2016年，境内共有出租小轿车3辆、小面包车6辆。

车站

上庄汽车站　位于鹿亭上庄，始建于1964年，有平房4间（其中2间为候车室），建筑面积约140平方米，设站长1人，负责乘客购票和班车的停开。历任站长有郑明、陈明良、方庆余、龚桂金等。1995年，随个体中巴车运营的兴起，上庄汽车站停止营业。2012年，城乡公交开通，鹿亭乡成人中等文化技术学校作为鹿亭乡临时公交车站。2015年，全乡完成30个公交车站点个性化建设。

白鹿汽车站　位于白鹿新宅，始建于1970年，有站房5间，建筑面积约150平方米，均为客车驾驶员和售票员生活用房，另有车棚1个。1995年4月撤销。

晓云汽车站　位于原晓云供销社采购部东首，20世纪60年代中期建有站房1间，用作客车驾驶员和售票员生活用房，另建有车棚1个。80年代初期汽车站撤销，作过路客车停靠站点。

此外，境内中村、岩头、大年曾有客运班车过夜，建有站房。分别于1995年、1990年、2012年撤销。

附：重大交通事故

1992年11月13日，白鹿玻璃厂解放牌大货车途经李俞线九垄岭坠落山崖，造成2死2伤的重大交通事故。

1996年8月19日，晓云上村褚某洪驾驶大货车经荷梁线中姚至斤岭顶路段时，翻落山涧小溪，造成搭车2人死亡的重大交通事故。

1997年8月11日，一辆白鹿赤石至余姚南站客运中巴车途经李俞线九垄岭时，因制动失灵坠落山崖，造成3人死亡、30余人受伤的重大交通事故。

2001年6月29日下午，一辆由宁波开往大岚后朱的客运中巴，途经李俞线九垄岭，与迎面而来的一辆大客车相遇时避让不及，侧翻坠落55米高坡，造成2死17伤的重大交通事故。

2012年9月30日，在翁岙至茭湖公路境内段，一辆大型轮式拖拉机行驶时侧翻，造成乘员1人摔出车外死亡的交通事故。

第十编

商业　贸易

第一章　经营机构和模式

第一节　供销合作社

民国23年（1934）冬，鹿亭乡陈家岩村（今白鹿村陈家岩自然村）陈一鸥组织茶叶运销合作社，以“异军”作商标。云岩乡岩头村（今龙溪村岩头自然村）褚奎新、褚宝新兄弟俩把鄞县大皎“新新茶栈”作为合作总厂，并介绍同在大皎的“同福泰”茶厂为合作分厂，一时乡境内茶农纷纷入社。运销合作社有章程、名册、股单、借据等文件、印刷品。各乡推举负责人，召开社员大会，推选理事和实际负责工作的人员，陈一鸥为理事兼总经理，褚宝新负责评茶，褚奎新驻沪推销，在上海设办事处，黄松隐任主任。在县农民银行的支持下，全部现金收茶，减少中间商人剥削。民国24年，运销合作社歇业。

1950年3月，余姚县供销合作总社成立。8月19日，晓云乡供销合作社成立，址设晓岭平桥头祠堂，入社社员493人，股金325.28元，有社干5人，褚孝森为负责人。1951年4月，鹿亭乡供销合作社成立，址设李家塔仙庆庙，赵国章为负责人，在白鹿陈家岩设供销社点。至此，乡境内有基层供销社2个。供销社成立后，推销山货，组织生产、生活用品的采购和供应，对解决群众需求、稳定市场、平抑物价、发展生产等起到一定作用。

1951年第一季度始，试行对社员定量定价配售，廉价供应食盐、棉布、煤油、食油、白糖等生活用品。时农村供销社社员1个季度配售定量为食盐2市斤（1市斤=0.5千克）、白糖1.5市斤、煤油7.5市两（1两=50克）、棉布7市尺（1尺≈33.33厘米）。

1953年5月，在基层供销社中开展以“扩大业务、增加收入、厉行节约、紧缩开支”为中心内容的增产节约运动。是年，鹿亭乡供销合作社由李家塔迁址中村前山，为扩大购销业务，在宁波永宁桥附近设立办事处。同年7月，开展供销社等级评定，根据地区、业务、盈亏情况等划分为甲、乙、丙3个等级，并根据评定等级调整确定基层供销社工作人员工资分，规定甲级社人均70～150工资分（1工资分含5种实物量：粮食0.8市斤、白细布0.2市尺、菜油0.05市斤、食盐0.02市斤、杂柴2市斤，合时值0.2301元），乙级社70～140工资分，丙级社65～130工资分。鹿亭、晓云2个供销社均划为丙级社。调整后，每月人均从90.38工资分提高到100.78工资分。同月，由供给制改为薪金制。

1954年9月14日，召开群众大会，传达中央有关棉布统购统销政策，宣布棉布一律凭票供应。

15日完成发票任务。

1955年2月，开展整社并社工作，鹿亭、晓云2个基层供销合作社并入梁弄供销社。同年12月，基层供销社工作人员由工资分改为工资制，即改工资分为货币工资，工资等级标准为1～16级。

1956年，供销社商业网点下伸，称“下伸商店”，时晓云、东岩、鹿亭3个乡有下伸商店15个，从业人员18人。

1958年10月，在人民公社化运动中，为适应农村人民公社工、农、商、学、兵五位一体政企合一的组织形式，恢复鹿亭供销合作社，迁址上庄应家路，并改称高峰人民公社供销部，在中村、晓云、陈家岩等地设供销社点，并把农村中合作商店、合作小组和小商小贩合并进入供销部。同年12月，中共中央、国务院明确提出农村基层商业人事管理权、资金管理权、商品管理权、经营管理权全部下放给人民公社，次年6月又全部收回。

1960年，市场商品供应紧张，实行凭票凭证限量供应的商品达30余种，规定按正式常住户口每户发放购货证一本。同年10月，中共余姚县委财贸部在《关于违反财经政策检查情况》中指出：毛竹、木炭、木柴收购过程中不过秤、不下山、无人管，损失严重。鹿亭供销部放在山上的有毛竹33.5万千克、木炭38万千克、木柴18万千克，其中放在中村的89948.5千克毛竹已无着落，损失严重。

1961年10月，以管理区建立公社后，恢复鹿亭、晓云2个基层供销合作社。新建白鹿供销合作社，位于白鹿公社内，叶善根为负责人。是年12月，社员股金分红，每股分红利0.48元，以金额折实物发给社员一些紧缺商品。

1962年，恢复以区建社，鹿亭、晓云、白鹿3个基层供销社并入梁弄供销社，乡境设鹿亭、晓云、白鹿3个供销分社。同年4月，中共余姚县委财贸部对鹿亭公社购销合同执行情况进行检查，结果如下：13个生产大队与供销社订立购销合同13份，19个商品，总值11.5万元。第一季度已按合同投售3.6万元，占年度任务的31.6%，其中木炭、龙竹已超额完成年度任务，毛竹完成年度任务的77%，按奖售商品比例，应奖售商品2.5万元，已兑现1.8万元，占73.53%，其中奖售粮食3783元，必保商品7552元，生产资料470元，工业品5865元，其他638元。尚有8个生产大队欠供7898元，5个生产大队超供1306元。

◉ 1983年上庄供销社社员证封面

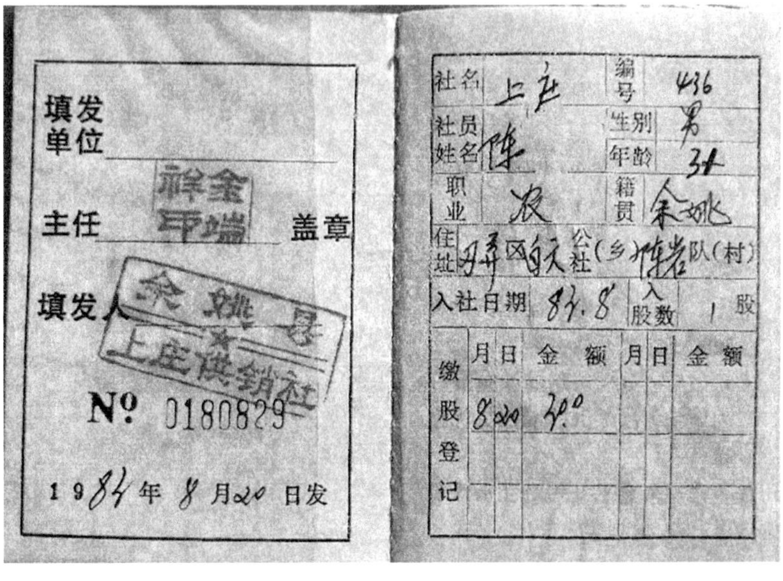

◉ 上庄供销社社员证（内页）

1971年2月16日，鹿亭、白鹿2个供销分社组建鹿亭供销社（晓云供销分社仍隶属梁弄供销社）。1972年下半年，鹿亭供销社又与梁弄供销社合并，直至1983年4月未变。1976年下半年，公社食品站归县食品公司管辖。

1983年5月30日，将原隶属梁弄供销社东南片的鹿亭、晓云、白鹿3个供销分社组建为余姚县上庄供销合作社，金端祥任主任，郑庄宁任书记。下设鹿亭、晓云、白鹿3个供销分社，其中鹿亭分社在中村设门市部。上庄供销社建9间三层办公楼一幢，平房3间（厨房膳厅），建筑面积约1000平方米。同年，完成清股分红，增股扩股等工作，同时召开社员代表大会，选举理事会、监事会组成人员。在增股扩股工作中，共吸收股金户2949户，股金17757.75元。其中鹿亭乡1054户，股金6218.5元；晓云乡1415户，股金8723.25元；白鹿乡480户，股金2816元。

1983年上庄供销社体改扩股情况表

表10-1-1

单位	总户数（户）	应入社（户）	已入社（户）	尚需入社（户）	已入股（股）	股金（元）
鹿亭	1757	1406	1054	352	2022	6218.5
晓云	2245	1796	1415	381	2187	8723.25
白鹿	763	610	480	130	944	2816
合计	4765	3812	2949	863	5153	17757.75

注：应入社户数按总户数的80%计算。

1984年7月27日，根据供销社体制改革要求，上庄社召开第四届社员代表大会第二次会议，通过民主选举，新增理事4人，其中1人为职工理事，3人为农民理事，产生社员代表小组3个（鹿亭、晓云、白鹿分社各1个）。是年底，上庄供销社下辖的3个供销分社有关柜组全面推行“以责当头、以利为轴、工资浮动、劳动组合”为主要内容的经济承包责任制。

1985年，上庄供销社集体商业经营购销额702893元，其中纯商业668408元、饮食业26564元、服务业7921元。利润额为19087元，其中纯商业16838元，饮食业71元，服务业2178元。是年底，上庄供销社有职工96人，其中固定工74人、合同工17人、其他用工5人。已离退休职工30人。

1988年8月15日，梁弄区供销合作社和梁弄区上庄供销合作社合并为梁弄区供销合作社。此后至1992年，食糖、火柴、自行车、缝纫机、洗衣粉、肥皂等人民生产生活必需品按计划下达，其中火柴、肥皂、食盐、食糖、酱油、米醋等计划商品采取按人定量供应，价格全市统一。

1994年，推行“社有个营”经营承包责任制（企业性质不变、职工身份不变、退休待遇不变，资产集体所有，由职工个人承包经营），采用租赁集体房屋店面，通过合同形式承包给职工个人或职工合伙经营，经营流动资金原则上由承包人自行解决，对确有困难的给予适当铺底。时全乡3个分社（含中村门市部）有关柜组多数职工参加承包和组合。

1995年9月，将“社有个营”机制一律改为“抽资承包”责任制。具体形式采用“柜组经营、责任到人、确定基数、逐年递增、自负盈亏、依法纳税、风险抵押、分期抽资”，承包期 2 ~ 3 年。

1999—2001 年，完成供销社改制，全体职工与企业终止或解除劳动合同，不再保留原供销社职工身份，按政策给予经济补偿，进入社会失业或再就业。原属供销社所有的房屋资产公开拍卖转让，境内集体商业解体。

第二节 粮 站

1953 年，鹿亭乡在中村前山始设粮油购销站点，隶属梁弄区粮管所。1959 年 5 月 30 日，增设鹿亭粮管组，陆永贵任组长，1961 年 9 月撤销，业务划归梁弄区粮管所。

1961 年，白鹿公社建立粮食购销站（简称“粮站”）。乡境内有粮站 3 个，即鹿亭粮站、晓云粮站、白鹿粮站，均隶属梁弄区粮管所。

1964 年，晓云公社在前岙口建粮食战备仓库，占地 0.2 公顷，可储备粮食 75 万千克。

粮站主要经营大米、食油、饲料的分配供应。根据农村用粮计划，鹿亭粮站下属部分村全年供应粮食 9 个月（称返销粮），部分村全年供应粮食 3 个月；晓云粮站全年供应各村粮食 9 个月；白鹿粮站全年供应各村粮食 3 个月。3 个粮站还兼营收购鲜番薯、番薯干、大小麦、油菜籽等，1984 年，鹿亭粮站收购番薯干 20 万千克，白鹿粮站收购 30 万千克。经销番薯干兑换大米的业务，每 50 千克番薯干可兑换大米 36 千克。

1999 年，粮站改制，资产评估，房屋拍卖，全部职工卖断工龄。粮站解体后，部分原粮站职工在白鹿、晓云、上庄、中村等地开设粮油店，继续发挥粮油集散地的功能。至 2016 年，除原粮油店外，部分个体小店和超市兼营粮油销售。

主要粮站简介

鹿亭粮站建于 1953 年，站址设中村仙圣庙。1966 年，迁址李家塔。1975 年，新建房屋 14 间（含仓库）。有工作人员 5 人。

晓云粮站建于 1953 年，站址设上村平桥头祠堂。20 世纪 70 年代初，在大方桥南首附近新建粮站。80 年代搬迁至前岙口战备仓库。有工作人员 7 人。

白鹿粮站建于 1961 年，站址设下姚村五间楼屋里，后改设下姚村池塘顶五间平屋仓库里。1982 年，选址上犁索丘，新建营业楼 4 间、仓库 9 间。有工作人员 3 人。

◉ 白鹿粮站旧址

第三节 合作商店

1953 年，在小商贩中成立联购分销组，由行业相接近的商贩自愿结合，集中采购，分散经营，风险自担，盈亏自负。1956 年，对私营商业进行社会主义改造时，供销社内设改造组（后改名为商贸组），组织小摊小贩成立合作商店、合作小组。1958 年，合作商店、合作小组全部并入高峰人民公社供销部。1961 年，调整国民经济，重新划出组建合作商店、合作小组。1964 年，现乡境内先后组建晓云、鹿亭 2 个合作商店，人事行政归属梁弄供销社领导，业务自主经营，独立核算，自负盈亏。为方便远离合作商店村落村民购物，现乡境内先后设石潭、李家塔、中村、冬青、沿夹岙、门石、东岗、路坑、岩头、中姚、大溪、外大山等分店，习惯上仍称“下伸商店”。店主不属供销社职工编制，但均为吃商品粮的居民户，购销业务归供销社管理。

1978年，国家放宽对合作商店政策，允许多渠道进货，供销社适当降低批发起点，计划商品和热门商品先确定分配比例或适当照顾，烟酒商品由代销一律改为经销。

1983年，乡境内3个基层供销分社组建上庄供销社，晓云、鹿亭2个合作商店隶属上庄供销社（商管组）管理。1988年，上庄供销社并入梁弄供销社，合作商店划归梁弄区社管辖。

1998年，撤销合作商店，其集体企业职工工龄得以确认及补偿，男55周岁以上、女45周岁以上给予办理退休、退养手续，未到退休年龄的职工自行接续缴纳社保。

第四节　个体商店

民国时期，中村村有米店、剃头店、裁缝店各1家，经营油盐酱醋的南货店2家，还有中医郎中坐诊兼营中药房2家。晓岭有油坊、粮食加工场各1家。

1951年，乡境内有个体商贩153户。其中鹿亭乡19户，白鹿乡9户，晓云乡102户，东岩乡23户。1956年，私营商业改造后，个体商贩参加合作商店或合作小组。1958年人民公社化后，个体商贩直接过渡到人民公社供销部。“文化大革命”期间，倡导“割资本主义尾巴”，个体商贩受歧视，多数人转业，个体商贩一度濒临绝迹。1979年后，重视个体商业在流通领域的作用，鼓励和扶植个体商业发展，个体商业得以逐渐恢复。1980年，鹿亭公社首批10余户个体工商户在工商所登记。1984年起，个体经济迅速发展，鹿亭乡建立农工商联营公司，当年营业额215329元，利润20575元。是年，鹿亭乡有批准登记营业的个体商贩37户。1984年，鹿亭、晓云、白鹿3个乡均成立个体劳动者协会，各配专职工作人员2～3人。1991年，鹿亭乡有个体工商户122户，其中烟杂业55户，饮食业19户，运输业48户；晓云乡有个体工商户91户，其中烟杂业50户，饮食业11户，运输业30户。1996年，全乡有个体工商户99家，从业人员1620人（其中乡办1194人、村办426人）。2016年，全乡有个体工商户260家。

第五节　现代商业

超市

2002年6月25日，白鹿村马苏堂开设“苏得利”超市，2间店面，商品上架摆放，让顾客自行选取，是为境内较早的超市形式商店。2008年，余姚华联家家福在上庄村石盖山路和中村原供销社处开设生活超市各1家，上庄店面积约100平方米，中村店面积约40平方米。2012年，上庄店改由境内村民个体经营，同时改名为家家福加盟008店，中村店继续由家家福经营。2000年，晓云村开设华联便利103店，有店面3间，约90平方米，店主褚国奋受市烟草专卖局委托，向全乡92家烟草零售户代送卷烟。至2016年，全乡有超市2家。

上庄家家福生活超市

连锁店

2006年3月，余姚市甬舜农资农业生产资料有限公司在中村开设甬舜农资连锁店，主营农药、农膜及中小农具零售、化肥批发等。

此后，余姚市甬舜农资农业生产资料有限公司又在白鹿、晓云开设甬舜农资连锁店。2016年，全乡有农资农业生产资料连锁店3家。

代销店

20世纪80年代，白鹿乡新村龚良位受商品供应商委托，经营饲料代销。1995年，更名为余姚舜大饲料代销店，年销售饲料80吨。

1999年，上庄村设中国移动通信鹿亭特约代销店，主要办理手机充值业务。

第二章 集市贸易

第一节 集市演变

民国时期，乡境内无集市。山民每月逢五、逢九肩扛背驮把山货竹木制品等搬往陆家埠（陆埠）集市赶集，换得粮、布、油、盐等生活用品。往返一趟，必得起早摸黑，用作照明的是水里浸泡后晒干的竹篾火把（俗称亮篾爿）。除陆家埠外，还到梁弄、樟村、鄞江桥等中心集市，均以农副产品交易为主。每当春笋上市时，山民还把春笋挑到童家滩头销售。

中华人民共和国成立后，农副产品由供销社组织收购和推销。1953年后，粮油实行统购统销，集市贸易品种、数量减少。1956年私营商业社会主义改造后，集市一度关闭，1957年起逐步恢复。1957年后，商品由公社统一购销，集市贸易停止。1961年，农副产品奇缺，为有利生产发展，允许自由交易。1966—1976年，上市产品限制甚严，生产队集体和社员个人生产的农副产品均不准上市，由供销社收购，集市贸易冷落。1978年中共十一届三中全会后，为适应商品经济发展，乡镇建立小集市和农贸市场，为农民购买小菜和其他农副产品提供诸多便利。1998年12月，鹿亭乡农副产品购销协会成立大会在乡成人学校会议室召开。协会由43名成员组成，属乡政府主管，会址设乡农办内。2011年始，创建以“便利消费进村，便民服务进家”的村级商业中心4家，分别为中村村、上庄村、晓云村、白鹿村。

第二节 市场建设

中华人民共和国成立后，粮食购销由供销社代办。1953年，粮食统购统销后，在鹿亭乡中村前山设立粮油购销站点。1958年，晓云设茶叶收购站。至20世纪60—70年代，乡境内3个公社均建立粮油购销站和食品站。1978年起，商品经济得到承认，个体私营经济地位得以确立，集市贸易开放，集贸市场建设开始发展。

1983年，上庄供销社在宁波城区开设山货竹器门市部，经营竹制商品48种，3个月销售竹器11800余件，总额达1万多元。与近百个单位建立业务关系，其中建筑部门50余个，还与多家较大的土产杂货商店和3家个体竹器小贩建立批发业务。1985年，晓云乡农贸市场开市，场地面积60平方米，上市品种22种，摊位20个，对象以个体与个体交易为主，交易方式为零售交易，多数是农民生活必需的农副产品和蔬菜，还有肉类、水产等，市场交易简单，品种不全。1986年后，又自发形成鹿亭、白鹿2个小集市。

1992年，市茶叶公司、茶厂与鹿亭乡在市扶贫经济开发区内联合建办“余姚市茶叶交易市场”。1993年，经市农业委员会批准，建立岩头（今龙溪村岩头）农业综合服务部。服务部属集体性质，经济独立核算，主要经营农业生产资料及农副产品，归属乡农办管理。1996年，建造鹿亭乡农贸市场，市场类别为生产资料市场，总投资46万元，占地396平方米，有固定摊位4个。1999年后，粮站转制撤销，部分职工开办粮油交易点3个，继续发挥粮油集散地功能。2002年，乡农贸市场改名为上庄菜场。是年，余姚江南新城大黄桥路开设余姚市鹿亭乡绿色农产品展销中心，面积100平方米，销售笋制品、茶叶、高山西瓜、铁皮石斛等鹿亭土特产。

2007年，启动村级小菜市场改造，至2009年，共改造完成上庄、中村、晓云、白鹿、李家塔等村级小菜市场5个，经验收合格核发市场登记证。2016年，以“互联网+”为理念建设的中村农副产品展销店正式营业。

第三章 采购 销售

第一节 粮油购销

征购

粮食　民国30年（1941），田赋改为征实稻谷，按农田等级征收。中华人民共和国成立后，改田赋为农业税，由县粮食局代赋税部门征收现粮，后又由县粮食局委托县供销合作社代办粮食征购。1953年，实行计划收购、计划供应，设置购销站点，粮食购销遂纳入国家计划。1955年2月，粮食购销划归粮食部门统一领导和经营。是年，贯彻国务院《农村粮食统购统销暂行办法》，对农村余粮户进行统购，对缺粮户进行统销，实行粮食定产、定购、定销到户，俗称“三定”，统购三年不变，统销一年一定。自上而下框定统购任务，按人年均口粮不超过270千克，种子每亩5～7.5千克，每头肉猪饲料25～50千克，公母猪每头75～100千克。按每户实际产量，除去口粮、种子、饲料“三留粮”，分“余粮”“自给”“缺粮”三种户型。乡境内晓云乡30%左右粮食能自给，鹿亭乡70%左右粮食自给，白鹿乡基本自给。余粮25千克以下免购，25.5千克以上为余粮户，落实统购任务。1957年，人年均口粮为255千克，提留种子14.9万千克，饲料粮113550千克。实行“三定”后，遇人口迁移，土地划拨、征用，均按规定调整粮食购销指标。是年3月，粮食供销业务划归粮食部门统一经营管理。

1958年4月，实行粮食包干制度，确定统购统销数量后，增产不增购，减产不减免。1959年，粮食定购包干数为21万千克，其中李家塔管理区10万千克，晓云管理区2万千克，陈家岩管理区9万千克。后因三年困难时期，粮食定购包干任务无法完成，除种子粮按亩提留外，生猪饲养量减少，饲料粮提留也随之减少。1960年，饲料粮提留33050千克。1961年，农村人均年口粮仅172.3千克。1962年，鹿亭、白鹿2个公社（晓云公社未统购）包干数为38800千克，实购30400千克，农村人均年口粮为198.3千克稻谷。

1965年起，粮食征购任务改为一定三年，后因“文化大革命”延续至1970年。1971年，粮食征购任务改为一定五年。1979年后，调减山区定购任务。1966年起，取消鹿亭、晓云2公社的粮食包干定购任务。白鹿公社仍有包干定购任务，但包干基数逐年减少，1966—1980年的15年间，年均7000千克。1982年始，粮食包干定购任务取消。

1985年，取消粮食统购，改为合同定购。1986年，实行粮食购销牌价、议价“双轨”制政策，开始出现私营粮贩。1987年，粮食征购实行“三挂钩”（合同定购粮食同供应平价化肥、农用柴油、预购定金三方面挂钩）办法，至1989年取消。1999年，撤销粮站，粮食由市场自由购销。

油料　境内油料以油菜籽为主。民国时期，油料由私营粮商代购或油坊收购。

1953年，油料实行统购统销，由供销社代购。1956年起，油料由粮食部门统一经营，实行比例收购：油菜籽按产量的75%统购，25%换油。1957年，改为全部统购。1962年，实行食油包干政策，乡境内生产队多为缺油队和自给队。1966年，收购油菜籽实行奖售化肥、棉布政策。1985年，油菜籽实行合同定购，40%定购价，60%超购价，敞开收购。1987年，实行比例收购，40%定价收购，40%换油，20%议价收购。2001年后，油菜种植面积大幅减少，农民多以榨油自食为主。

销售

粮食　民国时期，粮食销售多由私营粮店经营，亦有农民直接在市场交易。20世纪50年代初，晓云乡、鹿亭乡相继建立供销合作社，粮食由供销社代销。1953年12月，实行粮食统购统销后，鹿亭乡在中村前山设立粮油购销站点，对国家工作人员、公办教师等非农人口（亦称居民户口）发放购粮证，定量供应。是年，乡境内有非农人口606户，987人。1955年后，粮食销售划归粮管所统一管理。同年10月，农村粮食实行“定产、定购、定销”政策，确定销售指标分配到乡到户。按先吃自产粮，后吃返销粮的原则，实行以人定粮、分月供应，计划到乡到户，发放浙江省定额粮票，装订成购粮证，买粮凭证凭票，按月记录，定点供应购买。1956年，粮食销售全面使用粮票。1957年，乡境内定销包干粮食825000千克，实销766050千克。1958年秋，大办农村食堂，将口粮集中于食堂，倡导“鼓足干劲搞生产，放开肚皮吃饱饭”，造成无计划用粮或粮食大量浪费现象。后遇三年困难时期，粮食歉收，食堂粮源告急，其后更以粥代饭，并杂以瓜菜，倡导“瓜菜半年粮”，导致营养不良，许多农民出现浮肿病。至1961年，食堂停办。1960年，居民户口实行以人定粮，按月供应，人均12千克大米，凭粮票购买。1963年1月起，农村中由国家常年供应的人口，每人每月增发熟食票0.5千克。1966年8月，国家提高粮食统销价格，对干部职工实行粮价补贴，每人每月2元。

1966年，调整定销指标，规定凡“缺粮队”实际口粮水平超过250千克（以稻谷为原粮计，下同）的，适当减少定销；对人多地少、人口增长，实际口粮水平在219.5千克以下的适当增加定销。是年，定销包干粮食1029550千克，实销1073300

千克。1971年，定销包干1054750千克，实销1397450千克，其中鹿亭公社393000千克，晓云公社834450千克，白鹿公社170000千克。1978年，实销1543150千克。

1979年，对山区缺粮地区提高口粮标准增加定销，山区口粮标准由原来的215千克提高到225千克。是年，增销粮食464950千克。1980年和1981年，又规定山区口粮标准达不到240千克，给予临时增销，两年共增销191万千克，其中1980年82.35万千克，1981年108.65万千克。1982年始，农村口粮水平提高，无增销粮。

1985年4月，改革粮油票证发放政策，对1985年版浙江省农村粮票按比例价供应，不再印发周转粮票、奖售粮票等。1992年9月，在提高粮食定购价格的同时，提高粮食统销价格，实行购销同价。1993年1月，经国务院批准，浙江省全面开放粮食购销和价格，是月起，全省除军用粮票外，不再使用各种粮票。同年12月，国有粮

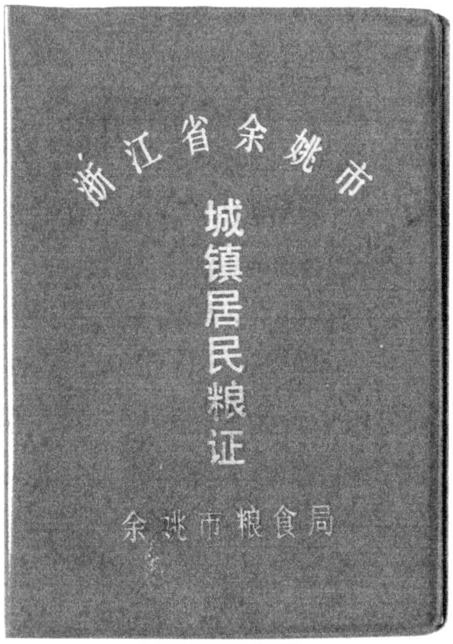

1992年城镇居民粮证

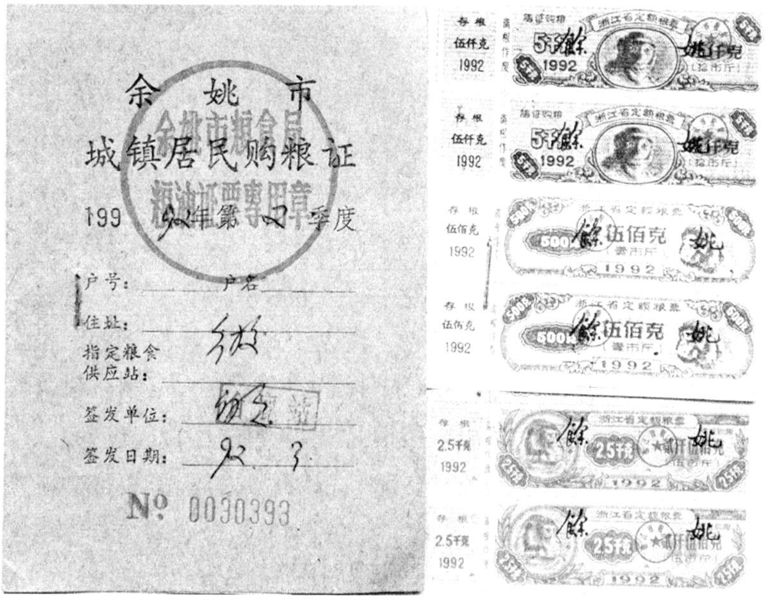

1992年城镇居民购粮证与内页定额粮票

1965年、1966年全国通用粮票

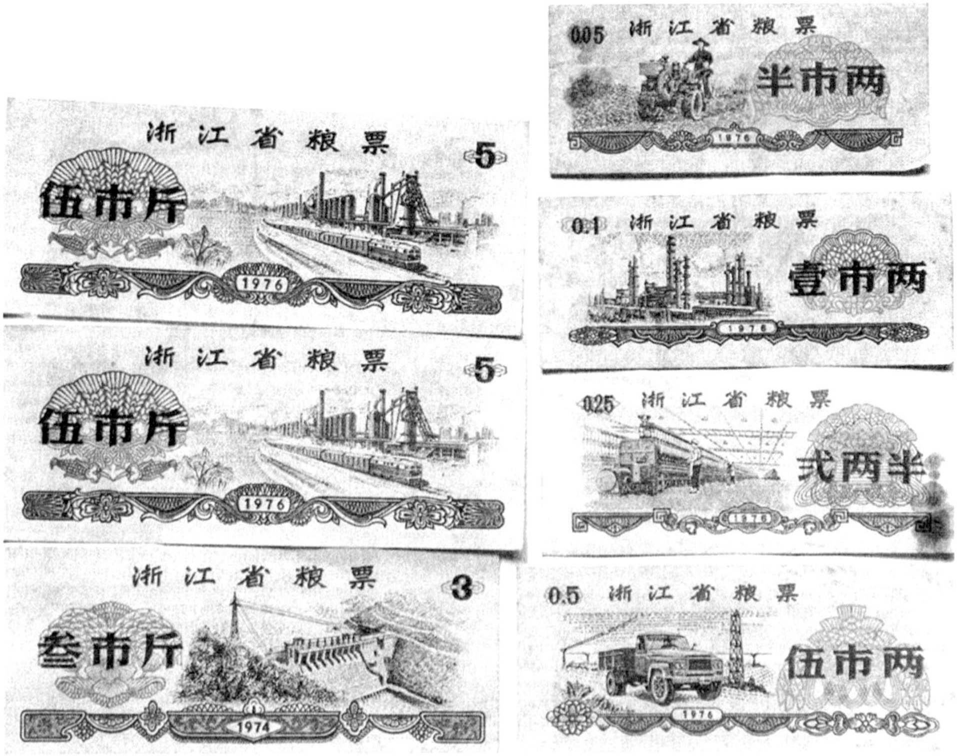

1974 年、1976 年浙江省粮票

站按省政府通知要求，实行挂牌销售，敞开供应。1994 年 8 月 12 日起，对部分粮食销售价格实行临时最高限价，具体水平为：早籼米（标一）每千克 1.66 元，晚籼米（杂交）每千克 2.12 元，晚粳米（标一）每千克 2.02 元，晚粳米（特制）每千克 2.21 元。除国有粮站继续执行国家规定价格外，其他所有粮食经营单位、个体户都必须严格执行国家规定的最高限价。1999 年，鹿亭、晓云、白鹿 3 个粮站停止营业，粮食销售由市场调节。2001 年，全面开放粮食市场，放开粮食购销价格。

油料　民国时期，食油多由私商经营。现乡境内油菜籽种植甚少且产量不高，在小油坊加工后补充食用。1951 年后，油料由国家统一管理，委托供销社代销，形式仍属自由买卖。1954 年 1 月起，实行食油计划供应，在农村开始时采取内部控制销售计划，对外凭证不限量供应。1955 年，农村供应食油人均 1.8 千克 / 年。1956 年 11 月，供销社经销的食油改为粮食部门代销。1957—1958 年，食油库存较紧，采取凭证限量供应，每人每月供应 4 市两（16 两制，折算成 10 两制为 0.25 两），即每人 1.5 千克 / 年。1959 年第二季度起实行定量供应，农村不产粮人口每月 3 两，农业人口每人每月 2 两，凭票购油。1962 年，农村实行油脂包干政策，农村食油只购不销，但对山区农民仍作照顾供应。规定全山区每人每月 2 两（10 两制），农村吃“国家粮”的人口，继续实行定量供应。1985 年，敞开供应议价油，1993 年取消油票，食用油料在市场上自由流通。

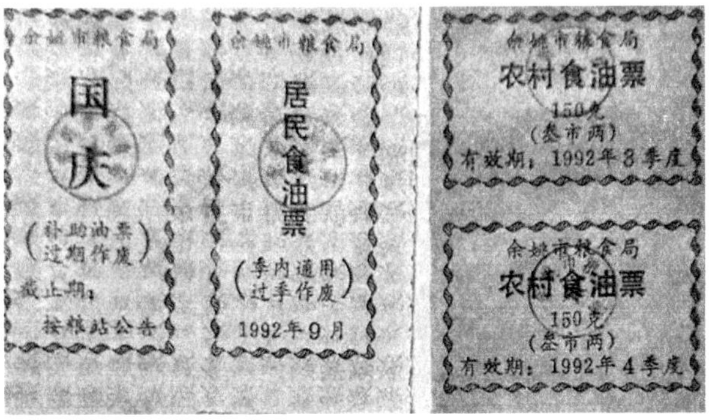

1992 年余姚市粮食局居民食油票和农村食油票

农村粮油保管

农业合作化后，种子粮由集体保管。1957年，乡境内有种子粮14.9万千克。1958年起，大办公共食堂，口粮由队保管，据1959年统计，现乡境3个管理区农村人口口粮达268.6万千克。1961年，食堂停办，口粮仍分配到户。自1962年始至1982年，农村提留集体储备粮，由各生产队集体保管。

从20世纪50年代末始，粮食部门帮助农村社队做好粮食保管工作，主要帮助社队建立保粮队伍，每个生产队配备粮食保管员，进行技术辅导，传授保粮知识。以后各粮站职工深入社队检查储粮安全情况，重点对潮粮、种子粮的检查，发现问题及时处理。每个生产队建造种子仓、口粮仓（按月分粮的队）、储备粮仓。

1982年，农村实行家庭联产承包责任制，农民以户储粮自行保管。后随农业种植结构不断调整，加上粮食部门体制改革和转换，种粮面积逐年减少，至2016年，境内农户基本不种粮食。

乡境内晓云、鹿亭、白鹿3个乡（公社）粮食购销站（即粮站）分别于1964年、1975年、1982年建造粮食仓库，库容量达200余万千克，其中以晓云公社前岙口的战备粮仓为最大，库容75万千克。逐步建立健全保管粮食的各项规章制度，主要包括粮油检查制度、粮油商品进出口制度、安全保卫制度、清洁卫生制度等。20世纪50年代，粮食保管注重粮食安全保卫和防范鼠、雀、霉变，严把入库关。1954年，推行“四无”（无虫、无毒、无鼠雀、无事故）粮仓活动，达到仓内两面光，仓外“三不留”（杂草、瓦砾、污水）。1972年，推行保管人员岗位责任制、清洁卫生制度、验质抽查制度、储粮检查制度、安全保卫制度等。

农村储备粮

农村储备粮（也称机动粮）始于1962年，为“备战备荒”、以丰补歉，生产队在年终分配时根据“丰年多储，平年少储，歉年不储，年年储一点，逐年增多”精神进行提留。是年，现乡境3个公社储粮2.4万千克。但往往由于社员没有计划用粮或口粮底子薄，动用频繁，出现冬储、春借、秋归还现象。1966年后，农村储备粮贯彻“备战备荒”“无战不动”原则，生产队动用储备粮，需社员大会讨论，经生产大队同意，报公社批准。1969年，3个公社储备粮14.385万千克。1973年，储备粮累计54.055万千克。至1978年，储备粮累计达75.13万千克，其中鹿亭公社22.81万千克，晓云公社22.31万千克，白鹿公社30.01万千克。自1962—1981年20年间，人均储粮达41千克。1982年实行家庭联产承包责任制后，储备粮实行藏粮于民，集体储备粮不再提留，储备粮有减无增，至2016年，农村已无集体储备粮。

第二节 生产资料购销

工业材料

金属材料 民国时期，境内铜、铁等手工作坊所需金属材料多利用废旧物资或向外地采办。中华人民共和国成立后，由上级部门按计划调拨供应生产企业。1956年起，鹿亭手工业社所需金属边角料由县手工业联社经理部供应。1963年起，由县物资局供应。1979年后，金属材料实行多渠道经营，供应办法为分配与议价供应“双轨制”。20世纪90年代后，开始出现钢材等金属材料供应点，各企业生产所需的铜、钢材等金属材料，仍需去余姚等地购买。2016年，全乡有鹿亭建材商店、褚世荣建材商店、中村郑世光建材商店等个体金属材料供应点。

化工材料 民国时期，境内油漆、颜料等化工类产品从余姚城区等地购入。中华人民共和国成立后，化工类产品实行计划管理，由供销社兼营。1979年后，化工类产品多渠道经营，私营油漆、颜料店逐年增多，各企业所需的塑料、胶木粉等化工产品，仍需向外埠购买。2016年，境内化工材料由鹿亭建材商店、褚世荣建材商店兼营。

1957—1985 年白鹿公社（乡）粮食分配情况表

表 10-3-1 单位：千克

年份	粮食总产	其他收入	国家定购（实购）	集体提留					国家定销（实销）	社员口粮		
				合计	种子粮	饲料粮	其他支出	储备粮		数量	人口（人）	人均
1957	446400	0	0	65950	34950	31000	0	0	71100	451550	1924	234.7
1958	485000	2000	2600	85450	53200	30250	2000	0	60300	459250	2065	222.4
1959	565000	21200	90450	97750	50150	26400	21200	0	66150	464150	1997	232.4
1960	440650	21900	91500	48550	34750	12450	1350	0	61250	383750	2055	186.7
1961	443250	1750	50100	33950	26450	7500	0	0	1000	361950	2085	173.6
1962	497600	50	26500	44250	27450	8400	2700	5700	9300	436200	2121	205.7
1963	542400	0	57350	44450	27550	10950	3650	2300	19100	459700	2201	208.9
1964	592200	9850	40200	93300	29350	40750	10600	12600	21450	490000	2265	216.3
1965	511250	25250	7400	100150	27950	66350	0	5850	78750	507700	2342	216.8
1966	598750	4500	2500	105100	30250	57200	5200	12450	42650	538300	2393	224.9
1967	540600	17800	0	70950	27250	35900	2350	5450	51850	539300	2428	222.1
1968	725950	14800	2500	97950	29550	33300	4400	30700	35000	675300	2485	271.8
1969	817500	20600	2500	146450	33250	44800	7400	61000	32500	721650	2558	282.1
1970	758550	21300	2500	163300	37950	57850	16050	51450	35000	649050	2611	248.6
1971	486500	19000	0	115400	—	—	—	—	170000	560100	2650	211.4
1972	861600	5650	5650	171400	—	—	—	—	19600	709800	2688	264.1

续表 10-3-1

年份	粮食总产	其他收入	国家定购（实购）	集体提留					国家定销（实销）	社员口粮		
				合计	种子粮	饲料粮	其他支出	储备粮		数量	人口（人）	人均
1973	920850	0	7500	230550	52400	86950	13550	77650	14500	697300	2739	254.6
1974	782200	1700	4100	169300	—	—	—	—	31200	641700	2792	229.8
1975	787200	29600	4500	181350	47150	90450	16650	27100	30650	661600	2818	234.8
1976	739350	23950	3650	150750	47100	86100	17550	0	45150	654050	2851	229.4
1977	738050	24900	4100	165000	42800	99150	18850	4200	49850	643700	2880	223.5
1978	883250	2700	0	231700	—	—	—	2500	94000	748250	2914	256.8
1979	683900	0	0	277900	52150	217100	8650	0	283000	689000	2932	235
1980	685700	0	0	284300	52450	221000	10850	0	288950	690350	2947	234.3
1981	578000	0	0	263550	51100	203700	8750	0	356700	671150	2983	225
1982	746150	76600	0	263900	51600	204400	7900	0	114000	672850	3014	223.2
1983	766900	0	200	190400	52250	129300	8850	0	113750	690050	3039	227.1
1984	928750	0	200	188900	52250	127800	8850	0	109900	849550	3019	281.4
1985	764200	0	0	300000	58100	232200	9700	0	113350	577550	3000	192.5

注：数据来自梁弄粮管所统计表。

机电设备　20世纪50年代，境内所需少量机电设备向外埠采购。60年代，机电设备（主要是农用设备）由余姚县物资局统一经营。80年代，由供销社经营各类导线、水泵、工具、量具等中小型机电设备，但大型机电设备仍需到余姚城区购买。2000年后，境内陆续开设摩托车配件、机械设备、电工仪表等数家个体商店，多为销售和修理兼营。2016年，全乡有经营各类导线、水泵、工具、量具等中小型机电设备商店4家。

建筑材料

木材毛竹　乡境素以地产毛竹、木材为主要建筑材料。后木材被列入国家计划物资，砍伐需审批。改革开放后，农民建房由土木、砖木结构改为钢筋水泥结构，同时木材市场开放，木材货源充足。

钢材　20世纪70年代前，境内建筑使用钢材的甚少，多为木结构建筑。70年代中期，单位和村民建造砖混结构房子，需用钢材，须到余姚城区等地购买。90年代后，境内开始出现兼营钢材等建筑材料供应点。至2016年，单位和村民建造房子多为框架结构，钢材使用量增大，均由3家建材商店兼营。

石灰水泥等　民国时期，境内建筑使用石灰水泥的很少。1958年，鹿亭公社建有石灰窑1座，烧石灰原料从外地运入。为支援农业生产，石灰售价过低，致使石灰厂亏损严重，1959年亏3250元，1960年1—3季度亏4225元。后根据山区原材料运费高的情况，石灰售价适当调整，从原来的每担3.4元提高到6元。水泥属统配物资，供应比较紧张，农村建房封墙多用石灰，用黄泥作刀口泥。20世纪70年代始，石灰、水泥到梁弄或余姚购买。90年代后，境内陆续开设供应水泥、石灰、瓷砖、卫生陶瓷、玻璃等私营建筑材料商店。2016年，境内石灰、水泥等均由3家建材商店兼营。

砖瓦沙石　20世纪50—80年代，乡境内有村办砖瓦窑10余座，砖瓦由各窑自产自销。部分民用红砖、瓦片由梁弄区分配，瓦片需凭公社介绍信向梁弄建筑社购买，红砖凭区介绍信向县生资公司购买。1975年，乡境内3个公社分配红砖9万块。其中鹿亭公社3.5万块，晓云公社4万块，白鹿公社1.5万块。分配瓦片5.5万张，其中鹿亭公社2万张、晓云公社2.5万张、白鹿公社1万张。时晓云公社有社员合资的砖窑厂1座，专门烧制青砖，出售给周边农户，一孔窑1次可烧制万余块青砖。1979年，白鹿公社烧制砖头22.5万块，瓦片66万张。1990年，白鹿乡新村村建节能小灵窑烧制砖瓦。90年代后，砖瓦窑逐步拆除或荒废。此后，乡境内建筑所用砖瓦向外地购买。建筑用黄沙除向外地购入外，部分来自晓鹿大溪或白鹿大溪。每当暴雨洪水过后，两条大溪水流缓慢处往往有泥沙淤积，村民去溪上淘沙或自用或出售。基础石料大多就地取材，高档石料从外地购入。

农资材料

化肥　民国时期，农作物多使用土杂肥、野草、人畜肥等有机肥料。20世纪50年代，开始使用硫酸铵、过磷酸钙等化肥，但使用甚少，农田用肥主要还是土杂肥、畜肥、焦泥灰、人粪尿等。60年代，化肥品种增加，有高含量氮肥（尿素）、液氨（氨水）、磷肥、钾肥等。70年代后，又有种类繁多的复合肥。1985年，引进俄罗斯“三元”含氯复合肥。2002年，引进希腊、芬兰含硫复合肥等。化肥有氮肥、磷肥、钾肥、含硫复合肥、硼肥、调节素等六大类近百个品种。

中华人民共和国成立至1993年，化肥一直由供销社集体经营。1994年，供销社推行“社有个营”经营承包责任制，化肥由供销社职工承包经营。1996年，全乡化肥施用面积507.99公顷。20世纪末，化肥由个体经营，全乡有上庄、中村、晓云、白鹿4家化肥经销店。

2016年，全乡农用化肥施用量按实物量计算合计138吨，其中氮肥47吨、磷肥19吨、钾肥2吨，复合肥70吨。有甬舜农资连锁店3家。

农药　民国时期，遇农作物病虫害，使用雷公藤、鱼藤精等有害柴草灭杀，还有掘毁稻根、火烧田边杂草、冬翻耕地等方法治越冬害虫，有时甚至人工捕捉害虫。

1952年，供销社开始供应“六六六”杀虫粉。1956年，供应二二三、六六六、西力生、赛力散和硫酸铜等农药。20世纪60年代，品种、供应量增加。70年代，开始供应稻瘟净、稻脚青、杀螟松、除草醚、杀虫醚、井冈霉素、呋喃丹、杀虫双、甲胺磷和菊酯类农药品种，淘汰“1605”，改供敌百虫、八八九、毒杀粉、马拉松和乐果等农药。80年代，停用有机磷农药，推广杀虫双、叶蝉散等高效、低毒、低残留农药。1996年，全乡农药施用面积458.81公顷。2008—2012年，农药年使用量8吨左右。2016年，农药使用量约8吨。境内部分个体店兼营农药。

农机具　民国时期，竹木制农具或请工匠上门加工或自制，铁制农具由永康等地铁匠师傅开设的铁匠铺打制。中华人民共和国成立后，供销社开始代销农具。1956年，鹿亭手工业社成立，供应竹木制小农具。1963年始，农用动力及农机配件由余姚县农资公司经营。1981年后，中小农具多渠道经营敞开供应，大型农机具由县农机局统一供应，市乡地方财政对购买者提供一定比例的资金补助。

塑料薄膜　境内主要使用地膜，使用于各类蔬菜、瓜果、玉米、花生、早稻育秧等，促使早发早熟。1991年，鹿亭乡早稻种植面积81.47公顷，分配地膜242千克。1996年，全乡地膜覆盖面积1.16公顷。20世纪90年代后期起使用更为广泛，尤其是白鹿高山西瓜种植后，使用量大增。2008年，地膜使用量4.8吨。2006—2015年，年均使用3.9吨。2016年，使用量2.2吨，覆盖耕地面积65公顷。

第三节　生活资料购销

猪肉

民国时期，由私商经营。逢年过节时，也有部分农户自养自宰自食。20世纪50年代，供销社和私商并存经营。1956年，生猪实行派养派购，由供销社统一经营。1957年后，猪肉凭票供应，国家奖励卖猪户饲料票、布票、肉票、化肥票和卷烟、胶鞋、卫生衫裤等，以鼓励农民投售生猪。1962年8月，猪肉供应由食品公司经营。1965年，猪肉敞开供应。70年代中期，建立公社食品站，对农民实行凭票限量供应猪肉。1985年起，猪肉购销全部放开，经营以个体摊贩为主，食品公司参与市场调节，价格随行就市。还有部分农户养“年猪”宰杀，除自己食用外，卖给左邻右舍未养“年猪”的农户。1990—2010年，猪肉销售进入市场经济格局，肉价也随之提高。20世纪60年代，肉价稳定在每千克1.36元，70年代每千克2元左右，到2010年每千克上升到20元左右，2015年后上升到每千克30元以上。1999年销售猪肉140.65吨，2011年销售281吨，2013—2015年，年销售猪肉180吨左右。

2016年，全乡菜市场均设有肉摊，还有经销户流动肉摊10余个，年销售猪肉180吨。

禽蛋

民国时期，农户自孵自养家禽，禽蛋以自食为主，无交易场所。中华人民共和国成立后，由供销社、食品站经销。20世纪70年代后期，公社食品站兼营鲜蛋、咸蛋、皮蛋等业务，1985年逐渐退出市场。2000年后，养禽专业户兴起，除养公鸡出售外，兼养母鸡母鸭以产蛋。2007年，家禽销售量70150羽，禽蛋13.1吨。2011年销售禽蛋52吨。2016年，全乡家禽销售量39860羽。

蔬菜

民国时期，境内蔬菜仅青菜、白菜、雪里蕻菜、萝卜、茄子及豆类等少量品种，以农户自种自食为主。中华人民共和国成立后，农户在自留地零星种植蔬菜。20世纪80年代始，农村实行家庭联产承包责任制，蔬菜新品种大量引入种植，多达13个大类70余种。1987年，建有乡村小集市2个，农贸市场1个，蔬菜购销放开。政府重视菜篮子工程建设，建立高山蔬菜基地，推行科技栽培，从地膜覆盖到大棚种植。2008年，高山蔬菜基地种植蔬菜33.3公顷，被宁波市贸易局认定为宁波市“菜篮子”商品供应基地。是年，“引茄一号”紫色茄子试种成功，进驻宁波市区有关超市商场。2009年，全乡有农村小菜市场5个，另有小商小贩进村销售。2015年，高山果蔬基地评为宁波市优秀菜篮子供应基地。2016年，全乡种植蔬菜33.2公顷，总产505吨。

水产

民国时期及解放初期，现乡境因交通不便，农民不易吃到新鲜水产，偶尔有人到市镇上带回一点。每当茶季过后，时有肩贩以咸鱼鲞兑换粗茶叶。20世纪60—70年代，水产品由供销社经营，货源由供销社驻宁波办事处组织采购，用宁波汽车南站至晓云客运的班车挂一个拖斗运至供销社。每当逢年过节时，供销社把黄鱼、带鱼等海水产品供应到生产队，再由生产队按人口分配到户。1979年后，水产品放开经营，种类增多，有专做水产生意的小贩，从鱼行批发后，串村走户叫卖。

境内溪流众多，农闲时，农户在晓鹿大溪、白鹿大溪等捕溪鱼、石蛙自食。20世纪60年代，有生产队在池塘放养胖头鱼、鲢鱼等，分配给农户食用。70年代后，开发山塘、水库放养鱼苗，由个人承包。1985年，鹿亭乡放养鱼苗13500尾。90年代后，各类水产品销量增多。2016年，除小贩流动零售外，乡村小菜市场个体户一般兼卖水产。

食盐

民国时期，有沿海贫苦农民充当盐贩子，走村串坊上门兜售，境内亦有农民结伙到盐场冒险挑私盐销售。食盐管制历来严格，民国17年(1928)初春，曾发生“白云桥头打盐缉”事件。

中华人民共和国成立后，食盐由国家计划调拨，供销社经销。1988年，食盐曾一度供应紧张。1991年后，盐业供应及碘盐质量趋于正常，市场秩序恢复，供应平稳。2002年后，供销社代销业务终止，农民生活用盐由超市、个体销店代销。随毛笋滞销和旅游业兴起，农民晒制笋干菜销售，食盐供应量猛增。

食糖

民国时期，境内食用红糖、白糖依赖外地输入，品种以台湾糖为主。中华人民共和国成立后，因货源受阻，食糖供应趋紧。1954年底，实行定量供应。国家三年困难时期货源奇缺，1960年实行凭证、凭票定量供应。1965年后货源增多，红糖、白糖、古巴白砂糖曾一度敞开供应。1970—1982年，实行定量凭票供应，每人每月2市两(1两=50克)，春节增加5市两，产妇、婴儿另有照顾。1982年后食糖敞开供应。

糕点

民间称糕点为茶食、茶点，传统糕点有香糕、蛋包、蛋卷、麻酥、雪花饼、芝麻饼、花生酥、杏仁饼、月饼、百果软糕、芝麻豆酥糖、桃酥、饼干等。民国时期，中村有茶食加工店（俗称南货店）2家。1957—1962年，中村供销分社设糕饼茶食加工场，生产品种有香糕、饼干、豆酥糖、白印糕等。20世纪70年代，糕点生产因粮食、油料、食糖等原料紧张生产不足，采用凭证定量供应，由供销社经营。80年代起，原料供应充裕，乡村食品工业发展，沪、杭、甬产糕点进入境内，供销社、个体小店均销售果味、夹心、苏打饼干、广式月饼、奶油蛋糕等高档糕点。1997年，上庄村赵官球在鄞县石碶镇（宁波轻纺城）开办春风食品厂，加工糕点，品种有冻米糖、芝麻花生糖、豆酥糖、香糕、蛋糕、桃酥、芝麻饼、松仁糕、绿豆糕、月饼等30余种。2000年，赵官球到上庄村开办春风食品店，继续加工糕点，乡境内仅此一家。至2016年，因兼营其他副食品后，糕点品种减少至10余种。

烟

民国时期，境内山民多抽潮烟，闲时出门做客都带着潮烟管，烟叶自己种植，晒干后请师傅刨制成烟丝。中华人民共和国成立后，潮烟及烟丝逐渐绝迹，卷烟从低档发展为中高档。卷烟长期计划调入，由国营专营公司、供销社商店门市部批发销售。20世纪60年代，卷烟货源不足，采取凭证定量供应。80年代，平价卷烟继续凭票供应，议价烟放开，销量剧增。2000年，址设晓云村的余姚华联便利103店店主褚国奋受市烟草局委托，向境内烟草零售户配送少量计划内调拨卷烟，不足部分由零售户自行去余姚南门副食品市场批发采购。2016年，全乡有烟草零售户92家，年销售卷烟约1340箱（不含自行采购部分）。

酒

民国时期，乡境内无酿酒作坊，大多农户家自酿白酒或糯米老酒，绍兴产黄酒可自由购买。1953年起由国家专买，通过供销社销售。20世纪60—70年代，凭证凭票供应。1968年4月，黄酒供应由凭证改为发票供应，农村每户每月供应标准：1～3人者2.5市斤（1市斤=0.5千克），4人以上者3.5市斤，产妇凭证一次性供应3市斤。70年代前，销售散装黄酒为主，白酒次之，瓶装酒甚少。1981年起，酒类开放供应，品种增多，啤酒、瓶装酒、红酒、高档白酒、花色礼酒等销量激增。

纺织品与百货

民国时期，乡境内无专门经营纺织品与百货的商店。中华人民共和国成立后，晓云、鹿亭2个乡先后建立供销合作社，销售各式花布、袜子、毛巾、汗衫背心、火柴、肥皂、手帕、手电筒、电池、火油等日常生活必需品。1954年9月，棉布实行统销，由供销社统一经营，凭票供应。是年，人均发布票20.5市尺。同时扩大经营各种胶鞋、香皂、热水瓶、床上用品、陶瓷品、铝制品、化妆品及毛线，后又增加钟表、缝纫机、皮鞋等。1958年，高峰人民公社供销部成立，各管理区设供销点，货源除县供销总社计划调拨外，派专职采购员去各地采购，纺织品和百货品种增多，销售额上升。1968年，棉布基本定量为每人10市尺（1市尺≈33.33厘米）。1970年4月1日起，凭针纺织品券供应毛线、呢绒、绸缎、丝绸被面、纯化纤布、锦纶袜等6种商品，8月底废止，改为凭购货证购买。1971年，布票每人年16.2市尺，其中1.2市尺为化纤布。

1979年后，针棉织品免收布票，纺织品和百货放开经营。1984年，布票停发，棉布及针棉织品一律免票供应。至2016年，全乡有兼营纺织品和百货的商店5家。

五金交电

民国时期，五金商店由私营和个体手工业经营，品种极少。20世纪50年代始，供销社设立五金门市部，兼营圆钉、铁丝等小五金。70年代始，经营收音机、白炽灯、日光灯管、电度表等，后期开始经销自行车，数量极少，计划分配，凭票供应。80年代前，圆钉、铁丝实行凭证限量供应，1987后敞开供应。是时，电视机、电风扇、洗衣机、电冰箱、电脑等大件电器需去余姚等地购入。2016年，全乡有兼营五金交电的商店5家。

日用杂品

日用杂品主要有镬、碗、缸、甏等炊事用具，草帽、草席、扇子、雨伞、卫生纸等生活用品。民国时期，由私商经营。中华人民共和国成立后，日用杂品以供销社为主经营。20 世纪 80 年代后，多为私营杂货店经营，且商品范围更广，品种更多。90 年代后期，除私营小店经营外，由个私小贩上门叫卖。

燃料

境内为姚南山区，家家户户打有柴灶，燃料以烧柴为主。20 世纪 70—80 年代，养猪业发展，烧柴紧张，许多学校、单位食堂及部分农户的烧柴远到四明山购买。乡境内 42 个茶叶初制厂改用煤作燃料，1980 年分配制茶用煤 510 吨。1982 年，第一次茶煤分配 307 吨，其中计划煤 203 吨，协作煤 104 吨，凭各地收茶站证明到县土产公司茶茧组开具介绍信，到县燃料公司购煤。是年，白鹿公社建沼气池 445 只，1 年节约烧柴 12.5 万千克。1986 年，乡境内 3 乡改节柴灶 4410 台，占农户总数的 96.41%，其中鹿亭乡改制节柴灶 1677 台，年节约烧柴 15.89 万千克。90 年代初期，农村部分农户开始使用瓶装石油液化气，后使用范围逐渐扩大。2000 年，全乡生活用燃气普及率 25.78%，至 2007 年，全乡生活用燃气普及率在 80% 以上。2016 年，家家户户和各单位都以液化气为主要燃料。

第四节　农副产品购销

茶叶

20 世纪初期，云岩乡岩头村（今龙溪村岩头自然村）褚奎新、褚宝新兄弟俩在鄞县大皎开设新新茶栈。民国 23 年（1934），鹿亭乡陈家岩村茶商陈一鸥在梁弄与他人合股建办振兴茶厂，收购毛茶 75 吨（1500 担），生产出口茶叶 70.85 吨。民国 24 年，陈一鸥在余姚开办天一茶厂，收毛茶 125 吨（2500 担），精制后销往国外。民国 30 年余姚沦陷后停止制茶。民国 35 年复业后，向茶农收购“条干”，用手工制成珠茶，年产珠茶 1500 箱（每箱 40 千克），由上海大华茶叶公司代售。

中华人民共和国成立后，茶叶由供销社收购经销。1953 年，乡境内共投售给梁弄茶叶收购站燥茶 28506.125 千克，其中白鹿乡 14048.625 千克，晓云乡 6256.125 千克，鹿亭乡 1611.375 千克，东岩乡 6590 千克。1957 年投售茶叶 89200 千克。1958 年，设晓云茶叶收购站。1959 年，收购茶叶 52494.5 千克，产值 72341 元。其中陈家岩管理区 16830 千克，李家塔管理区 12921 千克，晓云管理区 23243.5 千克。1960 年起，茶叶为统一收购商品，购销、调存计划统一由省商业厅掌握，由局经营，供销部设收购站。实行贷款、奖售、补贴和提价，收购量逐年增加。是年，收购茶叶 38875.25 千克。1961 年后，乡境内 3 个供销社各设茶叶收购站 1 个。1974 年，收购茶叶 138021 千克，总产值 41.58 万元。1975 年，收购茶叶 147748.5 千克，总产值 45.43 万元。1981 年，派购茶叶任务 209800 千克，1982 年 243000 千克，1983 年 259500 千克。1984 年，派购茶叶任务 256500 千克，其中珠茶 243000 千克，烘青 13500 千克。20 世纪 80 年代后，茶山由农户承包，集体茶场转制个人经营，茶叶由农户自行销售，价格随行就市，由市场调节。2007 年，全乡销售茶叶 43.1 万千克，其中名优茶 3.81 万千克。2016 年，全乡销售茶叶 30.43 万千克，总产值 1469.11 万元，其中名优茶 5.25 万千克，产值 1179.38 万元，占干茶总产值的 80.28%。

毛竹

民国时期，境内毛竹靠“撑竹排”走水路运至宁波或背到杜徐（今陆埠镇杜徐村）销售，或农户请簟匠师傅制成竹制品自用。中华人民共和国成立后，由供销社经销，少量由农户自销。晓鄞公路和陆上公路通车后，毛竹销量大增。

1954年，毛竹列为供销社统一管理、统一平衡的商品。1957年，国务院把毛竹列为二类农产品。

1962年，毛竹被列为计划收购商品，其收购、销售、调拨指标均由县计划经济委员会统一管理，供销社按计划负责统一收购。规定每收购一百支毛竹，奖售粮食10千克，奖励布票2市尺。1963年，毛竹收购方法由“以斤计价”改为“以支计价”，收购单位在收购中必须标明每支毛竹的等级和径围尺寸，以方便供应。1964年，每百元毛竹奖售粮食20千克，棉布8市尺。1969年，取消山货市场，凡竹制品和小杂竹、龙须竹等统一由各产区供销社收购，任何单位和个人不准向产区生产队挂钩、抬价抢购，不准长途运销，不准上集市交易。20世纪70年代，晓云、鹿亭2个公社创办工艺竹编厂，生产动物形竹制工艺品，产品远销国外。1975年，收购毛竹118131支。1980年，余姚县下达给鹿亭公社毛竹派购任务69600支，其中渔用大毛竹100支，毛篙竹500支。派购任务一定6年不变，牌价、议价同时收购，即70%按国家牌价收购，30%按当地国家收购价提高一倍议价收购，是年，乡境内收购毛竹131900支。毛竹山承包到户后，任务毛竹摊派到户完成。1983年，鹿亭乡采伐毛竹192300支。1985年后，取消毛竹派购任务，实行自行采购销售，市场调节，日用毛竹及制品自行购销，多渠道经营，供销社适量调剂。此后，毛竹逐渐被钢筋、塑料替代，毛竹滞销且价格下跌，销量减少。境内农户以做“脚手架”、缚竹扫帚等自行销售。

竹笋

民国时期，农户把掘好的春笋挑到鄞县童家滩头销售，或晒笋干、笋干菜自食。1953年，晓云、鹿亭的毛笋分别运往慈溪、柴桥等地销售。1956年，毛竹山由分散经营转向农业高级社集体统一经营，毛笋由供销社收购。1978年，收购春笋调运到城区菜市场供应市民。毛竹山承包到户后，村民加强竹林培育，化肥、土杂肥上山，合理采伐，及时留养，毛笋产量逐年提高。1985年，晓云乡向国家投售毛笋681吨，1991年，白鹿供销社采购站收购毛笋180吨。全乡毛笋产量最高的是2005年，年产毛笋11768吨，产值1201万元。1995年，全乡开办水煮笋厂3家，年收鲜笋2560吨，生产水煮笋998吨，销往日本及东南亚市场，出口创汇616.32万元。2003年，全乡有水煮笋厂10家，收购鲜笋4727.5吨，加工成品31.85万罐，产值2525万元。后为保护水源，水煮笋厂大多关闭，至2016年全乡只剩2家。2006年后，毛笋价格下跌，农户以晒笋干、笋干菜自销。2008年，全乡晒制笋干、笋干菜60吨，2013年达210吨。2016年，全乡晒制笋干、笋干菜130吨。

1953 年 5—6 月现境内各乡投售茶叶统计表

表 10-3-2　　单位：千克

乡名	月份＼等级	一级茶	二级茶	三级茶	四级茶	五级茶	六级茶	七级茶	合计
白鹿乡	5 月	3866.25	2425	1018.4	193.25	88.375	0	0	14048.625
	6 月	2533.625	1155.5	733.625	495	563.125	266.125	710.375	
晓云乡	5 月	2148.125	1439.63	335.5	66	11.625	5.125	0	6256.125
	6 月	1083	369.375	313.875	123.125	46.125	78.375	236.25	
东岩乡	5 月	2391.125	955.5	347.875	64.625	6.875	0	6.5	6590
	6 月	1194	487.625	262	91	88.375	100.375	594.125	
鹿亭乡	5 月	344.5	374.875	138.375	13.25	10.75	6.875	4.25	1611.375
	6 月	245.5	300.625	19.5	76	33.375	25	18.5	
合计		13806.125	7508.125	3169.125	1122.25	848.625	481.875	1570	28506.125

注：摘自《梁弄收茶站分乡分级统计表》。

1997—2003年全乡毛笋产量、产值、平均价统计表

表10-3-3

年份	1997	1998	1999	2000	2001	2002	2003
产量（万斤）	2050	1100	2110	1200	1952	1308	2342.6
平均价（元）	0.72	0.33	0.71	0.52	0.48	0.48	0.51
产值（万元）	1476	363	1498	624	937	627	1194.7

浙贝母

鹿亭公社为余姚浙贝母（以下简称“浙贝”）主产区。20世纪70年代前，中村大队个别农户少量种植。70年代后，中村、李家塔、石潭、上庄等村从鄞县章水镇引进，由集体种植。1982年，农村土地承包责任制后，农户自行种植，面积扩大。1984年，余姚县浙贝生产按1983年种植面积派购到乡，是年，县下达鹿亭乡种植面积14.8公顷，派购干浙贝11100千克。1985年，种植浙贝13.3公顷；1992年种植19.1公顷，产值26万元。

20世纪80年代，浙贝是省点名的不准上市品种，由县（市）医药公司经营，并委托当地供销社按七、三比例牌价、浮动价收购，即70%按牌价收购，30%按浮动价收购，价格由县（市）医药公司下达，其他单位和个人不得插手收购。牌价内的由医药公司扶助化肥及粮食补贴，补贴粮食的议改平价格的差额由县医药公司支付，浮动价收购的不享受上述待遇。对完不成派购计划的，不减购或增销粮食任务。之后，浙贝市场逐步放开，由商贩上门收购，价格时起时落，种植面积亦时多时少。

皮毛及其他农副产品

境内皮张以牛、狗、猫及各种兽皮为主。毛类以兔、羊、鸡、鸭、鹅为主。1954年前，无皮毛专营机构，多由小贩收购销往外地。20世纪60年代后，境内各供销社设点收购。1987年，皮毛市场开放，由小贩上门收购。

20世纪60至80年代，供销社采购部门还购销竹扫帚、箬壳、麦秆等农副产品。竹扫帚供销社收购后，销往城镇和农村。箬壳、麦秆作为造纸原料销往宁波造纸厂。1987年，鹿亭乡供销社收购箬壳104.2吨，晓云乡供销社收购115吨，白鹿乡供销社收购20吨。90年代始，造纸原材料改用木材，不再收购箬壳。

废品回收

民国至中华人民共和国成立初，废旧金属和日用废品多由小贩上门以块块糖、针线、钮扣等兑换或现金收购，经清理加工后，运销宁波、上海等地。1952年起，由供销社收购。1955年，回收种类有杂铜、废铅、废铁、破布、破鞋底、废纸、废麻、杂骨以及人畜毛发等。1958年“大办钢铁”，群众献售铁制生活用具等，高峰供销部下属3个供销社点均设废旧物资收购点。20世纪60年代，回收种类扩大至牙膏壳、破玻璃、鸡内金、橘子皮、桃核、甲鱼壳等，回收的废旧物资按计划调上级公司或生产单位。1979年，建立废品代购员制度，农村代购代销商店兼营废旧物资回收，供销社按废旧物资质量及紧俏程度，向代购员给付3%～6%手续费。1983年，供销社废旧物资回收工作归县金属材料公司废旧金属回收站经营，后又放开经营废旧物资回收业。

2000年后，废旧物资由外来人员上门收购。回收的品种主要为有色金属，包括各种废铜烂铁、铝、铅、锡等；塑料类有各种破损塑料生活用具、塑料桶、塑料瓶罐、塑料鞋、编织袋等；造纸原料有旧纸板箱、纸板类包装、废旧书刊报纸等；还有旧电视机、油烟机、洗衣机、电冰箱等等。

第四章 饮食 服务

第一节 饮食业

20世纪60年代后，境内始有饮食店，时称“小吃部”，鹿亭、晓云、白鹿3个公社各有1家，由供销社经营管理。“小吃部”主要供应饭菜兼营点心，点心品种有馒头、包子、油条、馄饨、豆浆等。鹿亭公社还开办水作坊，供应品种有豆腐、香干、素鸡等。逢有集市（如生猪投售日）及公社开会时，鹿亭公社小吃部特设饭菜，便于社员及与会人员中膳之用。1979年后，私营饮食业发展较快，个体点心店、饭店、熟食店网点增多，其中有一定规模且起步较早的为1984年5月1日开业的鹿亭上庄“鹿鸣农家”。1987年，晓云乡有饮食业22家，白鹿乡6家，鹿亭乡4家。1991年，鹿亭乡有饮食业19家，其中饭店4家，点心店15家。1997年，全乡有商业、饮食业256家。随旅游业发展，境内山庄、民宿等均供应饭菜点心。2015年5月9日，四明山区首家集餐饮、住宿、商务、休闲、养生、观光于一体的民营山村精品度假酒店——香泉湾养生旅游度假区正式开业。2016年，全乡有农家乐30家，总餐位3330个，其中餐位200个以上的有6家，最多的为“两棵树”农家乐，有餐位350个。另有点心店、米馒头店数家。

第二节 服务业

民国时期，乡境内有数家个体理发店和裁缝店，还有修补铁锅的铜匠挑着铜匠担上门服务，有补缸补碗匠带着工具沿村吆喝，为农户修补破碗漏缸。1956年，私营商业社会主义改造后，个体服务业发展缓慢。1979年后，鼓励个体服务业发展。1992年，全乡有服务业21家。修理业7家。至2016年，全乡有服务业商店40余家。

旅社（含山庄、民宿）

20世纪60年代后，乡境内3个公社均设有旅社（时称招待所），床位不多，主要接待外来公出人员住宿，由供销社经营管理。改革开放后，随乡村工业的发展与商业的繁荣，外地客商和采购人员往来频繁，个体小旅社开始发展，鹿亭公社最早的个体旅馆是开于现石盖山路的方德新旅社，此外还有富庆旅社和建国旅社。2016年，全乡有床位设置的农家乐、民宿、山庄14家，共有床位454个，其中规模最大的为香泉湾养生休闲度假区，有床位190个。

浴室

20世纪90年代，全乡有浴室2家。90年代后，村民居住条件逐步改善，一般家庭开始安装洗浴设施，浴室业务出现清闲，2家浴室先后歇业。2016年，境内旅社、山庄、民宿均配有洗浴设施。

理发业

民国时期至20世纪90年代，乡境内规模较大的村庄均有个体经营的理发店。2016年，全乡有个体理发、美容店10余家。

其他个体服务业

2016年，全乡有修理业（农用电器修理、车辆修理、小型农具修理等）4家，还有服装（裁缝店）、弹花、粮食加工、车辆载客等个体服务业10余家。

“鹿鸣农家”农家乐

“两棵树”农家乐

1993—2010年全乡商饮业、服务业收入情况表

表10-4-1　　单位：万元

年份	商饮业	服务业	年份	商饮业	服务业	年份	商饮业	服务业
1993	47	85	1999	511	269	2005	1000	516
1994	93	289	2000	548	368	2006	926	479
1995	92	362	2001	506	446	2007	1021	529
1996	124	491	2002	621	491	2008	1171	607
1997	468	394	2003	1238	523	2009	1234	580
1998	502	532	2004	1082	579	2010	1324	576

第十一编

旅　　游

第一章　旅游资源

2003年，市旅游局对全市旅游资源开展调查，鹿亭乡有三级旅游资源单体2个、二级旅游资源单体1个、一级旅游资源单体2个。2005年，乡政府邀请专家、学者对境内旅游资源全面普查，乡境内有中村、李家塔、白鹿和云河漂游4个单体景区，其中山水景观18处、人文景观9处、红色旅游景观4处。2007年，新开发香泉湾景区。是年，鹿亭乡获评市农家乐休闲旅游业发展先进单位；2008年为市特色旅游乡镇；2012年，被浙江省旅游局授予“浙江省旅游强乡”称号；2014年，被评为余姚市“优秀旅游乡镇”。2016年，全年游客超31万人次，旅游收入约2922万元。

第一节　山水景观

境内主要山水景观有晓鹿大溪、云河漂流、狗头颈瀑布、算坑原始次森林植被、东岗山森林公园等，此外还有微缩岩景、马停蹄岭、雪窦岙龙潭、横石岩瀑布、龙角潭瀑、金牛山、小狮子山、棋盘岩、虎踞岩、鸡龙山等。

晓鹿大溪

为境内主要水系，纵穿乡境，发源于乡西南部与大岚镇交界处，流经龙溪（路坑）、晓云、上庄、中村，至白云桥入皎口水库，全长约27千米。晓云段建有旅游项目云河漂流和狗头颈瀑布。云河漂流，位于晓云村，起漂于上村电站出水口处，经晓云古村、大方桥，整个漂流航道长2.5千米，

水上森林一角

上下高差近50米，漂流时间约1.5小时。狗头颈瀑布，位于云河漂流下方，为20世纪60～70年代“农业学大寨”时截流引水人工开凿而成，瀑布高50余米，下方为一深不见底的水潭。上庄段有景点“水上森林”，总面积1.33公顷，树种有紫檀、腺柳、三角槭、棕榈、麻栎、郁杉、青冈、枫杨等10余种，主要树种为大型枫杨，共120余棵。建有森林生态科普教育基地，设置植物科普牌。形成“林在水中，水林共生”的自然生态景观。中村段古木林立、郁郁葱葱。

算坑原始次森林植被

位于中村算坑自然村，总面积182公顷，片区内森林植被覆盖率98%，树种有数十种，大多为南方阔叶树种，杂然连生，形成天然次森林。其中，最大的一片面积约100公顷。良好的自然生态营造动物繁衍栖息的生存环境，有蛇类、鹿（鹿科类，俗称麂狼，雄的称角鹿、雌的称麀鹿）、穿山甲、野猪、獾猪等，还有许多国家级和省级珍奇鸟类保护品种。为三级旅游资源单体。

东岗山森林公园

位于东岗村，为省级森林公园，最高峰白岩尖海拔777米。属中亚热带常绿阔叶林北部亚地带，浙闽山丘甜槠木荷林区，浙东低山丘陵岛屿甜槠木荷林区。公园内森林繁茂，空气清新，夏季凉爽，冬季更有江南地区难得一见的雾凇景观。

森林公园

其他山水景观

微缩岩景　位于中村北边的晓鹿大溪中。因上游拦水坝蓄水发电，致使溪流中的岩坡裸露在外，面积有千余平方米。清一色的灰色岩体或似刀削一般的峭壁，或似直刺云霄的石剑，或似夹岩而峙的峡谷，或似浑圆巨型的磐石，似天然世界奇妙景观的微缩。

马停蹄岭　位于李家塔村南。东西走向的小山丘，两头高中间低，呈马鞍形，中间凹处山道，即为马停蹄岭。相传南宋初期，金兀术追赶康王

微缩岩景

赵构到李家塔村，所有马匹到此岭前都停蹄不前，故名马停蹄岭。

雪窦岙龙潭　位于李家塔村马停蹄岭南面约1千米处。岩壁长20余米，宽10余米，呈70度角，中间有一溪槽，溪水经溪槽流到崖壁10余米处一脚盆大小的岩潭，涌出岩潭后，跌落在石壁下面的山潭间。

横石岩瀑布

横石岩瀑布　位于石潭村马家坪自然村，由2个自然景观组成。横石岩，因一块天然的巨岩横架在山溪之上，故名。巨岩下的空隙形如一幢房子，宽约有数间屋面，深达数米。横石岩瀑布，因横石岩横架于山溪间，上游溪水流经横石，在横石处飞泻而成，瀑布落差约50米。

龙角潭瀑　位于龙溪村王石坑自然村村口。潭瀑上边是一块巨大的溪岩，约20米高的瀑布挂岩帘下，瀑布湍急，直冲岩下深潭。

金牛山　位于中村村东边、晓鹿大溪南岸。因山形似牛，故名金牛山。

小狮子山　位于李家塔板桥东南。东西走向，山形似小狮子，东首西尾，形态逼真。

棋盘岩　位于陈家岩村西南面。岩石表面平整，上面裂纹清晰，犹如一张摊开的棋谱，故名。

石狮洲瀑布

虎踞岩　位于龙溪村岩头自然村村口。巨石形似老虎，故名。

鸡龙山　位于晓云村西北方。山头有数个小峰连接在一起，犹如鸡冠，其脉蜿蜒延绵，似一条青龙在游弋，故名鸡龙山。

此外，还有白鹿石狮洲瀑布和深龙岩溪（香泉湾）瀑布等山水景观。

第二节　人文景观

境内主要人文景观有白云桥、仙圣庙、褚氏宗祠、大方桥、龚辉故居及李家塔板桥等，此外还有中村古村落、李家塔千年古樟、石潭板桥、大年古村落、仙庆庙、墅溪庙、稠树庙、救鹿岭等。

白云桥

位于中村村，是昔日鄞县、慈溪和余姚的界桥，始建于唐贞观年间（627—649），清光绪年间（1875—1908）重建，为陡拱式单孔石桥。桥孔两侧镌有桥联，西联为“地界鄞余二韭三菁歌利济，郁连龚郑千秋万载庆安澜”，东联为“白水跨虹腰路通南北，云村留月影界画鄞余”，将桥名“白云”两字嵌入其内。为三级旅游资源单体。

仙圣庙

位于中村村，始建于南宋，现存建筑为清康熙三年（1664）重建。南临晓鹿大溪，东距白云桥仅 30 米左右。庙分前后两进，各五开间，两侧各有厢房三间。天井内的古戏台为一级旅游资源单体。

褚氏宗祠

位于晓云村上村平桥头北首，原名褚孟常公祠，始建于清雍正八年（1730），重修于道光二十三年（1843）和光绪年间（1875—1908）。

坐北朝南，依山势而建，由大厅、厢楼、门楼组成院落。大厅为三开间硬山平屋，东西山墙分别嵌有道光二十四年和光绪三十四年（1908）“忠清世家”石碑。2009年，进行保护性修复。

大方桥

位于晓云村，系陡拱式单孔石桥，因形似月洞而俗名洞桥。始建于清乾隆五十五年（1790），光绪三十一年（1905）重修，桥洞两边各镌刻一副对联。为一级旅游资源单体。

龚辉故居

位于石潭村，始建于明代，清代重建。坐北朝南，现存主楼及两厢楼，主楼为三开间，两厢楼均为五开间，原墙门两侧曾设抱鼓石，故又名擂鼓墙门。

李家塔板桥

又称会龙桥，位于李家塔村，采用石墩屋盖式。仅一个桥墩，桥墩与两岸之间平铺直径尺余的原始大木作为桥梁，桥梁上铺上木板，再盖上桥屋，桥屋共10间，贯通如长廊。桥北迎面挂“会龙桥”匾。为二级旅游资源单体。

中村古村落

现存民居建筑多为石块垒砌、装饰朴素的传统乡土建筑，是浙东地区清朝中晚期古村落的典型代表。村内有白云桥、仙圣庙、古戏台、廊桥、鹿鸣书院、文化礼堂、大自然户外营地、中村战斗纪念园、四烈士纪念碑等。2013年2月，入选第一批中国传统古村落名录。2016年7月12日，被省人民政府公布为第五批浙江省历史文化名村。

千年古樟

位于李家塔村西。古樟树躯干巨大，需五、六人合抱，树冠达100余平方米。

石潭板桥

位于石潭村石潭溪上，始建于清代，20世纪60年代重建为屋盖式廊桥，称石潭板桥。只设一桥墩，桥板上建有7间穿堂式廊屋。2011年进行保护性修复。

大年古村落

位于龙溪村大年自然村，为明代建村的古村落。村中心有1条约1米多宽的鹅卵石路，村舍依此路分南北两侧递级而建。基本保持明清古建的原貌。村内还有古银杏树4株，古榆树2株，古金钱松1株，古香榧树2株。

大年古村落

第三节　红色景观

乡境内红色景观主要有新四军浙东游击纵队后方医院、中村战斗纪念园和四烈士衣冠冢等。此外，还有高岩村新四军浙东游击纵队修械所、织工部旧址。

新四军浙东游击纵队后方医院

位于晓云村。民国33年（1944）1月，新四军浙东游击纵队把慈北疗养所、四明疗养所改为浙东游击纵队后方医院。同年秋，迁至晓岭洞桥东侧的岳殿，直至民国34年10月新四军北撤。1995年8月，原新四军浙东游击纵队政委谭启龙题写“新四军浙东游击纵队后方医院遗址”碑。1997年12月，易地新建，建筑面积704平方米，内设后方医院史迹陈列室，总投资56万元，宁波市副市长陈守义等参加竣工典礼。2013年，后方医院重建，占地0.1公顷。为宁波市级爱国主义教育基地。

浙东游击纵队后方医院史迹陈列室

中村战斗纪念园

位于中村村，占地0.2公顷。在余姚市人民政府、江震将军（空军中将，当年曾参加中村战斗）和上海市政协委员费福泉等关心支持下，于2007年12月动工兴建，次年8月竣工。纪念园由2个主碑、2个副碑组成。为余姚市级爱国主义教育基地。

四烈士衣冠冢

民国38年3月11日，朱敏、陈辉、肖章、徐角方4人被国民党“浙保”活埋于中村。后当地百姓在中村建四烈士衣冠冢。

第四节 休闲观光农业（园）

香泉湾铁皮石斛基地

位于深坑岙，属上庄村。数万株铁皮石斛嫁接在数百棵香樟树与枣树上，模仿野生铁皮石斛的生长环境。种植区面积近1.35公顷，设有全套喷淋灌溉系统，使用天然山水灌溉。在山体斜坡上也有近8万株培育苗移栽在2000余个木桩上。

油菜花观光基地

位于白鹿村下姚畈田，总面积23公顷。2010年，认定为余姚市休闲观光农业示范园。

油菜花观光基地

牡丹花观光基地

牡丹花观光基地

位于东岗村追风部落，面积7公顷。配有集装箱酒店，集生态观光、花茶药用、体验旅游于一体。

“东方鹿苑”鹿文化产业园

位于东岗山余姚市林场。引进长白山梅花鹿200余头，以“基地＋农户”的方式养殖。

白鹿观景台

位于白鹿村陈家岩自然村后狮峰岩最高处，海拔510米，始建于2012年，是宁波市十大观景台之一。2016年，增建三层玻璃平台。站在观景台上可一览白鹿村高山台地乡村风光，适合看日出、观云雾。与“爱情天梯”步道相连，形成椭圆形环线，行程40分钟。

2016年鹿亭乡主要旅游资源一览表

表11-1-1

景区名称	山水景观	人文景观	红色景观
中村景区	金牛山、微缩岩景、算坑原始次森林	白云桥、仙圣庙、棋盘村、仙圣庙古戏台	中村战斗纪念园、四烈士衣冠冢
李家塔景区	马停蹄岭、千年古樟、小狮子山、石潭溪、狮象龙凤四山、雪窦岙龙潭	李家塔板桥、石潭板桥、仙庆庙、龚氏宗祠、墅溪庙	—
白鹿景区	横石岩瀑布、棋盘岩	稠树庙、救鹿岭、观景台	—
云河漂游景区	虎踞岩、狗头颈瀑布、鸡笼山、晓鹿大溪、龙角潭瀑、东岗山森林公园	大方桥、褚氏宗祠、大年古村落	新四军浙东游击纵队后方医院、修械所、织工部

第二章　旅游设施与管理服务

2004年，制订《关于中村村旅游开发总体规划》。2005年7月，制订《生态环境保护与建设规划》，阐述旅游开发原则、旅游产业发展定位、旅游区布局等。同年12月，规划云河漂流建设项目。2012年，制订《鹿亭乡旅游总体规划（2012—2030）》，总体规划境内旅游业发展方向、发展定位、发展层面及产业发展层面等。

第一节　旅游设施

山庄

香泉湾山庄　位于上庄村，利用原海军东海舰队航空兵装备部余姚航材仓库营房而建。为集休闲养生、观光旅游、会务度假于一体的特色度假区，是浙东地区新兴的养生旅游度假胜地。度假区大门口“香泉湾”三字由当代著名学者余秋雨题写。内有香泉湾景观、山庄别墅、会议中心，山洞酒吧、山洞禅修室、仙草石斛等特色项目。研制的香泉湾特色菜有鲜榨铁皮石斛汁、铁皮石斛花茶、石斛炖乌骨鸡、牛奶树炖仔排、金蝉花老鸭煲、黄精党参竹山鸡等。客房有标准双人房和山溪单人房，有花园式家庭单套、双套，有顶级山景双套和日式套房可供朋友家庭聚会。2015年，被余姚市总工会定为“职工（劳模）疗休养基地”。2015年12月，世界旅游小姐金色使者中国区总决赛暨颁奖盛典在山庄举行。2016年，开发大型室内真人CS（反恐精英）和洞窟夺宝项目，新建户外拓展培训基地。

树蛙部落 位于中村村箅坑。2016年开始开发，以“轻户外生活体验村”为定位，以树屋部落为核心。设计整体由11套树蛙亲子阁楼、1套鸟巢复式、1套星空穹顶、房车和帐篷组成，将树屋、房车、帐篷营地等多种形态组合，巧妙地整合到乡境原生态环境中。配套设施有户外俱乐部、亲子露营、房车营地、帐篷营地等。结合徒步、溯溪、露营、自然教育、人文旅行等活动。

农家乐 民宿

乡境内“农家乐”起步于21世纪初，2013年始逐步转型升级。2016年，全乡农家乐、民宿30家，餐位3330个，床位454张。

追风部落

白云人家

表11-2-1

2016年全乡农家乐、民宿一览表

序号	名称	餐位（个）	床位（张）	地点
1	香泉湾养生休闲度假区	200	190	上庄村香泉湾路1号
2	追风部落	100	48	东岗村东岗山
3	天龙山庄	30	30	高岩村长湾自然村
4	白鹿仙草园农庄	120	24	白鹿村梁湖
5	洞桥下农庄	250	28	中村白云桥东
6	乡村乐活农庄	300	20	中村白云桥东
7	廊桥自然风农庄	170	16	中村廊桥北
8	云村留宿	0	16	中村荷梁线旁

续表 11-2-1

序号	名称	餐位（个）	床位（张）	地点
9	和平农家乐饭店	50	16	沿夹岙村 47 号
10	两棵树农家乐	350	14	中村廊桥南桥头
11	白云人家	300	14	中村算坑桥头
12	溪山农庄	110	10	中村前山
13	东岗山农庄	100	24	东岗村
14	白云桥畔农家烧烤	100	4	中村白云桥东
15	富贵农家乐	80	0	中村荷梁线旁
16	农家小确幸	100	0	中村荷梁线旁
17	胖子美食	30	0	中村荷梁线旁
18	沿溪农家乐	50	0	中村荷梁线旁
19	鹿鸣农家	300	0	上庄村新庄路西 8 号
20	云水农家	50	0	上庄村石盖山路 2 号
21	山里妹子土菜馆	100	0	中村荷梁线旁
22	山里人家	80	0	中村夫家山
23	阿杰农家乐	50	0	李家塔村
24	白鹿人家	50	0	白鹿村
25	陈岩农家	60	0	白鹿村陈岩
26	枫亭农家乐	30	0	白鹿村村委附近
27	惠芬农家乐	30	0	白鹿村陈岩停车场附近
28	狮峰农家	20	0	白鹿村观景台附近
29	山水人家烧烤自然吧	60	0	中村白云桥东
30	白鹿绿野仙踪生态庄园	60	0	白鹿村陈岩 212 号

第二节　管理服务

管理服务机构

2006 年，成立鹿亭乡旅游办公室，配工作人员 3 人，隶属乡工贸与村镇建设办公室。主要职责：负责协调旅游景区的建设和管理；新开发项目的规划、申报；行业管理和服务质量监督；旅游宣传推介；农家乐发展管理等。

2007 年，成立“云河漂游”景区服务有限公司。按“一次性规划，分阶段实施”原则，规划开发云河漂游景区。

2011 年，成立创全国传统古村落工作小组。2014 年，成立创精品村建设协调小组。工作人员以乡城建办工作人员为主，协调小组办公室设在中村村委办公楼，统筹村庄提升内涵，促进美丽乡村文化旅游产业发展。

2016年，为打造集文化体验、休闲观光农业、户外运动、养生度假、旅游服务为一体的山地休闲度假胜地，成立创建宁波市乡村全域旅游示范区工作领导小组。由乡党委书记或乡长任组长，政府班子成员为副组长，中层干部和中心村书记为组员，下设4个工作班子。

旅游促销

宣传 2005年12月，《泉香洞天话鹿亭》出版，首次印发2000册；2010年6月，《发现鹿亭之美》刊印，印发2000册；2011年4月，《鹿上四明》出版，首次印发3000册；2014年4月，画册《美丽中村》出版，首次印发5000册；2016年12月，《宁波市国家级传统村落——中村卷》刊印。

2013年，开通门户网站、新浪认证微博“清纯鹿亭”。2014年9月24日，“清纯鹿亭”微信公众号开通。

活动 2009—2011年，中国美院师生每年开展为期2个星期的采风写生活动，以中村、李家塔、晓云、龙溪为写生点。

2010年7月，鹿亭乡与宁波户外活动协会在中村共同举办“2010宁波·鹿亭首届户外运动休闲文化节”。

2010年10月，白云桥美味食品厂被余姚市旅游局评为余姚市特色旅游商品推荐生产（购物）企业。

2011年5月29日，“2011宁波·鹿亭户外运动休闲文化节”开幕式暨阳光文化直通车相约“清纯鹿亭·美丽乡村”大型文艺专场演出在鹿亭乡举行。

2011年8月12日，在白鹿村举办“清纯鹿亭·美丽乡村”2011鹿亭高山西瓜节暨高山西瓜擂台赛。

2011年5月29日，2011宁波·鹿亭户外运动休闲文化节开幕式举行

2012年5月27日，在白鹿村举办“2012宁波·鹿亭户外运动休闲文化节”暨首次“快乐两轮·运动鹿亭”单车赛。来自宁波大市的200余名选手参赛，分为男子公路精英组、男子山地精英组、男子公路中老年组、男子山地中老年组和女子混合车组等5个组别，还安排BMX单车趣味赛。至2016年，共举办5届。

2014年，乡政府与宁波天港禧悦酒店签约鹿亭乡石潭村茅岗山建设生态农家山庄项目。

2015年3月，白鹿村被宁波市旅游经济发展领导小组办公室评为宁波市徒步运动休闲旅游基地。

2015—2016年，连续举办2届“徒步登山健行大会”。

2016年，举办“香泉湾石斛花养生文化节”。

第三节 旅游线路

一日游

线路一：中村—仙圣庙（古戏台）—白云桥—李家塔板桥—香泉湾养生休闲度假区。

线路二：白鹿健身步道—狮峰岩观景台—李家塔板桥—仙圣庙（古戏台）—白云桥—香泉湾养生休闲度假区。

线路三：云河漂流—晓云大方桥—新四军浙东游击纵队后方医院纪念馆—高岩3D彩绘亲子墙—香泉湾养生休闲度假区。

线路四：香泉湾养生休闲度假区—东岗山森林原生态游步道—东方鹿苑—东岗山生态观光区。

二日游

线路一：第一天，中村、仙圣庙（古戏台）、白云桥、李家塔板桥；第二天，香泉湾养生休闲度假区、东岗山生态观光区。

线路二：第一天，仙圣庙（古戏台）、白云桥、李家塔板桥、香泉湾养生休闲度假区；第二天，云河漂流、梁弄。

线路三：第一天，白鹿休闲健身步道、李家塔板桥、中村、香泉湾养生休闲度假区；第二天，金竹尖生态观光园、云河漂游、晓岭大方桥、浙东游击中队后方医院纪念馆。

主要游步道

中村至白鹿登山健身步道 中村—算坑—原生态次森林—千箩谷田—赤石—白鹿，全长10.5千米。

环白鹿村健行步道 白鹿村委—新宅—多彩梯田—叶家样—下姚—观景台—白鹿村委，“8”字形环线，全长8千米。

东岗山原生态游步道 步道长度5千米，累计上升海拔120米。

附：鹿亭乡全域旅游导览图

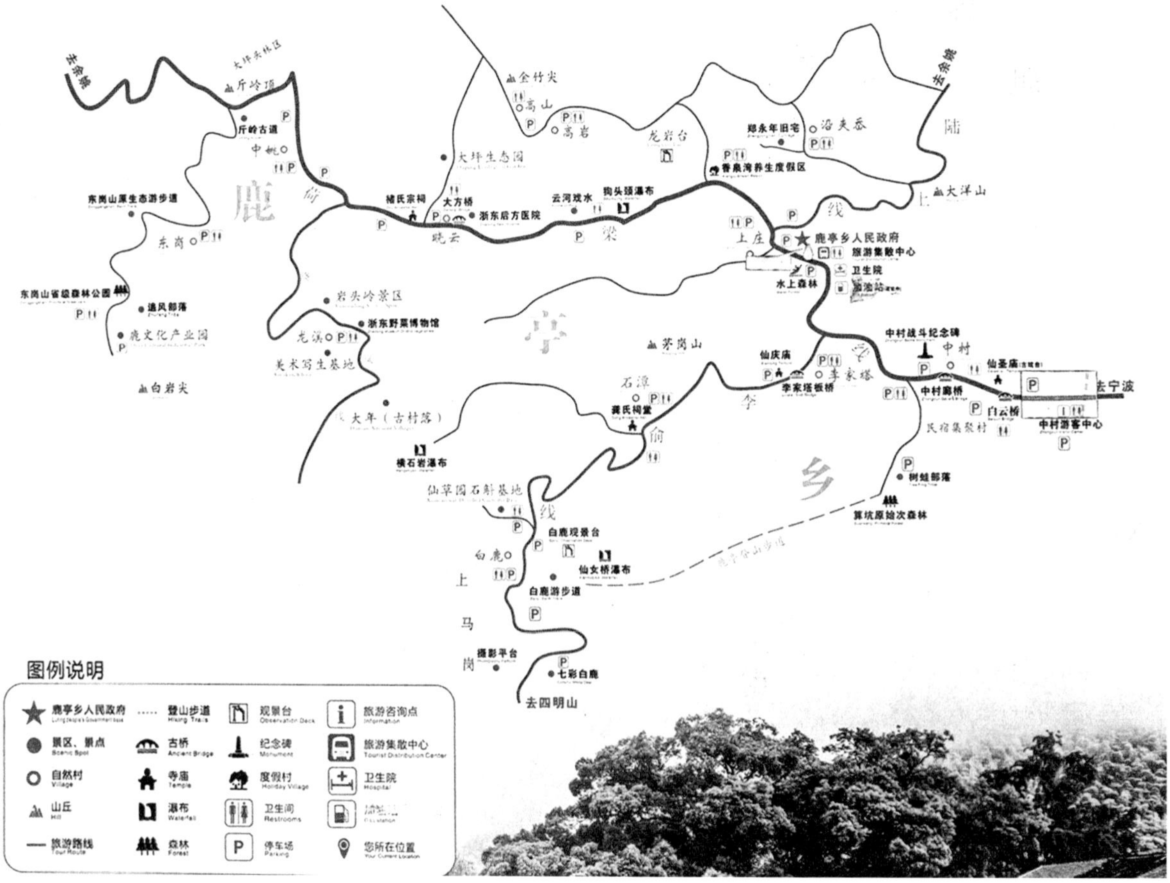

鹿亭乡全域旅游导览图

第十二编

邮政　电信

第一章 邮 政

第一节 邮政沿革

民国时期，白鹿乡中村设有邮政代办所，邮件由宁波、鄞江桥、樟村（或小皎）转运至中村郑顺兴药材铺和济生堂药材宝号。1954年下半年，整顿乡村邮路和代办所，逐步由供销社、农业社代办。1958年5月，建立晓云乡邮电所，址设晓云上村姚家祠堂，负责人褚全荣。同年11月，建立高峰人民公社邮电所，址设上庄应家路，有职工3人。1960年下半年，鹿亭邮电所迁至公社新落成的大会堂西边厢房南首。1961年，建立白鹿公社邮电所，址设白鹿公社内。邮电所性质属公社集体企业，自维自用，自负盈亏，归公社统一领导和管理，上级邮电部门给予技术和业务指导。1982年，成立余姚县农村邮电所联营站，乡境内3个公社邮电所均参加联营。联营站除经营乡级农村电话外，还代办国营电报、长途电话和邮政业务。1983年后，公社邮电所改称乡邮电所。1988年，3个乡邮电所均开办邮政储蓄业务。

1992年撤区扩镇并乡后，晓云、白鹿2个乡邮电所并入鹿亭乡邮电所，改为服务点，2年后撤销。时鹿亭乡邮电所有职工13人，其中鹿亭所7人，晓云、白鹿2个服务点分别为4人、2人。同年，鹿亭乡邮电所易地新建，次年6月竣工，建筑面积304平方米，总投资142万元（含程控电话机房建设费用）。

1998年9月1日，邮政、电信分营，设立余姚市邮政局鹿亭邮政所。有职工6人，其中鹿亭所3人，晓云、白鹿两个服务点分别为2人、1人。邮政所开办邮政储蓄、信函、包裹、报刊订递、汇兑、明信片发行等业务。至2016年，鹿亭邮政所有职工3人，其中邮递员2人。另有村邮员12人。

鹿亭邮政、电信所

1958—1998年鹿亭邮电所历任所长（负责人）：赵孝岳、舒秀珍、龚国锋、赵福平。

1998—2016年鹿亭邮政所历任负责人：赵红燕（1998年9月至2005年2月）、褚丽珍（2005年2月至2006年4月）、赵红燕（2006年4月至

2006年7月)、郑牡珍(2006年7月至2016年12月)。

第二节 邮路 投递

民国后期至中华人民共和国成立初，中村邮政代办所邮件由宁波转运至鄞江桥、樟村（或小皎），代办所每周1次步班肩挑接送，计程16千米。代办人员按址投送到各村，由收件人认领或托人捎带。乡境内白鹿乡邮路，有自中村至白鹿和大岚夏家岭至白鹿2条。

1954年1月，开辟梁弄至丁家畈周六步班邮路，每周6班。途经横坎头、钱库岭、丁家畈、下庄、东岩、晓岭，当天返回，全程30千米。鹿亭和白鹿2个乡仍沿用原邮路。1954年4月晓鄞（晓岭至鄞江桥）手车道竣工，代办所每周1次步班肩挑改为手拉车运送。1956年梁弄邮电支局邮路延伸，由梁弄经中姚、晓岭、上庄、陈家岩、蜻蜓岗、丁家畈、钱库岭返梁弄，全程45千米，设邮递员2人。同年9月，建立农业社邮递员制，每乡设邮递员1人，时鹿亭乡邮递员为中村郑永大。

1958年，梁弄邮电支局配邮递员2人，交叉往返于梁弄、中姚、岩头、晓岭、上庄、中村、李家塔、石潭、陈家岩过夜，次日由陈家岩、上马、观下、蜻蜓岗、西岭下、石鼓、丁家畈、夏家岭、钱库岭至梁弄。同年，建立公社邮递员制，上述邮路撤销，沿用原邮路。时邮电所人员来自当地社员，生产队分配口粮，邮电部门按邮路里程和业务量，发给投递津贴和业务报酬。

1959年9月，晓鄞公路竣工通车。樟村至上庄邮路由手拉车接送改为委办客运班车邮运。

1964年10月19日，陆上线第二期袁马村至鹿亭乡上庄村段竣工通车。至此，鹿亭、晓云2个公社樟村至上庄邮路撤销，改由余姚县邮电局委办客运班车邮运。是年11月，农村投递以自办力量为骨干，试行亦工亦农公社邮递员制，加强代办投递，报酬由县邮电局发给。

1970年9月1日，李俞线（李家塔至大岚余家横）建成通车，白鹿公社也改由县邮电局委托客运班车邮运。此后，鹿亭、白鹿两公社邮件由余姚至白鹿（经鹿亭）客运班车邮运，单程50千米；晓云公社邮件由余姚至晓云客运班车邮运，单程44千米。1984年3月2日，余姚县邮电局第一条山区自办汽车邮路开通，沿途运输梁辉、黄明、梁弄、让贤、大岚、白鹿、鹿亭、晓云、南山、兰山、陆埠等11个邮电支局（所）的邮包。

1992年5月撤区扩镇并乡后，境内邮路恢复为余姚至上庄，市邮电局委托市客运公司运送。

2005年，境内邮件委托个体中巴运营人吴云华邮运，邮路改为自陆埠邮政支局至上庄，单程21千米。时鹿亭邮政所有职工4人。2012年6月，余姚市成立城乡公交公司，取消个体中巴运营，境内邮件改由余姚邮政局邮车运送至梁弄，再由梁弄邮政支局运送至鹿亭邮政所，至2016年未变。

20世纪70年代前，乡境内信件、包裹投送每天均为步班邮路。70年代始，鹿亭公社除个别生产大队（行政村）因未通公路，信件、包裹每天步班邮路投送外，其余均实行自行车投送。时晓云、白鹿两公社（乡）多为步班邮路投送。90年代，信件投递多为自行车投送，时全乡有邮递自行车3辆。进入21世纪后，均为摩托车（或电动车）投送，行政村邮路全部到达，覆盖率达100%。投递深度“沿线平信投村，单位送到、挂号到户”。

1989年，分步实施邮政编码和使用标准信封，乡境内鹿亭乡邮政编码为315434，晓云乡315435，白鹿乡315436。1994年4月1日，全市实行新的邮政编码，并统一使用标准信封，鹿亭乡邮政编码为315434，至2016年未变。

2010年，全乡12个行政村相继建立村邮站，安排专门用房作为村邮站工作场所，设置村邮员岗位，同时聘请兼职村邮员，基本服务内容包括平常邮件：平信、账单、明信片、印刷品等；给据邮件：挂号信、普通包裹、汇款通知单等；报纸和杂志。均要求投递到户。形成市、乡、村三级投递网络。

第三节 邮政业务

信函

民国时期，中村邮政代办所办理平信、挂号函件、信函快递等业务，兼收寄书籍印刷品、商务传单等。1949年10月中华人民共和国成立后，函件有平信、明信片、挂号信3类。1955年3月1日，发行新人民币，平信邮资本埠4分，外埠8分。1960年10月，开办特种挂号业务，专寄粮票、食油票、布票、户口迁移证、粮食转移证、共青团组织关系。1988年5月1日，开办邮政快件业务。20世纪90年代后，随现代通信技术的发展，信函量逐年减少。2016年，信函业务主要有信函、明信片、印刷品、挂号函件、航空函件、保价函件等。

中华人民共和国成立后国内常用邮政资费一览表

表12-1-1　　单位：元

时间	信函		明信片		挂号信
	本埠	外埠	本埠	外埠	
1949年10月1日	100	100	30	50	300
1949年11月25日	400	400	150	150	900
1950年1月10日	500	500	250	250	1500
1950年2月1日	800	800	400	400	2400
1950年3月11日	1000	1000	500	500	3000
1950年5月11日	800	800	400	400	2400
1950年7月1日	400	800	200	400	1200
1955年3月1日	0.04	0.08	0.02	0.04	0.12
1990年7月11日	0.1	0.2	0.1	0.15	0.3
1996年12月1日	0.5	0.5	0.4	0.4	1
1999.3月1日	0.6	0.8	0.6	0.6	2

注：1955年3月1日前为旧人民币。

包裹

民国时期，中村邮政代办所包裹业务甚少。中华人民共和国成立后，包裹业务逐渐增多。20世纪80年代后，乡镇企业邮寄产品的包裹猛增。2000年，开办包裹快递业务。2016年，包裹种类有普通、快递、保价、航空等。

报刊征订

1950年，邮政代办所开始订送报纸杂志，但数量不多。1958年5月和10月，晓云乡和高峰人民公社邮电所相继建立后，报纸杂志征订的种类、数量逐年增加，且有专职邮递员投送。“文化大革命”期间，部分报刊停刊，订送减少。1978年中共十一届三中全会后，报纸杂志陆续复刊、创刊，发行工作逐步恢复正常。1998年后，报刊征订以《人民日报》《浙江日报》《宁波日报》《余姚日报》《浙江科技报》《浙江老年报》《浙江教育报》《今日早报》《宁波晚报》《半月谈》《求是》等为主。2016年，全乡完成党报征订任务，其中《人民日报》15份、《浙江日报》60份、《宁波日报》120份、《余姚日报》220份。

邮政储蓄

1988年，乡境内3个乡邮电所开办邮政储蓄，专营存款业务，活期1元起存，定期10元起存，利率按人民银行规定。初始由于储存、提取方便及开办各种有奖储蓄，颇受群众欢迎，储金与储户逐年上升。1992年“撤扩并”后，晓云、白鹿片不再办理邮政储蓄，储金与储户逐年减少，至2004年，鹿亭邮政所停办邮政储蓄业务。

第四章 电 信

第一节 电信机构

民国36年（1947），余姚县乡村电话公司筹建乡村电话，乡境内白鹿、晓云2个乡开通电话，代办电话业务。

中华人民共和国成立后，农村设乡村电话代办机构。1954年下半年，逐步由供销社、农业社代办。1958年5月，晓云乡设立邮电所。同年11月，建立高峰人民公社邮电所，上庄、晓岭设电话总机。1959年，鹿亭人民公社设电话交换所，与邮政合并经营。1961年10月，建立白鹿公社邮电所。乡境内有3个电信机构，即鹿亭公社邮电所、晓云公社邮电所和白鹿公社邮电所。

1992年5月，晓云和白鹿2个乡邮电所并入鹿亭乡邮电所，改为邮电服务点。乡邮电所专属于余姚市乡镇邮电联营站管理。1998年9月1日，邮政、电信分营，设立余姚电信局鹿亭电信所，有职工6人。2016年，鹿亭电信有职工2人。

1998年9月至2013年4月，鹿亭电信所历任所长（负责人）：赵福平（1998年9月至2003年7月）、庄志明（2003.7月至2004年4）、赵荣吉（2004年4月至2012年7月）、周高军（2012年7月至

2013年4月）。2013年5月始，鹿亭电信不设负责人，隶属中国电信梁弄营业厅管理。

第二节 电报 电话 无线通信

电报

业务 乡境内从未有收发报专业设备。企事业单位或个人若要发送电报，通常是将电文交给乡（公社）邮电所总机接线员，由总机接线员将电文译成电码，然后将电码电话报给市（县）邮电局（或梁弄邮电支局），委托市（县）邮电局（或梁弄邮电支局）转发。收电文亦是如此，发方将电码发给市（县）邮电局（或梁弄邮电支局），市（县）邮电局（或梁弄邮电支局）将电码用电话告知乡（公社）总机接线员，乡（公社）总机接线员再将电码译成电文投递。1993年程控电话开通后，电报业务逐年减少。至2016年，境内已无电报业务。

资费 1955年3月，中文明码省内每字0.09元，省外每字0.135元，中文密码和外文加倍。1958年1月1日起，取消省内与省外及明码与密码区别，中文每字0.03元，外文及加急电报加倍收取，译电每字0.005元。1983年12月1日起，电报资费由每字0.03元调高到0.07元，译费由每字0.005元调高到0.01元。1992年12月20日起，中文由每字0.07元调高到0.13元。

电话

沿革 民国30年（1941）4月23日，余姚沦陷，国民党余姚县政府经梁弄撤至岩头、陈家岩，并设立电话总机。同年5月30日（端午节）下午，日本侵略军进犯陈家岩，县政府撤离，电话总机也随之拆除。

民国36年1月，梁弄区置容量10门总机1台。12月，梁弄至乡境内架设2条线路，一为梁白线（梁弄—白鹿），20千米，经过晓云挂线，白鹿、晓云两乡电话开通，话机各1只。二为梁中线（梁弄—中村），25千米，与鄞县、慈溪两县连路直达线。民国38年2月，梁弄成立四明县乡村电话管理所，通话乡村有晓云、白鹿等6个乡。

1956年1月，梁弄邮电支局增设30门磁石总机1台。是年，架设梁弄至上庄木杆单线线路一条，杆号1～293，杆程14.36千米。同年4月，梁弄区实现乡乡通电话。1958年5月，建立晓云乡邮电所，置容量10门磁石总机1台，实用7门，用户总数8户。同年11月，建立高峰人民公社邮电所，置容量30门磁石总机1台，实用20门，用户总数23户。乡境内共有电话用户31户。至1959年6月，鹿亭人民公社所辖3个管理区均装有电话机，有2个管理区（晓云管理区和陈家岩管理区）所在地还设有邮电机构。是年，连接于鹿亭公社邮电所总机电话21部。

1959年鹿亭人民公社交换所电话安装情况表

表12-2-1

交换所名称	会议电话（部）		交换机（台）			用户数（户）		电话机（部）	
	总部数	其中双向放大	程式	容量	实占	总户数	其中计费	总部数	其中简易
鹿亭	1	1	磁石	30	20	21	20	21	—

1961年10月，李家塔、晓云、陈家岩3个管理区改设为鹿亭、晓云、白鹿3个公社。是年，建立白鹿公社邮电所，置容量10门磁石总机1台。1962年,调整农村电话管理体制,成立公社交换所，实现“社社有总机，村村通电话”，在县邮电部门帮助下，乡境内42个大队实现队队通电话。时电话线路多系竹竿和小线径铁线，有的与广播同线,通话音量小,时通时断,常有广播串音,噪声多,通话质量差。是年，乡境内连接于3部交换机的电话共53部。1982年10月，余姚县建立农村邮电所联营站，现境内3个公社邮电所均参加联营。

1985年11月，晓云乡电视机配件厂安装50门磁石交换机1台，为乡境内唯一以企业名义安装的电话交换机。

1962年现乡境内电话交换所情况表

表12-2-2

交换所名称	设置地点	交换机（台）			连接在交换机的电话机	其中免费
		部数	容量	实占		
晓岭交换所	晓岭	1	30	22	22	1
上庄交换所	上庄	1	20	14	23	—
白鹿交换所	白鹿	1	10	7	8	—

20世纪80年代中期，鹿亭乡邮电所置容量60门磁石总机1台，全乡线路总长40余杆千米，实装电话56部，邮电所有职工4人。

1988年，对上庄—李家塔—中村段通信线路进行更新改造，升级换代，架设架空电缆。该工程共投资18240元，费用由有关用户（各企事业单位和行政村）根据线路长短、装机情况分摊负担，共集资17600元，不足部分由乡邮电所承担。后随社会和农村经济的发展，安装电话的企业逐年增加，村民个人安装电话为数不多。

1988年鹿亭乡通信线路更新改造工程费用分摊表

表12-2-3　　单位：千米、元

用户单位名称	线路长度（千米）	应负担费用（元）	备注
供销社中村分社	4.5	800	—
中村村	4.5	600	单改双
中村油封厂	4.5	700	网线分割
中村五金厂	4.5	700	网线分割
算坑村	4.5	600	单改双
竹编厂	2.5	800	—

续表 12-2-3

用户单位名称	线路长度（千米）	应负担费用（元）	备注
福利厂	2.5	1400	新装
五金厂	2.4	800	—
传动厂	2.4	800	—
附件厂	2.4	900	网线分割
塑料厂	2.4	900	网线分割
校办厂	2.5	800	单改双
仪表厂	2.4	1200	新装
旅社	—	200	—
卫生院	2.5	500	—
工业办公室	—	100	—
乡政府	—	100	—
电管站	—	100	—
线厂	—	200	—
中心小学	2.8	500	—
粮站	2.8	800	—
李家塔村办厂	2.7	700	网线分割
李家塔村	2.8	400	网线分割
冬青村	—	300	—
岙里村	—	300	—
上庄村	—	200	—
道班	—	200	—
车站	—	300	—
供销社	—	600	—
石潭村	—	500	—
中学	—	100	—
冲件厂	—	200	—
注射针厂	—	300	—
合计	—	17600	—

1992年5月，撤区扩镇并乡后，乡邮电所易地新建，同时建造程控电话交换机房，置程式为MD-110、容量288门程控电话交换机1台，次年6月竣工。鹿亭片于1993年6月30日开通程控电话，程控电话总户数为121，其中收费户数116，免费户数5，用户电话号码为7位数。随即晓云、白鹿2个服务点各安装容量400门程控电话交换机1台，两片于1994年3月21日开通程控电话，共安装程控电话148门。1995年10月28日，鹿亭乡邮电所西门子模块局割接开通，置程式为EWSD、容量为902门的程控交换机1台。1992年，乡邮电所业务收入91882元，1993年19822元，1994年173255元，1995年达391914元。

1998年创建电话村（安装电话100部以上的村），是年，全乡有7个村成为电话村。2001年5月，电话号码由7位数升至8位数。至2007年，境内电话用户数达2913户。后随城镇化建设的推进和无线通信技术的发展，不少电话用户停机保号或直接移除电话，电话用户数逐年减少。2016年，全乡共有固定电话用户1794户；电信业务收入88.64万元。

资费　1995年，农话通话费为每分钟0.50元，农话装机费用甲种用户（电话安装在个人住宅的用户）每部为3000元，乙种用户（甲种用户规定范围以外的其他用户）为4000元，月租费用甲种用户为12元，乙种用户为17.85元，界外收取费用12.50元。2004年，甲种用户营业区内首次（前3分钟）0.20元，后每分钟0.10元；营业区外每分钟0.45元。拨打本地移动电话，首次0.40元，以后每分钟0.20元。2016年，营业区内每分钟0.20元；营业区外每分钟0.70元。拨打本地移动电话每分钟0.20元，拨打外地移动电话每分钟0.70元。

无线通信

1992年9月16日，余姚移动电话（“大哥大”设备）正式投入运行，并向社会吸纳用户，时乡境内使用“大哥大”的只是为数不多的企业负责人。1994年5月16日，余姚开通151.350MHz频点，99台无线寻呼系统，可容纳宁波联网的BP机5000部。1997年1月25日，境内第一个“2127”台无线寻呼发射基站建立，行政事业单位不少职工开始使用寻呼机。1997年，投资100万元兴建无线电通信发射塔，开通移动电话，1998年1月13日启用。2002年，白鹿、晓云无线电通信网络发射塔工程竣工。至此，全乡无线通信全覆盖。至2007年，全乡有移动电话5454部。

第三节　互联网

1996年，境内开通一线通，用户较少。2001年，改用电信宽带服务，用户迅速增加。2001—2004年，电信甲种（个人住宅）用户的宽带资费标准为每月90元，中小学局域网宽带租费为每月300元。为发展用户，实施每月70元的优惠标准。以后广电、移动等宽带加入，以移动发展最快。

至2016年，全乡宽带网络用户369户，其中单位用户41户。是年，电信宽带资费为每年398元，中小学局域网宽带租费不变，仍为每月300元。

第十三编

财政　税务

第一章 财 政

第一节 体 制

1955年前，乡不建财政，只作报销单位。1956年，境内鹿亭、晓云2个乡人民委员会均建立财政，实行以收代支、不足由县拨补。杂项收入分成，乡镇得20%，不抵作经费，自筹资金分别列收列支。1958年，实行人民公社化后，公社财政收入由县人民政府统一管理，所需行政经费按定员定额由县预算下拨，公社包干使用，实行乡（社）财县管。

1986年5月起，重建乡镇财政。乡境内鹿亭、白鹿、晓云3个乡均成立财经组，负责行政事业单位经费的管理、乡办企业管理费和利润的监缴，以及承担农业税征收任务和国库券的发行工作等。乡财经组组长均由乡长兼任，鹿亭乡褚利夫，晓云乡罗云强，白鹿乡赵松强。各乡设专职财政总会计，主管乡财政业务工作，进行预算资金的划拨和结算。其中鹿亭乡财政总会计方忠海、晓云乡丁金康、白鹿乡陈荣国。

1992年撤区扩镇并乡后，鹿亭乡财经组改建为鹿亭乡财政所。历任所长：丁金康（1992年5月至1996年2月）、陈荣国（副所长主持工作1996年3月至1997年8月）、郑交方（1997年9月至2005年6月）、马友明（2005年7月至2009年1月）、龚剑波（2009年2月至2016年12月，其中2009年2月至2010年6月副所长主持工作）。预算管理、行政事业财务、企业财务、农业财务等均由专人负责。

1997年2月后，由乡财政所负责全乡会计管理工作，财政所工作遂涵盖全乡财政管理的各个方面。2003年成立乡行政事业单位会计核算中心，实行“单一账务、集中支付、统一核算”的财务管理办法。核算中心主任由乡财政所长兼任。

1986—2007年，相继实行“分成制”“包干制”“分税制”等财政管理体制。其中1986—1991年为“分成制”，先后实行“划分收支、核定基数、定额上缴（定额补助）、增收分成、定期包干”及“划分收支、核定基数、超收分成、增收分成、收支挂钩”的财政管理体制。1986年度乡境内财政增收分成返回数23044.8元。1992—1994年为财政收支“包干制”，按照“统一领导、分级管理、保证存量、增量多留、分别情况、区别对待”的原则，确定包干的具体办法。乡财政收入范围：凡鹿亭乡财政管理的集体企业、个体工商户以及合作商业的工商“三税”（产品税、营业税、增值税）和所得税、农业税、农林特产税、屠宰税、个人收入调节税及其他收入，均列入乡财政收入。包干基数的确定：鹿亭乡及大岚镇、四明山镇为第三类，核定收支包干基数后，按 1991 年收支基数差额上缴市财政，超定额上缴部分全部留给乡财政。1995—1999 年为分税包干制。鹿亭乡作为贫困乡，按核定的收入包干基数不作递增，超收部分乡分成 80%，上缴宁波市财政 20%。2000—2007 年实行分税制，先后实行“划分收入、收入总额分成、定额补助或上缴”和“核定基数、环比递增、超收分成、短收赔补”的办法。

2008—2010 年，实行分税制下的“核定收支、超收分成、短收赔补”的财政体制。根据乡镇财政状况，确定收入基数，分别对基数内和超基数部分财政收入进行分成，并进行短收赔补。鹿亭乡按超收 100% 分成。

2011—2016 年，在管理体制不变的基础上，市人民政府对山区乡镇建立专项转移支付资金。2011 年起，为支持四明山区域的发展，市财政按超收分成收入基数的 20% 比例上解市财政统筹，用于对四明山区域的财政转移支付，鹿亭乡每年一般性转移支付补助约 600 万元。2015 年起，实行四明山区域发展项目资金专项补助制度，鹿亭乡每年专项补助资金约 1100 万元。

第二节 财政收入

乡财政收入分为预算内收入、预算外收入和乡自筹资金 3 个部分。2004 年，预算内收入包括：乡行政区域范围内的企业、个体工商户以及其他单位和个人缴纳的增值税的 25% 部分、营业税、个人所得税、集体企业所得税、城市维护建设税、屠宰税、土地使用税、土地增值税、房产税、车船税、印花税、农业税（2004 年取消）、农林特产税（2004 年取消）及其他收入。预算外收入包括：行政事业性收费、基金、各项附加、集体企业、集体事业、土地转让、罚没等收入。乡自筹资金包括：乡内企业上缴利润、事业单位上缴服务费、管理费、教育经费收费、优抚经费收费、社会公益事业建设收费等项资金。

具体收入项目在不同时期有所变化。1986 年，凡隶属于鹿亭乡、晓云乡、白鹿乡管理的商业、服务业、建筑业、乡工业、企业（包括乡办、村办联营企业）、其他集体企业、事业单位、合作商点以及个体工商户缴纳的集体企业所得税、个体工商户所得税、屠宰税、牲畜交易税、工商税款税收滞纳补税罚款收入、农业税（含附加）和其他收入（包括赌博罚没收入）等，均为乡财政固定收入。

1992 年，凡隶属乡政府管理的集体企业、个体工商户以及合作商业的工商“三税”（产品税、营业税、增值税）和所得税、农业税、农林特产税、屠宰税、个人收入调节税及其他收入（含应上缴的财政各种罚没收入）等，均作为乡财政收入。

2000 年开始，规定凡在乡行政区域范围内的企业、个体工商户以及其他单位和个人缴纳的营业税、企业所得税的 40%、个人所得税的 40% 和增值税的 25% 部分，为市乡两级财政共享收入；城市维护建设税、土地使用税、房产税、印花税、屠宰税、其他工商税、农业税、林业特产税及其他收入（含应缴财政的各种罚没收入）等，为乡财政固定收入。

2003—2016 年，乡辖区内企业、个体工商户以及其他单位和个人缴纳的营业税、企业所得税、个人所得税地方留存部分的 40% 和增值税的 25% 部分，为市乡两级财政共享收入；城市维护建设税、土地使用税、房产税、印花税及其他工商税等为乡财政固定收入。农村教育费附加、农业发展基金、水利建设基金、残疾人生活保障金由税务部门按一定比例代征，并返还给乡财政，专项补助专项使用。2004 年起，免征农业税、农林特产税和地方附加税。

1986—2016 年鹿亭乡财政预算收入一览表

表 13-1-1　　单位：万元

时间	支出	时间	支出	时间	支出
1986 年	48	1997 年	726	2008 年	3169
1987 年	41	1998 年	579	2009 年	3390
1988 年	101	1999 年	285	2010 年	4531
1989 年	96	2000 年	363	2011 年	3572
1990 年	130	2001 年	559	2012 年	3866
1991 年	139	2002 年	774	2013 年	2836
1992 年	128	2003 年	1038	2014 年	3630
1993 年	161	2004 年	1402	2015 年	3288
1994 年	214	2005 年	2017	2016 年	3515
1995 年	347	2006 年	2304		
1996 年	355	2007 年	2846		

第三节　财政支出

乡财政支出主要有工资性支出、公务经费支出（包括行政、农业、林业、水利、教育、卫生、文化、广播、抚恤、社会救助等）、事业发展经费支出、支持经济发展经费支出和公益事业支五大类。如遇特大自然灾害，一次性专项补助由市财政支出。

乡财政具体支出项目在不同年度有所变化。1986 年，凡隶属乡政府管理的农业、文化、教育、卫生、广播、计划生育、统计等事业费支出；抚恤金、社会救济金、精简职工的定期定量生活补助费和退休金支出；用农林水事业费支付的农机站、农科站、水利员、林管员、多种经营办公室的定额补助经费支出；居委会经费补助；乡总会计补助经费支出；行政管理费中正常性支出；各类人员按规定享受肉价补贴的支出等，均为乡财政的固定支出。

1992 年，凡隶属乡政府管理的农业、文化、体育、卫生、广播、计划生育及其他支出等正常事业费；政府机关行政支出；农机站、农科站、水利员、林管员、多种经营办公室等定额补助经费支出；精简职工的定期定量生活补助费；城市维护费及以各类人员按规定应享受肉价补贴的支出等，均为乡财政支出范围。

2003—2007 年，乡财政支出范围为：隶属乡政府管理的农业、文化、教育、卫生、广播、计划生育等事业支出；医疗保险支出、社区建设、乡镇环卫等公益性支出。

2016 年，按规定享受的各类物价补贴支出和计划生育经费支出相对减少，医疗保险支出、社区建设、乡环卫等公益性支出大幅增加。

1986—2016 年鹿亭乡财政总支出情况表

表 13-1-2 单位：万元

时间	支出	时间	支出	时间	支出
1986 年	33	1997 年	482	2008 年	3013
1987 年	44	1998 年	486	2009 年	4074
1988 年	65	1999 年	550	2010 年	4263
1989 年	78	2000 年	684	2011 年	6080
1990 年	97	2001 年	818	2012 年	6770
1991 年	111	2002 年	1009	2013 年	8069
1992 年	123	2003 年	1167	2014 年	6371
1993 年	169	2004 年	1506	2015 年	7966
1994 年	288	2005 年	1811	2016 年	9197
1995 年	322	2006 年	2376		
1996 年	382	2007 年	2819		

第四节 行政事业财务管理

1949 年 5 月余姚解放后，乡行政事业单位所需经费以实有人数，按规定开支标准向上级财政部门报销。1953 年，开始建立单位预算。1959 年起，行政事业单位预算分为全额预算、差额预算和自收自支 3 种。党政机关、学校等为全额预算单位，所需经费财政拨款，全额预算从编制到执行，纳入财政部门监督范围。有稳定业务收入的医院等为差额预算单位，收支相抵后不足部分由财政部门核定后拨款补助。乡境内无自收自支单位。

1980 年，行政事业单位经费实行“预算包干、增收节支奖励”办法。对公务费、一般业务费有结余和收入比上年有增加的单位，可在增收节支的全额中提取 25% 用于集体福利事业，提取 15% 用于奖励，发给个人的奖金全年平均不超过 20 元。对增收节支贡献特别大的集体和个人的奖金，最高不超过本单位平均工资 1 个月的数额。1988 年，发给个人的奖金提高至 50 元。

1989 年 1 月起，行政事业单位经费实行《综合定额加专项补助的预算包干办法》，即各单位按工作范围和业务特点等因素，对每年度每人平均所需的经常性经费开支的额度，专项补助（包括退休人员费用）以及一次性大型设备的购置和修缮等经费，实行专款专用。对预算包干结余部分，可提取 30% 作为职工福利基金，20% 作为奖励基金，其余 50% 作事业发展基金，结转下年继续使用。

1994 年，对市卫生局等 5 个单位进行公用经费总额包干试点，节约奖励，超支不补。制定《公费医疗考核办法》，完善公费医疗管理。

1998 年 7 月，根据中共余姚市委、市人民政府紧缩财政开支的决定，各行政事业单位招待费开支不超过公务费的 2%。1999 年，建立财政综合预算管理制度，对行政事业单位所有非财政性收入（不包括上级补助和下级上缴收入）征集 10% 的政府统筹资金；将预算外收支全部纳入预算管理，实行统一核算、统一管理，并采取核定收入基数、以收抵支，不足时由财政定额补助，超支不补，结余留用的管理办法，对预算外资金试行“零基预算法”。

2000年，对非财政收入超年初核定收入基数的部分，40%上缴财政，60%由单位留用，短收部分财政补助60%，单位削减支出40%，并全面推行“零基预算法”。

2003年，成立乡行政事业单位会计核算中心。继续保持法人代表预算内外资金使用权及财务管理体制，撤销法人代表的银行账户及会计人员，由核算中心统一开户，部门或单位的资金拨入、支出及往来款项通过核算中心统一结算。法人代表原有的预算管理职能不变，年度经费预算仍由部门或单位编报；原有部门或单位的预算资金使用权不变，原有的资金审批权不变。

2005年，各部门经常性专项资金一律按上年年初预算的90%计算，历年专项结余一律清理收缴财政；单位历年结余50万元以上的一律抵支50%。

2007年，行政性收费（除学校、医院外）全部缴入国库后，对行政事业单位仍实行“核定收入基数、超收分成、短收扣减经费”的办法。年终超核定抵支收入部分，40%上缴财政，60%单位留用，短收部分由财政补助60%，单位削减下年度支出预算40%。

2012年开始，乡机关各线及教育单位实行公务卡管理，原使用现金结算的公用经费不再使用现金结算。

2014年始，执行公务接待费管理，按“接待标准”“接待人数”“报销标准”等规定，对原始凭证不齐全、未经批准或超标准、扩大开支范围的，不予结算、报销。

2016年1月，开始实施国库集中支付下的工资统发，同时实施财政国库集中支付制度，乡所有财政性资金都纳入国库单一账户体系管理，收入直接缴入国库或财政专户，支出通过国库单一账户体系支付到商品、劳务供应者或用款单位。

第二章 税 务

第一节 经征机构

民国时期，乡境内未设专门的经征机构，田赋等国税由乡公所代征。地方杂税由包商认办或由寺庙代征。

中华人民共和国成立后，境内征税隶属梁弄税务所，乡设税务专管员。1956年，梁湘华为鹿亭税务专管员。1959年6月，增设鹿亭财政管理所，沈成祥为鹿亭税务专管员。1964年12月，县财政局机构改革，财政税务两局合署办公，现境内征税由梁弄税务所划片专管。1979年，税务机构变动，梁弄税务所改为梁弄财政税务所，乡境内3个乡为梁弄财税所下设的3个专管片，驻派专管员，负责管理税收事务，财务核算。1986年，建立乡镇一级财政机构，农业税归属各乡政府征收。1992年，撤区扩镇并乡后，鹿亭乡设国税代理服务站和地税专管员，隶属梁弄税务所不变。1995年，为适应“分税制”财政管理体系，分设余姚市国家税务局梁弄税务所和余姚市地方税务局梁弄税务所，境内设国、地税专管员制度不变。2000年后，取消国、地税代理服务站及专管员制度，鹿亭乡仍属梁弄税务分局征管不变。

1979—2003年派驻鹿亭乡税务专管员一览表

表13-2-1

姓名	起讫时间	姓名	起讫时间
胡庆良	1979年1月至1982年12月	郑光辉	1993年8月至1998年1月
卢建国	1983年1月至1984年12月	张建祥	1994年7月至1999年4月
朱洪陆	1983年1月至1984年12月	陈坚益	1997年5月至1998年5月
丁生产	1985年1月至1989年12月	王幼良	1998年10月至1999年10月
韩胜余	1989年8月至1991年11月	徐建尚	1999年5月至2003年5月
施焕明	1991年12月至1994年2月		

1979—1992年，晓云乡历任税务专管员：黄春辉、朱洪陆、徐志浩、黄旭昶、徐亦龙、王洪、胡忠尧、朱和乾、徐建尚、马胜根等；白鹿乡历任税务专管员：丁生产、张余苗、张江琴、黄小云、胡忠尧、庄坤球、黄忠根等。

第二节 中华人民共和国成立后税种

农业税

1949年10月，颁布《浙江省农业税暂行办法》，将田赋、公粮、公柴及乡村经费等各项税费合并，统一征收，称为农业税。以农业生产的土地为依据，其受益者为征收对象。乡村按每户土地多少，分为十六级累进税制，每级再按土地肥瘠、产量高低，设甲、乙、丙、丁四等，规定每级各等次的应纳税额。不足2亩者免征，2亩以上者按照田亩多少分等级依次类推。50亩以上为顶级，甲等田每亩税额122.5千克，乙等田每亩100千克，丙等田每亩77.5千克，丁等田每亩55千克。山区少田，粮食不足缴纳农业税，折算成货币后以现金缴纳。1950年，规定以土地常年产量为计税标准，以征收实物为主，实行40级超额累进税制，每年一次计算，分夏秋两季征收。1952年，实行24级全额累进税制，对以前的税率适当调减。1953年，国家采取增产不增税的政策，至1957年稳定不变。1958年6月，国家颁布《中华人民共和国农业税暂行条例》，废除累进税制，实行地区差别比例税制，按正常年景产量重新评定计税产量。1960年，由于国家困难时期，适当调整计税产量。1999年，市人民政府对鹿亭等4个山区乡镇和菱湖等3个片区的农业税减征27%。2004年起，市人民政府决定免征农业税（比全国提早2年），数千年来的“皇粮”至此退出历史舞台。

1954年前，农业税由占地农民以户缴纳。1955年，农村进入合作化发展时期，农业税改由初级农业生产合作社统一缴纳，由土地入股的农民负担，未入社的农民仍由个人缴纳。1956年起，土地转为集体所有，农业税全部由高级农业生产合作社统一缴纳。1958年后，由基本核算单位（生产队）缴纳。1982年后，农村实行家庭联产承包责任制，土地归农户个体经营，农业税由农户负担，实行户缴户结。1995年，余姚市人民政府为照顾贫困乡镇，农业税征收价格规定每50千克稻谷为42元。是年，全乡农业税代金任务为106764千克稻谷，计税金89681.76元。1996年，全乡有纳税户5600户。1997年，全乡征收农业税93800元。至2004年农业税停征。

1950年始，按农业税正税的15%征收地方附加税，地方附加税留地方政府使用，在征收农业税正税的同时合并征收。1950—1963年，税率常有调整，时高时低，高时达20%，低时仅5%，1964—2003年，保持15%不变。2004年，伴随全市农业税的停征，地方附加税也同时取消。

农林特产税

农林特产税是对农业类行业的园艺收入、林木收入、水产收入等农林特产收入，按比例税率征收的一种税种，是农业税的组成部分。境内农林特产税以毛竹、林木、茶叶为主。

1954年前，对种植农林特产的土地按评定产量折合粮食10%的税率按户计征。1955年开始，采取按产品实际出售收入征收农林特产税。1957年8月，重新规定林木由10%调整为15%，茶叶由7%提高到9%，同时停征农林特产税附加税（1962年又恢复）。1961年，竹木税率降为8%，茶叶税率降为7%。1973年起，农林特产税与附加税合并，茶叶等税率为8%，原竹原木9%。1979年收购议价毛竹，按实际收购价打五折的税率征收。1984年，对5月底前投售春茶的按6%的税率征收，对夏茶、秋茶按10%的税率征收。1989年重新调整，对原木、毛竹、茶叶均按8%的税率征收。1992年，规定茶叶每亩20元，毛竹每亩2元，农林特产税任务一定两年不变。当年，全乡上缴茶叶税额62800元，毛竹税额33980元。1994年后，农林特产税与农林牧水产品税归并，统一征收农林特产农业税（简称“农业特产税”）。1995年，市人民政府分配给鹿亭乡农业特产税任务113302元，其中茶叶税75740元，竹笋税37562元。1997年，全乡征收农业特产税90000元。2000年，对原竹、原木、茶叶等只在生产环节上征收特产税，收购环节不再计征，并对原竹、原木税率调整为8%～10%，茶叶税率调整为8%～13%。2002年7月，农村税费改革，对农业税计税土地上生产的农业特产品只征收农业税，不再征收农业特产税。2003年起，对非计税土地上征收农业特产税的农业特产品改征农业税。2004年起，农业特产税伴随农业税的取消而随之取消。

工商税收

1949年5月余姚解放后，停止部分苛捐杂税，仍保留货物税、所得税、印花税、营业税、屠宰税等税种。1950年起，按政务院公布《全国税收实施细则》，正式开征10种税收：货物税、工商业税（包括营业税和所得税）、存款利息率税、印花税、屠宰税、特种消费行为税、车船使用牌照税、利息所得税，新开征商品流通税和牲畜交易税，改特种消费行为税为文化娱乐税，合并房产税、地产税为城市房地产税，合计11种。1958年，简化税制，合并商品流通税、货物税、营业税、印花税为工商统一税，税种由11种简并为7种。对工农业产品从生产到流通只征两次税；并从工商业税中划出所得税，单设工商业所得税；1959年，陆续停征利息所得税和牲畜交易税（1983年恢复）。1962年，开征集市交易税，至1965年2月停征。1966年10月，停征文化娱乐税。1973年，工商统一税、城市房地产税、车船使用牌照税、屠宰税以及盐税合并为工商税，每个行业只按一个税率征收一种税。时全县仅剩工商税、工商所得税、屠宰税和城市房地产税4个税种，后两种只对个人征收。

1983年1月始，实行第一步利改税，国营企业改向国家缴纳所得税，税后利润除企业按规定留利外，其余以调节税形式上缴。1984 年 10 月起，执行第二步利改税，分解、保留、恢复和新增 11 个工商业税种，对国营企业征收奖金税，并对区镇办企业、街道企业、手工业社、中小学校办厂、乡镇企业生产的产品定期定率征收增值税。同年，县财税所为鹿亭电器塑料厂减征工商税 5000 元，同时免征当年度所得税。

1986 年，先后开征城市个体工商业户所得税，房产税、车船使用税、个人收入调节税。10 月起，将原征收产品税的轻工产品改按增值税征收，增值税税目共 24 个。1987 年，征收的税种有产品税、增值税、营业税、牲畜交易税、国营企业所得税、集体企业所得税、城市个体工商业户所得税、个人收入调节税、国营企业利润调节税、房产税、建筑税、国营企业奖金税、国营企业工资调节税、集体企业奖金税、事业单位奖金税、屠宰税、车船使用税、城市建设维护税等 18 个。1988 年，开征印花税、城市土地使用税、筵席税。

1994 年，国家实行税制改革，分设国税、地方税征收机构，工商税种规定为 5 类共 19 个：流转税类为增值税、消费税、营业税、盐税、关税等 5 个税种；所得税类为企业所得税、个人所得税、外商投资企业和外国企业所得税 3 个税种；资源税类为资源税、城镇土地使用税、耕地占用税等 3 个税种；财产税类为房产税、城市房地产税、车船使用税和车船牌照使用税等 4 个税种；行为税和特定目的的税类为印花税、契税、土地增值税、城市维护建设税等 4 个税种。

2010年开征的税种有增值税、消费税、营业税、车辆购置税、企业所得税、个人所得税、城市维护建设税、房产税、印花税、土地使用税、土地增值税、车船使用税、耕地占用税、契税、资源税等。

2016 年，国家对建筑业、房地产业、金融业和生活服务业等四大行业全面推行营业税改征增值税，从制度上基本清除货物和服务税制不统一，重复征税的问题，使税负得到有效减轻。

其他税费

粮食附加税　1987 年 12 月 12 日，市人民政府作出开征粮食附加税的决定，按纳税义务人取得的销售收入计算纳税，税率为 0.6%，与“三税”同时征收。用于农田基本建设，保证粮食生产和整个农村经济稳定协调发展。1989 年，对梁弄、四明山 2 个区粮食附加税返还，乡境内共返还 15640 元，其中鹿亭乡 12414 元，白鹿乡 2341 元，晓云乡 885 元。1990 年，对白鹿等 10 个贫困乡镇，将已征收的粮食附加税全额返还，作为“预算外暂存”入账，并充入农业发展基金。1991 年，按宁波市财政局《贫困乡镇粮食附加税返还给乡镇适用问题的通知》精神，返还 25%。1992 年，全乡粮食附加税返还 132226 元。1995 年，对鹿亭等 4 个乡镇又按实际征收额返还，1996 年，鹿亭乡粮食附加税返还 401607 元。1998 年，按实际征收数在落实项目基础上全额返还 385479 元。2001 年 2 月 1 日起，停止征收粮食附加税。

教育费附加　1984 年，余姚县人民政府根据国务院《关于筹措教育经费的通知》精神，开征教育费附加。征收范围规定为：凡本县境内乡（镇）企业、乡村办或个人办的商业、服务业、农业均应缴纳教育费附加。征收比例：企业按销售收入额 0.5% ~ 1.5% 计征；商业、服务业按营业额 0.1% 计征；农业计征办法由各乡（镇）自定。并规定学校编造预算，财税员负责征收，信用社协助。1991 年，乡境内 3 个乡共征收教育费附加 16.23 万元。1992 年 10 月，教育费附加征收范围是乡、村办企业、个体私营企业，计征率按产品销售收入的 0.5% ~ 1%，实行单独设账，专款专用管理。是年，全乡征收 15.62 万元。1995—1996 年 9 月，市返还梁辉、洪山、鹿亭、四明山 4 个乡镇教育事业附加费 19.8 万元。

1997年起，市对乡镇统筹的农村教育事业费附加改为定额上缴办法。1997年，定额上缴基数按1996年收入实绩加征收计划的平均数乘以收入递增率11%再乘以10%统筹率核定，定额上缴数一经核定后，由市财政分月直接在农村教育事业附加费返还中抵扣。是年，全乡核定定额上缴数27万元。

2006年5月1日起，农村教育费附加停征。

第三节 税务征收管理

民国初年，田赋、统捐征收制度较严，田赋按年编册造串，随田亩增减和推收登记调整赋额，统捐一律以产地先捐后销，由行栈代扣。其他杂捐多为定额征收或招商承包。营业税、货物税等新税种开征后，逐步建立开业登记、营业申报、纳税检查等制度。企业所有账簿，均需购贴印花，并送征收机关查验盖戳后方可使用。企业偷欠税款，则送法院裁定罚款，罚款由法院代收。县税中的房警税，专作警察经费，征收面普及到乡村，由警察局代收，各乡、保派专人协助，对纳税户催逼甚紧。1949年10月，中华人民共和国成立后，税收征管模式历经三次改革，管理制度逐步完善。

税收征管模式

集征、管、查于一体的专管员征管模式 1949年10月后，县税务局实行分税管理，以乡镇为单位设税务专管员。1951年4月，改为出厂征收，对农村划片包干专管。1956年，农村各乡镇有基层供销社，个体经济成分缩小，公有经济成分增加。对农村个体及分散税收仍划片专管。1959年4月，农村进行稽管制度试点，采取“一专多能、分线负责、划片包干、分工协作、巡回辅导”的稽管办法。1978年后，实行改革开放政策，纳税户数逐年增加，税源逐年扩大，税务部门根据税源多少，因地制宜，划地段分片专管。采用“一员到户，各税统管，集征、管、查于一体”的征管模式。

征管、检查分离的征管模式 1986年3月，梁弄税务所成立检查小组，开始采用征管、检查两分离的征管模式。乡镇税务专管员只负责征收，稽查由检查小组实施。

申报、代理、稽查三位一体的征管模式 1996年，根据国家税务总局提出的“以纳税申报和优化服务为基础，以计算机网络为依托，集中征收，重点稽查”的要求，逐步建立“纳税申报、税务代理、税务稽查”三位一体的管理模式。1997年起，对外以办税大厅为标志的纳税人自行申报纳税制度，对内形成取消专管员管户制度为标志的服务、管理、稽查的有机结合。

税收征收办法

中华人民共和国成立后，税务部门在不同历史时期，对不同所有制经济成分先后采取十余种方法征收税金。分别为：查账征收，自报、自核、自缴征收，民主评议征收，定期定额征收，定率征收，委托代收，代扣代缴征收，查定征收，查验征收，起运征收，驻厂（场）征收，简易申报，储蓄卡纳税等。

税收管理制度

中华人民共和国成立后，税务部门在税务管理上先后建立一系列制度，在实践中逐步规范，主要有税务登记、纳税鉴定、纳税辅导、纳税申报、发票管理、税务检查、纳税人分类管理、涉外税收管理、加油站税控装置管理等制度。

第十四编

金融　保险

第一章 金融机构

乡境民国时期无金融机构。1953年，白鹿信用合作社成立，为乡境内首家金融机构。后相继成立鹿亭、晓云信用合作社。1988年，乡境内3个邮电所均开办邮政储蓄业务。2016年，乡内有金融机构1个，即余姚农村商业银行梁弄支行鹿亭分理处，存款余额20484.94万元，贷款余额2565.04万元。

第一节 农村商业银行

余姚农村商业银行梁弄支行鹿亭分理处的前身为鹿亭信用合作社。1953年，白鹿成立乡境内首家由农民自愿入股的农村信用合作社（简称“信用社”），社址设陈家岩大屋里，主任马炳堂，会计陈银台。开展储蓄、发放低利贷款等业务，扶助农业、手工业、生产互助组合作发展。1954年9月，鹿亭信用合作社成立，社址设中村供销合作社内，有职工2人，主任黄庆善。1956年，晓云信用社成立，社址设上村姚家祠堂，主任朱新启。

1958年10月，鹿亭信用社迁址上庄应家路，同时改名为高峰人民公社（次年改称鹿亭人民公社）信用部，晓云、白鹿信用社同时改设为高峰人民公社信用部晓云管理区信用分部、陈家岩管理区信用分部。1960年下半年，鹿亭人民公社信用部迁址公社大会堂东边厢房南首。1961年7月，恢复信用社集体所有制性质，实行社员代表大会制度。同年9月管理区改设公社后，成立鹿亭、白鹿、晓云3个公社信用合作社。鹿亭公社信用社仍设公社大会堂东边厢房。

1978年，鹿亭信用社新建两层楼房5间（原鹿亭公社政府办公楼西首）。1983年5月，改革信用社管理体制，恢复民主灵活的经营方式，开展清权扩股、召开社员代表大会、选举新一届理监事、修订社章、扩大业务项目等工作，同年鹿亭信用社在中村开设服务点。1984年11月，县信用联社成立，对基层信用社实施统筹管理。1987年7月，建立梁弄区信用联社，乡境内3个信用社改设为分理处（习惯上仍称鹿亭、晓云、白鹿信用社）。是年，鹿亭分理处（信用社）有职工5人，主任方张良。

1992年10月，农村信用社机构调整，保留余姚市鹿亭乡信用合作社；晓云、白鹿信用社改设余姚市鹿亭信用社晓云分社、白鹿分社，为非独立核算单位。鹿亭信用社共有职工22人，其中鹿亭社11人、晓云分社6人、白鹿分社5人。是年，鹿亭信用社易地新建，次年竣工，迁入新址。

2004年12月，市农村信用合作社联合社改制为宁波余姚农村合作银行。次年1月，鹿亭信用合作社改建为宁波余姚农村合作银行梁弄支行鹿亭分理处，晓云、白鹿2个分社改建为储蓄所，集体所有制性质改变为股份制。是年，有职工5人（不含2个储蓄所临聘人员）。2006年，晓云、白鹿2个储蓄所改称服务点（2015年后改称余姚农村商业银行宁波市助农金融服务点），每个点配1～2人，办理小额（1000元以内）存取款、转账、缴费等业务。2015年12月，农村合作银行改建为宁波余姚农村商业银行股份有限公司梁弄支行鹿亭分理处，是年，有职工5人。2016年，宁波余姚农村商业银行股份有限公司梁弄支行鹿亭分理处存款余额20484.7万元（其中单位存款4128.76万元、个人存款16355.94万元），贷款余额2565.04万元。

农村商业银行梁弄支行鹿亭分理处（鹿亭信用社、合作银行鹿亭分理处）1954—2016年历任主任（负责人）：黄庆善、龚洪吉、赵文传、龚开福、方张良、宓伟义、沈志明、褚仲月。

余姚农村商业银行梁弄支行鹿亭分理处

第二节　邮政储蓄

1988年，乡境内鹿亭、晓云、白鹿3家邮电所开办邮政储蓄业务，专营存款业务，活期1元、定期10元起存，利率按中国人民银行规定。1992年“撤扩并”后，晓云、白鹿片不再办理邮政储蓄，储金与储户逐年减少，至2004年，鹿亭乡邮政所邮政储蓄停办。

附民间抬会（摇会）

抬会，俗称兜会、纠会，是为解决经济上有急需者而实行的一种民间集资形式。发起人称“头会”，与会份子称“会甲子”，会甲子最少5人，多则10人。头会进会要准备酒菜聚餐，称“会酒”。聚餐后，拟定“会单”发给每个会甲子。会单首句多为“承蒙亲友相助，成会一个”，然后是会金总额、利息、每次转会时间、每个会甲子应缴的份额等内容。以一个会总金额一万元、一年一转、月息5厘、有5个会甲子的“会”为例，每个会甲子应缴的份额为：二会2600元，三会2300元，四会2000元，五会1700元，末会1400元。以后每年同一日期（指头会进会的日子），各会甲子持认定份额，到头会家里缴款。但轮到进会的会甲子不出份额，其份额由头会支付。在20世纪80年代前，会金总额多在1000元以内。至90年代，会金总额增至5000～10000元，也有高达1万～5万元。进入21世纪，民间抬会逐渐消失。

第二章 货 币

自秦代统一币制，制钱为历朝所沿用。唐代后，民间还以金、银通货为主要货币。清咸丰年间，发行户部官票和大清宝钞。光绪年间，开始流通银元和铜元，中国通商银行开始发行钞票。此后，银元、铜元、钞票逐渐替代金银元宝和制钱，沿用至民国后期。1949 年中华人民共和国成立后，人民币为唯一法定货币。

第一节 银两 银元 铜币

银两

明清时期实行银两制，流通银锭、银饼、碎银（1 两以下）。民国 22 年（1933）废两改元，银元代替银两，纹银停止流通。

银元

鸦片战争后，外国银元开始在境内流通，主要有墨西哥鹰洋、西班牙银元、美国贸易银等。光绪年间，各省开铸“龙洋”。民国元年至 24 年（1912—1935），银元流通以袁洋（袁世凯头像，俗称“袁大头”）、孙洋（孙中山头像，亦称“小头”）最多，占 80%；鹰洋次之，占 15%；龙洋占 5%。民国 24 年，国民政府实行法币制，停止银元流通。1949 年 5 月中华人民共和国成立前后，仍有流通。至 2016 年，民间私下收藏和交换不绝。

民国 3 年袁世凯头像银元

银元辅币

清末，银元辅币主要为三钱六分、一钱四分四厘、七分二厘、三分六厘 4 种面值的银质辅币。民国元年至 29 年，流通的银元辅币有：角票，由中国银行、交通银行、中央银行、中南银行 4 家发行的一角、二角、五角辅币券；银角，以民国 7—11 年广东省造贰毫银角及民国 13 年浙江省造双旗图壹毫银角为主；至 1949 年中华人民共和国成立前后，流通的银质辅币有 10 毫角和 20 毫角币 2 种。铜元，以清时苏、浙、闽、赣等省铸造的为多。

铜币

境内历朝流通铜钱，清、民国时期流通的铜钱主要有2种：一是外圆中间有方孔的铜钱，即制钱。清代1000个铜钱为一贯，又称一缗，值银一两；二是铜元，亦称铜板，圆形无孔。1枚铜元抵10个制钱。铜钱于民国10年停止使用，铜元于民国30年余姚沦陷前停止使用。

第二节 民国时期纸币

民国元年至24年（1912—1935），境内主要流通中国银行、交通银行、中央银行、四明银行、中国实业银行、浙江兴业银行、中南银行、农商银行和浙江地方银行发行的钞票，面额壹圆、伍圆、拾圆、伍拾圆等数种，以中国银行纸币最为流通。是时，币值较为稳定，纸币可与银元等额兑换。民国24年金融风潮后，又经历抗日战争，至1949年5月余姚解放前夕，由于通货膨胀，纸币严重贬值。

民国24年中国银行纸币

法币

民国24年11月4日，国民政府实行法币制，以中央银行、中国银行、交通银行、中国农民银行四行发行的钞票为法币。票面初为壹圆、贰圆、伍圆、拾圆和壹角、贰角、伍角、壹分、伍分等数种。后因通货膨胀，法币严重贬值，到民国37年8月，票面增至壹佰圆、伍仟圆、壹万圆，最高达伍佰万圆。

民国25年，流通20分、10分、1分三种镍辅币和1分、半分两种铜辅币。

民国34年中央银行法币

关金券

即海关金兑换券。民国31年，国民政府将缴纳税收用的关金券，以1元折合法币20元流入市场。民国37年8月停止流通。

民国37年中央银行关金券

金圆券

民国37年8月，因通货膨胀，货币严重贬值，国民政府实行币制改革，发行金圆券。以金圆券壹圆兑换法币300万元，限期兑完。初期金圆券面额为壹圆、伍圆、拾圆、伍拾圆。由于滥发，引起急剧贬值，3个月后面额增到壹佰圆，直至伍佰万圆。同时规定金银不准流通，强制以金圆券200圆收兑黄金1两，金圆券2圆兑换银元1元。1949年2月26日《宁波日报》第五版报道米价：早晨开市1.033万元，午到1.1万元，晚达1.15万元。

◉ 民国37年中央银行金圆券

浙东抗币

民国34年4月10日，由中共领导的浙东银行发行抗币，为浙东抗日根据地本位币。境内流通的抗币有壹圆、伍圆、拾圆及贰角、伍角等面额，地方乡镇民主政府发行的抗币辅币兑换券同时流通。时1元抗币值大米1市斤，折合法币50元，折合汪伪储备券3000元。同年9月，新四军浙东游击纵队奉命北撤，抗币以粮食或棉花兑换收回，就地销毁。

◉ 民国34年浙东银行抗币

第三节　人民币

1949年5月23日余姚解放后，全县统一使用中国人民银行于民国37年（1948）12月1日发行的第一套人民币，面额有壹圆、伍圆、拾圆、贰拾圆、伍拾圆、壹佰圆、贰佰圆、伍佰圆、壹仟圆、伍仟圆、壹万圆、伍万圆12种。同时以1∶1000000的比价收兑金圆券，禁止银元流通。1953年7月至9月15日，以人民币1200元兑换抗币1元，收兑民间遗留抗币。

1955年3月1日，中国人民银行公布发行第二套人民币，当天发行的有壹分、贰分、伍分、壹角、贰角、伍角、壹圆、贰圆、叁圆、伍圆10种面额，同时以新币壹圆折兑旧人民币壹万圆回收第一套人民币。1957年12月1日又发行10元券1种。

1962年4月20日，中国人民银行发行第三套人民币，与第二套人民币票面额等值，共有壹角、贰角、伍角、壹圆、贰圆、伍圆、拾圆7种面额。1964年4月11日至1965年3月30日，收回苏联代印的叁圆券、伍圆券、拾圆券3种人民币。至1980年第三套人民币共发行7种面额13种版别，分别为壹角券（币）4种、贰角券（币）2种、伍角券（币）2种、壹圆券（币）2种、贰圆券1种、伍圆券1种、拾圆券1种，分币仍采用第二套人民币面额。第三套人民币一直流通至20世纪90年代初。

1987年4月27日，中国人民银行发行第四套人民币，与第三套人民币等值混合流通。至1997年4月1日，第四套人民币共发行壹角、贰角、伍角、壹圆、贰圆、伍圆、拾圆、伍拾圆、壹佰圆9种面额、14种票券，其中壹角券1种、贰角券1种、伍角券1种、壹圆券3种（1980年、1990年、1996年）、贰圆券2种（1980年、1990年）、伍圆券1种、拾圆券1种、伍拾圆券2种（1980年、1990年）、壹佰圆券2种（1980年、1990年）。

1999年10月1日，中国人民银行发行第五套人民币，与第四套人民币混合流通。面额有壹角、伍角、壹圆、伍圆、拾圆、贰拾圆、伍拾圆、壹佰圆8种，增加贰拾圆面额，取消贰角、贰圆面额。其中壹角、伍角、壹圆有纸币、硬币2种。至2015年，第五套人民币共发行壹角、伍角、壹圆、伍圆、拾圆、贰拾圆、伍拾圆、壹佰圆8种面额、20种版别，其中壹角券2种（1999年、2005年）、伍角券1种（1999年）、壹圆券2种（1999年、2015年）、伍圆券3种（1999年、2005年、2015年）、拾圆券3种（1999年、2005年、2015年）、贰拾圆券3种（1999年、2005年、2015年）、伍拾圆券3种（1999年、2005年、2015年）、壹佰圆券3种（1999年、2005年、2015年）。至21世纪初，壹分、贰分、伍分硬币实际已很少流通，仅见银行找付。

1957年12月1日，境内流通壹分、贰分、伍分三种铝质硬辅币。1980年1月，发行壹角、贰角、伍角和壹元（长城）四种硬币。

20世纪90年代后，中国人民银行发行标有面值的金、银质硬币，均不进入流通，仅作收藏品。

第四节 债券 侨汇

债券

民国20年（1931）前后，国民政府在余姚地区发行的公债有公路公债、编遣库券、建设公债。

1950年，人民政府为平抑市场价格，向单位和个人发行人民胜利折实公债，年息5厘，偿还期5年。

1954—1958年，连续5年发行国家经济建设公债，年息4厘。除1954年发行的公债偿还期为8年，其余均为10年。

1981年起发行国库券，首年国库券发行对象主要是单位。1982年开始向个人发行，认购标准：每位职工负担7.8元，每位社员0.8元。公办教师每人10元，民办教师每人7元，临代教师每人5元。是年，乡境内中小学教师共认购1106元，其中公办教师370元，民办教师651元，临代教师85元。1981—1983年，国库券以实物券形式（又称无记名式国债）发行。1987年，乡境内分配国库券认购总额48000元，至当年4月底，认购48200元，完成分配认购数的100.42%。其中晓云乡电视机配件厂认购2万元。1989年始，单位不再认购国库券，每年由个人认购。1994年开始发行凭证式国债（又称存单式国库券）和记账式国债（又称无纸化国债）。1995年始不再分配任务，由销售系统自行组织推销。1997年后，国债发行均采用非实物形式，不再发行实物国库券。1981—1997年，国债品种除国库券外，还有国家重点建设债券、国家建设债券、财政债券、特种债券、保值债券、特种定向债券、基本建设债券和转换债券等。1998年后，不分品种，统一称国债。

至2016年底，债券品种大致分为国债、特种金融债、政策性银行债、企业债四大类，合计400余种。

1981—1997 年国库券偿还期及年息一览表

表 14-2-1

<table>
<tr><th rowspan="2">年份</th><th rowspan="2">偿还期</th><th colspan="2">年息（%）</th><th rowspan="2">备注</th></tr>
<tr><th>单位</th><th>个人</th></tr>
<tr><td>1981</td><td>10 年</td><td>4</td><td>4</td><td>主要向单位发行</td></tr>
<tr><td>1982</td><td>10 年</td><td>4</td><td>8</td><td>开始向个人发行</td></tr>
<tr><td>1983</td><td>10 年</td><td>4</td><td>8</td><td>—</td></tr>
<tr><td>1984</td><td>10 年</td><td>4</td><td>8</td><td>—</td></tr>
<tr><td>1985</td><td>5 年</td><td>5</td><td>9</td><td>—</td></tr>
<tr><td>1986</td><td>5 年</td><td>5</td><td>9</td><td>—</td></tr>
<tr><td>1987</td><td>5 年</td><td>5</td><td>9</td><td>—</td></tr>
<tr><td>1988</td><td>5 年</td><td>5</td><td>9</td><td>—</td></tr>
<tr><td>1989</td><td>3 年</td><td colspan="2">14</td><td>单位和个人不再分开计息</td></tr>
<tr><td>1990</td><td>3 年</td><td colspan="2">14</td><td>—</td></tr>
<tr><td>1991</td><td>4 年</td><td colspan="2">10</td><td>—</td></tr>
<tr><td rowspan="2">1992</td><td>3 年</td><td colspan="2">9.5</td><td>1993 年 7 月 11 日后享受保值贴补率</td></tr>
<tr><td>5 年</td><td colspan="2">10.5</td><td>—</td></tr>
<tr><td rowspan="2">1993</td><td>3 年</td><td colspan="2">13.96</td><td>1993 年 7 月 11 日后享受保值贴补率</td></tr>
<tr><td>5 年</td><td colspan="2">15.86</td><td>—</td></tr>
<tr><td>1994</td><td>半年和 1、2、3 年</td><td colspan="2">13</td><td>开始发行凭证式国债和记账式国债</td></tr>
<tr><td>1995</td><td>3 年</td><td colspan="2">14</td><td>—</td></tr>
<tr><td>1996</td><td>5 年</td><td colspan="2">13.06</td><td>—</td></tr>
<tr><td rowspan="3">1997</td><td>2 年</td><td colspan="2">8.64</td><td>采用凭证式国库券，不再发行实物券式国库券</td></tr>
<tr><td>3 年</td><td colspan="2">9.18</td><td>—</td></tr>
<tr><td>5 年</td><td colspan="2">10.17</td><td>—</td></tr>
</table>

侨汇

1958 年开办侨汇，汇款人多为旅居海外的华侨，侨汇转存银行，利率优惠。1960 年起，国家为鼓励海外华侨向国内亲友寄回外汇，支援国家经济建设，发行侨汇券，收款人可凭侨汇券购买布、米、油以及手表、缝纫机等紧俏商品。1991 年，侨汇券取消。

附：金银收购销售

民国元年至 24 年（1912—1935），以银元为本位货币流通，间有纸币和银元等价使用，黄金可以自由买卖。民国 24 年 11 月 4 日，实行法币制后，禁止银元在市场流通使用，但民间仍有交换和收藏。特别是中华人民共和国成立前夕，法币严重贬值，银元又成为流通货币。

中华人民共和国成立后，人民政府禁止金银买卖和流通。1949 年秋，中国人民银行开始兑换金银，并于 1958 年、1960 年、1980 年三次调高收购价而形成收兑高潮。2000 年，金银物品统购统销管理体制开始解冻，允许个人从事金银的收购和销售。

第三章　金融业务

金融业务包括存款、贷款、结算、银行卡和代理业务等。1991 年，乡境内 3 个信用社相继开办信用卡业务，2004 年推出网上银行业务。

第一节　存　款

乡境内自 1954 年始，由信用合作社办理单位存款和个人储蓄存款，邮政储蓄只办理个人储蓄存款。

单位存款

1953 年、1954 年、1956 年，白鹿、鹿亭、晓云 3 个信用合作社相继成立，乡境内企事业单位存款业务由 3 家信用社经营，企事业单位存款一般为人民币活期存款。1982 年 1 月后，允许行政事业单位预算外资金及企业基金存定期、活期、协议存款 3 种，是年底，乡境内单位存款 22.97 万元。1988 年，单位存款 80.86 万元。

1992 年撤区扩镇并乡，是年，全乡单位存款 98.5 万元。此后，单位存款逐年增多，1994 年，全乡单位存款 134.51 万元；2001 年单位存款 651.56 万元，是 1992 年的 6.61 倍。2015 年单位存款达 3929 万元，是 2001 年的 6.03 倍。2016 年，宁波余姚农村商业银行股份有限公司梁弄支行鹿亭分理处单位存款额 4128.76 万元。

个人储蓄存款

白鹿、鹿亭、晓云信用合作社相继成立后，陆续开办个人储蓄存款业务。1981 年，恢复有奖贴花储蓄。1982 年，农村实行家庭联产承包责任制后，农民收入增加，个人存款迅速提高，是年，乡境内个人存款 75.23 万元（只含乡境内 3 家农村信用合作社及以后的农村商业银行个人存款数，下同），比 1981 年增加 30.07 万元。1984 年，鹿亭乡个人存款 39.6937 万元，人均 56.53 元。是年，乡境内个人存款 130.52 万元，是 1981 年的 2.89 倍。1979—1987 年，5 次调高存款利率。1985 年起，开办现金有奖、实物有奖、利息预付和大额定期（500 元以上，利率上浮 10%）储蓄等。是年，乡境内个人存款余额 145.18 万元。此后，信用社实行“一定六包”（定人员、包任务、包服务、包质量、包费用、包制度、包安全）责任制，个人储蓄量猛增。1993 年，全乡个人存款余额 1190.78 万元，是 1984 年的 9.12 倍。2000 年后，虽数次调低存款利率，但储蓄存款量还是逐年攀升。2001 年，全乡个人存款余额 4002.44 万元，是 1993 年的 3.36 倍；2010 年，个人存款余额 6616 万元；2015 年，全乡个人存款余额 14002 万元。至 2016 年，全乡个人存款余额16355.94万元，是2001年的4.09倍。

第二节 贷 款

白鹿、鹿亭、晓云3家信用合作社相继成立后，为农民发放低利农业贷款。随乡镇工业和个体工商业的发展，贷款由农业贷款扩展到工商贷款和工业贷款。

农业贷款

1953—1978年，农业贷款以一般农业贷款为主。一般农业贷款主要用于农业、副业、渔业、养殖业的生产成本及大型农机具的购置，少量用于困难户解困。1955年，信用社向农业合作社发放农业技术贷款。1955—1956年，为帮助贫困农民解决缴纳农业合作社股份基金的困难，设立贫农合作基金贷款。1956年8月1日台风灾害后，发放救灾贷款。1963年，根据国务院文件精神，豁免1961年前积欠的农业贷款。1979年后，乡镇工业贷款逐渐成为农业贷款的主要构成部分。

1980年，调整信贷结构，增加对“专业户”“重点户”的生产贷款。是年，乡境内农业贷款余额10.68万元。1983年，开始发放有担保抵押的小额农业贷款。至1984年底，乡境内累计发放农业贷款14.53万元。1992年始，全乡农业贷款逐年上升，1993年，农业贷款余额103.47万元；1997年，农业贷款余额170.49万元；1999年，农业贷款余额312.79万元。至2001年，全乡农业贷款余额335.38万元。

工商贷款

20世纪70年代末至80年代初，乡境内3家信用社始开放集体商业贷款，恢复个体有证工商业贷款。信用社开始承办信托存款和贷款，受理委托贷款、代理应收款项清理等业务，工商贷款逐年上升。至1987年，工商贷款额为5.66万元。

1990年后，以产权制度改革为重点的经济体制改革全面展开，多种体制形式的民营工商业、个体工商业迅速发展，工商业贷款逐年攀升。1997年，全乡工商贷款余额152.51万元。1999年，工商贷款余额206.96万元。至2001年，全乡工商贷款余额299.29万元。

乡镇工业贷款

1971年，信用社开始向刚起步的社队企业发放生产贷款。1976年起，增加发放设备贷款。1979年后，乡镇工业贷款比重不断增加，是年底，乡境内工业贷款余额15.3万元。1984年，设乡镇工业基建贷款、设备抵押贷款，增办信托业务。是年底，乡境内累计发放乡镇工业贷款56.79万元。此后，随乡镇工业的发展，乡镇工业贷款逐年攀升，1988年，乡境内工业贷款余额225.31万元；1992年，全乡工业贷款余额517.98万元；1993年，乡镇工业贷款余额527.87万元。至2001年，乡镇工业贷款余额429.23万元。

1974—2016 年余姚农村商业银行（信用社、合作银行）梁弄支行鹿亭分理处部分年份存贷款额一览表

表 14-3-1　　　　单位：万元

年份	存款	其中		贷款	其中		
		单位	个人		工商	农业	工业
1974	28.92	17.6	11.32	3.27	—	—	—
1975	38.99	27.26	11.73	3.16	—	—	—
1976	60.8	50.7	10.1	4.88	—	—	—
1977	61.9	43.89	18.1	3.77	—	—	—
1979	45.1	26.12	18.98	20.21	1.28	3.63	15.3
1980	60.35	23.57	36.78	35.52	1.78	10.68	23.16
1981	65.12	19.96	45.16	32.51	2.09	5.84	24.58
1982	98.2	22.97	75.23	37.16	2.97	7.8	26.39
1983	139.4	27.8	111.6	49.16	1.28	9.61	38.27
1984	166.17	35.65	130.52	74.6	3.28	14.53	56.79
1985	179.46	34.28	145.18	123.65	4.06	23.51	96.08
1986	190.46	31.65	158.81	182.18	4.08	56.35	121.75
1987	270.89	50.68	220.21	209.69	5.66	45.71	158.32
1988	427.57	80.86	346.71	247.3	0.56	21.43	225.31
1989	394.8	58.94	335.86	267.19	3.08	86.85	177.26
1990	472.81	53.01	419.8	377.62	1.81	55.19	320.62
1991	646.43	76.59	569.84	468.43	7.26	41.58	419.59
1992	837.79	98.5	739.29	602.91	0.72	84.21	517.98
1993	1281.28	90.5	1190.78	631.81	0.47	103.47	527.87
1994	1914.6	134.51	1780.09	665.8	1.29	158.86	505.65
1997	2272	397	2375	734	152.51	170.49	411
1999	3973	569	3404	852.75	206.96	312.79	333
2001	4654	651.56	4002.44	1063.9	299.29	335.38	429.23
2010	7684	1068	6616	1661	—	—	—
2011	9488	1461	8027	1990	—	—	—
2012	10658	1359	9299	1990	—	—	—
2013	12570	1943	10627	2060	—	—	—
2014	15673	2573	13100	1788	—	—	—
2015	17931	3929	14002	1611	—	—	—
2016	20484	4129	16355.94	2565	—	—	—

注：以上数据由农村商业银行鹿亭分理处提供，1974—1991 年为乡境内 3 个信用社数据之和。

第三节 结 算

结算分现金结算、转账结算两种方式。1955年，随农业合作化和信用社的发展，农村推行非现金结算。1973年后，结算业务数次调整、改革，逐步完善，形成同城结算和异地结算两大类。1991年，开办信用卡业务，结算业务依托现代先进科技，更为快捷、方便。1994年，开设国际结算业务。

同城结算

支票结算　用于同城机关、学校、团体、企事业单位之间结算。1953年起，分现金支票和转账支票两种，现金支票不能用于商品交易，转账支票不得支取现金。支票不能在流通中转让，不能开具约期、远期和透支支票。

同城托收　又称托收无承付结算，是用于同城支付有固定的计费标准、有一定的结算时间的劳务报酬的结算方式。最初用于全民事业单位有关部门收取水电费、邮电费、公房租金、交通运输费、劳务费和医药费等公共服务费用。20世纪90年代后，拓展为代理业务，涉及通信、交通、社会保障、物业管理、税费、行政事业、保险、开放基金等近百个品种。

农村转账结算　1955年始，国家收购粮食、油料等一、二类农副产品，农村社队购买生产资料，均由信用社转账结算。1983年后，结农副产品收购由转账结算改成现金结算。

异地结算

异地结算又称异埠结算，是指不在同一城镇的各单位相互之间经济往来的转账结算。

异地托收承付结算　1955年起施行，1964年扩展至国营企事业单位、供销合作社、手工业社等商品交易和劳务活动。手工业社、社队办企业只办理托收，不办理承付。1980年推行委托收款后，托收承付逐年减少。

委托收款　是指收款人委托银行向付款人收取款项的结算方式。委托收款分邮寄和电报划回两种，由收款人选用。前者是以邮寄方式由收款人开户银行向付款人开户银行转送委托收款凭证、提供收款依据的方式；后者则是以电报方式由收款人开户银行向付款人开户银行转送委托收款凭证，提供收款依据的方式。1980年10月起，办理机关、团体、国营集体企事业单位等应收款项，不负审查和拒付责任。

异地结算除异地托收承付结算和委托收款外，还有汇兑结算、特种账务结算、信用证结算和限额结算4种结算方式。

信用卡

1991年，乡境内3个信用社相继开办信用卡业务。

网上银行

是应用现代科技拓展的一项银行业务平台，客户通过网上银行可以自助办理银行业务。2004年，鹿亭信用社推出此项业务，注册用户通过网上银行可以享受信息查询、内部转账、跨行转账、支付转账、信息管理、网上理财等服务，非注册用户享受银行卡余额查询、交易明细查询、密码修改、临时挂失等业务。至2016年，境内大多数中青年人均开通网上银行。

第四章　保　险

第一节　保险机构

1986年前，乡境内3个乡设保险代理网点，保险业务需去余姚办理。1986年，中国人民保险公司（简称“人保”）余姚分公司在梁弄设代理处，负责全区保险业务（包括保险宣传、承保业务、签章、收缴保费、出险查勘等），3个乡代理网点不变，有关保险事项与梁弄代理处联系。1992年撤区扩镇并乡后，中国人民保险公司余姚分公司梁弄办事处在鹿亭乡设服务站，站址设鹿亭乡政府，后改称中国人民财产保险股份有限公司余姚中心支公司梁弄办事处驻鹿亭服务站。人保梁弄设代理处驻鹿亭服务站设置后，开展的保险业务主要有企业财产保险、家庭财产保险、车辆保险和人身意外保险等险种。

第二节　财产保险

1987年，开始办理个私企业财产保险、家庭财产保险、农民住房保险等业务。1997年，保费收入33万元，理赔支出23.43万元，理赔率71%；2000年，保费收入30万元，理赔支出41.4万元，理赔率138%。理赔率最高的是2013年，受菲特台风影响，境内企业和个人财产损失较大。是年，保费收入60万元，理赔支出300万元，理赔率高达500%。2013年，开办建筑工程意外保险业务。至2007年，全乡私营、个体企业财产保险覆盖率在90%以上，政策性农民住房保险覆盖率在95%以上，是年，全乡保费收入40万元，理赔支出17.6万元。2016年，财产保险的主要险种有10种，保费收入86万元，理赔支出51.6万元。

第三节　人身保险

人保入驻鹿亭乡后，除开办财产保险业务外，又陆续开办各种人身保险。2016年，主要有车辆保险（含驾乘人员人身意外保险）、中小学生（含幼儿园儿童）平安保险和住院保险、企业主雇工责任险、建筑工程意外险等人身保险业务。

1997—2016 年人保鹿亭服务站保险业务情况表

表 14-4-1

年份	主要险种	保费收入（万元）	理赔支出（万元）	备注
1997	3	33	23.43	—
1998	5	35	16.1	—
1999	5	32	17.92	—
2000	6	30	41.4	—
2001	7	31	12.71	—
2002	7	31	13.02	—
2003	7	34	27.2	—
2004	8	35	23.1	—
2005	8	37	14.8	—
2006	8	38	17.48	—
2007	8	40	17.6	—
2008	9	41	19.68	—
2009	9	43	24.94	—
2010	9	45	30.6	—
2011	9	46	33.12	—
2012	10	48	27.84	—
2013	10	60	300	此年始开办建筑工程意外保险
2014	10	65	39	—
2015	10	74	42.92	—
2016	10	86	51.6	—

注：上述数据含财产和各种人身保险。

第十五编

村镇建设

第一章 规 划

第一节 规划编制

1992年撤区扩镇并乡后，集镇规划开始起步。1995年2月，乡政府颁发《关于鹿亭乡村庄和集镇建设规划用地的若干规定》。1996年，编制土地利用总体规划，划定基本农田保护界与集镇建设规模和范围界。

2004年，组织编制《鹿亭乡集镇总体规划》，上庄为集镇所在地。规划近期为2004—2010年，远期为2011—2015年。至规划期末，集镇建设用地12.75公顷，人口1500人。

2012年10月，对《鹿亭乡集镇总体规划》进行修编。委托浙江恒合景观规划设计有限公司和中南建筑设计院股份有限公司编制《余姚市鹿亭乡规划（2012—2030）》，并获市人民政府批准。此规划共有“总则、发展定位目标与战略”等23章内容，附有区位分析图、乡域村镇体系规划图等35套规划图。规划期限为2012—2030年，分近中远三期：近期2012—2015年，中期2016—2020年，远期2021—2030年。规划范围分为两个层次：

第一层次为镇区，主要由上庄村（部分）和有关企事业单位组成。集镇性质是全乡的政治、经济、文化和旅游服务中心，主要结合《宁波市四明山区域城镇与村庄体系规划》，确定中期建设用地指标为85平方米/人，远期建设用地根据实际用地情况，取48平方米/人。集镇规模：2015年，常住人口1500人，建设用地12.75公顷；2020年，常住人口2000人，建设用地17公顷；2030年，常住人口3500人，建设用地16.8公顷。

第二层次为乡域。乡域规划范围面积70.45平方千米。2015年，总人口8300人，总建设用地83.5公顷；2020年，总人口9100人，总用地92.5公顷；2030年，总人口11200人，总用地117公顷。

规划在用地布局上采取集聚与分散相结合的“集群组团式”的空间组织模式，形成“一心·两轴·四片”的空间布局结构。“一心”，为鹿亭镇区，是乡域政治、经济、文化、旅游服务中心。两轴，一是东西向的荷梁线发展轴；二是南北线向的李俞线发展轴。“四片”，一是以鹿亭集镇为中心的核心片区；二是以中村为核心的东部片区；三是以晓云村为核心的西部片区；四是以白鹿村为核心的南部片区。

至2030年村庄等级结构规划情况表

表15-1-1

村镇等级			包括自然村	现状人口（人）	规划人口规模（人）	设施配置
一级	集镇		上庄（部分）	1291	3500	按城市标准配套
二级	中心村（3个）	晓云	洞桥、大溪、羊坑	1286	1500	设置村（居委会）、幼儿园、卫生服务站、集贸市场、文化站和小型体育设施
		中村	算坑	979	1500	
		白鹿	梁湖、泥家田、陈家岩、下姚、叶家样	1168	1500	
三级	基层村（3个）	李家塔	千箩谷田	557	700	设置文化站、卫生服务站、简易体育活动场地
		石潭	马家坪、岙底	748	700	
		龙溪	王石坑、白岩下、路坑、大年、马路湾	961	800	

注：人口数为常住人口数，非户籍人口数。

第二节 规划实施与管理

1992年5月，新组建的鹿亭乡人民政府设立乡城建办公室，负责全乡村镇建设总体规划的实施和管理。确定生态红线的范围为：晓鹿大溪两侧1千米的区域划入一级保护区，其余50.1平方千米区域为二级保护区。

2003年，乡城建监察管理中队成立，配备专兼职管理人员2人。至2016年，村镇建设由乡发展服务办负责，设主任、副主任各1人，工作人员2人。

第二章　乡村建设

第一节　村庄规模与中心村建设

村庄规模

1992年撤区扩镇并乡前，乡境内共有39个行政村，其中鹿亭乡13个，白鹿乡8个，晓云乡18个。1992年5月“撤扩并”后，全乡39个行政村维持不变。各行政村规模大小不一，人口相差甚大，小的行政村不足200人，大的行政村有1000余人。

2001年4月，全乡调整为12个行政村。各行政村人口700～2500人不等。

中心村建设

2012年，编制《余姚市鹿亭乡规划（2012—2030）》，确定上庄、晓云、中村、白鹿为中心村。

上庄村（集镇）　用地规模35公顷，人口规模3500人，产业定位为综合发展。下辖门石、冬青、岙里、祝家堰、金家、水池、牛塘等自然村。

晓云村　用地规模15公顷，人口规模1500人，产业发展为运动体验。下辖洞桥、平桥头、上村、大溪、羊坑等自然村。

中村村　用地规模15公顷，人口规模1500人，产业发展为民族文化、山地民宿。下辖算坑自然村。

白鹿村　用地规模15公顷，人口规模1500人，产业发展生态养生、山地民宿。下辖梁湖、泥家田、陈家岩、下姚、叶家样等自然村。

下山移民安置

2003年始，鹿亭乡按照“政府引导、群众自愿、政策扶持、整体规划、梯度推进”的原则，鼓励和引导偏远地区住户有计划、分批次、分层次梯

上庄中心村建设新貌

度下山移民（也称“内聚外迁”）。是年，晓云坞泥塘自然村搬迁，成为全市第一个由政府引导、并给予政策扶助的整体搬迁自然村。同年，又有龙溪村的黄牯牛湾、王石坑上厂、白鹿村的牛道坪等高山边缘自然村实施整体搬迁。至2004年，全乡内聚外迁共142户313人，建立移民安置点2个。此后，陆续有马家坪、茶山、千箩谷田、茅坪、牛塘、陈天龙等自然村进行“内聚外迁”，共转移农户355户912人，拆除大小房屋395间，面积2.5万余平方米。至2016年，共内聚外迁574户1734人，其中内聚378户1146人，外迁196户588人。

石潭村下山移民安置房

消亡自然村

据1987年版《余姚地名志》记载，1985年，乡境内共有自然村80个，其中鹿亭乡22个，白鹿乡23个，晓云乡35个（大坪、袋底自然村原属晓云公社东岗村所辖，20世纪60年代初划入东岗山林场，其职工户籍挂靠梁弄镇，故未予统计）。至2016年底，全乡共消亡自然村20个。

1986—2016年鹿亭乡消亡自然村一览表

表15-2-1

序号	自然村	消亡年份	户数（户）	人数（人）	移民安置点	所属乡、村
1	周家山	1986	5	21	石潭	原鹿亭乡石潭村
2	雪头坪	1996	5	24	梁湖	鹿亭乡梁湖村
3	长岗	1997			新村	鹿亭乡新村村
4	坟年登	2002	7	30	郑堂岗	沿夹岙村
5	横里	2002	7	31	大洋山	沿夹岙村
6	坞泥塘	2003	19	83	晓云	晓云村
7	王古牛湾	2003	6	25	余姚西南公寓	龙溪村
8	上厂	2003			王石坑	龙溪村
9	牛道坪	2003	11	43	新村	白鹿村
10	隔山冷脚	2004	4	18	路坑	龙溪村

续表 15-2-1

序号	自然村	消亡年份	户数（户）	人数（人）	移民安置点	所属乡、村
11	马路湾	2004	3	14	马渚镇	龙溪村
12	茶山	2007	44	180	西南公寓、石潭新村	石潭村
13	马家坪	2007	105	317	西南公寓、石潭新村	石潭村
14	千箩谷田	2007	22	60	余姚西南公寓	李家塔村
15	茅坪	2007	14	52	门石	上庄村
16	干田	2007	10	36	高山	高山村
17	特塘坪	2008	8	18	余姚西南公寓	龙溪村
18	冷水背	2012	21	81	赤石	白鹿村
19	王朗山	2012	3	16	赤石	白鹿村
20	上屋建坪	2014	4	14	高岩头	白鹿村

注：新增自然村 3 个：石潭新村、晓岭村原为 1 个自然村，后分为上村、平桥头、洞桥 3 个。

第二节　美丽乡村建设

1993 年 2 月起，宁波市教委（帮扶单位）下派一名中层干部任鹿亭乡政府挂职副乡长，帮助发展经济，建设美丽乡村。2003 年 11 月，选派乡机关干部 3 人，分别进驻高山、李家塔、中姚村担任村党支部副书记，帮助村组织增强班子凝聚力，提高村务管理能力，发展村级集体经济，促进和谐稳定。1998 年，第一批农村工作指导员进驻上庄、中村、中姚 3 个村，承担“政策法规宣传、社情民意调研、上下信息沟通、群众信访调解、富民强村服务、城乡统筹推进、民主制度监督、组织建设督导”等八项职责。至 2016 年，宁波、余姚两级机关部门农村工作指导员共 10 批 73 人次进村指导工作，争取各类帮扶资金，帮助落实经济发展项目和水、电、路等基础设施建设。

2006 年 5 月，组织工商企业参与村企结对，主要围绕共谋发展思路、共兴农村经济、共办社会事业、共建基础设施、共创新型社区和共育文明乡风六项内容。2010 年，落实中村村徐家山水蜜桃基地、白鹿村生态农业农庄、晓云村褚氏宗祠等共建项目 10 个。各结对帮扶企业实际到位资金 75 万元。至 2016 年，各村均与商会、企业结对，落实共建项目 26 个，实际到位资金 351 万元。

2010 年 11 月，委托宁波环科院制定《鹿亭乡生态环境发展规划》。2012 年，鹿亭乡按照中共余姚市委、市人民政府确定的“南闲中城北工”发展格局规划，打造“清纯鹿亭、美丽乡村”，以中村为源点，覆盖全乡 12 个行政村，形成鹿亭特色的美丽山村建设模式。

上庄村以“鹿文化”为建设风格，打造“鹿文化”山地安养小镇。中村村制订《中村美丽乡村精品村建设实施方案》，规划总投入 3000 余万元，建成村庄中心两条轴线街面整治以及晓鹿大溪滨水景观带三大项目，并建设文化礼堂、廊桥、艺术家沙龙、白云书局等文化设施。2014 年 3 月，中村村“美丽乡村精品村”规划设计方案汇报评审会召开。白鹿村以“运动休闲＋农业观光”为支撑，完成全长4千米的白鹿登山步道建设，扩建狮峰台观景平台，打造浙江最美观景平台。晓云村以“红色故里褚相后裔”为特色，修缮村内原有四条古道。

2015年10月，在第三届2015中国最美村镇《中国梦村镇梦》市长论坛暨颁奖典礼上，鹿亭乡被上海第一财经、中央人民广播电台等68家媒体评为2015年中国最美村镇“文明风尚奖”，为宁波市唯一获奖单位。是年，中姚村被评为余姚市级“最洁美村庄”。2016年11月，中村村为宁波市第二批“最洁美村庄”20强。是年，高岩村被评为宁波市村庄整治示范村；中村、李家塔和白鹿村为余姚市级美丽庭院精品村。

第三节　公共设施建设

路灯

1979年前，境内用电靠小型水力电和柴油机火力电，功率有限，仅供居民屋内照明用电。公共照明靠极少店铺的灯笼，民众夜行主要靠“竹篾爿”或柴油火把。

1979年1月1日起，华东大电网（俗称“新安江电”）电源开始供应境内，集镇和各大队主要通道出现少量的照明电灯，均为白炽灯泡。后随着经济发展，路灯安装从主要通道、公共场所向巷弄小路发展，路灯功率、明亮度不断提高。

至2016年，全乡主要道路共安装路灯860盏。其中集镇区兴庄路西、兴庄路东、石盖山路、康宁路安装LED太阳能路灯100盏，集镇区各小弄安装一般路灯50盏。

供水

境内居民历来饮用山泉水、溪水及井水，储藏在家中水缸。逢大旱之年，在山中、田坎脚、溪道边等地挖“冷水孔”取水。

1980年前，家庭独户或数户合用塑料软管从山泉水口直接引到家中。1982年后，鹿亭乡中村前山、上庄村开始安装自来水管。此后，各村按财力陆续安装自来水管。1997年，完成外大山、陈天龙、深坑、冬青、马家坪5个村的饮用水工程，491户1485人受益。至2001年，全乡39个村均用上自来水。

2012年，投入960万元完成白鹿村、中村村、龙溪村、晓云村、高岩村饮用水管网改造提升。2013年，宁波市7个县（市、区）参加的农民饮用水工程建设管理座谈会在鹿亭乡召开。至2014年，石潭村、李家塔村、上庄村、沿夹岙村、高山村、中姚村、东岗村水网改造完成。至此，总投资4000万元的12个行政村农民饮用水改造提升工程全部完工。2016年10月，中村村供水站标准化管理工作通过省级专家组验收，成为全省首座通过标准化管理验收的小型水利工程和农民饮用水工程。

白鹿村供水站

排水

中华人民共和国成立前，村庄排水设施以明沟或阴沟为主，直接排入附近溪道，部分排水沟因建造时间久远，时有淤塞，排水不畅。中华人民共和国成立后，乡政府（公社）结合爱国卫生运动，每年组织群众疏通抢修主要排水沟，每家每户各自清理自家房屋阴沟，清理淤泥，以确保排水畅通。

2008年9月，上庄村投入150万元，改造污水处理系统，铺设管道2500米，建造600立方米的净化池1处。

2011年，上庄、中村、晓云、白鹿四个中心村开展生活污水处理。2012年，晓云村投入980万元进行生活污水处理；李家塔村投入120万元，污水生态净化，创建为宁波市水环境示范村。2013年，李家塔村投入294万元，改造生活污水和生活垃圾处理。是年，鹿亭乡入选宁波市第一批水环境治理与保护单位。

2016年，投入2000万元对4个村进行农村生活污水处理工程。至此，污水处理实现村村全覆盖。

公共停车场

2010年前，停车多用房前屋后、路边空地。2011年起，停车场建设纳入村庄规划，利用村里闲置土地或违法建筑拆除后的场地建设停车场，结合村委会、活动中心等进行预控布置，实施“一场多用”。至2016年，全乡有公共停车场51处，其中中村村游客服务中心停车场占地面积0.6公顷，车位70个。

中村游客服务中心停车场

健身设施

2001年起，启动全民健身路径修建工程。境内最长的一条是中村村算坑至白鹿村，全长10.5千米，中间串联峡谷、台地、溪流、村庄、茶园等自然人文风光。分五个层次，第一层是溪流，第二层是次森林，第三层以竹林和茶园为背景，第四层是散居山间的农家小屋，最后一层是杜鹃花。此后结合新农村建设，在人员集中处、公园或村办公大楼广场安装单杠、双杠等10件套健身器材。在中村村建造原生态户外休闲健身营地，2015年8月，四明山原生态休闲健身营地（白云桥户外营地）获浙江省首批最美生态休闲健身点称号。至2016年12月底，全乡共有全民健身路径28条计41千米，建成篮球场7.5片、门球场3片，户外营地2个，安装10件套健身器材16套。

白鹿村陈家岩室外健身器材

第四节　历史文化古村保护

2013年2月，中村村入选住房和城市建设部、文化部、国家文物局、财政部首批中国传统古村落名录；2014年7月，被命名为第二批宁波市历史文化名村。2015年12月，晓云村被命名为第三批宁波市历史文化名村。2016年7月，中村村被省人民政府公布为第五批浙江省历史文化名村。

中村村

2014年4月，余姚市人民政府确定鹿亭乡中村村为余姚美丽乡村建设先行村、示范村。同月，乡政府、市财政局、市规划局、新中宇集团联合召开鹿亭中村美丽乡村建设项目协调会，共同确定鹿亭乡政府和新中宇集团为中村项目建设的主体，乡政府成立项目指挥部，新中宇集团成立项目部。2015年，乡政府派4名干部进驻中村村，其中1人担任村党总支副书记，协助古村保护工作。

古村保护项目包含东西轴线和南北轴线规划范围内的房屋修缮、庭院整治、附属工程；晓鹿大溪两岸景观绿化工程；荷梁线两侧庭院整治、附属工程。其中，东西轴线内环线巷段长度约243米，建筑7692平方米；晓鹿大溪南侧建筑2359平方米；南北轴线全长230米，涉及建筑整治面积约7400平方米；景观绿化工程，西起白云人家，东至白云桥，北靠荷梁线，南依晓鹿大溪，全长约800米。村庄整治与生态文化、生态旅游、生态农业建设结合。至2016年，总投入3500万元，先后对白云桥、仙圣庙、晓鹿大溪、文化礼堂等进行整改，新建廊桥、鹿鸣书院、郑永年书斋、宁波大自然户外营地、中村战斗纪念园、名特优产品展销中心等。

中村村古村落

晓云村

晓云村是一个由青山、绿水、古庙、古祠堂、古桥、古道等集合而成的美丽山村。村落形成年代久远，历史建筑集中成片。2016年2月，确立“红色故里、褚相后裔”美丽乡村品牌建设，结合历史文化古村保护，走“以农带旅、以旅促农”农旅发展之路。古村保护项目整合归纳成“六个一”。即一条溪流：从治理、节约水源、生态养殖、加强管理4个方面着手，做到水清、河畅、岸绿、景美，生态多元化，体现乡愁古韵。一系列古道：对村内原有4条古道修旧如旧，结合养生养老，丰富美丽乡村内涵。一个居家养老院：满足老年人养老需求，解决村内“孤寡”“空巢”老人的居家养老。一个便民服务中心：从新四军浙东纵队后方医院旧址始沿溪岸建设占地长约300米，宽50米的行政便民服务中心，含褚相广场、文化礼堂、行政办公楼、电商服务中心等。一个景点：以红色故里革命传统文化、褚氏宗祠人文文化和山水文化为依托，建设狗头颈旅游景点。一条老街：从褚氏宗祠始恢复建设晓岭老街，集农家餐饮、住宿、休息、娱乐为一体。

第三章 国土资源管理

1996年，编制首个乡土地利用总体规划（1997—2010）。2014年3月，调整完善《余姚市鹿亭乡土地利用总体规划（2006—2020）》，2016年3月，获市人民政府批准。

第一节 管理机构

机构

1952年3月，土地管理职能归属县农业局，乡镇无土地管理机构。1982年，公社建立土管小组，由分管农业的公社副主任任组长，负责本行政区域内的土地管理工作。1992年，乡镇土地管理机构归属乡城镇建设办公室，由分管城建工作副乡长负责土地管理工作。1998年6月，乡土地管理所成立，隶属市土管局派出机构，实行市土管局和乡镇双重领导的管理体制。2002年9月，撤销鹿亭乡土地管理所，隶属陆埠国土资源管理所管辖。2012年1月，划归梁弄国土资源管理所管辖。

土管员

1982年，自聘土管员3人，人员经费由县城建局、农业局共同补助每人每年800元。1989年，由市城乡建设委员会、土地管理局、环境保护局联合聘用村镇建设管理员（原则以原土管员为主）3人，负责乡村建设、土地管理和环境保护工作，人员经费按原办法。1993年，经市人民政府批准，配专职土地管理员1人，为集体事业编制。土管员受乡政府领导，业务工作受市土地管理局领导，经费由市土地管理局补助每人每年2000元，不足部分由乡政府支付。2002年起，由陆埠、梁弄国土资源管理所分别按隶属派1名联络员负责乡土地管理工作。

第二节 造田造地

20世纪50年代末，开展大规模的造田造地运动，平整土地151公顷，扩大耕地面积23.77公顷（其中开垦荒地面积15公顷）。70年代，乡境内各公社、各大队社员坚持白天黑夜劳动，在荒山野岭上打石筑坝、填土造田、平整土地，靠人力把荒山改造成旱涝保收的“大寨田”28.49公顷；利用竹山、荒山开发茶地园地115公顷。

2004年，建立移民安置点，拆除大小房屋145间，退宅还耕，增加耕地6.67公顷。2005年，有效增地3.33公顷。至2016年，共整理旧住宅基地29.73公顷，有效增耕地17.33公顷。

第三节 农田保护

中华人民共和国成立初，开展大规模兴修水利工程，同时改造低产田和冷水田。重视绿肥种植，推行“三改一扩”（苜蓿改种紫云英，单条垄改双条垄，窄播改宽播，扩大绿肥种植面积）。20世纪70年代，开展积土肥运动。80年代初，推广稻草还田。据1983年测定，乡境内农田有机质含量平均值为3.17。80年代中期后，绿肥面积减少，肥料以化肥为主，有机质含量下降、地力衰退。

1991年3月起，划定基本农田保护区。1995年，又进行基本农田调整划定工作，经市人民政府批准，全乡农田总面积480.27公顷，基本农田保护面积462.6公顷，保护率96.32%。其中一级农田保护面积460.6公顷，占99.57%；二级农田保护面积2公顷，占0.43%。全乡共划定基本农田保护区块125块，埋设保护界桩81个，落实基本农田保护措施。2001年2月，乡政府与村委会签订基本农田保护责任状39份；村委会与承包户全部签订农田保护责任书，发放农田责任卡，把基本农田保护和建设责任落实到各级政府、村干部和每一个农户。

2014年，乡域永久基本农田保护底线1105公顷，永久农田保护红线1200.06公顷。规划落实永久基本农田1130.09公顷；预留25.09公顷，用于需要实施但难以定位的交通、水利、社会效益、新农村建设、旅游设施、农业用地及符合国家、省法律法规文件规定的省级重大产业项目等。

永久基本农田划入。城乡周边、交通沿线的优质耕地优先划入，原有条件建设区内的优质耕地划入，划入面积109.14公顷。划入的农田区块主要集中分布在中姚、东岗、晓云、高山、上庄、龙溪、石潭、白鹿、李家塔、中村10个村。

永久基本农田划出。乡域耕地质量等级为八等、九等。其中，八等面积为454.97公顷、九等面积为747.64公顷。永久基本农田保护区内质量等级相对较差且面积在0.33公顷以下的零星地块共16.31公顷，加以划出。

优质耕地的优先保护划入。2012年后，认定、提升、建设高标准基本农田44.77公顷，主要分布在晓云村和白鹿村等。此部分农田土层深厚、适宜农耕，其中40.66公顷已划入永久基本农田保护区。

永久基本农田整备区。以整治农村建设用地为中心，结合土地整治，推进永久基本农田整备区建设。2014—2016年，农村土地整治项目19个。撤并、退出的村庄复垦为耕地，纳入永久基本农田整备区；补充耕地集中连片区域完成耕地垦造后纳入永久基本农田储备库。

1994年鹿亭乡水田面积分村一览表

表15-3-1　　单位：公顷

村别	水田面积	村别	水田面积	村别	水田面积
石潭	19.33	外大山	6.52	大溪	3.37
茶山	6.36	里大山	4.29	洞桥	3.07
李家塔	27.06	高岩	2.67	平桥头	6.39
中村	48.33	水池	1.43	上村	12.21

续表 15-3-1

村别	水田面积	村别	水田面积	村别	水田面积
算坑	11.13	陈天龙	2	羊坑	2.23
祝家堰	3.33	深坑	2.51	叶家样	11.47
上庄	9.7	中姚	15.71	高岩头	4.33
岙里	9.33	东岗	20.47	赤石	12.2
冬青	5.03	王石坑	11.19	下姚	12.67
门石	3.87	岩头	22.53	新村	10.17
沿夹岙	6.8	路坑	11.73	陈家岩	26.67
郑洋	5	大年	6.47	梁湖	7.8
牛塘	2.27	金家	2.06	马家坪	7.6

1979—2007 年鹿亭乡耕地面积一览表

表 15-3-2　　单位：公顷

年份	耕地面积	其中水田	社员自留地	年份	耕地面积	其中水田	社员自留地
1979	501.47	—	26.53	1994	468.13	387.27	—
1980	499.73	—	26.53	1995	463.8	383.47	—
1981	499.67	—	26.53	1996	463.93	383.67	—
1982	499.6	—	26.53	1997	464.87	381.47	—
1983	499.93	399.53	—	1998	469.13	383.73	—
1984	499.8	399.4	—	1999	467.8	383.73	—
1985	481.13	397.8	—	2000	473.8	383.73	—
1986	480.93	397.6	—	2001	492.33	402.87	—
1987	480.73	397.4	—	2002	482.33	392.27	—
1988	480.4	397.07	—	2003	524.6	434.53	—
1989	480.2	396.87	—	2004	476.73	372.33	—
1990	479.8	396.53	—	2005	481.67	372	—
1991	479.87	396.53	—	2006	481.93	371.8	—
1992	473.67	390.67	—	2007	482.13	371.8	—
1993	471.07	389.27	—				

注：数据来源《余姚统计年鉴》。

第四节 地籍调查与管理

地籍调查

1952年，鹿亭、白鹿2个乡有耕地400.07公顷，其中水田299.9公顷，旱地100.17公顷。

1959年，余姚县开展土壤普查，进行土地规划和清丈。乡境内有耕地491.53公顷，其中水田420公顷，旱地71.53公顷（平原旱地5.73公顷，梯地51.47公顷，坡地9.67公顷，茶叶间作地4.66公顷）。

1952年鹿亭、白鹿2乡土地面积一览表

表15-3-3　　单位：公顷

地类名称	鹿亭乡		白鹿乡	
	面积（公顷）	占土地总面积（%）	面积（公顷）	占土地总面积（%）
土地总面积	394.23	100	294.84	100
1. 耕地面积	202.26	51.31	197.81	66.19
其中：水田	156.43	39.68	143.47	48.01
旱地	45.83	11.63	54.34	18.18
2. 园地面积	10.92	2.77	35.8	11.98
其中：菜园	4.04	1.02	1.32	0.44
茶园	6.88	1.75	34.48	11.54
3. 林地面积	173.55	44.02	59.28	19.84
其中：森林	9.15	2.32	16.06	5.37
宜材林	164.4	41.7	43.22	14.46
4. 可垦荒面积	7.5	1.9	5.95	1.99
其中：生荒	4.84	1.23	2.42	0.81
熟荒	2.66	0.67	3.53	1.18

注：晓云、东岩2个乡资料缺失。

1959年鹿亭人民公社耕地面积一览表

表15-3-4　　单位：公顷

名称	总面积	水田			旱地				
		小计	其中		小计	平原	梯地	坡地	茶叶间作地
			田埂渠道	梯田					
登记	512.4	442.87	—	—	69.53	—	—	—	—
清丈	491.53	420	—	420	71.53	5.73	51.47	9.67	4.66
差额	−20.87	−22.87	—	—	+2	—	—	—	—

1991年10月，完成土地利用现状调查。现乡境区域面积为70.45平方千米。39个村全部完成行政境界线划定，各种插花土地的权属界线及其各类土地的利用现状界线划定。与陆埠镇、茭湖乡、梁弄镇、大岚镇以及鄞州有关乡镇进行土地边际确认，并签订协议书。

1995年始，每年进行一次土地利用现状变更调查。每年11月1日至次年10月31日，为变更调查年度。1996年，土地利用现状变更调查表明，变更后土地面积6607.48公顷。

1996年鹿亭乡土地利用现状分类面积构成

表15-3-5　　　　单位：公顷

地类名称	面积（公顷）	占总面积百分比（%）
耕地	867.91	13.14
林地	4544.97	68.79
园地	542.72	8.21
居民点及工矿用地	196.57	2.82
交通用地	38.96	0.59
水域	85.97	1.3
未利用土地	40.38	5.15
合计	6607.48	100

2007年4月，启动第二次土地调查。至2008年11月完成，成果上报市土地调查办公室。2009年4月，市土地调查办公室下达核查意见书，修正误差。

2012年，以第二次土地调查情况为基础，开展农村集体土地地籍调查。2013年，调整完善后土地面积7079.68公顷。

2009年、2013年鹿亭乡土地利用现状分类面积构成

表15-3-6

地类名称	2009年		2013年	
	面积（公顷）	占总区域百分比（%）	面积（公顷）	占总区域百分比（%）
耕地	1040.44	14.7	1205.1	17.02
林地	5001.41	70.64	4961.96	70.09

续表 15-3-6

地类名称	2009 年		2013 年	
	面积（公顷）	占总区域百分比（%）	面积（公顷）	占总区域百分比（%）
园地	474.3	6.71	452.1	6.39
其他农用地	241.4	3.4	133.5	1.89
居民点及工矿用地	150.96	2.13	155.4	2.19
交通水利用地	51.68	0.73	52.15	0.74
水域	71.7	1.01	71.69	1.01
未利用土地	47.79	0.68	47.78	0.67
合计	7079.68	100	7079.68	100

地籍管理

中华人民共和国成立初期，按照《中华人民共和国土地改革法》，根据“小心谨慎，逐步发展，大胆前进”工作方针，有计划地没收地主土地，分给无地少地的农民；佃户有永佃权的土地以 30% 作自田保留，70% 统一分配，得田户原耕种面积多于应分得数的，允许分田数高于人均分田额 5% ~ 10%，单身雇工得两份。乡境内 2293 户农户，人均分得土地 0.067 公顷。1952 年 5 月，复查土改政策，颁发土地证，确定农民和各阶层人民的土地所有权。1956 年，高级社时土地入社为集体所有。1983年起，开展家庭联产承包责任制，所有土地按农户人口、劳力承包到户，与生产队签订承包合同。1999 年，土地承包期由 15 年延长至 50 年。

1999 年，开展农村宅基地全面登记发证，共发放宅基土地使用证 5966 本。2005 年，开展集体农用地（除林地外）所有权登记发证工作，发证率 98%。

2012 年 8 月开始，以第二次土地调查情况为基础，查清每宗土地基本情况，核定所有权权属界线界址。集体土地所有权依法确认到每个具有所有权的农民集体，并登记发证，建立地籍信息管理系统。2016 年 12 月底，完成宅基地使用权、集体建设用地使用权确权登记发证工作；完成村庄数字地籍调查工作，并将地籍调查成果上图入库。

第五节　建设用地审批与管理

中华人民共和国成立初，建设用地大都以公地、保留土地调拨、调换，征用地按规定由县人民政府审批和上报。1956 年农村合作化后，建设用地逐年增加，出现平调、无偿占用等。1961 年，加强土地管理工作，严格审批权限，退赔平调土地。1981 年，由县农业局土地管理股直接管理。1986 年，颁布《中华人民共和国土地管理法》，土地管理工作纳入依法、统一、全面、科学管理的轨道。1988 年起，由宁波市审批下达用地指标。计划指标分国家建设、乡(村)建设和个人建房用地。其中，国家建设、乡(村)建设用地指标，由余姚市土管局管理；个人建房用地指标，由乡政府管理，并列入干部年度考核内容。实行计划用地后，做到按计划用地、节约用地。1988—1994年，用地占计划数的82.5%，个人建房无超计划。

1995年2月，乡政府制定《关于鹿亭乡村庄和集镇建设规划用地的若干规定》，乡境内单位(包括个体私营企业)在村庄、集镇规划区内进行建设，必须办理村镇规划选址意见书，建设用地许可证。建设单位持主管部门的项目批准文件向乡城建办提出申请，城建办现场踏勘、划定征地范围并签署意见，经市建委审批，并报市土地管理部门申请用地和办理征地手续。

个人使用耕地建住宅，由本人提出书面申请，经村民委员会同意，上报乡规划部门，乡城建办审核并发放加盖市建委公章的村镇规划选址意见书，向市土管部门申请用地。报批时，须附征求四邻参考意见表、村庄规划图、户籍证明、房屋结构图纸、原房屋处理情况、土地使用证原件及复印件等。经审批部门批准后，交纳相关费用。新房建成后，由村民委员会会同城建办相关人员组织验收。如无超用土地、超建筑面积，即为验收合格，可向土管部门和房管部门领取土地使用证和房产证。

1999年前，个人使用非耕地或原有宅基地建住宅，由乡政府审批并发放加盖乡政府公章的村镇规划选址意见书和私人建房用非耕地呈报表。1999年1月1日起，须报市人民政府批准。

用地限额，小户(3人以下)耕地75平方米，非耕地90平方米；中户(4～5人)耕地110平方米，非耕地120平方米；大户(6人以上)耕地125平方米，非耕地140平方米。上述面积包括原有住房用地面积。

2001年12月起，单位和个人用地报市国土资源管理局批准。

2008年开始，凡依法批准建设项目占用耕地，均实施表土剥离，用于土壤改良和提高新垦造耕地的质量。至2016年年末，共实施表土剥离项目17个，再利用优质表土1120立方米，3.8公顷新增耕地使用优质表土。

第四章　环境保护

第一节　一级水源地保护

境内晓鹿、白鹿两条大溪穿乡而过，之后经白云桥注入宁波皎口水库，年流经量约0.757亿立方米，占皎口水库饮用水源的近五分之三。乡境内晓鹿大溪两侧近1千米的区域划为一级保护区，其余50.1平方千米的区域被划为二级保护区。根据国家生态保护红线规划工作要求，一级、二级饮用水源保护区均被纳入生态保护红线范围。根据《浙江省饮用水源保护条例》规定，在饮用水源一级保护区内，禁止新建、改建、扩建与供水设施和保护水源无关的建设项目。至2016年底，累计划定生态公益林4404.67公顷。为保护水资源，上级有关部门给予每年每公顷2000余元山林补贴（简称“林补”）。

2011年起，为有效保护水资源，采取生活污水治理、溪道增殖放流、生态溪流修复、污水零直排区创建、禁止一切环保不达标的企业进驻等一系列措施。2016年，主要溪流实行河长制，河长由乡主要领导担任。明确职责，达到“河面无漂流物，沿岸无垃圾，水质符合水环境功能区要求，无发黑发臭现象，河道无障碍物，环境美观”的整治目标。

2016年鹿亭乡乡级河长一览表

表15-4-1

溪道名称	长度（米）	河长姓名	职务
晓鹿大溪	20810	赵阳军	乡党委书记
白鹿大溪	10294	陈晓珍	乡长
冬青溪	4600	黄伯忠	乡党委副书记
算坑溪	1957	谢晨	副乡长

注：溪道长度为鹿亭境内段。

第二节　污染治理

20世纪80年代后，随工农业生产的发展，废水、废渣排放量增多，环境污染问题加剧。

污染

水污染　污染源主要为竹笋加工企业和畜牧养殖废水。20世纪80年后期，乡境内有较大规模的竹笋加工厂6家，废水直排。90年代起，规模养殖户大量养殖生猪，污水直接排放。其次为居民生活污水和农田、山地排放带有化肥、农药成分的污水。

大气污染　主要为使用锅炉的竹笋和茶叶加工厂，其次为拖拉机、汽车等内燃机动工具排放的废气。

废弃物污染　生活垃圾一般可分为资源类、有机质类、无机质类、有毒有害类、特殊类垃圾等五类。对环境污染的是有机质垃圾中的厨房有机质垃圾，无机质垃圾中的炉灰尘土，有害垃圾中的重金属元素垃圾（电池、灯泡、日光灯管等）。还有，动物随处排泄的粪便，污染道路及工业固体废物、建筑垃圾、医院废物等。

治理

1985年始，开始实行环境保护工作，由乡工业办公室兼管。1999年起，环保工作由乡社会事务管理办公室管理，并建立乡环保站，由专职干部负责具体事务。开展化肥面源治理，提倡减少碳氨、氮、磷等单质肥料使用，引进生物肥、生态肥等新型高效肥料品种，控制化肥使用量。推广高效、低毒、无残留的生物农药施用，降低农药使用量。2003年，整理所有露天粪缸统一集中安置。2004年，晓鹿大溪入选国家农业综合开发项目，疏浚1.22千米，修筑消力池、浇筑滚水坝4座。2010年，中村、李家塔、石潭、上庄、晓云、中姚、龙溪7个村设溪道监管员各1人。2011年，水源头晓云狗头颈段、上庄段，溪道砌坎、设置生态浮岛、生态滤网，降低氮、磷和有机物。是年9月，关停中村、算坑、晓云等6家水煮笋加工厂，成功转型企业1家，位于上庄村的宇洲食品罐头有限公司排污进行生态化彻底改造。10月，建太阳能垃圾处理站12座，消灭露天粪缸4152只，简易户厕35只，建生态环保厕所4只，卫生厕所15只，垃圾箱435只，配村庄保洁员47人。11月，中村3家、上庄1家养猪场关停。2015年，制定《鹿亭乡村庄环境卫生长效保洁工作考核制度》，乡、村两级共投入200余万元购置洁卫设备，集中开展农村环境卫生大整治。是年，关停畜禽养殖场9家，关停面积3000平方米。2016年7月，成立鹿亭乡生态环境保护委员会，开展"美丽村庄、美丽庭院、美丽单位、美丽公路、美丽商户"创建活动，是年，全乡有余姚市级美丽庭院精品村3个，精品户25户。

中姚村公共厕所

第十六编

党派　群团

第一章　中国共产党鹿亭地方组织

中国共产党在境内的活动始于抗日战争时期，民国32年（1943）始建立党的基层组织，开展抗日宣传，发动农民开展减租减息斗争。解放战争时期，党的活动处于秘密状态。中华人民共和国成立后，中国共产党在境内的组织不断壮大发展，成为坚强的领导核心。主要是宣传贯彻执行党和国家的路线、方针、政策、法令、法规及上级党组织的决议等；领导人民开展社会主义建设，发展经济，带领人民奔小康；做好对干部、党员的教育、培养，组织领导工、青、团、妇等群众团体开展工作；负责办理辖区内人民武装、统一战线、社会综合治理等事务；做好基层党组织工作和完成上级党组织交办的各项任务。2016年，全乡有党员1128人。

第一节　中华人民共和国成立前党的组织与活动

民国28年（1939）年初，受战争影响，境内茶叶滞销，茶农面临破产，当地曾流传“一斤茶叶一斤米，卖卖出眼泪，不卖饿肚皮”的歌谣。同年3月，县政工队四区队队长、中共党员朱之光组织四明山茶农，开展以“提高茶价，平抑米价，反对操纵，救济山区人民”为中心的请愿活动。乡境内鹿亭、白云、晓岭、云岩等乡茶农成立请愿团到县城请愿。国民党余姚县政府派员与请愿代表谈判，县长接受茶农提高茶价的要求，调整茶米比价，规定一斤茶叶三斤米，责令茶商收购，政府帮助打开销路。请愿斗争取得胜利。

民国30年4月余姚沦陷，国民党余姚县政机关退至梁弄，后撤至岩头、陈家岩。12月下旬，蔡群帆率五支队四大队四中队进入晓云、岩头等地，了解敌情和地形，开展群众工作。次年2月进入中村等地。

民国31年冬，中共四明地委机关驻白鹿乡祝家堰村，地委书记陈洪、副书记兼专员罗白华和陈布衣等人均住郑褚生家。郑褚生，中共党员，曾任李家塔村党支部书记、余姚县农会主任，民国37年牺牲于梁弄狱中。

民国32年下半年，大岚区委派朱虹、陈苇2人分别到白鹿、晓云两乡开展工作，组织农民进行减租减息斗争，发动群众搞生产自救，动员进步青年参加新四军浙东游击纵队，同时在各村积极分子中发展党员，建立党支部，乡建立中心支部委员会。至民国33年，乡境内建有2个乡党总支，15个村党支部。其中成立于民国32年1月的晓岭村支部是乡境内第一个农村党支部。

民国34年上半年，大岚区委在白鹿乡陈家岩

中共四明地委机关驻地旧址

村举办2期干部训练班，对基层骨干进行培训教育，自编教材，由黄连、陈苇执教，还请县文教科长胡野擒到训练班上课。训练班每期1个月。

抗日战争时期中共白鹿乡地方组织一览表

表 16-1-1

组织名称	职务	姓名	任职时间	党员人数（人）
白鹿乡党总支	书记	赵国章	1944年9月至1945年10月	—
李家塔村党支部	书记	赵国章（兼）	1944年9月至1945年10月	6
中村村党支部	书记	龚传来	1944年9月至1945年10月	—
应家路村党支部	书记	赵阿同	1944年9月至1945年10月	4
岙里村党支部	书记	赵彩定	1944年9月至1945年10月	3
牛塘村党支部	书记	赵志祥	1944年9月至1945年10月	3
陈家岩村党支部	书记	陈宏土	1944年9月至1945年10月	4
下姚村党支部	书记	马炳堂	1944年9月至1945年10月	4
梁湖村党支部	书记	龚桂兴	1944年9月至1945年10月	3

抗日战争时期中共晓云乡地方组织一览表

表 16-1-2

组织名称	职务	姓名	任职时间	党员人数
晓云乡党总支	书记	褚克才	1944 年 9 月至 1945 年 10 月	33
	委员	夏生才	1945 年夏至 1945 年 10 月	
		方宪卿	1945 年夏至 1945 年 10 月	
大溪村党支部	书记	方茂华	1944 年冬至 1945 年 10 月	5
晓岭村党支部	书记	褚孝元	1943 年 1 月至 1945 年 10 月	7
大山村党支部	书记	褚孝国	1943 年 11 月至 1945 年 10 月	7
中姚村党支部	书记	姚怀国	1944 年冬至 1945 年 10 月	3
东岗村党支部	书记	姚杏连	1944 年 9 月至 1945 年 10 月	3
门石村党支部	书记	方金尧	1944 年 9 月至 1945 年 10 月	5
大年村党支部	书记	方世义	1944 年 9 月至 1945 年 10 月	3

解放战争时期中共白鹿乡地方组织一览表

表 16-1-3

党组织名称	职务	姓名	任职时间
白鹿乡党支部	书记	丁育昌	1948 年 9 月至 1949 年 5 月
下姚村党支部	书记	马炳堂	1945 年 10 月至 1949 年 5 月
陈家岩村党支部	书记	陈宏土	1945 年 10 月至 1949 年 5 月
梁湖村党支部	书记	龚桂兴	1945 年 10 月至 1949 年 5 月
应家路村党支部	书记	赵彩定	1945 年 10 月至 1949 年 5 月
李家塔村党支部	书记	郑褚生	1945 年 10 月至
门石村党支部	书记	方金尧	1945 年 10 月至

解放战争时期中共晓云乡地方组织一览表

表 16-1-4

党组织名称	职务	姓名	任职时间
晓云乡党支部	书记	丁育昌	1948 年 4 月至 1948 年 6 月
		何德邦	1948 年 6 月至 1949 年 5 月
	副书记	何士邦	1948 年 6 月至 1949 年 5 月
忝里、上村、羊坑党支部	书记	褚孝元	1945 年 10 月至 1949 年 5 月
外大山村党支部	书记	褚孝国	1945 年 10 月至 1949 年 5 月
大溪村党小组	负责人	方宪卿	1945 年 10 月至 1949 年 5 月
中姚村党小组	负责人	姚怀国	1945 年 10 月至 1949 年 5 月
东岗村党小组	负责人	姚杏连	1945 年 10 月至 1949 年 5 月
大年村党小组	负责人	褚兴张	1945 年 10 月至

注：资料源自余姚市档案馆。

民国34年10月，新四军浙东游击纵队北撤后，党组织贯彻“隐蔽坚持”方针，基层支部活动停止，党员由支部书记单线联系，开展工作。党组织在群众基础比较好的中姚、上庄忝里、门石等村建立秘密联络站和“红色堡垒户”，掩护党的组织，为游击队站岗放哨，传递情报，救护伤员。现境内党组织初期由大岚区特派员领导，民国 35 年 9 月后，隶属梁弄区委。时白鹿乡建有乡党支部 1 个，村党支部 6 个；晓云乡建有乡党支部 1 个，村党支部（党小组）6 个。

民国 37 年春，姚虞县各区先后建立武工队，上庄忝里赵孝吉（吉元）等青年成为武工队员。孝吉之母褚玉娥常为武工队做鞋缝衣、照顾伤员。民国 37 年夏，国民党“浙保”在忝里抓不到武工队员，就抓褚玉娥等充数，后褚玉娥被杀害在大岚峙岭。

第二节　中华人民共和国成立后党的组织与工作

1949年6月，中共梁弄区委建立，乡境内白鹿、晓云 2 个乡党支部同时成立。

1950 年 4 月，鹿亭乡从白鹿乡分设，至 1953 年9月，建立鹿亭乡党支部。东岩乡从晓云乡分设，至 1954 年 5 月建立东岩乡党支部。

1956 年 4 月，白鹿、鹿亭两乡合并为鹿亭乡，同时建立鹿亭乡总支委员会；晓云、东岩两乡和大岚乡路坑村合并为晓云乡，同时建立中共晓云乡总支委员会。1958 年 4 月，鹿亭乡总支委员会改设为鹿亭乡党委。

1958 年 10 月，实行人民公社化，鹿亭、晓云两乡合并组建高峰人民公社，同时建立高峰人民公社党委，下辖 8 个大队党总支。

晓岭大队党总支，1958年10月从晓云乡党总支分设，1959年3月并入晓云管理区党总支。书记李云昌（1958年10月至1959年2月）、方祖康（1959年2月至1959年3月）。

岩头大队党总支，1958年10月从晓云乡党总支分设，1959年3月并入晓云管理区党总支。书记褚孝国（1958年10月至1959年2月）、褚朝炳（1959年2月至1959年3月）。

陈家岩大队党总支，1958年10月从鹿亭乡党委分设，1959年3月改名陈家岩管理区党总支。书记鲁光戴（1958年10月至1959年3月）。

李家塔大队党总支，1958年10月从鹿亭乡党委分设，1959年3月改名李家塔管理区党总支。书记郑奋顺（1958年10月至1959年3月）。

第二大队党总支，1958年10月从鹿亭乡党委分设，1959年2月并入上庄大队党总支。书记黄庆善（1958年10月至1959年2月）。

第四大队党总支，1958年10月从鹿亭乡党委分设，1959年2月并入上庄大队党总支，书记黄大玉（1958年10月至1959年2月）。

第五大队党总支，1958年10月从晓云乡党总支分设，1959年2月并入李家塔大队党总支，书记方祖康（1958年10月至1959年2月）。

上庄大队党总支，1958年10月从鹿亭乡党委分设，1959年3月并入李家塔管理区党总支。书记郑同兴（1958年10月至1959年2月）、黄大玉（1958年2月至1959年3月）。

1959年3月，高峰人民公社党委更名鹿亭人民公社党委，下辖3个管理区党总支，即晓云管理区党总支、李家塔管理区党总支和陈家岩管理区党总支。原大队党总支即予撤销。

1961年10月，撤销鹿亭人民公社党委，李家塔管理区党总支改名为中共鹿亭人民公社委员会。同时，晓云、陈家岩管理区党总支分别改名为中共晓云公社委员会和中共白鹿公社委员会。各生产大队普遍建立党支部。

1964年至1966年春，开展社会主义教育运动（即清政治、清经济、清组织、清思想的“四清”运动），重点解决干部作风和经济管理方面的问题。在此期间，侧重于党员及干部队伍的教育管理，注重党的组织建设，发展新党员。

1966年5月后，“文化大革命”运动波及乡境，基层党组织受到冲击，同时括起大破“四旧”（旧思想、旧文化、旧风俗、旧习惯）之风和横扫一切“牛鬼蛇神”的狂热。党组织活动基本停止，工农业生产遭到不同程度的破坏。1968年7月，白鹿公社建立革命委员会（简称“革委会”）；同年11月，建立鹿亭公社革命委员会。1969年5月，晓云公社建立革命委员会。1970年5月，白鹿、鹿亭、晓云3个公社同时建立公社革委会党的核心小组，党的组织生活有所恢复。

1970年7月恢复鹿亭公社党委。8月，白鹿、晓云2个公社党委同时恢复。1971年1月，晓云公社党委并入鹿亭公社党委（1972年3月又从鹿亭公社党委分设）。是年，各基层党组织也逐步恢复。至1971年底，乡境内共有党员353人，其中妇女党员19人，占党员总数的5.38%，建党支部的大队35个，占大队总数的89.74%，建党小组的生产队73个，占生产队总数的64.04%，当年发展新党员29人。鹿亭公社党委下设13个党支部，其中农村大队党支部11个、机关党支部1个、工交党支部1个。有党员103人，其中农村党员85人、机关党员8人、工交线党员10人。晓云公社有农村大队党支部16个，有党员157人（时晓云公社并入鹿亭公社，但数据仍单独上报）。白鹿公社有农村大队党支部8个，有党员93人。

1976年10月，粉碎江青反革命集团，“文化大革命”结束。通过揭发批判林彪、江青反革命集团罪行，清查与反革命帮派体系有牵连的人和事，纯洁党的领导班子和党员队伍。是年底，鹿亭公社党委下辖16个党支部，其中农村党支部13个、工业支部2个、机关支部1个，有党员184人，当年新发展党员 10 人。乡境内晓云公社党委下辖 20 个党支部，其中农村党支部 18 个，工业支部 1 个，机关支部 1 个，有党员 224 人，当年新发展党员 10 人。白鹿公社党委下辖 11 个党支部，其中农村党支部 8 个，工业支部 2 个，机关支部 1 个，有党员 116 人。1978 年中共十一届三中全会后，公社党委根据中共余姚县委布置，复查“文化大革命”中的冤、假、错案，对被错误处理的干部、群众给予平反；复查中华人民共和国成立后至“文化大革命”结束前的冤、假、错案，应纠正的纠正，应平反的予以平反。

1983 年 9 月，实行政社分设，公社党委改称乡党委，大队党支部改称村党支部。根据余姚县委布置，以梁弄区委为主，乡党委配合，复查解放前入党、后失去组织关系的党员，使其恢复党的组织关系。同时调查在中华人民共和国成立前曾为革命事业作贡献的老革命，并落实相应政策。同期，根据党在社会主义现代化时期的基本路线，乡党委中心工作逐步转向经济建设，乡村工业迎来快速发展阶段。乡党委在具备条件的乡办企业中建立党的基层组织；按新时期党员标准，注重年龄结构和文化素质，开始重视从知识分子中发展党员。至 1985 年底，鹿亭乡共有 16 个党支部，其中企业党支部 1 个，农村党支部 13 个，行政事业单位党支部 2 个，共有党员 216 人，其中当年新发展党员 4 人。其时，白鹿、晓云 2 个乡共建有 38 个党支部，其中企业党支部 5 个，农村党支部 26 个，行政事业单位党支部 7 个，共有党员 405 人，其中当年新发展党员 33 人。

1986 年 6 月，在余姚市委整党工作指导组和梁弄区委整党工作领导小组领导下，对鹿亭乡各个基层党组织按先乡级机关部门、企事业单位党组织，后农村党组织的全体党员进行整党，历时一年，至 1987 年 6 月结束。这次整党，坚持以正面教育为主，对全体党员进行理想、宗旨、党风、党纪教育，彻底否定“文化大革命”，慎重开展党员登记工作。白鹿、晓云乡同时开展整党。1987 年底，鹿亭乡有党支部 17 个，党员 221 人，其中当年新发展 3 人。晓云乡有党支部 27 个，党员 298 人，其中当年新发展 2 人。白鹿乡有党支部 14 个，党员 131 人，其中当年新发展 2 人。1987 年底至 1988 年春，乡党委组织全乡党员、干部学习社会主义初级阶段理论，开展党的基本路线教育等主题教育活动。

1992 年春，乡党委组织党员、干部、群众学习中共中央《关于传达学习邓小平同志重要谈话的通知》，加深对“三个有利于”（是否有利于发展社会主义社会的生产力、是否有利于增强社会主义国家的综合国力、是否有利于提高人民的生活水平）标准和“发展才是硬道理”的理解。5 月 12 日，撤销鹿亭、晓云、白鹿 3 个乡党委，重新组建中共鹿亭乡委员会，乡党委组成人员由余姚市委任命。至 1994 年，全乡有党支部 62 个，其中农村党支部 39 个，企事业单位党支部 23 个。共有党员 722 人，其中正式党员 701 人，预备党员 21 人。当年新发展党员 19 人。

1997 年 11 月，为保证农村基层工作的连续性，乡党委按原鹿亭、晓云、白鹿 3 个小乡设立 3 个工作片组（称办事处），建立片组党工委，由乡党委、政府领导兼任办事处党工委书记。1997 年底，全乡有党总支 2 个（教育党总支、青鸿集团党总支），基层党支部 61 个，其中农村党支部 39 个，工业党支部 8 个，机关党支部 4 个，部门党支部 9 个，离退休党支部 1 个。共有党员 766 人，其中正式党员 739 人，预备党员 27 人。当年新发展党员 20 人。

2000 年 10 月，乡党委组织各支部（总支）开展民主评议党员活动。全乡有党员 844 人，其中评出优秀党员 70 人，退党 8 人，诫勉 48 人，自行脱党 2 人，劝退 3 人，除名 4 人。新发展党员 40 人，有建党积极分子 45 人。

2001 年 4 月，撤销 3 个办事处党工委，全乡

39个行政村合并成12个。同时组建4个村党总支、8个村党支部。

2005年7月18日始，历时2个月，在全乡党员中开展以实践“三个代表”（中国中产党始终代表中国先进生产力的发展要求，始终代表中国先进文化的前进方向，始终代表中国最广大人民的根本利益）重要思想为主要内容的保持共产党员先进性教育活动。2007年底，乡党委下属5个党总支、39个党支部，其中农村支部21个，企业支部6个，教育、卫生支部4个，机关支部8个。全乡共有党员923人。

2008年，乡党委在全乡党员中开展实践科学发展观主题教育活动。2010年4月始，在全乡基层党组织和党员中开展创建先进基层党组织、争当优秀共产党员为主要内容的“创先争优”活动，历时两年半，至2012年11月中共十八大召开前结束。

2014年，历时8个月，开展党的群众路线教育实践活动，以“为民、务实、清廉”为主要内容，以“照镜子、正衣冠、洗洗澡、治治病”为总要求。聚焦的突出问题是作风问题，集中解决“形式主义、官僚主义、享乐主义、奢靡之风”四风问题。是年，乡党委下属党总支5个、党支部42个，全乡共有党员1116人。

2016年，在全乡共产党员中开展“学党章党规、学系列讲话，做合格党员”的“两学一做”学习教育活动。是年底，全乡有党（总）支部48个，共有党员1128人，其中正式党员1107人，预备党员21人。正式党员中少数民族党员2人。

第三节　党员大会与代表大会

1959—2016年，共召开中共鹿亭乡（公社）代表大会（党员大会）12次。其中第一次会议因资料缺失无从考查，第二次会议仅有召开的时间记录。

中共鹿亭公社第二次党员大会

1970年7月召开。

中共鹿亭公社第三次党员大会

1980年11月29日在公社会议室召开。应出席会议正式党员199人，预备党员3人，实际出席会议正式党员167人，预备党员1人。会议听取、审议公社党委《同心同德建设新山区，为加快实现“发达的农业、富庶的农村”而奋斗》的工作报告。选举产生以龚鸿吉为书记的中共鹿亭公社第三届委员会。

中共鹿亭乡第四次代表大会

1987年4月6日在乡政府会议室召开。大会听取、审议乡党委《坚持四项基本原则，进一步深化改革，加快我乡两个文明建设步伐》的工作报告，选举产生以陈传坤为书记的中共鹿亭乡第四届委员会。

中共鹿亭乡第五次代表大会

1990年3月18日至19日在乡政府会议室召开。应出席会议的代表58人，实际出席58人。会议听取、审议第四届乡党委工作报告，通过《中共鹿亭乡党委议事规则》，选举产生以陈传坤为书记的中共鹿亭乡第五届委员会。

中共鹿亭乡第六次代表大会

1993年1月1日在乡政府会议室召开。应出席代表88人，实际出席82人。大会听取、审议和通过乡党委工作报告和乡纪委工作报告。差额选举产生中共鹿亭乡第六届委员会委员9人，中共鹿亭乡纪律检查委员会委员5人。在乡党委第一次全体会议上，选举黄纪桥为乡党委书记；在乡纪委第一次全体会议上，选举陈荣芳为乡纪委书记。大会同时选举出席中共余姚市第十次代表大会代表7人。

中共鹿亭乡第七次代表大会

1996 年 1 月 18 日在乡成人学校一楼大教室召开。应出席代表 86 人，实际出席 82 人，列席代表 14 人。大会听取、审议和通过乡党委《团结拼搏，负重奋进，为早日实现脱贫奔小康目标而努力奋斗》的工作报告和乡纪委工作报告，还通过《中国共产党鹿亭乡第七次代表大会代表活动制度》；差额选举产生中共鹿亭乡第七届委员会委员 9 人，中共鹿亭乡纪律检查委员会委员 5 人。在乡党委第一次全体会议上，选举蒋狄波为乡党委书记；在乡纪委第一次全体会议上，选举陈荣芳为乡纪委书记。

中共鹿亭乡第八次代表大会

1998 年 12 月 18 日在乡成人学校一楼大教室召开。应出席代表 85 人，实际出席 84 人，列席代表 15 人。大会听取、审议和通过乡党委《艰苦创业，扎实工作，为实现社会主义新农村目标而努力奋斗》的工作报告和乡纪委工作报告；差额选举产生中共鹿亭乡第八届委员会委员 7 人，中共鹿亭乡纪律检查委员会委员 5 人。在乡党委第一次全体会议上，选举王明央为乡党委书记；在乡纪委第一次全体会议上，选举黄伟国为乡纪委书记。

中共鹿亭乡第九次代表大会

2001 年 12 月 28 日在乡成人学校一楼大教室召开。应出席代表 56 人，实际出席 54 人，列席代表 15 人。大会听取、审议和通过乡党委《为巩固小康成果，加快推进我乡农业农村现代化进程而努力奋斗》的工作报告和乡纪委《转变作风，强化职能，为加快新农村建设保驾护航》的工作报告；通过《中国共产党鹿亭乡第九次代表大会代表活动制度》；差额选举产生中共鹿亭乡第九届委员会委员 7 人，中共鹿亭乡纪律检查委员会委员 5 人。在乡党委第一次全体会议上，选举黄伟国为乡党委书记；在乡纪委第一次全体会议上，选举何黄真为乡纪委书记。

中共鹿亭乡第十次代表大会

2006 年 9 月 22 日在乡大会堂召开。应出席代表 57 人，实际出席 57 人，列席代表 35 人。大会听取、审议和通过乡党委《抓住机遇，乘势而上，为全面建设社会主义新农村而努力奋斗》的工作报告和乡纪委《全面履行党章职责，齐心共创和谐鹿亭，扎实推进党风廉政建设和反腐败工作》的工作报告。审议《关于党费收缴管理情况的报告》，讨论通过《关于党代会闭会期间发挥代表作用的若干意见》和《鹿亭乡党委关于切实加强党委班子自身建设的决定》。以无记名投票的方式，书记、副书记实行等额选举，委员实行差额选举，产生中共鹿亭乡第十届委员会委员 6 人，中共鹿亭乡纪律检查委员会委员 3 人。在乡党委第一次全体会议上，选举张志中为乡党委书记；在乡纪委第一次全体会议上，选举赵阳军为乡纪委书记。

中共鹿亭乡第十一次代表大会

2011年9月22日在乡综合楼一楼会议室召开。应出席代表 58 人，实际出席 58 人，列席代表 32 人。大会听取、审议和通过乡党委《创建生态文明示范区，打造文化休闲创意乡，为建设清纯鹿亭美丽乡村而努力奋斗》的工作报告及乡纪委《标本兼治，惩防并举，努力取得我乡党风廉政和反腐工作新成效》的工作报告。审议《关于党费收缴管理情况的报告》，讨论并通过《中国共产党鹿亭乡代表大会代表任期制度实施细则》。以无记名投票的方式，书记、副书记实行等额选举，委员实行差额选举，产生中共鹿亭乡第十一届委员会委员 6 人，中共鹿亭乡纪律检查委员会委员 5 人。在乡党委第一次全体会议上，选举黄红珍为乡党委书记；在乡纪委第一次全体会议上，选举翁贤权为乡纪委书记。

中共鹿亭乡第十二次代表大会

2016年10月24日在乡综合楼一楼会议室召开。应出席代表58人，实际出席56人，列席代表43人。大会听取、审议和通过乡党委《发展美丽经济，共享美好生活，努力谱写鹿亭绿色崛起新篇章》的工作报告及乡纪委《标本兼治，挺纪在前，全面推进党风廉政建设和反腐败工作进入新阶段》的工作报告。听取审议《关于党费收缴管理情况的报告》，通过《关于推进基层党建全面提质行动计划的实施意见》。以无记名投票的方式，书记、副书记实行等额选举，委员实行差额选举，产生中共鹿亭乡第十二届委员会委员6人，中共鹿亭乡纪律检查委员会委员2人。在乡党委第一次全体会议上，选举陈晓珍为乡党委书记；在乡纪委第一次全体会议上，选举茅巧女为乡纪委书记。

2011年9月22日中共鹿亭乡第十一次代表大会召开

2016年10月24日中共鹿亭乡第十二次代表大会召开

第四节　中共鹿亭乡委员会

1953年9月，建立中共鹿亭乡支部，由书记1人主持工作。1956年4月，白鹿乡与鹿亭乡合并为鹿亭乡，同时建立鹿亭乡党总支，设书记1人、副书记2人。1958年4月，改建为鹿亭乡党委，设书记1人、副书记2人。1958年10月，晓云乡与鹿亭乡合并为高峰人民公社，建立高峰人民公社党委，设书记1人、副书记4人。次年3月改称为鹿亭人民公社党委，下辖3个管理区党总支，即李家塔管理区党总支、陈家岩管理区党总支和晓云管理区党总支。李家塔管理区党总支设书记1人，副书记1人。1953—1961年，乡（公社）党委（支部、总支）领导成员均由上级党委任命。

1961年10月，撤销鹿亭人民公社党委，李家塔管理区党总支改名为鹿亭公社党委，设书记1

人，副书记1人。1968年11月，建立鹿亭公社革命委员会。1970年5月，建立革委会党的核心小组，由公社革委会主任兼任组长，实行“一元化”领导。旋即恢复鹿亭公社党委，设书记1人，副书记1人。次年1月晓云公社党委并入，增设副书记1人。此后，公社党委配置专职党群副书记，设组织、宣传、人武委员。

1992年前，乡（公社）党委不设专门工作机构，由党委委员分工负责党委日常事务。乡境内白鹿乡（公社）于1961年11月建立公社党委，由陈家岩管理区党总支改名；晓云乡（公社）于1961年10月建立公社党委，由晓云管理区党总支改名。各时期白鹿、晓云乡（公社）党委内部分工、配置与鹿亭乡（公社）党委相似。

1992年5月撤区扩镇并乡，晓云、白鹿两乡并入鹿亭乡，撤销鹿亭、白鹿、晓云3个乡党委，重组鹿亭乡党委。重组后的乡党委成员由中共余姚市委任命，设书记1人，主持全面工作；副书记2人，其中1人任乡长，主持政府工作，另一副书记分管党群、政法等工作。党委委员7人，分别分管组织、纪检、宣传、统战、人武等工作，工业、农业副乡长一般兼任党委委员。下设党委办公室（与政府办公室合置），设党委秘书，配组织、纪检、信访各1～2人，老干部工作1人。1993年1月1日，召开中共鹿亭乡第六次代表大会，选举产生中共鹿亭乡第六届委员会，设书记1人、副书记2人、委员6人。选举产生中共鹿亭乡纪律检查委员会，设书记、副书记各1人，委员3人，任期与乡党委相同。2002年，增设信访室，配专职信访干部1人。同年9月，设立外出人口管理服务中心，设主任1人，工作人员1～2人。同月，建立鹿亭乡流动党员教育管理服务中心，设兼职管理干部1人。2007年，设人才工作服务站，设站长1人。

1953年9月至1992年5月鹿亭乡（公社）党组织历任负责人一览表

表16-1-5

组织名称	职务	姓名	任职时间	备注
中共鹿亭乡支部委员会	书记	鲁长根	1953年9月至1956年4月	1950年4月从白鹿乡分设，1953年9月建立乡党支部
中共鹿亭乡总支（党委）	书记	沈长位	1956年4月至1957年8月	1956年4月，白鹿、鹿亭乡合并为鹿亭乡，同时建立乡党总支。1958年4月，改建为乡党委
		李钊祥	1957年9月至1958年10月	
	副书记	龚桂兴	1956年4月至1957年10月	
		龚杏定	1956年4月至1958年6月	
		沈长位	1957年9月至1958年10月	
中共鹿亭（高峰）公社委员会	书记	李钊祥	1958年10月至1959年10月	—
		赵宗员	1959年11月至1961年10月	

续表 16-1-5

组织名称	职务	姓名	任职时间	备注
中共鹿亭（高峰）公社委员会	副书记	赵宗员	1958 年 10 月至 1959 年 11 月	1958 年 10 月建立高峰公社党委，1959 年 3 月改称鹿亭公社党委
		褚方水	1958 年 10 月至 1959 年 2 月	
		褚孝森	1958 年 10 月至 1961 年 3 月	
		方忠良	1958 年 10 月至 1961 年 10 月	
		方英才	1959 年 11 月至 1961 年 10 月	
		罗炳钊	1960 年 1 月至 1961 年 10 月	
		龚鸿吉	1960 年 1 月至 1961 年 10 月	
		褚朝炳	1960 年 1 月至 1961 年 3 月	
		张宏涛	1960 年 11 月至 1961 年 10 月	
中共李家塔管理区总支委员会	书记	方祖康	1959 年 3 月至 7 月	由李家塔大队党总支改名
		王朝煊	1959 年 7 月至 1961 年 10 月	
	副书记	黄大玉	1959 年 3 月至 1960 年 2 月	
中共鹿亭公社委员会	书记	罗炳钊	1961 年 10 月至 1963 年 2 月	由李家塔管理区党总支改名
		赵宗员	1963 年 2 月至 1968 年 11 月	
	副书记	龚鸿吉	1961 年 10 月至 1962 年 6 月	
		董恒信	1962 年 6 月至 1968 年 11 月	
鹿亭公社革委会			1968 年 11 月至 1970 年 5 月	—
鹿亭公社革委会党的核心小组	组长	黄大玉	1970 年 5 月至 7 月	—
中共鹿亭公社（乡）委员会	书记	黄大玉	1970 年 7 月至 8 月	—
		娄正泗	1970 年 8 月至 1972 年 2 月	
		黄大玉	1972 年 2 月至 1980 年 10 月	
		龚鸿吉	1980 年 10 月至 1983 年 8 月	
		陈传坤	1983 年 9 月至 1992 年 1 月	
		陈荣芳	1992 年 1 月至 5 月	

续表 16-1-5

组织名称	职务	姓名	任职时间	备注
中共鹿亭公社（乡）委员会	副书记	黄大玉	1970 年 8 月至 1972 年 2 月	—
		华子瑜	1971 年 1 月至 1972 年 2 月	
		龚鸿吉	1976 年 10 月至 1979 年 10 月	
		黄桂昌	1976 年 10 月至 1980 年 9 月	
		何家生	1979 年 10 月至 1980 年 10 月	
		赵炎邦	1980 年 9 月至 1983 年 9 月	
		徐荣飞	1980 年 9 月至 1982 年 12 月	
		黄桂菊（女）	1980 年 9 月至 1984 年 12 月	
		张国强	1983 年 9 月至 1984 年 11 月	
		褚利富	1984 年 11 月至 1989 年 10 月	
		梅吉灿	1985 年 10 月至 1989 年 10 月	
		陈荣芳	1989 年 10 月至 1992 年 1 月	
		黄志奋	1989 年 10 月至 1992 年 5 月	
		褚金珠（女）	1992 年 1 月至 5 月	

1992 年 5 月至 2016 年 12 月鹿亭乡党委历届负责人一览表

表 16-1-6

组织名称	职务	姓名	任职时间	备注
中共鹿亭乡委员会 1992 年 5 月至 1993 年 1 月	书记	黄纪桥	1992 年 5 月至 1993 年 1 月	党委成员由余姚市委任命
	副书记	金永兵	1992 年 5 月至 1993 年 1 月	
		陈荣芳	1992 年 5 月至 1993 年 1 月	
	委员	黄汉林	1992 年 5 月至 1993 年 1 月	
		施春香（女）	1992 年 5 月至 1993 年 1 月	
		黄志奋	1992 年 5 月至 8 月	
		赵志皎	1992 年 5 月至 1993 年 1 月	
		龚生祥	1992 年 5 月至 1993 年 1 月	
		张伯成	1992 年 5 月至 1993 年 1 月	
		王培根	1992 年 5 月至 1993 年 1 月	

续表 16-1-6

<table>
<tr><th>组织名称</th><th>职务</th><th>姓名</th><th>任职时间</th><th>备注</th></tr>
<tr><td rowspan="17">中共鹿亭乡第六届委员会
1993 年 1 月至 1996 年 1 月</td><td rowspan="2">书记</td><td>黄纪桥</td><td>1993 年 1 月至 1995 年 11 月</td><td rowspan="17">1993年1月1日，召开中共鹿亭乡第六次代表大会，选举产生第六届委员会委员 9 人（任职自 1993 年 1 月始），余为后补选或由余姚市委任命</td></tr>
<tr><td>蒋狄波</td><td>1995 年 11 月至 1996 年 1 月</td></tr>
<tr><td rowspan="4">副书记</td><td>金永兵</td><td>1993 年 1 月至 1994 年 1 月</td></tr>
<tr><td>陈荣芳</td><td>1993 年 1 月至 1996 年 1 月</td></tr>
<tr><td>蒋狄波</td><td>1994 年 1 月至 1995 年 11 月</td></tr>
<tr><td>王明央</td><td>1995 年 11 月至 1996 年 1 月</td></tr>
<tr><td rowspan="11">委员</td><td>黄汉林</td><td>1993 年 1 月至 1996 年 1 月</td></tr>
<tr><td>施春香（女）</td><td>1993 年 1 月至 1995 年 11 月</td></tr>
<tr><td>龚生祥</td><td>1993 年 1 月至 1996 年 1 月</td></tr>
<tr><td>赵志皎</td><td>1993 年 1 月至 1995 年 7 月</td></tr>
<tr><td>张伯成</td><td>1993 年 1 月至 1994 年 1 月</td></tr>
<tr><td>王培根</td><td>1993 年 1 月至 1995 年 11 月</td></tr>
<tr><td>何黄真</td><td>1994 年 1 月至 1996 年 1 月</td></tr>
<tr><td>孔玮玮</td><td>1995 年 5 月至 1996 年 1 月</td></tr>
<tr><td>万小平</td><td>1995 年 7 月至 1996 年 1 月</td></tr>
<tr><td>赵阳军</td><td>1995 年 11 月至 1996 年 1 月</td></tr>
<tr><td>丁金康</td><td>1995 年 11 月至 1996 年 1 月</td></tr>
<tr><td rowspan="15">中共鹿亭乡第七届委员会
1996 年 1 月至 1998 年 12 月</td><td rowspan="2">书记</td><td>蒋狄波</td><td>1996 年 1 月至 1998 年 4 月</td><td rowspan="15">1996 年 1 月 18 日，召开中共鹿亭乡第七次代表大会，选举产生第七届委员会委员 9 人（任职自 1996 年 1 月始），余为后补选或由余姚市委任命。孔玮玮、俞毅挂职</td></tr>
<tr><td>王明央</td><td>1998 年 4 月至 12 月</td></tr>
<tr><td rowspan="3">副书记</td><td>王明央</td><td>1996 年 1 月至 1998 年 4 月</td></tr>
<tr><td>陈荣芳</td><td>1996 年 1 月至 1998 年 12 月</td></tr>
<tr><td>黄伟国</td><td>1998 年 9 月至 12 月</td></tr>
<tr><td rowspan="10">委员</td><td>黄汉林</td><td>1996 年 1 月至 1997 年 2 月</td></tr>
<tr><td>赵阳军</td><td>1996 年 1 月至 1998 年 12 月</td></tr>
<tr><td>龚生祥</td><td>1996 年 1 月至 1998 年 11 月</td></tr>
<tr><td>万小平</td><td>1996 年 1 月至 1998 年 12 月</td></tr>
<tr><td>何黄真</td><td>1996 年 1 月至 1998 年 12 月</td></tr>
<tr><td>丁金康</td><td>1996 年 1 月至 1998 年 12 月</td></tr>
<tr><td>孔玮玮</td><td>1996 年 1 月至 6 月</td></tr>
<tr><td>俞　毅</td><td>1998 年 4 月至 12 月</td></tr>
<tr><td>俞炳洪</td><td>1997 年 1 月至 1998 年 12 月</td></tr>
<tr><td>褚金珠（女）</td><td>1998 年 9 月至 12 月</td></tr>
</table>

续表 16-1-6

组织名称	职务	姓名	任职时间	备注
中共鹿亭乡第八届委员会 1998 年 12 月至 2001 年 12 月	书记	王明央	1998 年 12 月至 2001 年 10 月	1998 年 12 月 18 日，召开中共鹿亭乡第八次代表大会，选举产生第八届委员会委员 7 人（任职自 1998 年 12 月始，俞毅外），余为后补选或由余姚市委任命
	书记	黄伟国	2001 年 10 月至 12 月	
	副书记	陈荣芳	1998 年 12 月至 2001 年 12 月	
	副书记	黄伟国	1998 年 12 月至 2001 年 10 月	
	副书记	何黄真	2001 年 1 月至 12 月	
	副书记	张志中	2001 年 10 月至 12 月	
	委员	俞炳洪	1998 年 12 月至 2001 年 12 月	
	委员	褚金珠(女)	1998 年 12 月至 2001 年 1 月	
	委员	万小平	1998 年 12 月至 2001 年 10 月	
	委员	丁金康	1998 年 12 月至 2001 年 12 月	
	委员	俞　毅	1998 年 12 月至	
	委员	孙惠清(女)	2001 年 1 月至 12 月	
	委员	赵阳军	2001 年 1 月至 12 月	
中共鹿亭乡第九届委员会 2001 年 12 月至 2006 年 9 月	书记	黄伟国	2001 年 12 月至 2004 年 2 月	2001 年 12 月 28 日，召开中共鹿亭乡第九次代表大会，选举产生第九届委员会委员 7 人（任职自 2001 年 12 月始），余为后补选或由余姚市委任命
	书记	张志中	2004 年 2 月至 2006 年 9 月	
	副书记	张志中	2001 年 12 月至 2003 年 12 月	
	副书记	何黄真	2001 年 12 月至 2003 年 5 月	
	副书记	丁金康	2003 年 6 月至 2006 年 6 月	
	副书记	朱　刚	2004 年 3 月至 2006 年 7 月	
	副书记	赵阳军	2006 年 6 月至 9 月	
	副书记	陈为梁	2006 年 7 月至 9 月	
	委员	俞炳洪	2001 年 12 月至 2002 年 9 月	
	委员	孙惠清(女)	2001 年 12 月至 2004 年 11 月	
	委员	赵阳军	2001 年 12 月至 2006 年 9 月	
	委员	丁金康	2001 年 12 月至 2003 年 6 月	
	委员	厉海表	2002 年 9 月至 2003 年 12 月	
	委员	陈山君	2003 年 6 月至 2006 年 9 月	
	委员	丁素兰(女)	2004 年 12 月至 2006 年 9 月	

续表 16-1-6

<table>
<tr><th>组织名称</th><th>职务</th><th>姓名</th><th>任职时间</th><th>备注</th></tr>
<tr><td rowspan="15">中共鹿亭乡第十届委员会
2006 年 9 月至 2011 年 9 月</td><td rowspan="3">书记</td><td>张志中</td><td>2006 年 9 月至 2007 年 12 月</td><td rowspan="15">2006 年 9 月 22 日，召开中共鹿亭乡第十次代表大会，选举产生第十届委员会委员 6 人（任职自 2006 年 9 月始），余为后补选或由余姚市委任命</td></tr>
<tr><td>陈为梁</td><td>2007 年 12 月至 2010 年 9 月</td></tr>
<tr><td>黄红珍（女）</td><td>2010 年 9 月至 2011 年 9 月</td></tr>
<tr><td rowspan="4">副书记</td><td>陈为梁</td><td>2006 年 9 月至 2007 年 12 月</td></tr>
<tr><td>赵阳军</td><td>2006 年 9 月至 2011 年 9 月</td></tr>
<tr><td>黄红珍（女）</td><td>2008 年 4 月至 2010 年 9 月</td></tr>
<tr><td>翁贤权</td><td>2010 年 8 月至 2011 年 9 月</td></tr>
<tr><td rowspan="8">委员</td><td>丁素兰（女）</td><td>2006 年 9 月至 2009 年 5 月</td></tr>
<tr><td>陈山君</td><td>2006 年 9 月至 2008 年 6 月</td></tr>
<tr><td>金　军</td><td>2006 年 9 月至 2011 年 4 月</td></tr>
<tr><td>黄国锋</td><td>2011 年 4 月至 9 月</td></tr>
<tr><td>孙百荣（女）</td><td>2009 年 5 月至 2011 年 8 月</td></tr>
<tr><td>孙建惠</td><td>2011 年 8 月至 9 月</td></tr>
<tr><td>黄伯忠</td><td>2008 年 5 月至 2011 年 9 月</td></tr>
<tr><td>谢超炯</td><td>2007 年 7 月至 2011 年</td></tr>
<tr><td rowspan="14">中共鹿亭乡第十一届委员会
2011 年 9 月至 2016 年 10 月</td><td rowspan="3">书记</td><td>黄红珍（女）</td><td>2011 年 9 月至 2012 年 1 月</td><td rowspan="14">2011 年 9 月 22 日，召开中共鹿亭乡第十一次代表大会，选举产生第十一届委员会委员 6 人（任职自 2011 年 9 月始），余为后补选或由余姚市委任命</td></tr>
<tr><td>赵阳军</td><td>2012 年 1 月至 2016 年 7 月</td></tr>
<tr><td>陈晓珍（女）</td><td>2016 年 7 月至 10 月</td></tr>
<tr><td rowspan="6">副书记</td><td>赵阳军</td><td>2011 年 9 月至 2012 年 1 月</td></tr>
<tr><td>翁贤权</td><td>2011 年 9 月至 2012 年 12 月</td></tr>
<tr><td>谢林权</td><td>2012 年 1 月至 2015 年 10 月</td></tr>
<tr><td>陈晓珍（女）</td><td>2012 年 12 月至 2016 年 7 月</td></tr>
<tr><td>黄伯忠</td><td>2015 年 12 月至 2016 年 10 月</td></tr>
<tr><td>郑　杰</td><td>2016 年 8 月至 10 月</td></tr>
<tr><td rowspan="5">委员</td><td>黄国锋</td><td>2011 年 9 月至 2016 年 8 月</td></tr>
<tr><td>孙建惠</td><td>2011 年 9 月至 2013 年 5 月</td></tr>
<tr><td>黄伯忠</td><td>2011 年 9 月至 2015 年 12 月</td></tr>
<tr><td>林　宇</td><td>2013 年 5 月至 2016 年 10 月</td></tr>
<tr><td>陈福明</td><td>2014 年 10 月至 2016 年 10 月</td></tr>
</table>

续表 16-1-6

组织名称	职务	姓名	任职时间	备注
中共鹿亭乡第十二届委员会 2016 年 10 月至	书记	陈晓珍（女）	2006 年 10 月至	2016 年 10 月 24 日，召开中共鹿亭乡第十二次代表大会，选举产生第十二届委员会委员 6 人
	副书记	郑　杰	2006 年 10 月至	
		黄伯忠	2006 年 10 月至	
	委员	茅巧女（女）	2006 年 10 月至	
		姚军达	2006 年 10 月至	
		林　宇	2006 年 10 月至	

1992 年 5 月"撤扩并"前，晓云、白鹿等乡（公社）历次党代会资料缺失，此处只录记党组织负责人名录和任职时间。

原白鹿乡（公社）党组织历任负责人一览表

表 16-1-7

组织名称	职务	姓名	任职时间	备注
中共白鹿乡支部委员会	书记	丁育昌	1949 年 6 月至 10 月	1956 年 4 月并入鹿亭乡
		金高伟	1949 年 10 月至 1950 年 5 月	
		鲁仁义	1950 年 6 月至 1954 年春	
		龚桂兴	1954 年春至 1956 年 4 月	
	副书记	陈福炯	1955 年至 1956 年 4 月	
中共陈家岩管理区总支委员会	书记	鲁光戴	1959 年 3 月至 1959 年 7 月	由陈家岩大队党总支改名
		方祖康	1959 年 7 月至 1960 年 2 月	
		黄大玉	1960 年 2 月至 1961 年 10 月	
中共白鹿公社委员会	书记	方忠良	1961 年 10 月至 1968 年 7 月	由陈家岩管理区党总支改名
	副书记	马褚堂	1961 年 10 月至 1962 年 7 月	
		黄大玉	1961 年 10 月至 1962 年 7 月	
		夏升才	1962 年 6 月至 1963 年 2 月	
白鹿公社革委会	—	—	1968 年 7 月至 1970 年 5 月	—

续表 16-1-7

组织名称	职务	姓名	任职时间	备注
白鹿公社革委会党的核心小组	组长	吴仍昌	1970 年 5 月至 1970 年 8 月	—
中共白鹿乡（公社）委员会	书记	吴仍昌	1970 年 8 月至 1978 年 10 月	1992 年 5 月并入鹿亭乡
		陈其秀	1978 年 10 月至 1980 年 9 月	
		姚善定	1980 年 9 月至 1984 年 6 月	
		陈荣林	1984 年 6 月至 1992 年 1 月	
		黄伟国	1992 年 1 月至 1992 年 5 月	
	副书记	马褚堂	1976 年 10 月至 1979 年 10 月	
		冯秀珍（女）	1976 年 10 月至 1979 年 2 月	
		陈其秀	1978 年 5 月至 1978 年 10 月	
		陈荣林	1979 年 2 月至 1984 年 6 月	
		褚成友	1980 年 9 月至 1983 年 9 月	
		赵松强	1986 年 7 月至 1992 年 1 月	
		龚生祥	1989 年 10 月至 1992 年 5 月	
		徐少荣	1992 年 1 月至 1992 年 5 月	

原晓云乡（公社）党组织历任负责人一览表

表 16-1-8

组织名称	职务	姓名	任职时间	备注
中共晓云乡支部委员会	书记	何德邦	1949 年 6 月至 1949 年 8 月	1950 年 6 月至 1953 年 8 月材料缺失无考
		何士邦	1949 年 8 月至 1950 年 5 月	
		褚永林	1953 年 9 月至 1954 年 8 月	
		陈福炯	1954 年 8 月至 1954 年 10 月	
		褚孝国	1954 年 10 月至 1956 年 4 月	
	副书记	褚永林	1954 年 8 月至 1954 年 12 月	
		褚林法	1955 年至 1956 年 4 月	

续表 16-1-8

组织名称	职务	姓名	任职时间	备注
中共晓云乡总支委员会	书记	周仁庆	1956 年 4 月至 1956 年 10 月	1956 年 4 月，晓云乡、东岩乡和大岚乡的前路坑村合并为晓云乡，同时建立乡党总支
		禹寿昌	1956 年 10 月至 1957 年 4 月	
		赵宗员	1957 年 4 月至 1958 年 1 月	
		陆和本	1958 年 1 月至 5 月	
		赵宗员	1958 年 5 月至 10 月	
	副书记	蒋正国	1956 年 4 月至 1957 年 10 月	
		褚孝国	1956 年 4 月至 1958 年 1 月	
		赵宗员	1958 年 1 月至 5 月	
		褚方水	1958 年 1 月至 10 月	
		褚孝林	1958 年 6 月至 10 月	
中共晓云管理区总支委员会	书记	褚方水	1959 年 3 月至 1960 年 11 月	由晓岭大队党总支、岩头大队党总支合并组建
		褚朝炳	1960 年 11 月至 1961 年 3 月	
		褚孝森	1961 年 3 月至 1961 年 10 月	
	副书记	褚朝炳	1959 年 3 月至 1960 年 1 月	
		郑奋顺	1960 年 7 月至 1961 年 10 月	
		褚朝炳	1961 年 3 月至 10 月	
中共晓云公社委员会	书记	龚鸿钿	1961 年 10 月至 1969 年 5 月	由晓云管理区党总支改名
	副书记	褚朝炳	1961 年 10 月至 1969 年 5 月	
		黄　正	1961 年 10 月至 11 月	
晓云公社革委会			1969 年 5 月至 1970 年 5 月	—
晓云公社革委会党的核心小组	组长	娄正泗	1970 年 5 月至 8 月	—
中共晓云乡（公社）委员会	书记	华子瑜	1972 年 3 月至 1979 年 9 月	1971 年 1 月并入鹿亭公社党委，1972 年 3 月又分设 1992 年 5 月并入鹿亭乡
		陈文荣	1979 年 9 月至 1982 年 2 月	
		赵电驰	1982 年 3 月至 1983 年 9 月	
		张志苗	1983 年 9 月至 1991 年 4 月	
		金永兵	1991 年 4 月至 1992 年 5 月	

续表 16-1-8

组织名称	职务	姓名	任职时间	备注
中共晓云乡（公社）委员会	副书记	俞伟堂	1976 年 10 月至 1978 年 10 月	—
		赵宗员	1976 年 10 月至 1980 年 10 月	
		姚善定	1978 年 5 月至 1979 年 10 月	
		万忠浩	1978 年 5 月至 1983 年 8 月	
		褚利富	1979 年 10 月至 1984 年 11 月	
		黄志奋	1983 年 9 月至 1989 年 10 月	
		罗云祥	1985 年 4 月至 1987 年 2 月	
		龚生祥	1987 年 2 月至 1989 年 10 月	
		金永兵	1989 年 10 月至 1991 年 4 月	
		龚国平	1989 年 10 月至 1992 年 5 月	
		黄汉林	1991 年 4 月至 1992 年 5 月	

原东岩乡党组织负责人一览表

表 16-1-9

组织名称	职务	姓名	任职时间	备注
中共东岩乡支部委员会	书记	褚孝国	1954 年 5 月至 1954 年 10 月	1950 年 4 月，从晓云乡分设，1954 年 5 月建立东岩乡党支部，1956 年 4 月并入晓云乡
	副书记	褚绍云	1954 年至 1956 年 4 月	

附一：鹿亭乡（乡境内）出席浙江省党代会代表名录

中共浙江省第四次代表大会（1974 年）

郑和宝（中村大队）

中共浙江省第八次代表大会（1988 年 12 月）

褚伯青（余姚电视机厂）

附二：“撤扩并”后鹿亭乡出席宁波市党代会代表名录

中共宁波市第十一次代表大会（2007 年 3 月）

张志中（鹿亭乡党委）

附三："撤扩并"后鹿亭乡出席余姚市历次党代会代表名录

中共余姚市第十次代表大会（1993年2月）

王志成（市领导） 黄纪桥 陈荣芳 张伯成 黄汉林 封松定 郑其伦

中共余姚市第十一次代表大会（1998年1月）

胡建岳（市领导） 蒋狄波 丁金康 陈荣芳 夏昕 黄银龙 龚法康 郑伟英（女）

中共余姚市第十二次代表大会（2003年2月）

罗利达（市领导） 厉海表 何黄真 赵阳军 赵祖国 龚法康 黄伟国 褚林世

中共余姚市第十三次代表大会（2007年1月）

励健（市领导） 张志中 赵祖国 陈为梁 赵阳军 厉海表 丁素兰（女） 褚伟娟（女）

中共余姚市第十四次代表大会（2012年1月）

沈海东（市领导） 赵阳军 翁贤权 黄伯忠 黄国锋 谢林权 陈双丽（女） 赵祖国

中共余姚市第十五次代表大会（2016年12月）

卢建国（市领导） 陈晓珍（女） 方建刚 郑杰 姚军达 黄伯忠 谢晨 罗雪姣（女）

第五节 纪检（监察）

1988年2月前，乡党委不设专门纪律检查（监察）机构，不配备专职纪检干部，纪律检查工作由分管党群工作的副书记或党委委员兼任。1988年3月，建立中共鹿亭乡纪律检查小组，党群副书记兼任组长，配1名兼职纪检干部。1992年5月撤区扩镇并乡后，建立中共鹿亭乡纪律检查委员会，设书记、副书记各1人，委员3人。1993年1月，在中共鹿亭乡第六次代表大会上，以无记名差额选举的方式，选举产生中共鹿亭乡纪律检查委员会，任期与乡党委相同，设书记、副书记各1人，委员3人。后第七、八、九、十一届乡纪委均按此配置。2005年5月，乡九届纪委设专职纪检委员1人。2006年9月22日，召开鹿亭乡第十次党代会，选举产生中共鹿亭乡纪律检查委员会，设书记、副书记、委员各1人。2016年10月24日召开的鹿亭乡第十二次党代会上，选举产生中共鹿亭乡纪律检查委员会，设专职纪委书记、专职纪委委员各1人。任期均与乡党委相同。

鹿亭乡党委（支部、总支）自1953年9月建立至1958年，其间仅有少数行政村（大队）建有党组织，党员数量很少。农村党员、干部的纪律教育由梁弄区委组织实施，乡党委（支部、总支）负责日常教育管理工作。在此期间，结合土地改革、"三反"（反贪污、反浪费、反官僚主义）、"五反"（反行贿、反偷税漏税、反盗骗国家财产、反偷工减料、反盗窃国家经济情报）、"一化三改造"（实现社会主义工业化，实现对农业、手工业和资本主义工商业的社会主义改造）、反右派斗争、人民公社化等运动，对党员进行遵守党章、党纪教育，查处党员丧失立场、道德败坏、贪污公款以及工作中违法乱纪等行为。1959年后，开展"反右倾保守"的"插红旗""拔白旗"运动，一度出现处理扩大化倾向。1963年，对在"反右倾"整风中受过处理的党员进行甄别，落实政策。1964—1965年，开展"四清"运动，先是查处贪污浪费、生活作风等问题，时称"小四清"，后转向查处立场观点等路线问题，时称"大四清"。

1966年"文化大革命"开始，纪检工作停顿。1970年，公社党委恢复工作，因受"左"的思想影响，党内纪律作风教育带有阶级斗争、路线斗争等上纲上线倾向。

1978年中共十一届三中全会后，公社党委以保证党的路线、方针、政策贯彻执行为重点，加强党风、党性、党纪教育，清查在"文化大革命"中犯有打、砸、抢错误的"三种人"，复查纠正"文化大革命"及历次政治运动中遗留的冤、假、错案。1981年后，纪检工作以坚持四项基本原则、反对资产阶级自由化、反对不正之风为基本内容，开展"争做合格党员"活动。1985年后，乡党委围绕发扬党的“三大作风”（理论和实践相结合、密切联系群众、批评与自我批评），贯彻落实党风廉政建设各项规定和措施，清理党政机关干部经商办企业和机关部门违规滥发奖金实物的问题。1986—1987年整党运动中，结合具体案例，对党员干部进行系统的党性、党纪教育。1988年3月，建立党的纪律检查小组。1990年，着重抓作风建设，密切党群、干群关系。同年7月，乡设人民监察员。1991年，乡党委纪检小组配合梁弄区委纪检组开展干部建房专项治理以及公费配备交通工具、通信工具的专项治理。

1992年5月撤区扩镇并乡后，建立中共鹿亭乡纪律检查委员会和监察室，实行两块牌子、一套班子，乡监察室正副主任由乡纪委正副书记担任。乡纪委、监察室在乡党委的领导下，围绕中心工作，履行纪检、监察机关“保护、惩处、监督、教育”四项基本职能。同时，以党员干部特别是机关干部负责人为重点，开展勤政、廉政教育。出台机关廉政建设规定，建立公开办事制度，教育干部党员加强团结，服务基层，服务群众，齐心协力搞经济建设。

1993年乡纪委换届后，参与全乡经济、社会发展各项决策，及时化解企业转制过程中出现的矛盾和问题，会同有关职能部门参与亏损企业账务清理及经济案件调查处理，关注群众反映的热点、难点问题，协助乡政府开展财务收支检查，清理农民不合理负担。1995年，建立纪检干部例会制度，制定《民间纠纷处理办法》，健全纪检监察队伍网络，全乡58个党支部配备纪检员。3年中立案查处党内违纪案件5起，处分5人（其中开除党籍1人，留党察看1人，党内警告3人），回访违纪党员干部4人次。受理群众来信来访16件，结案率100%。

1996—1998年，乡纪委主要工作包括：强基础，抓防范，建立办事处和各村纪检领导小组，健全基层纪检网络；制定《移动住宅电话费报销范围及标准》，开展机关事业单位移动、公费住宅电话专项治理；制定实施《领导干部重大事项报告制度》和《严禁机关党员干部参与赌博的若干规定》等廉政自律监督检查制度；协助乡党委建立《机关干部诫勉制度》和《领导干部民主生活会制度》。3年中，立案查处党内违纪案件6起，处分6人（其中开除党籍3人，留党察看1人，党内警告2人），受理办结群众来信来访60件。

1999—2001年，乡纪委健全强化党政一把手负总责、分级负责、一票否决的党风廉政建设责任制。结合行政村区划调整，充实村支部纪检委员和信息联络员。制定《村干部廉洁自律制度》《行政村财务管理八项规定》《基层干部诫勉制度》《机关干部日常管理制度》等16项制度，通过制度建设，制度律人。3年中，共受理办结群众来信来访40件（次），乡纪委共立案查处党内违纪案件8起，党纪处分8人（其中开除党籍1人，党内严重警告4人，警告2人），为国家集体挽回经济损失8万余元。

2002—2006年，乡纪委建立健全教育、制度、监督并重的惩治和预防腐败体系，利用党员教育点、远程教育网络等途径，加大源头预防和治腐力度。开展社会主义荣辱观教育，制定《基层干部谈心谈话制度》《党员重大事项报告制度》《鹿亭乡工程建设项目招投标管理办法》《机关公务用车制度改革》等18项制度。5年中，立案查处党员违纪案件8起，党纪处分8人（其中开除党籍1人，党内警告7人）。协办违纪案件1起，受理办结群众来信来访来电27件（次）。

2007—2011年，乡纪委开展行风评议活动，建立信息举报首访责任制，领导信访包月制，信访举报办事公开制。全乡12个行政村党支部设立村纪检委员，成立村民监督委员会，开设鹿亭乡政府网，开辟“乡长信箱”“投诉咨询”栏目。与各村、部门签订《年度党风廉政建设责任书》，推行“阳光三务”（党务、村务、财务），处理村重大事项20余件。落实《鹿亭乡村级工程建设项目管理办法》，加强对村级工程建设招投标工作监督。5年中，招标村级项目67个，总预算金额1824万元，中标金额1696万元，节减资金128万元。做好对市财政专项补助资金使用的执法监督，查纠违规资金37万元。5年中，立案查处党员违纪案件16起，党纪处分16人（其中开除党籍7人，撤销党内职务1人，党内严重警告2人，警告6人）。受理并调处涉纪信访案件2起。

2012—2016年，乡纪委推出党政领导“一岗双责”（“一岗”就是一个领导干部的职务所对应的岗位；“双责”就是一个领导干部既要对所在岗位应当承担的具体业务工作负责，又要对所在岗位应当承担的党风廉政建设责任制负责）制度，出刊“廉政瞭望”简报，建立纪委与会计服务站、招投标中心合署办公制度。出台《履职担责廉政“风险指数”考评办法》和《廉情分析研判处置工作规程》，设立“清风鹿亭”纪检宣传专栏。在12个行政村、7个机关内设办、2个部门划分21个廉政责任区，设立领导信箱，加强纪检监察信访工作，畅通网络举报渠道。5年中，乡、村效能检查60余次，谈话提醒16人次，查办违纪案件30件，29名党员受到纪律处分，其中开除党籍12人，党内警告17人。

中共鹿亭乡纪律检查委员会负责人一览表

表16-1-10

<table>
<tr><th>组织名称</th><th>职务</th><th>姓名</th><th>任职时间</th><th>备注</th></tr>
<tr><td rowspan="16">中共鹿亭乡纪律检查委员会</td><td rowspan="9">书记</td><td>陈荣芳</td><td>1992年5月至1998年9月</td><td rowspan="8">党群书记兼</td></tr>
<tr><td>黄伟国</td><td>1998年9月至2001年12月</td></tr>
<tr><td>何黄真</td><td>2001年12月至2003年5月</td></tr>
<tr><td>丁金康</td><td>2004年1月至2006年9月</td></tr>
<tr><td>赵阳军</td><td>2006年9月至2010年12月</td></tr>
<tr><td>翁贤权</td><td>2011年9月至2012年12月</td></tr>
<tr><td>陈晓珍(女)</td><td>2012年12月至2015年2月</td></tr>
<tr><td>黄国锋</td><td>2015年2月至2016年8月</td></tr>
<tr><td>茅巧女(女)</td><td>2016年8月至2016年12月</td><td>专职</td></tr>
<tr><td rowspan="7">副书记</td><td>黄志奋</td><td>1992年5月至1992年8月</td><td rowspan="7">党委委员</td></tr>
<tr><td>龚生祥</td><td>1992年11月至1998年11月</td></tr>
<tr><td>俞炳洪</td><td>1998年9月至2002年9月</td></tr>
<tr><td>厉海表</td><td>2002年9月至2006年9月</td></tr>
<tr><td>丁素兰(女)</td><td>2006年9月至2009年5月</td></tr>
<tr><td>金　军</td><td>2009年5月至2011年4月</td></tr>
<tr><td>黄国锋</td><td>2011年4月至2015年2月</td></tr>
</table>

原各乡纪检小组组长一览表

表 16-1-11

组织名称	职务	姓名	任职时间
中共鹿亭乡纪检小组	组长	梅吉灿	1988 年 3 月至 1989 年 10 月
		陈荣芳	1990 年 7 月至 1992 年 5 月
中共白鹿乡纪检小组	组长	马爱堂	1988 年 3 月至 1990 年 7 月
		龚生祥	1990 年 7 月至 1992 年 5 月
中共晓云乡纪检小组	组长	黄志奋	1988 年 3 月至 1989 年 10 月
		龚国平	1990 年 7 月至 1992 年 5 月

第六节　宣传　统战

宣传

抗日战争后期，现乡境内各村党支部组织党员、民兵、农会干部学习毛泽东《论持久战》《论联合政府》等文献以及中共浙东区党委主办的《时事简讯》《新浙东报》等报刊，宣传党的抗日方针，发动群众积极投入抗日斗争。新四军浙东游击纵队及地方党政干部北撤后，仅留少数党员干部坚持原地斗争，党组织的宣传工作基本处于秘密状态。

中华人民共和国成立后，党组织围绕党在各个时期的中心工作，广泛开展宣传发动工作。1950 年，通过办冬学宣传抗美援朝，宣传党的土地改革政策。1953—1956 年，运用学生口号队等形式，宣传中国共产党过渡时期总路线，宣传《中华人民共和国宪法》及《全国农业发展纲要（草案）》。1958 年后，宣传“三面红旗、坐火箭、放卫星、一年等于二十年、赶美超英”等“大跃进”思想。直至 1961 年宣传贯彻《农村人民公社条例（草案）》，高指标、瞎指挥、浮夸风等“左”倾错误才有所纠正。1963 年，开展社会主义教育运动，通过学习毛泽东《为人民服务》《纪念白求恩》《愚公移山》等文章和学习雷锋精神，优良风尚得到发扬，社会风气明显好转。

1966—1976 年“文化大革命”期间，掀起学习毛泽东著作、读毛泽东语录热潮，“早请示、晚汇报”，以毛泽东语录为内容的红色墙头标语遍及各村（亦称“墙头开花”）。以接二连三的政治运动代替宣传工作。直至 1976 年 10 月后，宣传工作逐渐恢复正常。

1978 年中共十一届三中全会后，开展“实践是检验真理的唯一标准”大讨论，宣传新时期党的路线、方针、政策、任务，进行“一个中心”（以经济建设为中心）、“两个基本点”（坚持四项基本原则、坚持改革开放）的宣传教育。

1980 年后，宣传工作以党的基础理论宣传教育为主要内容。以党员干部为重点，结合形势发展和每个时期的工作重点，先后开展社会主义思想、党的基本路线、马克思主义基本理论、继承发扬党的三大作风等宣传教育活动。1992 年，开展解放思想大讨论。1993 年，学习建设有中国特色社会主义理论和社会主义市场经济理论。1994—2004 年，先后开展学习孔繁森、吴金印、陈金水，评选“双十佳”干部等活动，集中开展“三讲”（讲学习、讲政治、讲正气）教育。2005 年，重点进行“三个代表”重要思想教育，保持共产党员先进性教育和社会主义新农村主题教育。2008 年，鹿亭乡被评为余姚市宣传思想工作先进集体。2009年后，组织开展实践科学发展观主题教育和“创先争优”活动，学习周以国先进事迹。2012年后，组织开展学习贯彻中共十八大会议精神，学习中央八项规定。结合鹿亭乡“生态立乡、农业稳乡、旅游强乡、文化兴乡”战略，开展全面建成小康社会教育活动，组织开展“做文明崇德余姚人”大讨论。

在开展宣传教育的同时，不断完善党员教育阵地建设。1978—1986年，乡、村党员干部教育以参加市（县）委党校轮训、集训为主。健全“三会一课”（定期召开支部党员大会、支部委员会、党小组会、按时上好党课）制度，开展对党员、建党积极分子的普遍教育。1987年，建立乡基层党校，村级基层党组织建立党员活动室。1992年后，建立党委中心学习组理论学习制度。同时在全乡各个行政村建立行政村中心组理论学习制度。2000年，全乡12个行政村建有党员活动室17个。2008年后，打造村干部研修班和青年干部素质提升班等理论学习平台。同时创办乡新型“农民学校”，全乡39个自然村设立教学点，由乡党政领导、机关部门和有关单位负责人面向农村党员开展日常教育。2010年，上庄村被列入余姚市基层示范党校创建村，李家塔村被列入宁波市基层示范党校创建村。是年，全乡开展党校教育10余次，受教育党员达500余人次。2011年，鹿亭乡党委被余姚市委授予先进学习型党组织称号。

社会主义精神文明建设是党宣传教育工作的又一重要内容。1982年起，开展“五讲”（讲文明、讲礼貌、讲卫生、讲秩序、讲道德）、“四美”（心灵美、语言美、行为美、环境美）、“三热爱”（热爱祖国、热爱社会主义、热爱共产党）宣传活动。1983年，开展“全民礼貌月”活动。1984年起，开展创建文明村、文明单位活动，当年有3个村被评为“创建文明村、文明单位先进集体”，有2个村被首批命名为县级文明卫生单位。次年，又有1家企业、1个村被评为创建文明村、文明单位先进集体。两个文明创建活动把党的建设、经济发展、社会事业发展、社会治安等社会文明进步各项任务分解成具体考核标准，使宣传工作有明确目标。1987年，乡党委以两个文明建设为总目标，开展群众性的刹“三风”（赌博风、封建迷信风、婚丧事大操大办风）、评“三户”（爱国守法户、五好家庭户、双文明户）、创“文明”活动。1981—1988年，全乡评为县以上“五好家庭”户10户，其中宁波市级1户；双文明户8户；1981年上庄村禁赌协会被评为市级先进禁赌协会。1986年，晓云乡被评为宁波市两个文明建设先进乡。是年，有市级文明单位1个，创建文明村、文明单位先进集体3个。1996年，鹿亭乡被评为市家庭文明工程先进乡镇；1997年，李家塔村评为市级文明户示范村；2009年，被评为市宣传思想工作先进乡镇；2015年，获中国最美村镇文明风尚奖。至2016年底，全乡12个行政村均为余姚市文明村，其中宁波市级文明村5个，全乡有余姚市文明单位3个。

统一战线

民国28年（1939），县政工队组建余姚县抗日联防自卫团时，推选白鹿乡民主人士陈一鸥任副团长。民国34年，建立在共产党领导下的各抗日阶层按“三三制”（共产党员、爱国民主人士、群众代表各三分之一）原则组成抗日民主政权，选举中共党员方宪卿为晓云乡民主政府乡长，选举非党进步知识分子陈吉生为白鹿乡民主政府乡长。

解放战争时期，陈一鸥在宁波南郊路开设森森竹木行，实为四明山革命根据地联络站，主要任务是接待和护送来往人员，掩护和营救党的干部，向根据地运送粮食、食盐，并利用经商机会，为地下党组织采办急需的药品、纸张等物资。在此期间，策反时任宁波警察局副督察长褚祖芬及二分局毛衎，为宁波解放作出贡献。

表 16-1-12

1985 年乡境内 3 乡“三户”情况一览表

乡名 项目	双文明（户）	占参评户（%）	五好家庭（户）	占参评户（%）	遵纪守法户	占参评户（%）	总户数（户）	参评户（户）	参评率（%）
晓云	61	2.43	431	17.14	1915	76.14	2753	2515	91.4
鹿亭	34	1.67	395	19.46	1507	74.24	2267	2030	89.5
白鹿	15	1.79	132	15.79	578	69.14	905	836	92.4
合计	110	2.04	958	17.80	4000	74.34	5925	5381	90.82

1949 年 5 月鹿亭解放，中共鹿亭地方组织团结各界人士参政议政，1 名工商界代表和多名农民代表推荐为余姚县各届人民代表会议代表。1954 年后，历届人民代表大会均有民主人士当选代表或列席会议。“文化大革命”期间，统战工作基本停顿。1978 年中共十一届三中全会后，统一战线工作恢复。

1984—1986 年，余姚市人民政府批准现乡境内基督教聚会点 2 处，祈祷所 1 处。1993 年，市民宗局公布宗教活动场所 4 处，其中首批登记发证 2 处，1997 年实行年检制度，2006 年取消年检制度，重新换证登记。2009 年，市宗教协会向鹿亭乡中心幼儿园捐资 5 万元。2009 年、2010 年，“和谐宗教活动场所”星级考评中，鹿亭上庄堂连续 2 年为五星级场所，里大山堂连续 2 年被评为四星级场所。至 2016 年，全乡有依法登记的宗教活动场所 10 处，其中道教活动场所 7 处，基督教活动场所 3 处。其他民间信仰活动场所 20 余处。

20 世纪 90 年代始，少数民族人员（主要是妇女婚嫁迁入）到境内定居者增多，民族事务亦纳入乡统战工作日程，少数民族代表人士逐步走上政治舞台。石潭村龙凤丽（女，苗族）当选为宁波市第十四届人大代表，余姚市第十五、十六届人大代表。晓云村钟秋霞（女，土家族）当选为余姚市第十二届政协委员。2014 年 4 月，沿夹岙村李长秀（女，土家族）当选为沿夹岙村村委会主任，为鹿亭乡首次通过差额选举方式当选的少数民族妇女村委会主任。2005 年，鹿亭乡获浙江省民族团结进步模范集体。2009 年，创办民族团结学校，成立少数民族帮困扶贫基金会。是年，全乡 296 名少数民族妇女参加创业技能培训。至 2016 年，全乡已有少数民族 16 个，合计 303 人。

2012 年 8 月 28 日，由中共宁波市委统战部牵头，由民革宁波市委会、民盟宁波市委会、中共余姚市委统战部等 17 个单位参加的“美丽乡村·鹿亭同心实践基地”正式启动。至 2015 年，共计启动实施涵盖同心美丽乡村建设、同心基础设施建设、同心民生帮扶工程、同心合作招商工程等 4 大类 61 个项目，其中资产投资金额 7100 多万元，实体建设资金 820 万元，扶贫帮扶基金超过 220 万元，受惠群众 6000 余人。2015 年 9 月 9 日，第二轮同心实践基地启动，至 2016 年底，签约项目 38 个，其中实施美丽乡村建设项目 13 个，完成 8 个，收到援建资金 22.5 万元；实施民生帮扶项目 21 个，收到帮扶资金 94.12 万元；启动产业投资类项目 2 个，累计投入资金 300 余万元。尚有 2 个项目在对接中。

1949 年 5 月至 1966 年，统战工作由乡（公社）党委集体负责。“文化大革命”期间，统战工作停顿。1978 年中共十一届三中全会后，统战工作由乡党委宣传委员分管。至 2016 年，群众性统战组织有“三胞”眷属联谊会、市工商联谊会鹿亭分会、基督教三自爱国会鹿亭分会、鹿亭商会、少数民族联谊会、宁波市党外知识分子联谊会鹿亭分会等。

2004 年、2007 年、2009 年、2010 年、2011 年，鹿亭乡先后 5 次获余姚市统战工作创新奖；2005 年，鹿亭乡党委被评为余姚市统战信息工作先进集体；2012 年、2013 年、2014 年、2016 年，先后 4 次被评为余姚市统战工作先进集体。

第七节　信　访

20 世纪 80 年代前，信访工作由乡（公社）党委兼管，党政其他领导及下属机构归口承办，特定时期设临时接待机构，接待受理群众信访。1984 年，鹿亭乡信访工作由党委书记分管，并配备兼职信访干部 1 人。是年，阅批来信 14 件，接待来访 73 人次。1987 年底，设立由党委副书记为组长的信访工作领导小组，配备兼职信访干部。1989 年，设专职信访干部。信访干部具体承接上级交办信件，接待受理群众信访，同时会同归口业务部门参与重要来访办理工作。1992 年 5 月，信访工作由党委负责党群工作的副书记和乡党委纪检委员分管，设信访室，配 1 名专职信访干部。1995 年 10 月，全乡各村和乡办企业均设信访员，其中村信访员 39 人，企业信访员 6 人。信访员主要受理本村、单位的来信来访，向信访人宣传法律、法规和政策，受理上级机关和本单位负责人转交的信访文件，对有关重大问题与本单位领导商量处理。同时，乡政府制定《信访工作责任制》《信访工作职责》《日访周报月结工作制度》等信访工作制度，设乡长电话，确定党政领导信访接待日制度和领导包月接访制度，规定班子成员轮流主持接待。村委、乡人大、乡纪委也相应建立和完善信访接待制度，形成三线两级信访网络。

2008 年，在实施“四包”（领导包片、驻村干部包村、村干部包村民小组、村民小组长包户）工作制和落实“四包”措施的基础上，建立全员维稳工作制，得到市政法委及市信访局的肯定，先进经验在省级刊物《信访与工作》中发表。是年，鹿亭乡被评为余姚市信访工作先进集体。2010 年，在全乡 37 个自然村设立综治信访信息员。

1996—2016 年，乡信访室承接受理群众信访件、接待到访人员和接听来访电话共计 720 余件，做到事事有着落、件件有回复。2012 年度、2016 年度，乡信访室 2 次被评为余姚市信访工作先进单位。

1995 年鹿亭乡各村、乡办企业信访员名单

中姚村：姚万里；冬青村：方朝水；上村村：褚林朝；高岩村：褚方徐；金家村：方海张；牛塘村：赵祖春；洞桥村：褚庆尧；郑洋村：方信强；大溪村：方建伟；羊坑村：褚云龙；门石村：方先见；算坑村：郑公良；大年村：褚伟刚；中村村：郑传文；新村村：陈建华；岩头村：褚顺尧；下姚村：马坎堂；路坑村：朱顺尧；石潭村：龚伟法；茶山村：龚良海；赤石村：陈建立；东岗村：姚秋吉；深坑村：黄生法；上庄村：赵祖国；梁湖村：龚功法；水池村：方夏法；岙里村：赵士东；陈天龙村：方小康；平桥头村：褚其谷；沿夹岙村：鲁传忠；陈家岩村：陈仁土；高岩头村：马孝荣；叶家样村：龙爱夫；李家塔村：王华良；马家坪村：方孝苗；王石坑村：褚正和；祝家堰村：郑传吉；里大山村：褚孝林；外大山村：褚吉定。

浙江电视机厂：郑永宝　余姚市泡塑二厂：方国万

余姚市第二继电器厂：褚月化　余姚市阀门煤气配件厂：龚松年

余姚市电视配件厂：褚万根　余姚市金利安制衣厂：徐成东

第二章　群众团体

20世纪50年代初，境内农民协会、共青团、妇女联合会等群众团体相继建立。1986年始，建立工会组织，后陆续建立老龄工作委员会、科技协会、残疾人联合会等。各类群众团体在乡党委、政府的领导下，围绕党在各个历史时期的中心任务和各自工作职责开展劳动竞赛、青年志愿者、教育宣传等活动，成为党和政府联系团结群众的桥梁和纽带，为鹿亭乡村振兴和经济社会发展贡献各自的力量。

第一节　工人团体

乡总工会

1994年10月，成立鹿亭乡工会工作委员会，陈荣芳任主任，设副主任2人。1996年7月，赵吉华任工会专职副主任。2010年12月28日，成立鹿亭乡总工会，并召开第一次代表大会，选举产生乡总工会委员会，设主席1人、副主席1人、委员5人，选举翁贤权为乡总工会主席。乡总工会设组织科、宣传科、权益保障科、财务科和女工委员会。2016年4月28日，乡总工会召开第二次代表大会，出席代表38人。审议通过《弘扬主人翁精神，发挥生力军作用，为美丽乡村清纯鹿亭建功立业》的工作报告，选举产生乡总工会第二届委员会。黄伯忠当选为乡总工会主席，设副主席1人，委员5人。

基层工会

乡境内最早的基层工会为隶属教育系统的教育工会。1983年7月，鹿亭、晓云、白鹿3个公社中心学校分别召开首届教职工大会。1986年5月，以乡为单位建立基层教育工会，隶属中国教育工会余姚市委员会，下设中学、小学分工会。1987年，3个乡分别召开教育工会第二次教职工大会。1992年撤区扩镇并乡后，晓云、白鹿2个乡教育工会并入鹿亭乡教育工会，下设中学、小学2个分工会。同年召开鹿亭乡第三次教职工、工会会员代表大会。2013年，根据“教职工不足80人的学校，建立由全体教职工直接参加的教职工大会制度”的规定，召开乡第九届教育工会会员大会。20世纪90年代初，成立鹿亭乡卫生院工会。至2016年，全乡有市属系统工会组织2个，有会员70余人。

1997年，成立宁波松乐继电器有限公司工会，是为乡境内第一个企业工会，亦是第一个召开会员代表大会选举工会委员会的企业工会。此后，民营企业、“三资”企业相继成立工会组织，同时鼓励新经济组织中建立工会。2001年，全乡新组建工会9个，其中企业工会3个、村联合工会5个、行业工会1个。至2015年，乡总工会下属基层工会16个，其中企业工会10个、村联合工会5个、机关工会1个，共有会员2337人。

工会活动

乡工会工作委员会成立后，组织基层工会举行技术比武、知识竞赛等活动，组织职工去外地观光旅游。1999年，在基层工会中开展“转变一个观念、精得一门技术、提好一条建议、献上一片爱心、创造一流业绩”的“五个一”活动。2011年，参加在职职工住院医疗互助保障50人，参加职工特种重病互助保障127人。参加宁波市职工住院保障、特种重病和女职工安康医疗互助保障三项累计参保6万元。2011年后，乡总工会和基层工会共受理调解劳动争议案件249起，其中劳动工伤争议129起，劳资纠纷争议20起，法律咨询50起，其他纠纷50起。涉及职工300余人，涉案金额600余万元，其中赔付工伤事故金额530.06万元，协调解决工资纠纷70.3万元。有5家企业工会与公司签订《企业集体合同暨工资协议》和《企业集体合同暨工资、女职工劳动保护专项协议》。2014年，发放《关于安全质量节能倡议书》150份至每家企业，张贴到每个车间。开展企业工资集体协商，累计签订工资集体协商协议45份。2015年，香泉湾疗养所有限公司被市总工会授予“职工（劳模）疗养休养基地”称号。乡总工会建立困难职工帮扶基金，建立完善动态特困职工档案，至2016年，慰问困难职工103人次，为困难户子女助学10余人，帮扶资金达10万元；慰问高温作业职工1000余人次；为10名“新鹿亭人”赠送春节返乡火车票，帮助困难职工发放救助金额4.49万元。

各级劳动模范（部分）一览表

表16-2-1

称号	姓名	所在单位（村）	时间
宁波市劳动模范	褚伯青	晓云浙江电视机厂	1986年
浙江省特等劳动模范	褚伯青	晓云浙江电视机厂	1988年
宁波市农业劳动模范	龚国庆	鹿亭乡中村村	1995年
余姚市劳动模范	方建义	鹿亭乡大溪村	2001年

第二节　农民团体

民国时期农会

民国32年（1943），姚南地区在中共领导下，成立统战性质的“姚虞县秋收委员会”，发动农民保卫秋收，实行“二五”减租。同年7月，乡境内白鹿乡、晓云乡同时成立农民协会（简称“农会”），龚品香任白鹿乡农会干事长，褚兆炳任晓云乡农会干事长。抗日战争胜利后，浙东抗日根据地党政军奉命北撤，各乡农会活动停止。民国35年，国民党县党部重新成立县农会和各乡农会。1949年5月余姚解放，各乡农会解散。

中华人民共和国成立后农民组织

1950年2月，县农民协会成立后，区、乡、村三级农民协会相继建立，乡农民协会主任编入新成立的人民政府工作人员。民兵、妇女、儿童、生产、生活等各项工作归农会领导。1951年，乡境内有农民协会会员5724人，其中鹿亭乡1733人、白鹿乡1797人、晓云乡1285人、东岩乡909人，共设农会小组175个。农会组织民兵站岗放哨，参加减租减息、剿匪反霸、抗美援朝等运动。在土地改革中，农会主持开展划分农村阶级成分、清查田地等工作。1953—1955年，农民协会开展生产互助合作运动，组织互助组和初级农业生产合作社（初级社）。1956年，各乡普遍建立高级农业生产合作社（高级社），领导农民开展生产建设的任务由高级社所替代，乡、村农民协会自然解体。

1964年6月，《中华人民共和国贫下中农协会组织条例（草案）》发布。次年，公社、大队两级普遍建立贫农下中农协会（简称“贫协”）。“文化大革命”期间，公社、大队两级建立的贫农下中农代表大会（简称“贫代会”）取代贫协组织。贫代会除参与公社、大队管理事务，发挥监督作用外，还参与中小学的管理（简称“贫管会”）。1973年5月，撤销贫代会，恢复贫协组织。1981年3月，贫协组织被撤销。

第三节　青少年组织

中国共产主义青年团

1952年11月，青年团余姚县第一次代表大会召开后，农村始建团支部，团支部书记一般由不脱产或脱产干部兼任。1957年5月，中国新民主主义青年团改名为共产主义青年团。1959年，鹿亭人民公社团委建立，先后由方祖康、潘建光任团委书记。1961年后，团委工作一度由公社武装部部长或文书兼管。乡境内晓云公社、白鹿公社相继建立公社团委。1966年5月“文化大革命”开始后，各公社成立“红卫兵”组织，共青团组织停止活动。1969年后，“红卫兵”组织消失，各基层团组织恢复活动。1987年，建立鹿亭乡团的建设领导小组，在加强农村团组织建设的同时，重视乡镇企业团组织建设。至1991年，乡境内有基层团委4个，其中乡团委3个、企业团委1个，团支部59个，共有团员992人。是年，建有业余团校25个，党章学习小组13个，青年突击队16个，学习雷锋小组20个。

1992年5月撤区扩镇并乡时，晓云、白鹿2个乡团委与鹿亭乡团委合并，建立共青团鹿亭乡委员会。同年6月27日，乡团委书记由中共余姚市委组织部任命。1993年5月10日，召开撤扩并后的第一次团代大会，进行换届选举。乡团委严格超龄团员离团制度，除保留必要骨干外，为超龄团员办理离团手续，同时加强新团员的发展工作。1996年，开展党团共建活动，推荐优秀共青团员加入中国共产党。1997年，乡团委下设团支部48个，其中农村团支部39个、企业团支部2个、教育团支部5个、机关团支部2个，全乡有团员657人，当年发展新团员62人。2016年，全乡建有团委1个，下辖团支部19个，其中农村团支部12个，企业团支部5个，机关事业团支部2个，全乡有团员221人。

1959—1992年，召开鹿亭乡（公社）团代会（团员大会）9次。历任乡（公社）团委（总支）负责人有方祖康、潘建光、黄桂菊、黄志奋、龚生祥、罗连涛、黄银龙、赵阳军等。1993—2016年，召开团代会8次，历任乡团委书记有赵阳军、汪惠萍、诸永刚、陈山君、金军、廖先锋、林宇、黄央炯等。

共青团组织围绕中国共产党各个时期的中心任务，结合青年自身特点，组织开展各种活动。中华人民共和国成立初期，组织青年团员参加民兵组织，参与政权、经济、文化建设，开展土地改革、镇压反革命、抗美援朝和农村互助合作运动。1953—1956年，农业合作化时期，发起成立业余宣传队、业余剧团，开办夜校扫盲班，组织团员青年参加社会主义改造和社会主义建设。1960年，鹿亭公社晓岭生产队褚士长被评为浙江省青年、妇女社会主义积极分子代表大会先进个人。1963年后，在团员青年中开展“向雷锋同志学习”活动，组织“学雷锋小组”。1971年9月，鹿亭公社李家塔大队团支部书记黄传忠当选为共青团余姚县第六届委员会委员。1978年中共十一届三中全会后，在团员青年中开展“争当新长征突击手”活动。1980年，带领团员青年参加植树造林活动，其中晓云公社路坑大队团支部建青少年林0.34公顷。中姚村团支部成立青年护林队，团支部书记姚友真被评为宁波市绿化工作先进个人。1982年，各大队以团支部为核心举办“政治文化”夜校，扫除青壮年文半盲，3个公社先后成为基本无盲公社。是年，鹿亭公社石潭大队团支部被评为宁波地区先进团组织。1990年，鹿亭乡岙里村褚产量评为宁波市“青年星火带头人”。次年，乡境内有活动骨干33人，青年科技示范户15户，开展实用技术培训12期，青年星火实验基地10个。1991年3月，鹿亭乡团委被确定为余姚市整体建设试点单位。同年7月，中村村团支部书记郑世光被授予“全国青年绿化祖国突击手”称号，由共青团中央、中华人民共和国林业部、全国绿化委联合发文表彰。是年，乡团委书记赵阳军被评为宁波市优秀团干部，祝家堰村团支部评为宁波市先进团组织。1995年，石潭村团支部被命名为“余姚市首批小康村团组织”。1999年，全乡成立青年志愿者协会45个、各种服务队78个，技术比武60人次。是年，鹿亭乡大溪村方建义获浙江省农村“青年星火带头人”称号。2008年，成立青年志愿者服务队12个，参加人数147人。2015年，全乡有注册志愿者队伍13个304人，开展志愿者活动30余场（次）。

青年志愿者开展志愿服务活动

1993—2016年鹿亭乡历次团代会情况表

表16-2-2

届次	召开时间	代表人数（人）	主要议题	全乡团员数
10	1993年5月	58	—	—
11	1996年3月		肩负跨世纪重任，为加快我乡两个文明建设再立新功	—
12	1999年3月	68	肩负跨世纪重任，为加快我乡两个文明建设，实现社会主义新农村目标而努力奋斗	643
13	2002年7月	52	继往开来，与时俱进，为实现我乡社会主义新农村目标而努力奋斗	561
14	2006年6月	48	牢固树立和落实科学发展观，团结带领团员青年在社会主义新农村建设中建功立业	581
15	2009年9月	48	紧跟党的步伐，紧握科学脉搏，团结带领团员青年为构建和谐新鹿亭贡献青春	486
16	2012年4月	57	坚定信念跟党走，紧跟时代献青春，为建设美丽幸福新鹿亭而不懈奋斗	486
17	2015年2月	61	适应新常态，肩负新使命，创造新业绩，为建设美丽幸福新鹿亭而不懈奋斗	486

少年儿童组织

1951年底，乡境内始建少年儿童队组织，时共有儿童队员1043人，其中鹿亭乡311人、白鹿乡318人、晓云乡218人、东岩乡196人。1953年6月，中国少年儿童队改名“中国共产主义少年先锋队”（简称“少先队”）。“文化大革命”期间，少先队被“红小兵”组织所取代。1978年，团中央十届一中全会作出关于恢复少先队组织的决定，乡境内各中心学校均建立少先队组织。1979年恢复公社中心学校少先队辅导员制度，设大队辅导员1人，中队辅导员由各班主任兼任。1981年，按照把全体儿童组织起来的要求，中小学队龄儿童全部入队。1987年，乡境内共有少先队大队部10个，其中鹿亭乡4个、白鹿乡1个、晓云乡5个，中队73个，有少先队员1647人；少先队大、中队辅导员70余人。1993年5月，成立中国少年先锋队鹿亭乡工作委员会（简称“少工委”），乡团委书记任主任，设副主任1人、委员4人。2006年，全乡有少先队大队部1个、中队8个，有少先队员254人。2016年，全乡有少先队员68人。

少先队组织开展适合少年儿童特点的各种有益活动。如制订“小五年计划”，开展治虫、积肥、办“小农场”、搞“小秋收”、植树等活动，培养少年儿童从小热爱劳动、热爱家乡的观念。儿童队还围绕农村中心工作，开展宣传活动，配合民兵站岗放哨。1963年，开展“学雷锋，创三好”活动，建立好人好事登记簿、设置“节约箱”和“针线包”、创建“小银行”等。20世纪70年代初，鼓励少年儿童参与植树造林，鹿亭公社岙里小学创建“少年林”0.13公顷，并在“少年林”中种植杨梅、桃子等果树。1982年，开展爱祖国、爱人民、爱科学、爱劳动、爱护公共财物的“五爱”教育和“一学二要三提倡”（学英雄见行动，要勤奋学习、要尊敬师长，提倡文明礼貌、提倡讲究卫生、提倡诚实俭朴）活动。各校少先队组织办好“红领巾广播”和大队、中队黑板报。各中队开展每学期一次的主题班会，组织区、乡内辅导员观摩，建立鼓号队，举行每周升旗仪式，培养升旗手和护旗手。1983年，鹿亭公社和晓云公社各有1人被评为县优秀少先队员。

20世纪90年代后，开展以培养少年儿童生存、发展意识和技能训练为主要内容，以实践活动为基本途径的少先队雏鹰行动，在学生“五自”（自理、自律、自学、自护、自强）活动的基础上，开展雏鹰达标争章活动，提高少年儿童整体素质，发展个性特长。

第四节　妇女团体

妇联组织

中华人民共和国成立后，乡妇女工作多由乡长分管，或确定女干部兼职，无专职的妇女干部。在镇压反革命、土地改革、抗美援朝三大运动中，乡境内4个乡成立妇代会组织，各村逐步建立妇女小组，1951年8月，有2056名妇女参加妇代会，其中鹿亭乡643人、白鹿乡546人、晓云乡498人、东岩乡369人。1954年后，乡村妇女组织均为代表制。1956年，鹿亭乡妇女联合会（简称“妇联”）成立，配备妇联主任1人，各生产大队成立妇代会。1966年“文化大革命”开始，公社妇联停止活动，生产大队妇代会继续发挥作用，主抓计划生育、爱国卫生、托幼事业等。1973年，妇联工作恢复。1983年起，乡称妇女联合会，配专职妇联干部。村为妇代会，配不脱产妇女主任1人。随乡村（社队）企业的发展，在女工50人以上的乡村企业陆续建立妇代会组织。1992年5月，晓云、白鹿2个乡妇联并入鹿亭乡妇联，同年6月27日，乡妇联主任由中共余姚市委组织部任命，乡妇联由9名委员组成，设主任1人、副主任1人、委员7人，下设村妇代会39个。1994年，鹿亭乡第十一次妇女代表大会召开，乡妇联由9名执委组成，改为主席制，设主席1人、副主席1人、委员7人。下设村妇代会39个，企业妇代会3个。2013年，鹿亭乡第十七次妇女代表大会召开，乡妇联设主席1人、副主席2人，其中1人为专职副主席。2016年，乡妇联下设村妇代会12个、企业妇代会3个。1994—2016年，共召开乡妇代会7次，历任乡妇联主席有龚亚君、姚双学、毛姚萍、段丹群、张望。

2013年7月17日，鹿亭乡第十七届妇女代表大会召开

1994—2016年鹿亭乡历次妇代会简表

表16-2-3

届次	召开时间	代表人数	会议主题
11	1994年6月21日	58	团结拼搏，务实创新，为推进鹿亭现代化建设再立新功
12	1997年5月30日	68	团结拼搏，务实创新，为推进我乡两个文明建设立新功
13	2000年5月24日	51	面向新世纪，立足新起点，为开创妇女工作新局面而努力奋斗
14	2003年6月6日	43	学习中共十六大精神，团结带领全乡妇女为全面建设小康社会而努力奋斗
15	2006年6月16日	44	围绕中心，服务大局，团结带领鹿亭妇女为建设社会主义新农村作出新贡献
16	2009年7月28日	44	坚持科学发展，勇于开拓创新，团结动员广大妇女为建设富裕文明和谐新鹿亭而努力奋斗
17	2013年7月17日	46	凝聚力量，开拓创新，团结带领全乡妇女为建设美丽富裕的幸福新鹿亭而努力奋斗

主要活动

1950年，各村妇女小组参加抗美援朝、土地改革运动。1953年，宣传《中华人民共和国婚姻法》。1954—1956年，组织妇女参加互助合作运动和农业生产，开展爱国增产竞赛，同时加强对妇女干部的教育培养工作，部分妇女骨干走上乡村领导岗位。1958年，为解放妇女劳动力，开始创办托儿所、幼儿园，广大妇女走出家门，参加建造水库劳动，有的妇女劳力月出勤超30天（夜工折算在内）。1960年，鹿亭公社中村幼儿园被评为省先进儿童工作集体；1961年，鹿亭公社李家塔托儿所被评为省“三八”红旗集体。妇女组织在发动妇女投身农业生产的同时，兴办夜校识字班，在妇女中开展学文化、学技术活动，宣传男女同工同酬，保障妇女权益。1960—1961年，乡境内有2名妇女分别被评为宁波地区和余姚县“三八红旗手”。1966年“文化大革命”爆发，公社妇联停止活动，大队妇代会在幼托、爱国卫生等方面仍发挥着作用。1973年，公社妇联恢复活动，组织妇女投身“农业学大寨”运动。

1978 年中共十一届三中全会后，妇女组织围绕经济建设为中心，开展“三八”红旗竞赛，是年晓云公社路坑大队妇代会被评为余姚县“三八红旗集体”。1983 年，鹿亭公社中村大队妇代会被评为余姚市五好集体。1986 年，开展“创文明、促致富、奔小康”达标竞赛。至 1990 年，乡境内评为市（县）级以上“三八红旗手”19 人，鹿亭乡上庄村妇代会先后被评为市五好活动先进集体和市先进妇代会。中村村妇女为实现“一年准备，三年消灭荒山，四年绿化”的目标，积极投身“三八”绿化工程建设，全村以妇女为主，造林 10 亩以上重点户 7 户，共造林 8.33 公顷；2 亩以上 28 户，共造林 4.13 公顷。1990 年后，开展“学文化、学技术、比成绩、比贡献”（简称“双学双比”）活动。至 2001 年，全乡妇女有 4668 人次参加活动，其中评上余姚市级以上女能手 26 人，石潭村竹笋基地评为省“双学双比”示范基地。1993 年起，在企业单位女职工中开展“巾帼建功”活动，至 2016 年，参赛妇女中农业函授大学结业 68 人，参加农业专业技能培训 120 人，12 名村妇代会主任进村两委会班子，其中 2 人晋升女村干部（其中 1 人当选为村委会主任，1 人当选为村党支部书记），1 人当选宁波市第十届妇代会代表。1982—2016 年，开展家庭文明建设，先后在“五好”家庭、文明家庭、十星级文明户、双文明户、最美家庭、平安家庭示范户、和谐家庭等评选活动中，获宁波市级以上荣誉的有 12 户。

1979 年后，村妇代会直接负责计划生育基层基础工作，为宣传配合计划生育、优生优育，开展思想组织工作。各级妇联还组织宣传《中华人民共和国妇女权益保障法》，举办法律培训班，成立由乡政法办、司法所、妇联组成的权益保障小组和巾帼志愿服务队，建立乡村维权信息网和来信来访接待制度，开展法律咨询，解决家庭婚姻纠纷。

乡妇联系统省级先进集体一览表（部分）

表 16-2-4

年份	单位	荣誉称号
1960	鹿亭中村幼儿园	浙江省先进儿童工作集体
1961	鹿亭李家塔托儿所	浙江省“三八”红旗集体
2001	鹿亭乡石潭村竹笋基地	浙江省“双学双比”示范基地

第五节　科学技术协会

20 世纪 70 年代初，乡境内部分生产大队、生产队设科技组，配备农科人员。1973 年，有生产大队、生产队科技组 12 个，农科人员 48 人，有生产队植保、农机具人员 232 人。农技人员开展水稻高产试验、科学种田、高档茶制作等培训。1974 年，晓云公社中姚大队派两青年去海南岛学习杂交稻栽培技术，回村后开始试种，第一年试验失败，第二年获成功，单季亩产 500 千克以上。是年，梁弄区杂交水稻种植现场会在中姚大队召开，宁波地区农业局局长到会讲话。至 20 世纪 90 年代初，乡境内杂交水稻种植面积占水稻种植总面积的 98%。

1985 年 4 月，鹿亭乡科学技术协会成立，褚利夫任主任，设副主任 3 人，其中 1 人兼秘书长。1995 年 6 月，设立鹿亭乡科技工作领导小组，同时设立乡科委和科协，实行一套班子、三块牌子。

次月，建立各村科技管理网络，配备分管科技工作人员39人。1997年，褚伯青获余姚市“优秀科技企业家”称号。2001年，组建乡科学技术协会（简称“科协”），成立第一届委员会，设主席1人，副主席2人，秘书长1人。同时，各行政村设立村级科协组织，由村党支部书记兼任科协主席，村办公室主任或大学生村干部任秘书长。2001—2017年3月，共召开乡科协代表大会4次。

乡科协下设高山西瓜、鹿沁茶叶、竹木、花木等专业合作社7家；有白鹿高山蔬菜休闲观光园、鹿亭农特优农产品展销中心、名贵中草药种植基地、波尔山羊高山养殖场、笋制品加工等科普示范基地。1997年，乡农办、乡农科所《水稻早育秧高产栽培技术研究和壮秧剂试验》《大花生——鲁花9号、14号引种试验及栽培技术研究》被列入余姚市1997年第一批科技（星火）计划项目。2001年，全乡有科普示范户78户。2013年，创建余姚市科普示范村6个。乡科协被评为宁波市科普示范单位（科普示范乡）、余姚市科协工作先进集体。2014年、2015年连续2年被评为余姚市全国科普日活动优秀组织单位。2015年，乡科协科普讲堂获评市“优秀科普大讲堂”。是年，乡科协获评余姚市科协工作先进集体。至2016年，全乡建有科普长廊15个，展出科普知识320期，发放科普图书、各种宣传资料5000余册，有各种专业技术人员组成的志愿者队伍120人，拥有各类自主知识产权专利授权100余件，其中发明专利28件，拥有中国驰名商标1家。

鹿亭乡科协科普长廊

第六节　工商业组织

1999年，在全市尚未建立商会组织的12个乡镇建立市工商联、总商会联络员制度，赵吉华为鹿亭乡联络员。

2002年12月，成立余姚市总商会鹿亭乡商会，并召开第一次会员大会，选举产生鹿亭乡商会第一届理事会组成人员。选举宁波松乐继电器有限公司总经理褚士陆为会长，同时选举副会长5人。吸收宁波松乐继电器有限公司等32家企业和2名个人为鹿亭乡商会首批会员，同时也是市工商联、总商会会员。至2016年，共召开商会会员大会2次。

乡商会成立以来，参与光彩事业，支持美丽乡村建设，支持山区教育、卫生事业，慰问孤寡老人，捐资助学。会员企业开展以“村企结对”为主要形式新农村建设活动，为群众兴办公共事业，帮助困难户、走访贫困职工家庭等。

2016年，乡商会有会员企业31家，会长褚士陆。

第七节　残疾人协会（联合会）

1992年10月，乡残疾人协会成立，赵志皎任理事长，设副理事长1人、理事委员6人。1998年4月，召开乡残疾人联合会第二次代表大会，到会代表40人，其中残疾人代表22人。会议选举万小平任乡残联主席团主席，设副主席2人。

1999年1月，建立乡残疾人工作协调委员会，陈荣芳任主任，设副主任1人，并以鹿亭、晓云、白鹿3个办事处为管理范围各建立残疾人管理小组，管理小组设正副组长各1人，同时各行政村设立残疾人工作负责人。同年9月，建立鹿亭乡残疾人理事会，陈荣芳为理事长，设副理事长2人。

2002—2016年，先后召开乡残疾人联合会代表大会3次，历任主席团主席有赵阳军、陈山君、黄伯忠。

2005年后，各村建立残协组织，设立残协专管员。2011年后，共发放基本生活保障金924万元，各类困难补助84万元，托、安、养补助资金108万元，救助资金25万元，被救助455人次，住房救助、教育救助、医疗救助62万元。同时开展助听、助明阳光康复运动，免费实施白内障复明手续33例，发放残疾人用品用具95件，安装无障碍设施9户，享受上门肢体康复服务13人次，累计参与康复专业培训125人次，开展专业培训、职业技能培训，增强残疾人就业能力，新增残疾人就业85人。

2016年12月，全乡有残疾人709人，其中视力残疾61人、听力残疾64人、言语残疾18人、肢体残疾380人、智力残疾68人、精神残疾100人、多重残疾18人。709名残疾人中，男性366人，女性343人。全年共计落实涉及残疾人资金3736834.25元，其中发放残疾人基本生活保险金2473392元，各类医疗救助85000元，残疾人助学金47265.5元，护理费、生活补助等其他各类补助1131176.75元。

第八节　老龄工作委员会

1987年，乡境内3个乡先后建立老龄问题委员会，各设主任1人、副主任2人、委员6人。1988年，市老龄工作委员会梁弄区分会成立，3个乡相继成立老龄工作领导小组，配老龄退休干部工作专管员。1992年“撤扩并”后，成立鹿亭乡老龄工作委员会（简称“老龄委”），乡党委副书记兼任主任，设副主任2人（组织委员、人武部长），成员6人，鹿亭、晓云、白鹿三片配老龄工作协管员各1人，同时39个行政村设老年协会。2008年，成立居家养老服务领导小组，党群书记任组长，乡社会事务办、老龄办作为居家养老职能办公室，分别负责具体工作指导和政策宣传，各行政村成立相应组织。2014年，调整乡居家养老服务领导小组，设组长1人，副组长3人，成员11人。2016年，乡老龄委下设村老年协会12个。

老龄委成立后，帮助指导各村建立老年协会，开辟老年人活动场所。至2016年，全乡有老年活动室37个，其中行政村12个，自然村25个。建造门球场3个，组建老年门球队1个，举办门球邀请赛4场，被邀门球队38个270人次。依托老年协会，开设文化、法律、医疗健康等专题讲座20余次。2011—2016年，共举办6届乡老年人运动会。2016年，余姚市全国老年人健步走大联动启动仪式在中村户外活动基地举行，全市200余人参加。2008年，获评浙江省小康型老年体育乡镇。

2008年，在李家塔村农村居家养老服务试点的基础上，启动以居家养老为主的“虚拟养老院”，推出“老年人互助会”“村级托老所”“暖巢服务队”“政府买服务”等6种模式，破解山区养老难题，被《浙江日报》《浙江老年报》《余姚日报》等多家媒体报道，副省长陈加元作“余姚（鹿亭）的‘虚拟养老院’是从山区实际出发，开展养老服务的又一模式，值得类似地区学习借鉴”批示。同年，全乡居家养老志愿者服务队9支206人，有老年互助会工作人员90人。2014年，高山村创建余姚市首家村级托老所。次年，高山村托老所成为余姚市首个宁波市AAA级居家养老照料中心。同年，李家塔村、上庄村分别被评为余姚市AA级、A级居家养老服务站。

2011年，乡老龄委获宁波市老龄工作先进乡镇。同年11月，乡老龄委获浙江省“银龄互助”活动组织奖。2006—2016年，乡老龄委多次被评为市先进集体，老龄办郑交芳获2016年浙江省“敬老养老助老模范人物”称号。

鹿亭乡示范性高山村居家养老服务照料中心

第十七编

人大、政府

第一章 权力机构

中华人民共和国成立初期，乡镇实行人民代表会议制度。1954 年 7 月始，实行人民代表大会制度。1966 年，人民代表大会制度因“文化大革命”而被迫中断，1980 年 12 月得以恢复。

第一节 代表选举

1949 年 10 月，中华人民共和国成立。是年底，境内各乡实行人民代表会议制度，人民代表除部分由乡政府邀请外，多数由各人民团体、单位及社会各界人士协商产生。1950 年 1 月至 1953 年 3 月，有多名代表参加县各界人民代表第二次至第七次会议（第一次会议仅限于城区代表）。1953 年 6 月，实行普选，按选举法程序选举乡人民代表大会代表，再由乡人民代表大会选举产生县人民代表大会代表。1979 年，选举制度尚未恢复，出席县人民代表大会代表，由公社和县级机关、企事业单位、驻地方部队按民主集中制原则，经民主协商，通过无记名投票选举产生。是年，公社未召开代表大会。1980—2016 年，市（县）、乡（公社）人民代表大会代表均由选民差额选举产生。

1954 年选民证

人大代表选举机构

乡人大代表选举工作由乡选举委员会主持。第一届至第六届县人大代表选举工作，由乡人民代表大会主席团主持，第七届县人大代表选举工作由乡（公社）革命委员会主持，第八届以后的县（市）人大代表选举工作由乡选举委员会主持。1991年前，现乡境鹿亭、晓云、白鹿3个乡（公社）的县（市）人大代表选举工作由梁弄区选举办事处指导。1992年5月撤区扩镇并乡后，市、乡两级人大代表任期不同。第十三、十四届市人大代表选举工作由市选举委员会在鹿亭乡设立选举办事处并主持选举，第十五届始设立乡选举委员会，主持市、乡两级人大代表的选举工作。

人大代表结构

县（市）人大代表结构比例由县（市）选举委员会提出指导性意见，乡选举委员会（办事处）在选区划分、代表名额分配时予以体现。

乡人大代表结构比例，中共党员不超过35%，妇女代表不少于22%，兼顾社会各界，按先进性、广泛性、代表性要求分配代表名额。

人大代表选举程序

自1953年第一届人大代表选举开始，就依法形成“建立选举委员会—划分选区—登记、公布选民名单—提名推荐代表候选人—协商确定代表候选人—选民无记名投票选举—公布选举结果”的选举工作程序。第一至第六届县选举委员会要求各乡镇在规定时段内完成选举任务，未明确规定统一的选举日。县（市）第八至第十一届人民代表选举，除试点乡镇外，由县（市）统一选举日。“文化大革命”前，县、乡（公社）两级人民代表任期同步，届次一致。1992年后，市、乡两级人民代表任期分别为5年、3年。2004年修改后的地方组织法将乡镇人大代表每届任期由3年改为5年，与市人大代表任期相同，故2002年换届后的乡人大代表任期延至2007年年初新一届人代会召开。以后市、乡两级人大代表分别按任期换届，全市统一换届年的1月5日为选举日。2016年，全市将12月8日作为换届选举日。

1953年乡境内选民一览表

表17-1-1　　单位：人

<table>
<tr><th rowspan="3">乡名</th><th colspan="3">总人口</th><th colspan="7">18岁以上者</th></tr>
<tr><th rowspan="2">总计</th><th rowspan="2">男</th><th rowspan="2">女</th><th rowspan="2">总计</th><th colspan="3">有选举权者</th><th colspan="3">无选举权者</th></tr>
<tr><th>小计</th><th>参选者</th><th>未选者</th><th>小计</th><th>被剥夺政治权利者</th><th>精神病患者</th></tr>
<tr><td>鹿亭</td><td>3364</td><td>1738</td><td>1626</td><td>2061</td><td>2040</td><td>1888</td><td>152</td><td>21</td><td>20</td><td>1</td></tr>
<tr><td>晓云</td><td>2936</td><td>1566</td><td>1370</td><td>1774</td><td>1759</td><td>1295</td><td>464</td><td>15</td><td>14</td><td>1</td></tr>
<tr><td>白鹿</td><td>2367</td><td>1273</td><td>1094</td><td>1402</td><td>1400</td><td>1163</td><td>237</td><td>2</td><td>2</td><td>0</td></tr>
<tr><td>东岩</td><td>2086</td><td>1164</td><td>922</td><td>1292</td><td>1267</td><td>1119</td><td>148</td><td>25</td><td>25</td><td>0</td></tr>
<tr><td>合计</td><td>10753</td><td>5741</td><td>5012</td><td>6529</td><td>6466</td><td>5465</td><td>1001</td><td>63</td><td>61</td><td>2</td></tr>
</table>

附一：乡境内出席宁波市人民代表大会代表名录

宁波市第八届人民代表大会（1983 年 9 月至 1988 年 3 月）

郑林吉（女） 鹿亭公社中村大队妇女主任

宁波市第九届人民代表大会（1988 年 3 月至 1993 年 3 月）

龚国庆 鹿亭乡中村村育林专业户

褚柏青 浙江晓云电视机厂厂长

宁波市第十二届人民代表大会（2003 年 2 月至 2007 年 2 月）

方建义 鹿亭乡晓云村

宁波市第十四届人民代表大会（2012 年 4 月至 2017 年 4 月）

龙凤丽（女） 鹿亭乡石潭村

附二：乡境内出席余姚县各界人民代表会议代表名录（部分）

第一次会议（1949 年 9 月 24 日至 26 日）

陈一鸥（工商界代表）

第二次会议（1950 年 1 月 11 日至 26 日）

陈一鸥（工业代表）

赵国璋（农民代表）

第三次会议（1951 年 7 月 10 日至 13 日）

陈茂祥 褚奎尧 沈钦 方以定 郑桂花 黄大玉

第四次会议（1951 年 12 月 10 日至 14 日）

徐荣飞 赵宗溪 姚吉夫 马纪纲 朱之君

第五次会议（1952 年 4 月 29 日至 5 月 2 日）

姚吉夫 龚金康 黄淦培 马纪纲

第六次会议（1952 年 11 月 8 日至 11 日）

马褚堂 姚忠赚 方调珠（女） 王来夫 褚孝才 蒋凤正

第七次会议（1953 年 3 月 28 日至 31 日）

方祖康 王来夫

附三：现乡境内出席余姚县（市）历届人民代表大会代表名录（部分）

余姚县第一届人民代表大会（1954 年 7 月至 1956 年 12 月）

方万和 陈茂祥 鲁爱芹（女） 姚忠赚 褚清化

余姚县第二届人民代表大会（1956 年 12 月至 1958 年 5 月）

方祖唐 杨金亭 俞世祥 朱雅芳（女） 方万和 冯世忠 鲁爱芹（女） 王朝煊 王来夫 王林花（女）

余姚县第三届人民代表大会（1958 年 5 月至 1963 年 1 月）

赵张海 姚怀国 杨金亭 褚方水 姚云妹（女） 王朝煊 陈祖定 王林花（女） 王来夫 黄东海

余姚县第四届人民代表大会（1963 年 1 月至 1963 年 12 月）

姚云妹（女） 黄大玉 马褚堂 黄金海 褚孝调 方高夫 叶顺泰

余姚县第五届人民代表大会（1963 年 12 月至 1968 年 12 月）

黄大玉 阮永尧 任祖伊 赵水火（冬青大队） 吴阿义（女） 姚云妹（女） 马褚堂 褚世灿 褚孝调 陈其孝 叶顺泰 方高夫 黄思仁 筱水英

余姚县第六届人民代表大会

注：因“文化大革命”开始，选举中止而未召开大会。

余姚县第七届人民代表大会（1979 年 3 月至 1980 年 12 月）

陈荣林 马炳先 陈仁士 龚鸿吉 赵水传 黄维志 龚开福 赵宗员 方利法 孔彩花（女）

余姚县第八届人民代表大会（1980年12月至1984年7月）

陈传坤 方调珠（女） 赵志强 褚成友 沈文武 赵炎邦 褚孝林

于苏珍（女）

余姚市第九届人民代表大会（1984年7月至1987年5月）

褚利夫 方吉品 张国强 龚国庆 陈忠苏 赵松强 褚孝林 于苏珍（女）

余姚市第十届人民代表大会（1987年5月至1990年5月）

方世荣 方岳传 陈荣国 姚再定 罗云强 郑林吉（女）

余姚市第十一届人民代表大会（1990年5月至1993年3月）

方岳传 郑方安 陈长云 褚孝林 叶建民 金永兵 芦爱娟（女）

余姚市第十二届人民代表大会（1993年3月至1998年2月）

金永兵 郑方安 施惠芳（女） 徐少荣 鲁茶梅（女） 褚世强 褚柏青

余姚市第十三届人民代表大会（1998年2月至2003年2月）

王明央 方岳传 郑方安 徐少荣 褚柏青 戴莉英（女）

余姚市第十四届人民代表大会（2003年2月至2007年2月）

张志中 方岳传 陈荣芳 郑伟英（女） 黄伟国 褚士陆

余姚市第十五届人民代表大会（2007年2月至2012年2月）

陈为梁 黄红珍（女） 褚士陆 黄峥嵘 方建义 陈巧珍（女）

龙凤丽（女） 马友明（2009年2月补选为市第十五届人大代表）

余姚市第十六届人民代表大会（2012年2月至2016年12月）

马友明 龙凤丽（女） 陈立忠 黄峥嵘 赵阳军 褚士陆

2016年12月8日，由选民差额选举产生出席余姚市第十七届人民代表大会代表6人：马伟军、陈晓珍（女）、陈鲍定、赵士军、黄亚飞（女）、褚世伟。

第二节 乡（公社）人民代表大会

1954年3月，鹿亭乡第一届人民代表大会召开。至1966年2月，共召开6届。此后至1979年未召开人民代表大会。1980—2016年，乡（公社）人民代表大会历经11届，共召开42次会议。

1954年3月第一届至1961年10月第四届人民代表大会因档案资料缺失，仅有每届会议召开的时间记录。

鹿亭乡第一届人民代表大会 1954年3月5日召开。

鹿亭乡第二届人民代表大会 1956年10月10日召开。

鹿亭乡第三届人民代表大会 1958年4月9日召开。

鹿亭公社第四届人民代表大会 1961年10月召开。

鹿亭公社第五届人民代表大会

第一次会议于1963年6月7日召开。应出席代表117人，实到代表95人。7名代表组成主席团主持会议。会议通过上届政府工作报告，选举黄大玉为鹿亭公社管理委员会主任，同时选举副主任2人，委员20人。会议还选举产生董恒信等5人组成的公社监察委员会和2名人民陪审员。选举出席县第五届人民代表大会代表5人。

鹿亭公社第六届人民代表大会

第一次会议于1966年2月16日召开，出席会议代表117人，其中党员代表39人，占代表总数的33.3%；妇女代表26人，占代表总数的22.2%。会议审议通过公社管委会工作报告，选举产生公社人民委员会委员23人，监察委员会委员5人，人民陪审员2人；选举黄大玉、黄桂菊、阮永尧（县法院院长）、任祖伊（县食品公司）、黄庆浩（公社农中教师）等5人为出席县第六届人民代表大会代表（后因“文化大革命”未召开县第六届人民代表大会）。

鹿亭公社第七届人民代表大会

第一次会议　1980年12月3日至4日召开。应出席代表109人，实际出席96人。会议审议通过公社管委会《因地制宜，立志改革，为加速实现社会主义新山区而努力奋斗》的工作报告，选举赵炎邦为公社管委会主任，同时选举副主任3人、委员5人和人民陪审员2人。

第二次会议　1982年4月27日召开。会议审议通过公社管委会工作报告，还通过《鹿亭公社关于计划生育的规定》《鹿亭公社财务管理制度》和《鹿亭公社关于保护山林的规定》。

第三次会议　1983年9月23日召开。是为政社分设、建立乡人民政府后的第一次人代会。出席正式代表106人，列席代表40人。会议审议通过乡政府《振奋精神，努力工作，为建设富庶的鹿亭努力奋斗》工作报告；审议通过《鹿亭乡人民政府关于计划生育的若干规定》《鹿亭乡人民政府工作条例》《鹿亭乡关于制订各村村规民约的规定》《鹿亭乡乡规民约》。选举张国强为乡长，同时选举副乡长3人。

鹿亭乡第八届人民代表大会

第一次会议　1984年7月9日召开。应出席代表80人，实际出席78人。会议审议通过乡政府《以战斗的姿态，为开创鹿亭各项工作新局面而奋斗》的工作报告和《关于乡规民约的决定》。选举张国强为乡长，同时选举副乡长2人。

第二次会议　1985年12月30日召开。应出席代表77人，实际出席56人。会议审议通过乡政府《团结一致，为胜利完成“七五”计划而奋斗》的工作报告。

第三次会议　1986年召开，资料缺失。

鹿亭乡第九届人民代表大会

第一次会议　1987年4月召开，会议选举褚利富为乡长。其他资料缺失。

第二次会议　1988年4月29日召开。应出席代表46人，实际出席43人；列席代表37人。会议审议通过乡政府工作报告、财政预决算报告；审议通过《关于建立乡村农业发展基金制度的试行细则》《鹿亭乡人民政府关于贯彻执行〈浙江省土地管理实施办法〉的若干细则》。

第三次会议　1989年召开，资料缺失。

鹿亭乡第十届人民代表大会

第一次会议　1990年4月22日召开。应出席代表53人，实际出席50人。会议选举7名代表组成主席团主持会议，审议通过乡人民政府工作报告和《鹿亭乡人民政府关于贯彻执行〈土地管理法〉〈浙江省土地管理实施办法〉的若干细则》。选举陈传坤为乡人大主席团常务主席、黄志奋为乡长，同时选举副乡长3人。

第二次会议　1991年4月1日召开，资料缺失。

第三次会议　1991年12月30日召开。应出席代表53人，实际出席48人。会议审议通过乡政府工作报告、财政预决算报告；通过陈传坤辞去乡人大主席团常务主席和黄伟国、黄银龙辞去副乡长职务的提请；补选副乡长1人。

第四次会议　1992年4月6日召开。应出席代表53人，实际出席49人；列席代表59人。会议审议通过政府工作报告、财政预决算报告，补选陈荣芳为乡人大主席团常务主席。

第五次会议　1992年6月8日召开。因行政区域调整，出席会议的代表由原鹿亭、白鹿、晓云3乡的人大代表组成，出席代表144人。会议通过徐少荣为乡人大主席团常务主席，选举金永兵为乡长，同时选举副乡长5人。

鹿亭乡第十一届人民代表大会

第一次会议　1993年2月28日召开。应出席代表100人，实际出席98人；列席代表87人。会议审议通过乡十届人大主席团工作报告、乡政府工作报告和财政预决算报告，通过徐少荣为乡人大主席团常务主席，选举金永兵为乡长，同时选举副乡长5人。

第二次会议　1994年3月3日召开。应出席代表98人，实际出席92人；列席代表59人。会议审议通过乡人大主席团工作报告、乡政府工作报告和《1993年乡财政执行情况和1994年财政预算》报告；通过《鹿亭乡集镇总体规划》；通过金永兵辞去乡长职务的提请，补选蒋狄波为乡长，增选副乡长1人。

第三次会议　1995年2月28日召开。应出席代表97人，实际出席90人；列邀代表61人。会议审议通过乡人大主席团工作报告、乡政府工作报告和乡财政预决算报告。

鹿亭乡第十二届人民代表大会

第一次会议　1996年1月25日召开。应出席代表54人，实际出席50人；列席代表14人。会议审议通过乡十一届人大主席团工作报告、乡政府工作报告和财政预决算报告；通过《人民代表大会议事规则》。选举徐少荣为乡人大主席、王明央为乡长，同时选举乡人大副主席1人、副乡长5人。

第二次会议　资料缺失。

第三次会议　1998年12月8日召开，资料缺失。

鹿亭乡第十三届人民代表大会

第一次会议　1999年1月20日召开。应出席代表54人，实际出席53人。会议审议通过乡十二届人大主席团工作报告、乡政府工作报告、财政预决算报告；通过《人民代表大会议事规则》。选举徐少荣为乡人大主席，陈荣芳为乡长，同时选举副乡长5人、人民陪审员2人。

第二次会议　2000年1月18日召开。应出席代表53人，实际出席53人。会议审议通过乡人大主席团工作报告、乡政府工作报告、财政预决算报告。

第三次会议　2001年1月9日召开。应出席正式代表53人，实际出席49人。会议审议通过乡人大主席团工作报告、乡人民政府工作报告和乡财政预决算报告；通过徐少荣辞去乡人大主席和陈荣芳辞去乡长职务的提请。补选王明央为乡人大主席、黄伟国为乡长，同时补选乡人大副主席1人、副乡长2人。

鹿亭乡第十四届人民代表大会

第一次会议　2002年1月18日召开。应出席代表54人，实际出席54人。会议审议通过乡十三届人大主席团工作报告、乡政府工作报告、财政预决算报告；选举黄伟国为乡人大主席、张志中为乡长，同时选举乡人大副主席1人、副乡长3人。

第二次会议　2003年2月18日召开。应出席正式代表54人，实际出席54人。会议审议通过乡人大主席团工作报告、乡政府工作报告、财政预决算报告。

第三次会议　2004年1月8日召开。应出席正式代表51人，实际出席46人。会议审议通过乡人大主席团工作报告、乡政府工作报告、财政预决算报告。补选副乡长1人。

第四次会议　2004年3月16日召开。应出席正式代表50人，实际出席47人。会议通过黄伟国辞去乡人大主席和张志中辞去乡长职务的提请；补选张志中为乡十四届人大主席团主席、朱刚为乡长。

第五次会议　2005年1月18日召开。应出席代表49人，实际出席47人。会议审议通过乡人大主席团工作报告、乡政府工作报告、财政预决算报告；通过张志中辞去乡人大主席和孙惠清辞去副乡长职务的提请；补选陈荣芳为乡人大主席、丁素兰为副乡长。

第六次会议　2006年1月19日召开。应出席代表49人，实际出席49人；列席代表58人。会议审议通过乡人大主席团工作报告、乡政府工作报告、财政预决算报告。

第七次会议　2006年7月31日召开。应出席代表49人，实际出席46人。会议通过朱刚辞去乡长职务和丁素兰、赵阳军辞去副乡长职务的提请；补选陈为梁为乡长，同时补选副乡长2人。

鹿亭乡第十五届人民代表大会

第一次会议　2007年1月17日召开。应出席代表52人，实际出席52人；列席代表63人。会议选举9名代表组成主席团主持会议。会议审议通过乡十四届人大主席团工作报告、乡政府工作报告、财政预决算报告；选举张志中为乡人大主席，陈为梁为乡长，同时选举副乡长3人。

第二次会议　2008年4月10日召开。应出席代表52人，实际出席52人，列席和邀请代表61人。会议审议通过乡人大主席团工作报告、乡政府工作报告、财政预决算报告；通过张志中辞去乡人大主席和陈为梁辞去乡长职务的提请；选举陈为梁为乡人大主席、黄红珍为乡长。

第三次会议　2009年2月18日召开。应出席代表53人，实际出席53人。会议审议通过乡人大工作报告、乡政府工作报告、财政预决算报告；选举乡人大副主席1人。

第四次会议　2010年1月26日召开，资料缺失。

第五次会议　2010年9月8日召开。出席代表53人；列席代表13人，其中党政领导8人、余姚市级人大代表5人。会议审议通过乡政府半年度工作报告；通过陈为梁辞去乡人大主席和黄红珍辞去乡长职务的提请；选举黄红珍为乡人大主席、赵阳军为乡长。

第六次会议　2011年1月18日召开。出席代表51人，实际出席51人。会议审议通过乡人大主席团工作报告、乡政府工作报告、财政预决算报告；补选副乡长1人。

鹿亭乡第十六届人民代表大会

第一次会议　2012年1月14日召开。应出席代表51人，实际出席51人；列席代表68人。会议选举10名代表组成主席团成员主持会议。审议通过乡十五届人大主席团工作报告、乡政府工作报告、财政预决算报告；通过黄红珍辞去乡人大主席的提请；选举郑奕训为乡人大主席、谢林权为乡长，同时选举乡人大副主席1人、副乡长3人。

鹿亭乡第十六届人民代表大会第一次会议

第二次会议　2013年1月18日召开。应出席代表51人，实际出席50人；列席代表73人。会议审议通过乡人大主席团工作报告、乡政府工作报告、财政预决算报告；通过《鹿亭乡政府实事工程实施办法》；通过郑奕训辞去乡人大主席的提请。补选赵阳军为乡人大主席，同时补选副乡长1人。

第三次会议　2014年1月8日召开。应出席代表50人，实际出席50人；列席和特邀代表70人。会议审议通过乡人大主席团工作报告、乡政府工作报告、财政预决算报告；通过乡政府《实事工程票决项目》。补选副乡长1人。

第四次会议　2015年1月16日在乡政府综合楼一楼大会议室召开。应出席代表50人，实际出席50人；列席和特邀代表78人。会议审议通过乡人大主席团工作报告、乡政府工作报告、财政预决算报告；票决通过《乡政府实事工程实施项目》。补选副乡长1人。

第五次会议　2016年1月15日在乡政府综合楼一楼大会议室召开。应出席代表49人，实际出席49人；列席和特邀代表85人。会议审议通过乡人大主席团工作报告、乡政府工作报告、财政预决算报告；通过乡政府《实事工程票决项目》；通过谢林权辞去乡长职务的提请。补选陈晓珍为乡长，同时补选副乡长1人。

鹿亭乡第十七届人民代表大会

第一次会议　2016年12月23日在乡政府综合楼一楼大会议室召开。应出席代表52人，实际出席50人；列席代表91人。会议选举8名代表组成主席团成员主持会议。审议通过乡十六届人大主席团工作报告、乡政府工作报告、财政预决算报告；通过乡政府《民生实事工程实施办法》。选举马伟军为乡人大主席、郑杰为乡长，同时选举乡人大副主席1人、副乡长3人。

2016年12月23日鹿亭乡第十七届人民代表大会第一次会议召开

第三节　乡人民代表大会主席团

1954年，乡人民代表大会第一届第二次会议依据地方组织法规定，首次选举主席团主持会议。1954—1986年，乡（公社）人民代表大会由乡人民政府（乡人民委员）主持召集，大会主席团是会议的临时机构，在乡（公社）人民代表大会会期行使职权，大会闭幕，主席团即完成任务。1986年12月2日，按修改后的地方组织法，乡人大主席团行使职权至本级人大下次会议选出主席团为止。1987年起，乡人民代表大会会议由上次的主席团召集。1990年4月，依据《浙江省乡镇人民代表大会主席团组织条例》，乡人大主席团在换届选举时设立常务主席，开始行使闭会期间的工作职责。1992年6月8日，在乡第十届人民代表大会第五次会议上，乡人大主席团设立专职常务主席、副主席。1996年后，乡人民代表大会设主席、副主席，任期与代表大会任期相同，负责主持闭会期间人大主席团活动，处理乡人大日常工作，协助市人大开展市人大代表小组活动。1992年后，乡人大主席团主要开展以下工作。

例会

建立例会制度，每季度召集一次主席团会议，必要时临时召集。例会议题主要有：交流代表活动情况；布置下阶段工作；听取政府及职能部门工作汇报；审议代表议案、建议办理情况，向政府部门提交闭会期间人大代表意见、建议和批评；组织代表约见政府及职能部门领导。

议案、建议办理

对每次代表大会会议期间收到的议案、建议，经议案审查小组收集整理初审后，由主席团向大会提交议案、建议审查报告。第十六届人代会期间，共收到代表议案、建议38件；第十七届人代会期间，共收到代表议案、建议12件。收到的议案、建议由主席团交乡政府各部门办理，各承办部门领导负责，专人办理，在规定时限内将办理结果向代表作出答复，并报告主席团。代表对办理结果不满意的，主席团再发还办理部门，限时办理。主席团适时邀请部分代表听取乡政府各部门关于议案、建议办理情况汇报，向下次代表大会报告。2012—2016年，共办理人大代表各类建议44件。

视察调查

1993年2月，乡第十一届人民代表大会后，人大主席团每年制订工作计划，围绕当年人民代表大会确定的年度工作重点开展2～4项视察调查，内容涉及环境保护、环境整治、教育体制改革、重点工程项目、设施建设等。每次视察调查均由人大主席、副主席带队，主席团成员和部分市、乡两级代表组成视察组，乡政府领导及有关部门负责人参加。基本步骤为听取汇报、实地察看、提出整改意见、督促执行等。

评议制度

1996年后，乡人大主席团建立评议制度，组织人大代表对政府各部门开展工作评议。对机关部门的工作评议采取两种形式：一是每年选定2～3个下属办和部门，按计划开展工作评议；二是年终组织各代表组，采取书面征询的形式，对所有乡机关部门、市人民政府派出机关、社会公共服务部门开展评议。评议工作分为三个阶段：组织代表走访选区选民，调查了解被评议部门工作；召开评议会，听取工作汇报，对评议部门进行满意度评价；督促有关部门落实整改措施。2000年起，开展人大代表述职评议，主要是以选区为单位，主席团会同选区基层组织开展评议活动。

代表联系制度 1989年前，历次人大会议主席团只行使大会期间的职责；闭会期间，乡人大主席团和乡人大代表不单独组织活动。1990年后，乡人大主席团在闭会期间组织乡人大代表开展活动。1992年，建立乡人大代表联系制度，全乡按选区就近划分代表小组。主席团常务主席联系主席团其他成员，主席团成员联系各代表小组，代表小组代表定期联系选区选民。1995年完善代表联系制度，明确主席团成员联系代表、代表联系选区选民的方式。1999年起，建立代表联系卡制度，每名代表在各自选区确定10人以上选民作为长期联系对象。2016年，乡第十七届人代会设立代表联络中心站，分4个代表小组进行活动，制订年度活动计划，对全年活动作出安排，规定开展小组学习、视察调查、走访选区单位等活动，每年不少于4次。

县人大代表联系制度建立于1957年7月，定期活动以征集选民意见。逢县人民政府人大代表接待日，派组长或代表向县人民政府反映人民群众意见和诉求。1984年9月后，以区为单位建立代表中心组，配备兼职人大联络员，代表小组和代表中心组活动开始规范化、经常化。工作的主要内容有：组织代表视察、调查、学习讨论、走访选区选民、参加市人大常委会组织的有关活动等。

民生实事项目票决 2013年后，乡人大开始对每年列入乡财政预算且当年计划完成（或启动）具有普惠性、公益性和社会效益较为突出的民生类公共事业项目进行等额票决，并制定《鹿亭乡人民政府民生实事工程实施办法》。2016年，票决的民生实事工程项目为："全域旅游"创建、"平安鹿亭"和社会治理"一张网"建设、"安居宜居美居"创建和小城镇环境综合治理。票决的民生实事工程项目实施情况，应在次年的乡人民代表大会会议上作专项工作报告。

1992 年 6 月至 2016 年乡人大负责人一览表

表 17-1-2

届次	职务	姓名	任职时间	备注
第十届第五次会议	常务主席	徐少荣	1992 年 6 月至 1993 年 2 月	专职
第十一届	常务主席	徐少荣	1993 年 2 月至 1996 年 1 月	专职
第十二届	主席	徐少荣	1996 年 1 月至 1999 年 1 月	专职
	副主席	黄汉林	1996 年 1 月至 1997 年 2 月	—
		俞炳洪	1997 年 2 月至 1999 年 1 月	—
第十三届	主席	徐少荣	1999 年 1 月至 2001 年 1 月	专职
		王明央	2001 年 1 月至 2002 年 1 月	—
	副主席	陈荣芳	2001 年 1 月至 2002 年 1 月	—
第十四届	主席	黄伟国	2002 年 1 月至 2004 年 3 月	—
		张志中	2004 年 3 月至 2005 年 1 月	—
		陈荣芳	2005 年 1 月至 2007 年 1 月	专职
	副主席	陈荣芳	2002 年 1 月至 2005 年 1 月	—
第十五届	主席	张志中	2007 年 1 月至 2008 年 4 月	—
		陈为梁	2008 年 4 月至 2010 年 9 月	—
		黄红珍（女）	2010 年 9 月至 2012 年 1 月	—
	副主席	马友明	2009 年 2 月至 2012 年 1 月	—
第十六届	主席	郑奕训	2012 年 1 月至 2013 年 1 月	专职
		赵阳军	2013 年 1 月至 2016 年 8 月	—
	副主席	马友明	2012 年 1 月至 2016 年 1 月	—
第十七届	主席	马伟军	2016 年 12 月至	专职
	副主席	段丹群（女）	2016 年 12 月至	

1990—1992 年现乡境内各乡人大主席团负责人一览表

表 17-1-3

乡名	常务主席	任职时间	备注
鹿亭乡	陈传坤	1990 年 4 月至 1991 年 12 月	兼职
	陈荣芳	1992 年 4 月至 1992 年 6 月	兼职
白鹿乡	陈荣林	1990 年 4 月至 1992 年 5 月	兼职
晓云乡	张志苗	1990 年 4 月至 1992 年 5 月	兼职

第二章　政府机构

清光绪三十四年（1908），置南溪乡。民国19年（1930），南溪乡析为鹿亭、白云、晓岭、云岩4个乡。民国29年，白云乡并入鹿亭乡，称白鹿乡。地方行政管理机构先为自治，后为县人民政府委派，不属一级地方政府。1949年6月，成立白鹿乡人民政府。1950年4月，鹿亭乡从白鹿乡分设，成立鹿亭乡人民政府。1954年3月，实行人民代表大会制度，确立乡行政机构的法律地位，乡政府成为最基层的地方政府组织。2016年，鹿亭乡人民政府管辖12个村民委员会。

第一节　民国时期政权

民国元年至16年（1912—1927），乡村政权沿袭清旧制，各乡设乡董管理地方事务。乡董由地方推荐，县公署备案，实行地方自治制度。南溪乡乡董郑祖荫。

民国17年，推行村里制。

民国19年，改村里制为乡镇制。乡境内置鹿亭、白云、晓岭、云岩4乡，各乡分别成立乡公所，设乡长1人，副乡长1～2人，文书1人。云岩乡乡长褚维权，余无考。

民国29年，乡境内置白鹿、晓云两乡，并分别成立乡公所，时白鹿乡乡长陈一鸥。

民国34年4月，中共大岚区委、区署在各乡建立抗日民主政权，选举陈吉生为白鹿乡民主政府乡长，方宪卿为晓云乡民主政府乡长。同年10月，各乡民主政府因新四军浙东游击纵队北撤而解体。

抗日战争胜利后，国民党余姚县政府还治，乡公所各置乡长1人，副乡长1～2人。时白鹿乡乡长龚启雅，干事沈功亮；晓云乡乡长褚世芳，干事吴立本。民国36年底，由中共领导的姚虞县办事处梁弄区署建立晓云乡公所，何德邦任乡长，何士邦任副乡长。民国37年夏，中共嵊、新、奉县办事处大岚区署建立白鹿乡公所，陈吉生任乡长。

民国37年12月25日，浙江省政府经报请国民政府批准设置四明县，现乡境内设白鹿、晓云2个乡公所，乡长分别为郑德弘、褚世芳。至1949年5月余姚解放即予以撤销。

四明县白鹿乡公所人员调查册一览表

民国 38 年 4 月 15 日

表 17-2-1

级职	姓名	性别	年龄	籍贯	学历	经历	到职日期
乡长	郑德弘	男	47	本地	无锡国学专修馆毕业	宪兵团军需、路警局管理课员、内务部科员等职	民国 36 年 10 月 1 日
乡队附	徐性达	男	44	临安	小学三年	曾任排连长等职	民国 34 年 10 月 1 日
总干事	马炳鹤	男	33	本地	康节中学毕业	曾任副乡长总干事等职	民国 38 年 1 月 10 日
户籍干事	陈茂科	男	32	本地		曾任事务员书记等职	民国 34 年 10 月 1 日
事务员兼会计	郑永良	男	28	本地	鄞县鄮山小学毕业	曾任鄞刑警队、人力车工会等书记	民国 38 年 1 月 10 日
书记	公云峰	男	25	山东蒙阴	兖州初级中学肄业	曾任三六师书记、政工队区队长、独立营指导员等职	民国 37 年 8 月 10 日
工役	张贵生	男	51	江苏镇江	—	—	—
工役	龚桂堂	男	42	本地	—	—	—

第二节　乡（管理区、公社）人民政府

1949 年 6 月，乡境内成立白鹿乡人民政府和晓云乡人民政府，乡长、副乡长由中共余姚县委任命，配文书 1 人和其他工作人员若干人。1950 年 4 月，鹿亭乡从白鹿乡分设，成立鹿亭乡人民政府，乡长、副乡长由乡人民代表会议选举产生。1954 年 3 月，实行人民代表大会制度，正、副乡长由人民代表大会选举产生，乡政府下设合作社、文教卫生、民政、财粮、治安保卫、人民武装、调解等工作委员会。乡境内还有白鹿、晓云、东岩（从晓云乡分设）3 个乡人民政府。1956 年，行政区域调整，白鹿乡并入鹿亭乡，东岩乡并入晓云乡，乡人民政府改称乡人民委员会（简称“人委”）。1958 年 10 月，鹿亭乡与晓云乡合并组建高峰人民公社，建立公社管理委员会（简称“管委会”）。1959 年 3 月，改称鹿亭人民公社管委会，下辖李家塔、晓云、陈家岩 3 个管理区管委会，实行政社合一管理。1961 年 9 月，恢复区、乡建制，撤销管理区管委会，建立鹿亭人民公社管委会，仍实行政社合一的管理。乡境内共建有鹿亭、白鹿、晓云 3 个人民公社管委会。下设工业、农业、财经、文教、卫生、民政、治安、武装、调解等政府职能机构。1966 年，恢复鹿亭公社人民委员会。1968 年始，公社成立革命委员会。实行党政合一的“一元化”领导，一切权力归革委会。1981 年，撤销革委会，各公社恢复公社管委会，由公社人民代表大会选举产生管委会主任、副主任。

1983 年 9 月，政社分设，恢复乡镇建制。鹿亭公社管委会改为鹿亭乡人民政府，并建立经济

联合社，主管全乡经济工作，实际并未发挥职能。社会事业管理和经济管理职能由乡政府内设的社队工业办公室（后改称乡工业办公室）、农业办公室、教文卫办公室、政法办公室、财政组、城乡建设办公室担负。经济联合社成为政府的一个部门，分管具体经营业务，至20世纪80年代末自然撤销。乡境内各乡政府机构设置相似。

1992年5月撤区扩镇并乡，白鹿、晓云2个乡并入鹿亭乡，乡政府日常工作由市人民政府任命的政务组管理。同年6月8日，召开由原3个乡人大代表参加的鹿亭乡第十届人民代表大会第五次会议，选举产生乡长、副乡长，政务组即行撤销。此后，历届乡政府均由乡人民代表大会选举产生，报市人民政府公布任命通知（2002年前，乡政府每届任期为3年，以后每届任期5年）。乡政府内设党政综合办公室、工业办公室、农业办公室、教文卫办公室（同时挂计划生育办公室牌子）、政法办公室、城乡建设办公室、财政所。1994年，乡政府内设党政办、工办、农办、教文卫办、政法办、城建办、财办、扶贫办。1997年12月，为方便工作，在原各乡设立工作片组（后改称办事处），作为乡政府的派出机构，指导、协调各村工作，至2001年4月撤销。1994年后，乡政府内设职能机构数次调整，先后增设司法所、审计所、便民服务中心、社会事务办公室、劳动和社会保障综合服务中心等。2002年，内设机构调整为党政办（挂审计所牌子）、工贸办（挂招商办公室牌子）、农业经济办（挂扶贫办牌子）、教文卫办（挂计划生育办公室牌子）、综合治理办公室（挂司法所牌子）、社会事务办、村镇建设办、财政所共七办一所，附挂牌子5个。2003年，增设内聚外迁办。2007年，内设机构再次调整为党政办、工贸办、农业经济办、社会事务办、教文卫办、村镇建设办、综合治理办、财政所。2011年，增设全市唯一乡镇级别的“生态监察办公室”。2016年，乡政府内设五办一所二中心，其中合署办公1个、附挂牌子3个。

2016年12月，经余姚市机构编制委员会审核，

2016年乡政府内设机构及人员配置一览表

表17-2-2　　单位：人

内设机构名称	正职	副职	工作人员	备注
党政综合办	3	4	4	在编机构
财政所	2	1	3	在编机构
工贸与村镇建设办公室（挂旅游办牌子）	2	0	6	在编机构
农业经济办公室	1	2	4	在编机构
综合治理办公室	1	1	0	在编机构
社会事务办公室（挂生态监察办和教文卫办牌子）	5	1	4	在编机构
劳动和社会保障服务中心	1	0	4	在编机构
经济发展服务中心	1	0	0	在编机构

注：机构编制以市编制委员会规定为准，编内外各机构所配置人员为机关在编人员，不含临聘。表中数据由乡党政办提供，正职、副职人员中含享受正职、副职待遇人员。

中共余姚市委、市人民政府批准，鹿亭乡政府设6个办公室、1个指挥室、3个服务中心，其中合署办公1个，附挂牌子10个。分别为：

党政办公室（附挂人才工作办公室牌子）；

发展服务办公室（附挂安全生产监督管理所、环境保护办公室、房屋征收补偿办公室牌子）；

综合治理办公室（附挂流动人口服务管理办公室牌子）；

社会事务管理办公室（附挂卫生和计划生育办公室牌子）；

财政管理办公室；

农业农村办公室（附挂动物卫生监督所鹿亭分所牌子）；

社会服务管理综合指挥室；

现代农业公共服务中心（附挂水利服务管理站牌子）；

便民服务中心（附挂人力资源和社会保障综合服务中心、文化站牌子）；

生态旅游发展服务中心。

1950年6月至1992年6月鹿亭乡（公社）政府负责人一览表

表17-2-3

届次（机构名称）	职务	姓名	任职时间	备注
鹿亭乡人民政府 1950年6月至1956年4月	乡长	方忠良	1950年6月至1952年9月	1950年5月从白鹿乡分设
		鲁长根	1952年10月至1954年10月	
		王朝煊	1954年10月至1956年4月	
	副乡长	褚张尧	1950年5月至1951年12月	
		鲁长根	1951年4月至1952年10月	
		鲁仁义	1951年12月至1952年10月	
		陈福炯	1952年12月至1954年10月	
		何金姑（女）	1954年10月至1956年4月	
鹿亭乡人民委员会 1956年4月至1958年10月	乡长	王朝煊	1956年4月至1958年10月	1956年4月鹿亭乡与白鹿乡合并为鹿亭乡，同时建立乡人民委员会
	副乡长	方阿来	1956年4月至1957年10月	
		沈　钦	1956年4月至1957年10月	
鹿亭（高峰）公社管理委员会 1958年10月至1961年10月	主任	赵宗员	1958年10月至1959年11月	1958年10月，鹿亭、晓云2个乡合并组建高峰公社，1959年3月更名鹿亭公社
		方忠良	1959年11月至1961年10月	
	副主任	金高伟	1958年10月至1959年8月	
		王伯仁	1958年10月至1959年3月	
		褚方水	1959年2月至1959年3月	
		龚鸿吉	1959年12月至1961年10月	
		罗炳钊	1959年12月至1961年10月	
		马杏宝（女）	1959年12月至1961年10月	
		李云昌	1960年1月至1961年10月	

续表 17-2-3

届次（机构名称）	职务	姓名	任职时间	备注
李家塔管理区管委会 1959 年 3 月至 1961 年 10 月	主任	王百仁	1959 年 3 月至 1959 年 7 月	1959 年 3 月，由李家塔、上庄 2 个大队合并组建
		陈海潮	1959 年 7 月至 1961 年 10 月	
鹿亭公社管委会 1961 年 10 月至 1968 年 11 月	主任	陈海潮	1961 年 10 月至 1962 年 7 月	由李家塔管理区改名
		黄大玉	1962 年 7 月至 1968 年 11 月	
	副主任	王伯仁	1961 年 10 月至 1962 年 6 月	
		邱鹏飞	1963 年 3 月至 1968 年 11 月	
鹿亭公社革委会 1968 年 11 月至 1981 年 3 月	主任	黄大玉	1968 年 11 月至 1971 年 1 月	
		娄正泗	1971 年 1 月至 1972 年 3 月	
		黄大玉	1972 年 3 月至 1980 年 10 月	
		龚鸿吉	1980 年 10 月至 1981 年 3 月	
	副主任	龚鸿吉	1976 年 10 月至 1979 年 10 月	
		赵炎邦	1976 年 10 月至 1981 年 3 月	
		黄桂昌	1976 年 10 月至 1980 年 9 月	
		龚海涛	1976 年 10 月至 1980 年 9 月	
		何家生	1979 年 10 月至 1980 年 10 月	
		方世伏	1979 年 11 月至 1981 年 3 月	
		徐荣飞	1980 年 9 月至 1981 年 3 月	
		陈荣芳	1980 年 10 月至 1981 年 3 月	
鹿亭公社管委会 1981 年 3 月至 1983 年 9 月	主任	赵炎邦	1981 年 3 月至 1983 年 9 月	
	副主任	徐荣飞	1981 年 3 月至 1982 年 12 月	
		方世伏	1981 年 3 月至 1983 年 9 月	
		陈荣芳	1981 年 3 月至 1983 年 9 月	
鹿亭乡人民政府 1983 年 10 月至 1987 年 4 月	乡长	张国强	1983 年 10 月至 1984 年 11 月	1983 年 9 月 23 日召开鹿亭公社第七届人代会第三次会议，公社管委会更名为乡人民政府
		褚利富	1984 年 11 月至 1987 年 4 月	
	副乡长	陈荣芳	1983 年 10 月至 1986 年 6 月	
		方世伏	1983 年 10 月至 1987 年 4 月	
		何荣苗	1983 年 10 月至 1983 年 12 月	
第九届鹿亭乡人民政府 1987 年 4 月至 1990 年 4 月	乡长	褚利富	1987 年 4 月至 1989 年 10 月	第九届人民代表大会第一次会议于 1987 年 4 月召开，会议选举褚利富为乡长
		黄志奋	1989 年 11 月至 1990 年 4 月	
	副乡长	何荣苗	1987 年 4 月至 1989 年 11 月	
		陈荣芳	1989 年 7 月至 1990 年 4 月	

续表 17-2-3

届次（机构名称）	职务	姓名	任职时间	备注
第十届鹿亭乡人民政府（撤扩并前）1990年4月至1992年4月	乡长	黄志奋	1990年4月至1992年5月	第十届人大第一次会议于1990年4月22日召开，会议选举黄志奋为乡长，同时选举副乡长3人
	副乡长	赵炎邦	1990年4月至1992年5月	
		黄银龙	1990年4月至1991年12月	
		黄伟国	1990年4月至1991年12月	
		龚剑明	1991年12月至1992年5月	
鹿亭乡政务组（撤区并乡过渡时期）1992年5月至1992年6月	组长	金永兵	1992年5月至1992年6月	政务组成员由市人民政府公布，主持乡第十届第五次会议召开之前的政府日常工作
	副组长	张伯成	1992年5月至1992年6月	
		龚国平	1992年5月至1992年6月	
		褚金珠（女）	1992年5月至1992年6月	
		黄伟国	1992年5月至1992年6月	
		黄银龙	1992年5月至1992年6月	

1992年6月至2016年12月鹿亭乡政府历届负责人一览表

表 17-2-4

届次（机构名称）	职务	姓名	任职时间	备注
第十届鹿亭乡人民政府（撤扩并后）1992年6月至1993年2月	乡长	金永兵	1992年6月至1993年2月	第十届人大第五次会议于1992年6月8日召开，会议选举金永兵为乡长，同时选举副乡长5人
	副乡长	张伯成	1992年6月至1993年2月	
		龚国平	1992年6月至1993年2月	
		褚金珠（女）	1992年6月至1993年2月	
		黄伟国	1992年6月至1993年2月	
		黄银龙	1992年6月至1993年2月	
第十一届鹿亭乡人民政府 1993年2月至1996年1月	乡长	金永兵	1993年2月至1994年3月	第十一届人大第一次会议于1993年2月28日召开，会议选举金永兵为乡长，同时选举副乡长5人
		蒋狄波	1994年4月至1996年1月	
	副乡长	张伯成	1993年2月至1994年1月	
		王培根	1993年2月至1995年11月	
		褚金珠（女）	1993年2月至1996年1月	
		黄伟国	1993年2月至1996年1月	
		黄银龙	1993年2月至1996年1月	

续表 17-2-4

届次（机构名称）	职务	姓名	任职时间	备注
第十二届鹿亭乡人民政府 1996 年 1 月至 1999 年 1 月	乡长	王明央	1996 年 1 月至 1999 年 1 月	第十二届人大第一次会议于 1996 年 1 月 25 日召开，会议选举王明央为乡长，同时选举副乡长 5 人
	副乡长	何黄真	1996 年 1 月至 1999 年 1 月	
		丁金康	1996 年 1 月至 1999 年 1 月	
		褚金珠（女）	1996 年 1 月至 1999 年 1 月	
		黄伟国	1996 年 1 月至 1998 年 12 月	
		黄银龙	1996 年 1 月至 1999 年 1 月	
第十三届鹿亭乡人民政府 1999 年 1 月至 2002 年 1 月	乡长	陈荣芳	1999 年 1 月至 2001 年 1 月	第十三届人大第一次会议于 1999 年 1 月 20 日召开，会议选举陈荣芳为乡长，同时选举副乡长 5 人
		黄伟国	2001 年 1 月至 2002 年 1 月	
	副乡长	丁金康	1999 年 1 月至 2001 年 12 月	
		何黄真	1999 年 1 月至 2001 年 1 月	
		万小平	1999 年 1 月至 2001 年 10 月	
		褚金珠（女）	1999 年 1 月至 2001 年 1 月	
		赵阳军	1999 年 1 月至 2001 年 10 月	
		汪长海	2001 年 1 月至 2002 年 1 月	
		孙惠清（女）	2001 年 1 月至 2002 年 1 月	
第十四届鹿亭乡人民政府 2002 年 1 月至 2007 年 1 月	乡长	张志中	2002 年 1 月至 2004 年 3 月	第十四届人大第一次会议于 2002 年 1 月 18 日召开，会议选举张志中为乡长，同时选举副乡长 3 人
		朱　刚	2004 年 3 月至 2006 年 7 月	
		陈为梁	2006 年 7 月至 2007 年 1 月	
	副乡长	汪长海	2002 年 1 月至 2007 年 1 月	
		孙惠清（女）	2002 年 1 月至 2005 年 1 月	
		丁金康	2002 年 1 月至 2003 年 6 月	
		赵阳军	2004 年 1 月至 2006 年 7 月	
		丁素兰（女）	2005 年 1 月至 2006 年 7 月	
		金　军	2006 年 7 月至 2007 年 1 月	
		厉海表	2006 年 7 月至 2007 年 1 月	

续表 17-2-4

届次（机构名称）	职务	姓名	任职时间	备注
第十五届鹿亭乡人民政府 2007 年 1 月至 2012 年 1 月	乡长	陈为梁	2007 年 1 月至 2008 年 4 月	第十五届人大第一次会议于 2007 年 1 月 17 日召开，会议选举陈为梁为乡长，同时选举副乡长 3 人
		黄红珍（女）	2008 年 4 月至 2010 年 9 月	
		赵阳军	2010 年 9 月至 2012 年 1 月	
	副乡长	金　军	2007 年 1 月至 2009 年 12 月	
		厉海表	2007 年 1 月至 2012 年 1 月	
		汪长海	2007 年 1 月至 2012 年 1 月	
		谢　晨	2011 年 1 月至 2012 年 1 月	
第十六届鹿亭乡人民政府 2012 年 1 月至 2016 年 12 月	乡长	谢林权	2012 年 1 月至 2015 年 9 月	第十六届人大第一次会议于 2012 年 1 月 14 日召开，会议选举谢林权为乡长，同时选举副乡长 3 人
		陈晓珍（女）	2016 年 1 月至 2016 年 7 月	
	副乡长	厉海表	2012 年 1 月至 2012 年 12 月	
		孙建惠	2012 年 1 月至 2013 年 5 月	
		谢　晨	2012 年 1 月至 2016 年 12 月	
		孙建芬（女）	2013 年 1 月至 2016 年 1 月	
		林　宇	2014 年 1 月至 2016 年 12 月	
		孙百荣（女）	2015 年 1 月至 2016 年 12 月	
		马友明	2016 年 1 月至 2016 年 12 月	
第十七届鹿亭乡人民政府 2016 年 12 月至	乡长	郑　杰	2016 年 12 月至	第十七届人大第一次会议于 2016 年 12 月 23 日召开，会议选举郑杰为乡长，同时选举副乡长 3 人
	副乡长	谢　晨	2016 年 12 月至	
		马友明	2016 年 12 月至	
		林　宇	2016 年 12 月至	

1992 年 5 月“撤扩并”前，晓云、白鹿等乡（公社）历届人民代表大会资料缺失，此处只录记政府负责人名录和任职时间。

1949年6月—1992年5月白鹿乡（公社）政府负责人一览表

表17-2-5

机构名称	职务	姓名	任职时间	备注
白鹿乡人民政府 1949年6月至1956年4月	乡长	龚品香	1949年6月至1949年10月	1951年8月至1953年10月由副乡长方以定主持工作； 1956年4月并入鹿亭乡
		金高伟	1949年10月至1950年5月	
	副乡长	方忠良	1949年8月至1950年5月	
	乡长	朱之君	1950年5月至1951年8月	
		方以定	1953年10月至1954年10月	
		陈福炯	1954年10月至1956年4月	
	副乡长	方以定	1950年5月至1953年10月	
		沈　钦	1952年10月至1954年12月	
陈家岩管理区管委会 1959年3月至1961年10月	主任	郑奋顺	1959年3月至1960年7月	由陈家岩大队改称
	副主任	马褚堂	1959年3月至1961年10月	
白鹿公社管委会 1961年10月至1968年7月	主任	黄大玉	1961年10月至1962年7月	由陈家岩管理区改名
		马褚堂	1962年7月至1968年7月	
	副主任	黄华银	1961年10月至1962年6月	
		沈银康	1962年6月至1968年7月	
白鹿公社革委会 1968年7月至1981年3月	主任	方忠良	1968年7月至1970年3月	1981年1月至1981年3月由副主任褚成友主持工作
		吴仍昌	1970年3月至1978年10月	
		陈其秀	1978年10月至1980年9月	
		姚善定	1980年9月至1981年1月	
	副主任	褚成友	1980年9月至1981年3月	
		黄华银	1976年10月至1978年5月	
		冯秀珍（女）	1976年10月至1979年2月	
		马褚堂	1976年10月至1979年10月	
		陈正云	1976年10月至1980年9月	
		陈其秀	1978年5月至1978年10月	
		陈荣林	1979年2月至1981年3月	
白鹿公社管委会 1981年3月至1983年9月	主任	褚成友	1981年3月至1983年9月	
	副主任	陈荣林	1981年3月至1983年9月	
		龚加云	1981年3月至1983年9月	

续表 17-2-5

机构名称	职务	姓名	任职时间	备注
白鹿乡人民政府 1983 年 9 月至 1992 年 5 月	乡长	陈荣林	1983 年 9 月至 1984 年 8 月	1992 年 5 月并入鹿亭乡
		赵松强	1984 年 8 月至 1992 年 1 月	
		徐少荣	1992 年 1 月至 1992 年 5 月	
	副乡长	赵松强	1983 年 9 月至 1984 年 8 月	
		赵炎邦	1984 年 8 月至 1987 年 4 月	
		龚加产	1987 年 6 月至 1992 年 5 月	
		龚亚君（女）	1990 年 4 月至 1992 年 5 月	

1949 年 6 月—1992 年 5 月晓云乡（公社）政府负责人一览表

表 17-2-6

机构名称	职务	姓名	任职时间	备注
晓云乡人民政府 1949 年 6 月至 1956 年 4 月	乡长	何德邦	1949 年 6 月至 1949 年 8 月	
	副乡长	何士邦	1949 年 8 月至 1950 年 5 月	
	乡长	褚奎尧	1950 年 5 月至 1951 年 4 月	
		徐堂春	1951 年 5 月至 1952 年 1 月	
		蒋凤正	1952 年 1 月至 1953 年 6 月	
		裘月明	1953 年 6 月至 1954 年 7 月	
		陈福炯	1954 年 8 月至 1954 年 10 月	
		褚孝国	1954 年 10 月至 1956 年 4 月	
	副乡长	蒋凤正	1951 年 4 月至 1952 年 1 月	
		鲍宏桥	1951 年 6 月至 1954 年 10 月	
		裘月明	1952 年 12 月至 1953 年 6 月	
		王连珠（女）	1954 年 10 月至 1955 年 6 月	
晓云乡人民委员会 1956 年 4 月至 1958 年 10 月	乡长	方祖康	1956 年 4 月至 1958 年 1 月	1956 年 4 月，晓云、东岩 2 乡和大岚乡的前路坑村合并为晓云乡，同时建立乡人民委员会
		褚方水	1958 年 1 月至 1958 年 10 月	
	副乡长	方水金	1956 年 4 月至 1957 年 8 月	
		余自强	1957 年 8 月至 1958 年 10 月	
晓云管理区管委会 1959 年 3 月至 1961 年 10 月	主任	褚朝炳	1959 年 3 月至 1959 年 9 月	1959 年 3 月，由晓岭、岩头两个大队合并组建
		郑善恩	1959 年 9 月至 1960 年 2 月	
		方祖康	1960 年 2 月至 1961 年 4 月	
		褚孝森	1961 年 5 月至 1961 年 10 月	

续表 17-2-6

机构名称	职务	姓名	任职时间	备注
晓云管理区管委会 1959 年 3 月至 1961 年 10 月	副主任	赵张海	1959 年 3 月至 1961 年 4 月	
		郑善恩	1959 年 3 月至 1959 年 9 月	
晓云公社管委会 1961 年 10 月至 1969 年 5 月	主任	褚孝森	1961 年 10 月至 1962 年 7 月	由晓云管理区改名
		叶顺泰	1962 年 7 月至 1965 年 5 月	
		褚炎生	1965 年 5 月至 1969 年 5 月	
	副主任	黄　正	1961 年 10 月至 1961 年 11 月	
		方祖康	1961 年 10 月至 1962 年 6 月	
		李云昌	1961 年 10 月至 1962 年 6 月	
		高杏章	1961 年 10 月至 1969 年 5 月	
晓云公社革委会 1969 年 5 月至 1981 年 3 月	主任	龚鸿钿	1969 年 5 月至 1970 年 3 月	1971 年 1 月并入鹿亭公社，1972 年 3 月又分设
		娄正泗	1970 年 3 月至 1971 年 1 月	
		华子瑜	1972 年 3 月至 1979 年 9 月	
		陈文荣	1979 年 9 月至 1981 年 3 月	
	副主任	赵宗员	1976 年 10 月至 1978 年 10 月	
		俞伟堂	1976 年 10 月至 1978 年 10 月	
		姚善定	1978 年 5 月至 1979 年 10 月	
		万忠浩	1978 年 5 月至 1981 年 3 月	
		褚利富	1979 年 10 月至 1981 年 3 月	
晓云公社管委会 1981 年 3 月至 1983 年 9 月	主任	万忠浩	1981 年 3 月至 1983 年 8 月	
	副主任	陈焕高	1981 年 3 月至 1981 年 11 月	
		褚利富	1981 年 3 月至 1983 年 9 月	
		黄志奋	1981 年 3 月至 1983 年 9 月	
		邵桂灿	1981 年 3 月至 1983 年 9 月	
		赵松强	1981 年 8 月至 1983 年 8 月	
晓云乡人民政府 1983 年 9 月至 1992 年 5 月	乡长	褚利富	1983 年 9 月至 1984 年 11 月	1992 年 5 月并入鹿亭乡
		罗云强	1984 年 11 月至 1987 年 2 月	
		龚生祥	1987 年 6 月至 1989 年 10 月	
		金永兵	1989 年 11 月至 1991 年 4 月	
		龚国平	1991 年 7 月至 1992 年 5 月	

续表 17-2-6

机构名称	职务	姓名	任职时间	备注
晓云乡人民政府 1983 年 9 月至 1992 年 5 月	副乡长	龚剑明	1983 年 9 月至 1984 年 9 月	
		曹云秀（女）	1983 年 9 月至 1987 年 4 月	
		龚生祥	1984 年 8 月至 1985 年 7 月	
		罗云强	1984 年 4 月至 1984 年 11 月	
		龚国平	1986 年 7 月至 1991 年 7 月	
		褚金珠（女）	1987 年 6 月至 1991 年 12 月	
		褚再祥	1989 年 7 月至 1992 年 5 月	
		龚士宝	1990 年 4 月至 1991 年 10 月	
		施春香（女）	1991 年 12 月至 1992 年 5 月	
		黄银龙	1991 年 12 月至 1992 年 5 月	

1950 年 5 月至 1956 年 4 月东岩乡政府负责人一览表

表 17-2-7

机构名称	职务	姓名	任职时间	备注
东岩乡人民政府 1950 年 5 月至 1956 年 4 月	乡长	沈明芳	1950 年 5 月至 1954 年 5 月	1950 年 5 月从晓云乡分设； 1956 年 4 月并入晓云乡
		褚孝国	1954 年 5 月至 1954 年 10 月	
		沈明芳	1954 年 10 月至 1956 年 4 月	
	副乡长	俞涨洪	1951 年至 1952 月	
		鲁俊满	1951 年 11 月至 1952 年 11 月	
		王连珠（女）	1953 年 9 月至 1954 年 10 月	
		王朝煊	1953 年 11 月至 1954 年 10 月	

第三节　基层行政自治组织

中华人民共和国成立前基层行政自治组织

境内唐代始置里，里直接领于乡。宋时曾一度改里为保，乡设都，都辖保。元代改里为图领于都。明代复改图为里，按离县城远近，以一、二、三、四序次名里。清承明制。民国初，仍沿清制。历代都、里、图、保主事者由地方望族富户推举，为县衙服事，费用由县地方公摊或由县衙税赋捐外别列捐费。

民国 17 年至 19 年（1928—1930），推行村里制，下以 50 户为闾、10 户为邻，原南溪乡分为 8 村，有 54 闾、268 邻、2680 户。民国 23 年推行保甲制，改村为保，保领甲，至民国 29 年整编结束。民国 35 年，乡境内共设 20 保、192 甲，其中白鹿乡 11 保、98 甲，晓云乡 9 保、94 甲。保设保长办公室及保队附办事处，每保设保长 1 人，保丁 1 ~ 2 人。保长名为地方公举，实由豪强富户推举，乡长委任。主要职责除协助县、乡摊丁派税外，还负有维护地方治安职责。民国 38 年 4 月，四明县政府委令，白鹿乡设8保、83甲，其中1保11甲，2保13甲，3保8甲，4保8甲，5保9甲，6保9甲，7保10甲，8保15甲。晓云乡设9保、94甲不变。每保设保长、副保长和保队附各1人，每甲设甲长1人。

民国38年4月四明县白鹿乡保长、副保、队附一览表

表17-2-8

保别	级职	姓名	性别	年龄	保别	级职	姓名	性别	年龄
一	保长	缺			五	保长	王从芳	男	50
	副保	龚嘉亨	男	25		副保	黄祥化	男	37
	队附	马炳辉	男	26		队附	王华兴	男	25
二	保长	陈其枫	男	28	六	保长	郑金奎	男	51
	副保	陈茂治	男	43		副保	郑金福	男	47
	队附	陈茂徐	男	32		队附	郑纯孝	男	24
三	保长	方忠法	男	26	七	保长	郑翼海	男	24
	副保	龚朝登	男	43		副保	郑根夫	男	34
	队附	缺				队附	郑世仁	男	25
四	保长	王履水	男	33	八	保长	赵宗国	男	45
	副保	王华国	男	37		副保	赵宝元	男	42
	队附	龚开坤	男	28		队附	赵小秋	男	25

注：晓云乡无考。

民国38年4月四明县白鹿乡各保甲长一览表

表17-2-9

保别	甲别	姓名	年龄	保别	甲别	姓名	年龄
一保	一	龚华连	21	二保	一	陈其泉	32
	二	龚世耀	24		二	陈其兴	24
	三	马鋆堂	22		三	陈久香	24
	四	马增坤	23		四	陈茂灿	27
	五	马纪纲	29		五	陈怀烈	27
	六	马松禄	41		六	陈光焕	25
	七	龚洪美	35		七	陈宏土	38
	八	龚宪强	28		八	陈其泉	42
	九	龚宗侃	27		九	陈其云	36
	十	马松位	22		十	陈其好	21
	十一	龚姚潮	43		十一	陈光生	38

续表 17-2-9

保别	甲别	姓名	年龄
二保	十二	陈茂元	35
	十三	黄庆邦	18
三保	一	龚张先	26
	二	龚信昌	46
	三	方夏元	53
	四	方庆荣	28
	五	方忠土	29
	六	龚桂田	19
	七	陈其根	44
	八	褚友根	22
四保	一	龚利堂	20
	二	龚元林	20
	三	龚生仁	25
	四	龚启道	26
	五	龚立表	41
	六	龚庆来	34
	七	王朝夫	35
	八	龚立品	30
五保	一	黄大玉	20
	二	黄褚福	42
	三	黄钦云	35
	四	黄华对	23
	五	王荣琪	33
	六	郑德来	35
	七	汤尔炳	27
	八	黄来根	30
	九	郑云海	19
六保	一	郑信范	22
	二	郑善业	25
	三	郑潘近	27
	四	郑德财	46
六保	五	龚成方	24
	六	龚长法	30
	七	郑兴林	22
	八	郑水棠	31
	九	王华允	32
七保	一	郑世穗	28
	二	郑世早	35
	三	郑亦淦	43
	四	郑阿良	31
	五	郑传宝	40
	六	毛公良	25
	七	郑诗善	33
	八	郑财宝	44
	九	郑荷芳	24
	十	郑林品	28
八保	一	郑褚云	49
	二	赵志坤	22
	三	赵承来	26
	四	赵宗江	42
	五	赵宗正	36
	六	赵开春	36
	七	赵开朝	43
	八	赵祖美	47
	九	赵正古	21
	十	赵庆荣	31
	十一	赵谒根	27
	十二	赵定中	31
	十三	赵水玉	34
	十四	赵金湾	38
	十五	赵定员	49

注：晓云乡资料缺失。

中华人民共和国成立后农村基层行政自治组织

中华人民共和国成立初期村公所 1949年5月余姚解放后，废除保甲制，乡以下建村。1950年4月鹿亭乡设6个村，村管理机构称村公所，设村长、农会主任、青年民兵队长、妇女队长等不脱产干部若干人。村公所大多无固定办公场所，主要是配合乡人民政府围绕阶段性任务开展工作，担负组织全村的生产、治安、卫生等职责。乡境内共置18个村（其中鹿亭乡6个村，白鹿乡4个村，晓云乡4个村，东岩乡4个村）。

农业合作化时期村级组织 1953年开始实施农业互助合作，1955年实行农业合作化，村的各项工作事务逐渐转移到农业生产合作社。1956年，乡境内普遍建立高级农业生产合作社，其规模相当于村，或大于村，村为高级农业生产合作社所替代。是时，共建有17个高级农业生产合作社，其中鹿亭乡8个、晓云乡9个。

生产大队 人民公社化期间，高级社改为核算单位。1959年3月，确定以生产队为基本核算单位，乡境内有生产队20个。1961年11月，实行公社、生产大队、生产队"三级所有，队为基础"，核算单位改名为生产大队。生产大队设大队长1人，副大队长1～2人，另视岗位配置会计、出纳、妇女主任、青年、民兵、治保、调解等专兼职人员，负责处理生产大队行政、经济、社会等事务。时现乡境内有生产大队46个。其中鹿亭公社13个、晓云公社25个、白鹿公社8个。生产大队以下建立独立核算职能的生产小队，每个生产小队设队长、妇女队长各1人，另配会计、出纳、保管员各1人，主要负责全小队生产、经营、分配等事务，协助生产大队管理其他社会事务。1964年，乡境有生产小队236个，其中鹿亭公社75个、晓云公社118个、白鹿公社43个。1967年并队风，生产小队从236个缩减至114个，缩减51.7%。至1971年，缩减至82个，其中鹿亭公社24个、晓云公社44个、白鹿公社14个。1982年，境内有39个生产大队，185个生产小队。其中鹿亭公社13个生产大队，62个生产小队；晓云公社18个生产大队、91个生产小队；白鹿公社8个生产大队，32个生产小队。

村民委员会 1983年，政社分设，公社改称乡，生产大队复名为村，建立村自治管理机构——村民委员会。村民委员会设村主任1人，副主任视村规模大小而设。下设爱国卫生、教育、治安、调解等委员会，负责全村行政、社会等事务管理。与村民委员会平行设村经济合作社，负责村级集体经济经营管理，村经济合作社成员与村民委员会交叉兼任。同期，农村土地联产承包责任制已全面推行，各村推行统分结合的双层经营机制，原生产队集体资产并入村经济合作社统一管理，生产小队更名为村民小组，乡境内设村民小组185个。1992年5月撤区扩镇并乡后，全乡共有39个村民委员会，设村民小组188个。2001年4月，全乡39个村并为12个村，设12个村民委员会、188个村民小组。合并后的村民委员会配5～9人不等的脱产工作人员，设主任1人，副主任1人，委员3～7人。村经济合作社设正副社长各1人，委员3～5人，村、社干部交叉兼职，下设各委员会，日常工作由村脱产工作人员分工负责。至2016年，全乡有12个村民委员会、109个村民小组。

第三章　议政机构

第一节　乡自治会　乡民代表会议

民国元年（1912），第一届余姚县议会成立。县以下设乡（镇）议会，设议员若干人。时李家塔村汤义封委任为本区南乡选举调查员，当选为乡议会议员，兼任清乡编查员；上庄村赵承美为乡自治会议员。后又有上庄村赵宗秀为乡自治会议员，赵祖培为乡自治会约长。

民国中后期，乡境内白鹿乡、晓云乡成立乡民代表会议，讨论议决本乡自治事项。民国30年4月，余姚沦陷后，乡民代表会议解体。民国34年9月抗日战争胜利后，恢复乡民代表会议。民国35年，陈一鸥、褚世芳由乡民代表会议推荐，当选为第一届县参议会参议员。民国38年4月，姚南阳、马仰山分别担任四明县晓云乡、白鹿乡乡民代表会议主席，每保设乡民代表2人。1949年5月余姚解放，乡民代表会议解体。

四明县晓云、白鹿乡乡长、县参议员、乡民代表会议主席情况表

（民国38年4月）

表17-3-1

乡名	乡长	县参议员	乡民代表会议主席
晓云乡	褚世芳	褚振武	姚南阳
白鹿乡	郑德弘	陈一鸥	马仰山

民国38年4月四明县白鹿乡乡民代表情况表

表17-3-2

名称	姓名	年龄（岁）	名称	姓名	年龄（岁）
第一保乡民代表	龚宝金	53	第五保乡民代表	黄大初	48
	马纪良	42		黄大异	27
第二保乡民代表	陈聿钟	40	第六保乡民代表	郑桂康	32
	黄维土	56		郑德耕	40
第三保乡民代表	褚利生	44	第七保乡民代表	郑亦朝	50
	方张荣	28		郑永立	43
第四保乡民代表	龚乾康	52	第八保乡民代表	赵水良	56
	龚仁来	54		赵理铨	63

注：晓云乡资料缺失。

第二节 政协

1996年前，市政治协商（简称“政协”）会议召开时，乡政府一般委派教文卫副乡长参加。1997年，增加乡镇政协委员名额，是届，鹿亭乡有市政协委员1人。此后，历届市政协会议时，有1～2个委员名额安排到乡。乡境内历届政协委员在市政协全体会议期间参加会议，会后分别参加市政协各工作小组活动，本乡内未组织单独活动。至2016年，乡内尚未建立政协基层组织。

附：鹿亭乡历届市政协委员名录

第九届（1998年2月至2003年2月）

姚双学（女）

第十届（2003年2月至2007年2月）

金德和

第十一届（2007年2月至2012年1月）

龚碧君（女）

第十二届（2012年1月至2016年12月）

钟秋霞（女，民族宗教界）　孙盈盈（女，卫生系统）　龚碧君（女）

第十八编

军事　政法

第一章 军 事

第一节 驻军 设施

驻军

清康熙四十七年（1708），因大岚山张念一起兵反清，清政府在梁弄设绍兴同知分府，派把总1人带兵60人驻中村兼防杖锡。乾隆年间改称中村汛，汛营设中村洞桥头，兼防杖锡、上马岗分水口次，驻把总1人，兵丁70人，光绪时减至34人。同治十一年（1872），梁弄汛归并中村汛管辖。光绪年间，北溪汛归中村汛管辖。

康熙四十八年，置中村巡检司，由象山县陈山司巡检移驻。乾隆四十年（1775）后，移寓梁弄永和庵。

民国30年（1941）秋，国民党陆军暂编第九军挺进第一纵队进驻四明山，司令部先后设陈家岩、丁家畈。次年撤走。

民国后期，中村驻国民党“浙保”第一总队第二大队。民国38年撤离。

设施

中村巡检司署　建有房屋15间，乾隆四十年，巡司秦璜重修，旋圮。

中村汛营　官舍9间。营房、墩台、瞭楼齐全。

新四军浙东游击纵队后方医院　民国33年秋，新四军浙东游击纵队选址晓岭洞桥东侧的岳殿为后方医院，直至民国34年10月北撤，1963年被拆除。1987年12月，余姚市人民政府立“新四军浙东纵队后方医院旧址”石碑。1995年8月，原新四军浙东游击纵队政委谭启龙题写“新四军浙东游击纵队后方医院遗址”纪念碑。2013年易地重建。

新四军浙东游击纵队织工部　位于高岩深坑自然村80～83号，三合院，坐北朝南，清代传统民居建筑，惯称“外新屋”。抗日战争时期生产军服、军被、草鞋等军需物资。另有办公楼房5间，称“里新屋”。

陈天龙修械所　位于高岩陈天龙自然村，坐南朝北，三合院，占地190平方米，旁3米处有五开间楼房作为食堂，现多被拆除。在抗日战争时期修枪械，造手榴弹、大刀、刺刀、地雷、子弹等。1987年，市人民政府在村口设立“陈天龙修械所旧址”纪念碑。

第二节　兵　役

民国时期兵役制

民国22年（1933），国民政府颁布《兵役法》，实行征兵制，未实行。民国25年，重新颁布《兵役法》，规定凡18～45周岁男性公民均要服兵役。乡、保把壮丁登记入册，然后在每年3月、8月、12月上旬分期编号抽签，中签并体检合格者即征为兵丁。兵丁送至新兵征集所后，名为管理，实为关押，形同为监犯，食不予饱，病不予治。各级役征人员弄权舞弊，有钱有势之家贿赂役吏，买个空名壮丁即可顶替；贫苦农民则被捆绑抓捕，妻离子散，家破人亡。征兵制成为抓兵制，激起乡民强烈反对。

民国28年5月，中共余姚县工委为支援抗日，通过各乡镇青年救亡宣传室，动员到期与即将到期的壮丁，主动报名应征服役。

新四军浙东游击纵队织工部旧址

陈天龙修械所旧址

中华人民共和国成立后兵役制

中华人民共和国成立后，实行志愿兵役制和义务兵役制。1978年开始，实行义务兵役制为主体的义务兵与志愿兵相结合，民兵与预备役相结合的兵役制度。1998年起，实行义务兵与志愿兵相结合、民兵与预备役相结合的兵役制度。

志愿兵役制　中华人民共和国成立至1954年，实行志愿兵役制，青年自愿报名，经政审、体检合格，发给入伍通知书入伍。抗美援朝时，全乡青年热烈响应，出现父母送子报名、妻子鼓励丈夫参军、兄弟争相报名的动人事例。1978年起，实行义务兵和志愿兵相结合的兵役制度，根据部队需要和本人自愿，经团以上单位批准，可转为志愿兵（士官）。

义务兵役制　1955年7月，颁布《中华人民共和国兵役法》，实行义务兵役制。《中华人民共和国兵役法》规定："中华人民共和国公民，不分民族、种族、职业、家庭出身、宗教信仰和教育程度，都有义务依照本法的规定服兵役。"区公所设立征兵站，乡镇成立征兵领导小组，由分管政法工作的副乡长（主任）兼任组长。1962年后，设专职公社人武干部。1988年起，兵役登记一般每年9月进行，登记对象为当年12月31日前年满18周岁的男性公民。2008年起，在具有专业技能的应届大学毕业生中招收士官。2009年

10月，浙江省政府颁发《女兵征集工作实施细则》，首次面向社会征集女兵。2011年起，鼓励在校大学生参军。

多形式相结合兵役制　1956年，进行首次预备役登记。根据《中华人民共和国兵役法》规定，分一、二类登记（军士和士兵服现役期满后转为一类预备役，18 ~ 40周岁公民编为二类预备役）。1957年，中央军委规定停止二类预备役登记。1958年，民兵预备役合一，实行混合编组，组成武装基干民兵。1965—1980年，预备役工作处于停顿状态。1981年起，恢复预备役，对在部队服役一年以上、年龄在28岁以下的退伍军人，均按规定编入预备役。1984年，实行民兵与预备役相结合的制度，退出现役的士兵和军官以及其他年龄在18 ~ 35周岁且符合兵役条件的公民服预备役。1990年后，28周岁以内的服一类预备役，29 ~ 35周岁服二类预备役。1998年6月，《中国人民解放军现役兵役服役条例》规定“义务兵役制士兵称义务兵，志愿兵役制士兵称士官”。至2016年，预备役登记实行微机管理，全乡所有民兵的档案信息输入管理系统。

第三节　民　兵

组建

民国34年（1945）10月，新四军浙东游击纵队奉命北撤后，留守四明山坚持斗争的陈布衣、黄连等组织动员各村政治素质好、活动能力强的山民参加民兵组织，其中东岗村有民兵7人，队长姚再顺；中姚村有民兵10人，队长姚怀国。担负送情报、发传单、割电线、搭公馆、禁赌防灾、维护社会治安等任务。

1949年5月余姚解放后，为配合剿灭土匪，维护地方治安，巩固人民政权，现乡境内各乡普遍建立民兵大队，以政治表现好、身体素质好、历史清白、年龄17 ~ 25周岁的男性公民和18至30周岁的复员军人为基干民兵，年龄26 ~ 40周岁的男性公民为普通民兵。

1953年，实行普遍民兵制，18 ~ 40周岁的青壮年分别参加基干民兵或普通民兵。1958年，实行“全民皆兵”，各公社组建民兵营，各村组建民兵连。1960年，各公社成立民兵工作小组。1961年，对民兵组织进行整顿，设武装基干民兵，设立人民武装部，配专职人武干部。晓云公社于1961年底建立人民武装部。鹿亭、白鹿2个公社于1962年建立人民武装部。

1971年5月，以公社为单位组建民兵连。1978年8月，以公社为单位组建民兵团。1981年，撤销民兵团，恢复基干民兵和普通民兵。年龄在18 ~ 35周岁者组成公社基干民兵营，其余均为普通民兵，使民兵制度和预备役统一，基干民兵为一级预备役，普通民兵为二级预备役。1982年，县人民政府和县人武部批准晓云公社岩头大队、上村大队、门石大队，鹿亭公社上庄大队、中村大队为基干民兵排。1985年，按照“减少人数、提高质量，抓好建设后备力量的特点，打下战时动员基础”的原则再次调整民兵组织。

1991年，贯彻新的《民兵工作条例》，开展基层民兵工作“三落实”达标活动。1992年，为配合维护社会治安和应急处置，组建“鹿亭乡民兵应急分队”。是年，金永兵代表余姚市先进民兵干部，参加宁波市第三次民兵代表大会。2010年起，加强应急分队建设。至2016年，按兵种、专业成立森林防火分队和抗洪抢险分队等分队。

参战与训练

民国32年4月22日，三北游击司令部三支队、特务大队、教导队从晓岭出发，分三路奔袭梁弄，翌日拂晓，梁弄战斗打响。战斗中晓云乡民兵冒着枪林弹雨，给部队抬担架、送茶水。民国34年，新四军浙东游击纵队奉命北撤后，国民党部队进山围剿，陈天龙村民兵为修械所站岗放哨、后勤供应、物资运输。

1953年，白鹿乡民兵开展督促反革命分子生产、站岗放哨、剿匪和日常训练活动。1973年，晓云公社基干民兵某营开展野营活动。1977年10月，参加梁弄区实弹射击、投掷。1978年9月，参加区组织基干民兵射击和投掷训练。1982年，岩头、上村、门石、上庄、中村5个大队基干民兵排为县民兵工作"三落实"先进单位。1983年10月6日至12日，鹿亭乡基干民兵在李家塔村集中训练，分理论和实战两部分。理论课由乡武装部部长讲授政治形势，民兵王华良传授射击要领，实弹射击训练在李家塔村马停蹄岭进行。是年，石潭村、上庄村被评为余姚县青年民兵之家。1985年，鹿亭乡石潭村、白鹿乡陈家岩村、晓云乡上村村三个基干民兵排被评为余姚市民兵工作"三落实"先进单位。1991年7月25日，鹿亭乡政府和武装部组织民兵等人员，配合宁波市劳教支队（黄湖监狱）狱警，捕获越狱窃犯周某设归案。2003年9月，民兵应急分队分批次进行训练演习。

2004年和2005年，分别派人赴市民兵训练基地参加应急分队和专业技术分队训练。2010年起，每年开展森林防火和应急抢险训练。

第四节　兵　事

抗日战争时期

日本侵略军侵占　民国30年（1941）4月23日余姚沦陷，国民党县政府机关先后撤至夏家岭、岩头、陈家岩。5月30日，日伪军300余人自左溪、清贤岭陷梁弄，分兵越羊额岭犯陈家岩。当日下午，日本侵略军进陈家岩，县机关人员仓皇撤走，县自卫队亦仅开一排枪便逃逸。日本侵略军把机枪架在村对面前山岗上，居高临下扫射，当场打死村民1人，打伤2人。县政府机关物资、村民财产来不及转移，损失甚巨。

国民党军队袭击　民国32年11月，国民党"挺四"田岫山部和"挺五"张俊升部，乘三北游击司令部五支队迎战"挺三"贺钺芳部时，连续袭击岩头、陈天龙等根据地后方医院、修械所。

日本侵略军暴行　民国32年12月10日，日本侵略军火烧上庄村（庄陇头）10余户；烧毁高岩村楼房22间、平房81间，烧死村民1人；大山八石自然村被烧毁大小房屋45间，受灾16户，新四军浙东游击纵队通讯员赵德法在大山村十字路口被日本侵略军击中牺牲。

解放战争时期

晓云缴枪　民国36年3月某日晚，黄连奉陈布衣命令带领武装人员徐勇水等5人，袭击国民党晓云乡公所，俘6人，缴获毛瑟步枪5支。在群众检举下，抓获国民党县党部书记侄子、乡事务员倪德华，将倪在村外枪决。其余人员经教育后释放。

路坑和马家坪战斗　民国36年10月20日夜，中共领导的爱国自卫总队自路坑村到马家坪，留下联络员褚阿义和病号许水木接应黄连。自卫总队行动情况被保长告密，21日上午5时许，国民党浙保一团五连和梁弄自卫队从白岩尖自上而下包围路坑，用机枪扫射，许水木受伤后被国民党顽固派割下头颅，挂在梁弄桥头大树上示众，褚阿义被捕后在梁弄被活埋。村民朱新苗、朱水品、方桂娣等5人被捕。次日上午10时许，国民党浙保一团五连和梁弄自卫队袭击在马家坪休整的爱国自卫总队和四明工委领导机关。爱国自卫总队和四明工委领导机关迅速把部队拉上山头，进行还击。战斗中，刚从上海来的姚凯等5名新战士，因缺少战斗经验被俘。支队长刘发清立即命令部队迂回反击，将被俘的5名新战士救回。此次战斗中四明工委领导机关和爱国自卫总队黄连、田央、韩阿乾等5人受伤。在路坑被捕的朱新苗等5名村民在战斗中乘乱逃生。

中村战斗　民国37年3月26日晚，浙东人民解放军三支队和教导队，对“浙保”中村据点发起进攻，“浙保”以机枪火力封锁三支队前进的开阔地，激战2个多小时不克。支队领导分析后认定天亮前难以进攻中村，命令部队撤出战斗。此役毙“浙保”1人，缴获步枪1支。3支队班长以下战士6人（侦察班长施新贵；副班长金瑞尧、杨启；战士戚志元、邬家仁等）牺牲，副中队长李明、一排长韩茂洪、副班长周翊康、战士徐高生等人负伤。

晓云大山阻击战 民国37年5月21日，浙东人民解放军第五支队和第三支队在章雅山会师后，行军至晓云大山村宿营，遭“浙保”数营兵力进犯。三支队“钢铁”部队立即进行阻击，打退“浙保”整连整排的轮番进攻后，主力安全转移至冬青村驻扎。陈布衣、诸敏决定由大队长蔡旭光指挥“胜利”和“反攻”两部队部分战士继续与“浙保”周旋，边走边打一整夜，转战至牛塘村休整。

牛塘战斗 民国37年5月22日下午3时，“浙保”数营带八二炮向牛塘村扑来，大队长蔡旭光立即指挥“胜利”和“反攻”两部撤向山头，占领制高点，激战一个多小时，毙伤“浙保”多人。此战，三、五支队牺牲2人，大队长蔡旭光等5人受伤。

第二章 公 安

第一节 公安机构

1985年前，由梁弄区派出所管辖乡境内鹿亭、晓云、白鹿三乡（公社）的社会治安。1985年3月，经省公安厅批准，建立晓云乡派出所，所长龚国平。派出所由县公安局和所在乡党委政府实行双重领导，公安业务工作由县公安局领导，思想政治工作由所在乡党委领导，招聘合同制民警3人。1988年，鹿亭、白鹿成立民警值勤室，指派乡政府1人分管，担任民警值勤室主任，共配备4名优秀退伍军人为值勤员，负责区域内社会治安管理、民间纠纷调解，业务指导由梁弄区派出所和梁弄法庭负责。1992年撤区扩镇并乡后，成立余姚市公安局鹿亭派出所，晓云派出所并入鹿亭派出所，时有公安民警4人，联防队员5人。所址设上庄村石盖山路（原鹿亭食品站场所），1995年迁原鹿亭信用合作社房舍。2004—2016年，鹿亭派出所为余姚市文明单位。

余姚市公安局鹿亭派出所

2016年，鹿亭派出所有工作人员13人，其中在编民警5人，辅警8人；中村警务室1个，校园警务室1个。是年，新办公大楼选址开工建设。

1992年5月至2016年12月历任所长：黄天达（1992年5月至1994年4月）、黄伟国（1994年4月至1998年7月）、罗一良（副所长主持工作，1998年7月至2001年12月）、卢建义（副所长主持工作，2001年12月至2003年11月）、谢超炯（2003年11月至2011年3月）、魏柏腾（2011年3月至2013年2月）、陈福明（2013年2月至2016年12月）。

第二节 镇压反革命

中华人民共和国成立初期，国民党潜伏特务、武装股匪、不法地主、恶霸、反动党团骨干分子相互勾结，制造政治谣言，破坏土地改革，袭击政府，暗杀干部、民兵、群众，抢劫公私财物，扰乱地方治安。按照上级指示，此阶段公安工作重点是开展反动党、团、特清查登记，镇压反革命。

反动党、团、特清查登记

民国38年（1949）6月，余姚市军事管制委员会公告，命令国民党、三青团及中统、军统特务机关等一切反动组织，立即解散，停止活动。1950年11月1日起，开展对反动党、团、特人员进行清查登记。乡境内鹿亭、晓云、白鹿、东岩4个乡共登记41人，其中保长以上29人，反革命分子12人。

镇压反革命运动

1950年底，在开展剿匪反霸、土地改革、抗美援朝的同时，按照中央关于镇压反革命活动的指示精神，开展镇压反革命运动，历时三年完成。运动中执行“坦白从宽、抗拒从严、立功折罪、立大功受奖”的政策，镇压一批民愤极大、又拒不悔改的反革命分子，对一般的反革命分子视其罪行给予应得的处理。1951年，乡境内判处死刑枪决16人（其中地主3人），斗争8人。1954年，被管制人员开展冬学。根据“有反必肃、有错必纠”的方针，对运动中处理的案件进行复查，漏下人员追责，错误处理人员得到纠正平反。惩办5人，改判地主2人，富农1人。

取缔反动组织

1983年，取缔受国外敌对势力支持和赞助、打着宗教旗号的反动组织“呼喊派”，摧毁秘密聚会点1处，缴获反动宣传品36份，跟随参与“呼喊派”组织的教徒，经教育自愿脱离关系3人。

第三节 打击刑事犯罪

中华人民共和国成立后，打击刑事犯罪活动与镇压反革命运动配合进行，对刑事犯罪活动除坚持常管常打，还视治安与发案情况集中打击。

1958年，集中打击以偷盗为主的刑事犯罪活动。

1970年，开展坏分子戴帽、群管、监督改造3人。1973年，开展以打击现行反革命为重点的统一行动。1975年，开展打击流窜犯的统一行动。1976年11月，开展揭批江青反革命集团罪行、打击现行反革命分子破坏活动和资本主义势力的“一批双打”斗争，清查贪污盗窃、投机倒把等犯罪活动。1978年5月，查获3起贪污盗窃投机倒把案件，分别在上庄、晓云开展批判大会。1979年1月，开展治安大清查。

1983年8月，开展“严打”斗争，对流氓团伙、抢劫、投毒、放火、强奸、重大盗窃、拐卖妇女儿童的人贩子、卖淫嫖娼等刑事犯罪分子、反革命分子进行统一搜捕。“严打”斗争至1986年5月29日结束，历经3个战役、9次行动后，刑事案件发案率比3年前明显下降，在“严打”斗争中乡境内共处理3人。1986年6—9月，开展反盗窃专项斗争，同年10—12月，开展以侦破大案、要案为重点的打防结合专项斗争。1987年6月，开展以反盗车专项斗争。

1990年5—9月，开展严厉打击刑事犯罪专项斗争。1991年，开展严惩拐卖绑架妇女和儿童的专项斗争。1992年，开展反盗抢、禁黄毒专项斗争。1994年7月10日至8月16日，乡派出所对白鹿下姚村“三自”祈祷所被多次冲击事件进行查处。1996年11月至1997年2月，开展为期4个月的“严打”整治冬季行动。1997年5月，开展春季严打期间，摧毁犯罪团伙1个，破获刑事案件9起，其中重大案件5起，抓获犯罪人员51人，追缴赃款、物价值2万余元。1998年12月，开展以“抓现行、整场所、反盗窃、追逃犯”为重点的严打整治集中统一搜捕行动。

2001年1月，对民用猎枪进行检查。同年，开展打击人贩子，解救被拐卖妇女儿童专项行动。2002年6月25日至28日，开展“疾风二号”清查行动；同年12月26日，乡派出所配合市公安局专案组抓获入室强奸抢劫8人（其中鹿亭籍3人、陕西延川籍5人）。2003年8月，开展以打击恶势力犯罪和查禁黄、赌等社会丑恶现象为主要内容的“飓风三号”集中统一行动。2004年7月，开展“攻坚二号”行动。2007年9月28日，“两抢一盗”行动集中收网。2010年2月15日，在乡境内和鄞州、海曙等地抓获恶势力犯罪团伙14人，缴获仿“六四式”手枪2支、子弹5发。2010年12月，开展以打击侵财犯罪为重点的“风暴四号”行动，破获1起，抓获3人。2012年9月，开展为期一个月的行业场所集中整治活动，出动警力21人次。2014年6月，开展禁毒集中统一行动，对全乡娱乐场所、旅馆、出租屋等重点易涉毒场所集中清查。2015年9月，按照“全覆盖、零容忍、严执法、重实效”，对单位和场所进行治安隐患大排查、大整治。2016年7月，开展“春雷”行动，落实反恐措施、加强内部安全、开展重点人员排查管控和打击整治。2016年10月，开展“二、三轮车”专项整治工作。

第四节　群防群治

1952年，为配合剿匪，防止敌特刺探情报和不法分子的破坏活动，鹿亭、晓云、白鹿、东岩4个乡分别建立治保委员会，每个委员会均由7人组成，主任、副主任由乡政府领导兼任，委员由各村主任担任，并以村为单位建立治安保卫小组，组员3人。1958年，治保组织与调解组织合并为治保调解委员会。1962年，治保与调解组织重新分设。1978年后，整顿重建治保组织，各大队设治保主任1人，委员2人。1995年后，乡政府每年对各村治保主任、委员培训不少于2次。是年，乡政府评为市社会治安先进集体。2001年，成立专职民防巡逻队伍12支共82人，巡查辖区民防。2005年，开展“平安乡镇”系列创建平安活动。2008年6月1日，民用枪支规范管理和集中保管。2009年，完善巡逻防控机制，将民防队伍统一划归派出所管理，各村成立应急分队和夜巡队，节假日和大型活动时期，组织民警、民防、夜巡队员巡逻，形成专职巡逻力量为主体，群防群治组织为补充的乡、村两级巡逻防范网格。是年，在全乡安装“全球眼”监控系统98个，其中公安监控26个，村级监控72个。2014年，组建校园安保队伍，辖区民警进入校园。2015年，组建联防小组1个，形成“条块结合”的社会消防工作机制。

2016年3月，建立联防联建队伍，提高消防急救能力。

附：敲更

旧时为防火防盗，各村夜间用敲更的方式来防止各类事故的发生，以保障村民夜间安全。

敲更人每夜由4人组成，分前后2班，2人一班，前班自晚上7时到凌晨1时，后班为凌晨1时到5时。敲更共分5更，一更晚上7时到9时，二更9时到11时，三更11时到凌晨1时，四更1时到3时，五更3时到5时，每一更分2个时段。

敲更用两端包有节的竹筒，竹筒各端打上一个小孔，系上一条带或绳子，便于挂在脖子上，打更人手拿一根约一尺长的木棍，作为敲鼓的鼓棒，还配上一面铜锣和敲锣的锣柱。2人分别执锣和鼓，更起后，就开始打更。从一更到五更，从村的各个角落，到前街后弄，挨家挨户，前前后后都照应周到，从更起就不能间歇。

更鼓敲打及节奏：笃（是鼓声）、呔（是锣声）。

一更：笃　笃｜笃笃笃｜笃笃　笃笃‖呔（一下）

二更：笃笃｜笃笃｜笃笃笃‖呔　呔（二下）

三更：笃笃笃｜笃笃笃｜笃笃　笃笃｜笃笃笃‖呔　呔呔（三下）

四更：笃　笃笃笃｜笃　笃笃笃｜笃笃　笃笃｜笃笃笃‖呔　呔呔呔（四下）

五更：巧　笃笃｜巧　笃笃｜巧笃　巧笃｜巧笃笃‖呔呔　呔呔　呔（五下）

“巧”是鼓棒敲在毛竹管边缘的声音。

第五节　户籍管理

户口管理

民国时期，户口属民政部门管理，乡设户籍干事，专管户籍变化统计工作。

1950年，根据浙江省人民政府通令与《户口管理暂行办法》，统一进行户籍整顿。1951年，建立户口登记、户口迁移、出生死亡报告、入户许可、特种人口移动等户口管理制度，制发户口簿。1955年，各乡户口由当地政府派专人管理。1956年，由公安机关接管办理。1958年1月，按《中华人民共和国户口登记条例》建立统一的户口管理制度。1985年1月，根据县人民政府出台的对无户口人员安置的十项具体办法，使无户口人员得以妥善安置。1992年底，乡境户口管理归属鹿亭派出所。1995年，对父母一方或双方是非农户口，或配偶一方是非农户口的人员，办理城镇居民户口，全乡共办理23人。2001年4月，取消自理口粮、居民户口，同类户籍人员均可根据本人申请就地转为非农户口。2002年，户籍联网。2010年，推出外来人员积分落户政策。2016年9月30日起，农业户口、非农业户口统一登记为居民户口。

居民身份证管理

民国33年（1944）制发国民身份证，至民国38年先后共制发4批。

1987年10月，发放第一代居民身份证，乡境内共有8546人办理身份证。2004年，开始做换发第二代居民身份证的准备工作。次年4月起，第二代居民身份证陆续发放。2016年7月起，可异地办理居民身份证。

流动人口管理

2002年9月，在市区大黄桥南路631号，设立鹿亭乡外出人口管理服务中心，负责进城务工人员管理。2010年，乡政府对非本乡户籍的外来务工人员纳入统一管理。2016年，全乡登记在册并做证的非本乡户籍的外来务工人员73人。

第六节　治安管理

禁烟毒

20世纪90年代，私种罂粟偶有发生，一经发现严肃处理，烟毒未成害。21世纪起，加强对毒品的打击力度，每年6月开展国际禁毒日宣传活动。改革开放后，人员流动量大，2012年，发现本乡外出人员中有37人吸毒。同年，成立乡禁毒办公室，进行属地管理。2014年2月11日至14日，乡禁毒办对全乡正在执行社区戒毒、社区康复人员进行突击尿检，均为阴性。2015年，打击涉毒犯罪行动及“平安鹿亭”建设。

禁赌

中华人民共和国成立前，乡村赌风炽盛。中华人民共和国成立后，经土改、镇反等运动，赌博活动基本制止。1985 年，结合严打，对赌头、赌棍实行抓捕或收容审查，一般参赌人员参加由区、乡举办的禁赌学习班。20 世纪 90 年代，赌风又起，乡政府和派出所联合进行打击。1993 年，现场禁赌 11 人次，查获参与赌博人员 50 余人，赌博得以控制。1997 年，集中开展以禁赌为重点的三项整治运动，对党员干部进行正面教育。是年全乡查获赌博 6 场，查处 25 人，治安罚款 21 人。2000 年，开展"打流"专项行动，查处赌博案件 5 起。2004 年，"扫黄打非"专项行动，查处赌博案件 4 起。2010 年，查处赌博 3 起，参赌人员拘留 8 人。2016 年，查处 1 起，处理 1 人。

第七节 消 防

中华人民共和国成立初期，居民房屋多为草木结构，极易发生火灾。较大的村子，在村中筑有太平池，终年蓄水。条件好的大户，庭院中备七石缸，预防火灾。

民间消防组织

20 世纪 80 年代前，以自然村为单位，组织基干民兵，在干燥天气、节假日期间，夜间轮流敲更、巡逻；组织学生呼喊队在放学后或晚上沿村弄喊防火口号；同时，张贴标语，动员家家户户安全防火。一遇火灾发生，鸣锣紧急动员全村救火，用水桶、脸盆传递式扑救。青壮年以扑救为主，其他人员转移周边农户的财产物资。1982 年后，中村前山、上庄村开始，各村陆续安装自来水管，在农户集中处安装消防龙头，每个消防龙头备一套消防皮管，并有专人负责。

消防队

1987 年，鹿亭、晓云、白鹿三乡各组建 1 个消防队，配义务消防员 16 人，备有机动手抬水泵 3 台。1995 年起，鹿亭派出所及上庄、中村等 6 个村，建有消防组织和义务消防队。2008 年，12 个行政村组建志愿消防队，每队 5 ~ 6 人，备 13 匹手抬水泵 1 台。派出所消防队由协警兼任，备 25 匹水泵 1 台。每年在市消防大队的指导下，组织一次集中培训。

2016 年 4 月起，组建乡专职消防队，配消防员 8 人，消防水罐车 1 辆，消防皮卡车 2 辆，13 匹、25 匹机动泵各 1 台。各村均配消防设施和义务消防员。是年，消防员训练 50 次，出警 5 次。

山林防火队

1991 年，鹿亭乡政府被评为宁波市森林防火

消防演练

消防车

先进单位。1996年3月，组建乡森林消防指挥所，下设办公室，全乡建4个防火扑救队，每队9人。2003年起，12个村和乡林木基地各设专职护林防火员共20人，每村备灭火机1台。2010年，组建义务应急小分队。2016年，组建2支森林消防专业中队，分别有9人、6人，配备森林消防救护车1辆、背包式风力灭火机各3台，负责全乡山林火灾扑救。每年4次进行集中训练。

附：重大火灾

1956年11月，上庄岙里遭受火灾，受灾45户，烧毁房屋65间，过火面积3949平方米。

1958年7月20日，晓云岩头石君庙起火，整个庙宇被毁，计正殿5间、厢楼4间、前厅5间。

1959年1月24日，白鹿乡陈家岩村大火，全村152户，被烧144户，毁楼房557间、草房45间、粮食7.5万余千克，烧死牲畜100余头。

1961年12月11日，白鹿新宅村火灾，遭灾29户，毁楼房43间、平房6间、粮食1万余千克，烧死牲畜29头。

1974年1月2日，白鹿社办厂失火，延烧毗邻陈家岩大队茶厂，毁厂房44间、仪表车床20台、制茶机13台、粮食1.5万余千克、木材10立方米。

1974年8月，上庄岙里楼下道地失火，受灾8户，烧毁房屋9间，建筑面积500平方米，过火面积400平方米。

1979年12月底，晓云外岩头遭受火灾，烧毁房屋16间。

1987年5月，上庄应家路失火，受灾7户，烧毁房屋11间。

1993年3月3日，中姚村一名村民因用火不慎引发火灾，烧毁房屋3间，烧死1人。

2008年5月，上庄应家路巷里失火，受灾9户，烧毁房屋12间。

2016年4月15日，高山村失火，烧毁房屋3间，烧死走亲戚小孩1人。

第三章 司 法

第一节 司法机构

20世纪80年代前，司法行政工作由梁弄区法庭负责管理。1981起，由梁弄区司法所具体负责，公社配备兼职司法助理，以开展法制宣传、人民调解为主要任务。1992年，由乡政法办公室副主任主管全乡司法行政工作。1996年，设立鹿亭乡司法所，一名副乡长分管司法工作。办公室设乡政法办内，所长和工作人员由政法办人员兼任。主要开展法制宣传教育，为群众提供法律援助和法律咨询服务。2008年，将乡社会综合治理办公室增挂的“司法所”牌子更名为“余姚市司法局鹿亭乡司法所”，由市司法局配备专职司法助理员到乡工作，实行乡镇和司法局双重管理体制。

2016年，司法工作由乡党委副书记分管，综治办主任兼任司法所长，配专职司法助理员1人。

鹿亭乡分管司法工作领导一览表

表 18-3-1

年度	姓名	党政职务
1993—1998	黄伟国	副乡长
1999—2002	万小平	党委委员
2003—2005	赵阳军	党委委员
2006—2007	陈山君	党委委员
2008—2010	赵阳军	副书记
2011—2012	翁贤权	副书记
2013—2015	陈晓珍	副书记
2016—	黄伯忠	副书记

主要为群众提供法律援助和法律咨询活动，指导全乡各基层调解组织开展工作，对刑满释放人员和解除劳教人员进行过渡性安置和帮教。

1993—2016年历任司法所所长：马爱堂（1993年至1999年）、黄伯忠（2000年至2005年）、姚小青（2006年至2007年）、赵祖科（2008年至2016年）。

第二节　法治教育

中华人民共和国成立后，国家有重大法令颁布，均通过多种形式组织广泛宣传教育，以提高干部群众法治观念。20世纪50年代，着重宣传《中华人民共和国宪法》《中华人民共和国土地改革法》《中华人民共和国婚姻法》等。1979年，宣传《中华人民共和国刑法》《中华人民共和国刑事诉讼法》。时晓云公社开展“关于加强社会主义民主和法制的问题”宣教训练。1981年，着重宣传新《中华人民共和国婚姻法》。1982年，宣传《中华人民共和国民法典》《中华人民共和国民事诉讼法》。1983年，学习全国人大常委会《关于严惩严重破坏经济犯罪的决定》和《关于严惩严重危害社会治安的犯罪分子的决定》。

1986—1990年，学习《中华人民共和国刑法》《中华人民共和国宪法》《中华人民共和国婚姻法》《中华人民共和国经济合同法》《中华人民共和国民事诉讼法》《中华人民共和国环境保护法》《中华人民共和国兵役法》。

1991—1995年，学习《中华人民共和国宪法》《中华人民共和国行政诉讼法》《中华人民共和国义务教育法》《中华人民共和国国旗法》《中华人民共和国国徽法》《浙江省计划生育条例》。

1996—2000年，学习《邓小平论民主法制建设》《中华人民共和国行政处罚法》《中华人民共和国刑事诉讼法》《社会主义法律建设基本知识》《中华人民共和国刑法》。开展群防群治，推广“枫桥经验”，建立乡、村两级综治网络。排查不安定因素6起，调处6起，侦破刑事案件2起，抓获刑事案犯、治安拘留3人。

2001—2005年，学习《企业法律知识读本》《企业经管人员法律知识作业本》，以领导干部、行政执法人员、企业经营管理人员、青少年和外来从业人员为重点。开展禁赌、禁毒，打击流氓恶势力以及封建迷信专项斗争。刑事案件2起，抓获刑事案犯、治安拘留5人。

2006—2010年，学习《“五五”普法学习读本》《公务员法》《农村常用法律知识》，以领导干部、公务员和农民为重点。

2011—2015年，学习《中华人民共和国宪法》《中国特色社会主义法律体系》《全面推进依法行政实施纲要》《国务院关于加强法治政府建设的意见》，对领导干部、公务员、青少年、企事业经营管理人员和农民开展法治宣传教育，其中领导干部和青少年为教育重点对象。

2016年起，突出学习宣传宪法、宣传中国特色社会主义法律体系、宣传党内法规，推进社会主义法治文化建设、推进法治教育与道德教育相结合。教育的对象是一切有接受教育能力的公民，重点是领导干部和青少年。普法教育期间，共举办学法报告会、讲座61次，发放宣传资料2.4万册。至2016年，全乡有宁波市级民主法治村1个，余姚市级民主法治村10个。

第三节　律师事务

2006年起，乡政府聘请余姚鑫浩律师事务所窦鹤年为法律顾问。

2007年，12个村聘请鑫浩律师事务所3名律师为村法律顾问。2016年，法律顾问为窦鹤年、戚薇薇、史军。

第四节　人民调解

1954年3月，乡境内各乡政府分别建立乡人民调解委员会。1955年，各农业合作社成立调解组织，负责排解群众在农业合作社运动中产生的矛盾和纠纷。1981年，公社配备司法助理员，各大队建立调解委员会，由大队党支部书记兼主任，委员由妇女主任、民兵连连长等3～5人组成，负责调处民间婚姻、家庭、承包田地山林、宅基地、房屋、邻里、生产经营等方面的纠纷。1983年，晓云乡岩头、东岗，鹿亭乡上庄、中村，白鹿乡陈家岩等5个村人民调解委员会被评为余姚县人民调解工作先进集体。1993年起，乡调解组织负责人由乡长担任，村调解组织负责人由村长担任。1993年后，乡司法所为调解中心，分设39个村级调解组织，时全乡有村级调解委员166人。1994年，中村村人民调解委员会被评为余姚市人民调解工作先进集体。2001年行政村调整后，全乡共设12个村级调解组织，有村级调解委员36人，负责承担本村调解任务，调解不成功的纠纷由乡调解中心调处。2005年3月，宁波松乐继电器有限公司等规模企业设立调解委员会。2008年5月，12个行政村成立综治室，设主任1人、副主任1人和成员3人；松乐继电器有限公司综治室设主任1人。同年7月，各行政村成立治保调解委员会，设主任1人，委员2人，配备乡流动人员协管员16人。9月，成立鹿亭乡反邪教帮教组织，设组长1人，组员3～5人，落实专管员1人。调解工作做到小事不出村、大事不出乡，确保一方平安。是年，龙溪、晓云、李家塔、上庄、中村、沿夹岙、东岗、高岩和高山村为三星级民主法治村。

2016年，全乡发生各类纠纷案例20起，调解成功20起，成功率100%。

1997—2016 年全乡调解案例情况表

表 18-3-2

年份	案例（起）	调解成功（起）	成功率（%）
1997	53	51	96.23
1998	36	34	94.44
1999	50	47	94
2000	53	50	94.34
2001	21	20	95.24
2002	75	75	100
2003	54	54	100
2004	39	38	97.43
2005	35	35	100
2006	42	40	95.24
2007	28	28	100
2008	32	32	100
2009	45	45	100
2010	46	46	100
2011	48	48	100
2012	31	31	100
2013	22	22	100
2014	80	80	100
2015	61	61	100
2016	20	20	100

第十九编

民政　劳动人事与社会保障

第一章 民 政

第一节 拥军优属

支前 拥军

新四军浙东游击纵队后勤部所属陈天龙修械所初建于民国32年（1943）7月，专事修理武器及生产枪支弹药。陈天龙民兵群众为修械所站岗放哨，提供后勤供应、物资运输。民国33年秋，浙东游击纵队于晓岭设后方医院，当地群众为伤病员抬担架、做护理。次年10月，新四军浙东游击纵队奉命北撤后，国民党军进山围剿，中姚、晓岭、高岩、高山、上庄岙里、门石、东岗、马家坪等村民冒险掩护陈布衣、黄连等留守人员。中村是浙东游击纵队第四支队家属驻地，有200余人，较长时间住在中村农民家里，中村群众除做好保密工作外，还主动开展保卫和后勤服务工作。

1949年5月余姚解放后，现乡境内群众积极参加民运队、筑路队，帮助部队运送军粮。

1950—1953年抗美援朝战争期间，各界民众积极捐献“飞机大炮”，适龄青年踊跃报名参加志愿军。

1970年至2008年3月，全乡人民与驻鹿亭部队官兵积极开展军民共建活动，其间部队与中小学校开展军校共建活动，地方政府大力支持部队安装程控电话、有线电视等。1991年8月，中共宁波市委、宁波市人民政府、宁波军分区确定晓云乡为“双拥模范乡”；1995年，鹿亭乡被宁波市拥军优属、拥军爱民、军警民共建、国防教育联合领导小组评为军警民共建工作先进单位；1998年，鹿亭乡被中共宁波市委、宁波市人民政府、宁波军分区命名为“双拥模范乡”。

优属

中华人民共和国成立后，根据县政府制定的“困难多，多优待；困难少，少优待；不困难，不优待”原则，乡政府开展给予困难的优待对象以不同水平的实物和经济优待。1951年土地改革后，按《浙江省革命烈士家属代耕试行办法（草案）》，对烈军属实行土地代耕优待。凡17～55周岁的男劳动力，均负担代耕义务。1952年，取消临时派工，推行固定代耕制度。1953年后，烈军属等相继入高级社。1956年，实行优待劳动力制度。

1980年后，对现役义务兵家属实行“普通优待”，优待标准为4～6级劳动力年收入（正劳力为10级）。1987年，建立优待与战士在部队立功家属受奖励相结合的制度。1988年，义务兵家属优待金每年每户（人）381元。1992年，户均优待金720元。2010年，义务兵家属优待金提高到 11300 元，入伍在西藏部队工作的为其他省市的 3 倍，入伍新疆、甘肃、宁夏、青海、内蒙古的为其他省市的 1.5 倍。2014 年，家属优待金标准每人 15200 元。2015 年，家属优待金标准每人 20067 元。2016 年，家属优待金标准 27041 元。

国家抚恤

伤残抚恤 伤残抚恤对象为在职和革命残废军人。1950 年，分别发给营养费和优待粮。1951 年，伤残抚恤按残废轻重和丧失劳动能力程度分为 3 等 5 级，给二等以上者发给抚恤金。1988 年，全市伤残军人评定残废等级，依据残废轻重和工作能力大小，分为 6 个等级，抚恤标准根据评定的残废等级而定。2010 年，残疾军人抚恤标准，最高 2812 元，护理费每人每月 1172 元，最低的每人每月 830 元。2016 年，全乡伤残军人，月补助标准 1355 ~ 2845 元 / 人。

“三属”抚恤 1950—1979 年，死亡抚恤对象为牺牲、病故军政人员遗属，初发抚恤粮，1952 年改发抚恤金。1955 年，牺牲、病故军政人员按生前职级给遗属一次性补发抚恤金，并发革命烈士光荣纪念证。1980 年，死亡抚恤对象改为革命烈士遗属、因公牺牲军人遗属和病故军人遗属 3 种。1985 年 1 月起按月发给抚恤金。是年，农村革命烈士遗属、因公牺牲军人遗属抚恤金标准为每人每月 25 元，病故军人遗属每人每月 20 元，后抚恤金标准数次调整提高。1998 年，革命烈士遗属、因公牺牲军人遗属、病故军人遗属抚恤金标准每人每月分别为 173 元、163 元、133 元。2010 年，农村户口“三属”抚恤金标准分别调整为 1216 元、1152 元、1024 元。2016 年，有“三属”5 人，农村户口月补助标准分别为 2263 元、2490 元，发放抚恤金 146676 元。

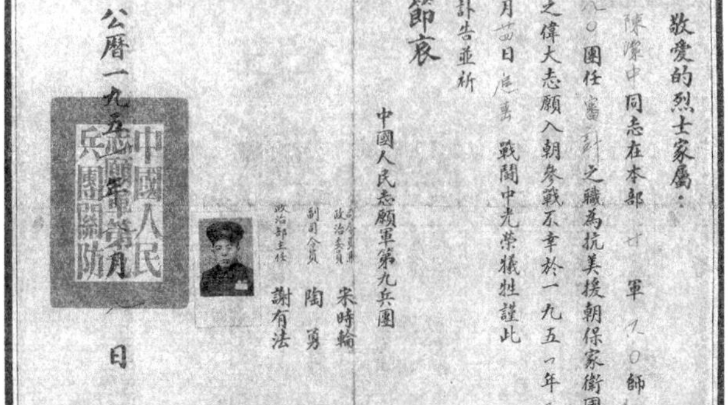

1951 年革命烈士证书

在乡复员军人 2016 年，1953 年前复员军人，月补助 1975 元 / 人。

带病回乡退伍军人 2016 年，全乡带病回乡退伍军人，月补助标准 1838 元 / 人。

医疗补助

2002 年 9 月，市政府规定，享受医疗补助的优抚对象为“三属”、在乡伤残军人、复员军人、带病回乡退伍军人、参战参核退役人员等。2003 年 3 月，发放重点优抚对象医疗证，在市医保定点的公立医疗机构就医给予优惠。

第二节 社会保险

1998 年前，企业退休人员生活待遇由原单位管理，1998 年始实行社会化管理。境内最初由机关合同制人员、村干部及其亲属带头参加社会保险，2005 年后在全乡推广。至 2010 年，基本形成基本养老保险、基本医疗保险、失业保险、工伤保险、女工生育保险、最低工资标准等社会保险制度。

城乡居民社会养老保险

1995 年起，建立农村养老保障制度（俗称“老农保”）。因政策设计和利率降低等原因，保障水平较低，老年农民平均每人每月只能领到 20 元左右养老金。2007 年 7 月，余姚市人民政府出台《余姚市农民养老保障试行办法》（俗称“新农保”），当年 12 月 1 日开始办理，农村年满 60 周岁的男性、年满 55 周岁的女性均可参保，可选择不同的缴费标准，一次性交清费用，“新农保”采取个人缴费、政府“兜底”的政策。2010年4月，城镇老年居民养老保险、农民养老保险与城乡居民社会养老保险并轨。同年8月，农村社会养老保险也并入城乡居民社会养老保险。

参加城乡居民社会养老保险的人员，按规定缴纳养老保险费。缴费标准设为8个档次，参保人员可根据个人情况选择缴费档次。政府对参保人员缴费实行补贴，补贴标准为每人每年50元。至2016年，参保人数为6687人。

2010—2016年鹿亭乡城乡居民社会养老保险参保情况表

表19-1-1　　单位：人

年度	参保人数	享受人数	年度	参保人数	享受人数
2010	5658	4019	2014	6223	4218
2011	5981	4150	2015	6563	4246
2012	6070	4173	2016	6687	4259
2013	6133	4196	—	—	—

注：数据来源乡劳动和社会保障服务中心。

新型农村合作医疗

2004年1月1日起，实施住院统筹、大病救助、农村社区卫生服务三位一体的农村合作医疗制度，参保对象为农业户籍人员。2010年12月31日，市人民政府颁布《余姚市新型农村合作医疗制度实施办法》，是一种由政府组织、引导、支持，农民自愿参加，个人、集体和政府多方集资，以大病统筹为主的医疗互助共济的新型农村合作医疗制度（俗称“新农合”）。2011年始实施，是年全乡应参保15646人，实际参保15276人，参保率97.64%。2016年，全乡应参保12021人，实际参保11868人，参保率98.73%（详见第二十一编第五章第二节）。

2004—2016年鹿亭乡新型农村合作医疗参保情况表

表19-1-2

年度	应参保人数（人）	实参保人数（人）	参合率（%）	实际缴费人数（人）	报销金额（万元）
2004	17543	15311	87.3	13635	—
2005	17152	15049	87.7	13278	—
2006	17136	15305	89.3	13488	—
2007	16514	15767	95.5	13846	—
2008	16018	15267	95.31	14962	—
2009	15002	14796	98.63	14402	—
2010	15477	15020	97.05	13874	—

续表 19-1-2

年度	应参保人数（人）	实参保人数（人）	参合率（%）	实际缴费人数（人）	报销金额（万元）
2011	15646	15276	97.64	13270	—
2012	15094	14565	96.5	12069	232.9805
2013	13467	13164	97.75	10640	286.3173
2014	12800	12546	98.02	10011	301.4253
2015	12523	12352	98.63	9617	307.5891
2016	12021	11868	98.73	9179	323.9754

注：数据来源乡劳动和社会保障服务中心。

最低工资标准

1994年9月，开始实行企业最低工资保障制度，此后企业职工的最低工资上下浮动，标准随职工生活费用价格指数和经济发展水平的变化而变化。最低工资包括企业计时工资、计件工资、奖金、津贴、补贴、特殊情况下支付的工资，但不包括加班加点工资及中班、夜班、高温、低温、有毒有害特殊工作环境条件下的津贴。

历年企业职工最低工资标准调整情况一览表

表 19-1-3　　单位：元

起始时间	职工最低工资月标准	非全日制最低小时工资标准
1994年9月1日	210	—
1995年9月1日	245	—
1996年10月1日	270	—
1999年7月1日	320	—
2001年4月1日	440	—
2003年9月1日	480	4.3
2004年10月1日	560	4.8
2005年12月1日	610	5.2
2006年9月1日	670	5.7
2007年9月1日	750	6.4
2008年9月1日	850	7.1
2010年4月1日	980	8
2011年4月1日	1160	9.5
2013年2月1日	1310	10.7
2014年8月1日	1470	12
2015年11月1日	1660	15.2

注：数据来源乡劳动和社会保障服务中心。

第三节 社会救济

灾荒救济

民国前，如遇自然灾害，多由民间慈善机构自发筹款赈济，有平粜、施医、施药、施粥、施衣、施棺等。中华人民共和国成立后，如遇自然灾害，发动群众帮助困难户，少数特别困难户由政府发救济粮。1954年后，农村发展互助合作组织，困难户以集体帮助为主，政府救济为辅。1960—1965年，拨部分农村救济事业费以无息贷款方式扶持贫困农户养猪，因效果不佳，后仍改为救济。1984年，试行济贫与扶贫相结合的政策，或安置进乡企业就业，或扶持发展家庭副业，对部分贫困户的超支款予以减免。1986年，受15号台风和大暴雨袭击，部分群众住房和农作物受到较大损失，市民政局拨给白鹿乡救灾款5000元。

低保救济

1997年10月，农村低保政策开始实施，低保标准为月人均25元。2000年6月调整为30元，2001年提高到40元，经费由市乡两级按7 ∶ 3的比例负担。2002年1月，开始实施《余姚市农村最低生活保障实施细则》，农村低保标准分两档，月人均分别为60元、100元。2004年8月，农村低保标准分3档，月人均分别为80元、100元、120元。是年，全乡落实低保对象295人。2010年，农村低保标准分4档，月人均分别为140元、170元、200元、240元。是年，全乡落实低保对象共446人，落实低保资金70万元。2016年，全乡落实低保对象217户366人。

其他社会救济

2010年，各村均建立村级慈善帮扶基金，乡村两级慈善机构共募集慈善资金50万元。2013年，全乡共走访、慰问低保、低收入及困难户276户，发放慰问金近160万元；发放临救、困难补助资金52万元，280人得到补助；落实低保、低收入群众特殊病种大病医疗救助56人，补助资金63.85万元；落实低保户住房救助15户，补助资金12万元；落实残疾人各类补助资金64万元。乡村两级慈善机构共募集慈善资金51.14万元。2016年，落实民政困难对象家庭住房救助11户，补助资金10.5万元；对全日制学校困难家庭子女教育救助34人，补助资金24.4万元；对最低生活保障人员和“五保”供养人员实施医疗救助4人，补助资金3.11万元。

2004—2016年全乡基本生活保障（低保）情况表

表19-1-4　　单位：人、元

年度	户数	人数（人）	发放资金	年度	户数（户）	人数（人）	发放资金（元）
2004	—	295	—	2011	—	190	—
2005	—	295	—	2012	268	520	1388703
2006	—	331	—	2013	274	574	1602558
2007	—	369	—	2014	244	471	1765168
2008	—	447	—	2015	232	421	1774327
2009	—	446	—	2016	217	366	2118313
2010	—	446	—				

注：数据来源2004—2011年数据摘自市统计年报，其余乡社会事务办。

2005—2016年鹿亭乡其他社会救助情况表

表19-1-5 单位：人

年度	低保边缘	二级以上残疾	二级以下残疾	优抚	三老人员	散居孤儿
2005	—	—	—	56	—	—
2006	—	—	—	50	—	—
2007	—	—	241	—	—	—
2008	—	—	63	—	—	—
2009	—	34	44	13	—	—
2010	—	88	150	27	19	—
2011	453	113	213	43	21	—
2012	386	142	—	60	21	—
2013	364	163	192	54	19	1
2014	382	189	227	70	15	1
2015	403	219	314	88	12	1
2016	309	226	351	69	6	1

2012—2016年全乡助房助学助医情况表

表19-1-6

年度	助房			助学			助医		
	户数（户）	人数（人）	救助金额（元）	户数（户）	人数（人）	救助金额（元）	户数（户）	人数（人）	救助金额（元）
2012	13	13	134000	49	49	279500	3	3	14455
2013	15	15	120000	71	74	310500	6	6	26048
2014	17	17	162000	61	64	456000	7	7	33193
2015	8	8	79000	46	48	342000	6	6	28570
2016	11	11	105000	32	34	244000	4	4	31098
合计	64	64	600000	259	269	1642000	26	26	133364

注：数据来源乡社会事务办。

“三老”补助

1984年起，对老共产党员、老游击队员和掩护留驻革命工作人员的“堡垒户”（简称“三老”）给予每人每年50～60元的生活补助。1985年，乡境内在乡革命老干部（“三老”人员）93人，每人每年生活补助60元。1986年7月起，现乡境内列入第一批补助名单的农村老党员21人，定期生活困难补助每人每年20元。1988年，“三老”人员增至104人，其中鹿亭乡36人，晓云乡60人，白鹿乡8人，每人每年生活补助60元。全年共发放生活补助费6240元。1992年，全乡有“三老”人员84人，每人每年生活补助70元，共发放生活补助费5880元。1993年，“三老”人员生活困难补助增至每人每年120元。此后补助标准经多次调整，逐年提高。至2016年，全乡尚有“三老”人员6人，生活补助调整到每人每月965元至1020元不等。其中方求花每月1020元，其余965元，全年共计发放生活补助费70140元。

附1：1992年全乡“三老”人员名单

晓云片

赵吉侨　褚玉莲　方先富　方成夫　褚忠苗　褚孝岳　褚爱花（女）

方来法　褚金尧　褚邵根　褚姚定　方开岳　方先尧　何彩琴（女）

褚利正　方茂怀　褚国千　姚生裕　何维长　褚庆化　方珠花（女）

褚雪标　何条春　褚阿林　褚其谷　方来四　方先凤　龚银花（女）

褚水良　褚朝才　褚小彩　方先兴　姚水木　褚姚忠　褚久香（女）

朱大同　方利法　姚怀伏　方杏定　方位土　方志茂　褚金成（女）

方朝土　褚孝芬　褚开荣　何杏青（女）　陈秀美（女）

鹿亭片

赵天生　赵忠苗　赵周海　龚立丰　王银凤（女）　黄林花（女）

郑褚才　赵彩生　郑永康　赵文来　马香仁（女）　张彩姑（女）

邵秀月　王月新　龚余富　郑文德　褚玉妹（女）　马姣娣（女）

赵承开　龚成水　郑玉凤　邵贵海　张小花（女）　赵志香

赵瑞法　龚品相　陈培表　黄庆善　吴彩娥（女）　龚土根

白鹿片

龚瑞兴　马炳辉　马仁太　李彩连　沈之花　陈叶林　李彩英（女）

附2：2016年全乡“三老”人员名单

褚杏芹　褚开荣　赵生木　褚宇彩　方求花　李彩英

第四节　社会福利

福利企业

2016年，全乡有福利企业1家，即余姚松立工具五金有限公司（前身为余姚工具五金厂）。成立于1986年年初，为原白鹿乡集体所有，主要经营摩托车、电动工具配件，时任企业负责人龚松年，产值约80万元。2004年企业改制，由集体所有变更为民营企业，是年产值约400万元。由政府统一安排有劳动能力的残疾人就业。2016年，职工82人，其中残疾人20人，生产总值2669万元。

“五保”供给

1954年起，农村中丧失或基本丧失劳动能力及生活无依靠的孤、老、残、幼逐渐归农业生产合作社供养，做到“住有屋、吃有粮、烧有柴、穿有衣、死有葬”，简称“五保”。其中疾病治疗和孤儿上学，亦有农业社负担。被“五保”

者死后遗产按遗嘱处理，无遗嘱者由社队收管。1960年后，“五保”经费统一由农业社公益金定额开支，每人每月3～6元。1981年，农村实行家庭联产承包责任制，“五保”供养金由村民委员会筹发，后逐渐改乡镇筹发。1992年，“五保”供养金每人每年360元。1996年，第一次全国农业普查，全乡有“五保”供给25人。2004年，全乡享受“五保”供给47人，每人每月发给100元。2016年，全乡享受“五保”供给13人，共计发放“五保”供给金180882元。

敬老院

1992年前，鹿亭、白鹿2个乡各设敬老院，其中白鹿乡敬老院有老人5人，工作人员2人。1993年5月，将原鹿亭、白鹿2个乡敬老院进行整合，成立鹿亭乡敬老院。首任院长马荣堂。1995年，原乡办林场20间旧房翻修，改作乡敬老院。2003年，选址上庄新建乡敬老院，此后又在敬老院旁兴建一座老年人公园。2016年，乡敬老院占地0.2公顷，建筑面积840平方米，有在院老人16人，工作人员3人。逢重要节日，乡政府机关、企事业单位、群众团体常慰问在院老人，赠送礼物，还定期为老人进行健康检查。

2014年，高山村将老年活动中心房子改建为居家养老服务站（托老所），为余姚市村级首家。2016年，又扩建6间三楼。入住对象为年龄70周岁以上，配偶一方亡故、生活能基本自理的在村老人。

残疾人补助和就业

自1992年10月成立乡残疾人协会（联合会）以来，残疾人事业稳步发展。2005年后，各村建立残协组织，设立残协专管员。2012年，全乡各类残疾人补助资金59.39万元。2016年，全乡残疾人共计709人，发放补助资金373.68万元。

2016年，乡政府在余姚市松立工具五金有限公司安排残疾人就业20人，分散就业330人，结对扶助110人。扶持种植、养殖基地就业16人，扶持工商登记办企业9家，扶持发展家庭副业加工18人。开展实用技术培训6期，受训176人。

庆庆基地　2008年创建，以养殖业为主。2016年，种植、养殖基地共3.4公顷，其中养殖鱼、鳖、泥鳅、鸡等2.6公顷，种植大棚蔬菜0.8公顷，基地以直接安置残疾人就业，帮扶残疾人脱贫致富为目的。2013—2016年，共计享受扶贫基地资金9万元。

旺旺基地　2002年创建，从单一的生猪饲养到母猪培育，规模逐年扩大品种日益增加。2013年，创利30万元。2016年，有母猪65头，存栏商品猪1100头，开挖鱼塘0.2公顷，承包土地6公顷，其中花木2公顷，高山西瓜、水蜜桃0.34公顷，生产用房面积2000平方米，投入资金250万元。

◉ 余姚市鹿亭乡敬老院（老年服务中心）

◉ 老年人公园

有员工5人，其中安置残疾人就业5人，人均年收入16992元，辐射残疾人3人。2013年至2016年，共计享受扶贫基地资金18万元。

2004—2016年鹿亭乡“五保”供给人数一览表

表19-1-7

年份	人数	年份	人数	年份	人数
2004	47	2009	19	2014	14
2005	32	2010	13	2015	11
2006	24	2011	12	2016	13
2007	27	2012	10		
2008	—	2013	15		

2004—2016年部分年份鹿亭乡敬老院收养老人数一览表

表19-1-8

年份	2004	2005	2006	2007	2008	2009	2010	2011	2012	2016
人数	18	18	18	14	20	20	20	20	20	16

2008—2016年全乡残疾人补助情况表

表19-1-9

年度	人数（人）	补助资金（万元）	年度	人数（人）	补助资金（万元）
2008	197	5.305	2013	518	220.3732
2009	315	8.5645	2014	587	244.4993
2010	336	11.885	2015	649	376.5316
2011	381	13.8204	2016	709	373.68
2012	456	59.3874			

第五节　婚姻管理

旧式婚姻制度

旧时男婚女嫁凭“父母之命，媒妁之言”，由父母包办，讲究门当户对，男女双方多在结婚时才得以首次见面。男可纳妾、续弦；女需守节，再醮被视为下贱；入赘受人耻笑。流行童养媳以及典妻、借胎的陋习。除结发夫妻外，另有以下特殊的婚姻形式：

童养媳、等郎媳　男家收养女孩或女弃婴为媳。女孩小于男称“童养媳”，大于男称“等郎媳”，俗并称“养生媳妇”。养生媳妇在婆家多备受虐待，其夫大多是有先天疾病或家境贫寒。中华人民共和国成立后禁绝。

典妻、租妻　典妻、租妻双方有媒证、订契约。明载典租期、典租价，常1～2年为租，3～5年为典，典、租价以期限长短而定。出典方总因贫困难持，受典方则多为妻妾不育。典妻进门不行仪式，仅以薄酒谢媒。典期满回原夫家，所育之孩归受典方，典妻实为“一夫多妻”。租妻双方均为生活所迫，过临时夫妻生活，实为“一妻多夫”。中华人民共和国成立后禁绝。

入赘　俗称上门女婿。入赘后，男改女姓，所生孩子亦随母姓。旧时上门女婿受人歧视。中华人民共和国成立后受法律保护，所生子女可随父或随母姓，自愿为主。

换亲　俗称“代换亲”。双方因家境贫困，互换女儿为儿子成婚。

纳妾　俗称“讨小老婆”。一般是富贵人家，多以妻不育或无子女为借口，实有喜新厌旧成分。虽也是明媒正娶，但只准坐小轿进门，受正妻管束。

续弦、再醮　丧妻再娶称续弦，丧夫再嫁称再醮。续弦为未婚姑娘称“填房”，寡妇改嫁称“二婚头”。改嫁时带去的子女称“拖油瓶”，受人歧视。中华人民共和国成立后，续弦、再醮均受法律保护。

老亲结亲　俗称亲上加亲。主要指姑表、姨表、舅表等姻亲之间的下代互相通婚。今直系血亲和三代以内旁系血亲依法禁止结婚。

冲喜亲　定亲后男方或男方父母病重，提前择日迎娶以“喜气”冲“邪气”，婚礼照常进行。如新郎卧床不起，可由其妹代替拜堂。常有新娘在冲喜之日或数日之后成寡妇的。

指腹为婚　旧时亲朋好友间为尚在腹中的胎儿订立婚约。出生后双方为异性，则长大后结为夫妻，否则视为悔婚。若为同性，则婚约无效。

婚姻制度改革

民国8年（1919）五四运动后，知识界青年倡导婚姻自主，封建婚姻制度开始受冲击。1950年5月，《中华人民共和国婚姻法》颁布后，依法废除封建包办、买卖婚姻制度，实行婚姻自由、一夫一妻和男女平等的婚姻制度。1980年，新《中华人民共和国婚姻法》提倡晚婚晚育，保护公民婚姻的权利，婚姻自主的观念为社会普遍接受，妇女再嫁和入赘男子的社会地位和合法权利受到法律保护。

婚姻登记

婚姻登记包括结婚登记、离婚登记和复婚登记，始于1950年《中华人民共和国婚姻法》颁布后。1951年9月，县人民政府颁布命令，规定结婚、离婚、复婚均须办理登记手续。1953年，梁弄区公所开始办理婚姻登记。1955年起，由户籍所在地乡镇办理。1985年12月，《浙江省婚姻登记办法实施细则》颁布。翌年5月起，按实施细则办理婚姻登记，并建立婚姻登记档案。1991年，乡政府专设婚姻登记办，承办乡境内公民的婚姻登记工作。2003年10月1日起，按《婚姻登记条例》办理婚姻登记。2004年10月1日起，婚姻登记改由市民政局办理。

1993—2003 年全乡婚姻登记情况表

表 19-1-10　　单位：对

年份	登记结婚数	登记离婚数	年份	登记结婚数	登记离婚数
1993	119	7	1999	150	9
1994	178	4	2000	142	4
1995	128	2	2001	120	1
1996	117	6	2002	134	0
1997	115	0	2003	106	0
1998	146	4			

第六节　殡葬改革

境内历来实行土葬。富裕人家生前建造坟墓，俗称“寿坟”，建造寿坟前请风水先生看风水择墓基，建造完工后操办宴席，俗称“寿坟酒”，亲朋好友均来祝贺，墓地占用大量土地。贫穷人家少有建造寿坟的，死后草草下葬，墓地也较小。有的甚至一时无法下葬，就将棺材抬至山上，在棺材上方盖一草舍，俗称“草包棺材”，待适当时候再行下葬。

1956 年，农业合作化运动中，为扩大耕地面积，平毁大量旧坟、无主坟。20 世纪 60 年代中期起，在干部中提倡火葬，对殡葬习俗逐步实行改革。1983 年，要求共产党员、干部带头实行火葬，提倡丧事简办。1988 年，规定行政机关、全民事业单位退休干部、职工死亡后遗体实行火化。

1998 年 4 月 1 日零时起，全市山区乡镇全面推行火葬。至 2016 年，全乡建有乡级公墓 3 个，分别是李家塔公墓、晓云公墓、白鹿公墓；村级公墓 9 个。遗体火化 100%。

第七节　革命纪念建筑物

革命烈士陵园

位于原鹿亭公社办公楼（今上庄村村委所在地）东侧。民国 37 年（1948）秋动工修建烈士墓，原址在鹿亭公社大会堂西侧，占地 66 平方米。墓内合葬戚志元、方世福、赵云表以及郑堂岗战斗中牺牲的 1 名周姓烈士。1966 年春，因大会堂扩建，移建至现址。墓前立“革命烈士永垂不朽”纪念碑，两边刻“生的伟大，死的光荣”，落款为“公元一九六六年四月”“鹿亭公社党委建立”。2013 年，重建革命烈士陵园，并于翌年清明节前竣工，占地面积 275 平方米。烈士陵园内还有鹿亭籍及

革命烈士陵园

部分客籍烈士简介碑刻。

革命烈士墓

中村烈士墓　位于中村独山脚下（中村战斗纪念园东北方向约80米处）。民国38年3月11日，中共鄞慈县民运干部徐角方等4人被国民党“浙保”活埋于独山脚下，后由中村村民重新入殓安葬。余姚解放后，四烈士遗骨被安葬在鄞县樟村革命烈士陵园内。1955年，为纪念革命先烈，教育后人，在烈士就义处建造烈士墓。2000年10月重修，占地面积50平方米，墓碑上刻有4位烈士姓名和“烈士就义处”大字。

龚传来烈士墓　位于中村村下墩头，建于1955年，占地面积18平方米。

龚国强烈士墓　位于白鹿村叶家样，建于1979年，占地面积15平方米。

龚守范烈士墓　位于白鹿村叶家样，建于1980年，占地面积15平方米。

郑传会烈士墓　位于上庄村祝家堰，建于20世纪50年代。

龚昌茂烈士墓　位于白鹿村梁湖。

中村战斗纪念园

位于中村村办公大楼旁，占地约0.2公顷，2008年10月建成。纪念园由两个主碑、两个副碑组成，并配以当年战斗场面的大型石头浮雕和走廊式陈列室。

中村陈辉、朱敏、萧章、徐角方革命烈士墓

第二章　干部人事

第一节　干部队伍

行政干部

1949年5月后，乡境内陆续建立鹿亭、白鹿、晓云和东岩4个乡人民政府，时乡行政人员较少。伴随各项事业的发展，干部队伍逐步扩大，至1954年乡行政人数有所增加。1958年，人民公社建制，部分干部带薪下放劳动。1959—1961年，国民三年困难时期，机构精简，公社、管理区行政干部人员有所减少。此后，因军队转业干部安置，以工代干和半脱产人员转干以及落实干部政策等原因，干部人数有所回升。1994年底，全乡有行政干部31人。1997年9月，实施国家公务员制度，时全乡有31名行政干部转为国家公务员，3人因处在见习期暂缓过渡。31名公务员中，现职领导12人，非领导职务6人，13人为科员。2009年，乡机关有国家公务员17人。2016年，乡机关有国家公务员28人，其中年龄在35周岁以下19人，占67.86%；35～45周岁7人，占25%。均为本科以上文化程度。

事业干部

中华人民共和国成立初期，乡镇不配备事业干部。1958年，人民公社化时期，从农村和企业抽调骨干从事专业管理工作。1961年，多数精简回原单位。1963—1971年，各公社陆续配置社队企业、农业专业管理、广播等事业人员，均为编外自配人员。1972年，聘用全民事业干部3人，分别担任3个公社农村会计辅导员。1979年，录用事业干部3人，担任3个公社计划生育专管员。20世纪80年代始，乡（公社）文化站、广播站、农业、工业等办公室自聘事业人员陆续转为事业干部编制。1997年，全乡共有事业干部41人，其中全民事业18人，集体事业10人，集体职工5人，乡聘8人。2009年，全民事业人员16人。

2016年底，全乡有在编事业编制31人，其中，年龄在35周岁以下15人，占48.34%，35～45周岁5人，16.13%。大专以上文化程度27人，占87.10%。高级工程师1人，工程师、农艺师3人，助理工程师、育牧师、会计师、经济师等11人。中级以上职称15人，占48.39%。

第二节　干部录用

选拔使用

中华人民共和国成立初，开始有计划地吸收干部。20世纪50年代初，鹿亭、白鹿、晓云、东岩4个乡吸收经县三期干部培训班培训的农村干部充实干部队伍。1965—1966年，在社会主义教育运动中，选拔农村青年积极分子为公社工分加补贴干部（亦称半脱产干部）。1979年，吸收部分农村优秀青年为公社半脱产干部。1982年，通过自愿报名、组织推荐、德智体全面考核，选拔优秀农村青年，经宁波农技校培训后充实到乡镇政府。1983—1985年，以合同制形式聘用乡镇干部。1997年，完成公务员过渡，31名干部过渡为公务员。2000年后，按公务员录用程序向社会公开招考公务员。至2016年，全乡接收通过考试录用的公务员27人，其中2016年1人。

事业干部录用始于1972年。1980年后，在乡镇机关从事专业管理的编外事业人员中，分批录用、聘用为在编事业人员。2000年后，乡机关事业人员参照公务员录用程序，由市人社局组织统一招考。2008年，事业单位实施全员聘用。2010年始，事业干部录用实施岗位设置管理。至2016年，全乡接收通过考试录用的事业人员13人，其中2016年1人。

大中专毕业分配

1982年至1997年，乡行政机关先后分配到大中专毕业生6人，均为中专以上文化程度。其中，充实到行政干部队伍4人，事业干部队伍2人。

2016年，乡机关录用干部2人，其中公务员、事业人员各1人，学历分别为研究生和本科。

第三节　干部管理

编制

1951年始，实行干部编制制度，各乡定编2～4人。1955年起，行政事业单位编制由县编制委员会核定。“文化大革命”期间，编制工作中断。1979年，按总人口0.94%的比例配备公社行政干部。1980年后，乡镇事业部门人员增加。1985年，在核定乡镇事业站（所）设置及人员配置的同时，按1.2%配置乡镇机关工作人员。此后，乡镇编外自聘人员一度失控。1991年，清理编外自聘人员，按总人口3%的比例留用自聘人员，并签订乡镇自聘合同。

1992年5月，撤区扩镇并乡后，余姚市编制委员会核定鹿亭乡设置6个办公室、1个所。1997年9月，实施国家公务员制度，核定乡机关公务员编制为34人，实际过渡为公务员31人，暂缓3个人；事业编41人。是年12月，经市编制委员会批准，鹿亭乡以原鹿亭、晓云、白鹿3个小乡为基础，设3个工作片组，后改称办事处，其工作人员编制属各办公室（所）。2001年，办事处撤销。2009年，全乡在编公务员17人、事业人员16人。

2016年，全乡机关编制机构8个（5办1所2中心），在编公务员28人，事业人员31人。

任免调动

中华人民共和国成立初期，除个别干部由中共余姚县委、县委组织部管理，多数干部由梁弄区委管理，各乡党总支协助区委负责辖区内干部的日常教育管理工作，提出任免、调动建议。1952年，县人民政府成立人事科，主管科局以下行政干部。1957年，建立在中共余姚县委统一领导下，县各大系统分别管理本系统干部的制度。乡党委负责辖区干部的日常教育管理，其中属中共余姚县委、县委组织部管理的乡镇干部的任免、调动，由中共余姚县委、县委组织部决定公布；乡镇行政正副职干部由县人民委员会公布；乡镇辖区内工作的区属部门干部任免、调动，由主管部门党委决定公布；其他乡镇干部在辖区内调动，由乡党委决定公布。跨辖区、跨部门调动由梁弄区委或县人事科决定公布。“文化大革命”期间，正常的干部任免、调动制度废止。1978年后，干部管理工作逐步恢复正常。

1984年，干部任免、调动工作“简政放权”。根据中共余姚县委组织部、县人事局《关于整顿干部管理权限》的规定，乡镇党委成员经选举产生后报中共余姚县委公布，任期内调整由县委决定公布。1992年4月前，乡镇领导干部不属市（县）委管理，但任免、调动管理与中共余姚市委管理干部相仿。乡镇政府正副职换届选举产生后，报市人民政府公布，任期内调整的，履行法定手续后报市人民政府公布。

1992年5月后，乡镇党委换届选举产生的领导成员报中共余姚市委公布，届中调整由市委决定公布；乡人民代表大会通过的乡人大正副主席、乡政府正副乡长任免结果，分别报市人大常委会、市人民政府备案；乡人民武装部部长任免由市人民武装部决定公布。乡妇联主席、团委书记、工会主席经选举产生后，报中共余姚市委组织部公布。1998年起，改由市主管部门公布。以上三个职位享受副乡级待遇的人员，由中共余姚市委组织部决定公布。1992年后，陆续有乡内选拔、上级下派短期挂职任乡长助理的人员，均由市委组织部决定公布。

1992年4月前，乡镇中非中共余姚市委、市委组织部管理的干部，其任免由乡镇党委决定公布。其中，乡镇各办公室（线）负责人任免报区委备案，在区内乡镇间调动的由区委决定公布，跨区、跨部门调动的报市人事局办理。1992年5月后，乡机关各办公室（所）正副职负责人任免由乡党委决定，党群、政府线人员分别由党委、政府公布，跨乡、跨部门调动报市人事局办理。

考核 奖惩

考核 1977年，建立年终评比先进工作者制度。1980年起，实行岗位目标管理责任制，依岗位目标管理责任制考核结果，评定先进。1987年，完善岗位目标管理责任制考核，考核结果与年终奖金挂钩。1992年后，建立岗位目标管理制考核体系，市人民政府于每年初下达对乡镇目标管理指标，年终进行考核，以考核得分确定奖金基数，评定先进单位。乡镇对所属工作人员实施岗位目标管理全员考核，按德、能、勤、绩考评工作人员，以分定档，按档设奖。考核档次分优秀、称职、不称职三档（称职当中又曾分称职一等、称职二等、称职三等三档）。年度市级先进工作者须从考核优秀档中产生。市管干部由市定档，其他干部由所在单位定档。考核结果作为选拔、使用、晋升的依据，计入个人档案。2006年1月1日后，在原有三个档次的基础上，增加基本称职档次。在德、能、勤、绩的基础上，增加廉方面的考核内容。2016年，乡行政、事业干部年度考核，优秀11人，称职49人。

奖惩　20世纪50年代初，干部奖惩由中共余姚县委组织部办理，后改由县纪律检查委员会、县人民政府监察室分别办理党员干部、非党员干部的惩戒事宜，奖励事宜由县人事部门办理。文化大革命期间，干部奖惩工作混乱无序，1977年起恢复正常。是年，乡境内各乡均建立年终评比先进工作者制度。1980—1991年，实行目标管理责任制，按考核结果评定先进工作者。1992年后，以年度考核优秀档干部中评定市级先进工作者。1993年起，实行国家公务员奖励，一般结合年度考核统一实施。2008年始，奖励人员从年度考核优秀等次的公务员中产生。奖励种类分为嘉奖和三等功。

1977年至1992年4月，干部惩戒由区党委及市（县）纪检、监察部门办理，其中市（县）管干部惩戒由市（县）纪检、监察部门办理；其他干部党内严重警告、行政记大过以下处分由区党委、区公所办理（后改由区纪检小组、监察室办理），撤销党内职务、行政降级及以上处分由市（县）纪委、监察部门办理。1992年后，市管干部惩戒由市纪检、监察部门办理，其他干部党内留党察看、行政记大过以下处分，由乡纪委、监察室办理，开除党籍、行政降级以上处分由市纪委、监察室分别办理。1997年公务员制度实施后，按《中华人民共和国国家公务员管理条例》，实施诫勉制度。2012—2016年，乡纪委查办党员干部违纪案件30件，29名党员受到纪律处分，其中开除党籍12人，党内警告17人。

交流

2000年起，全市乡镇干部在市域范围内交流。中层干部在本乡镇轮岗交流，同一中层职位连续任职满三年，跨岗交流；满六年跨部门交流。2016年，有7名中层干部实行岗位调整。

职称评定

中华人民共和国成立初期，现乡境内专业科技人员仅医疗卫生专业。1980年后，专业干部业务技术职称由县技术职称评定委员会（1981年改称县专业干部业务技术职称评定领导小组）审查考核。

1984年，对科技干部建立档案，记载基本情况、科技成果和业务实绩等。同年，成立余姚县人才交流咨询服务中心，组织专业技术人员合理流动，开展人才交流。

1987年，开始实行专业技术职务聘任制，1989年，建立专业技术人员档案制度和年度考核制度。1992年后，乡机关事业编制人员逐年增多，职称评定趋于规范化、经常化，每年评审1次，考试1次。其中，农业专业技术、文化专业技术职称以评审为主，其他各类专业技术职称以考试为主。大中专毕业生分配或考任专业技术岗位，满规定工作年限后，可直接评定初级技术职称。1995年，建立专业技术人员职业资格（包括执业资格、从业资格）制度。1999年，首次在工程系列中推行中级专业技术职务量化、细化评审工作。至2016年，全乡有高级专业技术职称1人，中级专业技术职称14人，初级专业技术职称12人，不定级4人，均按职称聘任。

第四节　干部工资福利

工资

中华人民共和国成立后，干部工资待遇制度历经数次改革，每种工资制度实施期间，还多次调整干部工资。

供给制　中华人民共和国成立初，政府机关工作人员的工资待遇，多种形式并存。在编干部实行供给制，由政府按干部级别供给伙食、生活用品及少量津贴；新吸纳的乡镇干部实行粮薪制，由政府每月发给60千克大米及少量津贴；旧政府留用人员保留薪给制，按原职级发给工资。1952年9月，改供给制为包干制，包干待遇按职务等级确定。1954年，统一划定供给制、薪给制工资等级，计行政29级。1955年，乡镇干部开始定级，改粮薪制为货币工资制。

货币工资制 1956年，执行全国统一的货币工资制，人均月增资7.93元。1963年，工资调整，调整面45.19%，人均月增资6.7元。1971年，对低工资进行调整，调整级差在5元以下者，按5元增资。1977年，调整工资，调整面40%。1978年，2%的干部经考评调整工资。1979年，调整工资，调整面40%。1982年，晋升1级工资，部分人员升2级，人均月增资6.48元。1984年，对中华人民共和国成立前参加工作、工资偏低的离休干部调整工资级别，人均月增资14.95元。

结构工资制 1985年，改革工资制度，国家机关、事业部门人员实行由基础工资、职务工资、奖励工资、工龄津贴4部分组成的结构工资制，人均月增资21.4元。1987年，调整低工资干部工资，调整面为20%，同时乡镇党政正副职干部晋升1级工资，分别由76元、64元提高至82元、70元。全乡机关事业干部人均年工资1474元。

职级工资制 1993年10月，机关和事业单位实施工资改革。对已进行公务员登记的机关行政人员实行职级工资制，将工资分为职务工资、级别工资、基础工资和工龄工资4个部分，其中职务工资和级别工资是职级工资构成的主体。事业单位工作人员根据从事专业和工作岗位，采用不同类型的工资制度：一是专业技术职务等级工资制；二是职员职务等级工资制。此次工资改革后，建立正常的增资机制：机关工作人员年度考核称职以上的，职务工资每2年晋升1次、级别工资每5年增加1次；建立地区性津贴制度；改革奖励制度；相应提高离退休人员的待遇。自1993年10月工资改革后，至1997年7月调整工资，人均月增资80元。2001年10月，调整工资，人均月增资150元。

2006年7月，实施公务员制度改革和事业单位工作人员收入分配制度改革。公务员基本工资由职务工资、级别工资、基础工资和工龄工资4项调整为职务工资和级别工资2项；机关技术工人仍实行岗位技术工资制，基本工资由岗位工资、技术等级（职务）和奖金3项调整为岗位工资和技术等级（职务）2项。

调整工资正常晋升办法，公务员累计两年考核称职及以上，晋升1个级别工资档次；累计5年考核称职及以上，在所任职务对应的工资标准内晋升1个级别。

奖金

1978年始，行政、事业单位人员实行奖励工资，每人每月10元。1979年，实行行政经费包干使用，对节支单位实行年终一次性节支奖励。1980年，实行增收节支结余奖，年终一次性每人发60元。1987年，改增收节支结余奖为目标管理责任奖，实行管理目标的人均奖120元，分上下半年两次发给。此后，随岗位目标管理制度不断完善，乡镇之间完成情况不同，按考核得分计奖，各乡镇间干部资金拉开档次。1992年后，实行岗位目标管理责任制全员考核，以分定档，按档计奖。1995年起，按干部职级，确定奖金浮动系数。

福利

1952年始，乡干部按每人每月0.06元提取福利费，统一由县干部福利委员会管理使用。1956年后，乡镇干部按工资总额的3%提取。1957年起，乡干部福利费统一由区公所掌管使用。1983年，福利费按月人均1.8元提取，1986年后调整至月人均2.8元。20世纪70年代中期前，干部工资水平较低，福利费主要用于生活补助。70年代后期起，福利费多用于干部家庭特殊困难临时补助、子女统筹医疗费补贴及添置集体福利设施等。1992年后，福利费根据实际发生额列支，主要用于干部家庭困难补助、节日补贴等。

住房补贴

中华人民共和国成立后，乡镇机关部门人员居住用房由个人自行解决，单位视条件提供少量临时用房。干部个人建房须经市（县）批准，在按规定办理规划许可、用地许可等相关手续后，可向区、乡政府申请部分计划内建筑材料。1997年，实施住房公积金制度，个人按月平均工资基数的10%缴存住房公积金，单位也以1∶1的比例出资纳入个人账户，公积金由市住房管理中心统一管理。缴纳住房公积金人员，在购置商品房或翻建个人住宅时，可申请个人住房公积金贷款。

年休假制度

1994年起，干部实行年休假制度，按工龄分别享受5～20天不等的年休假。2001年前，年度内未休年休假人员，年终可享受货币补贴（即日基本工资乘以年休假期）。2002年后，规范年休假管理，提倡带薪休假，取消年休假补贴。2007年12月7日，国务院公布《职工带薪年休假条例》，规定单位职工连续工作1年以上的，享受带薪年休假，年休假期间享受正常的工资收入。累计工作满1～9年的，年休假5天；满10～19年的，年休假10天；满20年以上的，年休假15天。

第五节　干部离休　退休

1955年，开始实行干部退休制度。1978年，境内各公社始有干部进入退休年龄，也有为子女顶替提前办理退休手续的。1980年后，严格执行干部退休制度，即必须男满60周岁、女满55周岁，由市（县）人事局办理干部退休手续。

1980年始，对1949年9月30日之前参加革命工作的老干部、老同志实行离职休养（简称“离休”）制度。1982年起，对健在的符合离休条件的干部办理（或补办）离休手续。至1990年，在余姚市内离休的鹿亭籍干部共10人，至2016年健在的有1人。

1992年4月前，离退休干部的日常管理服务工作由乡党群副书记负责，各乡聘请老龄、退休干部专管人员1人。1992年5月后，由乡党委组织委员分管，配专职干部1名负责日常管理服务。同年，成立鹿亭乡离退休干部党支部。2012年11月，开办由乡党委党群副书记任校长的老年电视大学，开展了解时事、健康养生、生活常识、趣味体育等活动。

第三章 职工

第一节 职工构成

民国时期，乡境内职工以商店店员、作坊职工、民间医生为主。中华人民共和国成立后，职工性质分全民所有制职工、集体所有制职工、土地征用工、小集体企业职工、乡镇集体企业职工和民营企业职工等。

全民所有制职工

中华人民共和国成立后，陆续在现乡境内设立副食品、粮食等专卖企业，始有全民所有制职工。1958年“大跃进”时期，大办工业，全民工业企业招收大批农村劳动力，同时供销社职工转为全民所有制。1961年，贯彻中央关于国民经济“调整、巩固、充实、提高”八字方针，停办、下放一批全民企业，全民所有制职工锐减。此后，邮电、交通、供电、金融、医疗卫生、教育等全民事业部门职工持续增加。1993—2000年，以产权制度改革为核心的经济体制改革全面展开，供销社、食品站、运输公司、粮站等全民所有制企业先后转制，其职工落实安置政策后，不再保留全民所有制职工身份。

集体所有制职工

1956年，私营工商业、手工业社会主义改造完成后，合作商业和手工业社职工成为集体企业职工。后企业性质几经变化，职工人数几度增减。中共十一届三中全会后，落实农村插队落户知识青年政策，集体所有制职工有较大增加。20世纪90年代中期后，集体企业陆续转为股份制企业或民营企业。至2001年，除行政、事业部门职工仍保留大集体所有制身份外，大部分大集体所有制职工或留用为股份制企业、民营企业职工，或自谋职业，不再保留大集体所有制职工身份。

土地征用工

1978年后，规定经国家批准征用的土地，由劳动部门统筹安置土地所有权人进入大集体企事业单位，或由用地单位自行安置，均不转户粮关系，成为土地征用工，享受所在单位正式职工待遇。乡境内共安置2人（均为供销系统）。企业经营机制转换后，这批职工按全民、大集体正式职工编制落实安置政策，不再保留土地征用工身份。

乡镇集体企业职工

1958年，开始兴办社办企业。1962年后，各公社为安置农村剩余劳动力，开始兴办社队企业。1978年中共十一届三中全会后，农村经济迅速发展，社队办企业逐步成为农村经济支柱，职工队伍迅速扩大。1993—1997年，乡、村集体所有制企业陆续转换经济机制，原职工或转为民营企业职工，或自谋职业。

第二节　劳务管理机构

民国时期，政府不承担劳动管理责任。私营工商企业职工凭亲朋好友介绍，经中介人签订合约后，由雇主自行管理。

中华人民共和国成立至1965年，职工劳务管理由乡（公社）经济管理委员会负责。“文化大革命”期间，由公社革命委员会管理。1977年后，由乡（公社）人民政府管理。2004年1月，成立乡劳动和社会保障服务中心，承担职工养老、失业、工伤、生产和医疗等社会保险、劳动就业和再就业、职业技能培训、农村合作医疗、被征地人员养老保障及劳动用工管理等职能。2016年后，乡劳动和社会保障服务中心改称为“鹿亭乡便民服务中心”，有工作人员5人。

第三节　用工管理制度

中华人民共和国成立前，用工形式主要有雇佣制和艺徒制。

雇佣制：雇主用工，须由就业者请人引荐，店铺或个人担保，雇主可以随时解雇。艺徒制：工业、手工业俗称徒弟，商店俗称学徒。艺徒期一般为2 ~ 3年，其间仅供食宿。满师后，雇主视其表现与需要与否，或转为职工或辞退。职工去留，全凭雇主意愿，毫无保障可言。

中华人民共和国成立初，私营工商企业的新职工多由政府介绍安排，少数职工仍由企业自行聘用。企业非转行歇业，不得擅自解聘职工。1956年起，实行计划用工制。1986年始，逐步推行劳动合同制。

计划用工制度

1956年起，实行计划用工制。私营工商业、手工业社会主义改造完成后，原职工全部留用，均转为公私合营企业、手工业社（组）、合作商业职工。此后，职工招收由县劳动局直接管理，县劳动局根据劳动用工需要，编制招工计划，经县人民政府批准后，将招工指标分解到各主管局、区公所、乡镇政府。各地各部门按分配到的招工指标，在城镇待业人口中选择符合条件的人员，推荐至县劳动局，县劳动局批准录用后办理招工手续，再分配到各主管局，由主管局落实到企事业单位。招工手续一经确定，调动、辞职、解除劳动关系等均需通过县主管局、县劳动局批准。计划用工制度一直延续到1995年实施全员劳动合同制止，其间安排到企事业单位的大中专毕业生、部队转业复员军人等，均属全民或集体所有制职工。

劳动合同制

1986年始，全民所有制、市集所有制企事业单位对新招收职工实行劳动合同制，称为合同制正式工。1995年后，全面推行全员劳动合同制。全民及集体所有制职工均须与单位签订集体劳动合同，成为合同制职工。用工单位按市劳动部门统一的合同文本，定期与职工签订劳动合同。

此后，劳动保障部门加强劳动监察、仲裁和劳动合同管理。2006年8月，成立鹿亭乡劳动保障监察中队。2007年11月起，建立和完善劳动用工登记制度、加强劳动合同管理。

第四节　职工工资　福利　保障

工资

民国17年至民国20年（1928—1931）间，各业职工工资悬殊。据民国时期《余姚县政府县政汇编》记载，工厂长工（固定工）工资以月计算，每人每月6 ~ 15元不等；工厂短工（临时工）工资以日计算，每人每日0.3 ~ 0.6元不等；手工业工人工资以工计算，每工0.3 ~ 0.8元不等；商业伙员工资以月计算，每人每月8 ~ 20元不等。

抗日战争胜利后，国民政府滥发纸币，物价

飞涨，职工工资概以市值米价计发，所得大大低于战前，职工生活困难。

中华人民共和国成立初期，私营企业职工工资有计时、计件、拆账等多种形式，沿用旧习，工资高低悬殊。据统计，商业职工年平均工资190.44元（折合新人民币，下同），工业职工年平均工资401元，小学教师年平均工资240元，医疗卫生从业人员年平均工资420元，高低最大相差1.2倍。1954年10月，工业、供销、粮食等系统，建立等级工资制度。1956年，工资改革，人均月工资由34.11元增至42.04元。差距缩小至0.4倍。1957年，公私合营企业职工调整工资，调整面为57.6%，人均月增资1.71元。1959年，调整全民所有制职工工资，人均增资3.45元。1960年，手工业系统调整工资，建立计时定额奖励等形式的工资制度。1963年，全民所有制企业调整工资，调整面为40%，人均月增资5.50元。1971年，对三级工以下的低工资职工按参加工作年限，分别调升1级工资，人均月增资6.57元。1977年，对二级工以下的职工，按参加工作年限晋升1级工资，部分学徒工提前转正定级。1979年，40%的职工升1级工资，其中全民所有制职工月增资5.96元。1983年，改革工资制度，实行企业经济效益同职工收入挂钩的办法。是年，全民所有制职工人均月增资6.77元，集体所有制职工人均月增资6.48元。1984年，对1972年底前参加工作和上山下乡的老二级工（含三级）晋升1级工资，人均月增资6.45元。1985年，企业实行工资改革，职工级别工资制改为由基础工资、岗位工资、绩效工资组成的结构工资制，企业普遍实行工效挂钩的工资分配形式。

1988年，取消长期沿用的“八级工资制”，实行由国家宏观调控转变为同企业效益挂钩的分配形式。1998年起，施行企业工资指导线制度。是年，企业平均工资增长8%～12%。2000年起，全面实现工资指导线制度，按219个人员岗位、12个行业，按不同专业技术等级、不同登记注册类型和不同学历，明确工资指导价位。2002年，全面实行职工工资最低标准。2003年，同时实行劳动力市场工资指导价位制度，46个工种，分别按高、中、低3个档次提出劳动力市场（2008年起改为人力资源市场）工资指导价位。至2016年，全乡职工年平均工资48261元。

福利

20世纪50—80年代，企业实施《中华人民共和国劳动保险条例》（俗称“全劳保”）和浙江省《关于新建工矿企业劳动福利待遇的试行办法》（俗称“新劳保”）。企业劳动用工和职工工资都进行计划管理，退休人员退休工资由原企业发给和原单位管理，实行公费医疗或报销制度。

20世纪90年代中期开始，企业进行产权制度改革，职工和企业签订劳动合同，按规定缴纳社会养老保险，退休后由社保部门发放养老金，实行职工社会养老保险制度。1998年，实施《余姚市城镇个体、私营企业及其从业人员社会基本养老保险实施办法》，颁发私营企业主、个体工商户养老保险实施办法。2003年，实施《余姚市企业职工养老保险“低门槛准入、低标准享受”试行办法》，开始实施企业职工低标准养老保险。2009年1月，企业和个体工商户缴纳保险费调整。此后，社会保险制度不断完善。

20世纪80年代，规定每人医疗费定额，就诊时自垫医药费，凭收据附处方报销。也有将医药费随工资发给职工包干使用，门诊超过包干医药费和住院医药费，视情况报销一部分或全部。90年代初，随企业经营困难逐步淡出。1994年10月，实施《余姚市企业职工大病医疗费用社会统筹试行办法》，按照“以支定筹，略有结余，保障医疗，克服浪费，社会、企业、个人合理负担”的原则，享受医疗保险。2000年6月，根据企业自愿，退休人员的大病医疗费交由市退休职工管理中心管理。2011年11月1日始，纳入城镇职工医疗保险统筹。同时，女工生育保险、失业保险、工伤保险相继出台。

保障

劳动保护　1950年起，多次组织企业安全卫生大检查。1954年，2家企业制定劳动保护实施方案。1956年，全面实施《工厂安全卫生规程》《建筑安装工程安全技术规程》《工人职工伤亡事故报告规程》和《中华人民共和国女工保护条例（草案）》。1978年，对新建、扩建项目实行劳动保护、安全生产“三同时”（设计、施工、投产使用）会审制度，对特种作业工种职工须经考核考察，合格后凭证上岗操作。1982年，对锅炉压力容器实行安全监测制度。1986年，企业按《安全生产控制伤亡事故恶化》《女工保健工作》《燃气热水器的生产安装》等通知和暂行规定，相应制定防范措施，安全生产日趋制度化。1993年，乡政府成立安全生产领导小组，以后每年两次普查企业安全生产情况，对易燃易爆企业开展重点监测，对压力容器等实行年检制度。

2009年10月1日起，施行新修订的《安全评价机构管理规定》。2015年3月起，实施《企业安全生产应急管理九条规定》，抓住企业安全生产应急管理的主要矛盾和关键问题，加强安全生产应急管理工作。

职业病防治　1957年起，对高空、高温作业和接触有毒有害物质的工种开展职业病防治。1962年，对接触有毒有害物质的职工建立保健食品供应制度。1981年起，加强对各种尘毒检查、监测、预防工作。1987年，对接触有毒害企业，建立劳动卫生档案。2002年5月，颁布《中华人民共和国职业病防治法》（2011年和2016年分别进行修订）。是年起，现乡境内由市卫生监督所梁弄分所负责职业卫生的检查和监督工作。

退休制度　退休制度始于1953年。1958年，落实国务院《关于工人、职员退休处理的暂行规定》，实行统一退休制度，职工退休后，可由其子女或其赡养亲属1人顶替招工。1980年，规定中华人民共和国成立前参加革命工作的老职工，可以享受离休待遇。1982年，停止执行顶替招工办法，其家庭成员为农业户口的职工，仍可选招子女中1人进入企业。1984年后，新招收的合同制长期工实行社会劳动保险制度。1987年起，全民、市属大集体所有制职工离休费、退休费先后实行社会统筹。2000年后，全面实施城镇职工基本养老保险，全民、市属大集体职工亦开始缴纳养老保险金。至2010年，基本形成社会保险、社会救助、社会福利、社会优抚城乡一体的社会保障体系。

第二十编

教　育

第一章 普通教育

民国中后期，境内有国民学校6所，另有私塾数家。

中华人民共和国成立后，教育事业快速发展，各村相继开办小学，1958年10月，各生产队兴办幼儿园、托儿所，11月，创办高峰人民公社民办初中。1969年9月，乡境内3个公社均开办初中。1971年9月，鹿亭公社中学招收首班高一新生。1975年，白鹿公社中学、晓云公社中学亦招收高中班。至20世纪90年代，境内小学、初中在校学生数均达到顶峰。此后，随出生人口的减少，山区劳动力不断向外转移等原因，致使学校规模缩小，学生锐减。至2016年，全乡有幼儿园1所，在园幼儿24人；乡中心学校（九年一贯制）1所，在校学生85人（其中小学生68人、初中生17人）。

第一节 学前教育

学前教育发展概况

1958年10月，实行人民公社化，在"大跃进"高潮中，现乡境内杨树湾水库、大岭头水库、后

1960年鹿亭公社幼儿教育情况一览表

表20-1-1

生产队	托儿所（所）	人数（人）	幼儿园（所）	人数（人）
陈家岩	5	60	1	38
下姚	2	40	2	35
赤石	2	25	1	12
马家坪	1	18	1	16
大山	3	60	2	40
晓岭	9	135	3	152
中姚	3	57	2	69
东岗	1	32	1	45

续表 20-1-1

生产队	托儿所（所）	人数（人）	幼儿园（所）	人数（人）
王石坑	2	23	2	35
路坑	3	23	0	0
岩头	0	0	2	74
大年	2	24	1	25
中村	3	80	1	80
李家塔	4	45	1	50
上庄	4	35	2	42
大溪	1	12	0	0
石潭	7	71	2	52
沿夹岙	2	20	0	0
门石	1	13	1	20
合计	55	773	25	785

注：表中数据源自余姚市档案馆。

抚水库、东西塘水库等相继开工，公社动员妇女参加建库劳动。为解决妇女参加集体劳动时的后顾之忧，各生产队相继兴办托儿所、幼儿园，选派有一定文化的青年妇女任幼儿园教师和保育员。主要有陈家岩、下姚、中村、李家塔、上庄、石潭、晓岭、岩头、大山、中姚、东岗等村。至1960年，全公社有托儿所、幼儿园80所，在园幼儿1558人。其中托儿所55所，在园幼儿773人，幼儿园25所，在园幼儿785人。1960年，鹿亭公社中村幼儿园被评为省先进儿童工作集体；1961年，鹿亭公社李家塔托儿所被评为省“三八”红旗集体。1961年后，国民经济暂时困难，农村农忙幼儿园、托儿所大多停办。

1978年，学前教育与计划生育、妇幼保健均归口各级妇联管理，农村幼儿班、托儿所陆续恢复。主要有陈家岩、下姚、中村、李家塔、上庄、石潭、晓云上村等大队幼儿班、托儿所。1981年，晓云公社上村大队幼儿园褚五娣被评为余姚县先进幼儿教师；1982年，全国妇联对从事幼托工作25年以上的保教人员授予“园丁”纪念章，晓云公社褚月娣获此纪念章。1983年，晓云公社上村大队幼儿园褚美娟被评为宁波市托幼工作先进个人，获“热爱孩子胜妈妈”称号。

1981年，贯彻全国幼托工作会议精神，幼儿教育贯彻实施国家、集体、个人一起办园方针，原村办幼儿园多数转为个人经营。

20世纪90年代后，学前教育从妇联管理划归市教委管理。乡境内规模较大小学均附设学前班，招收学前1年的儿童。1993年，市教委颁布《关于社会力量办园（班）实施许可证制度的具体办法的通知》，1995年全乡有4所幼儿园进行申报，验收通过2所。2002年9月，根据《余姚市“十五”期间幼儿教育发展规划》和《余姚市社会力量办园管理工作实施意见》有关规定，取缔无办园许可证的幼儿园（班），个体幼儿园先后自行关闭。为提高全乡幼儿入园率，乡教辅室征得市教育局

2002年鹿亭乡小学附设学前班情况表

表20-1-2 单位：个、人

附设学校名	班级数	在园幼儿数	专任教师数
中心小学附设学前班	1	23	1
中村小学附设学前班	1	20	1
石潭小学附设学前班	1	12	1
白鹿小学附设学前班	1	13	1
晓云小学附设学前班	1	25	1
合计（学校5所）	5	93	5

同意，在5所小学附设学前班。

2006年9月，撤销上庄、中村两个无证幼儿园，当年招收幼儿27人，编成1个混合班，借用乡成人学校一楼大教室作为幼儿园校舍，同时设白鹿、晓云2个教学点，是为首个乡中心幼儿园，由乡教辅室分管幼教的老师兼任负责人。是年，市教育局启动城区幼儿园公立教师到山区、农村支教政策，市机关幼儿园骨干教师周利群到乡中心幼儿园支教1年。2008年9月，撤销晓云教学点并入乡中心幼儿园，乡中心幼儿园始设小、中、大3个班。2009年9月，撤销白鹿教学点并入乡中心幼儿园。

2016年，全乡有幼儿园1所，3个班级，在园幼儿24人。

1995—2005年全乡学前教育基本情况表

表20-1-3

年份	园数（含小学附设）（所）	班级数（含小学附设）（个）	幼儿数（含小学附设）（人）	教职工数（人）		
				合计	园长	专任教师
1995	5	7	162	7	2	5
1996	6	7	185	8	1	7
1997	7	8	190	9	1	8
1998	8	8	308	9	1	8
1999	8	9	220	9	1	8
2000	7	7	172	8	1	7
2001	4	4	86	4	—	4
2002	5	5	93	5	—	5
2003	3	3	53	3	—	3
2004	3	3	54	3	—	3
2005	3	3	58	3	—	3

2006—2016 年乡中心幼儿园基本情况统计表

表 20-1-4

年份	班级数（个）	在园幼儿数（人）	教职工数（人）	备注
2006	3	53	5	下设 2 个教学点
2007	3	70	5	—
2008	4	70	6	撤晓云教学点
2009	3	53	8	撤白鹿教学点
2010	3	55	9	—
2011	3	46	9	—
2012	3	41	9	—
2013	3	52	9	—
2014	3	44	9	—
2015	3	38	10	—
2016	3	24	9	—

乡中心幼儿园

2006 年 9 月，在撤并原上庄、中村两家无证幼儿园的基础上建立鹿亭乡中心幼儿园，借用乡成人学校一间教室，位于上庄村兴庄路东 48 号。当年招收幼儿 27 人，编成 1 个混合班。同时在白鹿、晓云设 2 个教学点，在园幼儿共 26 人。2007 年，成为公立幼儿园。2008 年，将乡成人学校整栋楼划归乡中心幼儿园，并于当年暑期进行改建装修。8 月底撤晓云教学点，并入乡中心幼儿园，设小、中、大 3 个教学班。是年 12 月，成为宁波市达标乡镇中心幼儿园。2009 年，撤白鹿教学点，并入乡中心幼儿园。2010 年 3 月，被评为余姚市家庭教育工作先进集体。2011 年 12 月，成为余姚市婴幼儿早期教育指导站。2012 年 12 月，成为第八批宁波市现代化达纲幼儿园。2013 年暑期，投资 90 余万元，对幼儿园再次装修和改造，有户外活动场地 380 平方米，绿化面积 145 平方米，有 30 米塑胶直跑道。园内有多功能幼儿音乐舞蹈教室，每班配有教室、午睡室、盥洗室，有园长和教师办公室。有电钢琴、电脑、音响设备、投影仪等教学设备，室外有大型幼儿玩具、玩水池、玩沙坑等。是年 12 月，被评为浙江省二级（宁波市三星级）幼儿园。2014 年 2 月，配备专用幼儿校车。2016 年，幼儿园占地面积 0.106 公顷，园舍建筑面积 632 平方米，有 3 个班级，在园幼儿

乡中心幼儿园室外活动场所

24人，教职工9人，其中在编教师4人。

历任园长（负责人）：赵祖培（2006年9月至2008年8月，乡教育党总支书记兼）；宋云森（2008年9月至2010年8月）；胡丹（2010年9月至2016年12月）。

第二节 小学教育

民国时期私塾

私塾为明清时期民间办学主要形式，遍及境内各村。其教育内容以识字、书法为主，学习《三字经》《百家姓》《增广贤文》等启蒙读物，兼学算术和算盘。读一二年，认识一些常所接触的姓氏及柴、米、油、盐等通用单字，再读一些尺牍、文书、契约之类的应用知识，可以动笔不求人。塾师工资按年计算，以谷物为主，多则每年20担，少则15担，也有按每生每年80～100斤稻谷计酬。民国18年（1929）6月，按《余姚县私塾管理办法》，云岩乡岩头私塾被取缔。至民国后期，私塾作为义务教育的补充，在农村仍有发展。乡境内较有影响的私塾有：

岙里私塾　创办于20世纪30年代初，设岙里自然村，塾师朱雅川、赵安梅，有学生10余人。

应家路私塾　创办于民国26年（1937），塾师赵邵昌，有学生10人。

庄陇头私塾　设上庄村庄陇头，塾师褚世芳，有学生10人。

门石私塾　设门石村，塾师方源芹，有学生7人。

冬青私塾　设冬青村，塾师方昌茂，有学生6人。

晓岭上村私塾　设褚桂林家，塾师褚桂林、李德生，有学生10余人。

里大山私塾　设褚孝华家，塾师褚节庆，有学生23人。

外大山八石私塾　设褚孝补家，塾师方茂钊，有学生16人。

里岩头私塾　创办于民国19年，塾师先后有龚毛顺、鲁泽民、褚恒培、褚阿张、褚炳文、褚志香等，有学生10余人。

中村私塾　设中村村，塾师郑逸民、郑宝鸿，有学生10余人。

中姚私塾　设中姚村。

东岗私塾　设东岗村，有塾师2人。

石潭私塾　设石潭村。

赤石私塾　设赤石黄狼山自然村，有塾师1人，有学生10余人。

1952年9月，国家接管各类学校，改为公办，私塾不复存在。

民国时期小学教育

民国9年，陈一鸥在陈家岩村创办越山小学。同年，大年村集资办学，老师先后有毛顺通、褚英求、褚祖万、褚维千、鲁仁期等。民国18年，李家塔村创办李家塔小学。

民国24年，国民政府开始实施义务教育。是年，石潭村创办石潭小学，有老师2人，学生10余人。民国26年，上庄岙里创办学校，址设“孝友堂”，取名岙里小学堂。境内还有中村白云初级小学、中姚小学等。

民国29年，全国统一实施国民教育制度，规定每乡镇设中心国民学校1所，每3保设保校1所。至民国36年上半年，乡境内有中心国民学校1所，保校5所，有学生288人。

民国 36 年上半年现乡境内小学情况表

表 20-1-5

乡名	学校总数（所）	中心国民学校（所）	保校（所）	私立学校（所）	学级数（个）	学生数（人）
白鹿乡	4	1	3	—	5	179
晓云乡	2	0	2	—	2	109
合计	6	1	5	—	7	288

民国 35 年第二学期现乡境内小学基本情况表

表 20-1-6

校名	校长姓名	学生数（人）	校址
白鹿乡中心国民学校	陈景明	71	陈家岩村
白鹿乡第二保联立国民学校	龚鸿来	38	叶家样村
白鹿乡第六保国民学校	龚乾康	42	石潭村
白鹿乡第七保国民学校	王芝大	28	李家塔村
晓云乡第三保国民学校	褚振武	59	岩头村
晓云乡第二保联立国民学校	李德笙	50	上庙跟

中华人民共和国成立后小学教育

1949 年 5 月鹿亭解放，学校“暂维现状，即日开学”。1951 年，土地改革基本完成，各村兴起办学热潮，祠堂、寺庙等公用建筑大多辟为校舍，也有利用民房或搭建草房作校舍的。1952 年 9 月，民办小学全部由政府接收改为公办，乡境内有公办小学 16 所。其中鹿亭乡 4 所，分别为李家塔小学、石潭小学、中村小学、上庄小学；晓云乡 3 所，分别为晓岭小学、大溪小学、高山小学；白鹿乡 5 所，分别为陈家岩小学、赤石小学、马家坪小学、门石小学、大年小学；东岩乡 4 所，分别为岩头小学、王石坑小学、中姚小学、东岗小学。

1953 年，贯彻“整顿巩固、重点发展、提高质量、稳步前进”的方针，纠正盲目发展倾向，小学教育进入整顿阶段。是年，小学停止春季招生，一律改为秋季招生。白鹿乡陈家岩小学列为梁弄区第三中心小学。

1955 年，除鹿亭乡小学、白鹿乡小学、晓云乡小学、东岩乡小学 4 所为完全小学（简称“完小”）外，其余村校均为初级小学（简称“初小”），其高年级学生送乡小学就读。至 1961 年下半年，完小增至 8 所。

1958 年，贯彻执行“两条腿走路”办学方针，国家办学与群众办学相结合。部分村创办民办小学。至 1965 年下半年，有民办小学 22 所。

1961 年，国民经济时期困难，学龄儿童出现大量流失，小学普及率下降。1964 年上半年，推行“两种教育制度”和多种办学形式，除公办小学外，大力发展简易小学（下半年改称耕读小学），根据农村生产，安排早午班、半日班，还允许带弟妹上学。至1965年上半年，乡境内有耕读小学14所，其中鹿亭公社5所、白鹿公社4所、晓云公社5所。耕读小学独立设置的有7所，附设于学校的有7所。有耕读小学学生980人，其中鹿亭公社382人，晓云公社423人，白鹿公社175人。耕读小学学生占小学学生总数的44.77%，对普及农村小学教育起到一定作用。有的村公办小学、民办小学、耕读小学并存。是年，乡境内学龄儿童入学率93.51%。

1965年上半年现乡境内学生、教师数情况表

表20-1-7　　单位：人

公社	学生数				教师数			
	计	公办学校	民办学校	耕读小学	计	公办学校	民办学校	耕读小学
鹿亭	926	303	241	382	32	12	12	8
晓云	869	304	142	423	35	12	17	6
白鹿	394	128	91	175	16	7	3	6
合计	2189	735	474	980	83	31	32	20

1965年秋现乡境内各公社学龄儿童入学率情况表

表20-1-8

公社	学龄儿童数（人）	入学人数（人）	入学率（%）
鹿亭	922	885	95.99
晓云	1147	1032	89.97
白鹿	412	403	97.82
合计	2481	2320	93.51

1966年，“文化大革命”开始，“两种教育制度”遭批判，正常教学秩序遭破坏，耕读小学停办，或并入全日制小学。学校“停课闹革命”，部分教师遭批斗。时鹿亭公社中心小学停办近3年，施教区内（上庄、岙里、祝家堰3个大队）学生无处读书，只能在家玩耍或上山放羊、割猪草。1968年2月，学校“复课闹革命”，并强调“以阶级斗争为主课”，取消历史、地理、音乐、美术等课，学生学习一度以读《毛主席语录》代替语文、政治课。同年9月，改六年制为五年制，取消升学考试。

1969年秋，农村公办小学下放到大队办，公办教师回原籍生产大队任教，报酬由工资制改为工分制。大队成立贫下中农管理委员会（简称“贫管委”），实行贫下中农管理学校。开始盲目发展中学，部分小学教师到中学任教，小学民办教师剧增，又因学制缩短，课程教材任意变动，学校正常教学秩序遭破坏，教学质量下降。1969年秋，乡境内39个行政村有小学35所，学生1691人，教职工69人。

1969 年秋现乡境内各公社小学基本情况表

表 20-1-9

公社	学校数（所）	班级数（个）	学生数（人）	教师数（人）			
				合计	固定人员	临时人员	民办教师
鹿亭	14	29	783	34	8	3	23
晓云	14	20	629	22	6	1	15
白鹿	7	12	279	13	6	—	7

1972 年，回队任教的农村公办小学教师工资仍改由国家发给，口粮恢复国家供应。

1976 年，“文化大革命”结束，小学教学秩序逐渐恢复正常。1978 年 9 月，小学一年级开始执行教育部颁发的《全日制十年制中小学教学计划（试行）》。恢复公社中心学校，撤销公社教育干部制，改校长负责制。

1983 年 8 月，鹿亭公社中心学校撤销，初中、小学分开设置，中心学校小学部改称乡中心小学。是年，改五年制为六年制，为防止五年后初中招收新生脱节，采取两步走的办法，鹿亭乡中心小学和中村小学当年新招收一年级改为六年制，其余学校仍保留五年制，次年全部改为六年制。白鹿乡因学生数较少，当年所有小学新招收一年级均改为六年制，晓云乡分两年改制。1984 年 9 月，白鹿、晓云 2 个乡中心学校中小学分开设置。是年，中心小学校长由任命制改为聘任制。至 1987 年，恢复校长任命制。

1984 年，省对余姚县山区乡镇普及初等教育进行验收。鹿亭乡学龄儿童入学率 96.4%，在校学生年巩固率 98.8%，毕业班学生毕业率 99.4%，12 ~ 15 周岁初等教育普及率 91.8%。晓云乡：入学率 94.7%，巩固率 98.8%，毕业率 96.4%，普及率 91.5%；白鹿乡入学率 98.4%，巩固率 99.7%，毕业率 95.8%，普及率 90.5%。3 个乡均成为普及初等教育验收合格乡，浙江省人民政府颁发“普及初等教育合格证书”。晓云乡获余姚县“普及初等教育先进单位”三等奖。

1985 年 2 月，县人民政府颁发《分级办学、分级管理的若干施行规定》，乡中心小学乡办乡管，各村小学村办村管。是年，乡境内有乡办小学 3 所，村办小学 32 所，共有学生 1833 人。

1986 年 9 月至 1992 年，贯彻《中华人民共和国义务教育法》，制订义务教育实施规划。鹿亭乡于 1990 年成为市第五批实施九年义务教育乡镇，白鹿乡于 1991 年为市第六批实施九年义务教育乡镇，晓云乡于 1992 年 4 月成为市第七批实施九年义务教育乡镇。

1992 年 5 月撤区扩镇并乡后，由乡中心小学负责全乡小学业务辅导任务，并设置晓云、白鹿 2 所辅导完小（亦称片校），协助乡中心小学辅导片内小学。1993 年 11 月，设乡教育辅导室，管理全乡初中、小学、幼儿园及成人教育。1994 年，鹿亭乡省“两基”（基本普及九年义务教育、基本扫除青壮年文盲）验收合格；1998 年，省“两高”（高标准普及九年义务教育、高标准扫除青壮年文盲）验收合格；2004 年，被公布为省教育强乡。

教学网点调整

20世纪80年代，教学网点调整，先后撤并的学校有：鹿亭乡岙底小学、祝家堰小学，白鹿乡新宅小学、下姚小学，晓云乡洞桥小学、乌泥塘小学。

1992年4月，余姚市教委主任魏翼唐一行7人，对鹿亭乡各村、学校进行为期1周的调研走访，并向乡党委政府提出鹿亭乡学校网点调整的总体规划建议。

1994年9月至2006年9月，小学教学网点多次调整，先后撤并小学36所，具体撤并情况如下：

1994年9月，乡中心小学迁址上庄，冬青、岙里、上庄、金家、牛塘、郑洋、大洋山等7所小学合并组建新乡中心小学，原乡中心小学更名为李家塔小学；茶山小学并入石潭小学；算坑小学并入中村小学；东风山小学并入李家塔小学。

1995年9月，叶家样、高岩头小学并入白鹿小学；大年小学并入岩头小学；深坑小学并入乡中心小学；岙里小学（晓云片）并入晓云小学。

1997年9月，门石小学并入乡中心小学。

1998年9月，赤石、梁湖小学并入白鹿小学；水池、陈天龙小学并入乡中心小学，羊坑小学并入晓云小学。

1999年9月，沿夹岙、大溪小学并入乡中心小学；王石坑、路坑小学并入晓云小学；马家坪小学并入白鹿小学。

2001年9月，李家塔小学并入乡中心小学。

2002年9月，东岗、中姚小学并入晓云小学。

2003年9月，岩头小学并入晓云小学。

2004年9月，中村、石潭、高山小学并入乡中心小学。

2005年9月，晓云小学并入乡中心小学。

2006年9月，乡中心小学、白鹿小学并入鹿亭乡中心学校（九年一贯制）。乡中心学校小学部有班级8个，学生254人，教职工45人。

2016年，乡中心学校小学部有班级6个，学生68人，教职工19人。

主要小学简介

鹿亭乡中心小学　创办于民国18年（1929），民国中后期称白鹿乡第七保国民学校，校址设李家塔，民国36年上半年有学生28人。中华人民共和国成立后称李家塔小学，1958年前为鹿亭乡小学。1958年10月，上庄小学更名为高峰人民公社中心小学，校址设岙里村民宅内。次年，位于上庄朗山的新校舍竣工，学校迁入新址。原鹿亭乡小学更名为李家塔管理区校，1961年9月复名李家塔小学。1960年年初，高峰公社中心小学更名为鹿亭公社中心小学，1961年改称鹿亭公社中心学校（简称“社校”）。1966年“文化大革命”开始，公社中心小学停办。1978年9月，恢复公社中心学校，李家塔小学改设为鹿亭公社中心学校小学部。1983年9月，鹿亭乡中心学校中、小学分开设置，中心学校小学部更名为鹿亭乡中心小学。1992年“撤扩并”后，学校仍为鹿亭乡中心小学，负责全乡小学业务辅导任务。1992年下半年，选址上庄村新建乡中心小学教学楼，建筑面积900平方米。1994年9月，乡中心小学迁址上庄，冬青、岙里、上庄、金家、牛塘、郑洋、大洋山等7所小学并入。1996年，新建师生宿舍楼642平方米；1997年，新建食堂152平方米和改建厕所40平方米；1998年，建造综合楼649平方米。学校曾被评为余姚市行为规范达标学校和余姚市文明学校。1995—2005年，相继有深坑、门石、沿夹岙、大溪、水池、陈天龙、李家塔、中村、石潭、高山、晓云等小学并入。2005年9月，学校占地0.384公顷，校舍建筑面积2383平方米。有班级9个，学生288人，教职工36人。2006年9月，并入乡中心学校。

1950—2006年历任校长（负责人）：黄勉庭、郑祖来、黄淦培、翁金德、胡元棣、鲁斌魁、黄传忠（1978年9月至1980年9月）、蔡忠德（1980

1987 年现乡境内小学基本情况表

表 20-1-10 单位：个、人

校名	班级数（个）							学生数（人）							教职工数
	小计	一	二	三	四	五	复式	小计	一	二	三	四	五		
													五年制	六年制	
白鹿乡校	5	1	1	1	1	1	—	159	24	32	30	40	—	33	10
梁湖小学	1	—	—	—	—	—	1	9	4	—	2	3	—	—	1
赤石小学	2	—	—	—	—	—	2	43	12	5	10	9	—	7	2
叶家样小学	1	—	—	—	—	—	1	21	6	10	5	—	—	—	1
高岩头小学	1	—	—	—	—	—	1	9	4	2	—	3	—	—	1
马家坪小学	1	—	—	—	—	—	1	14	1	2	7	4	—	—	1
鹿亭乡校	5	1	1	1	1	1	—	107	22	27	19	22	—	17	12
中村小学	5	1	1	1	1	1	—	167	28	43	30	30	—	36	7
算坑小学	1	—	—	—	—	—	1	18	7	8	3	—	—	—	1
东风山小学	1	—	—	—	—	—	1	7	—	2	—	5	—	—	1
石潭小学	4	—	—	1	1	1	1	100	14	15	22	22	27	—	5
茶山小学	1	—	—	—	—	—	1	5	2	3	—	—	—	—	1
冬青小学	1	—	—	—	—	—	1	22	—	12	10	—	—	—	1
岙里小学	3	—	—	1	1	1	—	80	—	—	18	26	36	—	4
上庄小学	2	1	1	—	—	—	—	44	20	24	—	—	—	—	2
金家小学	1	—	—	—	—	—	1	12	3	9	—	—	—	—	1
牛塘小学	1	—	—	—	—	—	1	6	—	3	—	3	—	—	1
郑洋小学	1	—	—	—	—	—	1	6	—	3	—	3	—	—	1

续表 20-1-10

校名	班级数（个）							学生数（人）							教职工数
	小计	一	二	三	四	五	复式	小计	一	二	三	四	五		
													五年制	六年制	
沿夹岙小学	2	—	—	—	—	—	2	29	6	8	9	6	—	—	2
大洋山小学	1	—	—	—	—	—	1	7	1	—	3	3	—	—	1
晓云乡校	6	1	1	1	1	2	—	219	29	37	37	36	35	45	11
中姚小学	3	1	—	—	—	—	2	70	13	16	14	16	—	11	3
东岗小学	4	1	—	—	1	1	1	81	15	17	17	17	—	15	4
路坑小学	1	—	—	—	—	—	1	21	9	—	12	—	—	—	1
王石坑小学	2	—	—	—	—	—	2	42	14	10	10	8	—	—	2
岩头小学	4	1	—	—	1	1	1	89	18	23	17	15	—	16	4
大年小学	1	—	—	—	—	—	1	23	—	10	—	13	—	—	1
门石小学	1	—	—	—	—	—	1	25	11	7	7	—	—	—	1
大溪小学	1	—	—	—	—	—	1	17	—	12	—	5	—	—	1
水池小学	1	—	—	—	—	—	1	17	—	10	—	7	—	—	1
陈天龙小学	1	—	—	—	—	—	1	14	9	—	—	5	—	—	1
深坑小学	1	—	—	—	—	—	1	19	8	6	5	—	—	—	1
高山小学	4	1	—	—	1	1	1	110	28	22	23	20	17	—	5
羊坑小学	1	—	—	—	—	—	1	9	4	—	2	3	—	—	1
岙里小学	2	—	—	—	—	—	2	26	1	13	2	10	—	—	2
合计 35 所	73	9	5	6	9	10	34	1647	313	391	314	334	115	180	95

1995—2016 年全乡小学基本情况表

表 20-1-11　　　　单位：所、个、人

学年	学校数（所）	班级数（个）	学生数（人）	毕业生数（人）	教师数（人）
1995	21	57	1422	288	98
1996	21	55	1340	178	94
1997	20	54	1405	200	87
1998	15	48	1386	236	82
1999	10	46	1313	265	78
2000	10	44	1240	209	75
2001	9	37	1065	161	71
2002	7	33	781	166	65
2003	6	30	591	117	61
2004	3	20	457	103	51
2005	2	15	363	100	46
2006	—	8	254	64	45
2007	—	7	211	60	41
2008	—	6	158	36	41
2009	—	6	128	29	42
2010	—	6	110	24	39
2011	—	6	93	20	37
2012	—	6	78	20	36
2013	—	6	68	13	31
2014	—	6	63	8	27
2015	—	6	64	14	25
2016	—	6	68	8	19

注：2006 年始，小学学校数统计在初中表格中，此处为空格。

年10月至1983年4月）、徐柏荣（1983年5月至1987年8月）、赵祖培（1987年8月至2006年8月）。

鹿亭乡白鹿小学　校址设陈家岩村，前身系乡人陈一鸥创办于民国9年的越山小学。民国中、后期称白鹿乡中心国民学校，民国36年上半年有学生71人。中华人民共和国成立后，改称陈家岩小学，1953年改称白鹿乡小学，列为梁弄区第三中心小学，1956年2月前为白鹿乡小学。1959年，为陈家岩管理区校。1961年9月，改称白鹿公社中心学校。1969年后为白鹿公社陈家岩大队小学。1978年9月，为白鹿公社中心学校小学部。1982年，新宅小学并入。1984年9月，中、小学分开设置，更名为白鹿乡中心小学，同年，下姚小学并入。1992年“撤扩并”后，改称为鹿亭乡白鹿小学，协助乡中心小学辅导片内小学。1995年，叶家样小学、高岩头小学并入；1996年，赤石小学、梁湖小学并入。1999年，学校选址枫树龙亭新建，建筑面积956平方米。同年，马家坪小学并入。2000年9月，原白鹿中学校舍划归使用，时学校占地0.2722公顷，校舍建筑面积1837平方米。学校曾被评为余姚市文明学校。2005年9月，有班级6个，学生75人，教职工10人。2006年9月，并入乡中心学校。

1950—2006年历任校长（负责人）：黄淦培、宋世校、鲁斌魁、魏曼卿、沈永命、陈荣良、陈建乐（1978年9月至1987年8月）、罗恒高（1987年8月至1990年8月）、龚后涨（1990年9月至1992年8月）、马亚丽（1992年9月至1995年8月）、龚锡萍（1995年9月至2006年8月）。

鹿亭乡晓云小学　创办于民国后期，为晓云乡第二保联立国民学校，校址设晓岭上庙跟，民国36年上半年有学生50人。中华人民共和国成立后，称晓云小学。1953年搬迁至晓岭大王庙，1958年前为晓云乡小学。1959年，为晓云管理区校。1961年9月，改名为晓云公社中心学校。1966年“文化大革命”开始，更名为晓云联办小学，学生来自上村、洞桥、岙里、羊坑4个大队。1969年9月，各大队办小学，联办小学分设为4所大队小学。1975年，拆大王庙改建两层教学楼。1978年9月，更名为晓云公社中心学校小学部。1984年9月，中、小学分开设置，更名为晓云乡中心小学。同年，洞桥小学并入。1987年，校舍改建为三层教学楼，占地面积0.0984公顷，校舍建筑面积1296平方米。时有班级6班，学生219人，教职工11人。1989年乌泥塘小学并入。1992年“撤扩并”后，改称为鹿亭乡晓云小学，协助乡中心小学辅导片内小学。1995—2002年，先后有岙里、羊坑、王石坑、东岗、中姚等小学并入。2002年9月，学校搬迁至原晓云中学。2003年岩头小学并入。2004年9月，有班级6个，学生97人，教职工13人。2005年9月，并入乡中心小学。

1950—2005年历任校长（负责人）：沈忠达、褚鸿泉、胡尚强、余永琪、宋小康、沈挂玉、褚彭寿（1978年9月至1995年8月）、叶学明（1995年9月至2002年8月）、姚根土（2002年9月至2005年8月）。

鹿亭乡中村小学　前身系白云初级小学，创办于20世纪30年代，校址设中村上祠堂。中华人民共和国成立后称中村小学，1952年由人民政府接管为公办小学。1969年附设初中班。1970年新建校舍20间（平房），占地面积0.2公顷，校舍建筑面积700平方米。1971年更名为中村“五·七”学校。1981年，初中“摘帽”，学生并入鹿亭公社中心学校初中部，学校复名中村小学。1994年，算坑小学并入。1996年，港商赵安中捐资15万元，易地新建教学楼，建筑面积907平方米。2003年9月，有班级6个，学生89人，教职工9人，学校占地0.2038公顷，建筑面积963平方米。2004年9月，并入乡中心小学。

1951—2004年历任校长（负责人）：胡久康、翁金德、翁力奋、郑文星、邵幼珍、郑启鹏、郑国文、朱成水等。

鹿亭乡岩头小学　校址设岩头村。前身系里岩头私塾，民国后期为晓云乡第三保国民学校。民国36年上半年有学生59人。中华人民共和国成立后改称岩头小学，1952年，由人民政府接管为公办小学，1956年前为东岩乡小学，后一直称岩头小学。1966年改称红武小学，1980年复名岩头小学。1973年附设初中班，1981年，摘“戴帽初中”帽子。1995年9月，大年小学并入。1998年，新建三层教学楼，建筑面积520平方米。2002年9月，学校有班级2个，学生28人，教职工2人，学校占地0.024公顷，校舍建筑面积520平方米。2003年9月，并入晓云小学。

1950—2003年历任校长（负责人）：黄家谋、褚鸿泉、沈桂芳、褚云强、褚世强。

鹿亭乡石潭小学　校址设石潭村。前身系石潭私塾，民国后期为白鹿乡第六保国民学校，教室自堂屋迁址祠堂。民国36年上半年有学生42人。中华人民共和国成立后，更名为石潭小学。1952年，由人民政府接管为公办小学。1962年后，学生从20余人发展到80余人，有教师5人。1972年2月，在村东首建造新校舍，有平房19间。1974年秋，附设初中班，学生最多时234人，教师10人。1981年，初中“摘帽”，学生并入鹿亭公社中心学校初中部。1983年，岙底小学并入；1993年，茶山小学并入。1999年，原址拆建三层教学楼，建筑面积718平方米，由宁波育才投资公司捐资20万元，学校加挂“育才希望小学”牌子。2003年9月，学校占地面积0.13公顷，校舍建筑面积750平方米，有班级3个，学生58人，教职工4人。2004年9月，并入乡中心小学。

1950—2004年历任校长（负责人）：龚立章、沈永泽、叶友传、褚世英、褚鸿泉（1960年9月至1969年8月）、姚利锋（1969年9月至1972年8月）、龚伟法（1972年9月至1982年8月）、王丰灿（1982年9月至1985年8月）、郑文星（1985年9月至1986年8月）、汤夏根（1986年9月至1987年8月）、龚世位（1987年9月至1999年8月）、王丰灿（1999年9月至2004年8月）。

第三节　中学教育

中学教育发展概况

1958年11月，根据省教育厅《关于1958年起普通中学发展的初步意见》，为适应农业生产发展需要和满足高小毕业生升学要求，选址岙里小学堂创办高峰人民公社民办初中，是为乡境内第一所初级中学。当年招收新生1个班50余人，生源来自李家塔、晓云两个管理区。教师有叶彭寿、王文哉、徐欣荣等5人。1961年因国民经济暂时困难而停办。1964年创办鹿亭公社农业中学，校址设李家塔仙庆庙。1966年“文化大革命”开始，鹿亭农中停办。

1969年，开展“教育革命”，提出“队队办小学，社社办初中”，要求每个公社都有初中或小学附设初中。是年9月，鹿亭公社在朗山原中心小学校址创办鹿亭公社中学，晓云公社在上村庙创办晓云公社中学，白鹿公社在陈家岩村创办白鹿公社中学。同年，县属中学肢解下伸，部分教师下放到农村公社中学任教，有鹿亭公社中学黄绍云、晓云公社中学叶吉茂、白鹿公社中学方昌年。乡境内有初中3所，另有小学附设初中1所（鹿亭公社中村小学），有学生145人，教职工5人。

表 20-1-12

1969 年秋现乡境内中学基本情况表

公社	学校数（所）		班级数（个）	学生数（人）	教职员工数（人）				
	合计	其中附设初中			合计	教学人员	行政人员	临时人员	民办教师
鹿亭	2	1	2	70	1	1	—	—	—
晓云	1	—	1	48	2	1	—	1	—
白鹿	1	—	1	27	2	1	—	—	1

注：鹿亭公社附设初中教师数统计在小学教师数内。

1971 年 9 月，鹿亭公社中学招收首届高中班，有学生 45 人，来自鹿亭、晓云、白鹿、荾湖及大岚等 4 个半公社（大岚为半个公社），为梁弄区 2 所完全中学之一。1975 年，晓云公社中学、白鹿公社中学各招收高一新生 1 班，分别有学生 32 人、49 人。20 世纪 70 年代中期，推行“初中不出队”，鹿亭公社李家塔小学、石潭小学、茶山小学、冬青小学，白鹿公社陈家岩小学、梁湖小学，晓云公社中姚小学、东岗小学、岩头小学、大山小学等均相继附设初中班，称“戴帽初中”。出现“教师层层拔，质量级级低”的状况。期间，贫下中农管理学校，批斗“师道尊严”，砍掉基础课程，教育秩序混乱，教育质量下降。

1977 年后，调整中学布局，整顿初中，控制发展高中，白鹿公社、晓云公社于 1978 年停止高中招生，鹿亭公社于 1979 年停止高中招生。并陆续摘掉小学附设初中班帽子，分批恢复初中三年制。1978 年，恢复公社中心学校，公社中学更名为中心学校初中部。初中部行政工作由中心学校负责，教学业务由梁弄中学辅导。1983 年，鹿亭乡中心学校中、小学分开设置，初中部改称乡初级中学。1984 年，晓云、白鹿 2 公社中心学校中、小学分开设置。至此，现乡境内有初级中学 3 所，分别为鹿亭乡初级中学、白鹿乡初级中学、晓云乡初级中学。期间，农村初中执行省颁第二类全日制初中教学计划，不设外语课，增加语文、数学、物理、化学等学科的周课时数，增设农业基础知识课。1985 年，实行“分级办学，分级管理”教育管理体制，乡初级中学乡办乡管。是年，现乡境内有初级中学 3 所，学生 734 人。

1973 年，鹿亭中学首届高中毕业生合影

1992 年撤区扩镇并乡，鹿亭乡初级中学为乡中心初中，并设置白鹿、晓云 2 个片中，由乡中心初中负责片中的业务辅导任务。

1999 年 9 月，白鹿、晓云 2 个片中改设为鹿亭乡初级中学 2 个教学点。2000 年 9 月，2 个教学点并入鹿亭乡初级中学。2006 年 9 月，撤销鹿亭乡初级中学，并入鹿亭乡中心学校。是年，鹿亭乡中心学校初中部有班级 4 个，学生 173 人，教职工 23 人。

2016 年，鹿亭乡中心学校初中部有班级 3 个，有学生 17 人，教职工 13 人。

1987 年现乡境内初级中学基本情况表

表 20-1-13

校名	班级数（个）	学生数（人）	教职工数（人）
鹿亭乡初级中学	6	235	17
晓云乡初级中学	6	317	18
白鹿乡初级中学	3	105	7
合计（学校 3 所）	15	657	42

注：摘自《余姚市 1987 年乡（镇）级初中基本情况》。

1995—2016 年全乡初中基本情况表

表 20-1-14

年份	学校数（所）	班级数（个）	学生数（人）	毕业生数（人）	教职工数（人）	备注
1995	3	18	765	191	55	—
1996	3	19	803	243	58	—
1997	3	17	644	250	54	—
1998	3	14	556	232	45	—
1999	1	13	517	136	40	改白鹿、晓云 2 个片中为教学点
2000	1	14	574	167	38	撤销白鹿、晓云 2 个教学点
2001	1	11	533	192	40	—
2002	1	10	437	188	39	—
2003	1	8	346	129	33	—
2004	1	6	268	109	27	—
2005	1	4	207	99	25	—
2006	1	4	173	55	23	撤销乡中，创办九年一贯制学校
2007	1	4	162	56	21	—
2008	1	4	135	61	20	—
2009	1	3	103	40	23	—
2010	1	3	71	36	20	—
2011	1	3	44	21	17	—
2012	1	3	41	12	18	—
2013	1	3	39	12	18	—
2014	1	3	32	16	18	—
2015	1	3	19	12	15	—
2016	1	3	17	4	13	—

主要中学简介

鹿亭乡初级中学　1958年11月，创办高峰人民公社民办初中，校址设岙里小学堂，招收学生50余人。1961年因国家困难时期停办。1964年创办鹿亭公社农业中学，校址设李家塔仙庆庙，1966年停办。1969年9月，创办鹿亭公社中学，址设上庄朗山原鹿亭社校校舍，当年招收初一新生1班。1971年9月，招收高中班，改制为完全中学。1978年，恢复公社中心学校，改称中心学校初中部。次年，停止高中招生。1983年9月，更名为鹿亭乡初级中学。1987年，有班级6班，学生235人，教职工17人。1988年，建造两层教学楼11间。1992年5月，晓云、白鹿2个乡并入鹿亭乡，学校沿用原名，成为乡中心初中，负责乡内片中的辅导任务。1994年，由港商赵安中捐资30万元新建林杏琴教学楼，建筑面积1423平方米；1996年，新建学生宿舍楼1600平方米；2001年新建魏绍相综合楼1165平方米，魏绍相捐资10万元。2000年9月，晓云、白鹿2个初中教学点并入，时学校有班级14个，学生574人，教职工44人。2005年，学校占地1.3265公顷，校舍建筑面积5104平方米，班级4班，学生207人，教职工25人。2006年9月，鹿亭乡中心小学、鹿亭乡白鹿小学并合，组建九年一贯制学校——鹿亭乡中心学校。

历任校长（负责人）：赵琴花（民办初中）、黄庆浩（农中），黄绍云（1969年9月至1972年8月）、黄传忠（1972年9月至1980年8月）、蔡忠德（1980年9月至1983年3月）、方岳传（1978年9月至1994年8月，其中1978年9月至1983年3月为公社中心学校副校长，分管初中部）、陈建立（1994年9月至1998年1月）、方岳传（1998年2月至1998年8月，乡教辅室主任兼）、龚国龙（1998年9月至2006年8月）。

白鹿初级中学　创办于1969年9月，校址设陈家岩村五间头。首年招收初一新生1班，学生27人，教师2人。次年，枫树龙亭新校舍落成启用，建平房8间。1971年，首届初中毕业生19人。1975年5—6月，宁波师范学校教育革命实践小组到白鹿中学实习。同年9月，设高中部，招收高一新生49人（其中来自外区、外公社17人）。次年，小王泥岭新校舍落成，高中部搬入新校舍。11月5日至25日，余姚县五七大学师范文科班赴白鹿见习小组一行13人由老师陈伯钿带队到白鹿中学实习。1978年恢复公社中心学校，撤销白鹿公社中学，改称白鹿公社中心学校初中部。同年9月，停止高中招生，77级高中学生改读初三。1984年9月，中心学校中小学分开设置，初中部更名为白鹿乡初级中学。1987年，有班级3班，学生105人，教职工7人。1990年4月，投资15万元原地拆建初中教学楼，学校占地0.1054公顷，校舍建筑面积779平方米。1992年9月，改称鹿亭乡白鹿初级中学。1999年为鹿亭乡初级中学白鹿教学点，有班级3班，学生64人，教职工7人。2000年9月，并入鹿亭乡初级中学

历任校长（负责人）：方昌年、陈荣良、马纪坤、陈建乐（1978年9月至1984年8月）、陈建立（1984年9月至1994年8月）、陈建方（1994年9月至2000年8月）。

晓云初级中学　创办于1969年9月，校址设上村大王庙，当年招收新生1班，有学生48人、教师2人。1973年，迁址晓云茶培里。1975年设高中部，招收新生1班。1978年，恢复公社中心学校，撤销晓云公社中学，改称为晓云公社中心学校初中部。同年秋季，高中停止招生。1984年9月，初中部更名为晓云乡初级中学。是年底，投资8万元原址拆建11间的两层教学楼竣工，为梁弄区乡级中学第一座教学楼。1987年，有班级6班，学生317人，教职工18人。1992年9月，改称鹿亭乡晓云初级中学。1999年为鹿亭乡初级中学晓云教学点，学校占地面积0.364公顷，校舍建筑面积1754平方米，有班级4班，学生162人，教职

工12人。2000年9月，并入鹿亭乡初级中学。

历任校长（负责人）：叶吉茂、姚善定、朱褚友、褚世堂、褚世强、褚彭寿（1978年9月至1984年8月）、褚仲炼（1984年9月至2000年8月）。

鹿亭乡中心学校 校址设上庄村（原乡初级中学校址）。创办于2006年9月，系由乡初级中学、乡中心小学、白鹿小学三校合并组建的全市乡镇第一所九年一贯制学校。学校初建时有初中4班，学生173人，教职工23人，小学8班，学生254人，教职工45人。2008年2月，被市人民政府授予“文明单位”称号。2009年，投资42万元对计算机房和教师用电脑进行升级改造。2010年，被评为“平安校园”。2011年，投资92万元对运动场进行改造，铺设200米塑胶跑道；同年，投资85万元对行政楼拆除重建。2013年，投入142万元对食堂进行拆建和设施提升，成为宁波市校园餐饮服务示范食堂。2014年，投入46万元对学生宿舍进行升级改造。学校监控、无线网络覆盖全校园，教学仪器、电教设备均达到省一类标准，图书室有藏书4940册。2016年，学校占地1.4406公顷，校舍建筑面积7288平方米。初中3班，学生17人，教职工13人，小学6班，学生68人，教职工19人。

历任校长：龚国龙（2006年9月至2013年8月，教辅室主任兼）、郑军辉（2013年9月至2016年12月）。

第二章 成人教育

第一节 扫除文盲

1949年5月鹿亭解放后，各村农民协会在冬闲期间举办冬学，扫除青少年文盲。1950年后，乡人民政府欲通过冬学宣传土改政策，一时冬学、民校大兴。1953年，在农业互助合作和宣传“总路线”中，农民的会议和社会事务大量增加，部分冬学采取“农闲多学，农忙少学，大忙放假”的办法，后逐步改冬学为常年民校。1956年至1957年，各村均创办夜校，组织农民学政治、学文化，由当地小学老师担任文化教员。1958年“大跃进”时期，各农业生产合作社均建立民校，利用冬闲、晚上等时间学习，有的还组织田头识字、上门帮教等，民校教师一般由合作社会计、小学老师或村团支部书记等兼任。

1958 年原鹿亭乡扫盲计划一览表

表 20-2-1

社别	总人口（人）	14 ~ 40 周岁青壮年数（人）	文盲半文盲数（人）	规划入学		
				人数（人）	占青壮年（%）	占文半盲（%）
鹿一社	570	184	142	60	32.61	42.25
鹿二社	945	293	226	50	17.06	22.12
鹿三社	289	93	78	44	47.31	56.41
鹿四社	962	289	230	60	20.76	26.09
五星社	1182	366	259	80	21.86	30.89
合心社	708	219	171	40	18.26	23.39
勤丰社	998	309	238	60	19.42	25.21
永丰社	503	165	120	30	18.18	25
梁湖	165	51	39	20	39.22	51.28
合计	6322	1969	1503	444	22.55	29.54

1962年底，扫盲教育纠正过高过急做法，因人、因地、因时之宜组织扫盲，农村基层干部、党团员、生产骨干作为重点扫盲对象。

1964 年，第二次全国人口普查，乡境内 6 岁以上 10982 人。其中，文盲、半文盲 7015 人，占 63.88%；非文盲 3967 人，占 36.12%。

“文化大革命”初期，农民业余教育瘫痪，扫盲工作停顿。后举办“政治文化夜校”，几乎遍及各村，由大队共青团支部为核心组织青壮年学习文化知识，各公社配不脱产扫盲干部负责各大队扫盲工作。

1978 年，贯彻国务院《关于扫除文盲的指示》，成立县工农教育委员会。次年，鹿亭公社、晓云公社、白鹿公社相继成立工农教育委员会，配备专职工农教育干部（亦称业余教育干部）。鹿亭公社专职工农教育干部先后为郑文星、姚利锋等，晓云公社为褚志贵，白鹿公社先后为叶锋、陈荣华。公社工农教育委员会主任由公社负责政工的书记担任，公社团委书记、妇联主任、社校校长、业教干部等为委员，动员社会力量和农村小学教师参加业余教育工作，进而扩展到中小学生，由他们帮助自己的父母、其他亲属扫盲，加快扫盲进程。1982 年，第三次全国人口普查统计，境内 12 岁以上（含 12 岁）人口 15077 人，其中文盲、半文盲 4667 人，占同龄人口的 30.95%。

1882 年 4 月，县工农教育委员会对白鹿公社进行基本无盲单位验收，12 ~ 40 周岁人口总数 1486 人，其中高中及以上文化程度 116 人，初中 386 人，高小 487 人，初小 381 人，文盲、半文盲 116 人，非文盲率为 92.19%，其中 12 ~ 15 周岁非文盲率 97.1%。同年 11 月，鹿亭公社、晓云公社基本无盲单位验收合格。至此，3 个公社均达到省定基本无盲公社要求。

1984 年，余姚县扫盲复核，乡境内 12 ~ 40 周岁青少壮年农民 10784 人，非文盲 9794 人，占 90.82%。其中鹿亭乡非文盲率 91.33%，晓云乡 91.13%，白鹿乡 88.65%。

1984 年现乡境内扫盲（12 ~ 40 周岁青少壮年农民）复核情况表

表 20-2-2

单位	各年龄段非文盲率									文、半盲人数（人）
	12 ~ 15（周岁）			16 ~ 25（周岁）			26 ~ 40（周岁）			
	总数	非文盲数	非文盲率	总数	非文盲数	非文盲率	总数	非文盲数	非文盲率	
鹿亭乡	669	659	98.5	1496	1456	97.3	1758	1468	83.5	340
晓云乡	891	884	99.2	2060	2009	99.3	2236	1834	82.1	460
白鹿乡	287	282	98.3	636	616	96.9	751	586	78	190

1989 年，贯彻国务院《扫除文盲工作条例》，扫盲工作列入政府首长教育工作责任状，乡长任乡扫盲工作领导小组组长，采取领导负责、校长承包、成教管理、教师包片的办法，结合乡规民约，制订有力措施，保证扫盲数量和质量。次年 3 月，鹿亭乡 15 ~ 40 周岁非文盲率 97.08%，晓云乡 15 ~ 40 周岁非文盲率 96.15%，白鹿乡 15 ~ 40 周岁非文盲率 97.16%。

1990 年 3 月现乡境内扫盲基本情况表

表 20-2-3

单位	15-40 周岁数（人）	89 年初文半盲人数（人）	89 年扫除文盲数（人）	现有文半盲人数（人）	非文盲比例（%）	90 年扫盲指标（人）
白鹿乡	1512	53	10	43	97.16	20
鹿亭乡	3732	143	34	109	97.08	30
晓云乡	4729	254	72	182	96.15	50
合计	9973	450	116	334	96.65	100

1990 年，第四次全国人口普查统计，乡境内 15 岁以上（含 15 岁）人口总数 14539 人，其中文盲、半文盲 2579 人，占 17.74%。

1991 年上半年，梁弄区在晓云乡开展山区扫盲工作试点。同年 11 月，在晓云乡里大山村召开全区扫盲验收现场会。是年，乡境内共扫除文盲 98 人。

1994 年，通过省“两基”验收。全乡 1949 年 10 月 1 日后出生满 15 周岁人口总数 10806 人，其中非文盲人数 10484 人，文盲人数 322 人，非文盲率达 97.02%。

1998 年，通过省“两高”验收。

2000 年，第五次全国人口普查统计，全乡 15 岁以上（含 15 岁）人口总数 10529 人，其中文盲 1745 人，占 16.57%。

2010 年，第六次全国人口普查统计，全乡 15 岁以上（含 15 岁）常住人口总数 7005 人，其中文盲人数 1120 人，占 15.99%。

2013 年 4 月，进行新时期新一轮扫盲。根据统计部门数据，全乡有文盲 1120 人。5 月起，鹿亭乡成人学校组织教师排摸调查，这些人员中已脱盲 299 人、死亡 118 人、残疾智障 35 人、查无此人 31 人、文盲 637 人。7 月 5 日，成立鹿亭乡扫盲工作领导小组，教文卫副乡长任组长，成校校长任办公室主任，领导小组制定三年扫盲规划。是年，全乡以考代扫，扫除文盲20人。2014年，全乡扫除文盲253人。2015年，全乡脱盲218人。2016年，全乡非文盲率为98.2%。

第二节 文化补习与技术培训

1954年，冬学逐渐转为常年民校，后相继办业余初中班、业余高小班、业余初小班。

1981年，乡境内3个公社开办公社、大队农技校，后又办农机班，学习内容根据农事季节决定，讲授水稻、茶叶栽培、植保、兽医、机电、财会等。普及推广农业科技知识，多以乡农科站人员为辅导员，邀请县高级农技师上农技课，或请梁弄区农科站农技员到田间指导。是年，晓云公社办班23期，参加人数2675人次。

1982年后，各类业余学校发展迅速，除农技校外，还为小学未毕业的青壮年开办季节性民校，补习高小、初小文化知识。时晓云公社有高小班3班、初小班4班，学习内容为语文、算术、写字等，有学员136人，晓云民校被评为县级先进。1988年，鹿亭乡妇女保健班、农技班，白鹿乡农技校及晓云乡上村村民校、东岗村民校等被评为梁弄区成人教育先进集体。

20世纪90年代，农村经济迅猛发展，产业结构调整，成人教育开始转向职工岗位技术培训、农民实用技术培训和社会文化教育。1990年2月，晓云乡创建成人教育中心，同年10月，通过验收。是年白鹿乡筹建文化技术学校。同年12月，梁弄区杉木栽培实用技术现场会在鹿亭乡召开。是年，现乡境内受教育人数5500人，其中文化教育425人，乡村企业职工培训725人，专业技术教育2900人，社会生活教育1450人。1991年，现乡境内有成教中心1所，岗位培训10班580人，实用技术培训53期，计2120人次，文化教育3班90人，各线骨干培训及社会生活教育1580人次。

1994年2月，乡成人中等文化技术学校（简称“成校”）成立，业余教育干部改称成校教职工。成校的主要任务除继续扫除文盲外，同时开展农业专业技术、外来务工人员、农民转向城镇就业技能、务工农民岗位技能、农村后备劳动力等专业培训。1999年，组织开设“农函大”1班，35人参加培训。

2008年，创办“农民学校”，下设39个教学点，安排乡机关、市级技术部门和乡企事业单位领导等人员，定期下村为农民上课，受益农民9890人次。2009年8月18日，《余姚日报》刊发《鹿亭乡启动农民素质提升工程》一文予以报道。同年11月21日，浙江在线新闻网刊登题为《四明山办起“农讲所”——余姚鹿亭乡月月有讲座》的通讯。中共宁波市委书记巴音朝鲁到鹿亭考察并作专题批示：“创办农民学校的做法很好，请农办注意总结并推广。”

2009年，创办“民族团结学校”。是年，全乡有少数民族妇女296人，参加少数民族创业技能培训1065人次。2011年1月，宁波新闻网刊登题为《鹿亭乡建成少数民族团结教育基地》一文予以介绍。是年始，组织开办成人“双证制”高中班，招收对象为村干部、种植养殖人员、驾驶员和企业职工。至2015年，共招收“双证制”高中8班，有219名学员获宁波市教育局颁发的成人高中毕业证书。

2010年6月，教育部职成教协会原副会长陈乃林考察学校。同年增挂“鹿亭乡社区教育中心”牌子。2012年12月，宁波职成教教研室“双证制”高中现场会在鹿亭乡成人学校召开。2014年4月15日，慈溪市职成教教研室组织该市乡镇街道成校校长到鹿亭交流，乡成校以“努力构筑以满足人们多样化学习需求为目的的终身教育服务体系”为题作介绍。

2012 年 8 月鹿亭乡成校成人“双证制”高中班开学典礼举行

2016 年，招收成人“双证制”高中 1 班，24 名学员获宁波市教育局颁发的成人高中毕业证书，各种技能培训 854 人，社会生活化培训 5345 人次，绿色证书培训 124 人。

1994—2016 年部分年份成人学校（社区教育中心）各类培训情况表

表 20-2-4 单位：人

年份	技能培训	学历培训（高中）	社会生活化培训	绿色证书
1994	305	—	856	—
1996	491	—	—	—
1998	193	—	4238	—
1999	639	—	2313	—
2007	203	—	1971	70
2008	243	—	1997	185
2009	286	21	2166	40
2010	335	26	2739	40
2011	384	26	3759	60
2012	310	77	2856	61
2013	560	27	4475	100
2014	358	20	5398	100
2015	422	22	5592	122
2016	854	24	5345	124

附：乡成人中等文化技术学校简介

鹿亭乡成人中等文化技术学校于1994年2月由余姚市人民政府批准成立。初期办公场所借用乡初级中学，1995年，搬入新校舍。2008年，校区重新规划，成校教学楼划归乡中心幼儿园使用，原乡中心学校魏绍相综合楼一层暂作学校办公场所。2009年，原乡中心小学校舍经装修，成为成校独门独院的新校舍，并于同年4月1日迁入现址，学校占地0.3公顷，建筑面积1300平方米。

学校设施较为齐全，有培训教室、多媒体教室、办公室、会议室、图书室等。陆续增挂“鹿亭乡社区教育中心”“鹿亭乡农民学校”“鹿亭乡少数民族团结活动基地”“宁波市作家协会写作基地”“中国美院写生实践基地”“浙江财经学院艺术教育实习基地”等牌子。2016年，有教职工3人，兼职教师13人。

2010年12月，学校成为省一类成人学校，2013年12月，获省“标准化成校”称号。2009年，《山区农民学校服务新农村建设的实践探索》获宁波市科研成果二等奖。2014年，《外来少数民族媳妇素质提升策略的实践研究》获宁波特色二等奖。2016年，《提升少数民族外来媳妇素质的“教、学、做合一”培训模式的研究与实践》获全国职成教优秀成果一等奖。2013年，学校被评为余姚市科普示范学校，2014年和2016年，两度被评为余姚市年度考核先进单位，2016学年被评为余姚市先进学校。

历任校长：方岳传（1994年2月至1995年3月教辅室主任兼）、龚后涨（1995年4月至1996年4月）、方岳传（1996年4月至2005年8月，教辅室主任兼）、褚仲炼（2005年8月至2012年8月）、赵方尧（2012年8月至2016年12月，其中2012年8月至2014年8月任副校长，主持工作）。

第三章　教　师

第一节　教师队伍

民国36年（1947），乡境内有国民学校6所，教师人数因资料缺失无考。各村私塾各聘塾师1～2名不等。

中华人民共和国成立后，随教育事业的发展，教师队伍逐渐扩大。1952年，学校均由人民政府接管，教师纳入国家编制，工资由国家发给。1953年，乡境内有教师26人，其中鹿亭乡7人、晓云乡5人、白鹿乡8人、东岩乡6人。1956年年初，共有教师32人，其中鹿亭乡10人、晓云乡8人、白鹿乡7人、东岩乡7人。32名教师中有初师学历7人。同年，部分学校开始聘用民办、代课教师。

1953 年现乡境内各小学教师情况表

表 20-3-1　　单位：人

学校	教师数	学校	教师数	学校	教师数	学校	教师数
陈家岩小学	4	门石小学	1	上庄小学	1	东岗小学	1
赤石小学	1	李家塔小学	3	岩头小学	3	晓岭小学	3
马家坪小学	1	石潭小学	1	中姚小学	1	大溪小学	1
大年小学	1	中村小学	2	王石坑小学	1	高山小学	1

1958 年，鹿亭乡有公办小学教师 15 人，其中有 5 名转为民办；晓云乡有公办小学教师 14 人，其中有 8 名转为民办。同时在知识青年中聘请民办教师 8 人，以补充教师之不足。1958 年 10 月，实行人民公社化，始办高峰人民公社民办初中，时有初中教师 5 人。1961 年下半年，乡境内有教师 39 人，其中师范类（速师、初师、普师）学历 28 人。

1961 年下半年现乡境内中小学教师情况表

表 20-3-2　　单位：人

学校	教师数	其中师范类学历	学校	教师数	其中师范类学历
鹿亭社校	7	4	晓云社校	4	3
中村完小	6	5	东岗完小	1	1
石潭完小	2	2	大山完小	1	1
李家塔初小	1	1	中姚初小	1	0
算坑初小	1	0	路坑初小	1	0
沿夹岙小学	1	0	门石初小	1	1
白鹿社校	5	5	王石坑初小	1	1
赤石完小	1	1	岩头小学	2	1
马家坪小学	1	0	鹿亭农中	2	2

1964 年，除公办小学外，发展耕读小学和民办小学，民办教师迅速增加。翌年，小学教师增至 83 人，其中公办小学 31 人，民办小学 32 人，耕读小学 20 人。83 名教师中有民办教师 52 人，占教师总数的 62.65%。

1965 年现乡境内小学教师学历情况表

表 20-3-3　　　　单位：人

乡名	教师数	学历					
		普师	初师	速师	高中	初中	高小
鹿亭公社	32	12	1	1	2	9	7
晓云公社	35	5	4	0	3	16	7
白鹿公社	16	5	1	0	2	5	3
合计	83	22	6	1	7	30	17

“文化大革命”时期，教师回队任教，公办教师外流，中小学教育又盲目发展，民办及临时代课教师大量增加。至 1969 年下半年，有回队任教和无法回原籍的公办教师 20 人，其中鹿亭公社小学 8 人，晓云公社小学 6 人，白鹿公社小学 6 人。另有县属中学下派到农村公社中学任教的公办教师 3 人。3 个公社中学各 1 人。是年，有中小学教师 74 人，其中公办教师 23 人，民办教师 46 人，临时人员 5 人。民办教师和临时人员占教师总数的 68.92%。

1981 年，乡境内有中小学教师 147 人，其中公办教师 37 人、民办教师 93 人、临时代课教师 17 人，民办及临时代课教师占教师总数的 74.83%。

1982 年春，对民办教师队伍开展考核整顿，乡境内 1978 年底前任教的在编民办教师 93 人，其中鹿亭公社 32 人，晓云公社 45 人，白鹿公社 16 人。在编民办教师考核结果：一类（能基本胜任教学的）15 人，占参考民办教师总数的 16.13%；二类（文化业务水平不能适应，要限期提高的）44 人，占参考民办教师总数的 47.31%；三类（不宜继续任教的）34 人，占参考民办教师总数的 36.56%。对不宜继续任教的民办教师，除对 1962 年底前任教的区别对待外，其余全部辞退，并办理辞退手续，发给一次性补助，尽可能安置到社队办企业和其他单位工作。对继续留用的民办教师，按招工指标逐年择优转为公办教师。是年 9 月，有小学教师 94 人，其中公办教师 21 人，民办教师 51 人，临时代课教师 22 人。有初中教师 32 人，其中公办教师 19 人，民办教师 6 人，临时代课教师 7 人。中小学民办及临时代课教师占教师总数的 68.25%。至 1987 年，有小学教师 95 人，初中教师 42 人。

1992 年底，全乡继续留用的 59 名在编民办教师中，有 33 人先后转为公办教师，8 人陆续考入中等师范学校，2 人病故，1 人非正常死亡，1 人因违反计划生育政策被辞退。1993 年，宁波市教委、市人事局、市计委下发《关于从中小学民办教师中录用公办教师的通知》，对基本符合条件的在编民办教师一次性转为公办教师，全乡共 14 人（其中小学 13 人、初中 1 人）。1995 年，余姚市人民政府为解决民办教师遗留问题，全乡 4 名 1982 年辞退后继续留任，且从未间断顶编代课教师，确定为长期代课教师，享受大集体职工待遇，参加城镇职工基本医疗保险，经费由市、乡两级财政共同负担。

1996 年 10 月，开始实施教师资格过渡，全乡有 84 名教师通过教师资格认定，其中初中教师 22 人，小学教师 62 人。1994 届、1995 届、1996 届新教师等暂缓认定。2002 年，全面实施教师资格制度。

1997 年，全乡有小学教师 87 人，其中公办教师81人，长期代课教师3人，临时代课教师3人，师生比例为1 ∶ 16.15；中学教师54人，其中公办教师35人，长期代课教师1人，临时代课教师18人，师生比例为1 ∶ 11.93。

2000年，实施教职工聘用制。是年，全乡107名中小学教师中与学校签订聘用合同95人，另有病休、离岗退养、新招录教师12人未聘。

2016年，全乡有在编幼儿教师4人，其中本科学历2人，专科学历2人。小学教师19人（含成校2人、教辅室、核算中心各1人），其中本科学历7人，专科学历6人，中专学历5人，高中学历1人。初中教师13人（含成校1人、教辅室2人），其中本科学历9人，专科学历2人，高中学历2人。

1995年9月鹿亭乡中小学教师情况表

表20-3-4　　　　单位：人

学校名称	教师总数	其中		
		公办教师	长代教师	临代教师
乡初级中学	27	17	1	9
晓云初级中学	21	9	—	12
白鹿初级中学	7	4	—	3
乡中心小学	25	24	—	1
中村小学	8	8	—	—
李家塔小学	6	4	1	1
石潭小学	6	6	—	—
沿岙小学	1	—	—	1
晓云小学	15	15	—	—
中姚小学	3	2	—	1
东岗小学	3	1	1	1
路坑小学	1	1	—	—
王石坑小学	1	1	—	—
岩头小学	4	4	—	—
门石小学	1	—	—	1
大溪小学	2	2	—	—
水池小学	1	1	—	—
陈天龙小学	1		1	—
高山小学	6	3	—	3
羊坑小学	1	—	—	1
白鹿小学	10	10	—	—

续表 20-3-4

学校名称	教师总数	其中		
		公办教师	长代教师	临代教师
梁湖小学	1	1	—	—
赤石小学	1	1	—	—
马家坪小学	1	1	—	—
合计	153	115	4	34

1995—2016 年鹿亭乡中小学教师情况表

表 20-3-5　　单位：人

年份	初中				小学			
	总数	公办	长代	临代	总数	公办	长代	临代
1995	55	30	1	24	98	85	3	10
1996	58	32	1	25	94	84	3	7
1997	54	35	1	18	87	81	3	3
1998	45	33	1	11	82	79	3	—
1999	40	31	1	8	78	75	3	—
2000	38	31	1	6	75	72	3	—
2001	40	31	1	8	71	68	3	—
2002	39	31	1	7	66	63	3	—
2003	33	27	1	5	61	58	3	—
2004	27	26	1	—	51	48	3	—
2005	25	24	1	—	46	43	3	—
2006	23	22	1	—	45	42	3	—
2007	21	20	1	—	41	38	3	—
2008	20	19	1	—	41	38	3	—
2009	23	22	1	—	42	39	3	—
2010	20	19	1	—	39	36	3	—
2011	17	16	1	—	37	34	3	—
2012	17	16	1	—	36	33	3	—
2013	18	17	1	—	31	27	2	2
2014	18	17	1	—	27	23	2	2
2015	15	14	1	—	25	22	1	2
2016	13	12	1	—	19	17		2

附：教师离岗退养

2002 年始，境内中小学生逐年减少，学校规模缩小，教学网点数次调整。2005 年 8 月，乡教辅室经请示乡政府同意，首次实行教师内部退养政策，退养条件为男年满 55 周岁，女年满 50 周岁。是年 9 月，共有 5 名教师自愿办理内部退养手续。2006 年 9 月，九年一贯制的鹿亭乡中心学校成立，全乡只剩此一所学校，教师更是大量超编。是年，共有 13 名符合退养条件的教师自愿办理内部退养，此做法一直延续至 2010 学年。2011 年 8 月，市教育局出台文件，允许因身体原因不能坚持正常工作的教师离岗退养。退养条件为任教（工作）年限男满 30 年，女满 25 年，距退休不足 5 年（男满 55 周岁，女满 50 周岁）。须本人提出申请，经教辅室同意后报教育局审批，并实行一年一申请。是年，共有 19 名符合退养条件的教师申请办理离岗退养。2016 年 9 月，申请办理离岗退养教师 6 人。

第二节　教师任用

民国时期，公立学校校长由县政府任命，教师由校长聘用，并报县政府核备。私立学校校长、教师由校董事会聘任，报县政府备案。民国初，对教师资格无统一规定。民国 7 年（1918），教师资格有统一规定，凡各类师范学校毕业者属免试验检定；非师范学校毕业者属试验检定，经检定合格者为合格教师。民国 9 年，陈家岩村陈一鸥参加全省小学教师试验检定合格。民国 29 年，教师聘用书签有校长私章，并盖有余姚县政府和学校两方印章。

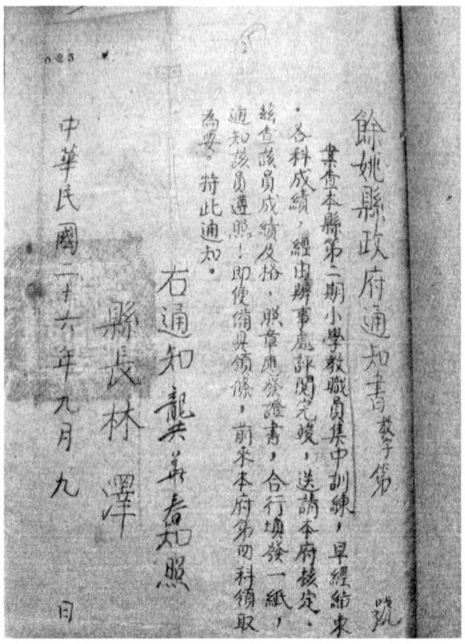
餘姚縣政府通知書　教字第　號
案查本縣第二期小學教職員集中訓練，早經結束。各科成績，經由辦事處評閱完竣，送請本府核定。茲查該員成績及格，照章應發證書，合行填發一紙，通知該員遵照！即便備具領條，前來本府第四科領取為要。特此通知。
右通知 龔[illegible]春 知照
縣長 林澤
中華民國二十六年九月九日

民国 26 年教师培训合格证领取通知

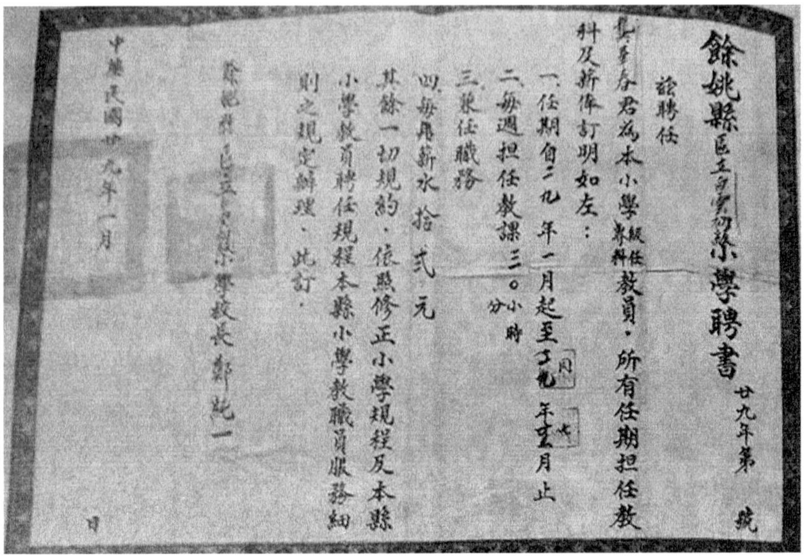
餘姚縣[illegible]小學聘書　廿九年第　號
茲聘任
[illegible]春君為本小學級任專科教員。所有任期担任教科及薪俸訂明如左：
一、任期自二九年一月起至二九年七月止
二、每週担任教課三〇小時　分
三、兼任職務
四、每月薪水拾弍元
其餘一切規約，依照修正小學規程及本縣小學教員聘任規程本縣小學教職員服務細則之規定辦理，此訂。
餘姚縣[illegible]小學校長 鄭純一
中華民國廿九年一月　日

民国 29 年小学教师聘书

1952 年，学校由人民政府接管，教师由教育部门统一调配任用。1953 年起，陆续招收社会上的知识青年任代课教师、民办教师。1958 年后，公社中心小学教师（公办教师）由国家分配；大队民办小学和耕读小学教师（民办教师）由大队党支部推荐，报公社党委批准，再报区中心小学备案。1971 年始，“代缺”的民办教师逐步转为公办教师，同时，陆续有大、中专院校毕业生充实教师队伍，但人数不多，只能以公社初级中学为主。1978 年起，民办教师归县教育部门管理。20 世纪 80 年代始，中等师范毕业生陆续分配到公社中心小学和规模较大的大队完小任教。

1987年11月，开展第一次教师职称评定，乡境内获评首批中学一级教师（中级职称）1人，后每年评定一次。1995年，全乡有小学中级职称教师21人，初级职称教师52人；中学中级职称教师7人，初级职称教师19人。2012年，乡中心学校郑军辉被评为全乡首位中学高级教师（数学学科）。2013年，鹿亭乡教育辅导室龚国龙被评为中学高级教师（数学学科），2016年，乡中心学校龚华士被评为中学高级教师（社会学科）。

2007年，实施评聘分离制度。2008年后，实施中小学教师职务结构比例的调控和评聘分离工作。是年，1名教师因受结构比例限制，被高职低聘。2012年，实施评聘合一，中、小学（含幼儿园）教师职称名称统一为二级教师（初级职称）、一级教师（中级职称）、高级教师（高级职称，又分副高、正高）。

2016年，全乡4名在编幼儿教师中有一级教师1人，二级教师3人；19名小学教师中（含教辅室、核算中心各1人，成人学校2人）有一级教师6人，二级教师9人，未定级4人；13名中学教师中（含教辅室2人、成人学校1人）有高级教师3人，一级教师6人，二级教师3人，未定级1人。

第三节　教师待遇

民国初期，县、区立学校中资历较高的教师及个别经费充裕的私立学校教师薪水较丰厚，一般学校教师待遇微薄，私塾塾师在学生家轮流用膳，以年15 ~ 20担稻谷作为薪酬。民国28年（1939），县立小学教员月薪28元，区乡小学教员月薪16元，私立小学教员月薪18元，初级小学教员月薪各减2元。此后，法币贬值，物价上涨，教师待遇却无更动。抗日战争胜利后，比照县级公务人员发给公粮、补助费外，学校收取学米等作补贴。

1949年11月，县人民政府决定小学教员薪酬实行实物工资制，8—10月发给实物，平均每人月发大米1.3石，11月改发人民币，按“折实单位”计算。1952年7月改“工资分”（按粮、布、油、盐、煤五种实物价格综合折合货币工资额的一种单位名称），同月教师实行公费医疗制度。1954年，按新颁标准调整工资，教师工资普遍得到提高。1955年7月，改“工资分”为货币工资制。1956年工资改革，小学教师人均39.55元。1959年、1963年、1971年，部分工资偏低教师工资得到调整，1977年、1979年，又两次调整教师工资。1981年，教师普遍晋升1级工资，个别升2级。1985年1月，教师工资实行以职务工资为主要内容的结构工资制（包括基础工资、职务工资、工龄津贴、奖励工资4个部分），教职工月人均增资23元，并开始按从事教育工作年限分4个档次发给教龄津贴，按教龄长短分3元、5元、7元、10元4个等级，随月工资计发。

1987年教师职称评定后，开始实行专业技术职务工资标准，月工资人均中学教师85.6元，小学教师85.1元（均不含教龄、班主任及各种物价补贴）。同年10月，教师工资标准再提高10%。

1993年进行工资制度改革，实行职务等级工资，教师工资有较大幅提高，以后每两年在考核合格的前提下正常晋升一级。

2004年，全乡初中公立教师月工资人均2293元，小学公办教师月工资人均2186元。2006年7月进行工资改革，实行岗位绩效工资制度。教师工资由岗位工资、薪级工资、绩效工资和特殊岗位津贴四部分组成，其中岗位工资和薪级工资为基本工资。2007年，全乡中小学公立教师月工资人均4683元。

2009年1月起，义务教育段教师实施绩效工资，分基础性绩效和奖励性绩效两部分，基础性绩效工资设立生活补贴、岗位津贴、教（工）龄补贴、班主任津贴、和农村教师任教津贴五个项目；奖励性绩效工资人均22747元，由各学校（单位）制定奖励性绩效工资分配方案，在全校教职工大会上通过，报上级行政主管部门备案。然后根据每位教师的工作量和实际贡献等因素，在考核的基础上进行分配。考核结果分优秀、合格、基本合格和不合格四类，考核优秀人员（不超过参加考核教师总数的15%）上浮10%。2014年10月和2016年7月，国家两次工调，教师的经济待遇有明显提高。

2016年，全乡教师奖励性绩效工资人均22747元。

教师生活福利逐年提高。1950年，县人民政府规定公教人员子女入学减免学杂费。1956年起，教师退休、退职享受国家干部待遇。1966年后，教师福利按工资总额的2.5%提取，专款专用。1979年，增发物价、副食补贴和书报费、冷饮费等。同年11月起，中小学教师增发班主任津贴，中学班主任每人每月5～7元，小学班主任每人每月4～6元。1984年9月始，对山区教师实行山区补贴。次年又给山区公办教师向上浮动工资一级。1984年底，省政府对行政事业单位固定职工增发节支奖，公办教师每年60元（其中县教育局补助50元，学校自负10元），民办教师30元（其中县教育局补助20元，学校自负10元）。1994年起，对年度考核合格以上的教师，年终一次性发给1个月的奖励工资（又称13个月奖励工资，2009年实行绩效工资后取消）。1997年，对老贫山区教师发放年终奖金每人400元，其中市财政200元，乡财政200元。是年，全乡有教职工141人，市财政补助28200元。2008年12月，山区补贴改为农村任教津贴，次年又给山区公办教师向上浮动一级工资。2009年始，中小学教师班主任津贴调整，小学教师根据班额每月300～500元，初中教师400～600元。2013年始，教师每年发给部门奖，是年，人均13800元。2014年人均18000元，2015年人均21800元，2016年增加至人均38000元。此外，在鹿亭乡任教的教师每月发给乡镇工作补贴200元，山区补贴200元，特岗津贴500元，还有根据农村任教年限和专业技术职务发给90～400元不等的农村任教津贴。

民办教师工资，1958年前，由所在校、村自筹发给，待遇低于同类公立教师。人民公社化后，民办教师工资实行工分制，年总工分数取生产队年最高劳动工分前10位社员的平均数，年终与社员一起参加劳动报酬分配，年人均300～400元不等。1972年起，实行工资加补贴，每人每月享受国家补贴16.5元。1973年起，改分级评定，每位民办教师每月补助4～6元，年终一次性发给，补助办学单位每人每月15元。1981年，凡公办教师所享受的各项补助，民办教师也按一定的比例发给。民办教师工资制、工分制并存。1984年，在编民办教师改为工资制，经费由乡政府筹集发放，县地方财政切块补贴。1985年1月起，1982年民办教师整顿后留用的在编民办教师每人每月增资23元，经费由市、乡负担各半。1987年中小学民办教师月人均收入约45元。1993年，在编民办教师均转为公办教师，月人均收入550元。

1978年中共十一届三中全会后，教师职业受到尊重，教师的政治待遇得到提高。1984年起，省人民政府给从事教育工作30年以上的教师颁发荣誉证书；1985年，国家规定每年9月10日为教师节，为30年以上教龄教师颁发医疗优诊卡。1993年，颁发《中华人民共和国教师法》，全社会尊师重教的良好风尚逐步形成。此后，市（县）、乡两级人代会和党代会均有教师代表当选。同时还在教师中评选优秀教师、省“春蚕奖”、教坛新秀、学科带头人、骨干教师等。

获省级及以上荣誉的教师有：1989年9月，晓云乡岩头小学褚世强被评为全国优秀教师；1991年7月，鹿亭乡中村小学邵幼珍获省第四届“春蚕奖”；1994年9月，鹿亭乡晓云小学褚培金获省第七届“春蚕奖”；1995年8月，鹿亭乡

◉ 1989 年，褚世强获全国优秀教师证书与奖章

白鹿小学陈建浩获省第八届“春蚕奖”；1996 年 9 月，鹿亭乡晓云小学褚富永获省第九届“春蚕奖”；1999 年 9 月，鹿亭乡中心小学赵松良获省第十二届“春蚕奖”；2003 年 9 月，鹿亭乡初级中学赵立新获省第十五届“春蚕奖”；2005 年 9 月，鹿亭乡中心小学赵方尧获省第十七届“春蚕奖”；2012 年 8 月，鹿亭乡中心学校郑军辉获省第二十四届“春蚕奖”；2013 年 9 月，鹿亭乡教育辅导室龚国龙获省第三届“农村教师突出贡献奖”。

第四章　教育管理

第一节　管理体制

民国时期，公立学校实行校长负责制，私立学校重大事项由校董事会决定，日常工作由校长负责。县先后设教育科、教育局管理学校，县劝学所、教育会亦时常派员视察。民国 29 年（1940）8 月，全国统一实施国民教育制度，义务教育与民众补习教育合二为一，实行政教合一的体制，规定每个乡设中心国民学校一所，每三保设国民学校一所，由乡长、保长兼任校长。

1949 年 5 月鹿亭解放后，根据余姚市军管会文教处“一般不动、逐渐改造”原则，批判地采用原有管理辅导体制的做法。1950 年起，全县建立区、乡两级中心小学，区中心小学增设副校长 1 人，专职负责全区小学教师政治学习与业务辅导。乡境内白鹿、鹿亭、东岩、晓云 4 个乡中心小学由梁弄区中心小学负责辅导工作，各乡中心小学负责对乡所属其余小学的辅导工作。1952 年 9 月，全县民办小学全部由政府接管。1956 年 2 月撤区并乡后，小学的管理一度由县教育行政部门抓到乡校一级。1958年10月，鹿亭乡与晓云乡合并建立高峰人民公社，上庄小学改名高峰公社中心小学。1959年3月，高峰公社改名鹿亭公社，下设三个管理区，原乡校改名管理区校，形成县辅导公社中心校——公社中心校辅导管理区校——管理区校辅导管理区内小学的三级辅导网。1960年初，高峰公社中心小学更名为鹿亭公社中心小学。1961年下半年，恢复区建制，管理区改建人民公社，重设区、社中心小学，又形成县、区、社三级辅导体制。1966年“文化大革命”开始，撤销区、社中心小学，公办学校下放到当地大队办，实行贫下中农管理学校，各学校之间均无辅导与被辅导关系。1971年7月，恢复县教育局，公社设置专职教育干部，管理本公社的教育工作。鹿亭公社教育干部先后为张松夫、黄传忠；晓云公社教育干部先后为姚善定、褚彭寿；白鹿公社教育干部鲁怀才。

1978年，撤销公社教育干部制，各公社建立中心学校，实行校长制，管理辖区内初中、小学。1981年，撤销区文教办公室，各公社初中、小学的业务辅导和有关行政事务由梁弄区中心小学兼管。有条件的公社单独建立文教支部，后改为教育支部。1983年，各公社初中的教学业务和行政管理过渡到县属中学（梁弄中学）辅导管理，中小学两条指挥线。1983年9月，撤销鹿亭公社中心学校，初中、小学分开设置，更名公社初级中学、中心小学。同年，公社初级中学、中心小学改称乡初级中学、乡中心小学。乡境内晓云乡中心学校、白鹿乡中心学校于1984年初中、小学分开设置。是年，中小学校长实行聘任制。1985年，实行“分级办学、分级管理”教育管理体制，学校下放到乡、村管理。1989年1月，设梁弄区辅导学校，乡境内中、小学的辅导管理任务由区辅导学校负责。

1992年5月撤区扩镇并乡后，撤销区辅导学校建制。同年7月，设立乡校长联席会议和会议召集人，负责全乡教育管理。乡初级中学、中心小学分别负责全乡初中、小学的教学业务辅导工作。

1993年11月，建立鹿亭乡教育辅导室，主管全乡中小学、幼儿园、成人学校（1994年成立）的人事、财务、职称评定、师资培训等工作，初中、小学、幼儿园教学业务委托“三中心”承担辅导任务。2016年，乡教育辅导室有工作人员3人。

乡校长联席会议召集人：方岳传（1992年7月至1993年11月）。

乡教育辅导室主任：方岳传（1993年11月至2005年5月）、龚国龙（2005年8月至2016年12月）。

第二节 教育方针

民国18年（1929），国民政府提出党化教育方针，定“三民主义”为教育宗旨，后以“四维”（礼、义、廉、耻）、“八德”（忠、孝、仁、爱、信、义、和、平）为共同校训。

中华人民共和国成立后，学校贯彻“教育必须为国家建设服务，学校必须为工农开门”的教育方针，优先招收工农子弟入学。1957年，提出“应该使受教育者在德育、智育、体育几方面都得到发展，成为有社会主义觉悟的有文化的劳动者”教育方针。1958年10月人民公社化运动后，“大跃进”的浮夸风波及学校，按照“教育必须为无产阶级政治服务，必须与生产劳动相结合”的教育方针，各校在加强政治思想工作的同时，组织师生参加生产劳动。

1961年后，按照中央“调整、巩固、充实、提高”八字方针，学校教育纳入以教学为主的轨道。1965年，废除《中小学生守则》，把毛泽东提出的“身体好、工作好、学习好”和“好好学习，天天向上”作为教育学生的标准。1966年“文化大革命”开始后，宣扬“造反有理”“读书无用”，把阶级斗争作为主课，以劳动代替教育，各学校“停课闹革命”。

1978年中共十一届三中全会后，全面恢复贯彻党的教育方针。1981 年 9 月，贯彻教育部正式颁布的《中学生守则》和《小学生守则》，小学各年级普遍设立思想品德课。1982 年，开展“五讲四美”（讲文明、讲礼貌、讲卫生、讲秩序、讲道德、心灵美、语言美、行为美、环境美）活动。1983 年，邓小平提出“教育要面向现代化、面向世界、面向未来”，推进教育改革和创新。1985 年后，注重培养有理想、有道德、有文化、有纪律的“四有”新人，纠正偏重智育、轻视体育、片面追求升学率、忽视政治思想教育的倾向，健全学校政治工作机构，坚持正面教育，开辟第二课堂，开展多种活动等措施，促进全面贯彻党的教育方针。

1990 年后，提出“教育必须为社会主义现代化建设服务，必须与生产劳动相结合，培养德、智、体全面发展的建设者和接班人”教育方针，基础教育逐步从应试教育转向素质教育，使教育质量得以提高。1995 年 3 月，《中华人民共和国教育法》颁布，以法律的形式规范党和国家的教育方针，即“教育必须为社会主义现代化建设服务，必须与生产劳动相结合，培养德、智、体等方面全面发展的社会主义事业的建设者和接班人”。1999 年 6 月，中共中央、国务院颁发《关于深化教育改革，全面推进素质教育的决定》。明确提出“实施素质教育，就是全面贯彻党的教育方针，以提高国民素质为根本宗旨，以培养学生的创新精神和实践能力为重点，造就‘有理想、有道德、有文化、有纪律’的、德智体美等全面发展的社会主义建设者和接班人”。但因仍实施以学科成绩为录取新生标准，学校追求升学率，使学生课业负担过重情况明显。

2002 年，中共十六大报告中提出“坚持教育为社会主义现代化建设服务，为人民服务，与生产劳动和社会实践相结合，培养德智体美全面发展的社会主义建设者和接班人”的教育方针，教育优先发展的地位逐步体现。

2007 年，中共十七大提出“坚持育人为本、德育为先，实施素质教育，提高教育现代化水平，培养德智体美全面发展的社会主义建设者和接班人，办好人民满意的教育”，把办好人民满意的学校作为一切工作的出发点和落脚点。

2012 年，中共十八大提出“坚持教育为社会主义现代化建设服务，为人民服务，把立德树人作为教育的根本任务，培养德智体美全面发展的社会主义建设者和接班人”方针，各地各校把立德树人作为教育工作的首要任务，招录各级新生都作相应的改革和完善。

第五章　经费　设施

第一节　经费来源

民国初期，私立学校经费由田产收入和学生缴纳。

民国17年（1928）后，教育经费的主要来源有地丁特捐（四成为教育费）、地丁附捐、各种行政派捐；寺、庙、庵堂和族房公有的田、地、山等租息；个人资助；学生缴费和政府少量的补助费。现乡境内的具体数据已无考。

民国29年后，省教育厅推行学谷捐，每亩征谷2斤以固定经费来源。民国35年11月起，推行助谷兴学运动，每亩水田助谷6斤、沙田3斤，并规定每斤谷折国币180元，但收效甚微，国民教育经费陷入绝境。现乡境内的具体数据已无考。

中华人民共和国成立初期，学校经费仍由地方自筹、政府酌情补助。1951年下半年，县人民政府开始随粮附征2.5%作为文教经费。1952年9月，国家接管全部学校，教育经费纳入国家财政预算。1957年后，提倡民办学校，实行国家拨款与地方筹款结合的“两条腿走路”办学方针。

中共十一届三中全会后，党和政府把办教育列为战略重点，重视智力投资，教育拨款逐年增加。1985年2月，实行“分级办学、分级管理”教育管理体制，乡境内各校乡办乡管，村办村管，乡成立教育经费委员会，负责办学经费筹措与管理。教育经费来源：国家拨款以1984年拨款数为准，并按每年教师变动情况调整；乡政府征收教育事业费附加，乡办企业按销售收入的0.5%～1.5%计征，商业、服务业按营业额的0.1%计征，农村计征办法由各乡自定。2016年，全乡教育事业经费支出985.37万元。

1993—2016年部分年份鹿亭乡教育经费（财政拨款）情况表

表20-5-1　　　　单位：万元

年份	财政拨款总数	其中	
		预算内拨款	教育附加拨款
1993	85	60	25
1994	164.25	149.25	15

续表 20-5-1

年份	财政拨款总数	其中	
		预算内拨款	教育附加拨款
1995	—	191.84	—
1997	283.74	253.99	29.75
2004	585.7	427.74	157.96
2005	682.09	455.46	226.63
2006	1041.4	488.58	552.82
2007	919.21	780.39	138.82
2010	953.04	860.17	92.87
2011	1106.26	869.98	236.28
2012	1034.82	879.7	155.12
2013	970.92	908.17	62.75
2014	1036.8	964.8	72
2015	1063.2	1010.8	52.4
2016	985.37	934.37	51

学生缴纳学费是教育经费来源之一。民国时期，政府数次颁发各级学校收费标准，除公立学校外，私立学校按经济来源自行规定，私塾不收学费以稻谷作教师薪酬，教师起居轮流照顾。抗日战争胜利后，货币贬值，学费改收学米。

中华人民共和国成立初期，沿袭收取学米。1952 年改收人民币，后数次调整。1958 年后，大队民办小学一般免缴学费。1961 年按省规定，小学高年级 3 元，中年级 2.5 元，初年级 2 元。1972 年，小学初级 1.5 元，高级 2 元，初中走读 3 元，住宿 4 元；高中走读 4 元，住宿 5 元。1979 年，小学初级 1.5 元，高级 2 元，初中走读 4 元，住宿 5 元；高中走读 5 元，住宿 6.5 元。1984 年，小学初级 3 元，高级 4 元，初中走读 8 元，住宿 16 元；高中走读 10 元，住宿 18 元。1986 年，《中华人民共和国义务教育法》颁布后，各乡陆续实施九年制义务教育，名义上免收学费，实际以杂费名目继续收取。2001 年后，国家对农村义务教育段贫困家庭学生实施“两免一补”政策，即义务教育段部分学生“免杂费、免书本费、补助寄宿生生活费”。政策执行初期有按收费标准全免与半免两种情形。2002 年 7 月，鹿亭、大岚、四明山等乡镇列入宁波市教育“两免一补”范围。

1993—2001 年鹿亭乡初级中学、小学杂费（秋季）收取标准情况表

表 20-5-2　　单位：元 / 生

年份	初级中学	小学	年份	初级中学	小学
1993	25	14 ~ 20	1998	60	35
1994	45	25	1999	60	35
1995	50	30	2000	70	35
1996	45	30	2001	70	35
1997	60	35			

学前教育自 1958 年开始举办农忙托儿所，时停时办。20 世纪 80 年代后，民办幼儿园大多转为个人经营。后变成小学附设幼儿园（学前班），无统一的收费标准。2006 年，乡公办中心幼儿园成立，才有统一的收费标准，作为学前教育经费的补充。

2010—2016 年学前教育收费情况表

表 20-5-3　　单位：元 / 每学期・生

年份	保育费			代收费	
	小班	中班	大班	伙食费	代管费
2010	140	130	120	90	70
2011	150	140	130	100	70
2012	260	220	180	100	60
2013	310	280	250	100	60
2014	380	340	300	100	60
2015	380	340	300	100	80
2016	380	340	300	110	80

第二节　勤工俭学

勤工俭学活动始于抗日战争时期浙东抗日根据地学校。学校发动学生参加摘茶叶等劳动，把所得收入用来购买日常必需用具，以补充学校部分经费，在艰苦劳动中使学生树立劳动观念。

1957 年 6 月 5 日，《人民日报》发表社论，提倡“一面读书，一面劳动”。乡境内各小学组织学生参加课余劳动，但收效甚微。1958 年 10 月 20 日，《人民日报》又推荐河南长葛县第三初级中学、贵州怀仁县群力农场业余中学实行勤工俭学的经验，并指出勤工俭学是一件有意义值得大力提倡的事情。由于鹿亭人民公社三个管理区学校地处偏僻山区，适逢国民经济暂时困难，部分小学只利用零星荒地种菜种粮，解决一些住校教师的少量生活必需，没有举办工厂和农场。20 世

纪70年代，贯彻毛泽东提出的“五七指示”，秉承“以学为主、兼学别样”的精神，各中小学建立学工、学农基地，开展热爱农村、热爱劳动教育活动。白鹿中学自1974年起在白鹿小王泥岭陆续开垦荒山10亩，种植茶叶，至1980年已有收成，为改善当时的办学条件和师生集体福利，弥补教育经费不足取得成效。1982年12月，宁波地区勤工俭学成果展览会上，白鹿社校《因地之宜开展勤工俭学活动》材料作为勤工俭学成果在展览会上展出。鹿亭社校于1978年创办校办厂，主要生产插座、刹车螺帽等，每年利润约1000～5000元不等，于1986年停办。

1986年，中小学根据市人民政府批转市教育局等单位《关于进一步开展勤工俭学活动的报告》，部分社队企业（后改称乡镇企业）利用校办企业的优惠政策开始挂靠校办企业名义，时晓云乡校、鹿亭乡校、白鹿中学、晓云中学、中村小学、岩头小学等都有校办企业挂靠，先后有近十家，校办企业税收优惠部分按一定比例分成上交学校，对改善学校办学条件起一定的作用。

1993年后，乡镇企业进行经营机制转换，挂校办企业牌子的乡镇企业逐步转为民营企业。1999年，国家取消对校办企业的税收优惠政策，校办企业或转型为民营企业，或关闭停业。

第三节 校舍

民国时期，乡境内小学多借用祠堂、庙宇、民房作校舍。解放初期至“文化大革命”前，小学校舍变化不大，基本上仍在祠堂、庙宇、民房内，白鹿乡赤石村发动群众搭建草屋作为校舍。1953年，县分期分批拨款修理、改造和重建校舍，时，白鹿乡门石小学新建平房3间，面积约110平方米，县拨款300万元（旧人民币）。“文化大革命”开始后，小学教育事业盲目发展，大队无论大小，都办有小学，有的仅一间民房、一块黑板、数张书桌、一个教师、十余名学生，就成为学校，甚至兼收初中学生，这些学校有的只存在数年就被撤并，校舍情况无法全面统计。

1978年中共十一届三中全会后，办学集国家、地方、集体和学校之力，使教育基建经费有明显增加，逐步建立学校校舍档案，对校舍进行登记、绘制平面图等工作。1981年，乡境内中小学基本实现“一无二有”（无危房、有教室、有课桌椅）。1985年实行分级办学、分级管理教育体制，乡管学校基本达到“一无六有”（无危房、有围墙、有操场、有校门、有校牌、有旗杆、有厕所）。1992年后，全乡中小学校舍或原地拆建，或易地重建，全部进行改造。至1999年，全乡小学占地面积1.4876公顷，校舍建筑面积8508平方米，生均6.48平方米；初中占地面积1.5198公顷，校舍建筑面积6540平方米，生均12.7平方米。

1995—2000年，鹿亭乡有5所小学改称为希望工程学校。1995年，乡中心小学教学楼装修，港商闻儒根捐资30万元，学校加挂“闻裕顺中心小学”牌子。1997年5月，李家塔小学希望工程竣工，中行信托投资公司捐资10万元，学校加挂“中行希望小学”牌子。1999年，石潭小学希望工程竣工，宁波育才投资公司捐资20万元，学校加挂“鹿亭乡育才希望小学”牌子。2000年，高山小学希望工程竣工，日本水月会社捐资30万元，学校加挂“鹿亭乡中日友好希望小学”牌子。2000年，中姚小学希望工程竣工，中国农业信托投资公司捐资20万元，学校加挂“中农信希望小学”牌子。

1994—2001年，全乡有港胞捐资的教学楼2幢、综合楼1幢。分别为1994年由赵安中捐资30万元的鹿亭乡初级中学林杏琴教学楼，1996年由赵安中捐资20万元的中村小学林杏琴教学楼，2001年由魏绍相捐资10万元的鹿亭乡初级中学魏绍相综合楼。

表 20-5-4

1992 年前乡境内学校校舍情况表

单位：平方米

鹿亭乡				晓云乡				白鹿乡			
校名	占地面积	建筑面积	建筑结构	校名	占地面积	建筑面积	建筑结构	校名	占地面积	建筑面积	建筑结构
初中	1862	1422	砖混木	初中	1631	1243	砖混木	初中	1120	786	砖混木
乡小	1121	653	木	乡小	984	1296	砖混木	乡小	1040	640	木
中村	1134	648	木	中姚	443	272	木	赤石	404	402	砖混木
算坑	130	86	木	东岗	647	383	砖混	叶家样	415	125	木
东风山	58	30	木	岩头	480	350	木	梁湖	254	132	木
石潭	1200	560	木	大年	60	40	木	马家坪	200	110	木
岙底	60	40	木	王石坑	234	208	砖混	高岩头	150	90	木
茶山	40	25	木	路坑	180	90	木	—	—	—	—
冬青	281	194	木	大溪	289	136	木	—	—	—	—
岙里	550	252	木	门石	350	274	砖混	—	—	—	—
上庄	350	150	木	高山	669	90	木	—	—	—	—
金家	112	72	砖混	羊坑	60	40	木	—	—	—	—
牛塘	95	65	木	陈天龙	79	43	木	—	—	—	—
郑洋	32	22	木	深坑	50	30	木	—	—	—	—
沿夹岙	288	138	木	水池	105	65	木	—	—	—	—
大洋山	105	65	木	岙里	130	90	木	—	—	—	—

1994—2006 年鹿亭乡改扩建学校校舍情况表

表 20-5-5

校名	建设年份	建筑面积	建设类别	建筑结构	备注
乡中心初中	1994	1423	新建林杏琴教学楼	砖混	港商赵安中捐资 30 万元
	1996	1600	新建学生宿舍楼	砖混	希望工程项目 70 万元
	2001	1165	新建魏绍相综合楼	框架	魏绍相捐资 10 万元
	2006	561	新建初中教学楼	框架	市乡两级出资 400 余万元
	2006	775	新建室内活动室	钢构框架	—
	2006	774	新建教工宿舍楼	框架	—
	2006	32	门卫室	框架	—
乡中心小学	1994	900	新建教学楼	砖混	—
	1996	642	新建师生宿舍楼	砖混	—
	1997	152	新建食堂	砖混	—
	1997	40	改建厕所	砖混	—
	1999	649	新建综合楼	砖混	—
中村小学	1996	907	易地新建教学楼	砖混	港商赵安中捐资 20 万元
石潭小学	1999	718	原地拆建	砖混	宁波育才公司捐资 20 万元
李家塔小学	1996	900	易地新建教学楼	砖混	中行宁波分行捐资 10 万元
中姚小学	1994	678	易地新建教学楼	砖混	中农信宁波分公司捐资 20 万元
岩头小学	1998	520	新建教学楼	砖混	—
高山小学	2000	630	新建教学楼、厕所等	砖混	日本水月会常仁寺捐资 30 万元
白鹿小学	1999	956	易地新建教学楼、厕所等	砖混	—
叶家栟小学	1994	250	原址拆建	砖混	—
路坑小学	1999	183	原址拆建	砖混	—

2000年后，随出生人口大幅降低和农村大量青壮年进城务工，大部分子女随父（母）进城就读，农村学校生源不断减少。2001年至2005年9月，全乡先后撤并学校8所。撤并后的学校校舍大部分改建为村办公楼。

2006年，全乡仅剩1所初中、2所小学。同年9月，乡中心初中、中心小学和白鹿小学三校合并，组建全市乡镇第一所九年一贯制学校——鹿亭乡中心学校，市乡两级出资400余万元，对乡中心初中进行扩建。2011年、2013年，分别对行政楼、食堂进行拆建，拆建后的面积分别为480平方米和625平方米。至2016年底，学校占地面积1.4406公顷，校舍建筑面积7288平方米。

乡中心学校（小学部）教学楼

2006年9月，鹿亭乡中心幼儿园成立，园舍借用乡成人学校一楼大教室。2008年暑期，乡教辅室、成人学校整体搬离，成校校舍归幼儿园，乡政府投入70余万元，对园舍进行改建装修。2013年暑期，乡政府又投入90余万元对园舍再次装修，并进行户外活动场地改造。至2016年底，乡中心幼儿园占地0.106公顷，园舍建筑面积632平方米。

第四节　教学设备

民国初期，乡民自发组织的私塾无固定场所和专用设备。民国中后期，私塾渐废，乡境内共有保校六所，但由于教学经费不足，课桌用门板代替，课椅由学生自带，连时钟也无配置。

中华人民共和国成立后，小学教学设备逐年有所添置、更新，除乡中心校有图书、脚踏风琴、少量体育活动器具外，大多数小学设备不齐全，不开设音乐、体育等课程。不少农村小学靠太阳、炊烟估计作息时间，吹数下哨子，或用小榔头击打断钢轨提示上下课，老师上课仅靠一支粉笔、一根教鞭和一只楷刷。“文化大革命”期间，小学、初中的教学设备不但得不到增添，反而遭到严重破坏。1978年后，公社中心学校用自制幻灯机开始电化教育，以后幻灯机、录音机逐步进入教室用于各科教学。1981年始，经省批准，全市陆续建立鹿亭等20个乡（镇）、农村初中实验中心。鹿亭乡初级中学建有仪器室和实验室各1个，物理、化学两科演示实验开出率在80%以上，分组实验开出率在70%以上。晓云、白鹿2所初中的分组实验课都由鹿亭乡初级中学实验中心开出。

1992年撤区扩镇并乡后，乡中心小学、中心初中率先添置电脑设备。1998年，为迎接省“两高”验收，各校均建立图书室、实验室、音乐教室等专用教室，并添置电脑、电视机、投影仪等多媒体教学设备。2004年，通过宁波市最后一批“教育强乡”认定。

2006年后，教学设备不断得到优化。2009年，投入42万元对校园计算机房和教师用电脑进行升级改造。

2016年，鹿亭乡中心学校配备有校园网络系统、校园音响系统、校园通信系统、校园监控系统，有校园警务室，有计算机房、图书室、阅览室，有音乐、美术专用教室，有多功能教室等。还建有篮球场、羽毛球场、乒乓球室和200米塑胶跑道等运动设施。普教、电教仪器达省一类配备标准，校图书室有藏书4940册。

表 20-5-6

鹿亭乡中心学校 2006 年和 2016 年校舍设备情况表

项目	基本情况			校舍情况				设备情况								
年份	班级（个）	学生（人）	教职工数（人）	学校占地（平方米）	生均占地（平方米）	建筑面积（平方米）	生均建筑（平方米）	图书室（平方米）	体育室（平方米）	音乐室（平方米）	运动场（平方米）	教学仪器配备	电教设备	图书（册）	钢琴（架）	电脑（台）
2006	12	427	64	14406	33.7	7388	17.3	100	775	72	6000	Ⅰ类	Ⅰ类	32444	1	85
2016	9	85	38	14406	169	7288	85.7	100	775	72	6000	Ⅰ类	Ⅰ类	4940	1	45

表 20-5-7

2016 年鹿亭乡中心幼儿园园舍设备情况表

项目	基本情况			校舍情况				设备情况										
单位	班级（个）	学生（人）	教职工数（人）	幼儿园占地（平方米）	生均占地（平方米）	建筑面积（平方米）	生均建筑（平方米）	图书室（间）	美工室（间）	音乐室（间）	户外活动场地（平方米）	安保设备（套）	多媒体设备（套）	图书（册）	钢琴（架）	电子琴（台）	电脑（台）
中心幼儿园	3	24	9	1060	44	632	26	26	26	54	380	1	1	380	1	3	4

第二十一编

卫　生

第一章 医疗机构

民国时期，境内医疗条件落后，无专业医院和诊所，历以中医私人开业为主，亦有民间郎中在药铺坐堂候诊或居家处方，间有江湖郎中流动行医。中华人民共和国成立后，境内各乡（公社）先后建立卫生保健所、卫生院，各村（大队）建立合作医疗站、卫生室。至2016年，基本形成乡、村两级医疗网络，全乡社区卫生服务站、村卫生室、卫生服务点全覆盖。

第一节 乡级医院

1951年，梁弄区卫生保健所设分所于白鹿陈家岩，为境内第一个乡级医院。1954年，建立晓云乡卫生保健所。1958年10月，建立高峰人民公社卫生保健所。1959年3月，梁弄区卫生保健所白鹿分所、晓云卫生保健所分别改称为陈家岩管理区卫生保健所、晓云管理区卫生保健所。1961年，管理区卫生保健所改称公社卫生保健所，乡境内有3家公社卫生保健所，即鹿亭公社卫生保健所、晓云公社卫生保健所、白鹿公社卫生保健所。公社卫生保健所对农村常见病、多发病的诊治，特别是在推广新法接生、加强卫生防疫方面曾发挥重要作用。1983年9月，公社卫生保健所改称乡卫生院，隶属于市卫生局。1987年5月，乡卫生院改由乡政府管理和领导，由梁弄区中心卫生院负责业务指导，鹿亭、晓云、白鹿3个乡政府分别与市卫生局签订交接协议书。1992年撤区扩镇并乡，晓云、白鹿2个卫生院并入鹿亭乡卫生院，改为分院。2002年，两分院撤销建制，实行民营。

白鹿卫生院

建于1951年，时为梁弄区卫生保健所白鹿分所，址设陈家岩大屋里（茶商陈一鸥故宅）。建院初期的医生有毛震、李秀珍、江沛珍、徐水桥等，所长徐水桥。1956年取消个体行医，白鹿叶家样民间中医龚家亨入卫生分所工作，时卫生所开设中医科和中药房。1958年10月人民公社化时期，改称陈家岩管理区卫生保健所。1959年1月24日，陈家岩村发生重大火灾，卫生保健所也被付之一炬。此后，保健所先后搬迁至下姚村马小海家、王家坪队屋、陈家岩枫树龙亭茶叶初制厂、下姚村的五间队屋等。1961年，管理区保健所更名为白鹿公社卫生保健所。1976年8月，选址处于新宅与下姚交界的水对清新建院舍，建筑面积280平方米。1982年，设西医内科、西医外科、妇产科、中医科和防疫科等科室。共有医务人员4人，其中西医士2人、中医士1人、其他初级卫生技术人员1人；主要仪器有显微镜1架、高压消毒器 1 个。全年门诊总量 17284 人次，有床位 1 个，全年住院 12 人，病床使用率 11.7%。1983 年，改称白鹿乡卫生院。1985 年，有医务技术人员 4 人，简易医疗器械基本齐备。1992 年 5 月，并入鹿亭乡卫生院，改称鹿亭乡卫生院白鹿分院，有医务人员 6 人。2002 年，白鹿卫生分院撤销建制实行民营，2008 年后改设为鹿亭乡白鹿社区卫生服务站。2013 年 9 月，成为新型农村合作医疗小病受惠定点医疗机构。白鹿卫生院（分所、保健所、分院）1951 年至 2002 年历任院长（负责人）：徐水桥、张乐青、夏昕、马春联、龚彤麟等。

晓云卫生院

建立于 1954 年，时称晓云乡卫生保健所，址设晓岭上村方先尧家。1958 年 10 月公社化时期，改称晓云管理区卫生保健所。1961 年，改称晓云公社卫生保健所。1965 年开设中医科和中药房。20 世纪 70 年代初，搬迁至晓云后岙口原晓云中学旁新建院舍。80 年代，迁至原晓云公社岩头村烟机厂（厂址设晓岭）厂房内，建筑面积 180 平方米。1982 年，设西医内科、西医外科、妇产科、中医内科、针灸科、西药房、中药房和防疫科等科室。共有医务人员 5 人，其中西医士 2 人，其他初级卫生技术人员 3 人；全年门诊总量 10753 人次；主要医疗设备有显微镜 1 架、无影灯 1 台、高压消毒器 1 个等。1983 年，改称晓云乡卫生院。1985 年，有医务人员 7 人，病床 4 张，置有 X 光、显微镜、医疗手术器械等，设内科、外科、妇产科、中药房、西药房、注射室等科室。1992 年 5 月，并入鹿亭乡卫生院，改称鹿亭乡卫生院晓云分院。时有医务人员 8 人。1997 年 12 月，院舍易地新建，建筑面积 704 平方米，总投资 56 万元。2002 年，晓云卫生分院撤销建制实行民营，2008 年改设为鹿亭乡晓云社区卫生服务站。2013 年 9 月，成为新型农村合作医疗小病受惠定点医疗机构。晓云卫生院（保健所、分院）1954 年至 2002 年历任院长（负责人）：褚才相、褚孝尚、何德章、毛马丁、汪松根、姚卫星、褚云辉。

鹿亭卫生院

1958 年 10 月，建立高峰人民公社卫生保健所，址设上庄村庄陇头（租用民房）。有产床床位 2 个，医务人员 4 人，所长蒋金旺，内科医生施定祥，妇科医生陆丽斌，中医郑忠孚。1961 年，更名为鹿亭公社卫生保健所。1962 年，搬迁至李家塔廊桥旁的庵里，时有王宝林、裘张宝、郑忠孚和助产医生李绪英等医务人员 4 人。开设中药房，中药房所用柜橱（俗称百格橱）购自中村郑贵康中药房，由郑忠孚负责中药房配药，所长王宝林。1967 年，搬迁至位于李家塔原鹿亭公社农业中学校舍内（时公社农业中学因“文化大革命”而停办）。1971 年，在李家塔新建所舍平房 11 间，坐南朝北，建筑面积 254 平方米。1977 年，县卫生局配给一台医用诊断 X 光机。1978 年，扩建平房 11 间，其中东西两端各 3 间为医务人员生活用户。1982 年，设西医内科、西医外科、妇产科、中医科、西药房、中药房、检验室、X 光室和防疫科等科室。共有医务人员 7 人，其中西医士 2 人、中医士 1 人、中药士 1 人、检验士 1 人、妇幼卫生员 1 人、其他初级卫生技术人员 1 人。全年门诊总量 10463 人次，主要医疗设备有显微镜 1 架、高压消毒器 1 个、腹部手术包 1 个、X 光机 1 台。1983 年，

◉ 乡卫生院旧址

改称鹿亭乡卫生院。1985 年，有医务人员 5 人，病床 5 张，置有 X 光、显微镜，有简易手术台和医疗手术器械，设内科、外科、妇产科、中药房、西药房、注射室等科室。1990 年，易址李家塔西山下新建院舍，建筑面积 1200 余平方米，1991 年竣工投入使用。

1992 年 5 月，晓云、白鹿 2 个卫生院并入鹿亭乡卫生院，全乡共有医务人员 24 人（其中鹿亭卫生院 10 人、白鹿分院 6 人、晓云分院 8 人），开设内科、外科、妇儿科、检验科、放射科等科室，配置放射、检验等设备。是年，总诊疗数 54730 人次，其中门诊 52116 人次、急诊 2614 人次；观察室收容病人 1231 人次，全年健康检查 3594 人。1993 年 7 月，开设中医骨伤科。1995 年，共有医务人员 15 人，其中西医师 5 人、西医士 3 人、助产士 2 人、中药剂士 1 人、其他初级卫生技术人员 4 人，有床位 15 个。1999 年，选址上庄村新建院舍，占地 0.47 公顷，建筑面积 2300 平方米，其中医疗用房 1315 平方米，X 光透视室 150 平方米，职工宿舍 450 平方米。2001 年始，乡卫生院进行医疗机构体制改革。2002 年，晓云、白鹿 2 所分院撤销建制实行民营，8 名在编职工明确身份进行交流，其中晓云分院 5 人，白鹿分院 3 人。2 个分院院舍进行公开拍卖，拍卖所得全部用于乡、村医疗卫生事业。2013 年 9 月，鹿亭乡卫生院成为余姚市新型农村合作医疗小病受惠定点医疗机构。2016 年 4 月，开设中医馆。2016 年，设全科医疗、中医骨伤科、中西医内科、牙科、康复疗理、免疫接种、妇儿保健、卫生防疫、计划生育指导、健康教育、心电、B 超、放射等科室，同时开展健康咨询、慢性病管理等医疗服务。有职工 33 人，其中在编 23 人、临聘人员 10 人，已取得本科学历 15 人，大专学历 6 人，高级职称 1 人，中级职称 4 人。鹿亭卫生院（保健所）1958 年 10 月至 1992 年 6 月历任院长（所长、负责人）：蒋金旺、施定祥、王宝林、陈国兴、吴勇、黄峥嵘。1992 年后历任院长：夏昕（1992 年 7 月至 1996 年）、龚彤麟（1996 年至 1998 年）、黄峥嵘（1998 年至 2014 年）、姜孙雷（2014 年至 2015 年）、孙利国（2015 年至 2016 年）。

第二节　村级医疗室

大队合作医疗站

20 世纪 60 年代，乡境内各大队相继建立大队卫生室。1967 年 9 月，根据毛泽东主席“把医疗卫生工作的重点放到农村去”的指示精神，梁弄区公所从全区 9 个公社抽取 36 人到梁弄大会堂进行为期 1 年的医学培训，乡境内黄传忠等人参加培训，培训结束后经考试合格，回原大队卫生室工作。1968 年底，农村大队卫生员、保健员改称“赤脚医生”，亦医亦农，报酬记工分。1969 年，农村实行合作医疗制度，推广公社办、公社大队联办及大队办合作医疗站（亦称合作医疗保健室）。至 70 年代中期，乡境内 3 个公社 39 个生产大队均有合作医疗站，其中鹿亭公社 13 个、晓云公社 18 个、白鹿公社 8 个。规模较小的大队合作医疗站配“赤脚医生”1 人，一般配 2 人，最多的是鹿亭公社中村大队合作医疗站有 4 名赤脚医生。时鹿亭公社有 13 家合作医疗站共 21 名“赤脚医生”（含助产医生）。其中，中村大队合作医疗站 4 人：郑文德、郑叶康、郑亚娟、郑梅青；李家塔大队合作医疗站 2 人：黄狄正、黄伟萍；石潭大队合作医疗站 2 人：戎宝莲、龚世意；算坑大队合作医疗站郑勤大；算坑大队东风山合作医疗站黄庆海；祝家堰大队合作医疗站郑方士；上庄大队合作医疗站赵志龙；岙里大队合作医疗站 2 人：赵家乐、赵杏娟；金家大队合作医疗站方建国；冬青大队合作医疗站赵银瑞；郑洋大队合作医疗站 2 人：郑友谊、叶松立；牛塘大队合作医疗站赵祖春；沿夹岙大队合作医疗站 2 人：方利吉、方浓珠。农村合作医疗站和“赤脚医生”在治疗常见病、为产妇接生、降低婴儿死亡率和控制疫情流行等方面发挥重要作用。

村卫生室

1980年，大队合作医疗站停办，复设大队卫生室，各大队“赤脚医生”部分从事其他职业，余者改称乡村医生、乡村卫生员。乡境内鹿亭公社有乡村医生、乡村卫生员共18人，其中16人有“乡村医生”或“乡村卫生员”证书。1986年，建立鹿亭乡乡村卫生工作者协会，持有“乡村医生”或“乡村卫生员”证书的16人全部登记入会。2004年1月1日，乡村医生经过相应的注册及培训经考试合格后执照开业，乡境内执照开业的有赵志龙、方世芬、褚国长、赵建军、龚飞虎等5名乡村医生。

1992年撤区扩镇并乡后，全乡39个行政村有9个村建立村卫生室，其中达到市卫生局甲级标准的5家。1997年11月，乡政府成立医疗卫生机构管理委员会（简称“医管会”），实行乡卫生院、分院和村卫生室一体化管理体制，统一进药，统一收费标准，统一财务管理。1999年2月，全乡村卫生室经过调整仍为9家。2008年，调整为2个社区卫生服务站、8个村卫生室和1个社区服务点。2010年10月始，社区卫生服务站、村卫生室、卫生服务医疗点按市卫计局山区基药扩面工作要求，均实施基本药物制度。2011年，为明确村级医疗机构的公益性，余姚市在鹿亭乡等4个山区乡镇进行试点工作，通过乡镇牵头、村委会出地（房）、政府适当补助的方式，重新建立规范化村卫生室。是年5月始，全乡4家社区卫生服务站（白鹿卫生服务站、晓云卫生服务站、李家塔卫生服务站、中村卫生服务站）、2家村卫生室（沿夹岙村卫生室、龙溪村卫生室）、5个卫生服务医疗点（亦称流动医院，乡卫生院每周定期指派医务人员上门坐诊，分别为高山村、高岩村、东岗村、中姚村、石潭村卫生服务医疗点），全部实行基本药物零差价制度。2013年，提出“村办、院管、政府补”的运行保障原则，即村卫生室（含社区卫生服务站、卫生服务医疗点）由村委会举办，乡卫生院管理，运行所需投入由村集体和乡政府补助，使村卫生室回归公益性。是年9月，全乡有3家社区卫生服务站（李家塔社区卫生服务站、白鹿社区卫生服务站和晓云社区卫生服务站）和2个卫生服务医疗点（东岗村医疗点、中姚村医疗点）成为小病受惠定点医疗机构。至2016年，全乡有一体化管理的社区卫生服务站4家，村卫生室2家，卫生服务医疗点5个，从业人员4人。村社区卫生服务站、村卫生室、卫生服务医疗点均开通光缆，确保参加新型农村合作医疗保险的农民实时结算医疗费用。

鹿亭乡白鹿社区卫生服务站

1999年村级卫生室设置情况表

表21-1-1

卫生室名称	设置地点	服务范围	医务人员
上庄村卫生室	上庄村	上庄、岙里、门石、冬青、牛塘、金家	赵志龙、方建国、赵建军
沿夹岙村卫生室	沿夹岙村	沿夹岙、郑洋	—
中村村卫生室	中村村	中村、算坑	方世芬
石潭村卫生室	石潭村	石潭、茶山	方如意、戎宝莲
马家坪村卫生室	马家坪	梁湖、马家坪	龚桂银、方国强
东岗村卫生室	东岗村	东岗	姚小康
岩头村卫生室	岩头村	岩头、大年	褚国长
中姚村卫生室	中村村	中姚	姚光明
大山村卫生室	大山村	高岩、里大山、外大山、陈天龙、深坑、水池	褚小奎

注：沿夹岙村卫生室无固定医务人员。

2004—2016鹿亭乡卫生机构、卫生技术人员统计表

表21-1-2

年份	卫生机构数（个）		卫生技术人员（人）		病床数（床）
	合计	其中卫生院	合计	其中执业（助理）医师	
2004	13	1	33	30	10
2005	16	1	35	32	10
2006	16	1	36	32	10
2007	16	1	35	31	5
2008	13	1	35	31	10
2009	13	1	35	31	10
2010	13	1	31	20	5
2011	13	1	31	20	5
2012	13	1	31	20	5
2013	—	1	—	16	5
2014	—	1	—	16	5
2015	—	1	—	15	5
2016	—	1	—	16	5

注：数据来源于历年《余姚统计年鉴》。

第三节　其他医疗机构

个体行医

民国时期，乡境内行医有中医私人诊所、药铺坐堂，大多自然村均有中医郎中，有病人上门求医或出诊。主要有：岩头村（今龙溪村岩头自然村）褚荣赔，医术高超，附近村子有人生病，抬轿请其出诊；中药店有“又兴堂”中药店，店主褚纪贵；民间接生婆有姚美珠，带沈彩雅为学徒。

中村村有中药店两家，其中一家店主为郑奕兴，其本人即为中医坐诊郎中，1958 年招入高峰人民公社卫生保健所的中医郑忠孚为其子。另一家中药店设在中村江港头，店主郑贵康，药店只抓中药，无坐诊看病郎中。

叶家样（今白鹿村叶家样自然村）龚加亨，既坐诊又出诊，家中开一中药房，村民若无钱支付诊费和药费，可用稻谷抵之。1956 年取消个体行医后，入白鹿卫生分所工作。龙溪村民间医生褚生宝为其学徒。

中华人民共和国成立后，个体行医主要有上庄村赵志龙、金家方建国、石潭村龚世意、中村村龚飞虎（骨伤科）等。其中赵志龙 1969 年至 1980 年期间为大队“赤脚医生”，1981 年在上庄村石盖山路开设个体诊所，2006 年歇业后，在沿夹岙村卫生室执业从医。龚飞虎于 1993 年 7 月入乡卫生院从事骨伤科医疗。

新四军浙东游击纵队后方医院

新四军浙东游击纵队后方医院筹建于民国 32 年（1943）1 月。初建时称“南山疗养所”，后改为后方医院，院址始在陆埠南山鲁家岙，后迁至南山裘岙、梁弄、岩头及三北地区。是年，第三战区三北游击司令部卫生处第一期卫生训练班在晓云上村大王庙内开学，学员 40 人，后因第二次反顽自卫战争战斗激烈，训练班迁至岩头村（今龙溪村岩头自然村），学员结业后分配到各部队。民国 33 年秋，后方医院迁至晓岭大方桥（洞桥）东侧的岳殿，为浙东纵队在抗日根据地大小战斗中负伤的人员进行医治。民国 34 年 10 月下旬，新四军浙东游击纵队奉命北撤后，“新四军浙东留守处”代表黄明（黄志和）在宁波与国民党三十二集团军副总司令兼“前进指挥部”指挥官陈沛然谈判，要求驻在后方医院的全体伤病员和工作人员留在晓岭，而对方非但不同意新四军设立留守处，反而要求全体伤病员和工作人员撤离浙东。双方最后商定，全体伤病员和工作人员 11 月 1 日前从晓岭出发，经陆埠、三七市、鸣鹤场、观海卫到古窑浦上船去苏北。当第一批伤病员于 10 月 31 日从晓岭后方医院至陆埠途中，即遭国民党驻军扣押，黄明闻讯与之交涉，被扣留关押。伤病员派出 6 名代表前去交涉，结果除 1 人脱险外，其余 5 人均被枪杀。11 月 3 日，国民党军队一个营包围后方医院，医院伤病员和工作人员除少数脱险外，其余均被拘捕杀害，后方医院也被破坏。

第二章　中西医疗

第一节　中　医

乡境内中医除民国时期岩头村褚荣赔、中村村郑奕兴和叶家样村龚加亨等私营药铺坐堂医生外，还有不少民间中医郎中。

据大溪《方氏宗谱》记载，清道光至咸丰年间，大溪村（今晓云村大溪自然村）方美锦，专治水痘类疾病。方美锦不但医术高超，且医德高尚，穷苦人家请其出诊，从不收取诊费，只以成本收取药费。方美锦卒于清光绪元年（1875），生前将一生所学传授其侄方立奎。

清光绪年间，上庄岙里村赵先恺（又名先秀）对医治痔疮颇有研究，生前留下近10个外敷内服专治痔疮的中药处方，至今尚存。

清宣统年间，冬青村赵正荣，专治痔疮、梅毒，生前将一生行医心得整理成册，留下医学理论书籍一册。同村还有赵定员，擅长“放血疗法”，子赵银瑞为20世纪60—70年代冬青村“赤脚医生”，尽得其父真传；孙赵建军为村卫生室乡村医生。

20世纪初至中叶，石潭村龚昌生擅长银针、冷刀，按祖传医学书籍人体经络图行医，挑疔疮、痧气颇有名。孙龚世意为70年代石潭村“赤脚医生”。

龙溪村褚生宝、褚彭其父子俩，以及金家村方岳连等擅长针灸。

龙溪村民间医生褚世泽，1968年起，以中草药治疗胆、肾和尿道结石等疾病，治愈率在90%以上。

1993年7月，乡卫生院开设中医骨伤科，由乡村医生龚飞虎坐诊。2016年4月初，开设中医馆，包括候诊室、门诊室、针灸推拿室、中药房等，配1名主治中医师和1名执业中医师。是年8月16日，乡卫生院举行余姚市中医医院医疗联合体揭牌仪式，同时市中医医院专家组成员进行义诊活动。

乡卫生院中医馆

第二节　西　医

1951 年，梁弄区卫生保健所设分所于白鹿陈家岩，为境内西医之始。1969 年后，陆续有宁波卫校和余姚卫校毕业生分配到乡境内 3 个乡（公社）卫生保健所。1982 年，鹿亭公社卫生保健所有医务人员 7 人，其中西医士 2 人；晓云公社卫生保健所有医务人员 5 人，其中西医士 2 人；白鹿公社卫生保健所有医务人员 4 人，其中西医士 2 人。1995 年，鹿亭乡卫生院有医务人员 15 人，其中西医师 5 人、西医士 3 人。2016 年，乡卫生院医务人员中已取得大专及以上学历 21 人，其中本科学历 15 人；中级职称以上 5 人，其中高级职称 1 人。

20 世纪 70 年代中期前，医生诊断疾病仅靠体温表、听诊器和血压计。1977 年，县卫生局配给鹿亭公社卫生保健所一台医用诊断 X 光机。

2003 年配置救护车 1 辆，2015 年更换。2008 年添置阿洛卡彩超 1 台。2009 年添置洗胃机、吸痰仪等抢救设备。2011 年添置 CR（计算机 X 线摄影系统）及 500 毫安 X 光机 1 台。2011 年始，临床检验由市临检中心统一检测。

第三章　保健　防疫

第一节　妇幼及老年保健

中华人民共和国成立前，妇女分娩全由民间接生婆接生，孕妇产前无检查，胎位不正致使难产，或临产子宫破裂、产后大出血造成死亡等常有发生。此外，婴儿因破伤风、疝气、天花、麻疹等感染而造成死亡也时有发生。中华人民共和国成立后，乡境内 3 个乡（公社）卫生院均设有妇保、儿保、妇产等科室，村配妇幼保健协助员。20 世纪 80 年代后，逐渐重视老年人保健。

新法接生

1953 年，普及新法接生，梁弄卫生所对全区各乡接生员进行培训，根除新生儿破伤风，减少产妇产褥热死亡率，乡境内鹿亭、白鹿、晓云、东岩 4 个乡均派员参加。20 世纪 50 年代，3 个乡卫生保健所均有产床床位 1 ~ 2 个。1961 年 9 月，鹿亭公社卫生保健所从上庄迁至李家塔后，配专职妇产科医生李绪英。李绪英原为民国时期国民党军队上尉医官，临床经验丰富。同时对旧接生婆进行培训，新法接生率逐年上升。至 80 年代末，住院接生率达 90% 以上。1995 年，取消山区接生员，孕产妇统一到市级医院分娩。至 2016 年，未发生因产妇产褥热及新生儿破伤风死亡病例。

围产期保健

1987 年始，实行围产期保健和孕产妇系统管理，对每名孕妇登记造册（建卡）。在受孕十二周首次到乡卫生院检查时建立健康档案，二十八周内每四周检查一次，二十八周至三十六周每两周检查一次，三十六周后每周检查一次。检查内容包括血液、心电图、胎儿B超、胎儿生长指数测量、多普勒胎心听诊等。3个乡孕产妇系统管理、建卡率均在90%以上。产妇出院后，由村妇幼保健协助员定期对母婴进行访视2次，一般产后3～7天及28天各一次，了解母婴情况，测量体温、血压、体重，指导母乳喂养及新生儿护理等。1988年，全面推行住院分娩，1991年，开始建立高危孕产妇报告制度，规定乡级卫生院不能接诊高危孕产妇分娩。1995—2016年，全乡无孕产妇和婴儿死亡病例。2016年，全乡孕产妇建卡率、系统管理率、母婴产后访视率均达100%。

妇女病防治

1998年始，每年对妇女病进行普查。2008年，实施对已婚育龄妇女进行以筛查宫颈癌为主的常见妇女病检查，历时3个月，实检人数3680人，受检率达86%，查出各类妇女病患者2208人，发病率达60%。2010年，中老年妇女纳入妇女健康促进工程体检人群，增加妇科B超检查项目。2011—2016年，全乡累计检查2388人次，治疗1670人，基本摸清妇女病发病情况。同时开展妇女卫生知识宣传，预防和减少妇女病的发生。

儿童保健

1958年始，儿童保健工作列为卫生部门的主要工作内容之一。1986年底，3个乡卫生院均开设儿童保健门诊。1988年始，对7岁以下儿童进行系统管理。1992年始，对0～3周岁儿童定期进行9次检查，检查内容包括母乳辅食喂养、睡眠、大小便、生长发育测量、心肺听诊、生殖器、佝偻病、贫血以及语言动作发育情况；对3～7周岁儿童每年定期体检，检查内容包括身高、体重、营养状况评估、血色素检查等。是年，全乡0～6周岁儿童867人，实行健康档案管理849人，健康档案管理率97.9%。20世纪80年代始，对中小学生每年进行一次常规健康体检，检查率在99%以上。1996年，开展儿童眼、听力、口腔保健。2006年始，加强对全乡幼托机构的卫生保健管理，内容包括幼儿园行政管理、卫生硬件设施、生活制度、膳食管理、健康检查、消毒隔离、疾病防治、安全保护、卫生宣传和卫生保健簿册管理等。2009年2月，开展“助苗安康、关注视力”儿童视力关爱工程。2016年，全乡0～6周岁儿童632人，实行健康档案管理632人，健康档案管理率100%。

老年保健

20世纪80年代后，逐渐重视老年保健工作。2003年始，乡卫生院每年对60周岁以上老人进行一次常规体检。至2016年，累计体检20500人次。2008年，创办“农民学校”，下设39个教学点，定期向老年人开展老年卫生保健知识宣传，提高老年人自我保护意识，受益老年人达9900余人次。

第二节 防 疫

防疫机构

民国期间，乡境内无专门防疫机构。1951—1952年，白鹿、鹿亭、晓云、东岩4个乡相继建立卫生防疫组织。1975年9月，乡境内3个公社卫生保健所均设1名兼职卫生防疫员，负责全公社的卫生防疫工作。1982年，3个保健所均配1名专职防疫人员，建立疫情报告制度和传染病管理预案，形成县、区、公社3级卫生防疫网。1983年9月，3个乡卫生院均建立防疫接种站，为保证疫苗效价和接种质量，3个接种站各置冰箱、冷藏包等设施，建立疫苗运转冷链系统。1992年撤区扩镇并乡后，乡卫生院防疫科负责全乡健康教育、计划免疫、慢性病防治、地方病防治、传染病防治、精神卫生管理等工作。2016年，乡卫生院防疫科有工作人员2人，其中主管医师1人。

常见传染病

天花 中华人民共和国成立前，境内时有流行，是儿童死亡率最高的传染病之一，即使侥幸逃过死亡劫难，也会留下满脸麻子。1950年起，免费为儿童接种牛痘，天花发病率逐年减少。20世纪60年代，境内基本消灭天花。进入21世纪，儿童已免种牛痘，天花病例成历史。

脊髓灰质炎 简称脊灰，俗称小儿麻痹症。民国和中华人民共和国成立之初，乡境内时有发生。1968年始，每年给1～3周岁儿童服用小儿麻痹糖丸，小儿麻痹症得到有效控制。20世纪70年代始，未见新发门诊病例。

流行性脑脊髓膜炎 简称流脑。20世纪60—70年代偶有发生，80年代始得到有效控制，后无门诊病例。

病毒性肝炎 俗称黄疸肝炎。虽新发病例不高，但每年时有发生。2005年，发病6例；2006年，发病5例；2012年，发病4例；2015年，发病3例；2016年，发病3例。

肺结核 俗称痨病。每年时有新发病例，2005年，发病4例；2010年，发病5例；2016年，发病6例。

性病 中华人民共和国成立后一度绝迹。20世纪90年代始，重新发现性病患者。2005年，发现淋病1例，梅毒1例。2010年，发现淋病3例，梅毒5例。2014年，发现淋病4例，梅毒2例。2016年，发现淋病2例，梅毒2例。

艾滋病 2009年，乡内首次发现艾滋病病例。至2016年全乡有艾滋病2例。

2005—2016年鹿亭乡部分传染病发病情况表

表21-3-1 单位：例

年份	病毒性肝炎	伤寒	痢疾	肺结核	流感	艾滋病	性病	
							淋病	梅毒
2005	6	2	—	4	—	—	1	1
2006	5	—	2	5	—	—	3	0
2007	3	—	6	5	—	—	1	2
2008	3	—	—	3	—	—	2	2
2009	0	1	—	5	—	1	0	0
2010	2	—	—	5	—	—	3	5
2011	2	—	2	2	—	—	0	4
2012	4	—	—	5	—	1	1	3
2013	2	—	—	2	—	—	0	2
2014	3	—	—	5	—	—	4	2
2015	3	—	—	3	—	—	1	0
2016	3	—	—	6	1	—	2	2

传染病防治

中华人民共和国成立前，乡境内公共环境卫生设施落后，医疗条件差，传染病时有发生。中华人民共和国成立后，人民政府重视传染病防治，开展预防接种和计划免疫，逐步改善公共环境卫生，使传染病发生周期延长，发病人数减少，死亡率大幅下降，部分传染病已基本消灭。1950年，全民接种牛痘。20世纪60年代，乡境内消灭天花。1983年9月，建立常年接种站，规定每月20日为接种日。2009年始，改为每周四为接种日。主要疫苗有牛痘、麻疹、百日咳、流脑、白喉、霍乱、小儿麻痹糖丸、卡介苗等18种。此后，麻疹、百日咳、乙脑、伤寒、破伤风等疾病得到有效控制，未再发生流行。至2016年，各种疫苗接种率达99%以上，大部分传染病绝灭或得到有效控制。

地方病防治

境内地方性疾病主要有甲状腺肿病、浮肿病等。中华人民共和国成立后，采取以“预防为主”的卫生工作方针，采取各种有效防治措施，至2016年，上述2种地方病基本根除。

甲状腺肿病　简称“地甲病”，20世纪50—60年代，境内时有发生。后推广使用碘盐，收到较好效果，80年代末基本根除。至2016年，未见新病例发生。

浮肿病　20世纪50年代末60年代初，国家经济困难时期，乡境内超50%的人因食物匮乏、饥饿造成营养不良而患浮肿病。此后随人民生活水平的不断提高，再未发现浮肿病人。

第四章　公共卫生

1951—1952年，乡境内白鹿、鹿亭、晓云、东岩4个乡相继建立爱国卫生运动委员会（简称“爱卫会”）和卫生防疫组织，开展以反对美帝国主义细菌战、灭“五害”（蝇、蚊、蚤、鼠、臭虫）、露天粪缸加盖等为重点的爱国卫生群众运动。1958年3月，兴起除“四害”（蚊、蝇、鼠、麻雀）、讲卫生全民运动。此后，每年开展“除四害、讲卫生”（“四害”改为蚊、蝇、鼠、臭虫）群众性运动。“文化大革命”初期，爱国卫生运动停顿。1969年，恢复爱国卫生运动委员会。1986年、1987年，开展大规模灭鼠运动，各村妇女主任挨家挨户分发毒鼠药，90%以上的农户投放毒饵，鼠密度大幅下降，但鼠的天敌（如黄鼠狼、蛇等）误吃毒死后的鼠也中毒而亡，几乎绝迹，生态平衡受到严重破坏。至2016年，除个别单位食堂有鼠迹外（多在下水道，因有残羹残饭），家鼠几乎绝迹。

1987年4月，乡境内3个公社的餐饮、娱乐、旅馆、理发、浴室等公共场所的卫生监督工作由梁弄区中心卫生院负责监督管理。1994年，食品卫生与公共场所卫生监督机构合并为卫生监督所。2003年余姚市姚南卫生监督分所成立（址设梁弄镇），境内除爱国卫生外的食品卫生、学校（含幼儿园）卫生等公共卫生均隶属姚南卫生监督分所监督管理。

2012年，鹿亭乡获余姚市卫生乡称号。至2016年，全乡12个行政村有4个为宁波市卫生村，其余8个村均为余姚市卫生村。

第一节　饮水卫生

20世纪80年代前，村民饮用水主要是溪水、井水和山涧水。其中，晓云、白鹿2个乡（公社）以饮用井水为多，鹿亭乡（公社）以饮用晓鹿、白鹿2条溪水为主。据1993年版《余姚水利志》记载：晓云乡有水井106口，生活用水3933人，年用水量7.17万立方米；白鹿乡有水井24口，生活用水3900人，年用水量9.13万立方米；鹿亭乡有水井15口，生活用水600人，年用水量1.1万立方米。饮用溪水的村，男主人每天早晨起床后第一件事即是将家中水缸挑满，以保证一天内家中用水之需。溪水既饮用，又用于洗粪桶等，生产、生活用水水源混用，水质严重污染，导致寄生虫病（以腹内寄生蛔虫为最多）、胃肠道传染病时有发生。也有饮用山涧水的自然村，用毛竹为水流将山水引入家家户户。

1982年始，各生产大队（村）相继安装自来水，水源多用山塘、水库之水或溪水（用水泵抽送至水塔），大多未经消毒处理。2005年6月，余姚市成立农民饮用水工程建设领导小组，在山区开展农民饮用水工程建设。至2007年，全乡12个村共建供水泵站27个，自来水覆盖率达100%，受益人口20136人。2012—2014年，全乡投资4000万元对12个村原有自来水网管进行改造提升，其中2012年是白鹿、中村、龙溪、晓云、高岩5个村，2013年4个村，2014年3个村。同时建造消毒处理塔，专人负责对自来水进行消毒处理。2016年，全乡12个村下属自然村自来水覆盖率100%。

石潭村供水站

2007年鹿亭乡村级供水站情况一览表

表21-4-1

行政村	受益人口（人）	供水站数（个）	供水站名称	建成年份
东岗	751	1	东岗	2005
李家塔	1127	1	李家塔	2005
龙溪	2036	4	岩头、路坑、大年、王石坑	2005
石潭	1552	1	石潭	2005
晓云	2500	4	上村、平桥头、洞桥、大溪	2005
上庄	4472	5	冬青、金家、岙里、门石、上庄	2005

续表 21-4-1

行政村	受益人口（人）	供水站数（人）	供水站名称	建成年份
白鹿	2501	4	叶家样、新村、梁湖、小黄泥岭	2006
中村	2000	1	中村	2006
中姚	866	1	中姚	2006
沿夹岙	760	1	沿夹岙	2007
高岩	713	3	郑洋山、深坑、高岩	2007
高山	858	1	高山	2007

第二节　食品卫生

每年夏、秋季是境内胃肠道疾病的高发季节，因饮食不洁导致患病的情况时有发生。

1985 年起，规定食品生产经营者须取得“卫生许可证”，方可从事食品生产和经营，并对环境场所、设备布局、工艺流程、贮存运输、容器包装等作出严格规定，确定禁止生产经营的食品范围。

2003 年余姚市姚南卫生监督分所成立（址设梁弄镇），对境内餐饮业和中小学（幼儿园）、单位食堂的食品卫生进行定期或不定期的检查监督，并委托乡卫生院对乡内餐饮业、中小学（幼儿园）食堂和其他企事业单位食堂从业人员每年进行健康体检。

2006 年，姚南卫生监督分所对乡中心学校、中心幼儿园食堂卫生监督实行分级量化管理，中心学校食堂评定为 B 级，中心幼儿园食堂评定为 C 级。2010 年，乡中心学校（中心幼儿园）食堂、全乡餐饮业开始实行“五常法”（常组织、常整顿、常清洁、常规范和常自律）管理。

第三节　环境卫生

人粪肥是农家最常用的肥料，故农村家家户户都有露天粪缸。2003 年，乡政府投入 45 万元，搬迁露天粪缸 4500 余只。

2004 年前，绝大多数村无垃圾桶，村民将生活和建筑垃圾直接倒入溪边，待夏天台风洪水时冲向下游。

2004 年 4 月，乡政府在李家塔村外祝家堰处建立垃圾中转站。购置 100 吨位固定式垃圾压缩机 1 台，贮藏行车 1 台，垃圾运输车 1 辆。是年，配有保洁人员 30 余人，年清运垃圾 1000 余吨。

◉ 乡垃圾中转站

2008 年 7 月，成立乡环卫所，逐步建立户集、村收、乡运、市处理的垃圾收集处理方式，即村民将生活垃圾倒入指定就近垃圾桶内，各村（部分自然村）都建有1个垃圾堆放处（点），由村垃圾收集员收集并放置于村垃圾堆放处（点），乡环卫所负责运输至垃圾中转站，经压缩后运送到市垃圾填埋场。是年添置垃圾运输专用三轮车8辆。2010年，全乡投资60万元，12个行政村建造完成太阳能垃圾处理站。2011年，建造生态环保厕所4座，卫生厕所15座，全乡有专业环境保洁员53人（含垃圾收集、清运和溪道保洁人员）。2013年，投资70余万元新增100吨位固定式垃圾压缩机1台和垃圾运输车1辆。

垃圾运输车

2016年，全乡有垃圾桶740只，环境卫生保洁员77人，其中村庄道路保洁（含公共厕所保洁）36人，溪道保洁8人，垃圾收集20人，垃圾清运13人，负责全乡环境清扫、垃圾收集、清运和中转等事务，日处理垃圾5吨余。

至2016年底，全乡12个行政村共建有公共厕所36座。

第四节　学校卫生

1979年起，学校卫生由卫生防疫部门进行监督指导，主要是监测学生健康状况、开展健康教育，培养学生良好的卫生习惯，改善学校环境卫生和教育卫生条件，加强对传染病、学生常见病的预防和治疗。1982年9月至1983年6月，县教育局组织部分教师参加保健教师专业培训，培训结束后任各乡镇中心小学保健教师。乡境内有保健教师的学校2所，分别为鹿亭乡中心小学和白鹿乡中心小学，保健教师协助相关部门开展学校卫生工作。1985年后，每年普查普治中小学生头虱、寄生虫卵等，并加强对龋牙的防治。20世纪80年代始，每学年对中小学生（含幼儿园儿童）进行一次健康检查，为每名学生建立健康卡。2016年，对全乡92名中小学生（含幼儿园）进行健康检查。

2014年，乡中心学校食堂被评定为学校食堂分级量化管理A级单位，并获宁波市“学校餐饮服务示范食堂”称号。

第五章　医药管理

第一节　药　政

中草药及使用

乡境地处山区，适宜中草药生长，能采集到的野生中草药有200余种，常见的有车前草（俗称田鸡草）、马兰草（俗称马兰头）、黄精、鱼腥草（俗称丹闻根）、马齿苋、垂盆草（俗称篦机甲）、翅果菊、糯米团（别名糯米草，俗称面凉淀）、覆盆子（俗称大树果果）、络石、金银花、金钱草、蒲公英、大刺儿菜、牛筋草、地锦草、一年蓬、栀子花（俗称黄栀）、知了花、知了壳等等。最名贵的是被称为"仙草"的野生铁皮石斛，于2014年7月在鹿亭乡一处海拔约300米的崖壁上被首次发现。20世纪60—70年代，西药供应紧张，部分大队赤脚医生曾上山采集、自制中草药用于医治患者。1980年后，西药供应充裕，自制中草药多被淘汰。乡卫生院中药房自开设至今从未间断，1993年开设中医骨伤科和2016年开设中医馆后，中药房使用频率增加。

药材种植

20世纪90年代，全乡12个村种植丹参、白术、元胡等中药材，去磐安聘请有药材种植经验的师傅到乡指导，全乡种植面积30余公顷。后因种植经验及市场前景等因素，至21世纪初不再种植。种植面积最大的中药材为浙贝母，70年代中期，从浙贝原产地鄞县章水镇樟村引进种植，其中以2007年种植面积最多，全乡种植57.13公顷，鲜贝母总产量达351吨。其次为铁皮石斛，境内种植地有2处。一处位于白鹿村梁湖自然村的余姚市白鹿生态种养殖有限公司，2009年自温州雁荡山引进铁皮石斛，聘请专业技术人员尝试人工大棚种植试验获得成功，并规模种植。至2016年，人工大棚种植面积1.33公顷，活树附生态栽培3.33公顷。另一处为位于上庄村香泉湾山庄的浙江韵之堂生物科技有限公司，2013年，建造400余平方米的组培室，将培育一年的10万株铁皮石斛苗，附植在数百棵香樟树和枣树上，种植面积1.35公

大棚铁皮石斛种植

顷，设有全套喷淋灌溉系统，使用天然山水灌溉。山体斜坡上有移栽8万株培育苗的2000余个木桩，有3000余盆铁皮石斛盆栽。2016年，香泉湾山庄被评为“浙江省中医药文化养生旅游示范基地”。再次为覆盆子，因2014年、2015年野生覆盆子市场价位较高，2016年始部分农户亦有种植。

药政管理

1956—1999年，零售药品由鹿亭、晓云、白鹿3个供销分社百货柜经销。1985年前，药政管理由县卫生局负责；1985年起，药品监督管理改由市药品监督检验所负责。2001年，鹿亭、晓云、白鹿3个供销分社解散，乡内无药品零售店。2006年，上庄药品零售店开业，址设上庄村兴庄路西29号旁一层平房。后因市场前景等原因，于2010年歇业。此后，乡内无药品零售店。

第二节　医疗制度

公费医疗

1952年8月，国家工作人员（包括公立教师）开始实行公费医疗制度。1957年7月起，实行分级管理，经费发放至各单位。1963年，改由单位定额包干。1976年1月，实行分系统管理。1981年1月，改革公费医疗制度，规定医疗费每人全年35元包干使用，实行单位定额包干、节余奖励的管理办法，年终结账，节余的50%奖励给个人，其余50%单位统一调剂。同年1月，梁弄区教育系统又作如下规定：一是享受公费医疗人员在本区卫生院看病可以凭特约卡记账；二是到外区卫生院看病，凭单位证明付现金，回来后向区校报销；三是在本公社卫生院看病，凭处方和发票由公社中心学校报销；四是到县级医院看病，需下级医院介绍信。1987年，改为定额到人、结余归己、超支自负20%的办法，超支300元的，超额部分全部报销。1997年，实行公费医疗包干，即公费医疗经费采取结余有奖、超支自负的管理办法。是年，全乡有享受公费医疗人员155人，包干基数62000元，人均400元。2001年10月31日起，取消公费医疗制度，国家机关工作人员及参照国家公务员制度管理的机关事业单位工作人员，统一纳入城镇职工基本医疗保险体系。

劳保医疗

20世纪50年代初，全民所有制企业职工实行劳保医疗，职工患病按规定报销医疗费，直系亲属医疗费由职工所在企业负担50%。其后，集体所有制企业也参照执行。90年代初，劳保医疗制度随着企业经营困难逐步淡出。2001年11月起，企业（含国有企业、城镇私营企业、其他城镇企业和外资企业）职工统一实施城镇职工基本医疗保险制度。

城镇职工基本医疗保险

2001年11月，全乡参加职工基本养老保险的所有用人单位及其职工，包括企业、国家机关、事业单位、社会团体、民办非企业单位及其职工、退休人员（包括退职人员和列入社会统筹的保养人员）统一实施城镇职工基本医疗保险制度。已参加市职工基本养老保险的城镇个体经济组织业主及其从业人员、城镇自由职业者和失业工人，也同时参加。

基本医疗保险费由用人单位和在职职工共同缴纳，退休人员不再缴纳基本医疗保险费。用人单位以在职职工上一年月平均工资作为缴费基数缴纳基本医疗保险费。国家机关和事业单位按在职职工缴费基数之和的8%缴纳基本医疗保险费和重大疾病医疗救助金，在职职工按本人上一年月平均工资的2%缴纳基本医疗保险费，由用人单位在其工资中扣除；企业按在职职工缴费基数之和的5%缴纳住院医疗保险费和重大疾病医疗救助金，在职职工按本人上年月平均工资的2%

缴纳基本医疗保险费，由用人单位在其工资中扣除；城镇个体经济组织业主及其从业人员、城镇自由职业者和事业职工，按本人上年月平均工资的5%缴纳住院医疗保险费和重大疾病医疗救助金。

基本医疗保险基金由统筹基金和个人账户构成。参保人员个人缴纳的基本医疗保险费全部记入个人账户，用人单位按缴费基数的一定比例缴纳的基本医疗保险费分两个部分，分别划入个人账户和建立统筹基金。

2016年，乡政府59名国家公务员及机关事业编制人员享受城镇职工医疗保险待遇。

农村合作医疗

1969年，乡境内3个公社实行农村合作医疗，推行大队办合作医疗站或合作医疗保健室，实行医药费减免或部分由大队报销。至20世纪70年代中期，合作医疗站遍及每个大队。社员每人投资0.5～2元不等，按各大队集体经济情况差别不同，报销30%～60%不等医药费。大队“赤脚医生”报酬实行工分制。时因各大队集体经济普遍薄弱，合作医疗制度仅运作3～5年后大多停办，至1980年全部停办。

1991年12月，乡境内各乡推行农村合作医疗保健制度。农村合作医疗保健制度是群众互助共济的社会保障制度，以村办乡管为主，重点解决农民因患大病重病医疗费负担过重而出现的“因病致贫”问题。其形式是合作合医，体现共同享受互助合作精神，乡政府成立合作医疗管理委员会，各村建立相应的医管小组。资金筹集以农民自筹互助为基础，3年为一个周期，每年筹集一次，参加形式以户为单位，医药费按比例报销。

1999年，余姚市人民政府颁发《关于印发余姚市发展和完善农村合作医疗实施意见的通知》，乡政府在重新推行农村合作医疗制度，全乡合作医疗村覆盖率达100%。

新型农村合作医疗

2003年，余姚市被省确定为新型农村合作医疗（简称“新农合”）试点县（市）。同年9月，市人民政府制定《关于实施新型农村合作医疗制度的意见》。2004年1月，开始实施住院统筹、大病救助、农村社区卫生服务三位一体的新农合制度。由政府组织和扶持，农民自愿参加。是年起，农村合作医疗开展两年一轮的免费健康体检工作。合作医疗经费采取四级筹集办法：个人缴纳和村集体扶持资金为每人30元（因各村集体经济贫富不均，个人缴纳部分有15元、20元不等）；市财政和乡财政各给予每人15元的扶持；宁波市财政的专项资金全部纳入统筹资金。为引导合理的医疗消费，凡在一级医院就诊的起补线1000元、二级医院1500元、三级医院2000元。患病住院报销标准为：起补线至3000元部分报销20%，3001元至5000元部分报销30%，5001～10000元部分报销40%，10001～30000元部分报销50%，30001元以上部分报销60%，最高补助限额为每人每年2万元。对恶性肿瘤、脑卒中、糖尿病、慢性尿毒症及器官移植后的后续治疗等5种慢性疾病，当年未享受过住院补助的其门诊费被列入大病统筹资金补助，全年累计1000元以上部分，按30%补助，最高补助额为每人每年3000元。对一次性住院费用超过5000元，确实导致家庭生活特别困难者，在享受正常住院报销外，还可按自负部分40%的比例进行救助，最高救助额为每次2万元。是年，全乡应参保人数17543人，实际参保15311人，参保率87.28%。2010年，全乡应参保人数15477人，实际参保15020人，参保率97.05%。

2010年12月31日，市人民政府颁布《余姚市新型农村合作医疗制度实施办法》，2011年始，参照执行实施办法，是年，全乡应参保15646人，实际参保15276人，参保率97.64%。2012年，应参保15094人，实际参保15276人，参保率96.5%，报销金额230.9805万元（不含门诊直接补偿的40%或45%部分，下同）。2014年，新型农村合作医疗资金筹集标准每人650元，鹿亭乡农民个人缴费120元，对五保和散居孤儿、低保和低保边缘户、重点优抚对象、二级以上持证残疾人、“三老”人员等困难群众参加新型农村合作医疗的，个人缴费部分由市、乡两级财政分别按50%给予全额补助。参合农民携带合作医疗卡和身份证到乡卫生院或村卫生室就诊，其门诊有效医药费可当场补偿40%，其中中药饮片、传统中医诊疗项目的补偿比例为45%，最高补偿限额为1000元每人每年。血友病、再生障碍性贫血、系统性红斑狼疮、脑血管意外、糖尿病、肺结核、精神病、尿毒症、恶性肿瘤、器官移植后抗排异治疗，共10种疾病纳入特殊病种管理，特殊病种门诊补偿起付线300元，起付线以上部分按门诊有效药费（尿毒症含透析、恶性肿瘤含放疗）的60%补偿。最高补偿限额按病种分别为血友病、再生障碍性贫血、系统性红斑狼疮、脑血管意外、糖尿病、肺结核、精神病（不含重性精神病）7类病种最高补偿限额5000元每人每年；重性精神病、尿毒症、恶性肿瘤、器官移植后抗排异治疗等最高补偿限额40000元每人每年。住院起付线和补偿比例为：市内一级医院起付线为300元，起付线以上部分补偿比例88%；二级医院起付线为600元，起付线以上部分补偿比例78%；三级医院起付线为900元，起付线以上部分补偿比例75%；余姚市外定点医院起付线为900元，起付线以上部分按40%补偿；鹿亭乡参合人员到宁波市级医院住院治疗的，无须开具转院证明，参照本市同级医院标准补偿，起付线1500元。是年，全乡12个村应参保12800人，实际参保12546人，参保率98.02%，医保报销301.4253万元。2004—2016年，全乡累计186286人次参加新型农村合作医疗保险。

2016年，全乡12个村应参保12021人，实际参保11868人，参保率98.73%，当年医保报销323.9754万元。截至12月31日，停用“余姚市新型农村合作医疗卡”，启用“社会保障卡”。

第二十二编

文化　广电　体育

第一章　群众文化

第一节　机构与设施

乡（公社）文化站

1958年10月，高峰人民公社成立，同时建立高峰人民公社文化馆。次年3月，高峰人民公社改称鹿亭人民公社，下设3个管理区，管理区的文化工作由公社文化馆负责管理。1961年，贯彻“调整、巩固、充实、提高”方针，公社文化馆被撤销，乡境内的文化工作由梁弄区文化站负责管理，“文化大革命”期间活动停止。1983年、1984年，鹿亭、白鹿、晓云3个乡相继成立民办公助文化站，业务上仍由梁弄区文化站管理。1990年，鹿亭、晓云2个乡文化站通过统评定级，达到余姚市三级文化站标准。1992年4月，鹿亭乡、白鹿乡文化站晋升为省三级文化站，入选省第二次文化站定级名单。

1992年5月，乡境内鹿亭、白鹿、晓云3个乡合并成鹿亭乡，同时建立鹿亭乡文化站。1997年，成立鹿亭乡文化体育中心，址设鹿亭乡成人中等文化技术学校，2016年改名为鹿亭乡综合文化站。

2002年，鹿亭乡被命名为宁波市“东海明珠乡”。2010年7月，鹿亭乡与宁波户外活动协会共同举办“2010宁波·鹿亭首届户外运动休闲文化节”。2012年度，鹿亭乡被评为余姚市文化工作先进集体和宁波市文化工作示范乡镇。2013年12月26日，成立余姚市文学艺术界联合会鹿亭分会。

余姚市文学艺术界联合会鹿亭分会成立大会举行

2016年，乡文化站有工作人员1人，村级文化员3人。1992—2016年，历任乡文化站站长：方月波、周卓君、郑国光、林璐燕、徐建锋、邬海滨、翁航霞。

档案室

20世纪50、60年代，乡（公社）政府档案数量少，由乡（公社）文书兼管。1978年中共十一届三中全会后，对原有档案进行分类整理，主要包括文书档案、行政会计档案、工办会计档案等。80年代后，要求每年对各类档案进行整理、装订成册。1991年11月，鹿亭乡政府、白鹿乡政府被宁波市档案局评为宁波市机关档案管理二级先进。

1992年“撤扩并”时，将1992年前3个乡的部分档案归入余姚市档案局管理，1992年后的档案由乡政府档案室库存，制定“立卷归档、档案统计、档案利用、档案借阅、档案保密”等档案管理规章制度及档案管理员岗位职责。2001年，行政村建档率100%。2010年，乡档案室按规范化标准重新装修，配备防火、防潮、防盗设备。2016年，乡档案室有专用房子3间，库房面积约69平方米，有专用档案柜（箱）145只，档案专用电脑2台，打印机1台，灭火器2只。共有文书、科技档案3212卷，其中文书档案2904卷、科技档案308卷，另有会计档案1961卷，特种载体档案10卷。其他档案（包括二轮土地承包档案等）未做统计。乡政府档案工作由乡党委副书记分管，档案室主任由乡党政办主任兼任，配备专职档案管理员1人，各办公室设档案联络员。2011年、2012年、2016年，乡政府档案室先后被评为余姚市档案工作先进集体。

自20世纪50—60年代始，乡境内各单位始建档案。60年代初期，单位档案全部上交县一级主管部门保管。“文化大革命”期间，单位档案多有散失。80年代后，单位档案工作进入正常轨道，特别是学校、医院等单位，直接受上级主管部门指导和监督，档案较齐全。

图书室

中华人民共和国成立初期，部分小学建有图书室，图书以连环画、科普读物、小说为主。多在午间开放，供师生借阅。20世纪50—60年代，部分农村俱乐部设有图书室。70年代，县文化馆下发给农村俱乐部流动图书箱及部分图书，供农民借阅。2010年，全乡有村图书室9个，藏书9860册。2011年，启动余姚市公共图书馆鹿亭分馆建设，乡图书室成为市6家乡镇图书馆分馆之一，全年借阅1000余人次。是年，全乡有村级图书室11个，藏书12712册。

学校图书室在单位图书室中藏书最多。90年代，通过教育“两基”“两高”验收，学校图书数量猛增。至1998年，全乡有中小学18所，建有图书室18个，面积共281平方米，共有图书26897册，其中初中11360册，生均20.4册；小学15537册，生均11.2册。

2016年，有乡图书室1个（乡成人学校“农家书屋”），藏书4000余册。中小学、幼儿园图书室2个，面积126平方米，藏书5320册，其中乡中心学校4940册，乡中心幼儿园380册。此外，全乡还有村级图书室12个。

2010年村图书室藏书情况表

表22-1-1　　单位：册

村名	藏书数	村名	藏书数	村名	藏书数
白鹿	250	上庄	2000	晓云	500
石潭	200	中村	1560	龙溪	2000
李家塔	1000	高山	350	东岗	2000

电影放映队

1970 年，余姚县举办由 13 个公社（单位）39 人参加的“赤脚放映员”培训班，鹿亭公社王海宝、郑善球、龚开福 3 人参加培训。同年 5 月，鹿亭公社电影放映队成立，置 16 毫米电影放映机、3 匹汽油发电机组各 1 台及银幕 1 块。电影放映队除完成本公社各大队轮流放映任务外，还负责白鹿、晓云、茭湖 3 个公社各大队的电影放映。1973 年，放映机由 16 毫米改为 8.75 毫米。1973 年后，乡境内晓云、白鹿 2 个公社先后成立电影放映队，各配专职放映员 2 ~ 3 人。1975 年底，乡境内共有 8.75 毫米电影放映单位 3 个。1985 年年后，乡境内有 8.75 毫米电影放映单位 1 个，16 毫米电影放映单位 2 个。

农村电影放映无固定场所，一般以学校操场、农村晒谷场等露天电影为主。如遇好的片子，且县里规定归还拷贝时间，但此时间段内无法在境内每个大队都上映，则放映队一个晚上在 2 个大队放映，俗称“放跑片”，即用 2 台放映机在 2 个大队同晚放映，其中一个大队直接放映主片，另一个大队先放映幻灯、宣传片之类，前个大队第一盘拷贝放映完毕后，立即专人用自行车（或步行）送到另一放映点，第二盘拷贝亦如此（时每场电影 2 盘拷贝）。

1984 年，中村大会堂更名为鹿亭乡中村影剧院，可售票放映电影。1990 年，鹿亭中村大会堂、晓云岙里大会堂被列入市文艺演出中心和农村电影售票放映点。20 世纪 90 年代后，随有线电视、数字电视的普及，电影放映队随之解体。

2008 年始，实施农村电影放映工程，实现“一村一月放映一场电影”的目标。是年，全乡放映电影 144 场次。其中白鹿、中村、石潭、高山、中姚、东岗 6 个村为市农村电影放映重点扶持村。2014 年 10 月，第二十四届四明山电影节在鹿亭乡中村村开幕。2015 年，有多个电影剧组在中村取景。2016 年，拍摄电影《白云桥》、公益微电影《小王子》。

第二节　民间文化组织

农村俱乐部

20 世纪 50 年代初期，为配合土地改革、抗美援朝、合作化运动，部分村建立农村俱乐部，在节日、农闲期间排演古今戏曲、跳秧歌舞。1953 年，农村俱乐部成立宣传队，宣传过渡时期总路线，其后又在宣传互助合作、粮食统购统销、农业纲要四十条中发挥作用。1956 年，随着“双百”（百花齐放、百家争鸣）方针的贯彻，农村俱乐部得到快速发展。“文化大革命”期间，农村俱乐部自行解散。公社、大队、学校陆续成立毛泽东思想文艺宣传队（简称“文宣队”），大唱革命歌曲和毛主席语录歌，如《大海航行靠舵手》《北京的金山上》《北京有个金太阳》《毛主席著作闪金光》《敬祝毛主席万寿无疆》《革命不是请客吃饭》，等等。文宣队还自编、自导、自演“快板”“三句半”“对口词”等形式多样的节目，下村巡回演出。

1970 年后，大队文宣队开始演出“样板戏”。比较有影响的有白鹿公社陈家岩大队文宣队排演的《智取威虎山》《杜鹃山》，鹿亭公社石潭大队文宣队排演的《沙家浜》，中村大队文宣队排演的《红灯记》《白毛女》等，春节期间到周边村庄演出，曾风靡一时。“文化大革命”后期，群众文化热情低落，文宣队解体。1975 年，各大队办政治夜校，讲儒法斗争故事，唱“批林批孔”歌曲。

20 世纪 80 年代后，相继成立“青年之家”“民兵之家”“青年民兵之家”等，活动内容与原俱乐部大体相同。进入 21 世纪，全乡群众文化活动内容更加丰富多彩。2002 年，获余姚市“税征杯”全市职工文艺会演三等奖。2007 年度，有余姚市优秀文化中心村 1 个，余姚市优秀文化中心户 1 户。2010 年，全乡有排舞队、民间乐器队等文艺团体 10 余个，有文化示范户 15 户，文化中心户 30 余户。

2014年上半年，白鹿村文化户代表在市文化户家庭才艺比赛中获铜奖。同年9月，鹿亭乡选送两组选手在中国裘皮城余姚市“超级戏迷”邀请赛中获最佳风尚奖。2015年11月，举办乡“干部群众心连心，携手共建新农村”农民文艺会演。

农村业余剧团

20世纪50年代至60年代中期，乡境内较大规模的业余剧团有石潭、陈家岩、大山、中村等大队业余剧团，还有东岗、岩头等大队业余剧团。聘请有专业戏曲经验的师傅指导，排演古装戏，剧种有越剧、姚剧、绍剧等。剧目有《狸猫换太子》《日月雌雄杯》《红鬃烈马》《双狮图》《梁山伯与祝英台》《牛郎织女》《下河东》《后朱砂》《双龙会》等。春节及农闲期间，应邀去周边村庄及乡镇演出。其中石潭村《下河东》等剧目曾去余姚城区观摩演出。“文化大革命”开始，农村业余剧团解散。

舞厅

1993年，境内白鹿、上庄2家舞厅开业。至1996年，全乡有舞厅4家。1998年后，4家舞厅先后关闭。

鹿亭乡老年戏曲队

2007年，以石潭村戏曲团队为班底，成立鹿亭乡老年戏曲队，共有队员15人。至2013年，利用重大节日、夏季乘凉晚会等为村民义务演出30余场次。2009年，代表鹿亭乡参加市“种文化”百村赛乡村文化大联动活动；2010年，获市业余文艺团队“最具活力奖”；是年国庆节，代表鹿亭乡赴余姚参加“国庆乐”文艺表演。2011年，参加市“超级戏迷”大赛，进入团体赛复赛。

附：演出场地

20世纪70年代前，农村俱乐部、农村业余剧团多以祠堂、庙宇为演出场地。中村仙圣庙、李家塔村仙庆庙、陈家岩村敷润庵、上庄村上菁庙、石潭村墅溪庙、岩头村石君庙、晓云大溪自然村紫云庵、中姚与东岗姚氏祠堂等均建有戏台，其中仙圣庙古戏台是宁波地区迄今留存年代最早的戏台。70年代后，鹿亭中村、岙里、冬青、牛塘，白鹿下姚，晓云岙里、上村、东岗等村建有大会堂可供演戏。其中建于1974年的中村大会堂（中村会场）有座位1000余个，是当时宁波地区最大的大队级大会堂，集演戏、放映电影、集会、办公于一体。无演出场地的村落，在晒谷场等空旷场地用稻桶、门板搭建临时戏台演出。进入21世纪后，农村建造欢乐大舞台和文化礼堂，大多具备戏曲演出功能。

中村会场

晓云村文化礼堂

第三节　非物质文化遗产

2006年9月20日，余姚市文化广电新闻出版局在鹿亭乡举办余姚市首次非物质文化遗产知识培训班，邀请浙江省群众艺术馆非物质文化遗产保护中心主任郭艺讲课，讲课内容为非物质文化遗产的概念、范畴、分类等。全市各乡镇街道文化站组织人员参加培训，当天还举办非物质文化遗产论文研讨会。同年12月，鹿亭乡石潭村粗细十番被列入首批余姚市非物质文化遗产代表作名录。

2007年，宁波市组织非物质文化遗产田野卷调查，发掘整理鹿亭乡非物质文化遗产12个大类，88个项目，入选宁波市《甬上风物》一书，按乡镇分册编排。2008年3月，由鹿亭乡文化站、大隐镇文化站申报，四明山竹编被列入第二批余姚市非物质文化遗产代表作名录。同年5月，被列入第二批宁波市非物质文化遗产代表作名录。2012年6月8日，余姚市文化遗产保护与美丽乡村建设成果展示与推进会在鹿亭乡召开。2015年6月，白云桥美味食品厂笋干菜制作技艺被公布为宁波市非物质文化遗产传承基地，命名褚彭军为宁波市非物质文化遗产（余姚笋干菜制作技艺）代表性传承人。

鹿亭乡非物质文化遗产一览表

表22-1-2

类别	名称	类别	名称
民间文学	凤山的传说	民间音乐	宽心谣
	三十二口井的传说		浇杠歌
	银周道士的传说		民间小调　哭调
	方茂林的传说	民间舞蹈	秧歌舞
	龚辉与和尚田的故事	曲艺	十番坐唱班
	偷老穷的故事		风车的制作技艺
	“我去看哥哥”等歌谣五首		立筒的制作技艺
	“晓云大地方”等歌谣五首		剖竹刀的制作技艺
	“白露不赤脚”等谚语廿则		水碓的制作技艺
	“吃过清明饭”等谚语廿则		水嗒嗒的制作技艺
	“冬至无霜”等谚语廿则		水枪的制作技艺
	“光棍米饭好吃”等谚语廿则		吸污筒、竹夹夹的制作技艺
	“宁可正而不足”等谚语廿则		竹蜻蜓的制作技艺
	“千年野猪老虎食”等谚语廿则		臭苋菜梗的腌制技艺
	“生好的心”等谚语廿则		菜籽油榨制技艺
	“爸是麻皮”等谜语廿则	民间手工技艺	冬粉（糯米粉）的制作技艺
	“有风勿动无风动”等谜语廿则		发酵馒头的制作技艺
	“园中花化成灰”等字迷廿则		番薯枣子的制作技艺

续表 22-1-2

类别	名称	类别	名称
民间手工技艺	烩青茶叶的炒制技艺	人生礼俗	戒厌、取名习俗
	金团制作技艺		满月习俗
	鹿亭粉丝制作技艺		结婚习俗
	糯米白酒酿制技艺		做寿习俗
	笋干菜的制作技艺	岁时节令	立夏习俗
	小麦酱的制作技艺		过年习俗
	白布袋（又名白袋被）制作技艺		清明节习俗
	铁器加工技艺		端午节习俗
	草鞋、草鞋袜和箬壳脚的编织技艺	民间信仰	做厌水
	簌笼的编织技艺		八时公公
	热水瓶竹壳的制作技艺		求雨
	晒花大的制作技艺		天齐社庙会
	笋箩和刀壳箩的制作技艺		做羹饭
	扫帚扎制技艺		克蛇缠解囊法
	竹器的编织技艺		鱼刺鲠喉解囊法
	中姚竹篮的制作技艺	民间知识	草药偏方五则
生产商贸习俗	云云病防治习俗		民间土方八则
	放竹排习俗		尿煮蛋
	祭树神菩萨习俗		柴爿码子
	敲更习俗		简记几日是星期几
	狩猎习俗		速算 2 位数乘 2 位数
消费习俗	穿竹裙和腰绞习俗		套照
	驼碓搡米习俗		鸡蛋洗头发
	建房动土上梁习俗	游艺传统体育与竞技	九连环
	亮箴习俗		跳房子
人生礼俗	妊娠习俗		踢毽子

十番坐唱班

流传于20世纪30年代，是一种民间坐唱形式的戏曲。一般以男性为主，在婚礼、寿庆、庙会、舞龙、丧葬、祭祀及逢年过节时演出。唱腔类似绍剧，曲调有小工、正工、尺调流水、二慢、四慢、新水淋、三角板、倒板、稍板、三五、懈二万、三六等。乐队击打有火炮、紧场锣鼓、走锣、块鼓、闷鼓等。服饰主要为五袍五革、粉红绿黄白五种色彩的绣花长袍。道具自行制作，以刀、枪、扇等戏剧的普通道具为主。演员均不化妆，十余人围在一起坐唱，以武戏为主，也有少量彩戏。演出场地简单，戏台用八只稻桶倒覆在地上，上面铺上木板即可。台上放一张小华桌（小长桌），前面放上一条彩巾，中间挂一盏油灯作照明，再放上几把椅子或凳子。演出的剧目有《宝莲灯》《后朱砂》《香罗带》等。民国时期，石潭、中村、陈家岩、晓云等村均建有十番班子。

鹿亭竹编

20世纪60—70年代，由浙江外贸公司牵头，在晓云、鹿亭公社创办工艺竹编厂。竹编产品以动物造型为主，有鸡、鸭、狮子、大象、凤凰、猫、狗等，还有苹果、竹篮等，通过广交会销往国外。工艺流程：

1. 取材：选用山上小年（毛笋产量少的一年）毛竹，因这种竹材不易虫蛀和霉变。

2. 切片：用砍刀把毛竹削成薄片，然后劈成竹丝。

3. 编织：用手工将竹丝编织成型。动物竹编制品则是用木制动物模型作范，套在上面编织成型。

4. 化学漂白：将事先调制好的化学漂白水在锅里煮沸后，把编织好的竹制品放入浸泡，以防竹制品霉变和虫蛀。

5. 成样：在成型的竹制品上安装毛竹雕成的动物嘴巴、眼睛、脚等部分。

6. 上漆：在成样的竹制品上涂上清漆，使竹制品美观、发亮、结实。

7. 包装：把成品打包装箱，运送出口。

相关材料工具：毛竹、漂白水、清漆、木制模型、砍刀、劈丝刀、雕刻刀。

除工艺竹编外，还有竹篮、竹扫帚、晒花大、刀壳箩、竹热水瓶壳、篾席（竹席）、淘箩、饭篮、簌笼、竹制蒸笼等竹制品制作工艺。

鹿亭笋干菜

笋干菜作为本地主要土特产，制作历史悠久，可常年食用，或馈赠亲友，或卖给游客。其制作流程为：

1. 清明前后，准备新嫩雪里蕻菜，堆黄、洗净后腌制在缸里20天以上。

2. 掘来春笋剥去笋壳，去掉根头老的部分清洗干净。

3. 将笋肉切成小片或刨成丝。

4. 把笋片或笋丝放入镬内煮，待笋微熟，就从缸里取出腌制好的雪里蕻菜，挤干卤水，并切成2～3厘米长的小段后放入笋肉上再煮，同时不断地翻拌，使菜和笋充分混合。

5. 把煮熟的笋菜混合物拿到户外，在晒匾或竹簟上晒干，即笋干菜。

6. 把笋干菜装入包装袋后封口，可随时食用。

原材料、工具：雪里蕻菜、鲜嫩竹笋、刀、刨、缸、镬、匾、竹簟、包装袋等。

鹿亭番薯粉丝

俗称干面，旧时农户用于自食或赠送亲友。随旅游业的发展，番薯粉丝成为境内主要农特产品对外销售。

一、番薯粉制作流程：

1. 将掘来的番薯洗净、削去根及黑皮。

2. 选择竹节密而高，长约70厘米的毛竹大头放在木桶上面。

3. 手捧洗净的番薯在毛竹大头上面来回磨擦，

在磨擦过程中利用竹节使番薯粉碎，直至剩下一张弯曲的皮（约20世纪70年代始用番薯粉碎机械）。

4. 将粉碎后的番薯兑水后用细布麻袋（或用帐子布）包住，放在木桶上面的架子上用力压榨，榨出带有淀粉的水。反复数次，待榨出的水中不再含有淀粉止。

5. 将榨出的水盛放在多个木桶（21世纪初改用塑料桶）内，过一晚，把桶内的水倒掉，剩下沉淀物，挖出晒干后就是番薯粉。

二、番薯粉丝制作流程：

1. 将晒干后的番薯粉（或不晒干的番薯粉）加水成糊状。

2. 将糊状番薯粉一勺一勺地放入专门制作的蒸笼里蒸熟，不能一次性放太多，否则会蒸不熟，只能取一勺均匀成薄薄一层。待这层蒸熟后，再加一勺，如此重复，直至蒸成1个厚约8厘米的固体饼（需2 ~ 3个小时）。

3. 把蒸好的饼放在清凉处，任其自然冷却、硬化。

4. 过3 ~ 4天待饼硬后，用传统手摇车刨成粉丝。

5. 把刨成的粉丝一束一束地在晾衣竿上晾干，然后再晒干。

相关材料、工具：番薯、刀、木桶（或塑料桶）、毛竹（番薯粉碎机械）、细布麻袋（或帐子布）、蒸笼、摇车、晾衣竿等。

第四节 墙头标语

墙头标语（亦称“墙头开化”）是群众文化的一大特色。它存在于境内每个村庄屋墙，显示了社会各个时期的符号和最强音，其内容随着时期不同而不断变更。

20世纪50年代初期，有“雄赳赳，气昂昂，跨过鸭绿江”的墙头标语，青年人积极响应党的号召踊跃参加志愿军抗美援朝。“人民公社化”时期，高举“总路线、大跃进、人民公社”三面红旗，墙头上写上“鼓足干劲，力争上游，多快好省地建设社会主义”“自力更生，艰苦奋斗”“大办钢铁”“大办粮食”“人民公社好”等标语。“文化大革命”期间，“以阶级斗争为纲”“造反有理”“大海航行靠舵手”“战无不胜的毛泽东思想万岁”等标语随处可见。“文化大革命”后期，党中央发出“一手抓革命，一手抓生产”的号召，墙头上就有“工业学大庆”“农业学大寨”“备战备荒为人民”等墙头标语。70年代后，实行计划生育，就有“一对夫妇只生一个好”“少生优生”“生男生女都一样”等标语上墙。90年代后，墙头标语渐被横幅标语、广告牌标语、影视标语等所替代，墙头标语已很少见。

进入21世纪，有“建设社会主义新农村”“保护环境，美化家园”，还有“绿水青山就是金山银山”和“建设美丽乡村，发展美丽经济，共享美好生活”等墙头标语和鹿文化彩绘。

第五节 文学艺术

唐代，陆龟蒙、皮日休留《鹿亭》诗各1首。

明代，龚辉有《石潭十景诗》，沈明臣作《鹿亭》诗。

清代，褚文惠作《晓岭八景诗》，龚瀛有《游四明石潭记》，郑尔雍有《中村八景赋》。黄宗羲、高士奇、全祖望等均存《鹿亭》诗。

民国时期，《四明上菁赵氏宗谱》录有诗词40余首，其中中村郑师远10余首。

中华人民共和国成立后，陈一鸥著《水沟集》诗词稿，包括诗64首、词36首、赋辞7则。另撰《浙东茶业剥削简史》《大岚山农民斗争史》《四明山风土记》《朱祥甫先生传》等，并存自传《天地一沙鸥》。陈其洲著诗歌集《四明漫步》，内含诗歌172首，世纪献礼（实事工程贺词）26项，散文和读诗点滴17篇。荣荣（原名褚佩荣）出版童话故事集《住在贝壳里的老爷爷》、诗集《像我的新人》《看见》及诗组《声声慢》等。东岗村姚来江出版小说集《同行》。高山村赵解放发表散文、诗歌、小说、戏剧、小品和论文60余万字，出版长篇小说《一路阳光》。

此外，尚有陈寿灿文化摄影集《天籁西溪》，张志中主编《泉香洞天话鹿亭》，宁波市文化广电新闻出版局编《甬上风物》余姚市鹿亭卷，黄红珍、赵阳军主编摄影集《发现鹿亭之美》，黄红珍主编《鹿上四明》，黄孟丹画册《美丽中村》等。

第二章 广播 电视

第一节 乡（公社）广播站

1958年，余姚广播站有线广播网向农村扩展，高峰人民公社开始通有线广播，各大队均安装广播喇叭。

1969年，鹿亭公社、晓云公社相继建立广播放大站（俗称公社广播站），首任播音员兼线务员分别为赵志清、叶忠元；1974年，白鹿公社广播站建立，由陈其炯任站长兼线务员，龚剑明为值机员。

1978年，实现有线广播普及，乡境内3个公社广播站均建有机房和广播室，配有播音和放大设备，各配值机员1人、外线员1人，经费由公社财政负担。鹿亭公社值机员龚志云、外线员赵志清；晓云公社值机员方娟芬、外线员褚培节；白鹿公社值机员陈妙凤、外线员马春堂。乡境内39个生产大队的大小自然村均通有线广播，重要地段安装高音喇叭，规模大的生产大队设广播室。公社广播站每天分早、中、晚3次转播余姚人民广播站节目。气象节目每天播出3次，每次5分钟，早、晚用记录速度重复播送，农村社员按天气预报部署农事，根据广播报时起床、做饭、吃饭、出工下畈、收工回家等。20世纪80年代，人民群众主要靠有线广播了解时事、新闻。公社广播站在转播上级台节目的同时，还自办新闻节目，发送乡（公社）或下属单位各类通知和生产活动等信息。1981年，向县广播站投稿125篇，其中白鹿公社13篇、鹿亭公社43篇、晓云公社69篇。1983年政社分设，公社广播站改称乡广播站。

1985年，乡广播站体制改革，实行市文化广播电视局（简称“文广局”）和乡人民政府双重领导，人事、财务和事业管理由市文广局负责，日常宣传工作和政治思想工作由当地政府领导，乡广播站性质为县属集体事业单位，工作人员为县属集体固定职工，编制2人。是年，鹿亭乡广播站有2×375瓦控制台播音器1台，线路16杆千米，有高音喇叭2只，小喇叭550只，分布于全乡13个行政村。20世纪80年代后期，提倡广播喇叭进户。1988年，晓云乡2060户，安装广播喇叭农户1122户，入户率54.5%，有7个村设广播室。

1991年始，对农村有线广播进行整网，提高广播喇叭入户率、通响率及播出质量。各乡广播站配备完整的播音和扩大设备，并在春耕及农忙季节开设自办节目。其中鹿亭乡广播站和乡团委于1991年6月底联合创办“鹿亭青年之声”广播节目，每周1次，共举办13期。同年9月，节目名称改为《鹿亭之声》，并在各村、单位招聘通讯员24人，播出时间改为每周2次，节目内容有《鹿亭新闻》《农家顾问》《上情下达》《青年之友》《听众点播》《音乐欣赏》等。

1992年“撤扩并”后，撤销鹿亭、晓云、白鹿3个乡广播站，合并建成鹿亭乡广播站，有职工6人。白鹿、晓云设片站，配值机员1人，一年后撤销。1993年，鹿亭乡广播站为余姚市自办节目合格站。1994年，乡广播站向余姚人民广播电台投稿54篇，其中用稿20篇。至20世纪90年代中期，全乡安装广播喇叭4000余只，入户率65%。

2008年，组织实施有线广播“村村响”工程，全乡共安装音箱喇叭115只，自然村覆盖率100%。2016年，有应急广播41只，广播响度覆盖率100%。

初时，有线广播设备简陋，广播线杆子以竹竿、木杆为主，传输导线均为铁丝线。1978年，晓云公社广播站针对当地山民房子建在山坡上，地势低、落差大，广播支线户串户困难的特点，想出把铁芯线埋在地下的办法（俗称“地埋线”），此法减少明线架设，短期得到推广，时全县“地埋线”长度达36千米。后因山区开山掘笋，“地埋线”时有挖断，故障查找修复困难，“地埋线”法废弃。20世纪80年代后，广播线路经多次改造，干线更新，圆柱形水泥杆替代竹木杆，信号线均实现双线水泥圆杆化。1989年，白鹿至大岚铁丝线更换；1993年，架通上庄至白鹿10千米广播线路。1996年后，用光缆替代铁丝线，基本达到专杆专用。2016年，全乡广播干线长度62.3千米。

第二节　乡广播电视站

20世纪70年代末，境内始有黑白电视机。80年代后，彩色电视机逐渐增多。电视用户需用电视天线或室外天线接收电视信号，收视频道有限，音响效果和清晰度受天气影响较大，电视信号弱导致图像模糊不清出现雪花状，或经常接收不到电视信号。仅为数不多的人家安装小型家用“卫星电视信号接收器”，能观看清晰且频道较多的电视节目。

1992年末，鹿亭乡广播站开始发展有线电视，在东岗丫尖山安装有电视信号差转机，发射功能为5瓦，有线电视信号微弱、频道少、效果差。1994年3月，成立乡有线电视领导小组，以乡广播站为中心，将卫星地面接收站（器）安装在乡政府大楼顶楼平台上。有线电视安装采取分期开通、逐步联网方针，由市广电局负责施工，工程分4期进行。第一期，上庄、岙里村及乡内部门、单位；第二期，主线到晓云，沿途金家、大溪、洞桥、平桥头、上村，线路长6千米；第三期，主线到中村，沿途祝家堰、李家塔，线路长4千米；第四期，石潭、白鹿片，主干线全长8千米。第一、二期工程由市广电局负责施工，至5月底，已安装有线电视650只。同年12月，鹿亭乡广播站更名为鹿亭乡广播电视站（简称“广电站”），站址设上庄村乡政府大院内，站房建筑面积约350平方米。乡广电站性质为基层集体所有制事业单位，管理体制实行“条块结合，以块为主”。1996年，全乡有线电视普及率33%。

1997年4月，乡境内除晓云片部分村有少量隔频模式的有线电视用户外，其他村由于地理、经济等原因，有线电视安装有一定困难。在中共宁波市委副书记李从军的重视和支持下，对鹿亭乡实施信息扶贫，余姚市广电局组织施工人员，突击为鹿亭群众安装有线电视。工程分2期进行，经过6月、7月两个月的连续奋战，总投资105万元，全长44.5千米的3条有线电视主干线（上庄至白鹿光缆传送、上庄至晓云南片光缆传送、上庄至晓云北片光缆传送）于当年10月开通，惠及17个村，安装用户2378户。是年底，全乡39个村村村通有线电视，成为宁波市贫困山区中第一个村村通有线电视的山区乡镇。

2002年4月，乡广电站与乡文化站合并，改称乡文化广播电视站（简称“文广站”）。同年，完成中心村有线电视改造。次年1月，管理体制又调整为“文广分离”，单独设置文化站和广电站。乡广电站实行“以条为主，条块结合”的管理体制，其人、财、物整体上划归市广播电视中心管理。2007年，全乡有线电视入户率97.2%。

2011年，开展数字电视整体转换，当年整转有线电视用户1860户，安装机顶盒2570只，整转率53.6%。至2013年整转完成，共整转有线电视用户3285户，安装机顶盒5256只，整转率94.6%，实现全乡电视信号数字化传输。2016年，全乡数字电视用户3285户，入户率98%；增值和宽带用户150户。全乡视听费收入76.5万元，增值业务费收入13.3万元。

1993年，有线电视每户每月视听费为7元，后又多次调整为10元、12元、14元。2013年始，有线数字电视基本收视费每户每月20元，至2016年未变。

2016年，乡广电站有工作人员5人。乡广电站历任站长：郑国光、赵承庆、鲁建峰、朱苗忠、朱宝洪、褚建波。

第三章　体　育

第一节　群众体育

传统体育

境内传统体育有游泳、拔河、棋类、跳绳、踢毽子等。

游泳　乡境地处山区，溪流众多。每逢盛夏，居住在晓鹿、白鹿大溪两岸的村民及儿童下溪游泳、嬉水者甚为普遍。20世纪50年代后期始，建造水库、山塘154座，有村民、学生去水库游泳，后因溺水事件时有发生，去水库游泳者逐渐减少。

拔河　拔河活动流行甚早，民国时期，境内已有学校组织学生拔河活动。中华人民共和国成立后，公社各单位、各生产队之间常在冬季组织村民拔河比赛，特别是学校经常利用课余时间组织师生进行拔河活动。2007年，乡教育工会组织教职工举行拔河比赛。鹿亭乡代表队参加市运会拔河比赛获第8名。2010年，乡全民运动会中有拔河比赛项目，各行政村、单位组队参加。

棋类　境内棋类活动以中国象棋为主。20世纪70年代，“三棋”（象棋、围棋、国际象棋）

纳入体育竞赛项目后，乡文化站、团委、学校工会经常组织象棋比赛。1985 年，乡团委举行全乡青年象棋赛，各村、单位团支部均派人参加。2002 年，乡教育工会举行教职工象棋比赛，并选派 2 名选手参加市教育工会组织的象棋比赛。60 年代始，行政事业单位职工（如机关工作人员、教师等）象棋爱好者经常在中饭后对弈，且有为数不少的围观者。至 2016 年，村民中尚有象棋爱好者下棋娱乐。

踢毽子　在体育活动贫乏的年代，踢毽子成为农村儿童（特别是女孩子）主要体育活动项目之一。既不受场地限制，且毽子制作简便，玩法多样。20 世纪 90 年代后，因其他体育项目增多，踢毽子者已不多见。

跳绳　是农村孩子（男女皆宜）的体育活动项目之一。绳子是自己搓成的草绳，分单人跳和多人跳两种。单人跳搓一根 2 米左右的草绳即可，孩子间常比赛谁连续跳得下数多。多人跳则需搓一根粗且较长的绳子，长度则根据人数的多少而定，开始时选定 2 个人甩绳，其他人跳，跳绳过程中谁绊到了绳子，就去接替甩绳的伙伴，这样重复进行。2014 年，跳绳列入小学体育必考项目之一。

近代体育

中华人民共和国成立后，随农村俱乐部普遍建立，近代体育活动逐渐普及。主要项目有篮球、乒乓球、羽毛球、飞镖、门球、兜球、双红心、钓鱼和各类趣味活动等。2010 年 12 月，鹿亭乡被评为浙江省体育强乡；2011 年 8 月，鹿亭乡被评为 2007—2011 年度宁波市群众体育先进单位。

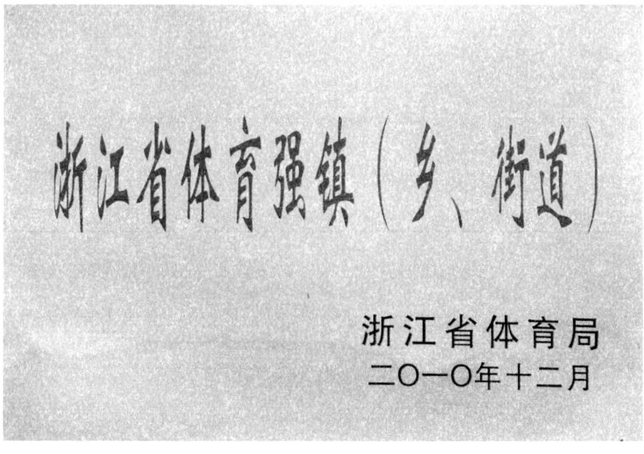

2010 年鹿亭乡获评浙江省体育强乡镇（乡、街道）

篮球　1998 年，乡初级中学体育运动场内建造水泥篮球场，学校教师与乡政府及乡属单位篮球爱好者经常开展篮球比赛，还邀请周边乡镇学校教师等进行篮球友谊赛。每逢节假日，有返乡度假的大专、中专、高中学生及村民来学校篮球场打球。1999 年，乡初级中学教师参加市教育工会组织的投篮比赛获甲组第三名。2008 年，洪山中学与鹿亭中心学校在鹿亭进行篮球友谊赛。2009 年始，部分行政村建造灯光球场和半篮场地。

乒乓球　20 世纪 60—70 年代，境内农村因陋就简，利用门板当球台，打乒乓球自娱自乐。工厂、企业则以会议桌作乒乓球台；部分学校用水泥浇制露天乒乓球台，供学生课余活动。80 年代后，完小以上学校始设乒乓球活动室，置 1 张乒乓球台，露天水泥球台仍很流行。时乡属单位购置乒乓球台建乒乓球活动室逐年增多，90 年代始各行政村兴建乒乓球活动室。乡教育工会经常组织全乡教职工举行乒乓球比赛。2001 年，乡教育工会参加区域竞赛组乒乓球比赛中获女子组第二名。2010 年，乡全民运动会中有乒乓球比赛项目；乡老体协每年举行的老年人运动会中均有乒乓球比赛项目。

运动会　1999 年 6 月，鹿亭乡举办首届中小学田径运动会，至 2002 年共举办中小学田径运动会 4 届。2010 年 9 月，鹿亭乡举办第三届全民运动会，分老年组、成年组、残疾人组，项目有拔河、羽毛球、门球、乒乓球、飞镖、象棋等。2012 年 4 月，举办鹿亭乡退休教师趣味运动会，项目有飞镖、夹弹子、“赶猪入栏”等。2012 年 5 月，鹿亭乡工、青、妇联合组织“运动促健康、活力促发展、文明促和谐”机关干部趣味运动会。2011—2016 年，乡老体协每年举办老年人运动会(含趣味运动会),项目有飞镖、仿保龄球、乒乓球、象棋、门球、兜球等。

其他体育活动　1999年，乡教育工会3名选手在大隐镇教育工会组织的飞镖比赛中获女子组第一名，11月参加市飞镖比赛获女子组第三名。2000年11月，乡教育工会承办市教育工会第六竞赛组工会活动，活动内容为射击比赛（打气球）。2008年，举办乡排舞培训班，邀请市文化馆老师上课辅导。9月，举办首届“鹿亭杯”“云河漂流”竞技比赛，各村、企事业单位100余人参赛。2014年，乡政府为各村健身排舞队添置视频播放设备。2015年，组队参加市健民中心佳木斯广场舞比赛。2012—2016年，鹿亭乡共举办5届“快乐两轮·运动鹿亭”单车赛。2016年7月3日，由宁波市体育局和宁波市人民政府农村工作办公室联合主办的2016宁波市美丽乡村奥运马拉松接力赛第四站在鹿亭中村举办。

“快乐两轮·运动鹿亭”单车赛

老年体育

1996年，乡老年人体育协会成立后，多次举办全乡老年人体育运动会，结合春节、元旦、重阳、国庆等节日，组织开展中国象棋、飞镖、乒乓球、钓鱼等体育比赛和老年人趣味运动会。老年运动员还多次参加市级各类比赛。2005年，获余姚市老年人体育协会成立20周年体育成果三等奖。11月，获“移动杯”余姚市第十一届社会主义新农村老年人运动会套圈比赛团体第六名。2013年，市第十四届运动会（老年组）获集体飞镖项目一等奖，门球、乒乓球三等奖。在市第十六至十九届社会主义新农村老年人运动会上获飞镖一等奖2次、三等奖3次，仿保龄球一等奖、二等奖各1次，集体兜球三等奖2次，集体“赶猪进栏”“步调一致”二等奖各1次。

2007年，李家塔村组建老年人门球队。2013年组建乡（上庄村）门球队，建人造草坪标准门球场1个。2013—2016年，共举办“鹿亭杯”门球邀请赛4次，累计邀请市内有关村、镇、单位门球队36支，参赛队员300余人次。乡老年门球队受邀参加有关村、镇、单位门球邀请赛4次，获二等奖1次、优胜奖1次、三等奖1次、四等奖1次。

2008年，鹿亭乡被授予“余姚市小康型老年体育乡镇”称号。2009年、2014年，获“余姚市老年人体育工作先进集体”称号。2014年，市第十七届社会主义新农村老年人运动会获团体优胜奖。

2016年11月，余姚市老年人健步走大联动启动仪式在鹿亭乡中村户外活动基地举行，全市各乡镇200余人参加。

2016年，余姚市全国老年人健步走大联动启动仪式举行

第二节 学校体育

体育课

民国时期，乡境内6所国民学校均开设体育课，配有兼职体育教师。每年春秋两季，各校组织学生开展爬山、远足等活动。

20世纪50年代初，学校每周开设2节体育课。1958年“大跃进”时，体育课多被劳动课取代。“文化大革命”期间，军事训练代替体育课。1978年后，体育课恢复正常。1985年，中小学试用省编体育教材。1986年后，中小学全面开展“达标”（达到国家体育锻炼标准）活动，经常组织开展体育课教研活动，提高体育课教学质量。1991年，执行新编《体育大纲》，义务段学校逐步开设“体育与保健”课，小学1～2年级每周2节，3～6年级每周3节；初中1～2年级每周3节，3年级每周2节。1993年，规定初中毕业生报考高一级各类学校加试体育，并将考试成绩按30%计入升学考试总分。2001年后，体育教学课时规定为小学1～2年级每周4节，3～6年级每周3节；初中每周3节。2007年始，每年4月举行初中毕业生体育测试，内容有学校体育课（活动）、体能（耐力）和速度（跳跃、力量、技能）等项目，共计30分（体育课、体能、速度各10分）。

体育锻炼

民国时期，课余体育活动多为踢毽子、跳绳、拍皮球、拔河等。

1954年，推行第一套少年儿童广播体操，1958年推行眼保健操。20世纪70年代后，学校开展“两课、两操、两活动”（每星期2节体育课、每天做广播体操和眼保健操、每星期开展2次课外活动）制度。1982年，乡境内3所公社中心学校（小学部）组队参加梁弄区第六套儿童广播体操会演。1988年后，继续推行广播操、眼保健操，开设课外活动课，规定每天不少于1小时体育活动时间，每周安排3次以上课外体育活动。2006年后，实施“体艺2+1”项目（2项体育运动技能+1项艺术特长）。

1957年，中小学全面推行“准备劳动与卫国体育锻炼制度”（简称“劳卫制”），并纳入体育课。1979年，推行《国家体育锻炼标准》，县教育局、体委采取上课、课余、竞赛相结合的办法，使15%乡（公社）中心小学、35%中学的体育达标要求得到推广落实。同年12月，要求公社中心学校以上中小学在校学生建立健康卡，专人负责保管，随学生学籍转移。2003年始，实施教育部、国家体育总局《国家学生体质健康标准》。2016年，全乡中小学生体育达标率98%以上。

第三节 体育设施

20世纪80年代前，学校体育场地普遍不足，设施简陋。1998年，鹿亭乡初级中学建成100米直道、200米环道的田径运动场1个。次年6月，召开鹿亭乡首届中小学田径运动会，至2002年，共举办4届。2006年，建造室内运动室1个，占地554平方米，总投资57万元。学校还增添篮球场、排球场、羽毛球场、乒乓球室等体育设施。2009年始，学校体育资源向社会开放。2011年，200米环形跑道和100米直跑道改建成塑胶跑道，还添置爬杆、单杠、双杠、肋木、平梯、摸高器

登山健身步道

等体育活动器械。

各行政村先后建造村文化礼堂和老年活动室，开辟棋牌、乒乓球等活动室。20 世纪末至 21 世纪初，先后在各村（自然村）公园、村口安装露天健身器材。至 2010 年，全乡有健身路径 28 条。

至 2016 年，中小学有运动场地 6000 平方米，乡中心幼儿园有户外塑胶活动场地 380 平方米。全乡建造灯光球场 3 个，标准门球场 3 个。有登山步道、游步道 5 条，全长 22.6 千米。其中中村至白鹿 10.5 千米登山步道、白鹿村 4 千米游步道、东岗山 4 千米原生态登山步道、香泉湾 1.5 千米精品小环线游步道、晓云东岙岭 2.6 千米登山步道。

第四章　文物古迹

1982 年，乡境内各公社建立文物保护小组（简称“文保小组”）。1991 年 8 月，规定乡文保小组由乡政法副乡长（或党委宣传委员）、乡文化干部、业余文保员等 5 ~ 7 人组成。1999 年，乡配备业余文保员 5 人。2008 年 9 月，市第三次全国文物普查工作队进驻鹿亭，进行为期 1 个月的文物普查，共调查登记不可移动文物近 60 处。至 2016 年，全乡共有浙江省级文物保护单位 1 处，余姚市级文物保护单位 5 处，市级文物保护点 2 处。

第一节　文物保护单位

省级文物保护单位

白云桥　位于鹿亭乡中村，初建于唐贞观年间（627—649），清同治八年（1869）重修，现桥于光绪十六年（1890）重建。系陡拱式单孔石桥，全长 25.3 米，桥面宽 3.8 米，桥孔净跨 12.65 米，拱矢高度 6.6 米，几近半圆，拱券纵向分节并列砌筑。桥面两侧共置 16 根望柱，桥顶 4 根雕刻蹲狮，两边有栏板和抱鼓石。有石阶 78 级，桥北 30 级，桥南 48 级，与溪中矴步相连，桥孔两侧边墙上均镌有楹联，西联为“地界鄞余，二韭三菁歌利济；村连龚郑，千秋万载庆安澜”，东联为“白水跨虹腰，路通南北；云村留月影，界画鄞余”。桥楣上刻“白云桥”三大字，右角镌“光绪庚寅吉旦”，左角镌“董事重建”小字。1987 年 9 月，公布为市级文物保护单位。2011 年 1 月，公布为省级文物保护单位。

保护范围，东侧桥身向东延伸 30 米，南至桥南岸溪坎，西侧桥身向西延伸 30 米，北至荷梁公路北侧。建设控制地带，东至桥身向东延伸 80 米，南至桥南岸溪坎向南延伸 50 米，西至桥身向西延伸 80 米，北至余鄞（荷梁）公路北侧向北延伸 50 米。

市级文物保护单位

李家塔板桥　旧称会龙桥。位于鹿亭乡李家塔村，南北向跨白鹿大溪。始建于清代，光绪十六年（1890）重建，两孔廊桥。桥长 27.5 米，桥宽 4.5 米，桥墩由 6 块高近 4.3 米大型条石并竖而成，上横铺条石一根，用于联结桥墩，防止倾斜。

上架木梁，再铺以木板作桥面，桥面上建有廊屋10间，四柱七檩，穿斗或穿斗和抬梁结合式梁架，屋面盖小青瓦，两侧置木凳、围木栏。旧时桥北有庵2间，已毁。民国10年（1921），被洪水冲坏桥屋7间，由村民出资修缮。1987年9月，公布为市级文物保护单位。2000年维修，2013年重修。

保护范围，东至桥东侧向东延伸30米，南至桥山墙，西至桥西侧向西延伸30米，北至石坎。

仙圣庙戏台　位于鹿亭乡中村村。始建于南宋，现存建筑为清康熙八年（1669）重建。戏台位于仙圣庙内前后两殿、东西两厢之间的天井中，略靠南，后台与前殿相接，前殿和厢楼临天井一边都有回廊，围有栏杆，以方便群众倚楼看戏。戏台总高度7.8米，平面呈正方形，每边宽4.7米，歇山飞檐，四角上翘。前柱为石质方柱，后柱系木质圆柱。石柱上镌有楹联，上联为“坎坎鼓蹲蹲舞，千秋永歌圣德”，下联为“熙熙来攘攘去，万民共被神恩”。戏台顶部为斗拱和翘昂层层盘旋向上，内收成藻井，中心置一大铜镜，用于对戏台反射灯光，增加亮度。藻井四周雕塑8个龙头和花篮，梁枋上线刻龙凤花卉纹饰。仙圣庙是山区古代庙宇杰作之一，其戏台是宁波地区迄今留存年代最早、建筑技艺最精致的戏台，是仙圣庙建筑结构的重要组成部分。1987年9月，仙圣庙戏台公布为市级文物保护单位。

保护范围，东至东厢房东墙，南至公路北侧，西至西厢房西墙，北至后殿北墙。

大方桥　又名洞桥。位于鹿亭乡晓云村，南北向跨晓鹿大溪。始建于清乾隆五十五年（1790），现桥为清光绪三十一年重修，陡拱式单孔石桥。桥长25.8米，桥孔净跨15米，拱矢高9.6米，桥宽5.49米，南北各有21级台阶，桥顶石板呈方形，雕8组变形荷花图案，两侧设望柱、栏板和抱鼓石，拱券采用纵联砌置法，东西桥墙立柱上镌刻桥联，西联为“大地双峰环碧水，方桥一洞径行天”，东联为“遥映双峰成□□，横栏大壑作重龙”。桥墙立柱顶端置吸水兽首雕天盘。此桥为余姚古代大跨度单孔石拱桥的典型代表。2001年9月，公布为市级文物保护单位。

保护范围，东至桥东20米，南至褚国庆宅北墙，西至桥西20米，北至土地堂前走路。

龚氏宗祠　位于鹿亭乡石潭村。始建于清道光二十九年（1849），于咸丰二年（1852）落成，建筑面积499平方米。宗祠整体坐南朝北，偏东，前后两进，东西厢房，呈四合院，内悬“孝思堂”牌匾。门厅面阔五间二弄，硬山顶高平屋，明间为抬梁式梁架，三柱六檩，勾连搭，中柱为垂花柱。其余穿斗式，落柱每间均有不同。八字墙门，稍间开窗，置九块双蝠纹组成的砖雕，墙面有彩绘。中为卵石拼花铺地天井。大厅为硬山顶高平屋，面阔五间，明间为抬梁式梁架，四柱十檩，次稍间为穿斗式。前檐设卷棚，整体雕刻朴素流畅。宗祠结构独特，格局完整，雕刻典雅，反映清代宗祠面貌。民国时期和中华人民共和国成立后，曾辟为石潭小学校舍，后又为大队茶叶初制厂及队办企业厂房。2010年4月，公布为市级文物保护单位。2011年重修。

褚氏宗祠　位于晓云村上村平桥头，原为由三大房支祖孟常公所遗祭产建造的房祠，名“褚孟常公祠”。始建于清雍正八年（1730），清代传统祠堂建筑。道光二十三年及光绪年间重修，2009年全面整修后，冠名“褚氏宗祠”。

整体建筑坐北朝南，依山势而建，由门楼、厢房、大厅组成院落，占地面积347.8平方米。门楼为三开间单檐硬山，明间开大门。梁架为抬梁式，三柱七檩，次间穿斗式，五柱七檩。后檐至挑廊，两厢各二间一弄，单檐硬山顶楼房。大厅三开间，高平屋硬山顶，高度与厢楼持平。明间梁架五架抬梁，大梁间穿插花板。金柱硕大，柱础腹鼓，雕饰如意纹饰。两次间穿斗式梁架，五柱八檩，大厅前设廊，卷棚顶，牛腿贴塑木雕，雀替雕饰卷草纹。天井卵石地坪，山墙用方正石块砌筑。

大厅悬挂宋大儒朱熹所书“忠清堂”匾及明十四世孙褚模所书“德泽昭敷”“永镇乾坤”匾。大厅中间供奉褚招、褚遂良等祖宗牌位。东西山墙内嵌有道光二十四年和光绪三十四年“忠清世家”石碑各一通，记述修祠简况和助田名册等。2010年11月，公布为市文物保护点，2014年9月，公布为市级文物保护单位。

第二节 文物保护点

石潭板桥

位于鹿亭乡石潭村。南北向跨石潭溪，为屋盖式两孔廊桥，始建于清代，现桥为20世纪60年代重建。桥长19.6米，净跨13.4米，净高3.1米，桥面宽3.3米，双石柱桥墩，每孔用6根木梁平铺，上架木板桥面。桥面上建廊屋7间，四柱五檩，穿斗或穿斗抬梁式梁架。桥面两侧设木板护栏，北端置木凳供人小憩。2010年11月，公布为市文物保护点。

石潭板桥

仙庆庙

位于鹿亭乡李家塔村，建于清代。坐北朝南，略偏东，由山门、东西看楼、戏台及大殿组成。明间左右两侧牛腿不相同，东侧牛腿较长，雕刻仙纹，上有雀替及琴叶，两侧成方形，雕花果纹，雀替间无插叶。稍间墙门有蝙蝠及灵芝砖雕。戏台紧临山门，朝北有两戗角，戏台台基较高，上有藻井。四柱为方柱，两看楼为双层单檐楼屋，与前后进相连，二柱四檩抬梁式。大殿为硬山高平屋，面阔五间，明间五柱十檩抬梁式，次稍间六柱落地。前檐设卷棚顶。仙庆庙结构完整，为典型乡村庙宇。民国21年村民捐资修仙庆庙后进，其中王仁林助洋60元。民国23年，戏台修缮，1991年又进行维修。2014年，公布为市文物保护点。

仙庆庙

第三节　其他文物古迹

境内民国前建筑除少量被列入政府保护名录外，大部分多破败不堪。另有陈天龙修械所旧址、后方医院遗址等战争年代红色遗址。

方氏墙门

位于鹿亭乡晓云村上村，建造年代不详。坐北朝南，由墙门及主楼组成合院，中为天井。墙门为两开间，硬山顶，穿斗式梁架，用三柱。月梁素面，檐柱设十字拱承檐檩。主楼为硬山重檐。原为五开间。后在西侧又增一间，穿斗式梁架，五柱七檩，檐柱设牛腿托十字拱承檐檩，建筑格局基本完整。

褚氏老宅

位于鹿亭乡龙溪村岩头，坐西北朝东南，建于清代。由前楼、主楼及两厢楼组成四合院落，建筑均为硬山重檐，前楼为五间两弄，外立面为单檐。穿斗式梁架，四柱六檩，后檐柱设牛腿承挑檐檩。南弄间设为进出的过道，门窗均为板门或板窗。南厢楼为五间一弄，穿斗式抬梁，七柱九檩，前设廊，檐柱设十字拱承檐檩。山墙设单马头。花格窗朝外面为板式，内设万字纹花格，花板雕兰花及蜡梅等图案，窗栓也较有特色。南厢楼东侧另建柴房三间，穿斗式梁架，三柱五檩。北厢楼六间一弄，梁架结构同南厢楼。主楼为五开间，穿斗式梁架，六柱八檩，前设廊。两侧山墙设双马头，马头下樨头外侧设彩绘并题“金玉满堂”。明次间设卷篷，卷篷雕刻蝠纹、万年青及五谷丰登。稍间设素面月梁，明间内外均设六扇花格门，花板上雕静物小品。明间为堂前，内悬“继善堂”匾。次稍间保留有花格窗。庭院卵石铺地。该宅木雕精美，建筑格局较完整。

龙溪村岩头“褚氏老宅”

“庆重安”郑氏老宅

位于鹿亭乡中村，清晚期民居建筑。整体坐西朝东，略偏北，主楼前后两天井，前天井较大，后天井狭长，四周围墙，占地304平方米。主楼重檐硬山造，面宽五开间，穿斗式梁架，七柱十檩。前后两侧为马头墙，较为特别的是，其屋脊两端竖有小马，使老宅别有意趣。屋内以三合土铺地。前檐设廊，抱头梁粗壮素面，云头上雕卷云纹，明间有六扇花格木门，南次间有一冰裂纹窗挂，正中饰一“岁”字图案，廊南北两侧开洞门，其中北门外置砖雕门罩，刻“庆重安”三字。老宅结构完整，保存较好，具有一定特色。

平桥头褚氏旧宅

位于晓云村平桥头，清代传统民居建筑，由主楼、倒座、墙门组成。主楼为三开间重檐硬山，梁架穿斗式，五柱八檩，明间辟六扇回字纹格扇门。倒座为三开间，硬山顶平屋，穿斗式梁架，三柱五檩，前设挑廊。墙门朝东，内八字，砖木混作，硬山顶。迎面墀头彩绘，开两扇木门。该旧宅用材简约，质朴雅致，天井卵石铺地，现保存完好。

晓云平桥头“褚氏旧宅”

马氏老屋

位于白鹿村下姚，清代建筑，为当地马家祠堂。坐北朝南，原有前后两进，南有门楼。现门楼与前进已不存，存主楼与东西厢房。主楼为重檐硬山，面阔三间。马头山墙，穿斗式梁架，七柱十檩。前檐设廊，两侧开拱门。抱头梁粗壮、雀替，云头雕刻精美，插琴叶。明间作祖堂之用，两侧厢楼贯穿整个院落，各为八间一弄，重檐硬山造，六柱八檩穿斗式构造。该屋规模较大，装饰素雅，是旧村落中心建筑。

姚家墙门

姚家墙门

位于鹿亭乡中姚村庄畈。清代晚期民居建筑，整体坐南朝北，略偏西，由墙门、主楼及东西厢房组成四合院落。墙门硬山造屋顶，内八字结构，石块垒筑。主楼为重檐硬山，面宽五间，穿斗式梁架，七柱十檩；前檐设廊、设月梁，檐柱上置十字拱、插琴叶。两侧各二间厢房，与主楼相连。天井卵石墁地，拼成整个圆形图案。姚家墙门为典型的合院式民居，保存较好。

郑氏老屋

位于上庄村祝家堰，清代晚期民居建筑。坐西朝东，主楼两侧厢房，中为天井，呈合院式结构。北侧厢房一间开为墙门，中为卵石拼花天井。主楼面阔五间，马头山墙。穿斗式梁架，七柱十檩。前檐设廊，施抱头梁，略施雕刻。两侧厢房为硬山顶平屋。1942 年冬，中共四明地委机关曾迁此办公。

岙里赵氏旧宅

位于上庄村岙里门头，建于清代中期，占地 891.75 平方米。坐北朝南，依山势而建，由大厅、门楼、东西厢房和东西侧楼组成院落，大厅与门楼、东西厢房高差约 2 米。门楼为三开间，重檐硬山，梁架为穿斗式，三柱七檩，前后设挑廊，东首间辟大门。大厅七开间，硬山高平屋，梁架为穿斗式，七柱八檩，前设廊。大厅东西两侧建有侧楼，各一间一弄，用三柱，前后单檐。东西厢房各为五开间。门楼与大厅之间为天井，卵石墁地，从天井至大厅有十余级台阶。旧宅格局完整，装饰素雅，极富山乡民居特色。至2016年，大厅、东西侧楼和门楼已坍塌，东西厢房尚存。

赵氏老宅

郑氏祖堂（中和堂）

位于鹿亭乡中村村，建于清代，砖木结构，占地面积662.3平方米。祖堂坐南朝北，略偏西，主堂前有一大天井，两侧有厢楼，前有门楼（厢楼和门楼已拆除）。正楼硬山造，前重檐后单檐，两侧马头山墙。面阔三开间，六柱八檩，穿斗式构造。前檐下设廊，抱头梁平实圆润，雕刻不多，两侧开门。明间设六扇花格木门，格间嵌有雕花，堂内挂有“中和堂”匾，为民国19年（1930）所书。

黄氏祖堂（华祝堂）

位于鹿亭乡李家塔村，建造年代不详。坐西北朝东南，由前厅、大厅及两厢楼组成院落。前厅为硬山单檐楼房，三开间，穿斗式梁架，三柱五檩。明间楼下设台门，前设石阶两级。两厢楼均为硬山重檐，东厢楼为八开间。穿斗式梁架，六柱八檩，前设廊。西厢楼为九间一弄，穿斗式梁架，七柱十檩，前设廊。明间廊顶设月梁，素面，檐柱设十字拱承檐檩。明间为堂前，内正中悬“华祝堂”匾。祖堂用材粗壮，梁架结构较为高大宽敞，内天井为卵石铺地。

紫云庵

位于鹿亭乡晓云村大溪自然村，清代建筑。面朝西南，由山门、看楼及大殿合围而成，山门明间有戏台，顶棚有藻井。山门为硬山平屋，面阔五间，明、次间辟大门。明间三柱六檩抬梁式，次稍间穿斗式。大殿为硬山平屋，与看楼相连，前有三级台阶，面阔五间，明间四柱七檩抬梁式，次稍间穿斗式。较有特色的是，后排金柱并不落地，而是架于神台之上，较为少见。明间存两块荷花石板铺地。紫云庵为典型山村庙宇，虽经重修，仍不失原有风貌。中华人民共和国成立初期曾作为金家、大溪小学校舍，后又为队办企业厂房，开过杂食销售店。2002年重修。

紫云庵

仙圣庙

位于鹿亭乡中村村。坐北朝南，北靠前山，南临晓鹿大溪，东距白云桥30米左右。始建于南宋，址设茅坪，元代迁建于现址。现存建筑于清康熙三年（1664）动工，康熙八年竣工。仙圣庙分前后两进，天井中间有戏台，是一座四合院式建筑。前进为重檐马头墙楼房，五开间，明间梁架结构为抬梁式，并减少后金柱一根，用三柱六檩，次、稍间梁架结构为穿斗式，前有廊，并设卷棚。后进为硬山高平屋，五开间，明间梁架为抬梁式，中柱高达8米，柱径30厘米以上，下垫硕大鼓形石墩，直径80厘米。明间额枋上施平身科四攒，次间三攒，稍间一攒，均出五挑、双昂，昂头做成象鼻状，前檐设卷棚，用材较大，气势壮重，梁枋、雀体上均饰龙凤、花卉，雕刻精细。后殿正中“大王殿”供奉文武两尊坐像，两边供奉四海龙王。20世纪50年代，曾作鹿亭乡粮油购销站粮库。改革开放后，通过整修，恢复旧貌，但原有的庙门和刻有仙圣庙碑记的石碑已无处寻觅。今“仙圣庙”匾为魏振纲所题。

仙圣庙

龚辉古居

龚辉故居

位于鹿亭乡石潭村，当地人称擂鼓墙门，建于明代。坐北朝南，面向青山，主楼为三开间（东次间已改建为砖混建筑），穿斗式梁架，七柱十檩，前单后双。前设廊，轩梁素面，檐柱设柱头科承檐檩。明间檐檩较粗大，为堂前，设六扇木格门，泥地。次间设两扇板窗，铺地板。两厢楼均为五开间，穿斗式梁架，四柱六檩。南次、稍间为五柱七檩，前设廊，立面置板门及板窗，泥地。天井呈方形，鹅卵石铺地，前面原有围墙和抱鼓石墙门。

新四军浙东游击纵队后方医院遗址

位于鹿亭乡晓云村洞桥自然村，南临晓鹿大溪。其前身为慈北疗养院、四明疗养所。民国33年秋，迁址晓岭大方桥东侧的岳殿。今岳殿旧址中树有两块纪念碑，其中一块高80厘米，宽110厘米，基座高90厘米，正面书“新四军浙东纵队后方医院旧址”和相关介绍，为余姚市人民政府1987年12月立。另一块高210厘米，宽90厘米，正面书“新四军浙东游击纵队后方医院遗址”，为原新四军浙东游击纵队政委谭启龙所书，背面刻相关介绍，为余姚市人民政府1995年8月立。

陈天龙修械所旧址

位于鹿亭乡高岩村陈天龙自然村，民国山区民居建筑。抗日战争时期，新四军浙东游击纵队曾在此设修械所，修理武器及生产枪支弹药。今仅存两幢修械所旧宅，坐北朝南，占地190平方米。主楼五开间重檐硬山，穿斗式梁架，五柱八檩。主楼东西次间为车床间，安放大型非机动榴弹车床，两稍间为战士生活起居处。西北侧约3米处为修械所食堂，五开间重檐硬山楼房。1987年，余姚市人民政府在旧址村口立“陈天龙修械所旧址”石碑。

新四军浙东游击纵队织工部旧址

位于鹿亭乡高岩村深坑自然村，清代民居建筑。由车间旧址和办公旧址组成。车间旧址人称“外新屋”，为重檐硬山楼房，面阔五开间，穿斗式梁架，七柱九檩。办公旧址人称“里新屋”，重檐硬山楼房，面阔五间，穿斗式梁架，七柱十檩。抗日战争时期，新四军浙东游击纵队曾在此生产军服、军被、草鞋等军需物品，为抗战提供后勤保障。

第四节　遗址　旧迹

龚辉墓

清光绪《余姚县志》载，侍郎龚辉墓在四明上庄（即今鹿亭乡政府综合楼后面山上）。墓前为整体花岗石横碑，前有墓道，石阶从山脚拾级而上，设5级平台至墓前，两旁立有石人石马，墓下建立享堂。县人武英殿大学士吕本撰墓志铭，兵部尚书翁大立撰神碑铭。毁于20世纪50—60年代。

碧云庵

又称碧云古刹、药壶庵、梁湖庵，旧址在白鹿村梁湖自然村。座西北朝东南，正房5间，两厢各有厢房3间，前有围墙，左右侧门。大殿供奉释迦牟尼佛，另辟葛仙翁祠。庵后平岩上有7个天然葫芦状孔穴，相传为葛洪捣药处，本地人称药壶坪。明龚辉有《药壶返照》诗，“药壶返照”为石潭十景之一。民国30年（1941）余姚沦陷时，卢素晴、王槐南、施叔范、姜枝先、姜伯诚等邑内名人曾在此避乱。毁于20世纪70年代。

中村巡检司署

清光绪《余姚县志》载，在县西南五十里四明中村山（今鹿亭乡中村村），清康熙四十八年（1709）建，共十五间。乾隆四十年（1775），巡司秦璜重修，旋圮，移寓梁弄永和庵。

中村汛营

旧址在中村洞桥（白云桥）头。清乾隆年间设中村汛，兼防杖锡、上马岗、分水口次，驻把总1人，兵丁70人，有官舍9间。毁于清代后期。

它山殿

旧址在大岭头。有房屋5间，坐西南朝东北，殿后原有大柳杉树2株。殿内祀奉王元炜，山东琅琊人，唐大和七年（833），以朝议郎上柱国摄行鄮县令，筑它山堰。毁于20世纪60年代初。

白云亲舍

在白鹿村陈家岩自然村，为浙东茶商陈一鸥故宅。始建于民国27年，民国29年完工，由大岚岭岭木匠沈金桂监工建造。房屋坐北朝南成“凹”字形，为五楼五底六厢房砖木半西式房子。姚北书法家张蓬仙题门楣“白云亲舍”。民国30年余姚沦陷时，曾辟为国民党余姚县政府及所属部门办公场所。中华人民共和国成立后，曾先后设白鹿乡政府、梁弄卫生保健所白鹿分所、白鹿信用合作社等。毁于1959年1月24日大火。刻有“白云亲舍”的门楣尚存。

"白云亲舍"石门楣

暗堂

俗称暗道、阴沟洞，在中姚村暗堂自然村住宅底下。据传由汉代茭湖吴百万所建，自然村村名亦出于此。暗道进口在村西深2米许的干涸竖井中，井底横向向东，高约1.5米，宽1.5米，两边用石块砌成，顶部用长条青石板铺就。暗道因地势而建，西高东低，直通村东埠头脚，全长约60米。来自村西庵基岙溪水和泉水从暗道流出，与中姚溪汇合。抗日战争时期，暗道曾起防空洞作用。

碾子翁（屋）

在白鹿叶家样自然村。始建于明末清初，民国6年集资重建，有碾坊2间，坐东北朝西南。碾子是由碾盘和碾饼组成，用畜力为谷物去壳的石制工具。随碾米机的出现，碾子被淘汰。废弃的碾子屋内曾办学、关牛、住人。后在旧址上建民用楼房。碾饼尚存。

第五节 碑 刻

2016年，境内尚存历代碑刻3方，石碑已毁但尚能找到碑文的有5方，另有现代碑刻11方。

明·工部侍郎辉公墓志铭

据光绪《余姚县志》记载，龚辉墓在四明上庄。毁于20世纪50—60年代。此铭抄录于清光绪三十一年（1905）修《余姚四明石潭龚氏宗谱》，铭文如下：

惟公幼龄，蜚英挺特。早登甲科，荐跻华职。熙熙和气，贮在春颜。

守法持正，峙若泰山。因事纳忠，蠲瘼拯溺。功见言信，立德底绩。

来副人望，去民永思。颂声载道，何处无祠？岂曰不崇，司空之佐。

舆论未厌，宜先入座。超然引去，公炳先几。笑傲烟霞，砺世脂韦。

德可照邻，寿逾大耋。俾炽尔昌，绵绵瓜瓞。悠然仙逝，完名曷如。

天子悯悼，士类唏嘘。恤典攸隆，佳城维吉。勒词于幽，历载千亿。

赐进士出身武英殿大学士柱国少傅兼太子太傅礼部尚书文安公吕本撰

明·工部侍郎辉公神道碑铭

此铭抄录于《余姚四明石潭龚氏宗谱》，铭文如下：

忠贞博硕，以树勋绩，进不敢泽，退不濡迹，公也完德。

国家老成，示我仪型，所在著称，俎豆如生，公也完名。

寿考戬谷，崇阶厚禄，振振公族，以似以续，公也完福。

毕公其勤，泽润生民，展也名臣，归返太真，公也完人。

兵部尚书翁大立拜撰

仙圣庙碑记

〔清〕郑濂

该碑原立于仙圣庙内，现已不知所踪。尚可在清道光二十三年（1843）《中村续修郑氏宗谱》中找到碑文，抄录如下：

粤自仙圣古址，原建于茅坪之巅，以其地势幽僻，后南斗府君迁造于石门潭右。坐千仞之层岩，钟灵毓秀；临百尺之渊壑，皱縠飞珠。澄溪环带，丘岳列屏，山川形势，莫此为最。恭闻祠内奉祀白君者，讳珏，字润美，谱系辽阳白起之裔。并祀将军姓龚讳申，字挺生，系余母之祖肖斋公之始祖也。俱仕于唐，白君位列五马，龚君封为殿前右大将军。相传为莫逆友，名成身退，隐居此地，以泉石为侣，山水为乐。卒后享祀于四明之东，镇绥一隅之民，福善祸淫，捷如影响。迨至大清定鼎，兵火之后，奉祀少怠，似乎神不我佑。于顺治十八年除夕，罹回禄之灾。至康熙三年，吾族等谋于众曰："凡吾祠下，莫不惟神是赖，今神无主，民何以倚？"爰是，若男若妇，若长若少，计口议值而共襄之。另有好义捐助，鸠工庀郛，阅历六载，而庙貌重新，金相复振，有舄有奕，如飞如翼，焕然也。于是族之长老命余记之，余何能为文，惟述其大概。原所以虔而祀之者，有加于昔，愿神之垂而佑之者，亦百倍于昔而已矣。创是祠也，始于康熙三年十月十六日，竣于康熙八年十二月十五日。爰勒于石，以垂不朽云。

康熙八年十二月中旬穀旦

重建上菁庙碑记

〔清〕徐兆蓉

上菁庙位于上庄村，始建于明万历三十九年（1611），清康熙五十八年（1719）重修，道光十九年（1839），拆除旧宇，重建新庙。重建后的上菁庙"足冠四明乡之首，增白云村之色"。1972年拆除，1984年易地石盖山重建，2003年扩建。此碑记抄录于清光绪十九年（1893）重修《四明上菁赵氏宗谱》，碑文如下：

高隐四明山者，汉之刘纲，梁之孔祐，唐者谢遗尘，皆昭垂简策。独白龚二神之偕隐，志乘之不详何欤？设以传闻莫据，而是乡之奉兰鞠者，胡为不一其所？且即庙而论，其名之最古而有征者，莫若上菁。上菁为三菁之一，赵氏世居之，向无庙，惟奉二神于碧玉庵中。庵圮，乃创庙于今地，时明之万历三十九年也。洎国朝康熙五十八年重修，而稍广之。越百二十载，当道光戊戌之夏，庙倾颓。其宗族升曜、升科及邦兴诸公，谋所以新之者。爰简舅氏光任其事，筹资集费，鸠工庀材，经始于次年之二月，逾期而告竣。基扩于旧之半，而轮奂称之。夫庙下止赵氏一族，族止一百余家，乃集资二千余缗，而成此丰丽博敞之模。虽曰众擎易举，其亦神灵之呵护欤。舅氏光命文其丽牲之石，因不揣弇敬鄙，染翰而为之辞。

其辞曰：

郎山之外，白云叆叇。冈垄蜿蜒，溪流澎湃。灵秀所钟，阴阳所会。
畴踞其胜，古祠斯在。祠祀何神，佥曰唐臣。爵列五马，纛麾万人。
共图安攘，莫抒经纶。慨时陵替，匿迹沉沦。择地而蹈，三菁幽寮。
游共麐麃，枝借鹪鹩。骑宿上升，鞠猴赴吊。默佑苍生，应夫祈祷。
累世流传，宜载简编。乘无札记，碣勘文镌。秋高唳鹤，春晚啼鹃。
惟兹僻壤，庙貌翼然。询谘建置，创由明季。材纵嵚崟，状之崥岿。
逮及数传，兴修废坠。高厥闬闳，閟其深邃。梡甲再周，飔迓蟠蟉。
尘埋楶棨，雨浥榱庮。鶒鹔惊避，燕乾啁啾。耆耇颇颏，悔失绸缪。
乃度恢复，家罄储蓄。陾陾其捄，橐橐其柝。拓隘辟宏，尚华去朴。
期越及瓜，环观高矗。壮哉炜煌，如翚翱翔。歙艳电爔，皜曜蟾光。
霓承飞宇，霞霭雕梁。镐镐铄铄，赫濯弥彰。诹吉告功，奠神于宫。
炬燃爌熿，鼓奏咚隆。欢腾壤叟，喜跃辕童。明威炤灼，净扫氛雺。
敬陈簠簋，拜飏蹈舞。岁庆丰穰，家叨福祜。熙皞春台，庞鸿寿寓。
庥庇编氓，馨香千古。

此记乃道光二十年庚子岁竹醉日，奉舅氏命作于暗香疏影仙馆之北窗。今辑其宗谱，因录而存之。

“忠清世家”石碑（一）

该碑嵌于褚氏宗祠内东边山墙，碑高 115 厘米，宽 70 厘米，基座高 30 厘米。立于清道光二十四年（1844），因石碑表面风化，只有部分文字尚可辨认。

前半部分主要记述修祠简况，部分碑文如下：

立议据　嗣孙万年　因孟常太祖宗祠君卿公建造以来，至今数百余载。现今每岁演戏仍无戏亭，至时搭台，工费无数。余邀同三大房商议，欲起前进，总理无人。环顾祠下，惟廷彦财力过我，所以邀伊督工，以免历年劳瘁。内有左边基地一方，前与外房涉讼，财贿废尽，仍不见允。今余及各房董事将此地允兑，庶可建造。所以贫者派下，富者捐助。不意前进桢干未备，后进梁栋已坏，睹此景状，不胜痛心，故此拆卸重修。但所捐之钱一概用尽，实难成功。余与廷彦又邀三大房面议，将祠钱四拾千文以抵工费，又不能足。幸承各房喜助以成公事，其余之钱作为祠产，无敢废弛。（此处有 45 字无法辨认）有此宗祠，长幼可以肃然，尊卑庶几不紊。每逢冬至，各房房长并耆老生监至祠拜扫，同席散胙。自议之后，无得违逆。恐后无凭，立此议据，永远存照。

后半部分主要记述助山助田名册，部分名册如下：

——土名庙后小坟湾竹山一片

——土名东岙岭脚竹坪一个

——土名祠堂后山一片

——前进青龙首基地一间

——后进白虎首余弄一条

余已无法辨认。

最后落款刻“道光二十四年上澣穀旦　董事公立　嗣孙□□敬书”

修置孟常公家庙祀田碑文

此碑文抄录于民国22年（1933）修《余姚岚峰褚氏宗谱》卷一，碑文如下：

尝考王制曰：大夫三庙，士一庙。又曰：有田则祭，无田则荐。古今注谓庙者，貌也，所以仿佛先人之容貌。田者，圭洁之田，所以奉祭祀也。为人子孙莫不有敬宗尊祖，秋霜春露之思，而家庙祀田之义由是起焉。吾族自南宋时始祖千八公居小岭，以躬耕自给，传八世而生我孟常公。孟常公又生三子，长英三公，次英九公，次英十三公，由是分为三大房。我朝雍正年间，宗长君卿公虑先灵之无所归也，于是邀合三大房子姓商议捐资。于吴家弄底小筑三楹，俾安神主，又将毛竹山火坑田花息在祠演戏，以妥先灵是也。然而蠹飞侵蚀，瓦壁容易萧条，雀角频穿，榱栋又将崩折。前人作室而后起弗肯构堂，非肖也。余何忍出此，因将自己外楚场毛竹山一片，创捐修葺。即命族孙廷彦主其事，而廷彦亦将其父国明祭内之钱首捐百千。由是志立、天爵、汉仁各房子姓皆踊跃赴功，或助力，或助钱，凿登前凭，改为改作。不日之间，一椽破壁，焕然两进，垂堂矣。虽然落成已庆，鲁灵之庙有光，时荐无斗，若敖之鬼仍馁。每遇冬寒屈节，无一盂麦饭以荐馨香，非计也。廷彦概然曰：予有憎池田十二石，助入祠内，以为冬至之会。而贵四公支下亦以丁塘坑田六石助之。苹蘩薀藻，可以荐馨。余更喜不自胜矣。嘻，是役也，创之者，君卿公也，成之者，阖族人也。而所以始终其事底于成者，则在廷彦也。所谓敬宗尊祖，秋霜春露之思，或者其能稍慰欤。

道光二十六年□月家庙落成之日嗣孙万年谨志

重修白云桥碑记

该碑平躺于白云桥北端公路旁，已断为两截。石碑高225厘米，宽88厘米，厚约10厘米，上刻“重修白云桥碑记”7字，落款为“同治八年岁次己巳年仲冬月□□□……公立”。碑文主要记述修桥简况和助钱者姓名及数量，因风雨侵蚀，碑文字迹已很难辨认。

“忠清世家”石碑（二）

该碑嵌于褚氏宗祠内西边山墙，碑高90厘米，宽50厘米，基座高18厘米。碑文如下：

立助产配享碑记　宗长褚安金　缘族故名仁德妻吴氏伤子乏嗣，无所凭依，愿将先人遗产两处助入于本祠孟常公派下。每逢春祀秋尝在旁设席，以慰仁德五世之无飨者，并令亲房一名祭后散胙。为此邀同祠内三大房，嘉其有志，勒碑以存不朽，是为记。

计开

——土名梅坑口，系文字一千九百七十六号，田贰石两坵，叁分贰厘四毫，田外余地一粼。

——土名官山，系文字□□……号，山叁亩正。

时在

光绪三十四年十月中浣　穀旦

新四军浙东纵队后方医院旧址碑

光绪三十四年“忠清世家”碑

新四军浙东纵队后方医院旧址碑记

该碑立于晓云村东岳殿旧址东北角，碑文如下：

新四军浙东后方医院，筹建于一九四三年一月。初建时称“南山疗养所”，后改为后方医院，院址始在陆埠南山鲁家岙，后迁至南山裘岙、梁弄及三北地区。一九四四年秋，重返四明山，选址于晓岭，直至北撤。一九六三年拆除。此处为后方医院遗址。

余姚市人民政府立

一九八七年十二月

陈天龙修械所旧址碑记

该碑立于高岩村陈天龙自然村，碑文如下：

新四军浙东纵队后勤部所属陈天龙修械所，初建于一九四三年七月，专事修理武器及生产枪支弹药，到一九四五年一月，陈天龙修械所已发展到翻砂、榴弹两个工厂和炮械、子弹、刺刀、木工四个车间，工人最多时三百余人，是浙东纵队根据地规模最大、时间最长的兵工厂。

余姚市人民政府　立

一九八七年十二月

林杏琴教学楼志

该碑嵌于原乡初级中学、现乡中心学校小学部教学楼一层中间楼梯前墙柱上。碑文如下：

赵母林杏琴女士，宁波市人，幼性好学，惜当日女子读书风气未开而未竟学业，遂尽心培育子女成才。今长子安中先生率孙亨龙秉承慈母遗志，捐人民币三十万元，建鹿亭中学林杏琴教学楼。为彰扬赵母家教可风，遗训后人，热心公益，报效桑梓，立此碑记，以作纪念。

鹿亭乡人民政府

一九九四年十一月

新四军浙东游击纵队后方医院遗址碑记

该碑立于晓云村岳殿旧址中间，正面竖书“新四军浙东游击纵队后方医院遗址”“谭启龙题”。背面碑文如下：

新四军浙东游击纵队后方医院创建于一九四三年初，在坚持浙东抗日的艰难岁月里，医院工作者临危不惧，临难不畏，救死扶伤，怜贫恤患，笃志服务浙江抗战大业和根据地民众忠心贯日，先前裕后，饮水思源，继往开来。望后人弘扬伟业，发奋图强。特立此碑，以志纪念。

余姚市人民政府

一九九五年八月立

鹿亭乡闻裕顺中心小学新建碑记

该碑嵌于原乡中心小学教学楼一层楼梯旁墙上，中英文各一块，左为英文，右为中文。碑文如下：

浙江省政协委员、香港永联行贸易有限公司董事长闻儒根先生，为改善鹿亭乡教育条件，资助鹿亭乡中心小学新建综合楼一座，建筑面积1750m^2，于1996年4月落成。这一义举深得广大乡民赞誉。为弘扬爱国爱乡精神，启迪后人，特以闻儒根先生先父创办之闻裕顺商号为本校之名，并聘请闻儒根、闻周鹤翠夫妇荣任永远名誉校长，赵静荪女士永远顾问。勒石立碑，以为永志。

余姚市人民政府　立

一九九六年三月三十日

中村战斗纪念碑

该碑立于中村战斗纪念园内，火炬造型，“中村战斗纪念碑”7字由当年参加过中村战斗的中将江震于2008年4月题写。

忠清堂重修碑记

该碑立于褚氏宗祠内，碑文如下：

祭祀之重，自古为昭，尊敬祖宗，敦伦睦族，为孝子慈孙追忆追远报本之思，一以安先灵，一以绵世泽，光前裕后，源远流长。我族出自河南名相之后，鸿勋昭著，节度明州，始居浙东。自金川派分以来，聚族于斯，耕读为业，堂号忠清，子孙繁衍，族大有统，忠臣儒将，代有闻人，世泽之长，发祥之久，皆有祖德宗功栽培，庇荫我族。旧有三庙六祠，惜历经沧桑，几经磨难，唯孤祠独存，渐就倾圮，岂不惜乎。幸逢盛世，政府关注，廉吏有志，贤达、后嗣无不为葺事谋，修祠之事，遂上日程。经始于己丑年之秋，告成于庚寅年之冬。会集诸力，不畏难，不苟安，善始而图终，幸得各方慷慨乐助，后嗣孝思勃发，修祠之事，省而功倍。今日者堂基丕振，规模式廓，焕然一新，若凡子孙春秋之祭，风雨无忧，得以尽追远报本之心。修祠乐助之功，千载永存，爰勒诸石，以垂不朽。并将各捐资乐助名单开列于后，以为后来者之榜样也。

小岑二十三世孙纳新撰于

公元二〇一〇年岁次庚寅冬至日

重建新四军浙东游击纵队后方医院碑记

该碑立于后方医院大门前左边，碑文如下：

新四军浙东后方医院始建于1944年，是浙东敌后抗日根据地的特殊医疗机构，在险恶的战争环境下，救治护理了大量伤病员，为浙东革命的胜利作出了卓越的贡献。1997年，鹿亭乡政府拨出专款在晓云村办公楼内建立了简易的陈列室，供后人瞻仰。为了深切怀念革命先烈，弘扬和传承救死扶伤的革命精神，自2012年5月起，由宁波市光彩事业促进会和鹿亭乡人民政府共同出资，在余姚市文化广电新闻出版局和晓云村委鼎力支持下，历时一年有余，重建了后方医院，布展相关陈列，并恢复了医疗服务功能。

余姚市鹿亭乡人民政府

二〇一三年九月

重修李家塔板桥碑记

该碑立于板桥桥北，碑文如下：

李家塔板桥建于清代，旧称“会龙桥”，为四明山区典型的廊桥。1987年被列为余姚市文物保护单位。由于年久失修，存在严重的建筑结构隐患。为保护和传承文化遗产，彰显美丽乡村魅力，自2013年初始，在宁波市委统战部、宁波市工商联鼎力支持下，由余姚市文化广电新闻出版局和宁波市南苑集团乐志明先生共同出资一百余万元，对该桥进行全面修整，历时半年，恢复其历史面貌。

是为记。

余姚市鹿亭乡人民政府

二〇一三年九月

中村廊桥重建碑记

该碑立于廊桥北首桥头，碑文如下：

中村廊桥，原名中村桥，始建于上世纪七十年代初期。逾四十余载人来车往，风雨侵蚀，原桥破损不堪，乡民期盼重建之心甚切。二零一四年初，承蒙宁波市委统战部、宁波市工商联、宁波市光彩事业促进会热忱相助鼎力支持，资助壹佰叁拾万元，加之政府配套资金，总投资贰佰贰拾万元，于原址重建新桥。历时半年许，桥既成。重建之桥宛若飞虹，横卧碧水，掩映青山，古韵盎然，风光旖旎，为美丽乡村添胜景，利四邻乡民之往来，诚为泽被一方，福荫后世之举。特勒碑记之。

余姚市鹿亭乡人民政府立

二〇一五年九月

白鹿观景台建设碑记

白鹿观景台扩建工程于2016年12月落成，该碑立于观景台一层西脚，碑文如下：

巍巍四明延千里，古韵鹿亭揽新景。

为一览四明之壮美风光，于二零一二年始建白鹿观景台，乃宁波十大观景台之一。嗣后，四明山区域生态发展全面推进，鹿亭以其清幽神秀引四方游客纷至沓来，原观景台已难胜任。二零一六年，承宁波市委统战部、宁波市光彩事业促进会捐资玖拾万元，配以政府资金，总投资贰佰贰拾万元，改造扩建观景台。工程自七月动工，经市、乡、村及建设各单位勠力营建，历时半年，于十二月落成。

观景台位于鹿亭乡白鹿村狮峰最高处，海拔510米，面积259平方米，高达14.2米。规整通透，其形如狮爪虚握，雄踞于苍山翠海之上。登台倚栏，极目远眺，修竹如茵，翠林似海，重峦叠嶂，绵延不绝，四明盛景，尽收眼底。尤宜赏云海，观日出，雾锁群山，烟霭浩渺，红日喷薄，霞光万道，蔚为壮观，实乃四明观景之绝佳处。为纪念观景台营建，感念各方资助，特勒碑记之。

余姚市鹿亭乡人民政府

二〇一七年三月

第五章　文　献

第一节　学术文献

明代，龚辉著有《全陕政要略》，共四卷，藏国家图书馆。

中华人民共和国成立后，沿夹岙村郑永年出版专著15部，其中英文著作7部、中文著作8部。英文著作包括《在中国发现中国民族主义：现代化、身份认同与国际关系》《全球化与中国国家转型》《技术赋权：中国的互联网、国家与社会》《中国的“行为联邦制”：中央—地方关系的变革与动力》等。主编学术著作20余部，有《改革中的中国共产党》《中国和新世界秩序》《中国的开放社会》，等等。白鹿村陈家岩陈寿灿出版专著、译著7部，主编《方法论导论》《现代管理哲学》等教材6种；在《哲学研究》《新华文摘》《光明日报》等刊物上发表论文70余篇，还主编《财经法律评论》《浙江伦理论坛》《道德建设与价值培育研究丛书》《当代经济法理论丛书》等，发表学术论文20余篇。李家塔村方建强编撰完成8部军队大型战备资料丛书，在各军和军区级学术研究专刊发表文章10余篇。

第二节　宗　谱

清代至民国，民间各姓氏盛行修编宗谱，至2016年，尚有5个姓氏宗谱收藏于民间或市文保所，另有龚、赵两姓续修宗谱。

《四明上菁李家塔王氏宗谱》

共四卷，王仁林编纂，民国25年（1936）孝义堂木活字本。封签题《龙桥王氏宗谱》，三修本。

始祖：王纲，字性常，又字德常，明代人。迁鹿亭始祖：怀，字居安，号养静，行春三十五，明成化年间（1465—1487）自四明郡城凉风冈迁居余姚县上菁李家塔（今属余姚市鹿亭乡）。

此谱始修于清光绪十八年（1892），世系修录至第二十四世，排行字为绍。本支派排行自七世起：守正承先业，贻谋裕后昆，忠孝传家远，诗书绍泽长，功德千年在，渊源百世芳。卷一：谱序、渊源、像容、像赞、传记、条例、祀产；卷二：世系图（第一至第二十四世）；卷三、卷四：世传。其中，卷三：第一至第十八世，卷四：第十九至第二十四世。

藏：余姚市鹿亭乡李家塔村民间。

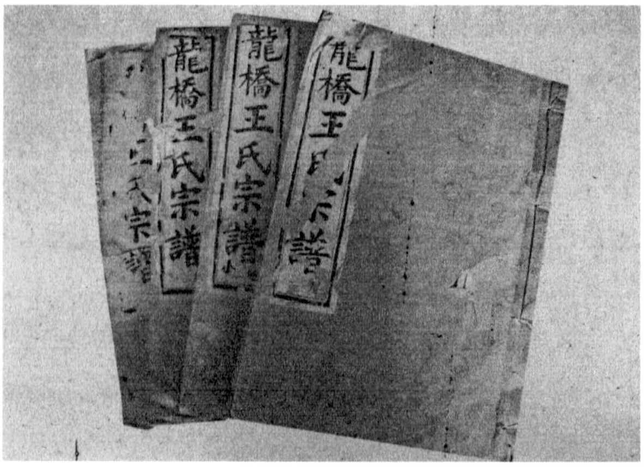

◉ 《龙桥王氏宗谱》

《中村续修郑氏宗谱》

共4卷，郑禹德编纂。清道光二十三年（1843）中和堂写本，残缺卷二。版心题《中村续修郑氏宗谱》，书名页题《续修郑氏宗谱》，二修本。

始祖：安夏，世居河南荥阳，唐代人。迁姚始祖：雍，北宋末自江夏（湖北武昌）徙居余姚县云柯乡郑巷村（今属余姚市低塘街道）。支祖：士渚，字德洪，号荇洲，行大六，雍曾孙，南宋建炎年间（1127—1130）自郑巷迁居本邑中村（今属余姚市鹿亭乡）。

此谱始修于清嘉庆二十一年（1816），世系修录至第三十二世，排行字为世。本支派中和堂排行字自二十六世起：维光宗耀祖，奕世传奇，伯仲叔季，和顺荣熙。卷一：谱序、凡例、排行字、传略、世系考、杂文、图说、像赞、世系源流。残缺卷二，卷目内容为厅屋、算坑世系；卷三为乌车门、前山世系；卷四为方家宅世系（即二房），附应房、祝家堰、后新屋世系。

宗谱内另附“尊亲堂”下排行“光宗耀祖，翼世传芳，诗书佑启，忠厚发祥，家修孝友，廷献文章，履声继武，兰萝征香，积善有庆，树德必昌，介以景福，锡兹祚康”48字。

此支名人：郑永年。

珍贵史料：《仙圣庙碑记》《中村八景赋》《仙山记》。

藏：余姚市鹿亭乡中村村民间。

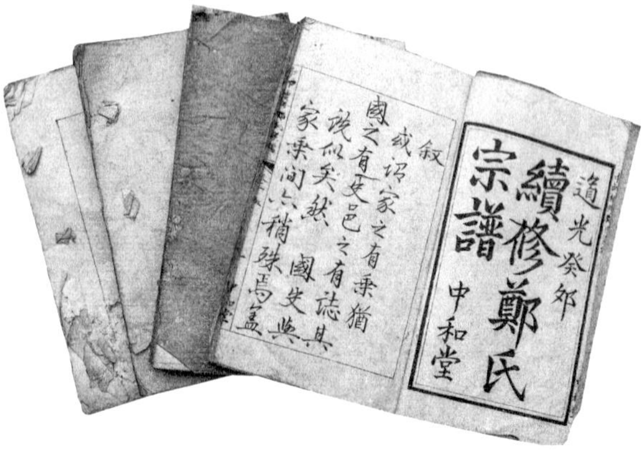

◉ 中村《续修郑氏宗谱（中和堂）》

《余姚四明石潭龚氏宗谱》

共八册，龚克荣等编纂，清光绪三十一年（1905）孝思堂木活字本，封签题《四明龚氏宗谱》，版心题《余姚四明石潭龚氏宗谱》。

始祖：昭，字益昌，北宋时人，世居江苏镇江。二传乙孙，迁居剡县（今嵊州市）畈田。迁姚始祖：俊，字九垒，益昌曾孙，南宋建炎年间自剡县畈田迁居余姚县四明乡白云村（今属余姚市鹿亭乡）。

此谱始修于元至正元年（1341），世系修录至第三十三世，排行字为属。本支派排行字自二十七世起：天然名胜地，聚属万斯年，孝友存先志，忠良启后贤，钟灵照德泽，瓜瓞重心田，川岳精英萃，于今福寿绵。《龚氏宗谱》以“金、石、丝、竹、匏、土、革、木”8字为8册（集）。金集（包括卷首上卷首中），卷首上：谱序、凡例、目录、诰敕、祖像、图、铭赞；卷首中：宗规、家规、行第、旧序、记、传略、行述。石集（包括卷首下、卷首总），卷首下：奏疏、文献、述祖诗、十景诗、墓志、碑颂、碑铭、祭文、祀产；卷首总：世系表总图引、源流总图。卷一至卷十九为世系图表。丝集：卷一为一至十五世世系总图；卷二、卷三、卷四为下宅、药壶、南宅十六至三十三世世表。竹集：卷五、卷六、卷七为八房茅山头、八房红椐树下、八房东房十六至三十三世世表。匏集：卷八、卷九、卷十为岙底、新宅、黄家石埠十六至三十三世世表。土集：卷十一、卷十二、卷十三为老屋基、王坑、王家坪十六至三十三世世表。革集：卷十四、卷十五、卷十六、卷十七为三房乌柏岭、四房黄家石埠、中村、五房乌柏岭十六至三十三世世表。木集：卷十八、卷十九为厅前、叶家阳十六至三十三世世表。

此支名人：（明）龚辉。

珍贵资料：《石潭十景诗》《采运图说》《游四明石潭记》《奏疏》。

藏：余姚市鹿亭乡石潭村民间

至 2016 年，已续修龚氏宗谱 7 册，其中叶家样 1 册、新宅 1 册、梁湖 1 册、中村 1 册、石潭 3 册，均由二十九世孙嘉产编纂。

◉《四明龚氏宗谱》

《四明上菁赵氏宗谱》

共八卷，民国 13 年重刊，影印本，树滋堂珍藏，封签题《四明上菁赵氏宗谱》，三修本。

始祖：赵元佐，宋太宗长子。迁姚始祖赵德尧，行太一，元末明初自上虞箭山（今属余姚市梁弄镇）西园迁居余姚四明乡上菁（今余姚市鹿亭乡上庄）。

此谱始修于清道光二十九年（1849），光绪十九年（1893）重修，原有第七世起排行“正盛兴金，文德克光，连先承志，裕后传芳，十年生聚，五世其昌，子孙济美，忠孝贤良”。重修后排行字自十六世“先”字行起更定为 40 字：先承宗祖志，立行式贤良，懋学思仁守，明怀秉义方，传家诫有本，继序庆其昌，不显声名善，宏开奕世祥。卷首：凡例、祠规、宅图。卷一：谱序、世系辨、纪事、记略、庙事、树滋堂记、行序、家范、源流。卷二：世系。卷三至卷五：世录。卷六：列传、艺文、杂志、刊误、补遗、纪名、补遗、总录。卷末：附螟蛉派世录、书后、后跋。

珍贵资料：《重建上菁庙碑记》《上菁考》。

藏：余姚市鹿亭乡上庄村民间（复印本）。

2016 年始，续修《四明上菁赵氏宗谱》3 卷，共印 66 套，十八世孙海舟编纂，为四修本。

◉《四明上菁赵氏宗谱》

《姚江褚氏宗谱》

原十三卷十二册，现存十一册。缺卷一册，所缺内容为序言与外纪世系部分。宗长褚文惠主修，褚翰挥编纂，木活字排版。封签题《姚江褚氏宗谱》，卷端题《姚江四明小岭褚氏宗谱》。

始祖：褚邦英（遂良公十九世孙、昭亮公七世孙），以贤才举，历任安庆府山口镇、湖州长兴县尉，复州司法参军，镇江录事参军致仕（退休），南宋隆兴至淳熙年间（1163—1189）由慈溪金川（今余姚市三七市镇）徙居越州（绍兴）余姚四明小岭（今属余姚市鹿亭乡）。

此谱修于清道光三十年，以褚邦英八世孙褚畿行千八为本谱第一世。参考民国 22 年《余姚岚峰褚氏宗谱》序言内容（“谱中卷一照录晓岭道光谱内容”）可知，卷一册中录有魏了翁、朱熹、董槐、赵葵、徐清叟、徐元杰、崔与之、郑清之等宋代名贤为褚氏家族所书序文、像赞、传记、行状等文。谱中还录有《高宗纯皇帝御表遂良公论》、至道元年（995）宋太宗所赐《宋敕明州节度使褚昭亮制》、同邑汪铨所志《褚氏源流》、宗长文惠志《宗谱初辑记》《宗规十四条》、裔孙廷琮志《褚姓备考》等文。另有《例言十条》《小岭八景诗》《本支历朝仕宧录》《分迁考》等内容。十一册均为本纪世系内容。

◉《姚江褚氏宗谱》

珍贵资料：《小岭八景诗》

藏：余姚市文保所。

第二十三编

习俗　宗教

第一章　习　俗

第一节　生活习俗

饮食

主食　一日三餐，主食米饭，早稀，中、晚两干。农忙时节，三餐均干，再加一、二餐点心。旧时粮食产量不高，南瓜、玉米、番薯、马铃薯（俗称洋芋艿）等也常作主食或间作主食。多食涨性好、出饭率高的早米，晚米用作春年糕，糯米多用来做酒和点心。

菜肴　旧时日常菜肴崇尚节俭，自种蔬菜为主；有亲朋好友上门，则会加一盘炒蛋和炒黄豆。遇迎亲、祝寿、小儿满月、建房等喜事办宴席，一般有8个冷盆、10个热菜、2个点心。丧事入殓日以素斋待客，出殡回来可开荤腥，称转丧饭。

每家每户普遍有自制咸菜、苋菜梗、笋干菜的习惯。有"三天不吃干菜汤，脚膀有点酸汪汪"的俗语。传统菜肴制作方法有腌（腌菜、腌冬瓜、腌肉）、霉（霉干菜、霉豆）、浸（用腌苋菜梗卤浸制菜头、豆腐等）、糟（糟鱼、糟肉，用酒糟做调味配料）等。烹饪方法有煎、炒、炖、蒸等。20世纪80年代后，居民生活水平逐渐提高，多数人家日常荤腥不断，宴请规格日趋高档。2010年后，高档海鲜（龙虾、鲍鱼等）进入宴席中。

点心　精致点心料以米粉、面粉为主。按季节时令不同，有米馒头、年糕、青团、灰汁团、粽子、面疙瘩等；平时有烤洋芋艿、烤番薯、烤南瓜、煮玉米等。

饮料　酒为旧时祭祀和待客必备，以黄酒为主。冬季用糯米自酿米酒，称白酒；还用高粱、大小麦、番薯干（渣）以及红刺根酿制的白酒（俗称烧酒）。20世纪90年代后，流行啤酒。2010年后，流行红葡萄酒。待客饮茶多用自制的绿茶，新年待客时加糖，称鸳鸯茶，以示客气。90年代后，宴席饮料有雪碧、可乐、椰子汁等。2010年后，流行鲜榨果汁。

服饰

衣着　明清时，服饰崇尚朴素，不论贫富皆穿粗布。民国时，服饰沿袭清制。劳动男子平时穿对襟袄、叠拢裤（俗称短打）。老年人天冷时腰系竹裙。婴孩穿和尚衣，外裹抱裙。幼童穿开裆裤，胸前系围涎。女子上袄以大襟喇叭袖为主，下穿长裤，外加罩裙；中老年妇女平时系布拦。1949年10月中华人民共和国成立后，男子兴中山装、列宁装。20世纪60年代，青年兴青年装，妇女兴穿两用衫。"文化大革命"时期，青年男女兴绿、蓝军装，中老年多穿蓝、灰色中山装。80年代后，兴西装、牛仔裤、夹克衫、羽绒衫、皮衣、T恤等，式样日新月异，色彩鲜艳。

鞋袜　民国时期，婴孩穿虎头鞋，男子穿深口或小圆口布夹鞋，老年人穿布靴。冬天穿鸭舌头布棉鞋。雨雪天穿木屐。女子已不再缠足，穿绣花尖顶鞋。民国中后期，兴球鞋、套鞋、皮鞋，妇女兴穿搭襻鞋。劳动者或赤脚，或穿草鞋，冬天穿箬壳草鞋。中华人民共和国成立后，兴解放鞋、塑料凉鞋。20世纪80年代后，兴各色皮鞋、皮靴、运动鞋、保暖鞋等。清代至民国初期，多穿细白布缝制的袜子，后流行针织线袜。民国中后期出现套袜。60年代后，流行尼龙袜、卡普龙袜。90年代后，年轻女子兴连裤长筒丝袜。进入21世纪后，年轻女子兴穿船底袜。

帽子　民国时期，士绅、商人及知识分子以铜盆帽作礼帽，平时戴西瓜顶帽。农民夏戴草帽，冬戴罗宋帽，雨天戴竹凉帽。老年妇女戴黑绒包头，青年妇女一般不戴帽。中华人民共和国成立后，流行戴人民帽、解放帽。20世纪90年代后，出门旅游流行戴太阳帽。

发型　清代时，男子留辫；未婚女子梳单辫，前挑刘海；已婚女子挽发髻，横插银簪外加网罩；十六岁前儿童不蓄发。民国时期，男剃光头、平头、圆顶头；未婚女子梳双辫，已婚女子梳绕绕头、翻头；孩童剃瓦片头、桃形头。20世纪50年代，男多西发，女多一刀剪齐耳短发。80年代，青年女子兴烫发，青年男子兴长发。90年代后，少数年轻人卷发，染黄、红发，发型发色多样。个别青年男子留长发梳成马尾状，女子也有剪平头者。

佩饰　民国时期，女子七岁穿耳，以戴簪钗、珠花、耳环、手镯、戒指为美，富户多戴金质，中等人家戴银质或镀金。男童佩戴长命项圈、带铃镯子，男子也有戴戒指的。中华人民共和国成立后，首饰一度绝迹，男子兴佩钢笔以示有文化。20世纪80年代，金戒指、金手镯、金项链、金耳环等复兴。90年代后，兴铂金、玉器、钻戒等。

居住

多聚族而居。民国时期，住房多为石头、黄泥砌墙一层平房或两层木结构楼房。20世纪80年代后，农村建房多为两至三层的砖混结构楼房。2010年起，多建现浇框架结构楼房，部分山民在余姚和宁波市区购买商品房。

房屋朝向，历来以朝南为主。避开门对门、门对弄、山墙对门。房屋左侧称青龙，右侧称白虎。忌白虎首房子高于或超前于青龙首房子。

出行

旧时外出须择日，一般择初三、十一出门。无论远近多步行。富豪之家出门坐轿。20世纪80年代，上班有自行车代步。80年代后期，出现三卡、轻骑、摩托车。90年代后期，开始出现电动自行车和少量私家轿车。2010年后，轿车进入平常人家，有的还一家数辆。

第二节　生产习俗

旧时生产习俗多有迷信色彩，基本摈除。

农业生产

农历正月初八，农民望晴预测年成。有农谚曰：“头八晴，好秧性；二八晴，好年成；三八晴，好收成。”二八、三八是指农历正月十八、廿八。

二月十二，看天色预测年成。如这一日天色晴好，则预示当年风调雨顺，是个丰收年。

三月初三，听蛙声预测当年雨水多寡。农谚云：“田鸡叫午前，丰产在高田；田鸡叫午后，低田不用愁。”

清明浸秧籽，有俗语“清明下秧，甭问爹娘”。牧童一早将牛赶至田头，任其吃“草子”（紫云英），任何人不得干涉，称“放青”，俗谓“吃之清明露水草，就要开始耕田哉”。

六月初三，看天气预测早稻丰歉。如天气凉

快，则预示早稻歉收。农谚云：“六月不热，五谷不结；六月盖被，有谷无米。”早稻新米开碾后，第一碗新米饭供奉灶神。一家人入座吃新米饭时，由最年长者先动筷子。

秋收后，不种春粮作物的冬闲田亦须翻耕，俗称“田要冬耕，儿要亲生”。

手工业

旧时石、木、泥水、竹、裁缝、箍桶等工匠多为当地人，理发、弹花、铜、铁、锡匠多为天台、永康等外地人。学艺须在正月择日请人介绍拜师，拜师时先祭本行祖师，再拜师傅。学徒期限一般三年，其间师傅只供饭食，不付工钱。除春节岁假外平时不准回家，吃饭时要给师傅盛饭，而且必须“师傅先吃饭，学徒先放筷”，还要做师傅家里的家务活。满师后办满师酒，师傅赠半副工具，称“半作”。满师后还要另找师傅过堂，俗称“三年学徒，四年半作”，半作只领一半工钱。中华人民共和国成立后，逐渐建立新型的师徒关系，徒弟享有较多的人身自由权。

第三节　岁时习俗

春节

农历正月初一。早起鸣炮，称“开门炮”。老少皆穿戴一新，以示辞旧迎新。早餐吃红豆年糕汤（俗称“豆茶年糕”），谓之“头头顺流，年年高升”。一早，幼者奉糖茶拜长者，长者会给拜岁钱、茶食、糕点。此日主妇休息，不扫地，不待客，不打骂孩子。未昏即眠，不点灯火。进入21世纪后，初一日兴拜坟岁。初二起男人出拜亲邻，以甥拜舅、婿拜翁、侄拜姑父为重。相互宴请，互赠礼品。旧时礼品多为豆酥糖包、红（白）糖包、枣子包等，现多为烟、酒、饮料、食用油、营养保健品等，也有小辈给长辈送现金红包。

清明节

家家做艾青麦果，吃苜蓿（亮眼草籽），采荠菜、马兰头等野菜。家家户户携带酒菜香烛至亡故的父母亲等至亲坟头祭奠（俗称上坟），清除墓前杂草，并在坟头培土，在坟顶插幡。中华人民共和国成立后，学校、企事业单位在清明节前后组织春游、祭扫革命烈士墓。

立夏

吃立夏蛋、“健脚笋”（小笋不切断，整根烧煮），还称体重。说立夏日称体重夏天就不会疰夏。

端午节

也称“端阳”，俗称“端五”。旧俗此日门户插菖蒲为剑、艾为旗，室内洒雄黄酒以驱除五毒。小孩额头上用雄黄酒写“王”字，据说夏天可以少生痱子。节前，准女婿要去女方家送节，礼品须讲究，将黄鱼肉鹅酒等，用两只有4个格层的篮子（俗称幢篮）挑去，少者4色，多者8色、12色，称“端午担”。已出嫁女儿去娘家送节则比较随便，娘家一般也不会计较。家家裹粽子、煮茶叶蛋、炒罗汉豆，中午吃“五黄”（雄黄酒、黄鱼、黄瓜、黄鳝、黄壳蟹）、“六白”（豆腐、茭白、小白菜、白斩鸡、白切肉、白条鱼）。

中元节

农历七月十五又俗称“鬼节”，家家做七月半羹饭祭祀祖先。

中秋节

节前亲友间互赠月饼等礼品。是夜，合家团聚，吃月饼赏月。

重阳节

又称“重九”。旧时士子结伴登高赋诗，饮茱萸酒。各家吃重阳糕，寓意步步登高。1987年，浙江省以重阳为“老人节”，政府、学校等举行各种敬老活动。

冬至

俗话说“冬至大于年”，家家做冬至羹饭祭祖先，民间还选冬至前后给坟头加土，旧坟修缮、立碑。据传冬至日晚上做的梦最真实，能梦想成真。

除夕

俗称“过年”。从腊月中旬开始置办年货。出嫁女儿向娘家送年节，徒弟向师傅送年礼。农历十二月二十至三十日，称“日”为“夜”，俗称二十夜、廿一夜、廿二夜、廿三夜……三十夜（如月小，廿九夜也称三十夜）。廿三夜又称小年夜，晚饭前供糯米团子和香烛祭灶君，意为封住灶君嘴巴，不使其上天说坏话。然后，全家人吃糯米团子。廿四夜掸尘。廿六夜，不见六血（是日不杀鸡、鸭、鹅、猪、牛、羊）。大年三十，贴年画、春联。祭祖神奉三茶六酒，用三牲、年糕等作贡品。祭祀完毕吃年夜饭（称分岁），桌上必备一碗鱼，谓“年年有余”。小辈向长辈敬酒，长辈给小孩子发压岁钱。家中若有人外出未归，要虚设一副碗筷，以示阖家分岁。旧时除夕夜全家坐至天亮，谓之守岁。20 世纪 80 年代起，时兴聚在一起打牌、搓麻将，一直到夜深。1990 年起，电视机进入平常百姓家，大多家庭看中央电视台春节联欢晚会节目，到午夜 12 点放鞭炮，迎接新年。

第四节　礼仪习俗

婚嫁

旧式婚嫁过程繁复，主要有定亲、纳聘、成亲、回门四道程序，耗时费财。夫妻结合，全凭父母之命、媒妁之言，本人不能做主，直至拜堂成亲，方能夫妻相见。各家贫富有异，其繁简排场亦有所不同。

定亲　俗称吃茶。男方父母若钟意某家姑娘，委托媒人向女方父母提亲。若女方亦有意结亲，男方再通过媒人问女方生辰八字，称“请庚”。请算命先生“排八字”，称“合肖”。若无冲克，男方即遣媒议聘。

纳聘　俗称“订婚”“小好日”。双方联姻后说定彩礼，男方择吉日先把头盘送往女家。头盘送去部分彩礼并附龙凤大帖，此帖亦是双方定亲不得反悔的唯一凭证。是日，男方宴请媒人及亲友。二盘又称催节，男方正式选定结婚喜日，把全部彩礼送往女方，女方便筹办嫁妆。嫁妆中除床由男方准备外，新房内的桌、椅、台、桶、箱、架等全部家具，以及被子、枕头、新郎新娘的四季衣衫鞋袜，全由女方随嫁送去。旧时豪富人家嫁女嫁妆丰盛，有“十里红妆”之称，有的还陪嫁良田耕地，称“财田产”。贫困人家即使无力铺张，但马桶（俗称子孙桶）非准备不可。

成亲　即结婚，俗称“好日”。当天早上，男方遣新郎同辈或小辈人至女方搬嫁妆，女方在庭院摆列嫁妆让人观赏。发放嫁妆时，第一杠必须置花烛台一对、铜镜一面。富家嫁妆至少四杠，穷家嫁妆仅一垫一盖。嫁妆到男方家，先陈列于堂前，供人观赏品评。20 世纪 50—60 年代，嫁妆较少，大件者唯缝纫机及绸被。70 年代末起，嫁妆渐丰，富者常有电视机、录音机、缝纫机、自行车等四大件。2010 年后，亦有汽车和市区套房作为陪嫁。旧时嫁妆中的“子孙桶”必由新郎弟弟提进新房，并由第一个在桶里撒尿的男孩取女方家事先放在桶里的彩蛋、花生果、爆米花和红包。21 世纪起，大多已在结婚前置办好嫁妆放在新房内，不用再搬。

旧时搬嫁妆队伍出女方村子，新郎即在伴郎陪同下到新娘家，女方中午设宴，招待新郎一行、媒人和亲朋好友等。下午发轿迎娶，新娘穿戴凤冠霞帔，吃上轿饭，至中堂拜祭祖先，新娘步着铺设的麻袋出门，由兄长抱上轿。轿子离开后，女方母亲要在中堂哭泣，以示对女儿出嫁的不舍，谓“哭轿”。新娘的兄弟、堂表兄弟随即动身去男方家做舅老爷，称“会亲”。轿至男方家，轿放中堂外，中堂里点龙凤花烛，新郎新娘举行成亲仪式，称“拜堂”。拜堂后，由龙凤花烛导引，新人踏地面麻袋入洞房。麻袋5只，每行一袋，送嫂即移置于前接之，称“传代入房”。入房后，夫东妻西并坐床沿，喝红糖圆子汤。宴席上，新娘的长兄坐朝南正位，新郎作陪。晚上闹新房，俗称“吵房”，直闹到深更半夜，这时公婆赔话、招待夜点心作罢，此俗今渐废。

回门　旧时次日起床后新郎开门，寓早生贵子意。男家发轿，新人坐轿到女家，随轿送“望娘盘”一担，内盛喜宴所设果品及鱼肉等，岳家设盛宴待新人。当日原轿去原轿回。到家后，新娘由新郎搀扶从轿前至房门前20多条长凳架成的“仙桥”上走去，旁客边看边催迫，若新娘步履稳健，则在新房门前的桥头处再叠上长凳一条，并递上一只馒头，叫新娘咬住走过，称“鲤鱼跳龙门”。回门之俗今仍在，现在新人回女家用午餐后即回。

中华人民共和国成立后，提倡婚姻自主，婚事简办。男女双方到政府部门办理结婚登记即为合法夫妻。20世纪60年代中期起，迎娶不再用花轿，有的以拖拉机代之，也有自行车、步行的。80年代后，彩礼、嫁妆逐渐丰厚，迎娶用面包车、小轿车，豪华车队、婚宴铺张。

丧葬

俗称白事。旧时丧葬礼仪繁琐，迷信色彩浓厚。

送终　弥留之际，子女亲属守候在旁，一断气即下跪号哭，随即给死者沐浴、理发、更衣。

停尸　俗称摊板头。把死者放在门板上，脸盖白布，头南脚北安置祖堂。脚后点一盏油灯，头前挂白布帘。客死在外者，遗体不得入屋，要在外搭棚办丧事。

报丧　俗称报死讯。报丧人须倒夹雨伞，至死者亲友家要将雨伞倒置在大门外，不得带入，吃点烟火食即走。报丧人走后，要在门前摔一张瓦片或一只碗，以避晦气。

守灵　在祖堂设“孝堂”（读作“耗堂”），子女披麻戴孝，日夜守护。奔丧者前来，媳妇、女儿等要号哭。民间习俗要请道士做法事，以超度亡灵。

入殓　一般在死后第三天晚上，把遗体安放灵柩内。傍晚要宴请亲友吃素斋，称落灵斋，又称豆腐斋饭。为忌“丧事成双”，入殓衣衫务必成单。盖殓被时，一一报明送者姓名。盖棺前不许啼哭，忌眼泪掉入棺内。上榫头后，必须大哭，俗称哭入材。

出殡　俗称出丧。一般第四天早上。单声破锣开道引导，由女婿捧死者木主牌位或遗像。子、媳、女、孙等披麻戴孝跟随、守护在灵柩旁，须哀哭以示孝顺，众亲友跟随灵柩后送葬。过桥时，孝子要先爬过桥，在桥头跪接。棺材进穴要放得不偏不倚，意为对子孙不偏袒。送丧回转，到家前要先跨越燃烧的烟堆，以示脱晦。宴请亲友吃“回丧斋”。

做七　死后每过7天祭奠一次，共7次。以“五七”为最隆重，众亲友到场，设宴，请道士做道场。以后，还有百日祭、周年祭等。

殡葬　旧时盛行土葬。用砖块或石板制，内安柩，堆土为坟。富裕者未死即行寿坟，安葬时多有陪葬品。贫寒者乏钱做坟，用稻草裹棺材或用砖块围砌，浮厝地面，甚至有直接用草包裹尸，送义冢掩埋的。

中华人民共和国成立后，丧葬习俗多有改革。如以追悼会代替吊唁，遗像代替牌位，戴黑纱、白花代替披麻戴孝，播放哀乐代替吹打乐队，以火葬代替土葬，亲友多以送花圈表示哀悼。

喜庆

寿庆　旧俗36岁为本寿，36岁前不做寿，称做生日。为避“四”与“死”谐音，40岁也不庆祝。50岁开始逢“十”举行寿庆。寿庆时，富贵之家设寿堂，挂寿幛、寿联，上供祭祖，请寿星菩萨，祈祷增福增寿。亲友前来祝寿，送红烛、寿鞋、寿面等寿礼。寿宴上必上“长寿面”。父母亲66岁，出嫁的女儿把肉切成66块，烧熟送父母吃。中华人民共和国成立后，寿庆仪式从简，20世纪80年代后，亲友间普遍送西式裱花蛋糕为寿礼。

生育　女儿临产前1个月左右，娘家要送婴儿衣服鞋帽，以及寓意“早生贵子”的红枣、花生、桂圆、粽子等，谓之催生。出生后，旧俗24小时内不给小孩子喂奶，吃开口奶前先喂黄连，意为先苦后甜。向娘家报生时，生男孩用雄鹅，生女孩用母鸡。月子里，亲友向产妇送糖、面、鸡、蛋等，经济条件好的送火腿，称“望生姆羹”。婴儿满月要剃头，办“剃头酒”宴请亲友。婴儿外婆家要送满月衣、虎头帽、老虎鞋，富裕人家还要送金锁片、银项圈、响铃手镯等。小孩一般有乳名和书名。乳名多取阿狗、阿猫、阿牛等动物名，以祈易养。书名多按金、木、水、火、土五行排列，缺者补，并按家谱族辈排行，搭配取名。女孩取名，相对比较随便，一般不按族辈排行。

建房　旧俗建房前要看风水，择地基，选动土、上梁的日子。动土一般选清晨，除房主外，再在亲友或邻居中选个福寿双全的长者帮忙。先在地基中央供三牲、点香烛，祭祀当方土地。房主叩拜，长者在旁祈祷“四方平稳、万事如意、寿比南山、福如东海”。接着，房主在房基的东南西北四个方位用锄头象征性地掏土。长者紧跟其后撒米粒和茶叶，念四方词以求各方土地保佑。上梁日，至亲要用幢篮担送五牲（雄鸡、鹅、鲤鱼、羊肉、猪头）、一块写有“紫微高照”的红布、一盆万年青、一株挂着钞票的摇钱树，以及香烛、黄酒等。一般亲友送馒头、米糕等。“紫微高照”中的“照”字，下面只能写三点，四点为“火”，犯忌。祭祀时，房主一敬天、二敬地、三敬鲁班祖师，再请太平菩萨。祭祀结束，泥水、木匠两个作头指挥上栋梁，把“紫薇高照”的红布钉于栋梁正中，两头挂装有米和馒头的袋子，房主夫妇分别用衣声布兰接住作头抛下的两个袋子，匆匆赶往家里放进米缸里，寓意“有吃”。然后帮忙师傅们向众人抛“上梁馒头”。晚上办上梁酒，宴请泥木、工匠、帮工、众亲友等。

第五节　信仰习俗

民间传统信仰以自然崇拜为基础。

主要有灶神、财神、龙王、曹娥娘娘等，除灶神供奉于每家每户外，其余均建庙专祀。各业还有各自的祖师爷，如裁缝崇奉轩辕，铁匠崇奉太上老君，石、木、泥水、银、铜匠崇奉鲁班，篾匠崇奉泰山。拜师学艺如不先拜祖师，则不为同行所承认。在日常生活中，亦信奉随处有神。田里有田公田婆，屋有屋神，车有车神，树有树神。家蛇被称为家龙，不可随便赶走，更不可杀害。其他还有床神、筷神、船神、桥神等。

日常信仰活动有烧香、做羹饭、驱邪、占卜、看风水、关仙等。

烧香是指给神祇上香膜拜，以示对神祇的敬仰，祈求平安。烧香者可在家里自设的神龛前上香，也可去庙宇上香。通常是农历每月初一、十五，或是传说中各菩萨的生日，也有每天上香的。一年中烧香最多的是正月初一，是日有半夜子时去庙宇烧头香的。家境殷实的还去外地寺院或四大名山朝山敬香。

做羹饭是指设供祭祀祖先。一般人家一年中逢七月半、过年做两次羹饭，亦有做清明羹饭和冬至羹饭的。家里遇嫁娶、丧事、建房、迁居、生日、添丁等大事，也要做羹饭告知祖先。

占卜主要是卜卦、扶乩、求签、看相、测字、算命、鸟寨牌等，多请相士、瞎子先生进行。卜卦，是运用《周易》来预测将来。扶乩，是在畚箕上插一根毛线针，由两人扶畚箕移动，毛线针在沙盘上画出字句来作为神的指示。求签，是在庙宇神佛前抽签来占卜吉凶。看相，是观察人的相貌、骨骼或手掌的纹路等来判断其命运的好坏。测字，是把汉字的偏旁部首拆开或合并，作出解释来占吉凶。算命（十六岁成年后方称“算命”，小孩子称“排八字”），是按人的生辰八字，用阴阳五行推算人的命运，断定人的吉凶祸福。鸟寨牌，是用驯养的小鸟为人抽签以占卜吉凶。

看风水是请风水先生选择屋基、墓地等。

关仙是通过神汉巫婆把过世先人的灵魂招来，并与之对话。

另外，神汉巫婆自称身上有某神或某鬼附身，并利用所谓的神力为人看病驱邪。

中华人民共和国成立后，烧香、做羮饭、驱邪、占卜、看风水、关仙、鬼神附身等民间迷信活动基本消除。

第二章 宗 教

境内有佛教、道教、基督教等宗教，还有类似于道教的其他民间信仰。至2016年，全乡有市民宗局登记编号民间信仰活动场所10处，其中道教活动场所7处，基督教活动场所3处，另有其他民间信仰活动场所20余处。

第一节 佛 教

黄宗羲《四明山志》录有明沈明臣《四明山游记》曰：“小皎溪一支南入为算坑。小庵一，僧一，行者一。”是为境内有文字记载的最早的佛事场所。小庵名“福庆庵”，位于算坑自然村村口。

古时，家庙旁大多建有小庵，如仙圣庙旁的“古云庵”，墅溪庙旁的“至善庵”等。佛教信徒居家礼佛者较为普遍。

中华人民共和国成立后，许多寺庵改作校舍，有的被拆除，其建筑材料用于建造会堂或政府办公用房。“文化大革命”期间，佛教信众礼佛、念佛受禁止。中共十一届三中全会后，宗教信仰自由政策得以落实。1984年后，部分佛教信徒在被拆除寺庵旧址上搭建小庙小庵，塑造佛像，恢复佛事活动。2016年，全乡有佛教场所7处，另有遗迹5处。

紫云庵　在晓云村大溪，供奉观世音菩萨。始建于清，重修于2002年。占地0.04公顷，建筑面积约250平方米。（详见第二十二编第四章第二节）

雷公寺甲蒙庵　在龙溪村大年自然村公路旁，供奉八寸菩萨。始建于明代，址在雷公寺岭旁，1975年重建于现址，占地0.05公顷，建筑面积约400平方米。

拾方庵　在大岭头。始建于明代，原名太平庵，清道光年间（1821—1850），上庄日光公输资重修。1972年拆除，2014年重建，更名拾方庵。占地0.05公顷，建筑面积约400平方米。

积顺庵　初名兜水庵，在东岗村口小溪上，始建于清。1973 年，建造东岗电站水库时拆除。20 世纪 70 年代中后期，易址建于村东边山上。2015 年 9 月，选址电站水库西首小溪上重建，2016 年竣工。坐东朝西共 5 间，更名积顺宝殿。另建民间信仰活动场所 5 间。建筑总面积约 400 平方米。

福庆庵　在中村算坑自然村村口。始建于明代，正房 3 间，上挂“福庆庵”牌匾，两边各有厢楼 3 间，中有天井，前有围墙。“文化大革命”时期拆除。1995 年，在原庵右边搭建小庵，2016 年重建。

敷润庵　原址在白鹿村陈家岩西北角，建造年代不详。坐东朝西，前后两进，中有天井。后进 5 间，前进建戏台，两侧各有厢楼 5 间，建筑面积约 300 平方米。民国时期和中华人民共和国成立后曾辟为白鹿乡中心国民学校、梁弄区第三中心学校、白鹿公社中心学校等。庵后原有碾子，另有树龄 500 年以上古树 1 株。1973 年下半年拆庵建陈家岩小学。20 世纪 70 年代中后期，在原庵后约 10 米处搭建小庵，2012 年重建。

青峰庵　在上庄村牛塘，供奉观世音菩萨。建于 2006 年，占地 0.083 公顷，建筑面积 90 余平方米。

至善庵　在石潭村墅溪庙旁。据《石潭龚氏宗谱》记载：十七世孙，名效范，出家在本庙至善庵，精于地理，善观丰鉴。时笑斋公（龚辉）在庵读书，见而叹曰：“是人气度非凡，兴我宗者，必此子也。”即以庙后山赠之。今毁。

碧云庵　又名药壶庵，在白鹿村梁湖，今毁。详见二十二编第四章第四节。

古云庵　在中村村仙圣庙左，今毁。

碧玉庵　在上庄村大堰岩公路对面，明万历年间庵圮。

桥头庵　在李家塔村“会龙桥”头，1961 年曾设鹿亭公社卫生保健所，今毁。

第二节　道教及民间信仰

据晋葛洪《神仙传》记载，东汉末年，江苏下邳人刘纲为上虞令，后与妻樊云翘在大兰山飞升。后人在刘樊升仙处建祠宇观，又在观旁建樊榭以祀樊夫人。南朝梁时，会稽孔祐居樊榭学道，有白鹿中矢来投，孔祐养其伤，痊愈后离去，复在祠宇观侧建鹿亭。

唐天宝三年（744 年），唐玄宗遣使祷祠，以大兰山山高路远，令道士崔衔和处士李建，将祠宇观移建至白水冲潺湲洞外，而鹿亭则留存原地数千余年。乡老口传在陈家岩村西北约 1 华里处，旧有矮屋三椽，即是古“鹿亭”，中华人民共和国成立后才被拆。

至 2016 年，乡境内已无正规道教宫观，仅仙圣庙、三官殿等民间信仰点 20 余处，多道佛不分。

仙圣庙　位于中村村。始建于南宋，址设茅坪，元代时迁造于现址。现存建筑始建于清康熙三年（1664），竣于康熙八年。大殿供奉白君、龚君两尊座像。占地面积 0.08 公顷，建筑面积 600 平方米（详见第二十二编第四章第三节）。

仙庆庙　位于李家塔村。始建于清，供奉大王菩萨、观音菩萨、送子娘娘、龙王菩萨。（详见第二十二编第四章第二节）

墅溪庙　位于石潭村。坐北朝南，前后两进，东西厢房，明堂戏台，供奉将军太公。始建年代不详，道光十五年（1835）、道光二十七年、咸丰二年（1852）均有修缮，1972 年拆除。2004 年，在原庙北首择基重建，坐东朝西，大殿 5 间，左右附房 10 间，2005 年竣工。占地 0.08 公顷，建筑面积 480 平方米，村民集资 70 余万元。

石君庙　位于龙溪村岩头村庄溪流出口处。为纪念石姓医生而建，庙内供奉大王菩萨。始建于明正德元年（1506），坐西北朝东南，后进大殿 5 间，左右厢楼 4 间，前进 5 间，中间戏台一

◉ 墅溪庙

◉ 石君庙

◉ 上菁庙

座，建筑以木结构为主，柱子一部分用的是石柱子。其间，曾大修过三次。1958年7月20日夜，毁于火。1997年，村民集资重建大殿7间，厢楼平房2间。2009年，再次扩建，现建筑共23间，占地0.15公顷，建筑面积920平方米，两次建造共集资43.6万元。

上菁庙　原址位于上庄郎山（今上庄村委所在地），始建于明万历三十九年（1611），供奉白龚两神。清康熙五十八年（1719）重建，道光十九年（1839）扩建，次年竣工。同治十一年（1872）、光绪三年（1877）、光绪十八年、光绪三十二年等数次修缮。20世纪60年代初，建造鹿亭公社办公用房时拆除前进，70年代初建造公社两层办公用房时又拆除后进大殿。1984年，择址石盖山重建，2003年扩建。庙内供奉大王菩萨。至2016年，占地0.15公顷，建筑面积1200平方米。

稠树庙　位于白鹿村陈家岩自然村西北角，供奉大王菩萨。原址在白鹿下姚自然村西南首，始建于清，20世纪50年代初拆除。2002年，由原白鹿小学校舍改建为庙，庙名沿用。至2016年，占地面积0.18公顷，建筑面积1500平方米。

大王庙（石君祠）　位于晓云村上村，供奉大王菩萨。始建年代不详，清道光五年（1825）重建。1975年，被拆除建校。

稠树庙

大王庙

1990年，村民集资在汇头岭建石君祠。2005年，学校搬离，在现址重建，坐北朝南，前后两进。前进挂“大王庙”匾，后进挂“石君祠”匾，上款为“道光乙酉年小春月重建，小岭方庶敬书”，下款为“董事褚可才、褚文林敬立”。此庙原为褚氏家族纪念元末孝子石明三而建。石明三为母报仇，怒杀五虎，最后力竭而亡。庙占地0.04公顷，建筑面积250平方米。

相公殿　位于上庄村门石。始建于清同治年间（1862—1874），共有大殿2间，为纪念为民除害的老九相公而建。1994年，扩建为5间。2010年7月至2011年10月，重建大殿5间，东西厢房6间，其他用房3间。共集资71.58万元。至2016年，占地0.292公顷，建筑面积372.3平方米。

三官殿　位于高山村十字路口，供奉三官（天官、地官、水官）。始建年代不详，原址在高岩村（今高岩村民委员会驻地）。民国32年（1943），被日本侵略军烧毁。2001年，村民选现址重建正殿5间。2015年，又扩建4间。现有正房九间，建筑面积700余平方米。

娘娘庙　位于中姚村斤岭顶。供奉送子娘娘。始建于清代，中华人民共和国成立初被毁，公社化时在庙址改建牧场。1994年，村民集资重建，占地0.05公顷，建筑面积300平方米。

岳殿　位于中村至算坑的岳殿岭头，供奉东岳大帝。始建于南宋，晚清时期重修。2010年重建，有正殿，东厢和西厢三排建筑。每逢农历三月十六岳帝圣诞前后香火旺盛。

东岳殿　位于晓云村。始建于清光绪二十三年（1897），坐北朝南，正殿五间，左右厢房，中有戏台，占地0.03公顷。1963年拆除。尚存戏台前柱（方形石柱）一根，上刻“偃文修武千秋明鉴”，落款为“光绪念叁年仲秋月吉旦”。2000年村民集资重建。

东岳殿　位于李家塔村，供奉东岳大帝、财神、文殊菩萨。始建年代不详，现建筑建于2013年，占地0.12公顷，建筑面积800平方米。

东岳殿　位于石潭村马家坪自然村东首约500

米处，殿内供奉岳帝、财神、观音菩萨等。始建于20世纪60年代，坐北朝南，正殿三间，生活用房两间，建筑面积100余平方米。2002年，毁于山洪泥石流。2003年，迁建马家坪村口，建筑面积150余平方米。

龙王殿　又称三井龙宫，位于晓云村，供奉龙王。始建于清光绪三十一年（1905），坐北朝南，20世纪60年代拆除。1995年重建，占地0.04公顷，建筑面积250平方米。

山皇庙　位于沿夹岙村，供奉大皇菩萨。始建于元末明初，1967年被拆除，1985年重建，2014年扩建。占地0.13公顷，建筑面积400平方米。

它山殿　位于斤岭古道直笔山与羊岩山对峙的峡谷地。始建于清乾隆年间（1736—1795），光绪二十一年重建，大殿三间，坐西朝东与穿路凉亭紧靠。供奉唐鄮县县令王元炜，纪念其修筑它山堰造福百姓的功绩；还供奉明嘉靖年间（1522—1566）牺牲于斤岭的抗倭英雄谢志望和清乾隆年间郎中许文典。“文化大革命”时期作林场杂物间使用。2010年，民间集资重建，占地0.08公顷，建筑面积600平方米。

它山殿　位于大岭头，为纪念唐鄮县县令王元炜而建。清康熙年间（1654—1722），上庄赵美斯曾助田七石，以充香火之资。已毁。

20世纪80年代后，乡境内出现一些从事符箓斋醮、追荐亡灵的职业，俗习亦称“道士”。这些人无教规戒律，非师承法嗣，平时不修持，不诵经，多以父子朋友相传，兼做他业，不属正宗道教人士。

第三节　基督教

20世纪40年代初，晓云外大山村人褚月桂，经常贩运山柴到姚北庵东、周巷、小曹娥等地，在那里结交一些教友，从而接触基督教。回村后，也在村里向民众传教。民国35年（1946），褚月桂动员邻村教友褚宝法将三间小平屋奉献（立契约），建立里大山礼拜堂，是乡境内第一个基督教活动点，也是姚南山区第一个无差会背景的基督教活动点。至2016年，境内共有余姚市宗教局认定的基督教教堂2处，聚会点1处，另有祈祷所1处。共有教友、信徒300余人。

里大山堂　民国35年，由褚月桂发起，在里大山褚宝法家三间平屋里建立里大山礼拜堂。经过2年传道，有教友30余人。1952年，高岩、深坑、外大山、晓云、金家、冬青、上庄、岩头、东岗等村陆续有人到里大山教堂做礼拜，总人数达150余人。褚孝美负责教会日常工作，邀请慈溪马仁根传道。1982年，里大山教堂停止活动。1983年，大山片教友到里大山褚节尧家做礼拜，人数也有80余人。其间仍有褚孝美负责教会日常工作。1984年7月，批准设立余姚市基督教里大

里大山基督教堂

山聚会点。1985年，由教友自筹资金，在里大山红塔头建造平房4间作礼拜堂。1992年，又扩建主堂二楼5间，总面积175平方米，仍由马仁根传道。1993年，更名为余姚市基督教里大山堂。有信徒203人，长老褚孝美、黄则英，执事4人，堂务9人，管理小组2人。1997年，余姚市宗教局批复黄则英为长老，褚节钊为堂务主任，谢丽珍传道。2005年，余姚市民宗局同意更换褚节钊为长老，褚才朝为堂务主任，信徒150余人。其间，由陈金来、任丽芬负责传道。2016年底，里大山堂占地0.045公顷，建筑面积400平方米，其中正堂180平方米。

◉ 基督教鹿亭堂

鹿亭堂　1984年，信徒在门石村自立聚会点。1986年7月，批准设立鹿亭基督教聚会点，教友自筹资金在冬青村建造礼拜堂5间。1987年，又自筹资金增建两层楼房3间，总面积160平方米。1993年，更名为余姚市基督教鹿亭堂。有信徒205人，长老王荣南，执事4人，堂务6人。2001年，选址原鹿亭旅社重建。2016年，鹿亭堂占地面积0.07公顷，建筑面积555平方米，其中正堂500平方米、附房55平方米。

白鹿下姚聚会点　1985年建立，在下姚大会堂。1993年，批准设基督教下姚聚会点。信徒61人，管理小组组长赵桂月。2000年迁址王家田陇头。

白鹿梁湖祈祷所　1996年建立，建筑面积30平方米。教友均为本村村民。负责人龚世伟。

第二十四编

方　言

第一章　差异与特点

第一节　区域差异

鹿亭方言位于吴语太湖片之临绍小片与甬江小片方言交汇处，故乡境内方言存在区域差异。12 个行政村中，白鹿、石潭、李家塔、上庄、晓云、龙溪、中姚、东岗、高岩、高山 10 个村，方言属临绍小片；中村因毗邻海曙区，惯说宁波话，方言属甬江小片，但与标准的宁波话又有区别；沿夹岙村地处余姚同老慈溪交界，邻近陆埠，陆埠口音较重，也属甬江小片，但与中村的甬江小片又有明显不同。

临绍小片区域中的语音，尽管境域内历史上较长时间属梁弄区，但与梁弄的音调，差别较大。而与西南毗邻的大岚则比较接近，应该与古时大岚与境域同属四明乡白云里有关。

第二节　临绍小片方言特点

本节所述方言特点，同城区相比而论，主要有舌唇变化及字母变化两个方面。

舌唇变化

鹿亭方言中，不少把舌尖音读作舌面音，即在发音时舌尖稍前伸，齿位稍后退。如比较明显的有把“猪”读作“子”，“齐”读作“移”。此外，如“歌”“塔”“接”等字的发音，虽然差别没有前面几个字那么明显，但发音时舌位都比城区稍高一些。

除舌位变化，还有唇形变化，即把圆唇音读成扁唇音。比较典型的如把“绝”读作“杰”。

字母变化

一种是“n”“l”混淆，主要是把不少原声母是“n”的音读成“l”的音，如把“农”读作“龙”等。

另一种是读不出“ü”的音，简单地读成“i”，如把“靴”读成“西”；同样把“ün”读作“in”，如把“群”读成“勤”，把“军”读作“今”，把“俊”读作“晋”等等。其实前面所提到的圆唇、扁唇问题，也与此类似。

第三节　甬江小片方言特点

境内中村村和沿夹岙村方言属甬江小片，本节叙述以中村方言特点为例，其特点主要有以下几个方面。

语音比较硬

语音硬的原因，一是较多地保留古代的入声字；二是把一些复韵母变成单韵母；如把“ou”读作“u”，把“un”读作“en”；三是说话的语气、语调比较“硬”。如普通话：“你怎么回事？”当地人与宁波人一样都读成：“侬咋回事！”

音节的变化表示不同的意思

音节的变化有长、短、滑、颤音等，以表示不同的意思，这在普通话中是没有的。如“阿娘”一词中，“阿”发短音，则称呼自己母亲，“阿”发长音，则称呼自己祖母。

词语比较生动形象

这种词语比较多，大致有以下几类：

象声叠词的使用　如：毕毕跳跳、嘟嘟飞飞、咯咯笑笑等。

叠形容词作补饰成分　如：急绷绷、怕势势、酸汪汪、滑蹋蹋、湿扎扎等。

名词冠上形容词　如：把狗一概称作“黄狗”，而不管其毛色是不是黄的；把凳子一概称作矮凳，而不管它究竟矮不矮；把窗子一律称“窗门”，再把门区分为大门、房门、腰门、矮门等；把男孩一律叫作“小顽”，不管他是三四岁还是廿三四岁；把女孩一律叫作“小娘”，不管她是小丫头还是大姑娘，统统是“小娘”。

动词、形容词前加上其他词语更显形象生动　如：说颜色叫“血红”“蜡黄”“松黄”“碧绿”“雪白”“墨黑”等。拟形拟声加强事情的生动化。比如“人会拨其吓得骨骨抖”（骨骨抖，描述连骨架子也抖动）；又如“愁愁哭”；还如：鞋子大小正好说成是“扣扣好”（扣子正套上扣眼）。形容热菜热汤的程度“火热达达滚”；天气寒冷“冷得骨骨抖”；斥人轻浮，叫“骨头呒没四两重”等等。还有“同同响”“滑搭搭”“毛烘烘”“香喷喷”“嘣嘣脆”“硬梆梆”“喃蒲蒲”等也属这一类。

动词后面缀一语气词有强调的意思　如：“门关拢快那”“走路轻眼”等。

经常会有三与四或七与八合在一起构成词组和短词　如：“弗三弗四”“老三老四”“三话四话”“七搭八搭”“七折八扣”“四平八稳”等。

同义词较多

如洗、浆、汏，都表示洗的意思。有些同义词所包含的内涵不一样，有的表示形式，有的表示感情，有的表示深浅。如煮是通用词，但是“笃”表示用慢火长时间煮，“焐”是火堆里面用陶罐煮用。

把某些双音节的词颠倒了读

如：“滑蹋蹋”“哭嘻嘻”“湿扎扎”等，又如把“客人”称“人客”，“暖和”称“和暖”，“力气”称“气力”，“热闹”称“闹热”，“螺蛳”称“蛳螺”等等。

第二章 方言词汇

本章主要记述鹿亭方言在天文、地理、时间、方位、社会与亲属称谓、人体生理疾病、饮食、动植物、日常生产、生活、动作行为和事物性质、状态等方面的常用词汇。

第一节 天文 地理 时间 方位

日头菩——太阳光

猛火日头——阳光强烈

黄胖日头——有薄云遮日，阳光不强烈

鲎——彩虹

动雷忽闪——电闪雷鸣

雷火大雨——暴雨

乌风猛宝——黑云翻滚、天气骤变、风力强劲

结冰打冻——天气寒冷，水都结冰了

雪子——霰

薄子——冰雹

庭宕——檐前冰溜（柱）

开雪眼——冬季彤云骤开、露出阳光，预兆即将下雪

兜口西北风——迎着凛冽的西北风

鬼（jī，下同）头风——突发的旋风

做风潮——台风

乌风冻——冬季阴冷

做大水——水灾

天家——天气

做梅——梅雨季节，阴雨绵绵、闷热潮湿

旱梅——梅雨时节较往年雨水偏少

秋老大——秋雨绵绵、时停时续

浓霜猛热头——冬天早上霜厚，预示是个大晴天

发雾露——起雾

天狗吃月亮——月食

天亮晓——启明星

日里——白天

几末——今天

明朝——明天

后日——后天

大后日——大后天

上日——昨天

前日——前天

大前日——大前天

乌早天亮——大早

天亮头——黎明，天亮的时候

天亮快——凌晨，天快亮的时候

一时三刻——极短时间

早间头——早晨

前半日——上午

晏快——近午

晏昼头——中午

后半日——下午

夜快头——傍晚

夜头、夜到——晚上

日脚——日子

闲朝——往日

一遘昼——一昼夜

正月头间——正月里，强调节日气氛

上春头——清明前后

过年脚跟——腊月廿三至除夕这段时间

来年——明年

一抢里——这会儿

一抢抢——一会儿

老早——很久以前

下朝——以后

千朝百日——偶然

当中娘、中娘亨——中间

朝南八向——朝正南方向

借手半边——左边

顺手半边——右边

上横头——上位

堂头——这里

刮直——笔直

压末——最后

一半边——这半边

第二节　家庭成员及姻亲间称谓

太太——称曾祖以上的长辈

娘娘——祖母

太公——称家庭中辈分等于或高于曾祖的男性长辈，也指丈夫的祖父

太婆——称家庭中辈分等于或高于曾祖的女性长辈，也指丈夫的祖母

叔公——叔祖父

叔婆——叔祖父的妻子

姆妈、姆嬷——母亲

大爹——父兄长

叔宋——父弟

大嬷——父兄妻

婶婶——父弟妻

新嬷——父弟妻

姑嬷——父亲的姐姐

姑姑——父亲的妹妹

姑丈——姑之丈夫

舅舅——舅父

舅姆——舅妈

丈人——岳父

丈姆娘——岳母

老嬷——妻子

老嬷姨娘——妻子的姐妹

蛮爹宋——继父

蛮娘——继母

新妇——儿媳妇

两婆家——婆媳俩

进所女婿——赘婿

妯娌——丈夫兄弟配偶

阿嫂——兄之妻

恩子——儿子

囡——女儿

外甥皇帝——外甥

外孙囡——外孙女

外甥囡——外甥女

侄大爷——侄子

填房——后妻

第三节　社会称谓

小毛头——初生儿

小老倌——男孩

童子小倌宁——泛指男孩及未婚之青年男子

小后生——十七八岁男青年

小活生——指比较调皮、淘气的男孩子

逃生——私生子

老小倌宁——年纪较大的未婚男子

老大姑娘——年纪较大的未婚女子

二婚头——再嫁的妇女

拖油瓶——妇女再嫁时带来的前夫子女

老宁爿——年纪相对较轻的已婚女子

新郎倌宁——新郎

做生姆——坐月子的产妇

砂锅坯——指得过且过、吃光用光之徒

马浪荡——指不务正业、游手好闲之人

杀猪头户——屠夫

店王——指有一定家产的财主

多话病——爱唠叨的人

木驼——反应迟钝或智力差的人

破脚骨——流氓

三脚猫——指人没多少水平、技能

肚里仙——巫婆

亮眼瞎子——文盲

呒清头宁——不明事理而爱唠叨的人

弗上课宁——品行较差的人

半吊子——不全懂或不懂装懂、自作聪明的人

贼骨头——小偷

列刁鬼、列刁刁相——品行不端、捉弄人

小鬼头——小男孩

队伙队——伙伴

大块头——胖子

矮子哥——个子矮小的男人

割乱——结巴、口吃

搞花子、讨饭头——乞丐

聋彭——聋子

娘姨、嬷嬷——保姆、佣人

瘌头皮、瘌子——头上有疤痕而头发稀少或不长头发

麻皮——生过天花病的人

擎牌头——借主人或上司的威信

呒结煞——没有结果

犯贱——讨人打骂

第四节 人体与疾病

头底心——头顶

后势镇——后脑勺

脑壳头——额头

眼火——视力

眼泡皮——眼皮

眼睛乌珠——眼珠

鼻头梁——鼻梁

鼻头竹管——鼻孔

鼻头——鼻子或鼻涕

面前牙——门牙

口溜世——口水

胡咙——喉咙

尼朵瓣——耳朵

胸宽头——胸脯

肋棚骨——肋骨

手梗——手臂

肋胳肢下——胳肢窝、腋下

手指末头——手指

箩——环形指纹

箕——非环形指纹

脚扩头——膝盖

脚底板——脚掌

大脚胖——大腿

脚娘肚——小腿

痧发——发热

发痧——中暑

绞肠痧——霍乱、急性肠炎

扫箕涨——吸血虫病

冷热病、买柴病——疟疾

大脚风——丝虫病

流火——丝虫病

黄胖病——肝胆病

斗鸡眼——瞳孔天生或人为地都朝中间靠拢，亦称对眼

近启眼——近视眼

小肠气——疝气

乌鸡风——佝偻病

鸡爪风——因缺钙等引起的手脚抽搐如鸡爪状

风疹块——荨麻疹

表子斑——雀斑

疙痨——疥疮

发痴——精神错乱

老欧头臭——腋下狐臭

好驼——气喘病

羊肝病——癫痫、羊癫风

热急病——前列腺病、尿频

脱力黄——肝炎

脚气病——烂脚丫

心痛病——心脏病

肠打结——肠梗阻

第五节　日常生活用语

侬——你

倷——你们

阿辣——我们

集辣——他们

咋儿——怎么

好日——结婚

讨老嬷——娶妻

嫁囡——嫁女儿

发盘钿——发彩礼

做生活——干活

瓜生——泛指工具

做宁客——做客

寻相骂——吵架

西打场——打架

打人阵——打群架

眠鼾——鼾声

爬起——起床

掉觉（gao，下同）——醒来

汰面——洗脸

打瞌冲——打瞌睡

困觉——睡觉

困宴觉——午睡

做冲碰——做事失手、出事故

闯祸水——闯大祸

触霉头——碰壁或遇到尴尬、不吉利的事

弹河——游泳

打没头攻——潜入水下

浸煞——溺死

勿着杠——得不到、没成功

做队伙——结伴

穿棚——计谋被揭穿

收作——收拾、整理、打扫或教训人

弄送、调排——暗中捉弄人

嫌憎——嫌事物差

做宁家——节俭

结棍——结实有力

出山——有出息

豪稍——快一点

厌气——嫌时间长，办事不利落

笔陡——坡度很大，甚至垂直

肉痛——心疼、可惜、珍惜

值钿——大人对小孩疼爱

馋佬——口馋、贪口福

体泰——闲适、不心急

扎硬——基础硬、能力强

硬黄、硬气——表里如一、言行一致、公正

牢靠——妥当、无隙漏

搭浆——凑凑数、能力较差

推板——不好

有实——许多
海威——有气派
噶门——不太喜欢
乌憬——遇到忌讳的事而心里郁闷
看向——看中而希望得到
眼空里浅——羡慕、什么东西都想得到
和儿、和总——全部
乐惠——实惠、惬意
万板——一定
勿入调——不正经
呒陶成——没结果、没收成
着力——劳累或吃不消
食儿——骂人时指贪吃
双身、大肚皮——怀孕者
掠头——梳头
蛮——玩
搡——用力扔
掼——用力甩
撤劝——劝架
戏空丘——不实、不着边际
着冈——到手
搞浆——捣乱
懒和——作弊
发极——很着急
翻梢——由输转赢、由失意到得意
戳穿棚——露马脚、露真相
戳壁脚——背后说人坏话或背后攻击人
呒结煞——不正经
刚好有数——刚好
差大弗多——差不多
厘厘着实——一点点小事怎么认真
独为是噶——故意
出挑——精明能干、与众不同
火烛浪当——毛手毛脚
杂野无止——举止粗野
得法——好
瘪塌塌——精神萎靡不振
勿作兴——不应该

第六节　饮食、动植物、生产用语

晏饭——中餐
夜饭——晚餐
下饭——小菜
斋饭——丧事饭菜
羹饭——祭祀祖先的筵席
洋芋艿——马铃薯、土豆
香瓜子——葵花子
草子——紫云英
菠棱菜——菠菜
脆瓜——菜瓜
胡瓜——黄瓜
饭官——南瓜
天萝——丝瓜
干面——粉丝
六谷——玉米
香胡笋——莴苣
兆头肉——猪项颈肉
肉饼子——肉糜
镬焦——锅巴
鸡翼梢——鸡翅膀
鸡肸——鸡膝
雪里蕻菜——雪菜
羹头蒲茄——蔬菜统称
苋菜股——腌制过的苋菜
利菜——荠菜
胖部——爆米花
赚头——猪舌或赢利
藤垒——野生猕猴桃
线鸡——阉过的公鸡
懒孵鸡娘——不产蛋坐窠母鸡
团笋、台笋——冬笋

金盂——石榴
猪娘——母猪
煞猪——雌猪小时候或长大结扎后的统称
牯猪——公猪
纹猪——雄猪小时候或长大阉割后的统称
麻将——麻雀
蛟蜉——蚂蚁
地蟮——蚯蚓
冥蚣——蜈蚣
斗鸡——蟋蟀
头发螂——螳螂
蚱联——知了、蝉
癞世疙疤——癞蛤蟆
田鸡——青蛙
葛蜢——蚱蜢
蛇虫百脚——蛇虫通称
黄狼——黄鼠狼
棚虫——白蚁
乌甲——米虫
春花——泛指春季农作物
扎谷籽——撒播稻种
铣铳——用铳铣将地沟上的土放到地垄上，给农作物培土
皮桶——粪桶
料勺——施人粪肥时用的长柄木勺
浇料——施人粪肥

第七节　熟　语

木知木觉——感觉迟钝
陈年百古——喻年代久远
甚多没少——数量较多
着野无知——指小孩极顽皮、行为超过常规
呕子疙瘩——说话结结巴巴
搞七廿三——胡搅蛮缠、瞎掺和
腻心拨辣——很腻心、不卫生
胡子巴沙——络腮胡子，或好久不刮胡子的样子
五荒六月——五六月份灾害多，诸事不吉
风其糟牢——很肮脏的样子
西样怪气——有气无力、不阴不阳，或做事慢吞吞
鸡头刮脑——偷偷摸摸、干坏事
乱话三千——胡说八道
呒头呒脑——讲话、做事没有头脑、不思考
头五头六——指人莽撞，不稳重，很盲目
一塌刮子——全部
正好圆数——指人物、时间正与需要相吻合
火烛朗当——做事虽利速，但不安全，连累他人
跌脚板倒——动作快，但不稳重
敲钉钻脚——指做事情牢靠
弗终弗结——指人办事不完全、没有结果
恨苦牢命——在没有办法、无可奈何的情绪下干活
呒头夹脚——指人多管闲事、参与了不该参与的事，说了不该说的话
多手烂脚——指人多事、反而帮了倒忙
鼻头涕汏——指人不干净，流淌着鼻涕的样子
特为是噶——故意这样
阴阳怪气——指人的个性、行为、说话、态度等不明确，使人难以捉摸
半路相告——指人中年夭亡
尽心保过——全力帮忙
对脚八马——指人的力、技术、水平、地位等差不多
目上目下——指人、物、大小、长短、时辰等基本上一样
混账浊糊——掺插混杂、公私混杂、进出混杂、收支混杂、交往不清楚
已出三道——自以为是、自作聪明
哭作涕棚、哭作棚因——似哭非哭或无声哭泣

跷手八脚——指人做事不熟练、不按规律、做也做不好

鬼舞足蹈——不符正常规律的动作

乱话西话——胡说八道

乌清冷落——冷冷清清、无人过问

心急碰天——行为急躁且不安全

恨毒心酸——对人恨得再恨不过的地步

犟头倔脑——不听劝告或死不认账

怨苦念糟——责怪和埋怨他人

圈里柴爿——数量不多且有限，或仅存一点

肚皮功课——肚里作打算

着角顶棚——指人不善于沟通、也不愿听取别人的劝告

背后强盗——专门在背后挑拨、作弄人、从中牟利的人

洞底沙蟹——很少见世面的人

冰冷气出——指物已经很冷

爹头娘脚——说话不全面、不完整，或张冠李戴

老三老四、老三括气——说大话、语言超越自己的身份和地位

现着现报——立即得到回报或报应

滑头滑脑——说的言语使人摸不着底

疙里疙瘩——不直截了当

冷灰头爆——死灰复燃，或指发生不该发生的事

道地霸王——小孩子在家耍无赖，在家中称王称霸

蜡铂大刀——指人表面上很可怕，但质地软、无生杀能力

半天松花——说话捕风捉影、没有根据的人

西蟹吹白沫——垂死挣扎的样子

脚跷横天包——安闲自得、高枕无忧

长气不长财——为讨回公道，顾不得花大钱

宽手抲泥鳅——掌握对手特性，征服对手不需要花大力气

陈年挖臭屁——翻出老账，作为攻击对手的话柄

鸡毛当令箭——凭借上司威信发号施令、提高自己的威信

西猫占饭碗——死要俸禄

健牛多耕田——能力强的人比能力差的人辛苦、多做事

癞子多药方——措施多、效果差

矮子多肚肠——很有心机

久病呒孝子——为长期卧病在床的长辈提供服务，难免出差错

老鼠管谷仓——出内贼或监守自盗

火烧脚后跟——事情非常紧急或祸事已到身后

光棍支下巴——在事实面前没有什么话可说，无法再抵赖

老牛拖破车——力不从心，跟不上形势

笨贼偷捣臼——不聪明的人做出愚笨的事

着火害邻所——由于自己的过失而连累他人

口硬骨头酥——极易改变自己原有观点的人

碰煞胖头鱼——个性急躁

打海底笆抢——贪图占有所有的利益

杀鸡问宁客——故意讨人开口，掩盖自己的虚情假意

老来藤吊瘪——老年人虽瘦弱，但不一定马上会死

远路无轻担——人负重不论多少，时间久了、路途远了，一定会感到力不从心

雨伞骨子里戳出——内部挑拨、攻击

三岁至八十——一旦形成个性，一生都很难改变

第三章　谚语　歇后语

第一节　谚　语

气象

长春多雨水。

清明断雪，谷雨断霜。

上看青山，下看日落。

落雨起泡，倒不如回家睏觉；落雨起泡，落得十二月廿三送灶。

高秋无雨廿日晴。

南风转北暴，刮风吹屋倒。

大旱不过七月半。

干净冬至，邋遢过年。

春霜不露白，露白要赤脚，

春东风，雨祖宗；夏东风，燥松松。

春雾雨，夏雾日，秋雾凉风冬雾雪；夏雾洋洋，晒煞稻秧。

日落西山吹横箫，明朝天气勿会好。

早红半边天，傍晚见雨点。

白丝云，满地跑，明朝风潮必来到。

早雷勿过宴；夜雷三日雨，暗天十八日；小暑一声雷，翻转做重梅。

正月动雷雷赶雪，二月动雷落雨勿肯歇，三月动雷泥钵硬如铁。

开门雨，饭后晴。

东鲎日头西鲎雨；早鲎雨，夜鲎晴；早鲎不过晏，出门带雨伞。

鲎高日头低，晒煞老雄鸡；鲎低日头高，雨点停勿了。

久雨见鲎转晴天，久晴见鲎转长雨。

斗日鲎，不过昼；过之昼，晴得够。

夜鲎斜上南，道地好撑船；夜鲎斜落北，道地好晒谷。

夏至东南风，日日好天空。

夏雨隔田塍，秋雨隔草蓬。

头伏如火烧，二伏如油熬，三伏石板晒得两头翘；三伏天格日头，晚娘（继母）的拳头。

春霜三日白，晴到割大麦。

春天孩子脸，一天变三变。

十二月初三晴，入春落雨到清明。

端午晴，烂草刮田塍；端午落（下雨），稻草晒成筋。

重阳无雨一冬晴。

七月半，蚊虫多一半；九月九，蚊虫叮捣臼。

头八（农历正月初八）晴，好年成；二八晴，好收成；三八晴，烂草刮田塍。

六月初一晒得瓦爿翘，勤力（勤劳）反被懒惰笑。

九月十二晴，皮匠老宁（老婆）要嫁人，九

月十二落（雨），皮匠老宁戴金镯。

霜盖雪，还有雪；雪等雪，勿肯歇；雨夹雪，落长雪。

鲤鱼跳龙门，狂风大雨临。

春雪白山头，老牛管车头（意为要大旱）。

久雨现明星，天家（天气）将转晴。

月亮生毛，雨在明朝。

日落胭脂红，无雨即是风。

日落云里头，雨在半夜后。

日晕三更雨，月晕午时风。

云向东，刮凉风；云朝南，道地好撑船；云向西，带蓑衣；云落北，道地好晒谷。

早起东吮云，钉鞋雨伞吮处用；晚看西边晴，明朝出门甭担心。

吃了端午粽，还要冻三冻。

六月盖被，有谷无米。

夏至有雨三伏热，重阳无雨一冬晴。

早立秋，凉飕飕；晚立秋，热到头。

秋旱老北风，晒煞河底老虾公。

太阳现一现，三日里头难见面。

月亮照湿地，落雨来不及；天矮星密麻，大雨夹枪笆；星星眨眼睛，落雨在脚跟。

正月起南风，快快盖柴篷；正月十二不见星，滴滴答答到清明。

东风急骤骤，难过五更头。

天上鲤鱼斑，明朝晒谷不用翻。

天上花花云，明朝晒煞人；天上钩钩云，地上雨淋淋。

乌云结得高，明朝晒断腰；天脚吊乌云，即将雨倾盆。

早看东南，晚看西北；早怕南云涨，晚怕北云堆。

西北红黄云，雹子要来临。

人怕肚胀，天怕黄亮。

立春打雷半月雨。

雷响惊蛰前，七七四十九日勿见天。

雷响天边，雨在眼前；雷响头顶，有雨勿惊；雷响高山顶，天气要转晴。

早上阴雾晚上开，晚上阴雾雨便来。

“小雪”无雪大雪补，“大雪”无雪才叫苦。

三九勿见雪，春雨勿肯歇。

冬雪落得少，春雨贵如宝；冬雪落得多，春雨满山坡。

正月雾，雪铺路；二月雾，天上乌；三月雾，雨落糊；四月雾，三麦堆仓库；五月雾，大雨在半路；六月雾，深井水也枯；七月雾，热得难走路。

昼雾阴，晚雾晴；山罩雾雨，河罩雾晴；雾发三天必有雨。

久晴大雾雨，久阴大雾晴；黄梅天发雾，摇船甭问路。

日头出得早，天家勿会好。

朝霞勿出门，晚霞行千里。

中午亮一亮，下午落一场。

天亮阴悠悠，昼过晒日头。

一滴雨，一个钉，落到明天也勿晴；一滴雨，一个泡，落到明天勿得了。

一日黄沙三日雨，三日黄沙九日晴。

早阴阴，午晴晴，半夜阴天勿到明。

雨打黄昏戌，明朝日出头；雨打五更头，晒煞老黄牛。

落雪勿冷煞雪冷。

冬冷勿算冷，春冷冻死耕（牛犊）。

烟勿出屋要落雨，屋里返潮等大雨。

鸟飞半天高，天家一定好。

久雨闻鸟声，天家要转晴。

蚂蟥透气，要穿蓑衣。

猫洗脸，狗吃草，勿出三日雨来到；狗打喷嚏，天要晴起。

九月田鸡叫，十月无柴烧。田鸡起劲叫，落雨在明朝。

蛟蜉（蚂蚁）搬窝雨绵绵，蜘蛛抽丝大晴天。

蛟蜉爬得高，大雨就要到；鸡登高处啼，雨

止天晴起。

蚂蟥沉底天要晴，蚂蟥浮水雨淋淋。

燕子着地飞，雨水湿烂泥；雨间蝉高叫，天家就转好。

蜜蜂出窝天定晴，鸡勿进笼雨来临；地鳝（蚯蚓）爬道地，落雨勿稀奇。

盐缸返潮，天转阴雨；水缸穿裙，大雨来临。

灶灰湿作块，定有大雨来；明星照烂地，明早落大雨。

农事

吃过清明饭，天晴落雨要出畈。

晚稻不过立秋关。

清明下秧，甭问爹娘；霜降种大豆，甭用问娘舅。

谷籽出畈，一百廿日吃饭。

娘好囡好，秧好稻好。

混水种田，浅水耘田。

头耘摊摊平，二耘挖挖根；大水耘田一抹光，前头耘过后头荒。

处暑根头摸，秋后一把谷。

三稍九耘田，石谷九斗米。

处暑根头白，每亩少一百；处暑根头烂，好吃白米饭。

寒露勿出头，割来只喂牛；白露弗搁田，打稻叫皇天。

稻头斩斩齐，廿日好吃饭。

割青勿割青，相差一百斤。

早稻要抢，晚稻要养。

讨饭要养猴，种田要养牛。

人要补桂园枣子，田要补河泥草子。

种田呒本，哪怕烂泥磨粉。

养只三年蚀本猪，好之稻田弗得知。

正月削麦正道理，二月削麦费饭米；削断麦根，牵断磨心。

正月下雨麦格命，二月下雨麦生病。

小麦年年收，独怕懒汉勿开沟。

清明见麦头，夏至见稻头。

稻倒一半，麦倒全完。

种麦上下月，割麦上下日。

冷水满豆孔，来年断豆种；豆根拥灰，豆荚成堆；麦地种豆，亲如娘舅；豆地年年调，豆种年年好；立冬种豆，倒勿如炒炒过酒。

烂田油菜燥冬麦；油菜三遍浇，产量一定高。

秋分扎草子（撒草子种籽），寒露正得时。

草子拥猪泥，赛过盖棉被；草子田里开好沟，落雨落雪勿用愁；草子种三年，坏田变好田；草子薄薄摊，花饼抵一担。

头伏萝卜二伏芥，三伏里头种菜白。

小满黄瓜芒种蒲。

三月种豇，六月救荒。

六谷是木陀，勿怕肥料多。

立夏种芝麻，着地起丫杈；夏至种芝麻，脑头一朵花；生地芝麻熟地花。

冬至栽竹，立春栽木。

养牛为耕田，养鸡养鸭为油盐。

冬雪是宝，春雪是草。

山塘蓄水好防旱，冬田深耕能除害。

田要冬耕，儿子囡要亲生。

种田看土色，打铁看火色。

地下（面）天天扫，田头天天到。

三早抵一工，月亮当灯笼。

芒种，芒种，样样好种；芒种弗种，秋后落空。

正月造林满山青，二月造林半山青，三月造林枉费心。

生活

漆匠弗用学，只要漆得薄。

三种行业算最苦：撑船、打铁、磨豆腐。

功名要求，生意要兜。

种田地人格锄头，做生意人格舌头。

好汉勿赚六月钿。

身边呒有铜，走路像瘟虫；身边有铜钿，走路像神仙。

大钱赚勿来，小钱眼不开。

冷在风里，穷在铜里。

买之西瓶（夜壶）等弗到夜。

少吃多滋味，多吃坏肚皮。

一勿可赌力，二勿可赌食。

若要小儿安，须带三分饥和寒。

长长格手，难掩人家格口。

出力勿讨好，黄胖搡年糕。

会拣拣新郎，弗会拣拣田庄。

男怕入错行，女怕嫁错郎。

千拣万拣，拣了个漏底灯盏。

各人各爱，大姑娘喜欢驼背。

宁可西（死）个做官爹，勿可西个讨饭娘。

儿子囡生一百，勿如丈夫一只脚。

宁可出败子，勿可出呆子。

若要俏，骨头冻得嘎嘎叫。

三日勿吃干菜汤，脚膀有点酸汪汪。

有话有商量，吃菜比吃肉香。

冬吃萝卜夏吃姜，到老勿用看医生。

呆人有呆福，烂泥菩萨住大屋。

蛳螺壳里做道场。

田要门前畈，屋要朝南山。

朝西财主，勿及朝南屋柱。

越吃越馋，越嬉越懒。

勿怕家里穷，只怕出懒虫。

吃饭上山扒雪，做生活老鼠啃铁。

宁可买勿值，勿可买吃食。

笑脏笑破勿笑补，笑馋笑懒勿笑苦。

外头充大佬，屋里烧缸灶。

心慌勿定，卜课算命。

天怕独声雷，人怕单声呛。

吃药不忌口，郎中跟着走。

药对方，一口汤；勿对方，一水缸。

闲人愁多，懒人病多，忙人事多。

稻无全熟，人无全福。

甘蔗脑头甜，越老越新鲜。

三岁打娘娘发笑，廿岁打娘娘上吊。

小时偷针，大来偷金。

轻担让重担，空手让扁担。

眼睛眨眨，苗头夹夹。

脚底板里搽麻油。

胸宽头搭搭，勿怕吓煞。

癞世蛤巴避端午。

小人要哄，大人要捧。

拳头打出外，手臂弯进里。

蚂蟥扖得卤池竹管里。

拖鼻头讲犟话。

对门襟裳双拿进。

汏面汏格鼻头梁，扫地扫格地中央。

弹花榔柱倒头大。

算进勿算出，吹胖勿吹瘪。

眼睛绿油油，吃食打后手。

吃之白食嫌憎酸。

讲得死尸会走，白鲞会游。

雄鹅头颈长，隔笆撩菜秧。

买之扁担寻削头。

穿之棉袄等痨发。

空淘箩出冷饭。

呒柴烧勿管金漆凳，呒钱用勿管脚后妻。

见长人讲长话，见矮人讲矮话，见小人讲造话。

脚踏西瓜皮，滑到哪里算哪里。

强盗手里夺铜锣。

暗弄堂里塞狗腿。

人靠有心，树靠有根。

出门看天色，进门看脸色。

平时要好看，出门呒新鲜。

七十勿留宿，八十勿留吃。

人情急如债，镬爿掔之卖。

娘舅大石头，闲话独句头。

人要好话听，佛要香火敬。

眼头活络，小苦勿吃。

田稻是人家格好，儿子囡是自家格好。

天晴要防天下雨，年轻要防年纪驼（大）。

步步踏得路中央，儿儿笃得木鱼响。

捉漏趁天晴，读书趁年轻。

酒肉朋友勿可交，患难夫妻勿可抛。

钢要铺在刀口上，钱要用在正道上。

熟年勿忘荒，饱时勿忘饥。

煮饭要有米，做人要识礼。

学好千日不够，学坏一日有余。

别光看和尚吃馒头，也要看和尚受戒。

内行勿可放，外行勿可挡。

满满格饭好吃，满满格话难讲。

夫妻赶到九十九，要紧闲话勿可透。

当家方知柴米贵，养儿才知父母亲。

瞎子怕过桥，撑船怕搁牢。

女婿勿是自家人，半句冒犯勿上门。

鸭多勿生蛋，媳多婆烧饭。

一代亲，二代表，三代充哥佬。

后生晨光人寻病，一到年老病寻人。

小来手闲，老来口馋。

嘴巴活络，苦头勿吃。

外行看热闹，内行看门道。

铜缸铁甏，半斤八两。

宁可带根绳，勿可多个人。

心直口快，招怨作怪。

吃勿穷，穿勿穷，勿会打算一世穷。

生儿子勿着，连爹娘辱煞。

吃肉要吃前夹心，凑队要凑老成人。

蚂蚁爬树勿怕高，有心学习勿怕老。

老人勿讲古，后生要失谱。

树老露根，人老露筋。

廿年媳妇廿年婆，再过廿年做太婆。

一字勿晓得横划，肚皮吃得横闸。

亲眷盘对盘，邻舍碗对碗。

爹有娘有，勿如已（自）有。

铜钱银子虽然亲，看得太重伤性命。

有钱难买子孙孝。

瞎子点烛白费蜡。

三兄四弟一条心，门前泥土变黄金；三兄四弟勿齐心，门前黄金化灰尘。

一母生九子，连娘十条心。

六个月蛇拖（吃）老鼠，六个月老鼠拖蛇。

跷脚会赶飞马报。

人无千日好，花无百日香。

人心难测，鸭肫难剥。

做官财主一蓬烟，生意财主顾眼前，种田财主万万年。

臭虾搭臭醋，门枋搭抱柱。

祸从口出，病从口入。

宁可种花，勿可种刺。

龙生龙，凤生凤，老鼠生来钻地洞。

吃得苦中苦，方为人上人。

金窝银窝，勿如自家草窝。

人心节节高，好之还欠好。

穷看有格样，越看越勿样。

勿怕勿识货，独怕货比货。

好马勿吃回头草。

聊天八只脚，撩撩撩勿着。

一诺千金大丈夫，言而无信烂小人。

小来外婆家，大来丈姆家。

砻糠搓绳起头难，眼杆挑水难转弯。

裁缝靠熨斗，鞋匠靠楦头。

绣花枕头烂稻草，掼得路里呒人要。

后来和尚吃厚粥。

生看见，熟呒份，受冻挨饿统有份。

冬瓜牵得豆甏里。

眼睛一眨，癞孵鸡娘变鸭。

儿子囡上腰，踞（跪）着讨饶。

热面孔贴冷屁股。

红萝卜上得蜡烛账里。

做事靠对手，吃饭要过头（小菜）。

牙齿痛勿算病，痛起来痛煞人。

大海洋洋，忘记爹娘。

八十岁学跌打，老翁上绣绷。

人怕话，字怕挂。

拳头里着出巴掌。

百行百通，捣臼过冬。

快活似神仙，屁股生腚茧。

三个厨师杀革蜢（蚂蚱）。

千年野猪老虎格食。

债多勿愁，虱多勿痒。

囡回娘家，脚像风车。

走得乡下头杀鸡杀鸭，走得城里头肩胛一搭。

荞麦三只角，越小越恶。

脸皮老老，肚皮饱饱。

老鼠咬断饭篮绳，黄狗走来得现成。

要知山中事，须问砍柴人。

新当保长，路头陌生。

一等奈马温，油炒苋菜梗。

冤家碰着死对头。

真花还是野花香，可惜野花勿久长。

好笋出得笆埭外。

多管闲账，猫拖咸鲞。

人老东痛西痛，树老东孔西孔。

亲家姆讨饭相，有肉勿吃温咸浆。

好话一句三冬暖，恶语一言六月寒。

吃屙（ē）着屙，呒屙勿驼（意长大）。

听之官法要打煞，听之佛法要饿煞。

大王好见，小鬼难见。

跟好人出好人，跟和尚出道人。

饭镬萝卜，熟过已熟。

辛苦铜钿快活用，赚来钞票嵌指逢。

老鹰飞过拔根毛，赌博输钱剥衣裳。

打肿面孔充好佬。

石板闹移，多吃饭米。

聪明过头，尿（xī）瓶摇（意装）油。

好生勿生，生之南瓜茄秧。

踏着尾巴头会动。

吃过肚饥，话过忘记。

舌头呒骨，随弯随阔。

宁可给好佬擎旗，勿可给屙乱（无用之辈）把作。

凉亭虽好，勿是久留之地。

铜钱银子勿露白，露白要湿脚。

有钱人家利盘利，呒钱人家流眼泪。

讲得来头头是道，做起来七冲八倒。

前世勿修今世苦，今世修修呒功夫。

秀才勿怕衣衫破，独怕肚里呒有货。

文勿像读书人，武勿像救火兵。

家勿和被人欺，邻勿和被贼欺。

三代勿出舅家门。

大门朝溪坑，娘舅拜外甥。

门前一条河，抬来新妇像阿婆。

新阿大，旧阿二，破阿三，补阿四，烂阿五。

吃吃咸菜汤，搽搽珍珠霜。

笑笑话话散散心，闷东勿响要生病。

柴多火旺，见多识广。

勿怕人家看勿起，只怕自家勿争气。

劈柴爿看丝流，抬老婆看阿舅。

光棍做人活神仙，生起病来叫皇天。

眼杆挑水后头长，孤孀（寡妇）嫁人趁后生（年轻）。

酒肉朋友处处有，落难之时呒人救。

深山藏猛虎，乱世出英雄。

屋怕勿稳，人怕忘本。

有之千钿想万钿，做之皇帝想成仙。

一个铜钿眼勿开，千个铜钿赚勿来。

呒痛呒痒，福寿增长。

鸡吃砻糠鸭吃谷，各人自有各人福。

男嘴大，吃天下；女嘴大，吃厨下。

衣裳贼破，胆子贼大。

人靠良心树靠根，走路全靠脚后跟。

钿财短，人面长。

开水勿响，响水勿开。

十个手指头，伸出有长短。

山怕无树地怕荒，地怕懒惰花怕霜。

嘴巴馋佬，一世难熬。

出门勿弯腰，进门没柴烧。

牛无力打横耙，人无理讲横话。

牛怕上轭，人怕落轧。

讲格人呒心，听格人有意。

萝卜青菜，各有所爱。

闲话听音，萝卜吃心。

死之杀猪屠，勿吃带毛猪。

赊一千勿如现八百。

暴吃馒头三口生。

寡妇门前是非多，走出门去要闯祸。

人心隔肚皮，三娘六主意。

脚踏路中央，勿怕他人说短长。

为人勿做亏心事，勿怕半夜鬼敲门。

教书欠通，讨饭欠穷。

吃饭打先锋，做起活来打瞌冲。

好日黄跟（黄狗）奔弄堂。

差狗勿如自走。

翻落丫脸勿认人。

三个女人抵潮鸭。

恶人自有恶人磨，杨蠟自有蛤巴拖。

癞头做年，碰着闰年。

天高勿算高，人心节节高。

自家做做来勿及，人家做做勿欢喜。

长（zhǎng）子勿得力，苦勒脚骨直。

有子气难淘，呒子西（死）难熬。

宁可挑勿动，勿可单头重。

三岁死阿娘，话柄会介长。

落手快，勿招怪。

廿岁格英雄，挑啦两盏灯笼。

冲担两头尖，拔出现铜钿。

出门三条岭，饭包挂头颈。

里山头宁三样宝：柴子当棉袄，葛藤当腰绞，蜡烛横放倒。

光棍要做年（长工），寡妇好买田。

好心呒好报，反转被狗咬。

忍得一时之气，免得百日之忧。

山中无直树，世上无完人。

三岁至八十，七岁看到老。

桥头老三，斗米老板。

运道好，甭起早。

心里想发财，运道还没来。

宁可弃掉三百亩格稻，勿可弃掉河鲫鱼格脑。

小人开心头磕开，老人开心盛棺材。

恩子囡生一百，勿如老公一只脚。

冷粥冷饭好吃，冷言冷语难听。

好记性勿如烂笔头。

吃得若中若，方为人上人。

棋边勿言真君子，下棋勿悔大丈夫。

驼背向天跌，两头勿着实。

好汉勿出力，比屙乱还勿及。

亲眷好，要勿到，邻所好，无价宝。

六岁偷蓋娘发笑，廿岁偷蓋娘上吊。

讨饭摸原路。

猜贼勿到，被贼发笑。

宁吃朋友鸡，勿戏朋友妻。

自道自好，烂泥大炮——自吹自擂

贪贱买老牛，一年倒九头——贪小失大

上轿穿耳朵、临时抱佛脚——均指做事仓促

第二节　歇后语

黄连树下弹琵琶——苦中作乐

棉纱线吊铜钱——段堂、十三点（意均为不正经）

老九的阿弟——老实

船底放炮仗——闷声不响

上轿穿耳朵——来勿及

牛看花被单——什么也看不懂

开缸盖塞眼药瓶——主次不分，贪小失大
哑子吃苦瓜——有苦难说
火萤虫照屁股——照不过来
霉天弄堂——湿勿过（吝啬）
老鹰拖之个猪泡——空劳碌
老鼠跳进砻糠堆——空欢喜
老鼠管谷仓——监守自盗
清水皮缸（粪缸）里汰手——越洗越臭
烂田里别捣臼——越陷越深
稻草人救火——自身难保
石板顶掼乌鸡（龟）——硬碰硬
瞎子踏狗屙——千中其一
两爹坐牢监——无可商量
半天里吹箫——调子太高
茶壶里煮蛋——倒勿出
哑子数冬瓜——等于没数
叫花子吃死（xī）蟹——只只鲜
烂田里挂户头——有名无实
疯手打老嬷——挪手勿起
六十岁生儿子——跟棺材勿着
小舌头笃落——鲜极了
顺水氽（tǔn）牛屙——随大流
敲阎罗王后门——找死
寡妇老妊走夜路——自念自鸣
霉酸烤做羹饭——头头太多
白鸭入得鹅队里——矮人一等
饭店门口摆粥摊——甘拜下风
硬脚扫帚扫烂泥地下——路头多多
瞎眼黄狼给鸡啄——晦气
门臼里轧活桃——左右受轧
拉屙擤鼻头（鼻涕）——两头拔
贼打狗下巴——有苦说勿出
肉骨头煮毛笋——揩油水
八十岁学跌打——过时
霸王吹闷筒——有力无处用
七尺布对开——勿三勿四
乌梢丝抬烂泥棺材——抬举勿起
沙蟹爬竹竿——爬上滑落
生得马桶里——调头勿转
番薯脑子——实心或接受不了
吃之麦水米饭游西湖——穷开心
竹筒里煨蟹——实死
河泥仓里掼蛋——影踪全无
六月里穿棉鞋——日脚（日子）难过
三十夜（除夕）格砧板——没有空
大豆开花——黑良心
屁股里画眉毛——大脸孔
粪缸里格石头——又臭又硬
棺材里伸手——死要铜钿
金丝草帽烂边——顶好
吊死鬼搽粉——死要面子
竹筒里倒大豆——煞清爽、一粒不剩
三只手指捉田螺——笃笃定
两个人牵磨——你推我让
桐油畚斗——滴水勿漏
蚂蚁爬进磨眼里——条条是路
山东人吃麦冻——一懂也勿懂
砻糠榨油——榨勿出
四大金刚上天——悬空八只脚
长生弄堂里赶猪——直来直去
车胎里打气——有进勿出
六月里吃生姜——服辣
阎罗王拉家常——尽讲鬼话
六月里格粪缸——越搅越臭
歪嘴巴吃炒麦粉——呒淘成
穿棉袄摇蒲扇——勿知道冷热
强盗手里夺铜锣——不自量力
聋子打电话——形式
乌龟请客——都是王八
老虎舔蛟蜉——吃勿饱
狗吃粽子——勿解
老鼠给猫拜年——送死

秀才的房间——尽是输
和尚打伞——无法无天
扁担上睡觉——翻勿了身
瞎子吃馄饨——心里有数
鸭吃黄鳝——吞吞吐吐
灶君菩萨上天——有一说一
和尚备木梳——摆设
和尚头上格虱子——明摆着
湿手捞面粉——甩勿掉
门背后拉乌（大便）——天总要亮格
小脚女人走路——开勿了步
麻子照镜——自我观点
过了河的卒子——横冲直撞
穿无底的鞋——脚踏实地
庙里的旗杆——独一无二
铁匠夸徒弟——打得好
哑巴讨老婆（娶媳妇）——说勿出高兴
讨饭头借算盘——穷有穷格打算
正月初四的生日——头世人
雨里挑稻草——越挑越重
脚踏西瓜皮——滑来滑去
油桶里格西瓜——又圆又滑
两个哑子困一头——没话讲
外来和尚赶出当家人——喧宾夺主
毛笋煮甲鱼——心拷瘪
苋菜菇烧肉——拗味
瞎猫犸死老鼠——碰巧
乌鸡跳进白米缸——运气好
泥水师傅打墙——两面光
苋菜梗过酒——前世不修

第二十五编

人　物

第一章 人物传记

郑士渚（1086—1152）

字德洪，号荇洲，行大六。其曾祖郑雍为武昌府主簿，其祖、父随之。士渚幼时，即以扞御靖边为己任。宋钦宗时，金将斡离不大举进犯中原，围汴京，经略种师道募兵勤王。士渚慨然应募，入阵力战，屡建战功，授承信郎。时宋欲与金议和，士渚涕泗横流，有“长寇仇以堕军实”之语。后金将兀术攻陷临安，高宗出逃明州和温州。士渚从徐州知州赵立，与金兵战于明州得捷，授武义大夫。因屡叨国恩，誓以灭金立效，时其父年至耄耋，对士渚说：“你欲酬恩于国，奈我年衰，怎么办？”士渚遂放弃入仕，朝夕奉侍无懈。父逝后，他遨游四明，遍历山水，说：“大丈夫不能建立功业名垂竹帛，当为子孙计。”遂举家迁四明中村，以诗书言行勉励教育子孙，有汉马援之风，被尊为中村郑氏一世祖。

郑斗南（生卒年不详）

字景星，号横溪，行南一。生于元代，中村人。平居崇尚名节，始习举业时，有女子求行苟且之事，以“暗室中自有鬼神”而拒绝。元至治年间（1321—1323），任定海县教谕，拒受贿赂，公正断案，并对行贿之人说：“你因妄取非义之财，才会有今日之事，我如果接受你的贿赂，岂不愧对杨震先生‘四知’的警言吗？”后归隐故里，谦和处世。迁造仙圣庙于中村石门潭之右。见先世坟茔多被他族侵占，斗南秉公面官力陈是非，使被占坟地得以恢复原貌。又查阅祖孙世系，纂葺宗谱，一一用手抄录，从不厌烦。平时以诗书教导子孙，以薪俸余钱接济贫苦亲友乡邻。

龚辉（1482—1566）

字实卿，号笑斋，石潭人。从小聪颖过人，究心经史，至忘寝食。稍长即入县学，每次考试辄居首位，尤其擅长诗赋。明正德十一年（1516），乡试居第二。嘉靖二年（1523），中二甲进士。官职未授，恰逢母丧，守制三年。嘉靖六年起复，先后在工部都水、虞衡、营缮清吏司任职。任营缮司主事时，奉敕在四川督办大木，其间写下洋洋千言并绘有图画的《采运图说》上疏，反映民间疾苦，说人罕知罕见之事，言人不敢言之言。世宗有所感悟，下旨停止宫殿建造，“蜀人德之至，与诸葛亮并祠”。擢为福建按察副使，时值父亲去世，丁忧服阕，嘉靖十六年九月以按察副使身份提督陕西学校，擢陕西布政司右参政。其间写下《全陕政要略》一书，“悉载军民利病尤详，于制虏折冲之具”。嘉靖二十二年，再升广西按察使，旋改广西右布政使。嘉靖二十六年转湖广左布政使，同年七月擢都察院右副都御史，提督南赣事务。巨寇刘廷选等据悬绳、苦竹、白叶三巢，分道流动。龚辉行十家保甲法，阴檄漳南、岭北分布犄角，率师三路，夜薄壁门，贼不及备，遂平悬绳巢。苦竹、白叶以次巢定。嘉靖二十七年九月，任总督漕运兼凤阳巡抚，“时河流忽东南注淮，城市岌岌，众议上闻”。他说：“民命在旦夕，可循故事待进止乎？”当即下令浚筑，使工程费省工巨，两地俱建祠祀。嘉靖二十九年四月升大理寺卿，同年六月升工部右侍郎，九月转左侍郎。十月考满，获封荫。嘉靖三十年二月遭弹劾，转任南京工部左侍郎，乞休致仕。嘉靖四十五年九月卒于家。隆庆改元，赠右都御史，赐按例祭葬。

褚伯五（生卒年不详）

晓岭村人。嘉靖中，官绍兴镇参将，随抗倭名将俞大猷驰骋疆场。嘉靖三十三年（1554），倭临绍兴城，伯五身先士卒，奋力厮杀，砍倭数十人，终因力竭矢尽，壮烈殉国。嘉靖三十五年，赐葬，入忠义祠，春秋享祭。

郑仁（生卒年不详）

字进，号柳溪，生于明代，中村人。从小奋志鸡窗，博通群籍。因时命坎坷，屡试不第，慨然曰：“男儿弧失四方，岂肯郁郁作处裈虱耶。”于时东载北游，阅历边境。时倭寇进犯浙东、天津、玉田、宝坼等处。郑仁授以行营巡司，夙夜防御，衣不解带。山东经略使以郑仁操劳军务，奏请升景山县知县。县内有蝗虫食禾，郑仁灭蝗灾、减民租。时朝廷严嵩当道，郡县催科逼迫。郑仁正色斥责在巡抚部院任职的严嵩党羽，遭解组归里。遇戚属杯酒言欢，以俸余咸置祀田，以诗书言行教导后辈。

郑裘氏（生卒年不详）

女，慈溪人。未字时，奉亲致顺，居动有常。年十八，嫁中村郑启贤，夙兴夜寐，敬执妇道，虽家贫子幼，处之宴如。年二十八，其夫病，躬亲汤药，衣不解带数月。夫病危临诀，号恸泣血，曰：“妇与夫为天，夫亡亦亡，义所当然。”即欲自殉，经父母力劝得免。孀居未期，有人悯其家业萧条，孤子幼弱，道之于再嫁。裘氏怫然怒曰：“我夫虽死，坏土尚湿，遗孤无人看养，我若再嫁，岂非忍心害理，与禽兽何异。”乃啮指剪发，誓不更夫，于是人不敢复言。后闭门纺织，抚养遗孤长大成人，得里人称羡。年五十三而卒。

郑褚氏（生卒年不详）

女，中村人。夫郑体钦入山砍柴，被虎噬去。褚氏即上山寻找，遇虎于山，褚氏大喝一声：“恶虎岂得如此。”奋力直前，虎被其吼声震慑而逃走，褚氏得以背负夫尸回家。夫死时留下3个幼小的孩子，家贫如洗，戚属一无可靠。时褚氏年仅二十七岁，为养家糊口，白天锄山采薪，晚上纺织针刺，虽极劳苦倦勤，惟咽泪而已。子女长大后，生活稍有富裕，遇贫乏者却施济勿吝。至后来诸孙绕膝，而含饴击杖，寿越古稀，飘然羽化。

王仁林（生卒年不详）

又名福林，生于清代，李家塔人。初以石工为业，继而在家务农。民国元年（1912），迁居于倒叉岭。民国7年，观倒叉岭有数处崎岖难行，上下岭极为不便，即出资修整。民国10年，会龙桥被水毁桥屋7间，即出资修理1间。民国11年，重建双溪桥。民国21年，助洋六十修理仙庆庙后进。民国23年，参与仙庆庙戏台修理。民国25年，发起修纂《四明上菁李家塔王氏宗谱》。

陈一鸥（1900—1984）

原名其鸿，白鹿村陈家岩人。自幼聪慧，深谙诗词。七岁上学，十一岁仿作八股文，十二岁改策论，泛读《古文观止》《东莱博仪》《左省闱墨》等古今文章，被誉为“神童”“高材生”。民国6年至16年，先后在鄞县小皎私塾、慈南虹南小学、兰山小学、陈家岩小学等任教。其间，参加全省小学教师试验检定合格，在陈家岩创办越山小学。民国17年，被推为村里制筹委会主委。次年，倡议修建羊额岭。民国21年秋冬之交，推任县筑路工程处主任。民国23年10月，任“观曹长途汽车公司”总视察兼工程股长。同年，改建自“鹿亭”到石潭的九垒岭。

一鸥生长在茶农家庭，与茶叶结下不解之缘。民国12年，废除茶商收茶使用十八两为1斤的司码秤。民国15年，利用暑假做成第一笔茶叶生意，此后即便投身茶业。在鄞县蜜岩合股设立三友茶厂，在梁弄投资振兴茶厂，在上虞下官开设裕大茶厂。民国23年冬，发起组织茶叶运销合作社，创“异军”牌茶叶商标。民国24年，独资在余姚城内开办天一茶厂。民国27年，代表绍兴平水区茶商赴香港与富华公司成交首批运港浙茶。因其在茶业中的出色表现，被誉为浙东茶界一骑士。

抗日战争期间，一鸥撰文声讨侵华日军，号召团结抗日。民国26年至30年，先后任白鹿乡乡长，县田赋征收处主任，宁绍地区茶联会常委，《浙东日报》发行人等。民国30年4月，余姚沦陷，组织山民搬运粮食等物资上山，并把自家房屋作为县府办公要地。民国35年，推选为余姚县第一届参议会参议员。民国37年，在宁波开设森森竹木行，作为中共地下组织对外联络站，采购和承转军需物品。策反时任宁波警察局副督察长褚祖芬及二分局局长毛衔。

1949年9月至1950年1月，两次当选为余姚县各界人民代表会议代表，任县工商联副主席。1950年移居杭州，先后担任杭州茶厂副厂长、杭州制茶工业第一联营处副经理、浙江省茶叶联购处副经理，曾赴京出席全国性工商会议。1956年任公私合营制茶总厂第一分厂厂长。1958年，错划为“右派分子”，又被定为“历史反革命”。1977年摘帽，1980年平反，1984年11月病故于杭州水沟巷。晚年撰写茶史资料，收集整理《浙东茶业剥削简史》，入载《浙江省政协文史资料选辑》。还撰写《大岚山农民斗争史》《四明山风土记》等。有自传《天地一沙鸥》及诗词稿《水沟集》存世。

龚守基（1917—1984）

白鹿叶家样人。民国33年参加革命，同年加入中国共产党，任地下交通员。1950年5月起，先后任余姚县税务局周巷税务所办事员，县税务局计划会计股办事员、股长，余姚县财政局梁弄财政所、城北财政所所长，县税务局计划会计股股长，县财政税务局四明山财税所副所长。1979年10月退休，1983年10月改办离休。

姚怀国（1918—2014）

中姚村人。民国32年加入中国共产党，次年冬任中共中姚村支部书记。民国34年，新四军浙东游击纵队奉命北撤后，陈布衣、黄连、何德邦、何士邦等人以他家为落脚点，进行隐蔽斗争，在中姚村建立民兵组织。怀国任民兵队长，配合开展地下工作。中华人民共和国成立后，被评为“红色堡垒户”。在土地改革、互助合作运动中，担任中姚村村长、红光高级合作社主任等职。1958年5月，当选为余姚县第三届人民代表大会代表。人民公社化期间，任高峰公社晓岭大队大队长。1959年，中共余姚县委书记肖赔到鹿亭公社考察，见东岗山有许多机动山有待开发利用，当场决定由怀国具体落实此事。姚怀国拆除自家房屋带领全家移居东岗山，还动员同村7户社员一起上山，同时组织1956年上东岗山开荒的城市青年一起开垦荒地，植树造林。不久，中共余姚县委正式批准建东岗山林场，姚怀国任场长。1962年，怀国主动提出回中姚村，并动员师范毕业待分配的儿子回家做农民。回村后，先后担任中姚村村长、村民委员等职，带领村民修路造田，筹建村办企业。2014年1月病故。

方万生（1919—2004）

晓云村大溪人。民国33年12月参加革命，同年同月加入中国共产党。在白鹿、晓云一带从事革命工作，为新四军浙东游击纵队运输军械物资、护送伤病员等。1951年7月起，先后任余姚县供销合作总社梁弄区社晓云分社宁波推销站业务负责人、副站长，鹿亭分社副主任，梁弄区社鹿亭综合商店经理，县食品公司梁弄食品站副站长、党支部委员。1979年8月退休，1985年6月改办离休，享受副处级生活待遇。

褚云楚（1920—2000）

又名坚，晓云村上村人。毕业于锦堂师范。民国33年9月加入中国共产党，次年9月随新四军浙东游击纵队北撤，在江苏莲水参加部队整编。历任营部书记员、民运组织员、连队副政治指导员、指导员、大队教导员等职。先后参加孟良崮战役、淮海战役、渡江战役、抗美援朝等，多次立功受奖，曾被授予朝鲜民主主义人民共和国军功章和中国国防部解放奖章各1枚。

1956年3月，由部队转业参加地方建设工作，先后任宁波专署水利局秘书、绍兴水泥厂生产科长、余姚县梁弄区委工作组成员、大岚公社副主任、郑巷公社副主任、低塘区委负责文教卫工作、低塘中学革委会副主任、党支部副书记等职。1981年6月离职休养，享受县（团）级待遇，并担任余姚县教育系统离退休党支部书记。

赵宗员（1921—1999）

高山村人。民国32年11月参加革命，同年同月加入中国共产党。在晓云、白鹿一带从事革命工作，曾任民兵指导员。1951年12月起，先后任余姚县梁弄区让贤乡副乡长、黄明乡乡长、黄明乡党支部书记、晓云乡党总支书记，高峰（鹿亭）公社管委会主任、党委书记，梁弄区委副书记、鹿亭公社党委书记、晓云公社党委副书记、公社革委会副主任。1980年退休，1983年10月改办离休。

陈其美（1924—2012）

又名宏美，白鹿村陈家岩人。民国32年8月参加革命，次年11月加入中国共产党。先后任新四军浙东游击纵队三支队一大队二中队战士、副班长、班长。民国34年9月随部队北撤，次年5月起，先后任华东野战军一纵队三旅八团一营三连班长、副排长。民国36年12月起，先后任华东野战军一纵队三师特务营二连副排长、解放军二十军六十师特务营二连排长等职。1982年3月离休，享受团（处）级政治、生活待遇。

姚怀林（1924—1998）

中姚村人。民国32年，参加新四军浙东游击纵队任侦察员，期间因工作出色，曾受到部队嘉奖。抗日战争胜利后，随部队北撤至山东，曾担任野战军纵队首长叶飞的警卫员。1950年，参加抗美援朝，担任志愿军某部重机枪排排长。1956年复员回乡，在余姚城区饮食业部门工作，曾担任洞江桥饭店经理。1984年4月离职休养。

方通法（1925—2012）

上庄村门石人。民国32年参加革命工作，历任新四军浙东游击纵队教导大队通讯员、副班长。民国34年9月随部队北撤，同年12月加入中国共产党，历任华东野战军1纵队教导团班长、三野20军干部等职。中华人民共和国成立后，转业至地方，先后任中国花纱布公司浙江省萧山仓库主任，浙江省百货公司人事科副科长、科长，省商业厅驻山西煤炭调运组负责人，省食品公司副经理等职。离休后享受厅局级待遇。

褚姚夫（1926—2006）

龙溪村岩头人。民国34年8月参加新四军浙东游击纵队，任司令部电台通讯员。随部队北撤后，先后任一纵三师通讯科通讯员、一纵司令部作战科缮写员、一纵炮兵团一营三连观测员、二十军炮兵团一营三连观测员、文书。民国37年2月加入中国共产党。1955年9月，被授少尉军衔。1958年，任青海省贵德县公安局局长。1964年任青海省贵德县国税局局长。1986年，在青海省贵德县图书馆工作。1987年10月离休。

姚怀玉（1927—2009）

中姚村人。民国34年，参加中姚村民兵组织。民国37年加入中国共产党，同年冬，姚怀玉等中姚民兵被国民党军队逮捕，押至晓云上庙跟祠堂，经受“老鹰飞”“老虎凳”等酷刑而宁死不屈，后在党组织营救下脱险。中华人民共和国成立后，组建农村供销合作社，先后担任梁弄供销社采购部经理、梁弄供销社主任、陆埠供销社主任等职。期间，多次赴慈溪、宁波、舟山等地开发市场，推销农副产品，同时将舟山、象山等地海产品采购销往山区。改革开放前，经姚怀玉等供销社领导专题研究，在梁弄开设“上海产品试销店”。1980年退休。

龚孝惠（1927—2013）

石潭村茶山人。民国36年参加浙东人民游击队，次年加入中国共产党。1949年5月，在中共上虞县委工作；1950年3月起先后在绍兴地区干校、浙江省工农文化补习学校、浙江省工农速成中学、浙江省政法干校学习，其间曾任诸暨县土改队办事员、诸暨县供销社办事员。1961年3月至1988年11月，先后任浙江省第一监狱办事员、省公安厅围垦总队办事员、浙江乔司农场中队长、武林厂中队长、蒋塘农场中队长、绍兴市公安局精神病教养所副主任科员等职。1988年11月离休，享受副处级待遇。

褚天行（1929—1999）

龙溪村岩头人。民国37年10月参加革命，1954年4月加入中国共产党。历任浙东行政公署余上县办事处行动队战士，余姚县粮食局副股长、股长，周巷粮库副主任、主任，县人民政府秘书室助理秘书，县人民委员会办公室秘书，宁夏回族自治区中卫县常乐公社党委副书记、自治区民政厅科员，余姚县四明山电站工程指挥部副组长，余姚县计划委员会科员，县物资局副局长、局长，县（市）经济委员会党组（党委）书记、副主任，政协余姚市第五届、第六届委员会副主席。1990年7月离休。

第二章　革命烈士英名录

鹿亭乡籍烈士有 36 人，其中牺牲于抗日战争时期的烈士 8 人，牺牲于解放战争时期的烈士 20 人，中华人民共和国成立后牺牲的烈士 8 人（其中牺牲于朝鲜战争 4 人）。此外，还有牺牲于境内的客籍烈士 10 余人。

烈士排名以牺牲时间先后为序，家庭住址以今行政村和自然村名之，自然村不详者只冠以行政村名。牺牲地概为当时地名，在余姚境内牺牲的地点不冠市名，在浙江省内牺牲的地点不冠省名。

抗日战争时期烈士

赵德法（1919—1943）　高山村人。民国 30 年（1941）参加革命。民国 32 年 11 月牺牲于晓云大山十字路口，时任新四军浙东游击纵队通讯员。

郑传会（1917—1943）　上庄村祝家堰人。民国 29 年参加革命。民国 32 年牺牲于杭州，时任新四军浙东游击纵队浦东支队战士。

龚守范（1910—1944）　白鹿村叶家样人。民国 29 年参加革命，中共党员。民国 33 年牺牲于大岚峙岭，时任姚南县南岚乡民主乡长。

褚朝福（1919—1944）　晓云村上村人。民国 30 年参加革命，中共党员。民国 33 年牺牲于晓云乡，时任新四军浙东游击纵队制造局干部。

郑吉来（1924—1944）　中村村人。民国 31 年参加革命。民国 33 年牺牲于四明山，时任新四军浙东游击纵队教导大队第 5 中队战士。

姚伟品（1920—1944）　中姚村人。民国 33 年参加革命。同年牺牲于上虞西岙，时任新四军浙东游击纵队班长。

褚德水（1906—1945）　男，高岩村人。民国 33 年参加革命。次年 4 月牺牲于大岚峙岭，时任新四军浙东游击纵队通讯员。

方岳先（1901—1945）　上庄村金家人。参加革命年月不详。民国 34 年牺牲于鄞县茶岭岗，时所在单位不详（一说新四军浙东游击纵队 4 支队战士）。

解放战争时期烈士

姚怀兴（1925—1945）　中姚村人。民国 33 年参加革命。次年 10 月北撤途中失踪，时所在单位为新四军浙东游击纵队第 5 支队。1981 年落实烈士待遇。

褚兴德（1914—1945）　龙溪村大年人。民国 33 年参加革命。次年 10 月北撤途中失踪，时所在单位为新四军浙东游击纵队第 5 支队。1981 年落实烈士待遇。

褚萃（瑞）文（1922—1945）　又名才岳，

晓云村洞桥人。民国31年参加革命，中共党员。民国34年11月牺牲于江苏，时任新四军1纵3旅某营教导员。

赵云表（1916—1946） 又名云林，上庄村岙里人。民国30年参加革命，中共党员。民国35年4月牺牲于大岚峙岭，时任第三战区三北游击司令部南山总办事处税收员（注：第三战区三北游击司令部于民国32年12月改称新四军浙东游击纵队，此处仍采用《余姚市军事志》和乡烈士陵园碑刻文）。

黄开文（1923—1946） 晓云村人。民国29年参加革命。民国35年牺牲于鲁南，时所在单位为山东野战军第1纵队3旅8团。

姚方茂（1917—1946） 中姚村人。民国34年参加革命。次年牺牲于山东省，时任山东野战军第1纵队3旅8团2连班长。

赵志康（1925—1946） 又名阿康，上庄村应家路人。民国34年参加革命。次年牺牲于山东省泰安县，时任山东军区第1纵队3旅战士。

方世福（1911—1947） 上庄村金家人。参加革命年月不详。民国36年2月牺牲于上庄茅山牛背脊，时任新四军浙东游击纵队通讯员。

龚昌茂（1901—1947） 白鹿村梁湖人。参加革命年月不详，中共党员。民国36年9月牺牲于梁湖大园地，时任白鹿乡梁湖村农会主任。

褚世义（1926—1947） 又名阿义，高山村外大山人。民国34年参加革命。民国36年10月21日路坑战斗中被俘，牺牲于梁弄，时任浙东人民游击队第三支队联络员。

褚慈荣（1925—1947） 晓云村人。民国33年参加革命。民国36年牺牲于河南省开封县，时任华东野战军1纵队3师战士。

姚水伍（1926—1947） 中姚村人。民国33年参加革命。民国36年牺牲于河南省开封县，时任华东野战军1纵队3师战士。

沈家香（1920—1947） 晓云村平桥头人。民国34年参加革命。民国36年牺牲于上王岗，时任浙东人民游击队第三支队战士。

龚传来（1914—1948） 中村村人。民国30年参加革命。民国37年7月牺牲于河南豫东战役，时任华东野战军1纵队3师班长。

郑褚生（1916—1948） 上庄村祝家堰人。民国34年参加革命，中共党员。民国37年10月牺牲于梁弄狱中，时任余姚县农会主任。

赵兴法（1925—1948） 又名德法，上庄村应家路人。民国32年参加革命。民国37年12月牺牲于淮海战役，时任华东野战军1纵队3师班长。

陈其交（教）（1929—1948） 白鹿村陈家岩人。民国33年参加革命。民国37年7月，牺牲于河南豫东战役，时任华东野战军1纵队排长。

褚姚美（1925—1948） 晓云村上村人。民国34年参加革命。民国37年牺牲于江苏省，时任华东野战军第1纵队3师通讯员。

褚世义（1924—1949） 龙溪村大年人。民国30年参加革命。中共党员。民国38年6月牺牲于奉化县亭下，时任浙东人民解放军第2游击纵队4支队事务长。

龚洪生（1923—1949） 白鹿村新宅（村）人。民国33年参加革命。民国38年5月，牺牲于鄞县，时任浙东人民解放军第3支队战士。

中华人民共和国成立后烈士

郑小山（1927—1951） 又名陈阿山，白鹿村梁湖人。民国33年参加革命。1951年4月牺牲于朝鲜，时任志愿军第20军60师180团班长。

陈洁中（1914—1951） 原名其垣，白鹿村陈家岩人。民国31年参加革命，中共党员。1951年5月24日牺牲于朝鲜，时任志愿军第20军60师180团审计。

褚学法（1909—1952） 龙溪村王石坑人。民国33年参加革命。1952年3月牺牲于朝鲜，时任志愿军第20军60师178团卫生队班长。

龚庆炎（1916—1952）　高岩村深坑人。民国33年参加革命。1952年牺牲于朝鲜，时任志愿军20军60师某团班长。

王金鑫（1936—1956）　李家塔村人。1956年参加革命。同年6月牺牲于四川省黑水县麻窝里，时任解放军0069部队1支队通讯员。

龚国强（1950—1971）　白鹿村叶家样人。1969年参加革命，中共党员。1971年8月牺牲于江苏省南京市，时任解放军其部队分队副班长。

龚礼元（1940—1972）　中村村人。1964年参加革命，中共党员。1972年牺牲于舟山沈家门，时任解放军驻舟山部队某部连长。

褚周定（1971—1992）　龙溪村人。1991年应征入伍。次年牺牲于江苏省徐州市，时任徐州武警部队战士。

客籍烈士

中村战斗牺牲烈士　民国37年3月26日晚，中共四明工委所组建的四明主力武装三支队对“浙保”中村据点发起进攻，三支队侦察班长施贵新、副班长金瑞尧、杨启、战士戚志元、邬家仁等6人在战斗中牺牲。

郑堂岗战斗（亦称牛塘战斗）牺牲烈士　民国37年5月22日下午，浙东人民解放军第三五支队与“浙保”在郑堂岗发生战斗，战斗中周某等2人牺牲。

被国民党活埋于中村的烈士　民国38年3月11日，中共鄞慈县民运干部朱敏、陈辉、萧章、徐角方4人被国民党“浙保”活埋于中村独山脚下。

第三章　科举、职官名录

第一节　历代科举名录（部分）

龚愿　宋进士

龚仲真　宋乡贡进士

龚辉　明嘉靖二年进士

龚应宿　明崇祯间廷试恩贡

龚维新　贡元

第二节　历代职官名录（部分）

宋代

褚邦英　湖州长兴县尉，复州司法参军，镇江录事参军。

龚　俊　殿前右一将军

元代

郑斗南　定海县教谕

明代

龚　辉　工部侍郎

郑　仁　景山县知县

龚明义　陕西右主簿

龚之缓　太通提举

龚　持　帅干

龚景秀　藩司吏典

龚仲真　知县

龚　弘　湖广靖州会同县丞
龚　森　宿迁县丞
龚　清　府吏应天巡司
龚　京　广西横州州判
龚　兰　大理寺评事
龚　候　广东吴川县二尹
龚　位　江西吉安府经
龚　修　广东湖州府通判署府印、海防同知
龚　薇　应天句容县学正，升池州牧
龚　化　布政司吏典
龚　僎　赣府经历，署县印
龚　衍　江西赣州府通判，署县印
龚　待　密云三边军民把总、太平寨千总
龚乾行　江西弋阳县二尹，署县印
龚敏行　湖广石首县三尹
龚　術　都史选巡检，升沙县典吏
龚琮三　吏部办事
龚应宇　山西武乡县赞尹
龚生亮　山海关总帅，升太平寨
龚鼎元　湖广荆州府经历，署监利县印
龚裕四　布政司吏典
龚永新　县正，升沁州牧
龚永奇　经历

清代

褚英美　副总兵
赵邦瑞　巡政厅

民国时期

褚祖芬　宁波警察局副督察长
褚维连　上海中央银行行长
褚连康　国民党军队某部团长
郑褚生　余姚县农民协会主任
陈一鸥　余姚县田赋征收处主任

中华人民共和国成立后

鹿亭籍干部一览表

表 25-2-1

姓名	性别	原籍	职务（职称）	工作单位
陈寿灿	男	白鹿村陈家岩	校长	浙江工商大学
黄伟国	男	白鹿村赤石	政委	慈溪市公安局
马启鹏	男	白鹿村高岩头	所长	宁波大学成人教育研究所
龚友谷	男	白鹿村叶家样	书记（正处）	宁波职业技术学院党委图书信息直属党支部
陈文荣	男	白鹿村赤石	主任	余姚市计划委员会、经委
夏　飞	女	白鹿村赤石	主任	中共宁波市江北区委政法委
陈　灯	男	白鹿村赤石	干事（副团级）	解放军空军规划中心
龚国平	男	白鹿村叶家样	副乡长	鹿亭乡人民政府
陈宏美	男	白鹿村陈家岩	少校（团级干部）	余姚县人民武装部
陈传海	男	白鹿村陈家岩	主任（团级）	解放军 179 师医院骨科
陈建涛	男	白鹿村陈家岩	政委（副师级）	东海舰队宁波舰
陈其尧	男	白鹿村陈家岩	书记	宁波市江北区中马街道党工委
陈立山	男	白鹿村陈家岩	副主任	余姚市人民政府办公室
陈其洲	男	白鹿村陈家岩	人大主席	梁弄镇
陈荣芳	男	白鹿村陈家岩	乡长、人大主席	鹿亭乡人民政府
陈荣林	男	白鹿村陈家岩	副科（局）级组织员	中共梁弄镇委员会
陈富定	男	白鹿村陈家岩	会长	浙江医药协会
马水娟	女	白鹿村下姚	副镇长	黄家埠镇人民政府
马友明	男	白鹿村下姚	副乡长	鹿亭乡人民政府
马幼堂	男	白鹿村下姚	副科（局）级组织员	中共余姚市委组织部
龚共军	男	白鹿村梁湖	副主任	余姚市人民政府办公室
龚荷琴	女	石潭村	副局长	宁海县劳动局
龚生祥	男	石潭村	委员、副书记	中共鹿亭乡委员会、纪委

续表 25-2-1

姓名	性别	原籍	职务（职称）	工作单位
方忠良	男	石潭村	主任、副书记	高峰人民公社管委会、党委
龚云先	男	石潭村	副镇长	大隐镇人民政府
方银才	男	石潭村马家坪	副局长	绍兴市民政局
方建强	男	李家塔村	副师级	兰州军区司令部第二技术侦查局
王彭军	男	李家塔村	处长	广州市海关某处
王朝丰	男	李家塔村	副大队长（正科）	杭州市余杭区消防大队
郑伟国	男	中村村	社长	浙江省音像出版社
郑礼平	男	中村村	书记	中共宁波大学法学院委员会
郑竹筠	男	中村村	调研员	浙江省外事侨务办公室
郑　丰	男	中村村	副部长	中共宁波市委宣传部
郑一平	男	中村村	党组书记、局长	宁波市综合行政执法局
龚鸿吉	男	中村村	副书记	中共高峰人民公社委员会
郑　平	男	中村村	副局长	余姚市商务局
赵　青	男	上庄村岙里	院长、检察长	上虞县人民法院、检察院
方通法	男	上庄村门石	副经理	浙江省食品公司
赵宗鼎	男	上庄村岙里	副书记	中共梁弄区委
厉文世	男	上庄村应家路	行长	湖州市农业银行
赵志皎	男	上庄村应家路	委员、部长	中共鹿亭乡委员会、乡人武部
黄志奋	男	上庄村应家路	委员、副书记	中共鹿亭乡委员会、纪委
方国定	男	上庄村金家	舞台制片总统筹	浙江电视台
赵未儿	女	上庄村应家路	队长（正科级）	浙江省级机关公务用车管理中心专车队
赵科伟	男	上庄村应家路	副书记	共青团余姚市委
赵仲苗	男	上庄村冬青	党委书记兼总经理	天安财产保险股份有限公司宁波分公司
赵全康	男	上庄村冬青	大队长（副团级）	绍兴市诸暨消防大队
郑永年	男	沿岙村郑堂岗	所长	新加坡国立大学东亚研究所
方辉东	男	沿夹岙村	副科（局）级干部	鄞州区东郊街道
赵宗员	男	高山村	副书记	中共梁弄区委

续表 25-2-1

姓名	性别	原籍	职务（职称）	工作单位
赵建国	男	高山村	候补委员 局长、书记	中共余姚市委、余姚市林业局
赵国文	男	高山村	主任（副团级）	衢州市消防支队政治处
丁金康	男	高岩村	书记	中共四明山镇委
褚孝森	男	晓云村	副书记	中共高峰人民公社委员会
方娟芬	女	晓云村	人大主席	小曹娥镇
褚立军	男	晓云村	镇长	陆埠镇人民政府
褚佩荣	女	晓云村	副主席、主席	浙江省作协、宁波市作协
褚金珠	女	晓云村	副乡长	鹿亭乡人民政府
褚惠坚	男	晓云村	处长	湖州市水利局财务审计处
方永尧	男	晓云村	所长、镇党委委员	余姚市公安局大隐派出所
褚招清	男	晓云村	局长	嘉兴地区交通、卫生局
褚玉表	男	晓云村	县长	临海县人民政府
褚维鉴	男	龙溪村岩头	书记处书记组织部长	中共陕西省汉中市委
褚银良	男	龙溪村岩头	书记	中共宁海县委
褚天行	男	龙溪村岩头	副主席	余姚市政协
褚姚夫	男	龙溪村岩头	局长	青海省贵德县公安局、国税局
褚一鸣	男	龙溪村岩头	副局长	余姚市商务局
褚玉轩	男	龙溪村岩头	党支部书记	余姚人和锅厂、余姚电厂
鲁家灿	男	龙溪村王石坑	副局长	余姚市林业局
姚善琪	男	中姚村	科长	宁波市公安局刑侦科
姚建和	男	中姚村	主任	余姚市计划生育委员会
姚军达	男	中姚村	组织委员	中共鹿亭乡委员会
姚邵明	男	东岗村	副书记	中共余姚市委政法委
姚善良	男	东岗村	秘书长	中共宁波市委
马余刚	男	东岗村	副所长	中科院上海应用物理研究所
马余强	男	东岗村	副主任	南京大学固体微结构　国家重点实验室

注：表中原籍为现行政村加自然村，自然村不详者，只冠行政村名（下同）。

第三节 中华人民共和国成立后高级职称、高学位名录（部分）

高级职称、高学位一览表

表 25-2-2

姓名	性别	原籍	职务（职称、学位）	工作单位
陈寿灿	男	白鹿村陈家岩	二级教授、博导	浙江工商大学
马启鹏	男	白鹿村高岩头	教授	宁波大学成人教育研究所
龚国波	男	白鹿村叶家样	博士	中科院合肥物质科学研究院
龚友谷	男	白鹿村叶家样	副教授	宁波职业技术学院党委图书信息直属党支部
陈煜辉	男	白鹿村赤石	博士	美国马威尔公司
陈　灯	男	白鹿村赤石	博士、工程师	解放军空军规划中心
陈勇杰	男	白鹿村陈家岩	主任医师	余姚市人民医院外科
龚华士	男	白鹿村新村	中学高级教师	鹿亭乡中心学校
陈立定	男	白鹿村陈家岩	中学高级教师	余姚市职成教中心学校
陈秧珍	女	白鹿村陈家岩	中学高级教师	余姚市职成教中心学校
陈亚飞	女	白鹿村陈家岩	副主任护师	余姚市第二人民医院
陈秧飞	女	白鹿村陈家岩	中学高级教师	余姚市第一职业技术学校
陈双春	男	白鹿村陈家岩	中学高级教师	余姚市第四中学
马岳森	男	白鹿村下姚	中学高级教师	宁波江北区洪塘中学
马友谊	女	白鹿村下姚	副主任医师	余姚市第三人民医院
马永祥	男	白鹿村下姚	高级工程师	浙江浙能镇海发电有限责任公司设备管理部
马秧萍	女	白鹿村叶家样	中学高级教师	余姚市第三中学
龚荷芬	女	白鹿村叶家样	中学高级教师	余姚市第七中学
陈建飞	男	白鹿村赤石	中学高级教师	余姚市梦麟中学
马幼丽	女	白鹿村叶家样	主任医师	宁波李惠利医院输血科
龚秧娥	女	白鹿村叶家样	中学高级教师	余姚市实验学校
龚亚珍	女	石潭村	副教授、博士	中国人民大学
龚长流	男	石潭村	中学高级教师	余姚中学

续表 25-2-2

姓名	性别	原籍	职务（职称、学位）	工作单位
王军波	男	石潭村	中学高级教师	余姚市实验学校
龚世栋	男	石潭村茶山	中学高级教师	余姚市高风中学
方文桥	男	石潭村马家坪	中学高级教师	余姚市第二中学
黄建强	男	石潭村	主任医师	镇海区人民医院
王伟丈	男	李家塔村	研究员	中国航空无线电电子研究所
方建强	男	李家塔村	副译审	兰州军区司令部第二技术侦查局
黄　建	男	李家塔村	中学高级教师	余姚市第一职业技术学校
汤春风	女	李家塔村	中学高级教师	宁波中学
褚淑祎	女	李家塔村	博士	浙江农林大学
黄爱丽	女	李家塔村	博士	中国人民大学
龚国龙	男	李家塔村	中学高级教师	鹿亭乡教育辅导室
黄建康	男	李家塔村	中学高级教师	余姚市高风中学
黄万立	男	李家塔村	高级工程师	杭州半山电厂
黄万里	男	李家塔村	中学高级教师	兰江街道肖东中学
黄忠标	男	李家塔村	中学高级教师	兰江街道梨洲中学
陈万勇	男	李家塔村	中学高级教师	余姚市实验学校
鲁先达	男	李家塔村	中学高级教师	舟山普陀中学
褚科学	男	李家塔村	高级工程师	余姚市公路与运输管理中心
黄建锋	男	李家塔村	副主任医师	宁波市第六医院
郑礼平	男	中村村	教授	宁波大学法学院
郑方泽	男	中村村算坑	中学高级教师	余姚市实验学校
褚华娟	女	中村村	中学高级教师	余姚市城南小学
郑水军	男	中村村	中学高级教师	余姚市教育局教研室
郑娟飞	女	中村村	中学高级教师	兰江街道梨洲中学

续表 25-2-2

姓名	性别	原籍	职务（职称、学位）	工作单位
郑水飞	女	中村村	中学高级教师	兰江街道梨洲中学
郑伏波	男	中村村	中学高级教师	梁弄镇初级中学
郑春波	男	中村村	中学高级教师	大岚镇初级中学
龚亚娥	女	中村村	中学高级教师	余姚市实验学校
赵宇军	男	上庄村岙里	教授、博导	华南理工学院
赵国良	男	上庄村牛塘	教授、硕导	浙江师范大学生命科学学院
郑军辉	男	上庄村祝家堰	中学高级教师	鹿亭乡中心学校
赵立新	男	上庄村应家路	中学高级教师	兰江街道梨洲中学
赵永明	男	上庄村岙里	中学高级教师	余姚市职成教中心学校
赵忠祥	男	上庄村岙里	中学高级教师	余姚市第八中学
厉文明	男	上庄村应家路	中学高级教师	余姚中学
厉晓明	男	上庄村应家路	中学高级教师	余姚市第八中学
邵利群	女	上庄村应家路	中学高级教师	阳明街道阳明中学
方建治	男	上庄村金家	中学高级教师	奉化高级中学
郑永年	男	沿岙村郑堂岗	博士	新加坡国立大学东亚研究所
方才军	男	沿夹岙村	中学高级教师	余姚市职成教中心学校
方小陆	女	沿夹岙村	中学高级教师	余姚市第四中学
方世龙	男	沿夹岙村	中学高级教师	余姚中学
方才根	男	沿夹岙村	高级工程师	余姚市天虹路桥工程有限公司
方国华	男	沿夹岙村	高级工程师	杭州汽轮机股份有限公司
褚佰荣	男	高山村	中学高级教师	余姚市梦麟中学
赵娟利	女	高山村	主任医师	余姚市妇幼保健所
褚超孚	男	晓云村	教授、博士	浙江大学

续表 25-2-2

姓名	性别	原籍	职务（职称、学位）	工作单位
方建苗	男	晓云村大溪	副主任医师	余姚市人民医院五官科
褚桂范	男	龙溪村大年	博导	法国
褚同华	男	龙溪村大年	中学高级教师	慈溪中学
褚伟波	男	龙溪村	副教授	陕西西北大学
褚挺进	男	龙溪村	博导	中国人民大学
朱建华	男	龙溪村路坑	中学高级教师	陆埠镇初级中学
褚强	男	龙溪村岩头	副主任医师	余姚市中医医院
褚惠洪	男	龙溪村岩头	副主任医师	余姚市第二人民医院眼科
朱伟士	男	龙溪村路坑	高级工程师	鹿亭乡人民政府
褚世棣	男	龙溪村大年	教授	上海某区文化局
姚岳绒	女	东岗村	副教授、法学博士	华东政法大学
马余刚	男	东岗村	主任研究员、博导	中科院上海应用物理研究所
马余强	男	东岗村	教育部特聘教授、博导	南京大学固体微结构国家重点实验室
姚伟根	男	东岗村	主任医师	余姚市人民医院放射科
姚平锋	男	东岗村	中学高级教师	余姚市第二中学
姚亚强	男	东岗村	副主任医师	梁弄镇卫生院

丛　录

第一章 诗文选录

第一节 诗

四明山诗·鹿亭

〔唐〕陆龟蒙

鹿亭岩下置，时领白麛过。
草细眠应久，泉香饮自多。
认声来月坞，寻迹到烟萝。
早晚吞金液，骑将上绛河。

奉和鲁望四明山九题·鹿亭

〔唐〕皮日休

鹿群多此住，因构白云楣。
待侣傍花久，引麛穿竹迟。
经时掊玉涧，尽日嗅金芝。
为在石窗下，成仙自不知。

鹿亭

〔明〕沈明臣

孔祐今何在，空山有鹿亭。
路生迷宿草，天远落寒星。
春雨茸茸绿，烟峰漠漠青。
放麛嗟往事，深竹故啼猩。

赠张解元怀龚亚魁辉

〔明〕谢迁

北海南山两俊才，秋闱高捷诧联魁。
久知当代奎星聚，又喜吾乡泰运回。
周道并驰千里骏，禹门齐上一声雷。
林泉白发怜衰朽，翘首青云望后来。

石潭十景诗

〔明〕龚辉

薰岭泊云

谁知君是玉京宾，暂宿低崖入望新。
峰额戴巾斜露秀，林腰束带半藏春。
因风动处能随马，为鸟遮时可避人。
一夕倘从龙去后，方惊仰面亦难亲。

龚庵枕麓

数间结构最为精，却胜当年八十顷。
禅室静涵群木冷，莲台高傍一峰晴。
云中寒磬风添韵，竹里疏灯月衬明。
吩咐老僧休埽叶，徒劳顽石听泉声。

墅溪印月

圆灵月本遍江湖，印入墅溪别处无。
四面云山环宝境，独弘秋水涌明珠。
光摇只道游鱼闪，静夜何来宿鸟呼。

玩出虚空元妙理，乾坤只此一轮壶。

石鱼斗水

莫非驱向海东来，激尽波涛不一回。
沫若喷时恐作雨，浪逢斗处已成雷。
身间乐水偏能寿，鳞老当风未许开。
欲识巨鳌卿便是，吊藏兼有戴山才。

崩泉鸣鼓

仙原直喷势难留，欲访祢衡且听流。
花识敲时映石壁，云知声外架樵楼。
悲音静学惊村梦，壮韵遥疑送峡舟。
只为边宁无战事，如雷鼓调涧中求。

石屋封苔

自是天成岁月赊，漫劳苔藓锁烟霞。
一庭文字烦青写，几幅云帘着座遮。
啼鸟留人何待主，流泉绕榻不须茶。
数间有意招金女，未许山翁学种花。

屏山拥翠

碧玉堆成万古同，门庭开际便相通。
夺将眉黛当溪侧，妒尽窗纱入镜中。
半壁翠来诗酒债，一帘青拂画图风。
遇晴遇雨邀人赏。只少居游一谢公。

垒岭垂梯

层峦九曲失东西，曲曲幽危却有梯。
劈面峰遮疑路尽，当空阶垒讶天齐。
径盘山隙人烟少，步入云端海岳低。
欲畅胸怀须到处，一声长啸雁惊迷。

悬崖瀑布

何处泉来岭半腰，敲珠击玉潭烦嚣。
冲开白石经千仞，解破青山只一条。
仙女成章云际落，天门挂练峡中飘。
须知源出桃花渡，添作人间四海潮。

药壶返照

风清云霭旧荒坛，鸾鹤飞来忆再难。
宝诀未传时向暮，仙壶有迹日初残。
林翻倒影疑炉火，石冒余晖欲燃丹。
趁此犹堪棋一局，樵柯应烂不知寒。

四明山九题考·鹿亭

〔清〕黄宗羲

鹿亭何自置？千古仰仁名。
久矣忘机械，蠢然托死生。
朝饥开药院，秋冷侍茶铛。
纵使归山去，长来月下鸣。

和梨洲先生九题诗·鹿亭

〔清〕高士奇

孤亭祠孔祐，遗爱古谁齐。
南窟曾供鹿，秦巴亦放麑。
呦呦鸣浅草，濯濯饮清溪。
满目皆生意，春风好杖藜。

鹿亭

〔清〕全祖望

我爱孔高士，至行通明神。
古人夸放麑，未足比深仁。
应怜百年来，山寨惊崩云。
洞天遭劳攘，空亭委荆榛。

白云里

〔清〕李英璇

深山隐约树纵横，村有鸡鸣犬吠声。
遥望人家连二韭，上流溪水溯三菁。
桃园浪暖红尘隔，竹径烟消绿雨晴。
几度拨来寻古道，林间柳暗又花明。

谒它山殿

〔清〕傅起涛

吾鄞慈父母，筑堰溯源长。
所至留棠荫，斯民奠桂浆。
四明沾惠泽，千载仰灵光。
登岭恭瞻拜，炉焚一炷香。
注：它山殿在上庄大岭头。

问石村二首

〔清〕郑师远

（一）

探胜人当日暮时，林深难辨道途歧。
虽同米芾呼兄拜，莫效梁僧说法奇。
桐叶冷烧灰烬聚，云根怒斫剑痕遗。
山村今尚留仙迹，谁谓齐东语可疑。

（二）

岂是仙人试剑来，崇岩俨若五丁开。
松枝桐叶宵燃处，犹见灰痕积翠苔。

注：此处的问石村位于今上庄村冬青自然村处。

仙人桥

〔清〕徐学壎

嵌成略彴最玲珑，独羡仙人妙手空。
不假飞梁环半月，只凭碎石驾长虹。
千寻碧涧波频卧，万仞青霄路可通。
若拟天台应更胜，漫思作赋媲兴公。

注：清光绪《余姚县志》载“仙人桥在四明山问石村，细石垒成，约丈许，疑非人工，故名”。

游上菁

〔清〕傅起涛

窈窕仙村春浩荡，依然若，武陵开朗。
两岸名花，千林好鸟，留我渔人玩赏。
习习风鸣天籁爽，最可爱，竹林松响。
一片幽情，半生雅兴，尽寄三菁道上。

小岭八景诗

〔清〕褚文惠

双峰耸翠

翠绝群山异秀钟，屹然水口拥双峰。
尖巍并指云和日，黛媚丛凝竹与松。
岁久迭经霜雪饱，时寒不减画图浓。
地灵若此人应杰，怎奈举乡学老农。

晓岭凝烟

晓岭横延宅舍西，黎明举爨覆烟低。
苍茫树色和云重，隐约梯痕讶雾迷。
山脚霏微刚落月，峰腰凝结正鸣鸡。
悬知火候家家到，饭后销融可缓跻。

石笋参天

无鞭箨无又无斑，绝胜春深玉版斓。
胎息土精穿土上，根储云液指云间。
苔浓勤节依稀露，雾散旁株次第环。
倘得增伸霄汉里，总然成竹谁有删。

岩鱼戏水

左逆澄波右顺流，奇岩列阵胜鱼游。
沙空认掉经雷尾，浪涌疑沉点额头。
奋欲舒鳞苔乍长，逃将竦脊石争留。
殊他水族频娱水，那个渔翁去放钩。

九曲呼岭

九曲如何把岭呼，蚁穿无事客争趋。
循梯转叶丹成候，积数推从瓣染图。
峻极阳刚迂与合，回深肠府折应符。
只今来往人如织，肇锡嘉名尽足孚。

七星名岩

既异玑杓又异衡，如何岩以七星名。
传闻几讶辰间布，按迹偏从地上生。
位讫三娘根具在，筹增五老数方盈。
贞凝得此容何愧，精气原来积气成。

洞桥石砌

为桥选料事非轻，此处偏从石砌成。
细截云根工凑合，高铨玉片妙坚贞。
鞭无赢政来还速，炼异娲皇补倍精。
也觉良工心独苦，经营惨淡济人行。

三井天成

三井潭分上下中，无须凿穿本天工。
圆惟有月岩含蓄，不鞭经雷石荡空。
洞彻几疑成鼎势，玲珑何自勒神功。
年来尤任龙潜跃，倍觉川灵景不穷。

回陈家岩故里

陈一鸥

一

朝出南门识归途，晨光初照四明湖。
盘旋宛如鱼龙舞，处处溪水入画图。

二

弱媳雅孙侍白头，黄梅时节洞天游。
叠叠云林人何处，问讯王孙万户侯。

三

四十二年忆旧游，不知哪处是街头。
相逢未必都相识，当地人文数一流。

四

顷刻风云变化殊，亲人团聚足欢娱。
楼高百尺谁为主，此是我家千里驹。

第二节 文

仙山记

〔清〕郑子容

余邑东南皆山，而耸然挺秀者，莫仙山若也。

仙山自剡县太白岭逶迤至中村，突起一峰，高数百丈，盘亘数里，如仙人状，故遂名之。下为郑氏居宅，户口浩繁，类多英俊，所谓地灵人杰者欤。

尝于风和雨霁时，陟其巅而望之。东则龙山环绕，溪流奔赴鄞江，而宗海汪洋。南则华盖仗锡，冲霄耸峙，而众壑悬崖，瀑布千寻。西则斤岭屏列，而篁水之源，澜洄湍激。北则三峰插天，而溪清沙明，莹莹玉润。一览之余，山川之景，已应接不暇矣。

若夫春夏之交，秋冬之际，板仓贡翠，而石门潭鱼，戏水跃如也。牛山松篁，郁郁苍苍，而清流映带，萧然忘暑也。狮岩张口，每当风雨，而喷流倒泻，寒光凌霄也。半岭雪积，而玉练银涛，宛如海上来也。远近形势，四气变迁，靡不毕具焉。于是，自巅而降回视，山之上半多石，山之下半多土，曳长若凤尾。然其麓有古银杏树，大数围，高数十仞，盘郁轮囷，相传为庇荫里居云。山下又多绿茵，芊绵可爱，乘兴玩赏，浑忘晓暮也。

且夫四明二百八峰，峰峰娟秀。兹山属上菁里，载梨洲黄君志中，与惊浪山对峙，诚奇地也。又何必夸谢太傅之东山，支道林之坞山乎？又何必夸白君之潺湲，刘樊之大岚乎？又何必夸遗尘之南雷，葛洪之晓岩乎？古云：山不在高有仙则名，兹山非仅得名，而又高也。登览之下，心旷神怡，欣然乐甚。因为之记。

嗣孙　凤九敬录

选自清道光二十三年（1843）《续修郑氏宗谱》

中村八景赋并序

〔清〕郑尔雍

仙山朝旭　蜈山晚霞　板仓贡翠　狮岩喷流
半岭积雪　云潭跃鱼　莲潭泼瀑　群牧归径

夫宇宙磅礴郁积之气，必有凝而不散之区，但非遗世兀立，餐霞茹芝者，不能领略也。彼陶潜记武陵，孙绰赋天台，李白咏天姥，其人从可思矣。愚赋八景，岂敢轶轨诸公，亦聊以志胜云尔。

伊上菁之古里，有中村之名乡，境跨鄞余之界，地为井牧之障，屋宇连云而比合，土壤织锦以相望。应钟毓之所独，乃灵秀之非常，开洞天于邃谷，集仙侣于重岗。一带溪泉，溶溶滟滟，四围林竹，郁郁苍苍。讶十洲之宜逊，觉八景之久藏。

歇蕉绿而掀衾枕，启窗棂而眺仙山，效黄人之责守，没素女之容颜。倏熹微之光灿，讵昒昕其影黮，映涧泉而留亮兮，烘绣林之斑斓。姑射施妆，晓悬金镜，葛翁煮药，烟绕松开。嶂崇隆而在望，峰漂渺而难攀。

羌羲轮之将驻，乃乌足之谁缔。余光灼其返照，暮色明而不迷，山赤兮焰同燎火，林红兮气若晴霓。仿佛吴绫织仙岗，而下天姆；依稀蜀锦濯沧潭，而住娇奚。洵光明其夺目，盍策杖之思跻。

岧峣板仓，缭纡耸翠，碧落如侵，紫虚欲坠。茜绛抹林，蔚蓝扫地，若翠盖之高张，若翠华之遥企。仰临翠岩之巅，俯瞰翠山之寺，窟藏弓箭而戢兵，洞贮金鸡而舞翅。快四季之常燃，胜烟花之贡媚。

九天河泻，三峡水流，无冬无夏，自春自秋。呵风兮林啸，吞雨兮岩浮，泼冰玉之屑，滚水晶之毬，骇栖枝之禽鸟，惊窍果之猿猴。白练垂兮峭壁，素丝散兮寒楸。何狮岩之灵异，若天造而孰俦。

北望苍冥，蜿蜒半岭，雪积三冬，峰高四境。银海涌涛，玉楼悬影，丹山敛彩而难分，赤水韬光而不省。纵见现其何消，亦凌霜而莫警。生花拟琪树之荣，起栗歌冰肌之冷。栖和靖其幽闲，卧袁安其寂静。筑石梁兮跨岸，肖厥形于悬弓。

溪清冷而彻底，潭浚邃而涵空，鱼悠扬兮鬣奋，水潋滟兮春融。或冲波而欲上，或顺流而在中。依藻依蒲兮且住，鼓鳞鼓鬐兮逞雄。趁桃花之浪，乘楝花之风。点额来河神，宛登龙门万丈，临渊羡钓叟，还结纲罟千总。

云潭之上，古号莲潭，嵯峨石匝，屈曲岩参。汇诸流与从壑，乃浪涌而波涵，跳白珠兮亿万，跃白龙兮两三，势汪洋兮倾海，声澎湃兮撼岚。彼洪流之降洞，观泼瀑而即谙。

日之夕矣，羊牛下来，降崇阿兮伴结，饮曲池兮群陪，荷斜阳兮蓑笠，余宿草兮蒿莱。扣角而歌，岂宁生之犹在，叱石而化，非羽士之相猜。欣三百维群兮，美九十其犉哉。

于是，凝思结契，通点太虚。何屈奇之山水，辟异境于仿偶，固超群而出类，亦仅有而绝无。武陵桃源之胜，瑯环福地之图。式观兮目旷，凭眺兮神娱，愿长游于此兮，将何术以维？吾学辟谷，而习道引兮，乃永世而与俱。

宗孙　禹德敬录

选自清道光二十三年（1843）修《续修郑氏宗谱》

上菁考

谢康乐《山居赋》云：“天台、桐柏，方石、太平，二韭、四明，五香、三菁。注：韭以菜为名，三菁，太平之北，诸山皆神仙所居。”王伯厚《四明七观》有曰：“赋二韭与三菁，用谢赋也。”夫二韭，即今之大韭、小韭。二韭既分大小，则三菁不分上中下乎？考曾坚《丹山图咏》、戴表元《剡源集》，皆未之详，惟梨洲黄宗羲谓：“上菁即上庄，中菁即龚村。”而下菁亦指之未确。意其地属余姚，《邑志》必有明证。逮稽其所载，只列菁山，注谓：“与太平相连，故姚江初出曰菁江。”此所谓菁山，显非上菁、中菁之山。盖即水而论，其曰菁江为姚江之初出，而上菁、中菁之水，则由小韭而出于鄞江，其地之异可知。

然《姚志》之言水道殊有可讶，其于三女山注云：“自龚村会大兰三十六香之水，出杨溪、黄竹浦入于江。”黄竹浦已近慈溪界，而龚村之水岂能逾崇山峻岭而西注乎？因疑杨溪之上或又有以龚村为名者，而非中菁之龚村。乃核其卷首所绘之图，明列龚村于小韭石门之上，此外别无是名，则其误已见。

又载乌石门，即图内之石门，谓入慈溪境，石壁对起十丈，其间劣容数尺，门之外为水帘，门之内为石鼓，曰抱子山，曰大韭小韭，谢灵运所谓二韭也。曰簟溪，自小岭至它山入江，盖是门即今中菁瀑沧潭之上之峡，其曰入慈溪境，则移龚村而西其兼及大韭，则又移之而南，何刺谬至斯耶？虽簟溪自小岭至它山一语固为不谬，究不若我。《鄞志》及《它山志》，溯源于斤岭，自小岭大溪至上庄，汇问石村之水，经祝家堰而下，汇石潭李家塔之水，由龚村出小韭，之为详且核也。

况《邑志》之体，各乡庙宇靡不详载，且注明祀某时某神。今《姚志》分祠祀庙观为二门，所载宜更详尽。乃庙宇之在是乡者，皆阙而不书，则其疏略也，尤甚矣。夫庙神为唐季之忠臣，或以史无明文，犹可诿为传闻之莫据，而何以并前朝之庙貌胥付阙文？三菁为六朝之古迹，或以名多妄附，犹得诿为稽访之难周，而胡为并建署之山村亦无定所，是诚不可为作志者解耳。至上庄之名，惟见于坟墓门中。以菁为庄，虽为相传之讹，而按之《韵府》七阳古转八庚，安知非读从转韵乎？且上菁庙额由来已久，要自确而可凭，故上庄之即为上菁，自宜以梨洲之志为断。遐思实卿龚公，为是乡元老，生长于三菁之间，必有不磨之记载。惜蔑由寻阅，以为考古之证云。

选自清光绪十九年（1893）修《四明上菁赵氏宗谱》

游四明石潭记

嘉庆丙子梅川瀛公识

四明距县城百十里，其东北有石潭，吾祖宅也。家世迁徙，莫知统绪，闻期间风俗淳朴，不下数百家，依山临壑，映带左右，阻峭幽深，车马之迹不至。思我先人，离世乐道，以居兹土，盖七百有余年矣。予同宗时若兄，四明有志士也，曩入秋闱，适与遇，各道数言，即分手而别。

岁丙子九月十三日，瀛偕我族叔翁崽孚、暨族兄承楷、从兄宇扬往舜江，买一叶舟，赴游四明之约。鼓三下，始睡去，鼍更将尽，舟子乃解维汛月下棹，渐闻欸乃声，从蕙岸起矣。东方既白，予即披衣踞坐船头，仰眺远山点点，在我目中。

日移午，舍舟登岸，命肩舆由陆家埠而南行。不数里，但见翠柏连崖，青杉蔽谷，奇卉美箭，一望无穷。缘回溪，跨惊涧，其岸势犬牙差互，不得而究其源。水尤清冽，纤鲦可数。每见野凫作群游，闻人语，皆拍拍惊起。顾谓三人，此中佳景，真似一幅画图，但恐摹写不尽耳。历袁马，逾翁家岙，攀援跋涉，斗折蛇行，仰见高峰，渺若天际。驱山铎今安在哉？既而叹曰：昔许洵有济胜之具，每游历所至，必造幽峻，予辈奋怀旧都，宁敢中道而止，当凌绝顶一览胜概，毋使山灵笑人懦怯也。遂乃摄衣而登，山径敧曲，草木蒙茸。旁多怪石，纵横异状，若与行人相迎送。及至披草而坐，清风徐来，入我襟袖，飘飘乎有凌云气。土人语余曰："此即尔侍郎笑斋公向所开辟者。"抚今追昔，为怅然者久之。已而履危石，蹑崩崖，层峦叠嶂，明净如画。山有峰三百八十，最平旷者，其大兰乎？而其西则刘仙人之所从蜕骨也。为问樊榭、石窗、鹿亭，放麋之所，今犹有捣凤髓、脯龙肝，驾玉虬而来往者乎？北瞻葵糊，元王孚之遗迹存焉。南眺过云，出没隐现，若近若远，固前贤所愿一见苏君者哉。由山巅而俯视平麓，正不知几千仞矣。下有村落，比庐相望，烟火明灭，阡陌条分，郁郁葱葱，望之蔚然而深秀者，此何地耶？倘所谓上庄者非与。徘徊良久，率意径下，蹩躠盘旋，足欲住而势不能止。忽忆坡公登何山诗云："清溪到山尽，飞路盘空小。长松度翠蔓，绝壁挂啼鸟。"今眼界所历，虽时地悬殊，而其情其景，我知其必无有异也。既下岭，途稍坦夷，而我四人者，皆气喘有声，挥汗如雨，因相与憩于林间。回首一望，峰峦缥缈，已在烟云杳霭中矣。

少顷，苍然暮色自远而至，乃重振衣束装就道。至夜分，月影横斜，人声悄寂，由薰岭入墅溪庙，谒始祖九垒公像，遥望虎头燕颔，气雄万夫，其汉之飞将军欤。近而即之，雍容儒雅，丰神绝世，则又有纶巾羽扇之仪度焉。公之友姓白讳明阳，一时偕隐，后人并祀之。呜呼，当宋室偏安，贤人不用，群黎涂炭，宗社邱墟。虽以忠臣之爱君，而不免于鼠斥，以武穆之忧国，而竟陷于死亡。信谗愎谏，宠佞害忠，无怪乎万乘之尊，俯首乞怜，苟延旦夕而称藩，以忘复仇之大计也。若公者，谓非见几而作离世乐道者乎？

出庙门，缘潭而上，水声如鸣佩环，潭远近不知几里，皆亘石为底，广可四五丈，故名曰石潭。中有石鱼，形似鲤，土人言，雨过每逢急涨，下作斗水状，今惜不及见之。未几，屋舍俨然，竹篱间犬吠如豹。途遇行者，问客何来？告之故并述所往，便欣然为前路导。至则已二鼓矣。登堂，主人出迎客，继以宴娱，笑言欢洽，衔杯痛饮，语及闱中觌面之由，忽忽如前日事。夜将阑矣，起而就睡。

及晓，请于宗族，得其藏谱而渐阅焉。越翌日辛酉，将有事于始祖之庙，予辈乃特邀各房尊长及卑幼者，共来与祭。至则载肉于俎，崇酒于觞，乐既和奏，烝衎烈祖，礼至严分至肃也。祭毕，撤燔炙归而饮福，献酬交错，歌咢一堂，可不谓和乐者乎。记曰，尊祖故敬宗，敬宗故收族，亲亲之义于是乎在。

祭之明日，时若兄请登结蛛、牛囤岙二山，观先人邱墓。其导于前者，乃将军公二十六世孙字南友，而伦德则其名也。其为人敦本而崇实，且支派与予辈较最近。既至，睹冈陵之起伏，审风脉之盛衰，谓我宗人今虽困抑消耗，渐当有勃然兴者，其硕大正未可量也。独惜数百年来，封树几尽，华表无存，墓旁隙地，悉为他人所有，因叹息低徊不忍去。又明日，辞于主人，往庙中拜始祖九垒公像而归。夜泊官船浦，风声萧飒，竟夕不寐。

抵家，日高数丈，坐南窗，煮蒙顶茶，倦即枕臂而眠。忽梦与山中人戟手脱巾，徜徉清泉翠樾间也。遂援笔而为之记，志其岁月及我同人，以为后之游是山者告焉。

选自清光绪三十一年（1905）修《余姚四明石潭龚氏宗谱》

第二章　杂　志

白云桥头打盐缉

1928年农历正月下旬一天清晨，十余个盐贩挑了私盐行进到与鄞县交界的中村白云桥边。桥这里是余姚县境，桥那边是鄞县地界。按规定，外县缉私，只能出余姚县境才能缉拿。

盐贩们远远看到桥那边山沟里伏有盐缉，认为自己尚在余姚地界没关系，缓缓而行。但是红了眼的盐缉怎肯轻易放过，因为向盐贩私诈，能捞到一笔外快；敲诈不成，把盐贩带往队部，亦可领取奖金。所以不顾地界而急急追过桥来。盐贩们见状被激怒了，又见盐缉端上枪，把子弹推上膛，威胁盐贩。盐贩刹时满腔怒火，丢掉盐包，拿起扁担，飞快地冲向盐缉。盐贩力强，狭路相逢，奋勇拼杀，一下把十五个盐缉打死了十三个，剩下二个也狼狈地逃跑了。

盐贩是迫于生计挑私盐，他们结队而行，深夜匆匆赶路，越过盐缉这一关才能微利。由于群众深恨盐缉，对这次盐缉被害没有人去报案，乡里也不过问。

逃生的两个盐缉到鄞江缉私大队后，宁波闻讯即派千余盐警从鄞江桥、陆家埠二路向晓岭袭来，因为猜测系晓岭、大山和中姚一带群众所为。肇事者早已逃逸，就胡乱抓去群众六十余人，但他们都不承认，得不到口供，只好送法院审查处理。这时，晓岭等地村、里会认为群众无辜，况且缉私越出范围，报县政府备文，赶往宁波法院申诉。过了两天，得到交保释放通知，但其中褚阿兴一人，身上有枪伤，且回答支吾，认为有嫌疑，被判长期徒刑，从1928年入狱一直关押到1949年宁波解放时才出狱，整整关了二十年。由一个青壮年变成一个枯瘦老汉，村人都不认识了。

选自《余姚文史资料》第八辑

姚南区旱灾奇重

五十斤以下田亩一律免租

五十斤以上者倒四六缴租

百五十斤以上者对半缴租

余姚第二区，地处山麓，本年夏季以来，天时亢旱，田土龟裂，河道干涸。该县林县长巡视归来，以二区旱灾最重，其情曾志本报。兹悉该县早禾租额，于前日由县长林泽，县党部常务委员倪永强，县农会干事周指南，区长杨选，暨佃业代表开会酌定，于本月十六日布告佃业，双方一体遵照，分别征收。兹探录该租额如下：①收获每亩五十斤以下与颗粒无收者，一律免租；②五十斤以上至百五十斤者，倒四六缴租；③百五十斤以上者，对半缴租，但不得超过二五减租旧租额；④收缴租谷，由佃业双方临田收割；⑤如业户在佃户通知后不到者，由乡镇证明作放弃论，佃户不通知者，照二五减租旧租额缴租。

摘自民国23年（1934）8月18日《宁波民国日报》

四明山上的回忆（节选）

蔡竹屏

重建政权

县政府设在陈家岩乡长陈一鸥的家里，那是陈家岩唯一新建的一所楼屋，屋内几张方桌子排成一条会议式的办公桌，收发、监印、拟稿、判行者集中在这一张桌子上。我们撤上山头的一天，在途中，我见到机关员工面黄肌瘦，神形枯槁，他们带家携眷，扶老搀幼，背着仅有的包袱被褥，踉跄上山，这情景使我伤感。这时，本县的中下级同事都纷纷请求遣散，外籍体质稍差的职员，也被岩头岭的高峻所屈服，也不得不要求离开了，我不能不同情他们的处境，大部给予批准。这样，人员减少了，工作更加紧张。当时的工作，主要在疏散上山的物资和架设大岚山各山头电话线，以及侦查汉奸，设置盘查哨，联络山下情况，派遣进城情报员，一一分头进行。

论工作，我们是热情紧张的，但说实话，每人心中却充满了空虚和悲哀，尤其在晚上，山风在呼啸，星月在摇曳，深觉丧失了家乡的孤寂和凄凉，前几天那九死一生惊悸的一幕，时时萦回在心头，大家都有一个同样的感慨：我们是流亡的人儿了。

陈家岩在大岚的东南峰，是个小而古老的山村，曾经太平天国的历史渲染过，山头留有洪扬以前的房屋，那是足以逗起人们沧桑之感的。这块向来被人遗忘的地方，如今不但有一座现代式的高大建筑，且做了我们余姚抗战游击政权的最高司令塔。一切事物会因环境的变更而变更，但没有人能推翻陈家岩在抗战时期的光荣历史！

陈家岩乡长陈一鸥，他在茶叶经营上赚了一笔钱，在山头新建一所五楼五底的楼房叫“白云亲舍”。半年前，我在大雪中上山勘灾时，房子尚未竣工，我曾对他取笑：“这所房子建好，如果将来我们和敌人打游击，好把它当作司令部。”而今这句话不幸被言中了。

陈一鸥乡长和二位山上的朋友得知我们要上山，就到十里路外来迎候。离乱中相见，彼此情绪都和平时两样：凄楚和同情的面色，代替了慰问的词令。师范和姚江中学校务主任吴国昌先生带我到岩前一座学生住读的破祠堂，进去一看，稻草堆上横七竖八地躺着两校男女同学。学生们见了我一齐围了拢来，听我讲城陷的经过，许多注视我的眼睛，充满了眼泪。我毫不犹豫地决定，找一处比较清静安定的山村，继续上课，拿坚定不屈的事实来表示我们不可征服的精神！

两校学生还未安置好，陈家岩又来了十几个另外的女学生，那是宁波甬江女中的学生，校长沈贻芗先生备了信派人陪送到山上来的。甬江女子中学是基督教会办的，宁波沦陷前，沈校长带了师生退到她家乡奉化亭下镇，为了局势发展未可逆料，学生的安全责任大，所以把外籍学生迁送回家。这十几个是余姚未沦陷各乡的女学生，沈校长托我送到她们家中。我对沈校长负责周到的措施非常同情，因为这不仅是顾到友谊，接受委托，而且在政府立场上也是应尽的责任。第二天，我一面复了沈校长的信，一面派人把十几个女学生护送到梁弄，请警察局陈队长分别派人送到她们家中。

武装力量，是县级机关一支赖以自卫的队伍。我们县原有一支五百人的自卫大队，由于我在关键时刻处置失当，现已成为害民的祸根，其错误之处在于：一、大队分驻在姚北沿海各乡镇，由于国军兵力不足，命令地方团队去补充，拨给了国军去指挥，我们县政府有发响筹给养的任务，无调动之权。绍兴陷敌以后，我们向省要求归还建制，在游击时期文绉绉地用公文电报请求，既多阻碍，又耽误时间。二、由于自己的军事知识和经验不足，没有把自卫队紧急集合到县里，依旧让他们驻在已经不必守的海防。敌人进了余姚县城，政府向南撤，队伍在姚北，给养和指挥失去了联络。队伍在谣言中溃散了一半。军校出身年青的大队长，携了款，带着一个姘妇变了节，去上海落水了。留下来的残官溃卒，我们急令集中南山，但是已经迟了，因为自卫队主管人员逃跑了，南山各要口都封锁起来，如来就要被缴械。自卫队就变成了姚北游击队，派响筹款，运私货，绑股富，敌进我退，敌退我扰，一切歪曲的游击伎俩都道地的运用了。后来有十几名士兵，三十几支枪，由另一位队长率领，来到南山。姚北人民吃过自卫大队的苦，受过祸害，这是事实，我应负责。

以后，我们又组织了大岚山民众自卫大队。请曾经当过团长久病初愈的马其良先生为队长，负责组训。经费、枪械、服装都由政府发给。

端午节

民国30年的端午节是1941年5月30日，也是余姚沦陷后一个月零七天。这是个永远难忘的日子。

在反攻宁波、回家过端午的幻想中，我们这群人在节日还是流亡在大岚山上，只好在山上度端午。雄黄酒和菖蒲剑，配着青箬的糯米粽宛如太平时的景象。我们已得悉敌人天天要攻山的消息，但总以为东路章司令大军驻守大皎，西临羊额岭天险，早有戒备，这个苟安的佳节应该是靠得住的，何况还有第十六师开来举行反攻的传说和希望。

时间恰好正午，一张圆桌子坐满了流亡的男女，大家絮话明年的端午节不知怎样，边谈边喝。我是不会喝酒的，朋友劝我吃雄黄酒应应景，消消这一个月来的辛劳。酒杯到唇边正想作诗抒情，电话铃响了。不料电话里通知我一个惊人的消息：敌人已到了夏家岭头。夏家岭头就是天险羊额岭的上面，离开陈家岩只有二十余里。天哪！这样说来，鬼子已经攻破羊额岭，直登大岚山了。这几乎是不能令人置信的事。梁弄、横坎头、羊额岭不是都有我们的游击队吗？我知道羊额岭半山还架着轻重机枪，岭头上还有石炮，敌人怎能悄悄地飞渡这天险而不闻一声枪炮呢。

端午之宴不欢而散，陈家岩的空气立刻非常紧张。陈乡长忙着号召山头的人民再度来搬移政府的物资、文件，县办农民银行的钞票马上设法转移到一个秘密山头赤石村去。想到前几天把国家银行安全送往后方，真是幸运不过。

我立刻电话通知四明医院和后朱村的流亡学生们，要他们向峙岭、李家坑去迁避，岩头的县政府也要他们疏散，又电请四明山游击总部派军队救援。一群流亡的人儿再次逃难，到离陈家岩十余里的茶亭岗去了。大岚山自卫队分派到山前去布防，陈家岩只剩下陈乡长、电话总机接线生以及我三个同事，还有准备最后时刻搬走电话总机的八名壮汉，都集中在一户老百姓破败的小楼上。

四明山游击司令部来了电话，说是大岚山的电话，被撤退的驻军拆去了，情况不明，俞济民司令恳切地要我派一个技工去装前线的临时电话，以便随时报告敌情。为大局，我们当然冒险去做，于是把仅有的一个机工，背上机线出发。四十分钟后，机工在离我们有六、七里路之处，搭上电线和我们通话，说敌人已到了后朱村，离他仅三里，不能再前进装机了，再过五分钟，中途搭的电话机也不响了。自卫队的情报员跑来，报告敌人已向陈家岩进攻，我也来不及顾到后朱村的同学们和四明医院里的伤兵们，立即拆了电话总机，由八名壮汉抬着逃向杂树丛生的后山去了。

注：蔡竹屏，时任余姚县县长。

第三章 旧志谱序跋选

《余姚四明石潭龚氏宗谱》叙

甲辰季夏望日，余偕姻好龚翁克富叔诣石潭，拜伊始祖将军公诞辰。尔时，族房毕集，因询及迁徙根源与夫世系接续，诸大端有登诸家乘否乎？佥曰：君所云者，余皆有志未逮焉。前有起堂先生于道光年间，上承石溪、懋邃、非百、淡人诸公遗稿，以接续渊源，分支别派，思联一族，而收罗之，已详且悉，然不无缺略之嫌焉。据先代传述云：非但始祖以前不能追而上之，即始祖以下亦不无遗漏。余曰：既知之，曷勿补入之？佥曰：无确据，因而家乘阙如也。侍坐裔孙春和起而对曰：是不难，而特恐无意于创辑耳，果有此意，请往观同宗梅川谱可乎？时富翁委任宗长，命春和往请，及回，固如所愿。翁奉叔宗长贤林之命，商诸族中，请各支董事导以先路，翁愿步以后尘。几经商度，几经搜寻，越数月，而事得以相成者，赖诸董襄助之力为多。呜呼，前人当垂绪于后，后人当绍述于前。倘使前失起翁稿无以明支派，今无梅川式难以溯源流，诸董虽有志，亦不能以从古未有之举，一旦而强为联缀。今初稿已成，翁索余序，余以不文辞。既而思夫声应气求，善交已三十年来，敢不惟命是从。一经披阅，乃知龚为周晋大夫坚公后，至宋则有吏部尚书益昌公为一世祖。越五传至将军公，由剡县坂田徙居四明，为迁地祖。自上及下，由后溯前，其间泽诗书登仕进爵，誉辉映光，显家国者固多，而德高望重，杰然出人表者亦难胜纪。其子孙族属，葛绵螽揖，名家巨族，无逾龚矣。乃能悉举之书以为谱。而天子所赐之金册锦诰，卿士所赠之大篇短章，皆录焉。则祖德彰而族属收，岂惟辩明迁徙根源世系接续已哉，谨叙。

光绪乙巳秋　后学鲁恭猷拜撰

选自清光绪三十一年（1905）修《余姚四明石潭龚氏宗谱》

《四明上菁李家塔王氏宗谱》重修序

尊祖之道，莫过于重谱，由百世之下而追百世之上，居山水之间而尽庙堂之礼。察统系之异同，辨传继之远近，叙亲疏，定尊卑，收涣散，敦亲睦族，非谱以统之，统之亦难也。有征而不书，则为弃其祖，无征而书之，则为诬其祖。有耻其先人之贱，旁搜显者而尊之；有耻其先人之恶，而私附于闻人之族者。人皆曰：智而诚，愚也。吾族自明迁居以来，谱牒亦阙如，只有羹饭簿遗存。迨至同治七年间，族侄家鑫有志于谱，考堂上之昭穆，稽远年之契单，挨户采访，缮书成帙。惜乎，天不假年，而堂侄物故。延至光绪壬辰岁，有堂兄仁安彙集，族人从坤、朝安等重复纂葺。斯时也，予不才谬任其责，兼之年幼知疏，急于告成，鱼鲁亥豕，纷然迭见。迄今，邻村黄氏谱成，而吾族邀集宗长仁水等贤能者，钟而续之，予亲预其事。讹者正之，遗者补之，疑者空白以俟之。虽非尽然无疵，聊释清夜之思维耳。伏愿后有贤达辈出时而续之，庶几不负予等苦衷，深有厚望也。然则吾王氏子孙者，求之必得，得之必守，守之必传也。可以存忠孝之心，行仁义之事，不唯尊其身，且归德于其祖，而祖益尊则谱益彰。是为序。

时在　光绪三十二年岁次丙午仲夏月谷旦

裔孙仁闻拜撰

选自民国25年（1936）修《龙桥王氏宗谱》

《续修郑氏宗谱》总叙

盖闻黄帝始赐姓，故凡谱皆始于黄帝。厥后晋魏设谱局之官，洎李唐有天下，稽前代族姓之源，下诏命博士纂天下姓氏谱牒若干卷，宝而藏之。讫五季兵燹之祸，谱局之官废，而族姓之传多不可考矣。聿稽郑氏本系姬姓，周宣王弟桓始封于郑，桓公死幽王犬戎之难，子武公继为周司徒，定平王东都，徙其封号为新郑，而子孙因以国为氏焉。自是苗裔繁衍，其最彰者，汉郑庄、郑崇、郑宏，唐郑絪、郑余庆，宋郑獬数公，芳声赫奕，至今不泯。可阅者唐郑凫公孙自牖公，生十九子，长安敦，幼安夏，其后裔或居会稽，或居梅川，或居定海，或居四明，或居兰溪，或居福建，种种不能枚举。然自牖公后裔既有徙居四明者，兹中村地属四明，而郑氏为自牖公之后可无疑与。况唐司空表圣，有荥阳族系，记宋郑燮有荥阳遂安谱记，郑清之有郑氏源流序，载自牗公裔居四明，又其确证也。且夫天下古今族姓不一，而魏晋以来，必设谱局之官，唐命博士纂各姓谱牒藏之秘阁者，亦为水木有本源，而人可不如乎？故郑燮诸君，承五季乱后，不惮勤劳，籍司空族系，记采访考核，表祖孙来历，良有以也。中村郑氏，已有前谱，而今复续葺之，所谓承先启后，庶免苏氏三世不修之讥与。是为序。

大清道光二十三年秋九月谷旦

晓山陈梦苏拜撰

选自清道光二十三年（1843）《续修郑氏宗谱》中和堂写本卷一

宗谱初辑后跋

河出昆仑衍之，既分为九派，爪同根蒂发之，即灿为千花。是以祖宗之说，比之水源族属之分，名为支别，而谱牒由是作焉。然谱牒之法，率以欧苏为最，虽欧法龙门，苏法家礼，而所以明亲亲，笃尊尊，则一也。吾族居山陬僻壤间，早则负来，夕则荷蓑，其相聚而处者，非话桑麻，则课晴雨。是以支虽日繁，族虽日盛，而问其若祖若宗，有茫然不知其所谓者矣。先是虽有一二文人，然或笔墨疏慵，或迂疏寡当，即以旧存草谱论，亦浅陋而不文者。暇时，每欲修辑镌印，而恒限于力之不继，且自愧才疏识短，无以当此重任，屡欲辑印而不敢为。岁己酉，族内友泰兄、士彦兄、廷彦侄、钦高族孙议将初辑宗谱，若与余有同心，不胜欣然。余总其事，各处采访，沿流溯源。以招公为鼻祖，遂良公为本祖，千八公为本支祖，既详而悉。其法合欧苏二氏，以便翻阅。于可详者，虽远必详，不可详者，虽近亦略。草创后，更求明眼人稍为点定。自本年三月间起至次年十月，而板始告竣，今而后喜可知矣。既成，编三十六部，部十二卷，其列传、碑记若干，备登首卷。虽非尽善尽美，究不至如草谱之陋而不文者焉。倘数传后，有能笃前光承先烈，重修详辑之，是又余之所深望者与。

道光三十年十月之吉

十九世裔孙翰挥谨跋

选自民国22年（1933）修《余姚岚峰褚氏宗谱》卷一

第四章　家训家规选辑

石潭龚氏守家十则

敦本　内和骨肉，外睦乡邻。

择交　访名师以训子弟，亲益友以厘规劝。

存厚　公平交易，宁可吃亏，毋占便宜。

慎言　凡祸孽俱从口里出。

忍气　不但勿与人争斗，当以禁讼为切要。

除贪　千算万算不如一算，而于小利尤宜慎。

节酒　酒以合欢，微醺而已。

忌赌　赌之为害凿凿可据，不可犯而并不可看。

戒淫　遗害非浅，宜紧防紧忌。

禁侈　骄奢淫逸当时时省察，又切忌效颦。

时大清乾隆癸丑季春中浣之吉　壁沙主人识

选自清光绪三十一年（1905）修《余姚四明石潭龚氏宗谱》卷首中

石潭龚氏宗规

宗长为一族瞻仰，长房为一房领袖，虽分齿轮挨，亦须端方正直。如品行不端及不娶绝嗣与外出不归者不得拘执分齿充数。

知事干首董理公务，责任綦重，必择正直无私、谙练老成者方可充补。否则斥退公议，另立贤良。

子孙有志读书图上进者，理宜优待，以振儒风。小试、省会试，俱宜赠费。

娶妻无子者，当先尽同殳周亲，次及功缌昭穆相当者继之，确有明律也。否则有素次爱养者，不得执成律以拂其意，并宜商酌，使两不伤和气耳。

子孙或有不识体统，不守名分，甘居下流，与惰民同伙，自今以前姑勿具论。此后如敢再犯，定行革族。

牌位务要依次安放，不得以先死幼辈抢前，后死长辈落后。所以分明，穆别尊卑也。

犯不孝及五伤死者，概不准入祠。

蛉派之主虽已入祠，不得浑入正支，其子孙不准为宗长、房长，每逢大宗祭祀公务，只许与祭听议已耳。

议吾族新谱，共编号，各房长分藏，恐有亵渎、伤残、情弊，定每六月初六日各携藏谱赴祠曝晒，并会同检阅，如有损污，当令缴出，择本房善守者珍藏之。倘遇阴雨，以此后晴日为主。

谱牒上追鼻祖，下及耳孙，宗盟世系，悉载于此，所关非小。有志续修者，当以三十年为率，倘过此不修，保无传闻失实脱略相承乎，宜切记之。

收藏谱牒，宗房长有不讳者，其子孙当以祭享时，捧牒造祠谒祖，鸣众面缴新宗房长收藏，毋得擅自留匿。干首另择者如之，各房作己者弗缴。

存谱当视若球图，不可鬻人取利，并不可移藏别家，听人翻阅，以致亵渎。

凡上代祭会公产轮值者历有年，所自今造谱以后，或有分无分、股大股小，统照从前轮值。一无错误，切切勿准据谱以为争执。凡为后裔者亦曾思夫先代，或有归并典当情由，以致股头大小，或有因捐助堆积而成，以致有无承分。否则本宗大族固有公正老成，口说为凭，岂得因造谱以后忽而改易数百年之常规哉。各宜凛遵毋违。

选自清光绪三十一年（1905）修《余姚四明石潭龚氏宗谱》卷首中

晓岭褚氏宗规

一、孝悌宜敦。父母鞠育之恩，不可不报；兄弟手足之情，不可不联。务宜为子尽孝，为弟尽悌，毋悖逆亲长，毋操戈同室。凡我族属各宜敬爱。

二、宗族宜睦。支派虽分，祖宗究系一脉。其在五服内者无论矣，即远支疏脉，亦宜和睦相将，以睦为主，毋以长欺幼，毋以小加大。凡我族属各宜敦睦。

三、长老当尊。六十杖乡，七十杖国，八十杖朝，敬老之典列古如此。今议族中耆老凡六十以上遇祭之，有胙者颁胙，无胙者饮福，各视其祭之厚薄，以定优待之礼。凡我族属各宜优敬。

四、贤才宜崇。圣朝之典，三年大比，举有才者登之，贤书以备，他年桢榦养士，如此厚也。族内有青衿举监等，遇祭之有胙者颁胙，无胙者领饼，使之稍沾祖泽，以为后起者劝也。凡我族属各宜尊贤。

五、嫡庶宜正。一夫一妇敌体也，正配殁而娶者，亦以敌体同。若侧室纳妾或为嗣续计，不得不然。今定于四十无子，方许纳妾，然亦不得跻妾为妻，有乖伦纪。凡我族属各宜辨正。

六、童蒙宜教。易曰：蒙以养正，圣功也。童稚之日，知识未开，为父兄者必择名师益友日相劝化，以使之不入于邪。且必使士农工商执其一业，庶不致游手好闲，惰其四肢。凡我族属毋任嬉游。

七、婚娶宜慎。其嫁女先贵择婿，勿贪重聘，只须门户相当，不必执定名门大族。若娶媳更宜慎择女之贤而淑者，勿贪厚奁。且媒妁亦毋以三姑六婆之类，听其欺罔。凡我族属各慎嫁娶。

八、谱牒宜重。吾族本无印谱，自庚戌年初辑编为三十六册，簿面填写掌收房分永远珍藏，每岁赍谱照验。如有私相授受及盗鬻他人以乱支派，共黜其人，不许入祠且共同送官追究。凡我族属各宜什袭。

九、祠墓宜展。祠依祖宗灵爽，墓藏祖宗形魄。其有祠者宜及时修葺，弗使颓圮。墓地前后左右荫木毋许盗斫，其有不肖子孙盗砍盗卖及异姓人私自盗砍者，合族公殛送官究治，毋许徇情。凡我族属各宜守规。

十、礼貌当遵。我始祖千八公墓祭定清明前两日，二世万一公墓祭定清明前一日。子孙俱宜正衣整冠，恭敬拜谒。如其科头跣足到墓谒祖者，议罚纸钱一千以告罪于祖宗。凡我族属各宜整肃。

十一、捐输宜劝。我始祖千八公本无墓祭，系国明房及五董事乐助而成。故值祭照五大房轮流而散，式必首尊宗长，次及五房支长，又必邀入国民公子孙一人，大同公支下一人，五董事子孙各一人，散祭饮福以为乐捐者劝。万一公祭亦系二十九脚公助，故轮值与散福，亦惟捐助子孙能轮能散。凡我族属视此定律。

十二、祠规宜整。我始祖千八公现无总祠，惟孟常公支下有祠一所，每年演剧以妥先灵，冬至节又唱剧说祭；贤一公支下祠一所，冬至设席祭奠；瑞庆公支下一所，亦冬至及新正二日设席。皆不准堆积什物及开馆训蒙，致使先灵不安。如遇进主时其费之多寡，视其贫富，然至少不过三百，交明祠下董事以备公用。其主之广狭尺寸，必须一例，不得过高。且祠内器物等件，毋许挪移通借，倘有擅自借用者，照物赔偿，再议罚锭，以敬不恪。凡我各房俱宜遵规。

十三、勤劳宜报。祠堂三所虽系各房各业，而其创造修葺并捐钱成祠祭者，其本房值祭时，必邀其乐助子孙饮酒散福，永沐祖泽，使宗规一例无所参差。凡我各房宜遵一式。

十四、宗规宜遵。以上十三条，爱亲敬长，尊祖收族，乐事劝功，人道备于此，礼法尽于此，赏罚亦明于此。其听而从者，为德为贤，其轻而弃者，为忤为逆。圣狂相去，只在几希。凡我族属庶几诫勉。

道光三十年岁庚戌十月之吉　宗长文惠立

选自民国22年（1933）修《余姚岚峰褚氏宗谱》卷一

上菁赵氏家范

闲有家，悔斯亡，志未变，贞于常。嗃嗃与嘻嘻，吉吝彰身，宜自反非，一于用刚。玩离下巽上之象，教岂无方？人之愚识多黯，无以牖之意，殊慽射有鹄车有轨，示之程辞，毋泛怵以威，何若垂以鉴知，所法阱不陷，乃集切要之言作家范。

凡民之得以践土食毛者，皆国家之所赐也。国家之赐甚厚，而所以报国家者，则惟此区区之钱粮，不当早为完纳乎？乃愚昧者竟视为意外之债负，而迟误迁延，迨至吏胥捕索而受累难堪，其初心诚不可解矣。仰国家之赐者，慎每以国课为缓图。班孟坚《西都赋》云：士食旧德之名氏，农服先畴之畎亩，商循族世之所鬻，工用高曾之规矩。则士农工贾之各得其所者，莫不由于祖宗之培植也。人而荷祖宗之培植，其可数典而忘而不思，所以尊且敬欤。

父天也，母地也，父母之恩勤鞠育，何异天地之覆载生成。乃今之为人子者，自授室而后，私妻子而薄其父母；授产而后，重资财而轻其父母。微特忘其室之与产，为谁授之也者，并忘其身之所自来矣。厥罪之重，直无所容于天地之间。

身有兄弟，身之幸也，故昔人有咏，踽踽茕茕而自伤，其孤特者矣。今之有兄弟者，当年少之时，非不相亲相爱。洎乎长成，分父母之家资，则争其肥瘠；奉父母之丧葬，则计及锱铢。甚且偶有嫌嫌，即视同秦越，安所谓如足如手耶。

妇人之贤者，自能相夫教子，不失其方。然贤妇未必恒有，大约愚昧居多，惟在为丈夫者随时化导，使之渐明大义。慎勿溺于私爱，得以逞其长舌，致生厉阶。若畏其狮吼，纵其鸱张，书所谓牝鸡司晨，惟家之索，理有固然，势所必至也。

亲之爱子，靡所不周，特爱而勿劳，则为禽犊之爱。故诚于爱者必于成人之始，使之就业劳之，即所以爱之也。若狃于姑息，恤其勤劳，世尝有荡游无业流于匪类者，皆自溺爱之念，阶之厉也。为父母者其鉴诸。

业以读书为贵，能读书则学成名立，固可丕振家声。即或未必成名，而理明辞达，于宗族承先启后之任，亦克仔肩其在。质之愚鲁者，亦须令其粗习章句，庶为农工商贾，不患于目不识丁。所谓子孙虽愚，经书不可不读也。

宗族虽异于同室，而溯而上之，莫不本祖宗一体之所分，则辑睦为要也。然所谓辑睦者，非仅在酒食相款洽，务须有灾相救，有患相恤，有善相劝，有过相规，斯雍雍穆穆，克成旧族之风，慎毋互相凌竞，致伤祖宗在天之灵。

延师教子，无非望子之有成也。欲望子之有成，先当尊敬其师长。夫凡为人师者，既受东主之聘，未有不尽心竭力于其子，以期衣钵之可传。而东主视之，恒与佣工者相埒，此而犹望其子之成，何异艺术者欲茂其枝叶而先伐其根本也。试观士族之发名成业，何在不竭其尊师重道之诚。

溺女之风，最为惨毒。在忍于溺者其说有三，一谓家贫，则养之不给；一谓年长，则嫁之无资；一谓不饮母乳，可以早产男儿。然谓贫不能养，则黄口之待，养几何即诚不给，何难于髫龀之时，送于他人作养媳。抑谓长无以嫁，我果不索人之聘金，人岂索我之妆奁。至谓生儿可早，岂知人欲求子，必须培植阴功，今无端而杀其所生之人，命即有子，天亦将斩矣。夫救蚁则名成，放雀则病愈，古有明征，何竟以一己之骨血，反不若蚁与雀哉！忍心害理，积习已深，惟在仁人之广为劝谕，俾呱呱者得以全其性命，而愚夫愚妇亦可免于天谴也。

祖宗祭期，凡属下子孙固当具衣冠而肃拜，以致如在之诚。祭毕享馂，尤宜洽之以情，节之以礼，所谓并受其福也。若酣饮沉酗，狎侮尊长，致肇衅端，祖宗有知，其能不吐而弃之乎。

族中当为之事，如修理祖堂，补筑先茔之类，指不胜屈。惟在富者不惜其资，贫者不惜其力，踊跃同心，及时兴举，斯克尽子孙之分。若富而吝资，贫而靳力，凡义所当为者，而皆任其废弛败坏，祖宗亦何贵有子孙也。

先人虽往，而其体瘗于塚墓之中，清明祭扫固当竭其恪恭。昔传有鬼诗云：一年始得见儿孙，正好团圆骨肉恩，谁料一来来即去，空留细雨洒黄昏。诵之可谓惨然。至祭扫而外，平时尤宜往省，非特见墓如见先人，而荫木防人砍伐，余地防人开垦。保祖宗之坟茔，即所以保子孙之家室也。

祖堂为先人栖神之所，固宜洁清静肃，以妥先灵。若妇女集而喧哗，工匠滋其纷扰，甚至污物积而成堆，而不为洒扫，犬豕踞以为穴，而不以驱除，列祖之幽灵其将何以安乎。谚云：祖宗得安，儿孙得福，非虚语也。

继嗣承祧，人之大事也，而昧昧者多因之而起衅。夫无后立嗣，固有应继之人，若应继之人贤而无疵，继父母自不可逞其偏私，漫为废弃。设应继者或瘻或疾，或犯明刑，或与继父之家有隙，或与继母之年相等，岂亦可执应继之说，以相争乎。故立贤立爱，任听继父母之所择，但须昭穆相当，伦纪不失而已，他人不得觊覦家产，妄启争端。

人之最害事者，莫若争讼一端，事非万不得已，何难忍受于怀。设不能忍一朝之忿，而漫听簧鼓于他人，无论废事失业也，甚且曲直未分，而已倾家荡产。以辛苦之血资，厌胥差之欲壑，于心其何甘乎。故与其追悔于后，何若忍受于前。

人而粗知文字，当思无负父师之教。而立业建功，乃往往自恃为通人。而遂漫弄其刀笔，遇人有衅隙，即煽惑百端，教之讦讼，己可阴图其利，不知己之所得无多，而两造之家资已破于一人之手。斯即逃官法之诛，乌能免鬼神之遣。

大易坤卦云：积善之家，必有余庆；积不善之家，必有余殃。历观人事之兴亡，直可操是言为右券。乃人即至愚，未有不期子孙之昌盛者。欲期子孙之昌盛，而躬积不善，何殊求解渴而饮鸩酒乎。故将留子孙之地，必以积善为先。

万恶淫为首，淫之一字，其祸何可胜言。即幸而免祸，而报复之理岂尝或爽耶。昔人有诗云：劝君莫借风流债，借得快时还得快，家中自有代还人，你要赖时他不赖。观于此言而尚不戒其淫心者，诚非人类也。

士农工贾，各有其业。至舍其正业而习于赌博，待友朋亦设机心，遇亲戚亦使诡计，其天良固已丧尽矣。而况家资因以荡废，妻子从而乖离，后虽悔之，噬脐何及。即或诈谋周至，足以取胜于人，安见有习赌者之成家立业乎。

庶民之食物，自有常品。乃恣其口腹者，偏以食牛犬之肉为甘。夫牛则代人力耕，犬则为人守夜，厥功非浅，何忍反食其肉。古人云：不食牛犬肉，可免牢狱灾。其言岂无据乎，盖以牢字从牛，狱字从犬也。况羊豕之味，远胜牛犬，何必以偶然之贪嗜致犯灾殃。

山乡风气固安质朴，而迩来之冠婚、丧祭、饮食、服物，亦渐入于纷华。岂知竟一日之纷华，即足以损一年之生息。日竞一日，年损一年，尚得无忧无虑，守其素而安其常乎。故善于保家者，必不改其质朴之风。

家无论贫富，莫不各有字纸。字纸之当惜，古训昭然。乃在愚昧之流，其亵渎固不可名言。即有稍知惜者，惟投之炉灶，焚之灯烛而已。抑思投诸炉灶，其烬仍入于泥涂，焚诸灯烛，其灰仍散为尘土。是惜与不惜者等，务宜盛以竹笼，或贮以瓦缶，俟其盈而置器焚化，收其灰烬，送之清流，斯可谓之敬惜。世之因惜字而获福者不胜指数，不费财力之功，曷不慕而效之耶。

为人之道，备详于经书。然经书之理义，非中材以下所能识。惟《文帝阴骘文》《武帝觉世经》《太上感应篇》义皆本于经书，而其词则明白晓畅，虽在妇孺亦所能知。为家长者，苟于闲暇之时，辄为引述讲论，则感而化之，之效正非浅鲜也。

选自清光绪十九年（1893）修《四明上菁赵氏宗谱》卷一

中村郑氏祖训十条

一、子孙务宜孝悌为先，和睦为本。凡族内有患难疾苦，必须会议扶助，毋得袖手旁观。

二、子孙须恭敬尽礼，出入有仪。见长者坐必起，行则序，应酬必称其名，毋以尔我。女妇并同。

三、子孙务宜耕读为本，商买为事。不许妄为匪类，以污先声，戒之慎之。

四、子孙于祖宗之墓，凡祭扫，宜随分尽礼，以隆报本，无弛孝心。

五、子孙当祖先文翰相承，务宜世世法守。无许恃强吞弱，好讼干刑，自贻伊戚。

六、子孙婚配，须择良家。素娴毋训，方可聘娶。勿圆小利，有妨大义。许女亦如择妇之心择婿。

七、凡子孙流入邪教者，大干法禁。族中倘有其人，公议削去其名，防紧连也。

八、凡祖坟茔产，亩分字号，土名四址，宜补入宗谱，以防侵盗也。

九、乞养义男，只许从姓，不得遂继为嗣，恐异性乱宗也。

十、凡谱中行传，死者称讳，生者称名，旧谱混同。

中村龚氏家族族规、规约、家训

族规：兴勤劳　高品行　崇教育　尚节俭　谨祭祖　建宗祠　重坟地　立公议

孝父母　敦夫妻　禁游惰　通礼仪　助缓急　周贫困　息争讼　守法纪

睦亲邻　笃宗盟　词十禁

崇祭以敦孝恩，孝悌以肃家风；睦邻以念同宗，耕读以务本业；赈济以救济乏，择配以择良家。

规约：孝顺父母，尊敬长上。和睦乡里，教训子孙。各安生理，毋作非为。

家训：尊祖　敬宗　事亲　睦族

以上摘自宁波市国家级传统村落《中村村》

第五章　民间故事

孝子房明

陈家岩是鹿亭乡一个比较大的自然村。取名陈家岩，是因为这个村最早是由陈姓集聚而形成的，据陈氏后人说，陈家岩的头房太公名叫陈房明。说起陈房明，当地有许多传说。

早年，陈房明家境十分清贫，老父早年亡故，家中只剩孤儿寡母，靠房明上山砍柴换些油盐，苦度光阴。每当收获时节，房明都要外出给人家割稻，以资家用。有一年夏收开始，房明又外出打工，为了不使老母挨饿，筹得三升黄糙米，并把柴草准备齐全，水缸挑满，然后便起身来到梁弄街头，等候雇主。一位雇主见房明年轻力壮，人又忠厚，便把他雇去。一连割了三天稻，房明干活卖力，深得主人的赞许。第三天晚饭后，陈房明对主人说："我出来时，家中老母仅留三升黄糙米，如今三天过去了，老母可能没有米了，因此我明天想买点米送回家后再来。"主人一听，被陈房明的孝心所感动，便对陈房明说："你这后生真是不错，这样吧，我们的新谷已收进来了，明天你回家去，就挑一担谷去好了，给老母把谷舂好后再回来吧。"

陈房明见主人家如此关心照顾，感激不尽。第二天，他就挑了一担谷回家了。挑到羊额岭时，见山脚边有一个衣着破烂、满身散发着臭气，一脸污垢、蓬头散发的老人躺在那里，口里不断哼哼着。陈房明一见顿生怜悯之心，便放下谷担前去询问道："请问老伯，您要到何处去，为何躺在这里？"那老者抬起头来，见是一个年轻后生，便答道："老汉我要去大岚山，因年老体弱，又面对如天般高耸入云的羊额岭，实在是走不动了，只好躺在这里喘气。”陈房明一听，忙安慰他道：“老伯不必着急，如若您不在意，就让我背您上去吧。”那老者一听，忙说：“你看我如此模样，难道不怕脏了你？”陈房明言道：“这个不妨，人都有老的那一天，谁家没有老人？”说罢，便背起老人一步一石阶地朝羊额岭攀登。待爬到半山岭时，陈房明已是汗淋如雨，只觉得背上的老人越来越沉。那老人见陈房明十分吃力，提议把他放下顾自去挑稻谷回家。可陈房明说：“这怎么能行呢，我把您放在这半山岭上，前不靠村后不着店的，哪岂不是害您老人家嘛。”说罢，便把背上的老人往上一撺，顿时觉得轻了许多，两步并作一步，一口气把老人背到了羊额岭的岭顶上。放下老人，陈房明已是浑身汗水了。那老人坐在岭顶上，对陈房明说：“小伙子你如此仗义，叫我老汉如何感谢你呢？”陈房明言道：“老伯您言重了，一点小事不必在意，不知老伯家住何处，要不要我送您到家？”那老者言道：“此处离家已不远了，我自会回去，不过我见你为人如此厚道，又老远挑谷回家，可见你对老人孝顺，我也没有什么东西好赠送与你，就把这东西送给你作个纪念吧。”说着，便从破衣服里拿出一个用毛竹做的簪筒，陈房明一见，忙推辞不要，那老者言道：“东西虽然不值钱，但却表示我的一点心意，你若不收，莫非看轻我老汉不成？”说实在的，这种毛竹筒在陈家岩有的是，可老者竟然如此说话，陈房明岂能不收，便接过竹筒，下山挑谷担去了。

陈房明把稻谷挑回家，把谷舂成米，然后做了一顿新米饭，看着老母香香地吃着饭，心里有说不出的高兴。等老母吃好饭后，陈房明便把路上所遇之事告诉了老母，老母对陈房明的举动十分支持，认为做人就得这样。陈房明见老母称道，自然高兴，便把那老者送给他的那个竹簪筒拿了出来，放在老母的梳妆台上。晚上，老母把自己头上的竹簪放在那个竹簪筒里，第二天清晨起来一看，只见那竹筒里有满满的一竹筒竹簪。老母觉得十分奇怪，便把陈房明叫来，把这个竹筒的怪事告诉了他。为了证实这奇事，第二天又试了一遍，早上起来一看又是一满筒的竹簪。这下陈房明明白了，看起来这个衣衫褴褛的怪老头是个仙人，这个竹筒是个聚宝筒。于是，陈房明把这么多的竹簪拿到街上去卖了，换回了一支银簪。老母把银簪放在竹筒里，第二天早上一看，变成了一竹筒的银簪。陈房明又把银簪拿到街上去卖，换了一支金簪。把金簪放在那个竹筒里，结果第二天变成了一竹筒的金簪。就这样，陈房明作为陈家岩的头房太公，他的家发了，成了陈家岩的第一富户。

这真是：慈母出孝子，竹筒变金簪。但得平常心，幸福万万千。

牛通人语

李家塔是四明山里一个普通的村庄，可这里的牛却与别地的牛有点不一样。

自古就有“对牛弹琴”的成语，说明牛是愚蠢的畜生，不通人语的。可李家塔的牛真的特别聪明，能通人语。耕田的时候，别地的牛总由农夫拿着牛鞭，牵着牛绳来指挥它，可李家塔的牛不用牛绳，耕田时套上牛轭，拉起犁铧，无论是前进停止，或者向左向右，农夫只要用人语对牛一说，这牛就乖乖地听农夫的号令行止。

这究竟是怎么回事呢？这故事，与明朝开国皇帝朱元璋有关。

朱元璋出身贫寒，从小替人放牛，与牛结下了一种特殊的感情。有一次，不知什么原因，小朱元璋得罪了东家户主，被逐出门外，流落四方。这一年，朱元璋的家乡凤阳遭遇特大灾荒，庄稼颗粒无收，大批乡民成群结队逃荒他乡。他随乡亲一道，来到了四明山，心想找一份帮人家放牛的活儿，但一直没有找到东家，便以讨饭为生，饥饱参半，艰难度日。

朱元璋对乡亲很有礼貌，大叔长大娘短地挂在嘴边。李家塔人见他聪明伶俐，又是一个苦命的孩子，都很怜悯同情他，与他十分亲近。知道他姓朱，于是“朱儿”“小朱儿”便成了人们对他的昵称。

李家塔山多田少，当时村里只有一户人家有头耕牛，放牛的牛倌是外村来的一个小顽(小孩)，姓柳，名叫牵哗，与朱儿年龄相仿。小朱儿因对牛感情深厚，便经常与柳牵哗厮混在一起，两人一起放牛、一起玩耍，情投意合。那个时候，李家塔的牛和别地一样，牛鼻孔拴着一条牛绳。这条牛绳，是小朱儿与小牛倌经常相互捉弄的工具，绊、吊、打、缚，有啥玩法，他俩悉数玩过，有时候，相互间还要搞点小小的恶作剧。

小朱儿住在李家塔的板桥桥屋里，桥面上有七间房子组成的长廊，能遮风避雨。夏天，四周蚊子很多，唯独朱儿住的第三间没有蚊子。有一天傍晚，有个过路人至此，见天色已晚，就借宿在朱儿住的板桥长廊房间。次日天明，朱儿起床后发现少了一条裤带，心想问问借宿的过路人，谁知那人早已不见踪影。朱儿向溪边望去，此时，正在溪边饮水的那头牛突然一声长哞。朱儿眼珠一亮，拎起裤腰便向溪边奔去，只见他拉过牛绳，随手捡起一块石头，向牛绳砸去，两下三下，牛绳断下了，将它拴在腰间充当裤带。这时，那头牛站在溪边，饮完溪水，悠悠地啃着溪边的青草。朱儿想起了昨天下午被柳牵哗捉弄吃了亏，心想今朝要来个小小的报复。现在牛绳在腰，心里一阵窃喜，就开口高声叫喊：“柳——牵——哗——”拖长音叫喊小牛倌的名字，下面的词儿大概是：我把牛绳弄断了，看你今朝咋来放牛？不料听到朱儿那呼牛倌的三个长音，那牛连续做了三个动作：朱儿喊“柳——”，牛向右边走去；朱儿喊“牵——”，牛向左边走去；朱儿喊“哗——”，牛就站在原地不动了。朱儿有点奇怪，便重新试了一遍，结果依然如此。

此时，小牛倌从家里出来，因主人今天要使牛耕田，叫他来溪边牵牛。一到溪边，见牛驻足没有反应，仔细一看，牛绳只剩下短短的一截。牛倌心里正纳闷，只见溪边的朱儿正嬉皮笑脸地望着他，这才明白肯定是朱儿在跟他开玩笑。他走到朱儿身边道：“今天主人要使牛耕田，把牛绳还给我，免遭主人责怪。”朱儿看看小伙伴的脸，倒也不想把恶作剧做下去了，于是便把刚才那牛通人语的表演详细说给他听。柳牵哗有点不大相信，朱儿叫他在旁看着，如此这般地让牛重新表演了一次。这下可把他们乐坏了，两人嬉笑着把牛赶到了主人的田畈上。

牛主人与朱儿也十分相熟，朱儿便将早上与牛的一番经历如实告诉主人，主人没有责怪朱儿砸断牛绳的顽皮行为，反倒要朱儿把牛通人语的动作再演示一遍。朱儿说，你照我说的试一试就行了，这牛肯定会听你话的。主人说“好”，就将牛轭套上牛肩，拖起犁铧，果真那牛一听“柳”字就向右，一听“牵”字就向左，一听“哗”字便停住。不一会儿，那块田就耕好了，而且功效要比以前快了许多。

从此，主人就不再往牛鼻孔拴牛绳了，而牛似乎比以前更听人使唤了。

过了几天，那位过路人又来到了李家塔，当他把那天早上拿走的裤带还给朱儿的时候，朱儿正和牛主人、小牛倌三人一起在板桥边的溪坑里为牛梳毛。碰面之后，大家把这几天发生的事告诉了那位过路人。过路人听后，显出一副千斤重担落地的轻松，然后缓缓说道：“柳牵哗的名字，正合了牛通人语的声音，‘柳’字是‘右’的谐音，喊‘柳’牛就向右转；‘哗’字与‘完’字同音，喊‘哗’牛就停下来不走了。”“那么‘牵’是什么意思呢？”牛倌插问。过路人说：“‘牵’虽不与‘左’同音，但牛绳是拴在牛的左鼻孔边的，所以一喊‘牵’字，牛也就向左行了，‘牵’就是‘左’。”

过路人如此一说，众人便哈哈大笑起来。此时，周围已站了许多村民，大家对朱儿的重大发现，个个连声称奇。过路人说：“乡亲们很有眼力，朱儿不是普通人，别看他今日流落到此，将来必成大器，我今天就要把他带走了，谢谢乡亲们这几个月来对他的照顾。”然后与乡亲们一一告别。

众乡亲望着他俩远去的背影，心里有点依依不舍。若干年之后，朱元璋建立了大明王朝。后来，当李家塔的乡亲知道当今皇上就是当年朱儿的时候，心里也就多了一份自豪与荣耀。

老人们说：“牛通人语，真是皇帝圣口。”从此以后，李家塔的牛耕田世世代代都不用牛绳了。对牛的几个简单指令后来传到了外地，外地的牛基本上也能听懂人的意思，但还要拴牛绳来配合主人的指令。而李家塔的牛却能无绳耕田，这便成了一种特有的乡村奇观。

晓岭街的来历

在梁弄镇上，有一条名叫晓岭的街道。一个地处深山的村庄，怎么能在梁弄镇上有一条以它的名字命名的街道呢？据说，这与褚节兴有关。

早年，晓岭人出市要翻过斤岭到梁弄，把自己的土特产挑到梁弄卖掉，再从梁弄街上买回自己所需的生活日用品和生产资料等。凡是晓岭出去的人，大多都在一段固定的地方摆摊设店，逐渐形成了一条以晓岭人为主开店铺的街道，但那时并没有晓岭街的名称。

有一年，梁弄这段街面上，有一座新落成的祠堂要举行落成仪式，万事俱备，但尚缺一块有吉祥讨彩意义的匾额。这事却难倒了族中之人，一时大伙都围在祠堂前拿不定主意。

这时，正好褚节兴也从晓岭来到梁弄，他见这么多人围在祠堂前，熙熙攘攘，不知发生了什么事，便挤了进去打听，原来是为了一块匾额的事而争执不下。褚节兴在一旁微微一笑道：“我道是为了啥，原来是为了这点小事，不足挂齿。”众人见一山里人如此夸口，便问道：“请问这位老哥，你是何方人氏？”褚节兴见有人问话，也就毫不掩饰地说：“在下晓岭褚节兴。”众人一听是晓岭褚节兴，都知道此人文才极好，便就匾额之事请他代劳。褚节兴见大伙真心相邀，也就应允了下来。这时有族人问道：“请问褚先生，我们族的祠堂开张在即，不知墨宝何时可写就？”褚节兴一听就明白了，这言下之意就是要当即挥毫了，于是便说：“既然如此，那我就当场写就。”众人一听，自然高兴，可一时到哪里去弄这毛笔呢？

褚节兴见此，便当下拿了晓岭人在这条街上出卖的毛竹箬壳，用细绳捆了一下，再用榔头把毛竹箬壳轻轻锤了几下，一支简易的大毛笔就做好了。族人见笔已做好，便抬来空匾，请褚节兴题写。褚节兴手执箬壳笔蘸满金粉漆，手起笔落，唰唰唰一口气在匾上写下四个大字。众人一见，那字确实刚劲有力，锋如刀刃。众人见匾额写就，便当即挂上去。可挂上一看，大家都觉得十分纳闷，随即便议论纷纷，觉得匾上的字怎么也不可理解。原来，那匾上写着“天下大平”四个字。于是有人便说：“‘天下大平’这是什么意思？”这时，褚节兴微微一笑，只见他扬起右手，把那支毛竹箬壳笔朝匾额抛去。说时迟，那时快，那支竹壳笔像是一支利箭，不偏不倚，正好点在大字的中间。“天下大平”成了“天下太平”，众人一见，不禁齐声喝彩。

从那以后，这条街就被人们称为晓岭街，凡是晓岭人来此做生意，或买或卖，人们都热情接待，以礼相让。

均选自《中国民间故事丛书·浙江宁波余姚卷》

后记

我们诚挚地把《鹿亭乡志》敬献给全乡人民，敬献给少小离家、在外工作的鹿亭籍人士，敬献给所有关心、帮助鹿亭发展，为鹿亭各项事业作出贡献的人士，以及关注和想了解鹿亭历史情况的读者。鹿亭是余姚市唯一的乡，地域虽小，但历史悠久，人文荟萃。书志所载人、事，展现了鹿亭漫长的过去和当代的巨大变革，希望它能给读者提供一些有用的参比资料。

2017 年 6 月，根据上级部门关于编纂地方志工作的要求，鹿亭乡党委、政府成立由乡党委书记任组长，乡长、乡人大主席、乡党委副书记任副组长的乡志编纂工作领导小组，下设办公室，由乡党委副书记兼任办公室主任，并组建以三位退休老同志为主的编纂工作班子。历时 4 年，三订篇目，数易志稿，终于 2020 年 12 月完成初稿。这是乡党委重视、政府支持，编纂人员辛勤工作，有关单位通力协作的结果，对于我们受托编修者来说则是一种荣幸，更是一种责任。

《鹿亭乡志》设 25 编 90 章 312 节，外加丛录和大事记，全书 100 多万字。其内容涵盖境域变迁、历史沿革、山川地貌、人口繁衍、经济发展和文化宗教等诸多方面，它事实地记载了千余年来鹿亭乡境自然与社会的历史现状。

编纂《鹿亭乡志》，跨越时间长，史料奇缺，搜集难度大。全体编纂人员本着对历史负责的态度，冒严寒、顶酷暑，奔波于余姚市档案馆、图书馆、文保所、教育局、乡档案室等多个单位和部门，走遍全乡 12 个行政村，查阅摘录档案、旧志、新志、部门志、报刊、文件、宗谱等涉及鹿亭的各种资料。对人文地理、民俗风情、历史遗迹、宗教场所、名胜古迹、文物碑刻、道路桥梁等资料，多次进行实地调查，或登门采访，或电话联系等形式查证，掌握第一手资料，累计摘录各类资料 8 万余字。通过梳理、甄别、考证，如实据以记述。本志书稿在广征实核的基础上，还征询有关老同志、乡村领导和知情人的意见，特请地方志专家、顾问专审修改和指导。如此集思广益，修改补充，以确保志书质量。

《鹿亭乡志》即将面世，在此，谨向各职能部门、单位，为《鹿亭乡志》提供资料和付出辛勤劳动的人员及社会各界热心人士，向为《鹿亭乡志》修改、评审、编纂作出贡献的地方志行家、顾问表示衷心感谢！向为《鹿亭乡志》题签书名的国际著名中国问题专家郑永年、为《鹿亭乡志》作序的浙江工商大学校长陈寿灿和乡党委书记陈晓珍、乡长丁东青表示衷心感谢！

文章千古事，得失寸心知。由于修志是一项全方位、严要求的文史系统工程，极难在较短时间内一步成志，加之编者水平、学识有限，文笔欠佳，且无修志经验，尽管在主观上作了最大努力，仍感有不尽人意之处，疏漏、不当和讹误在所难免，不妥之处，敬请领导、行家、读者批评指正。

编者

2022 年 8 月

图书在版编目（CIP）数据

鹿亭乡志 /《鹿亭乡志》编纂委员会编 .—北京：方志出版社，2022.12

ISBN 978-7-5144-5316-4

Ⅰ.①鹿… Ⅱ.①鹿… Ⅲ.①乡镇—地方志—余姚 Ⅳ.① K295.55

中国版本图书馆 CIP 数据核字（2022）第 245354 号

责任编辑：刘方圆
责任校对：刘玉霞
责任印制：梅中英
出 版 者：方志出版社
地　　址：北京市朝阳区潘家园东里 9 号（国家方志馆 4 层）
邮　　编：100021
网　　址：http://www.zgfzcb.cn
发　　行：方志出版社图书营销中心（010–67110500）
印　　刷：杭州柏盛印刷有限公司
开　　本：889 毫米 ×1194 毫米　1/16
印　　张：41.5 印张　插页：2.125 印张　地图：1 幅
字　　数：1140 千字
版　　次：2022 年 12 月第 1 版
印　　次：2022 年 12 月第 1 次印刷
定　　价：588.00 元